김기영 보건교사
영역별 키워드 암기노트

김기영 편저

미래가치

Contents
차례

PART 01 지역사회간호학

1. 지역사회간호의 이해 ······ 8
2. 지역사회간호사 활동과 수단 ······ 10
3. 지역사회 간호과정 ······ 17
4. 지역사회 보건행정 ······ 30
5. 가족간호 ······ 40
6. 건강증진 ······ 49
7. 역학 ······ 59
8. 산업간호 ······ 104
9. 환경과 건강 ······ 117
10. 인구와 건강 ······ 140

PART 02 학교보건

1. 학교보건사업 ······ 156
2. 안전관리 ······ 168
3. 감염병 ······ 169

PART 03 보건교육 / 188

PART 04 정신간호학

1. 정신건강 ······ 198
2. 정신간호의 이론적 모형 ······ 202
3. 치료적 중재 ······ 218
4. 가족치료 유형 ······ 229
5. 스트레스(Stress) ······ 242
6. 불안장애 ······ 246
7. 공황장애 ······ 247
8. 강박 및 관련 장애 ······ 247
9. 위기 ······ 248
10. 신체증상 관련 장애 ······ 250
11. 조현병 스펙트럼 장애 ······ 251
12. 양극성장애 ······ 256
13. 우울장애 ······ 257
14. 자살과 자살행동장애 ······ 258
15. 물질 관련 및 중독성 장애 ······ 260
16. 수면각성장애 ······ 269
17. 신경발달장애 ······ 270

PART 05 여성간호학

1. 여성건강 ········· 274
2. 월경 장애 ········· 284
3. 세균성 성 전파 감염 ········· 287
4. 바이러스성 성 전파 감염 ········· 294
5. 질 감염 ········· 299
6. 가족계획 ········· 300
7. 성 ········· 303
8. 임신 ········· 307
9. 임신 시 건강문제 ········· 331
10. 임신 초기 출혈 ········· 337
11. 임신 후기 출혈 ········· 340
12. 분만 ········· 342
13. 분만과 관련된 합병증 ········· 351
14. 산후여성 ········· 355
15. 산후 합병증 ········· 362
16. 갱년기 여성 ········· 363
17. 생식기 건강문제 ········· 364
18. 생식기 악성 종양 ········· 367

PART 06 아동간호학

1. 아동의 성장발달 ········· 376
2. 고위험, 선천성 신생아의 건강문제 ········· 412
3. 멕켈 게실 ········· 415
4. 괴사성 장염(괴사성 소장대장염) ········· 416
5. 소화기능 장애 ········· 420
6. 호흡기 기능장애 ········· 423
7. 심혈관 기능장애 ········· 426
8. 비뇨생식기 ········· 430
9. 신경장애 ········· 431
10. 피부장애 ········· 433
11. 감각장애 ········· 434
12. 근골격계 장애 ········· 435
13. 감염질환 ········· 437
14. 배설장애 ········· 438
15. 아동학대 ········· 438
16. 건강문제관리 ········· 439

Contents
차례

PART 07 기초간호과학

1. 체액과 전해질 ·· 442
2. 면역과 염증 ··· 445

PART 08 성인간호학

1. 총론 ·· 454
2. 위장관 장애 ·· 463
3. 간·담도·췌장 ·· 469
4. 호흡기 장애 ·· 475
5. 심장 장애 ··· 482
6. 맥관 장애 ··· 493
7. 혈액과 조혈기관 장애 ······························ 497
8. 배뇨 장애 ··· 503
9. 남성 생식기계 ··· 505
10. 근골격계 ·· 508
11. 신경계 ·· 522
12. 내분비 장애 ·· 533
13. 감각계 ·· 541
14. 청각 장애 ··· 543
15. 피부계 ·· 546

PART 09 응급간호학

1. 기본 응급처치술 ······································ 550
2. 환경응급 ·· 561
3. 출혈과 쇼크 ·· 565
4. 손상 ·· 566

◆ 김기영 보건교사 ◆

PART 01

◆ 김기영 보건교사 ◆

지역사회간호학

1. 지역사회간호의 이해
2. 지역사회간호사 활동과 수단
3. 지역사회 간호과정
4. 지역사회 보건행정
5. 가족간호
6. 건강증진
7. 역학
8. 산업간호
9. 환경과 건강
10. 인구와 건강

❶ 지역사회간호의 이해

지역사회의 유형

구조적 지역사회 국시 05 〈생대지 집 조문〉	정의	지역주민들 간 시간적, 공간적 관계에 의해서 모여진 공동체
	집합체	사람들이 모인 이유에 상관없이 '집합' 그 자체로 동일한 건강문제를 가진 집단, 생활환경 자체가 위험에 노출된 위험집단
	조직	특정목표를 추구하는 일정한 구조의 사회 단위의 인간 집합체이다. 목표를 달성하기 위하여 환경과 끊임없이 상호작용을 하며 목표 지향적, 합리성, 보편성
	대면공동체 국시 02, 06, 19	구성원 상호 간 상호교류가 빈번하여 소식이 쉽게 전달하고 서로 친근감, 공동의식 소유
	지정학적 공동체 국시 99, 02 / 경남 04	지리적, 법적인 경계로 정의된 지역사회
	생태학적 문제 공동체	지리적 특성, 기후, 자연환경과 같은 요인의 영향으로 동일한 생태학적 문제를 내포
	문제해결 공동체 국시 08	문제를 정의 내릴 수 있고, 문제를 공유하고 해결하는 범위 내 있는 구역
기능적 지역사회 국시 14 〈동자〉	정의 국시 00	지리적 경계보다 목표성취라는 과업의 결과로 나타난 공동체이다. 지역사회주민의 목표에 따라 유동적이다.
	동일한 요구를 지닌 공동체 국시 05	건강문제에 영향을 미치는 요인들이 있는 영역에서 건강문제에 동일한 요구를 지니는 지역사회
	자원 공동체	문제해결 요구를 충족하기 위해 사업을 제공하기 위한 충분한 자원의 활용범위로 모인 집단
감정적 지역사회 〈특소〉	정의	지역사회의 감성을 중심으로 모여진 공동체
	소속 공동체	동지애 같은 정서적 감정으로 결속된 지역사회
	특수흥미 공동체	특수 분야에 같은 관심, 목적을 가지고 관계를 맺는 결속체

지역사회간호의 개념 (국시 03, 04, 07)

지역사회간호대상 (국시 13)	지역사회 체계의 하위체계로 개인, 가족, 학교, 산업장이다.
지역사회간호의 목표 서울 07 / 경북 02, 06 / 인천 05	지역사회의 건강문제를 지역사회 스스로 해결할 수 있도록 자기 건강 관리 능력의 향상을 가져와 적정 기능 수준의 향상을 가져오게 돕는 활동이다. 적정기능수준은 고려할 수 있는 모든 요인에 최대한으로 이룰 수 있는 기능이다.
지역사회간호활동	직접간호제공, 보건교육, 관리이다.

상호관계

기능연속지표	지역사회간호대상과 지역사회간호목표
간호과정	지역사회간호활동과 간호대상자
간호수단 (국시 99)	지역사회간호목표와 지역사회간호활동

Freshman의 기능연속지표

긍정적 기능 (국시 06) 〈자를 대고 성자〉	자기인식	자기인식은 한 대상자가 있는 장소, 그들에게 일어나는 일들을 이해하는 것
	대처	대처는 현재 발생된 문제를 처리할 수 있는 능력
	성장	성장은 상황에 적합한 태도의 변화
	자아실현	자아실현은 지역사회의 견지에 맞는 적절한 성취를 이루고 유지하는 것
	적정기능 수준	적정기능 수준은 고려할 수 있는 모든 요인에 최대한으로 이룰 수 있는 기능이다.
부정적 기능 〈긴초 외장〉	긴장 유발 요소	긴장 유발 요소는 일상생활에서 늘 부담을 갖고 있는 상태
	초기 경고 신호	초기 경고 신호는 육체적, 심리, 사회적으로 정상적 범위에서 벗어나 있는 상태
	외상(중상)	외상(중상)은 병이 이미 걸려 있는 상태이다. 개인의 증상 호소와 보건의료전문인의 판단이 내려지는 것이다.
	장애(불구)	장애(불구)는 능력이 없어지는 단계
	기능장애	

❷ 지역사회간호사 활동과 수단

지역사회간호사 역할과 기능

역할	내용
직접간호 제공자 국시 02, 06	일차의료수준에서 건강사정, 증상과 질환 관리, 응급처치, 상병 악화 방지 등의 건강관리와 건강증진, 질병예방을 포함한다.
교육자 국시 20	보건교육자는 주민의 지식, 태도, 습성을 바람직한 방향으로 변화시킨다.
상담자 국시 07 / 서울 10	상담자는 직접 대화를 통하여 피상담자의 자기이해와 태도, 행위가 바람직한 방향으로 변화되고 문제해결이 이루어지도록 상담자가 전문적으로 도와준다.
자원의뢰자(알선자) 국시 07 / 경기 04 / 부산 04	대상자가 지역사회자원인 지역사회의 인적, 물적, 사회 환경적 자원과 다양한 보건의료서비스의 종류를 적절히 활용하게 한다.
옹호자(대변자) 국시 02, 04, 13, 16, 17 서울 02, 08	간호대상자 스스로 의사결정을 하여 권리를 행사할 수 없는 상황일 때 대변하는 활동이다. 건강관리체계를 이용하는 데 어려움이 있을 때 타 의료제공자나 결정자에게 대상자의 요구와 사례를 제시하여 해결해 주거나 해당 관계자들에게 올바른 결정을 하도록 대상자의 경우를 설명한다.
관리자 국시 99	관리자의 역할을 수행하기 위해 지역사회 보건사업을 계획, 조직, 조정한다.
조정자 국시 01, 19	대상자들의 문제 해결을 위해 요원들 간의 활동을 조정하고 서비스 제공이 일관성이 있다. 부족하거나 중복되지 않도록 업무분담과 조정을 함으로 사업의 효율성을 높인다.
협력자 국시 20 / 공무원 17	보건교사는 지역 보건기관이나 체육단체 담당자, 학교관리자, 상담교사, 영양교사, 담임교사 등과 함께 팀을 구성한다. 학교보건 팀의 일원으로 하나의 팀이 되어 기능한다.
사례발굴자 (사례발견자, case finder)	사례발굴자는 지역사회 인구집단 중 서비스가 필요한 개인 및 특정 질환 이환자를 발견하는 역할이다.
사례관리자 서울 12 / 지방 09	치료보다 보호의 개념으로 만성적 복합적, 다양한 욕구와 문제를 가진 대상자를 지속적으로 관리한다.
사회적 마케터 공무원 20	마케팅은 서비스를 소비자에게 원활히 유통시키기 위하여 수행되는 활동이다.
변화촉진자 국시 07, 14, 21 / 서울 05 경기 08 / 경남 04	변화에 필요성 인식과 변화를 위한 동기부여에 조력한다.
연구자 국시 03, 07	계속적 탐구심과 관찰력으로 지역사회에서 관찰된 현상들을 조사한다. 연구를 통해 지역사회 건강문제의 해결방안과 새롭고 향상된 간호방법을 개발하고 간호결과 평가

건강관리실 운영

장점 임용 07 / 서울 09 〈건강관리실 운영을 산 같은 절에서 전시하니〉

절약	간호사의 시간과 비용이 절약된다.
시설 이용	건강관리실에 비치된 전문적 시설 이용으로 가정방문 때 가져갈 수 없는 물품을 사용한다.
전문인 활용	간호사 이외 다른 전문인의 서비스를 활용한다.
같은 대상자 국시 22	같은 문제를 가진 대상자들끼리 서로의 경험을 나누고 정보를 공유하여 자신들만이 해결할 수 있는 방법을 안다.
산만성 감소 국시 04	간호 수행과 교육에 불필요한 외부의 산만성이 적다.

가정방문 활동

장점 국시 03 / 지방 09 〈가정방문 활동으로 접편정 참효하여 회비를 걷었다〉

접근성	간호사들에게 올 수 없는 대상자, 움직이지 못하는 대상자, 교통사정이 좋지 않은 대상자에게 접근한다.
편익성	가정방문하는 동안 대상자는 교통에 걸리는 시간, 기관에서 기다리는 시간이 불필요하다.
다양한 정보 파악	대상자, 가족의 환경 파악으로 대상자의 건강상태에 관계된 신체적, 정신적, 사회적 환경을 직접 관찰하여 다양한 정보를 얻는 기회이다.
참여	대상자와 가족이 함께 참여하여 계획하는 협동적 환경을 구축한다. 대상자에게 지지, 간호를 제공하는 가족구성원들의 능력을 확대한다.
효과적 수행	친밀감을 유도하여 가정에서 민감한 사생활의 문제들을 자연스럽게 알고 건강 변화를 사정하고 대상자의 상황, 요구를 잘 이해하여 간호수행을 잘 할 수 있다.
비용 절감	의료비 절감에 크게 기여하므로 건강관리전달체계에 부합한다.
회복	대상자는 병원에서 퇴원 후 가정방문을 통해 빠르게 회복한다.

자원활용과 의뢰활동
가족과 지역사회자원 〈인물 경사〉

인적 자원 국시 19 / 공무원 19	지역사회 자체가 가지고 있는 인적 자원을 찾아서 목록을 만든다.
물리적 자원	건물, 시설, 도구, 기구, 자료
사회적 자원 국시 20	지역사회 내 종교 단체, 전문직업인 단체, 자조모임의 사회적 자원으로 건강에 대한 지식, 건강에 가치관, 기술수준을 변화시키는 데 적용한다.
경제적 자원	총수입, 일반적·재정적 책임

자원의 활용과 의뢰활동 주의사항 국시 01, 03, 05, 19

정보수집 국시 18	의뢰하는 기관의 담당자를 접촉하여 의뢰와 관련된 모든 사실을 알아둔다.
자료 정리	의뢰 기관에 대한 자료를 정리한다. 기관명, 주소, 전화번호, 주요 업무, 서비스 이용 가격 기준, 담당자의 이름과 연락처
정보제공	개인이나 가족에게 의뢰하는 기관과 필요한 정보를 제공한다.
개개인 국시 21	의뢰는 가능한 개개인을 대상으로 한다.
본인 결정 국시 04, 21	대상자와 먼저 의논하여 의뢰한다는 사실을 납득하여 의뢰 여부에 대한 결정은 반드시 대상자 본인이 한다.
의뢰 절차	담당자와 논의하여 의뢰절차를 명확히 한다. 의뢰서의 작성이 필수적인지, 전화로 의뢰가 가능한지 협의한다.
의뢰서 국시 21	먼저 연락하거나 개인적으로 방문하여 적절한 의뢰서를 사용하여 필요한 정보를 기재한 후 개인이나 가족에게 주어서 직접 그 기관으로 가도록 한다.
상태 확인 국시 17, 21	의뢰 직전에 대상자의 상태를 한 번 더 확인한다.

지역주민참여
주민주도의 정도에 따른 참여의 단계 [국시 17] 〈동원이가 협조 협력해서 개주했다〉

동원단계	강요된 참여로서 주민 의지는 가장 낮아 형식적 참여에 머문다.
협조단계	참여를 유도하나 보건사업의 계획과 조정과정이 제공자 측에 여전히 독점되어 있다.
협력단계 [국시 18, 21]	보건사업의 계획과 조정과정에서 주민들의 의사가 반영되도록 한다. 주민이 주장을 내세울 만큼의 영향력을 갖는다.
개입단계	주민들이 보건사업의 계획과 조정, 평가에 개입한다. 주민이 정책 결정에 우월한 권력을 가지고 참여한다.
주도단계	주민의 자발적 참여 정도가 가장 높은 단계로 보건사업에서 주민이 주도를 한다.

사례관리
사례관리 원칙 〈연통과 개포에 책임〉

연속성(지속성) [공무원 17]	대상자를 지속적으로 보호한다. 치료 및 간호가 잘 이루어져도 일회성으로 끝나면 불건강의 상태로 돌아가 비용과 대상자와 주위 사람에게 좋지 않은 영향을 미친다. 변화하는 대상자의 요구를 충족시키도록 지지적 체계의 서비스를 사후관리, 재평가를 제공한다.
통합성	대상자의 다양한 요구에 통합된 방법으로 연결시켜 서비스가 중복되지 않도록 조직적으로 제공하여 서비스의 목표를 이룬다.
책임성	사후관리 전반에 책임성을 가지고 대상자의 요구변화에 적절히 대처하도록 자원을 동원하고 변경한다.
개별성 [국시 19, 22]	대상자의 요구는 개인의 특성이나 건강문제, 주어진 환경에 따라 다양하므로 개별적인 접근이 이루어진다.
포괄성 [공무원 17]	대상자의 다양한 요구와 문제 해결을 위해 포괄적으로 제공한다. 대상자의 건강은 신체와 대상자를 둘러싸고 있는 사회적·물리적 환경에 의한 결과이다.

사례관리 종류

- 의료급여 사례관리(의료급여 대상자 사례관리) 국시 22
- 국민건강보험공단의 사례관리(건강보험 대상자 사례관리)
- 방문건강관리사업의 사례관리(보건소 방문보건 사례관리)
- 치매관리사업의 사례관리
- 노인장기요양보험 사례관리
- 노인 사례관리(노인 통합 돌봄 사례관리)
- 근로복지공단 사례관리(산재근로자를 위한 재활사례관리)
- 통합사례관리

지역사회간호관리

간호관리의 정의 임용 98

간호관리는 투입을 산출로 바꾸는 전환 과정이다.
간호관리는 간호의 목적인 환자에게 양질의 간호를 제공하기 위한 효과적이고 효율적 수단이다. 간호직원들의 노력과 자원을 기획(Plan), 조직(Organization), 인사(Staffing), 지휘(Directing), 통제(Controlling)한다.

Gulick의 POSDCoRB 임용 98

기획(Plan)	기획은 목표 달성을 위해 합리적 의사결정 과정이다. 기획은 행동을 하기 전 목표를 달성하기 위하여 어떻게 해야 하는지 구체적 단계, 방법을 결정한다.
조직(Organization)	조직은 목표에 효과적으로 달성하도록 인력을 조직하고 역할을 규정하며 권한과 책임의 한계를 명확히 한다.
인사(Staffing)	인사는 인력을 채용하고 훈련하고 적재적소에 배치하고 좋은 작업조건을 유지한다.
지휘(Directing)	리더십을 발휘하여 목적을 달성하기 위해 계획한 절차를 따르도록 부하직원의 업무를 지휘한다. 동기부여하고 갈등관리, 의사소통, 협상을 한다.
조정(Coordinating)	직원들의 업무 분담에 조정을 함으로 함께 조화를 이루어 일하도록 한다.
보고(Report)	보고는 과업의 진행상황을 상관에게 알리는 것이다.
예산(Budget)	재정통제에 의한 예산편성, 회계를 하는 것이다. 계획, 조직, 활동을 화폐가치로 표현해 놓은 금액이다.

지역사회 관리과정 〈기조 인지통〉

기획(Plan) 공무원 19	기획은 행동을 하기 전 목표를 달성하기 위하여 누가, 무엇을, 언제, 어디서, 어떻게 해야 하는지 구체적 단계, 방법을 결정한다.
조직(Organization)	조직은 목표에 효과적으로 달성하도록 인력을 조직한다. 역할을 규정하며 권한과 책임의 한계를 명확히 한다.
인사(Staffing)	인사는 인력을 훈련하고 적재적소에 배치하고 좋은 작업조건을 유지한다.
지휘(Directing) 국시 20	리더십을 발휘하여 목적을 달성하기 위해 계획한 절차를 따르도록 부하직원의 업무를 지휘한다. 동기부여하고 갈등관리, 의사소통, 협상을 한다.
통제(Controlling) 국시 14, 19	통제의 목적은 질을 높게 유지하면서 조직의 목표를 달성한다. 통제에는 질관리, 재무 감사, 성과 평가, 전문직과 단체에서 통제 업무, 법과 윤리적 통제를 가진다.

조직의 원리 임용 99 〈명분이 있는 통계조〉

계층제의 원리	계층제란 권한과 의무, 책임 정도에 따라 상하 계층을 설정하는 것이다. 대규모 조직은 전체 구조가 피라미드형 계층제를 형성한다. ex) 중앙행정기관은 계장, 과장, 국장, 장관으로 구성되는 계층제 형성
통솔범위의 원리	감독자가 몇 사람의 부하를 통솔하는 것이 능력, 주의력에 비추어 가장 적합한가 하는 것이다.
명령통일의 원리 국시 19	구성원은 오직 한 사람의 상관으로부터만 명령을 받고 그에게만 보고해야 한다.
분업의 원리	조직을 구성하는 모든 사람에게 주된 업무 한 가지를 수행하도록 일을 분담시키는 것이다. 분업의 원리를 전문화의 원리로 분업과 동시에 전문화를 이룬다.
조정의 원리	공동 목적을 달성하기 위하여 구성원의 활동을 조절하고 원만하게 통합, 조절한다.

허시와 블랜차드의 상황대응 리더십 이론의 4가지 리더십 유형 〈지설 참위〉

	부하		리더	
	동기	능력	과업	관계
지시적 리더십	↓	↓	↑	↓
설득적 리더십	↑	↓	↑	↑
참여적 리더십	↓	↑	↓	↑
위임적 리더십	↑	↑	↓	↓

리더십 〈변 섬기는 셀프 슈퍼 감성〉

변혁적 리더십 임용 23	정의	바람직한 방향으로 조직을 변동시키고 활성화하는 최고 관리층의 리더십이다. 기대 이상의 성과를 도출해 내는 과정으로 부하들에게 장래의 비전 공유를 통해 몰입도를 높여 부하가 생각했던 성과 이상을 달성하도록 동기부여 제공
	특성	이상적 영향력(카리스마), 영감에 의한 동기 유발, 지적 자극, 개별화된 배려(관심)
섬기는(servant) 리더십 임용 23	정의	구성원의 자발적 헌신은 리더의 희생이나 헌신으로부터 생겨난다는 전제하에 최선을 다해 구성원의 성장과 발전을 돕고 지원하는 리더십
	5-Point Star 모형	I : Inspire(영감), S : Support(지원), T : Train(훈련), A : Acknowledge(인정), R : Reward(보상)
슈퍼리더십 (초우량 리더십)	정의	평범한 사람을 인재로 키울 수 있는 능력. 부하로 하여금 자발적으로 리더십을 발휘할 수 있도록 능력개발 및 발휘 여건 조성
셀프리더십	정의	스스로를 리드하는 데 필요한 행동이나 사고와 관련된 전략이다. 스스로를 높은 수준의 직무 수행과 효과성으로 이끌어가기 위한 철학과 체계적인 사고·행동 전략을 특징
감성 리더십	정의	리더의 감성 지능, 자기 인식, 자기관리, 사회적 인식, 관계 관리 역량을 특징으로 한다.

❸ 지역사회 간호과정

학교간호사정
자료수집 영역 `국시 98, 08`

인구	인구통계		
자원 `국시 21`	인적 자원	보건교사, 학교의사, 학교약사의 배치 유무, 활동수준 사정	
	물적 자원	시설, 기구, 약품, 문서(학생건강기록부, 보건일지, 가정통신문, 보건소식지, 공문서, 교육정보시스템), 예산	
학교보건사업 (범주)	보건서비스 (보건봉사) (건강수준)	건강평가(건강상태) `국시 99, 07, 18`	신체의 발달상황 & 능력, 건강조사, 건강검진, 정신건강 상태 검사, 별도검사
		건강문제 관리	
		감염병 관리	감염병 발생과 전파 예방, 예방접종
		응급 관리	
	보건교육 `경기 04`		
	환경관리 `국시 07`	물리적 환경, 사회적 환경, 학교 외부환경	
	지역사회 연계		

◆ 김기영 보건교사 ◆

자료수집방법 임용 06

기존 자료조사: 2차 자료수집 국시 08, 14, 19, 21	지역사회의 문제를 규명하기 위한 경제적, 효율적 자료수집 방법이다. 기존 자료를 활용하는 것은 간접 정보 수집이며 표준화된 통계자료인지 검토하는 것이 중요하다.
학교(지역사회)시찰 (차창 밖 조사) 국시 16, 22	지역사회간호사가 자동차를 이용하거나 걸어서 지역을 두루 살피는 것으로 직접 보고, 듣고, 만지고, 느끼면서 자료 수집한다. 지역사회의 전반적 사항에 신속하게 다양한 면을 관찰한다.
참여 관찰 경기 04, 13	지역사회 주민들의 회의, 사회적 모임, 의식이나 행사에 직접 참여하여 관찰한다. 지역사회 모임의 참여자의 특성, 주 정보제공자, 지역 주민의 관심도, 지역문화, 지역 주민들의 행동, 차이점과 유사점, 지역사회의 가치, 규범, 신념, 권력구조, 문제해결과정, 의사결정과정을 알 수 있다.
설문조사	매우 구체적, 직접적 자료수집 방법으로 특정문제 규명과 상세한 특성을 확인하며 시간과 비용이 많이 든다.
정보원 면담(면접) 국시 18	지역사회 내 공식, 비공식적 지역 지도자 등 주요 정보제공자를 통해 지역사회의 건강문제, 문제해결과정의 자료를 수집한다.
초점 집단 면담 기법	조사하려는 내용에 맞게 선정한 소수의 사람들을 대상으로 심층적인 질적 면접 조사이다. 초점 집단은 구성원 간 동질성이 보장되어야 한다.
지역 공청회	학교의 건강문제와 관련하여 학생들, 학부모, 지역 주민의 의견을 학생회, 학부모회, 학교 내 위원회의 공청회를 활용하여 학교보건 상황을 파악한다.
언론매체	학교 신문, 지역 신문, 방송을 이용하여 자료를 수집한다.

자료 분석 경기 04, 20 〈분요 확결〉

분류단계(범주화) 국시 22		지역사회 사정에서 수집된 자료를 서로 연관성 있는 것끼리 분류한다. 인구특성, 학교보건자원, 학교보건서비스영역, 학교보건교육영역, 학교환경영역으로 분석한다.
요약단계 국시 00 / 서울 09		분류된 자료를 근거로 자료의 특성을 요약 서술한다. 자료의 특성에 따라 비율, 표, 그래프, 그림을 작성하고 지도에 표시로 자료를 요약한다.
확인, 비교단계	재확인	수집된 자료 간 불일치와 자료 간 차이, 누락된 자료를 재확인한다.
	비교	과거 자료(통계치), 다른 지역 자료, 전국 규모 자료와 비교한다.
결론단계 국시 07		지역사회의 건강요구와 건강 문제를 찾아 결론을 내린다.

지역사회 사정의 유형(사정 방법) 〈친포 문하〉

포괄적 사정 〈공무원14〉	지역사회의 건강관련 정보 모두를 찾아내는 방법으로 지역사회의 기존과 현재의 모든 자료를 검토한다.
친밀화 사정	지역사회와 익숙해지기 위해 보건기관, 사업장, 정부기관을 직접 시찰하여 필요한 자료를 수집하고 자원을 파악한다.
문제 중심 사정	전체 지역사회와 관련되며 지역사회의 중요 문제에 초점을 두고 사정한다.
하위체계 사정 (하부구조 사정)	지역사회의 어떤 하위체계(하부구조)에 초점을 두고 사정한다.

지역사회간호진단 오마하 체계 〈문중결-영문수증〉

첫 번째 수준 : 영역 〈임용11 / 서울10〉 〈오마하가 생건에게 환심을 샀다〉	생리 영역, 심리사회 영역, 건강관련 행위 영역, 환경 영역	
두 번째 수준 : 영역별 문제	생리 영역 (신체 영역)	청각, 시각, 언어와 말, 구강건강, 인지, 의식, 통증, 호흡, 순환, 소화와 수분, 배변기능, 배뇨기능, 피부, 신경-근골격기능, 생식기능, 임신, 산후 감염성 질환
	심리사회 영역 (정신사회 영역)	지역사회 자원과의 의사소통(자원의 이용), 사회적 접촉, 대인관계, 역할변화, 영성, 슬픔, 정신건강, 성적 관심, 돌봄/양육, 무시, 학대, 성장과 발달
	건강관련 행위 영역	영양, 수면과 휴식, 신체적 활동, 개인위생, 약물사용(약물오용), 건강관리 감시, 투약, 가족계획
	환경 영역	수입, 위생, 주거지, 이웃/직장 안전
세 번째 수준 : 문제별 2개 수정인자(수식어) 〈대문〉	대상자	개인, 가족, 지역사회
	문제의 심각성 정도	건강증진, 잠재적 장애(결핍이나 손상), 실제적 장애(결핍이나 손상)
네 번째 수준	문제의 증상과 징후	

오마하 체계에서 중재 틀(중재 체계) 〈보처 감사〉	보건교육, 상담, 지도	보건교육, 상담, 지도는 대상자에 정보 제공, 건강행위에 격려, 의사결정 및 문제해결 돕기
	처치(치료)와 절차	증상 및 증후 예방, 초기 증상·증후 및 위험요인 확인, 증상·증후 완화를 위한 기술적인 간호활동
	사례 관리	옹호, 의뢰, 조정 활동
	감시(감독)	주어진 상황에서 간호대상자의 상태를 발견, 측정, 비판적 분석, 모니터
결과 평가 [결과에 대한 문제측정척도(평가도구)]	지식	대상자가 정보를 기억하고 설명할 수 있는 능력
	행위	상황이나 목적에 맞는 반응, 행동, 활동
	상태	주관적·객관적 문제와 관련된 대상자의 상태

간호진단 우선순위 결정
BPRS 임용 18

공식 국시 20 / 서울 10	BPRS = (A + 2B) × C = 300점, 만점 A : 문제의 크기 B : 문제의 심각도 국시 17 C : 사업의 추정 효과 국시 19		
구성	A : 문제의 크기(10점, 만점)	만성질환 : 유병률 급성질환 : 발생률	
	B : 문제의 심각도(10점, 만점) 공무원 17 〈긴중 경영〉	긴급성	문제가 긴급한 정도, 발생이나 사망, 위험 요인의 경향
		중증도	장애 정도, 잠재수명 손실일수, 생존율, 원인별 사망률
		경제적 손실	지역사회, 개인에 경제적 손실
		영향	집단 또는 가정, 사회적 타인에 영향 또는 해결의지
	C : 사업의 추정 효과(10점, 만점)	건강문제 해결 사업의 추정 효과로 사업의 최대 효과, 최소 효과를 추정한다.	

PEARL(Propriety, Economic feasibility, Acceptability, Resources availability, Legality)

정의 임용 19		BPRS의 계산 후 사업의 실현 가능성 여부를 판단하는 기준으로 PEARL을 사용한다.
5가지 구성	적절성(Propriety)	해당 기관의 업무범위에 해당되는가?, 보건문제 해결을 위해 적절한 사업인가?
	경제성(Economic Feasibility)	문제를 해결하면 경제적 이익이 있는가?
	수용성(Acceptability)	지역사회가 사업을 수용할 것인가?
	자원 이용 가능성 (Resources availability)	사업에 사용할 자원이나 재원이 있는가?
	합법성(적법성, Legality)	건강문제를 해결해야 할 법적 규제가 있는가?, 현행법하에 수행할 수 있는 프로그램인가?

Bryant 지방직 09, 13 〈크심 기관〉

문제의 크기	만성질환 : 유병률, 급성질환 : 발생률
문제의 심각도	
기술적 해결	사업의 기술적 해결 가능성
주민의 관심도	

PATCH 공무원 08, 10

중요성 임용 17	문제의 크기		유병률이나 발생률의 절대적 크기와 상대적 크기(전국 평균이나 다른 지역과의 유병률 차이)도 중요하게 평가한다.
	문제의 심각도	영향	
		중증도	질병부담 측정지표, 장애 발생률, 질병의 사망률
		경제적 부담	
변화 가능성	건강문제가 얼마나 용이하게 변화될 수 있는가를 평가한다. 건강행위가 고착되지 않고 형성단계에 있는지 건강행위가 표면적으로 생활습관이 연관된 것인지 평가한다.		

건강문제의 우선순위 상대적 결정방법(황금 다이아몬드 방식) `공무원 20`

정의	보건지표의 상대적 크기와 변화의 경향을 이용하여 우선순위를 결정하는 상대적 결정기준에 해당한다. 우선순위를 결정할 때 건강문제의 발생률, 유병률, 사망률, 상대적 크기와 변화의 경향인 전국 평균이나 다른 지역과의 차이가 중요하다. 해당 지역의 건강지표를 전국과 비교하여 해당 지역이 '좋음', '같음', '나쁨'으로 구분하여 표시한다. 1순위 사업은 전국과 비교하여 해당 지역의 건강 지표가 나쁘고, 변화추세도 나쁜 경우이다.	
방법	2가지 기준	보건지표의 상대적 크기와 변화의 경향을 이용하여 우선순위를 결정하는 방법으로 상대적 결정기준에 해당한다.
	3점 척도	보건지표의 상대적 크기와 변화의 경향이라는 두 가지 우선순위 결정기준을 사용하고 척도의 측정을 이분법이 아닌 3점 척도(추가 좋음, 같음, 추가 나쁨)로 한다.

NIBP 〈크효〉

NIBP는 캐나다의 MTDHC(Metropolitan Toronto District Health Council)가 개발한 보건 프로그램 기획방법이다. NIBP의 우선순위 결정기준은 건강문제의 크기와 해결방법의 효과를 기준으로 우선순위를 평가한다. 지역사회 보건사업을 반드시 수행해야 할 문제, 연구를 촉진해야 할 문제, 프로그램 수행을 금지해야 할 문제로 구분한다.

CLEAR `공무원 19`

정의	CLEAR는 NIBP 방식으로 결정된 건강문제의 우선순위가 프로그램 수행 가능성 측면에서 효과를 나타낼 수 있는지 확인하는 기준으로 이용한다.	
구성	지역사회의 역량 (Community capacity)	대상자가 사업에 관심을 가지고 기획, 수행, 평가 등 전 과정에 적극적으로 참여하며 대응할 능력이 있는지 확인한다.
	합법성(Legality)	건강 프로그램 사업과 관련된 법적 기준과 지침을 확인한다. 사업을 수행 시 법적인 제한점이나 문제가 없는지 확인한다.
	효율성(Efficiency)	건강 프로그램 시행에 드는 투입 비용을 환산했을 때 비용이 효과적인지 확인한다.
	수용성(Acceptability)	대상자들이 건강 프로그램 시행 시 거부감 없이 받아들일 수 있는지 확인한다.
	자원 이용 가능성 (자원의 활용성, Resource availability)	주민이나 건강 프로그램 관련 요원들의 인적 자원, 건물, 시설, 도구, 물품, 비품 등의 물적 자원이 활용 가능한지 여부를 확인한다.

스탠호프와 랜카스터 등의 기준 공무원19 〈인동 능시 전심〉

인식	건강문제에 대한 지역사회의 인식(Awareness)
동기유발	건강문제 해결을 위한 지역사회 동기유발(Motivation)
능력	건강문제를 해결할 수 있는 간호사의 능력(Influence)
전문가 이용	건강문제 해결을 위한 전문가의 이용가능성(Expertise)
심각성	건강문제가 해결되지 않았을 때 나타나는 결과의 심각성(Severity)
시간	건강문제 해결에 소요되는 시간(Speed)

지역사회간호계획
목표 기술 조건 = 고려해야 할 점 국시 99, 00

관련성	건강문제	현재 지역사회나 학교가 당면하고 있는 긴급한 건강문제와 관련성이다.
	정책	해결할 문제가 국가, 지역사회 보건정책, 시·도 교육청의 학교보건정책과 관련성과 상위 목표와 일관성 있는 목표를 설정한다.
실현 가능성 〈현단해〉	현실적, 구체적	현실적, 구체적일수록 실현 가능이 있다.
	단순성	문제의 단순성에 좌우된다.
	해결 능력	제공자의 문제해결 능력, 지역사회자원 동원 가능성으로 해결 가능할 것인가이다.
관찰 가능성	눈으로 확인	수행된 사업의 성취결과를 눈으로 확인하여 관찰 가능하다.
	행동용어 국시 22	추상적 표현보다 행동용어로 표현하여 목표수준을 객관적으로 명확히 판단할 수 있다.
측정 가능성		정확하게 판단할 수 있는 객관적인 목표로 성취된 결과를 양적으로 수량화하여 숫자로 표시한다.

목표의 구성 　임용13 / 국시 07, 20

정의	무엇과 범위는 생략할 수 없는 중요 항목이다.
누구(대상)	학교간호사업 대상 집단으로 바람직하게 변화되어야 할 인간, 환경의 부분이다.
무엇(내용)	학교간호사업을 통하여 무엇을 어떻게 바꿀 것인지 변화해야 하고 달성되어야 하는 내용의 상태, 조건이다.
언제(기간)	의도된 바람직한 상태, 조건이 수행되어야 할 기간, 시기, 때이다.
어디서(장소)	학교보건사업에 포함된 장소, 지역이다.
얼마나(범위)	달성하고자 하는 상태, 크기, 조건의 양이다.
예	2010년 1월 1일부터 12월 31일까지 서울지역 주민 중 일주일에 5일 이상 30분 이상씩 걷는 비율이 50% 증가된다. 　　　언제　　　　　　　　　　어디　　누가　　　　　　　　　　　무엇　　　　　　　　　범위

목표설정 시 고려할 사항 : SMART 　공무원 15

Specific 　국시 18	목표는 구체적으로 기술
Measurable	목표는 측정 가능
Aggressive & Achievable	목표는 성취 가능한 수준으로 노력 없이 성취 가능한 소극적 목표는 안 된다.
Relevant	건강문제, 문제해결과 직접 관련성
Time limited	목표달성을 위한 기한이 명시

투입-산출 모형 목표

투입	보건사업에 투입하는 인력, 시간, 돈(예산), 장비, 시설 등 자원
산출	보건사업의 결과로 나타나는 활동, 이벤트, 서비스, 생산물 등이며, 목적을 성취하기 위한 활동들 교육 건수, 교육생, 교육 자료 개발 건수
결과	보건사업의 결과로 나타나는 건강 수준이나 건강결정요인의 변화 지식, 태도, 행동의 변화 유병률 저하, 평균 수명 연장, 사망률, 삶의 질 향상

인과관계에 따른 목표

과정목표	결과목표나 영향목표 달성을 위한 실제 활동으로, 활동(산출)의 양적 수준과 투입 및 활동(산출)의 적절성을 말한다.
영향목표	건강 수준 변화를 위해 요구되는 건강결정요인과 건강기여요인의 변화
결과목표	건강 수준의 변화로 사망률, 유병률 등이다.

간호방법과 수단 선택

간호방법(지역사회 간호활동)	직접 간호제공, 보건교육, 관리
간호수단	보건실 활동(건강관리실), 가정 방문활동, 자원활용 및 의뢰활동, 면접, 상담, 집단지도(집단교육, 보건교육), 매체 활용, 사례관리, 계약, 학교보건팀 운영, 지역사회 주민 참여

간호활동(방법)과 수단의 4단계 국시 17 〈방자가 최선 계획을 기술한다〉

방법, 수단	목표 달성을 위한 여러 가지 방법, 수단을 탐색하여 찾는다.
자원 확인	문제해결을 위해 요구되는 자원, 이용 가능하고 동원 가능한 자원을 파악한다.
최선 방법과 수단	많은 간호방법, 수단 중에서 문제해결에 가장 적절한 가장 최선의 방법과 수단을 선택한다.
계획 기술	선택한 간호방법과 수단의 세부적이고 구체적인 활동 계획을 규명하여 기술한다.

간호활동(방법), 수단을 선택할 때 고려 사항 국시 02

경제적 타당성	비용 효과적으로 시행 가능하며 그 효과가 경제적 측면에서 유효한지이다.
기술적 타당성	간호방법, 수단이 기술적으로 가능하고 효과가 있는 것이다.
사회적 타당성 국시 99 / 공무원 20	학생, 교직원, 사업 대상자들이 그 방법과 수단을 수용하는지로 얼마만큼 받아들여 줄 것인가이다.
법적 타당성	목표달성 행위인 방법과 수단이 법률 제도적으로 보장이 되는가, 법적으로 받아들일 수 있는지이다.

간호수행 계획 `임용 13`

누가(집행자)	무슨 기술, 지식을 가진 사람이 업무활동을 할 것인가
어디서(집행장소)	어디서 할 것인지 명확히 기술
무엇을 가지고(방법)	예산 계획, 필요한 도구, 이용 가능한 도구, 청구해야 할 도구 목록 작성
언제(집행시기)	그 업무를 언제 시작, 언제 끝내야 할지

평가계획

구성요소 `임용 05 / 국시 98, 07`

평가주체 (평가자, 누가)	평가를 누가 할 것인가를 정하는 것이다. 보건교사, 학생, 학부모, 학교장, 학교보건 관련 요원, 평가위원회를 구성하며 누구를 포함할 것인가를 정한다. 다양한 사람들로 구성하여 학교보건의 이해, 관심도를 높인다.
평가시기 (언제)	사업 전, 사업 과정, 사업이 끝난 후 평가한다. 평가를 얼마나 자주 할 것인지, 언제 할 것인지, 연말, 분기말, 월마다, 주마다 등 미리 시간표를 작성한다.
평가범주 (어떤 범위)	투입된 노력에 대한 평가, 사업진행에 대한 평가, 목표달성 정도 평가, 사업 효율성 평가, 사업 적합성을 평가한다.
평가도구 (평가방법, 무엇을 가지고)	실행 가능하고 효과적 방법 선택으로 도구의 타당도, 신뢰도가 적합한지 알아본다. 설문지, 면담, 관찰, 체크리스트, 보고서, 통계자료, 건강관리 자료이다.
평가기준	목표에 달성되었다고 판정할 수 있는지에 대한 기준을 제시한다. 구체적 성취 행동, 흡연율, 운동실천율, 과체중률, 인식률 변화, 유병률, 교육 만족도, 참여율이다.

평가주체에 따른 구분 서울 20

내부평가	정의	실제 보건사업을 수행하고 있는 실무자에 의한 평가이다.
	장점	사업 수행자가 하는 평가로 기관의 특성이나 보건사업의 특수성을 잘 반영한다.
	단점	수행자가 자신을 평가하여 객관적이고 공정한 평가가 되지 못해 평과 결과에 신뢰성 문제가 제기된다.
외부평가	정의	전문기관이나 전문가들로 구성된 패널에 의해 실시된다.
	장점	보건사업에 대한 전문적인 지식을 가지고 객관적으로 평가한다.
	단점	비용과 시간이 많이 소요된다. 보건사업을 수행하는 기관이나 보건사업의 고유한 특성(특수성)을 반영하기 어렵다.
참여평가	정의	내부평가와 외부평가를 절충한 참여평가를 사용한다. 참여평가를 할 때 평가위원회를 구성하는데, 이 위원회에 보건사업 수행자, 전문가, 사업 참가자, 사업 수혜자, 지역사회 대표가 포함된다.

Donabedian(사업과정, 투입-산출 모형, 평가 시기, 논리) 국시 16, 19

구조평가(structure) 국시 17, 19 / 공무원 12	사업계획서 국시 06, 사업목표, 사업대상, 사업인력, 물적 자원, 예산 : 투입의 적절성			
과정평가(process) 인천 05	사업 서울 02	사업계획 국시 06, 18, 원인분석, 수정		
	자원 국시 21	자원의 진행 과정에서 적절성		
	이용자 국시 21	적절성, 참여율, 만족도 국시 20		
결과평가(outcome) 국시 18	효과 국시 22	단기 효과 국시 17	사업목표 달성 국시 02	
			지식, 태도, 신념, 가치관, 기술, 행동 변화 측정	
		장기적 효과 국시 06	유병률, 사망률 감소	
	효율 공무원 17	총소요 비용 / 참여 명수 사업으로 인해 변화된 결과		
	만족도			
	재계획			

논리적 모형(성과지표에 대한 평가, 투입-산출-결과 모형) 임용 18 / 공무원 19

투입 평가(Inputs)	인력, 예산, 시설, 장비, 정보 등 보건업무를 수행하기 위해 사업에 투입한 인적·물적 자원이다.
활동(과정, Activities) 평가	투입이 산출로 전환되는 과정적 산물이다. 프로그램 제공자들이 무엇을 하는지 나타낸다. 보건서비스 제공의 생산 활동이 이루어지는 과정이다.
산출물 평가(Outputs) 국시 20	산출은 보건 프로그램 참가자의 관점에서 초래되는 결과이다. 투입과 활동 과정의 일차적인 결과로 제공된 보건 서비스 활동의 직접적인 결과물이다.
결과(성과, Outcomes) 평가	생산 활동을 통해 생산된 산출물이 궁극적으로 대상자에게 미치는 영향으로 지식, 태도, 행동의 변화나 건강수준의 변화이다.

평가시기 임용 09

진단평가	사전평가로서 프로그램이 시작되기 전 평가이다. 대상자들이 프로그램에 대한 준비도, 지식 수준, 이해도, 동기, 흥미를 사전에 평가한다.
형성평가	지역사회보건사업을 수행하는 중간에 실시되는 평가이다. 지역사회보건사업이 계획한 대로 진행되고 있는지, 수행 중 어떤 문제점이 발생했는지, 문제점이 발생했다면 얼마나 되고 해결방안은 무엇인지를 평가한다.
총괄평가	지역사회보건사업이 실시된 후에 진행되는 평가이다. 투입된 노력의 대가로 지역사회보건사업의 목표는 달성했는지, 무엇이 나타났는지, 대상자 및 사회에 끼친 영향을 평가한다.

평가의 범주(체계모형에 따른 평가) 임용 16 / 국시 03

투입된 노력에 대한 평가 국시 04 / 경북 07	인적 소비량, 물적 소비량
사업진행에 대한 평가	계획, 원인분석, 재계획
목표 달성 정도 평가 국시 14, 16	목표 달성 평가, 원인 분석, 재계획
사업효율성 평가 국시 03, 18 / 서울 06 / 부산 04	투입 대비 산출, 효율성 증가
사업의 적합성 평가 경기 08 / 전북 04	$\dfrac{\text{사업 자체, 사업 목표, 사업 결과}}{\text{지역사회 요구}} \times 100\%$

경제성 평가방법 〈효편효〉

비용-효과분석 (비용-효과측정, CEA, cost-effectiveness analysis) 공무원 19	분석 대상 프로그램들에서 같은 방법으로 측정한 하나의 효과에 각각의 관련된 비용을 비교한다. 어느 사업이 효과 단위당 비용이 덜 드는지 판단한다.
비용-편익분석 (비용-편익측정, CBA, cost-benefit analysis)	각 사업의 비용과 편익을 모두 화폐가치로 나타낸 후 순편익(총편익-총비용)이 가장 큰 사업을 선택한다.
비용-효용분석 (비용-효용측정, CUA, cost-utility analysis)	비용-편익 분석과 마찬가지로 결과가 다른 프로그램들을 비교할 수 있다. 비교하고자 하는 프로그램이 건강과 관련된 삶의 질이 중요한 산출물일 때 사용된다. 주로 질보정 생존연수(Quality Adjusted Life Years, QALY)로 측정한다.

평가절차 : 결핵 유병률 감소 적용 (임용 07 / 서울 09 / 경북 06) 〈대수 목가재〉

단계	내용
1. 평가대상	평가대상(내용), 평가기준 설정
2. 자료수집	평가를 위한 관련 정보, 자료수집
3. 목표비교	목표와 수행결과 비교
4. 가치판단	목표달성 여부 파악, 원인분석
5. 재계획	앞으로의 사업방향 결정

◆ 김기영 보건교사 ◆

④ 지역사회 보건행정

국가 보건의료체계
국가 보건의료체계의 구성요소 : WHO 국시 07 / 서울 04, 09 / 대전 05 〈자배경 전관〉

구분	내용
보건의료자원의 개발 국시 21	보건의료체계 안에서 보건의료 제공을 수행하는 데 필요한 인적·물적 자원 개발
자원의 조직적 배치 임용22 / 국시 04	보건의료 전달과정을 위해 자원의 조직적 배치, 국가보건의료당국, 건강보험 프로그램(공적), 독립 민간부문
경제적 지원	개별 가계, 고용주, 공공재원, 민간기관, 기부, 원조, 재원들
경영(정책 및 관리) 국시 02	지도력, 규제, 의사결정 : 기획, 실행, 감시, 평가, 정보지원 국시 14
보건의료 전달체계 (보건의료의 제공) 국시 02, 07	보건의료의 서비스 제공은 일차(예방 중심), 이차(치료 중심), 삼차 보건의료(재활 중심)

보건의료서비스의 사회·경제적 특성 공무원 11, 13, 16, 18

구분	내용
소비자 무지 (정보의 비대칭성)	보건의료서비스의 제공에 소비자의 무지가 존재한다. 정보의 비대칭성은 "공급은 그 스스로의 수요를 창조한다."라는 세이의 법칙과 관련된다.
질병(의료수요)의 불확실성(불규칙성)	질병이 언제, 어디서 발생할지 예측할 수 없다.
외부효과 (Externality Effects, 확산효과, 이웃효과)	보건의료서비스를 통하여 건강을 보호하면 질병의 파급을 줄이며, 그 혜택은 당사자, 가족, 사회 전체에 돌아가는 보건의료의 외부효과이다.
공공재(필수재)	국민은 누구나 생존에 필요한 최소한의 의료서비스를 받을 권리가 있다. 공공재는 소비가 비경쟁적으로 모든 소비자에게 골고루 편익이 돌아가야 하는 서비스
우량재	보건의료 소비를 통한 국민 개인과 국가 전체에도 장기적 편익을 가져다 준다.
비영리성	인간중심의 생활 필수품으로 보건의료서비스는 국민의 생명과 건강을 책임지는 비영리성이 강조된다.

적정 보건의료서비스의 요건 〈질 접근 효지〉

접근 용이성 (accessibility) 국시 22	보건의료서비스는 필요하면 언제, 어디에서도 받을 수 있도록 재정적, 지리적, 사회·문화적 측면에서 주민이 쉽게 이용할 수 있어야 한다.
질적 적정성 (quality)	보건의료의 의학적 적정성과 사회적 적정성을 달성할 수 있어야 한다.
지속성 (continuity)	보건의료는 보건의료기관들 간에 유기적 관계를 맺고 협동적으로 제공한다. 보건의료는 평생 또는 오랫동안 지속한다.
효율성 (efficiency)	보건의료의 목적 달성을 위하여 투입될 수 있는 자원에 한계가 있다. 투입되는 자원의 양을 최소화하여 최대 목적을 달성한다.

Roemer의 분류 공무원 19, 21 〈자복 포사〉

종류	자유기업형	복지지향형	포괄적 보장형(포괄주의형)	사회주의 계획형(사회주의형)
정부	정부의 보건의료 프로그램이 취약하여 보장성이 낮다.	정부나 제3 지불자들이 다양한 방법으로 민간의료시장에 개입한다. 주로 공공주도의 의료보험제도를 실시하고 있다.	복지지향형보다 시장개입의 정도가 더 심하다. 보건의료의 재원을 중앙정부와 지방정부의 조세를 통해 조달한다. 전국민이 완전한 보건의료서비스를 무상으로 받는다.	정부에 의한 시장개입이 가장 심하다. 민간의료시장을 완전히 제거하고 보건의료를 중앙계획을 통한 통제체제로 운영하고, 국유화되어 있다.
국가	미국, 태국, 필리핀, 남아프리카공화국	독일, 캐나다, 일본, 한국	영국, 뉴질랜드, 노르웨이	구 소련, 체코, 쿠바, 북한, 베트남, 중국

소비자의 의료기관 선택과 의료서비스 제공체계 분류 : Fry

자유방임형 의료전달체계 `국시 07, 14`

> 개개인의 능력과 자유를 최대한으로 존중한다. 자유기업 정신에 따라 의료기관도 자유경쟁의 원칙하에 민간주도로 운영하고 정부의 통제나 간섭은 극소화하는 것이다.

의료보장방식 : 사회보험방식(National Health Insurance, NHI)

장점 `국시 05, 13 / 충북 05`

구분	내용
의료인	의료인에게 의료의 내용, 범위, 수준을 결정하는 재량권을 부여한다.
의료서비스 `경북 06, 09`	의료서비스의 질적 수준이 높아 양질의 의료를 제공한다.
국민 `국시 22`	국민이 의료의 자유선택과 책임강조로 의료기관, 의료인을 선택할 자유가 최대한 보장된다.

단점 `임용 98, 03` 〈자유방임형은 연예의 불기이다〉

구분	내용
연속성 문제 `국시 18`	가족단위로 기본적 의료서비스에 고정적으로 한 의사를 방문하는 경우가 적어 진료의 연속성에 문제가 있다.
예방서비스 부족	예방서비스보다 의료비 보상이 가능한 치료에 집중하여 예방서비스 저하와 포괄성이 저하된다.
의료비 증가	의료자원의 비효율적 활용으로 의료비 보상이 가능한 치료에 집중하여 의료비가 매우 높다. 의료비 증가에 억제기능이 취약하여 보험재정 안정을 위한 노력이 필요하다.
불균형 `국시 05, 18, 20` `지방 09`	의료의 수준, 자원의 지역적, 사회계층 간 불균형이 있다. 구매력이 높은 도시지역, 사회계층에 인력, 시설이 편중되어 의료서비스의 형평을 유지하기 어렵다.
기획, 조정 어려움	정부의 통제나 간섭은 극소화로 기획, 조정이 어렵다.

사회보장형 의료전달체계
의료보장 방식 : 국가 보건서비스 방식(National Health Service, NHS)

정의 국시 05	국가의 직접적 의료관장 방식으로 정부가 일반 조세로 재원을 마련하여 모든 국민에게 무상으로 의료 제공

장점

연속성 국시 07	가족단위 등록으로 등록된 의사에게 계속적으로 진료를 받아 의료서비스의 연속성면에서 긍정적
예방	예방활동을 통해 질병발생을 억제하면 진료환자 감소로 예방서비스를 제공한다.
포괄성	포괄적 의료제공
의료비 억제 국시 05	정부가 관리주체로 의료공급이 공공화되어 의료비 증가에 효율적 통제로 국민의 의료비 수준도 안정적
균등한 의료 보장	소득수준에 관계없이 모든 국민에게 균등한 의료 보장으로 초진은 자신이 등록한 일반의에게 진료를 받아 국민은 누구나 필요할 때 진료서비스를 받는다.
기획 활용	의료문제는 정부가 주도하며 보건기획, 자원의 효율적인 활용
무료	국민 전체에게 보건의료서비스를 무료로 제공한다.
소득 재분배	조세제도를 통한 재원조달은 소득 재분배 효과

행위별 수가제

정의 국시 08, 19		자유 방임형에서 사회보험 방식이 사용되며 제공된 의료서비스의 양과 서비스당 가격을 곱한 만큼 지불한다.
장점 국시 04, 08		의료인의 자율성이 보장되며 양질의 의료 서비스 수혜
단점 임용 98 / 국시 07	예방 부족	예방보다 치료중심의 의료행위이다.
	의료비 증가	수입 극대화를 위한 불필요한 검사, 처치의 과잉진료와 의료남용으로 의료비 상승이다.
	불균형 지방 09	수익을 위해 의료자원의 지역 간 편재현상으로 불균형이 있다.
	복잡	의료비 지불 심사상 행정절차가 복잡하다.
	마찰	요양급여 비용 심사에 따른 의료공급자와 심사 기관의 마찰이 있다. 개별항목의 의료서비스마다 수가를 정해야 하므로 의료제공자와 심사기관 간의 마찰이 불가피하다.

상대가치수가제

	의료인의 진료 행위의 난이도에 대한 산출 방법이다. 난이도에 대한 상대가치와 자원의 투입량을 고려하여 수가를 책정한다.

인두제

정의 임용 22 / 인천 05		사회보장형의 국가서비스 방식으로 등록된 환자 수에 따라 의사가 보상받는 방식이다. 의사는 미리 등록된 대상자에 따라 해당하는 보수를 받고 등록자에게 의료서비스를 제공한다.
장점 전북 05	연속성	진료의 연속성이 증대된다.
	예방	진료보다 예방에 많은 관심을 갖는다.
	포괄적	포괄적 의료제공 서울 09
	의료비 억제	환자에 대한 서비스 제공 양과 의사 수입은 거의 관계가 없어 과잉진료 억제효과로 의료비 억제
	행정적 간편	행정적 업무절차가 간편

DRG(포괄수가제) 〈DRG가 경질표 마행〉

정의 임용 22 / 국시 14		제공된 의료서비스의 양과 관계없이 환자의 질병 중증도에 따라 분류한 체계를 이용한다. 환자의 요양 질병별, 일수별 보수단가를 상정하여 진료비를 결정한다.
적용 부산 04		수정체 수술(백내장 수술), 편도, 아데노이드 수술, 충수절제술 국시 06 , 서혜, 대퇴부 탈장 수술, 치질 수술, 자궁, 자궁 부속기 수술(악성 종양 제외), 제왕절개술
장점 국시 17, 22 서울 04, 05 〈경질표 마행〉	경제적 국시 13	의료비 지불수준이 미리 결정되는 사전결정 방식으로 경제적 진료를 수행하여 과잉진료, 의료 서비스 오남용 억제, 총진료비 억제효과가 있다.
	진료 표준화	진료의 표준화를 유도한다.
	질 관리 활동 경북 07	의료기관의 질 관리 활동으로 수익을 위해 의료기관의 자발적 경영 효율화 노력을 한다.
	행정 업무 간편	행정적 업무절차가 간편하다. 요양급여 비용청구의 심사절차가 복잡함에 따른 과다한 행정비용 유발의 현행 제도의 문제점이 해결된다.
	마찰 감소	요양급여 비용 심사에 따른 의료 공급자와 심사기관과 보험자 간 마찰이 감소한다.
단점	질 저하 국시 08, 22	서비스가 규격화되어 과소진료로 의료의 질 저하가 우려된다.
	기피현상	많은 의료서비스가 요구되는 환자에 기피현상이다.
	부당청구	분류정보 조작을 통한 부당청구 성행 가능성이다.

신포괄수가제

현재의 행위별 수가제와 포괄수가제의 단점을 보완하며, 진료에 필요한 대부분의 서비스는 포괄수가제로 묶고, 고가서비스와 의사시술행위 등은 행위별 수가제로 별도 보상하는 제도이다. 기존 포괄수가제(정액지불)에 행위별 수가제를 추가한 방식이다.

총괄계약제

정의 국시 06	지불 측인 보험자들과 진료 측이 미리 진료보수 총액을 사전에 정하는 계약 체계이다. 진료 측에서 그 총액의 범위 내에서 진료를 담당하고 지불자는 진료비에 구애받지 않고 의료서비스를 이용한다.
장점 서울 05	의료비 절감	진료보수의 배분을 진료 측에 위임함으로 의사 개개인의 과잉진료에 억제로 의료비 절감효과가 있다.

보건의료제도
사회보장체계 국시 02

사회보험	소득보장	고용보험
		산재보험
		연금보험
	의료보장 국시 05	건강보험
		산재보험
		노인장기요양보험
공공부조	소득보장	기초생활보장
	의료보장	의료급여
사회복지서비스	아동복지, 노인복지, 가정복지, 장애인복지	

사회보험	재원부담	능력비례부담으로 소득수준에 따라 차등 부과된다. 임용 24
	보험급여 수준	필요에 따른 균등급여가 행해진다. 임용 24
건강보험심사평가원	요양급여 비용 심사, 요양 급여의 적절성 평가	

국민의료비 증가요인 (임용 03 / 국시 00, 04)

수요측 원인	노인인구, 만성질환의 증가 소득 수준 향상에 의한 의료 수요에 다양한 욕구 건강보험의 급여범위 확대로 의료 수요 증가
공급측 요인	의료 기술 변화로 의료 생산 비용 상승에 의한 의료수가 상승
제도적 기전	의료비 지불보상제로 행위별 수가제, 치료 중심의 보건의료전달체계

국민의료비 억제대책

수요 측면 억제방안 (서울 08)	본인 부담 정률제, 본인 부담 정액제, 급여 상한제
공급 측면 억제방안	고가 의료기술 (국시 04), 행정절차
지불보상제도 개편 (서울 08)	사전결정 방식, 포괄수가제 (국시 06), 총괄계약제
의료전달체계 확립	일차 보건의료, 공공의료서비스 (국시 13), 의료대체서비스, 다양한 보건의료전문가

공공보건의료조직

중앙행정조직체계	보건복지부	기술지원	
	행정안전부	인력과 예산 지원	
읍·면 보건행정조직	보건지소 (국시 21)	「지역보건법 시행령」에 따라 각 읍·면마다 보건지소를 1개소씩 설치	
	보건진료소 (국시 22)	「농어촌 등 보건의료를 위한 특별조치법」	
		자격기준 (국시 22)	보건진료 전담공무원
	건강생활 지원센터 (국시 20, 21)	금연, 절주, 영양, 신체활동과 만성질환 관리사업을 필수사업	

설치 근거 법 공무원 18, 21

「지역보건법」	「농어촌 등 보건의료를 위한 특별조치법」
보건소(시·군·구), 보건지소(읍·면), 건강생활 지원센터	보건진료소

일차 보건의료(Primary Health Care)

정의 임용 98 / 국시 99	지역사회의 개인, 가족이 지리적으로 쉽게 접근(Accessible) 지역사회 주민들이 받아들일 수 있는 사업방법으로(Acceptable) 주민들의 적극적인 참여에 의해(Available) 지역사회의 지불능력에 맞는 보건의료수가로 제공되는(Affordable) 필수적이고 포괄적(건강증진, 예방, 치료, 재활의 서비스가 통합된) 보건의료이다.	
대두 배경 임용 00	기본권, 건강권, 평등권	기본권은 국민의 기본 권리이다. 건강권 국시 20 으로 국민이 건강하게 살 권리를 인식한다. 국가는 국민을 보호할 책임이 있다. 보건의료에 권리는 건강상 필요한 경우 보건의료를 이용할 수 있는 기회인 보건의료의 접근성과 관계가 깊다. 평등권으로 전체 인구가 보건의료에 평등하다. 1978년 알마아타 회의 국시 00, 04, 08 에서 알마아타 선언으로 일차 보건의료는 "2000년까지 모든 사람에게 건강을"이라는 목표를 실현하는 접근방법이라고 선언하였다.
	의료비 증가	의료비용에 건강 소비자의 비용 부담은 커져 의료이용을 어렵게 하였다.
	의료자원 불균형 국시 07	의료자원의 불균형 분포가 국가 간, 지역 간 형성한다.
	건강 증진	보건의료가 나아갈 방향은 치료 위주에서 예방, 건강증진 중심으로 변화한다.

주요 필수요소(4A) 일차 보건의료 접근(WHO) 임용 06 / 국시 14 / 경남 04 〈접수증 지참〉

Accessible (접근성) 국시 13, 20	지리적 접근성으로 개인, 가족단위의 주민과 가장 가까운 위치에서 계속적 건강관리이다. 모든 주민이 쉽게 이용하도록 거리, 교통시간, 교통수단을 고려하여 주민이 접근할 수 있다. 보건의료 활동은 소외된 지역 없이 오지 지역까지 전달하여 오지 지역이 일차 보건의료 활동의 핵심이다.	
Acceptable (수용가능성)	지역사회의 모든 개인, 가족이 쉽게 받아들일(수용) 수 있는 방법의 사업 제공이다. 사업은 과학적, 합리적 방법으로 건강문제 해결 접근 방법과 기술을 사용한다.	
Available (주민참여) 경기 08, 19	지역사회 자조요원인 지역사회의 적극적 참여를 통해 한다. 일차 보건의료 도입으로 자체의존, 자체결정의 정신에 의해 발전, 유지한다. ex) 마을 건강원, 보건진료소 운영협의회 조직운영	
Affordable (지불부담 능력)	지불능력에 맞는 보건의료수가로 제공된다. 서비스의 비용이 국가, 지역사회가 재정적으로 부담이 가능한 방법이다.	

필수적인 건강관리보장을 위한 보건사업의 기본원칙(WHO) 국시 00, 01 / 서울 02 〈지유상 포균〉

포괄성	모든 사람에게 필요한 기본적인 건강관리서비스를 제공해야 한다. 개인, 가족, 지역사회를 위하여 건강증진, 예방, 치료, 재활의 통합된 포괄적 보건의료이다.
균등성 (equality)	누구나 필요로 할 때 어떤 여건에서든 필요한 만큼의 서비스를 똑같이 받을 수 있어야 한다. 기본적 건강서비스는 누구나 어떤 여건이든지 필요한 만큼의 서비스를 똑같이 받는다. 보건의료자원을 형평성 원칙에 효과적 균등한 배분으로 지역 간, 계층 간 불평등 완화를 위해 노력한다.
지속성	필요한 보건의료서비스를 지속적으로 제공하여 기본적인 건강상태를 유지한다.
유용성	일차 보건의료 서비스는 지역주민들에게 필요하고 유용한 서비스이어야 한다.
상호협조성 (coordination)	일차 보건의료 관련 부서가 서로 협조하여 의뢰체계를 구축한다. 보건의료요원인 의사, 간호사, 보건요원의 협동과 정부, 보건의료체계, 민간보건체계의 지원이다.

일차 보건의료 서비스 9가지(WHO) 국시 04 / 경남 05 〈통풍예 물건식 약모정〉

건강 문제	지역사회가 가지고 있는 건강문제를 규명하고 관리하는 방법 교육
식량	식량의 공급, 영양 증진
물	안전한 물의 공급
모자보건	가족계획을 포함한 모자보건
예방접종	그 지역사회의 주된 감염병의 예방접종
풍토병	그 지역의 풍토병 예방, 관리
통상질환	통상질환, 상해의 적절한 치료
정신보건	정신보건 증진
기본 의약품	기본 의약품 제공

학교보건과 일차 보건의료 사업

의의 임용 00		학교에서 보건교사가 학교보건을 통한 일차 보건의료가 바람직하게 제공되면 학생, 교직원의 의료에 관한 기본권인 평등권, 건강권을 보장하여 국민의 건강을 구현한다.	
관련성 임용 98	접근법	Accessible(접근성)	지리적 접근성으로 학교인구는 학교보건사업을 쉽게 접근할 수 있다.
		Acceptable(수용가능성)	사업은 과학적, 합리적 방법으로 학생들이 수용할 수 있는 건강문제 해결을 위한 접근
		Available(주민참여)	학생과 교직원의 적극적인 참여하에
		Affordable(지불부담능력)	국가, 지역사회가 재정적으로 부담이 가능한 사업이다.
	필수적·포괄적		학교에서 발생하는 기본적이고 필수적이고 포괄적 보건의료는 보건서비스, 보건교육, 환경관리, 지역사회 연계인 학교보건을 통하여 해결한다.
	보건의료전달체계 기초		보건의료전달체계의 기초이다. 학교에서 일차 보건의료 사업은 보건의료체계에 들어오는 첫 관문인 보건실에서이다.

⑤ 가족간호

가족간호과정
가족사정 원칙 임용 02 / 국시 01, 13, 14 / 경기 07 〈다복 강충범 참전 의지〉

가족 참여	가족이 간호과정에 참여하여 간호사, 대상자가 함께 사정, 진단, 중재, 평가를 결정한다. 국시 01, 06
가족 전체 초점	가족 전체에 초점으로 문제가 있는 가족구성원과 가족 전체를 대상으로 자료를 수집한다.
다양성, 변화성	정상 가족이라는 일반적 고정 관념을 버리고 가족의 다양성, 변화성에 인식을 가지고 접근한다.
문제점, 강점	가족의 문제점, 강점도 사정한다. 국시 05
복합적 수집	가족 정보 중에 이중적 의미가 있다. 여러 사람으로부터 가구원 전체, 친척, 이웃, 통, 반장, 의료기관, 지역 자원, 기존 자료를 통해서 복합적 정보를 수집한다.
충분한 시간	가족사정 자료들은 질적 자료 요구로 심층 면담을 하도록 영역별로 충분한 시간을 할애한다. 1회 면담시간은 30분을 넘지 않는다.
지속적 면담	한 번의 면담에서 무리하게 자료를 얻으려 하는 것은 가족에게 부담을 주고 정보도 정확하지 않으므로, 지속적 면담을 통해 자료를 보강한다.
자료의 의미	사정된 자료 자체는 원인도 아니며 문제도 아니며 진단도 아니다.
범주화	수집된 자료 중 의미 있는 자료를 선택하여 범주화한다.

◆ 김기영 보건교사 ◆

가계도(가족구조도) 임용 02 / 국시 09 / 경남 05 / 경기 08

정의 국시 04, 16

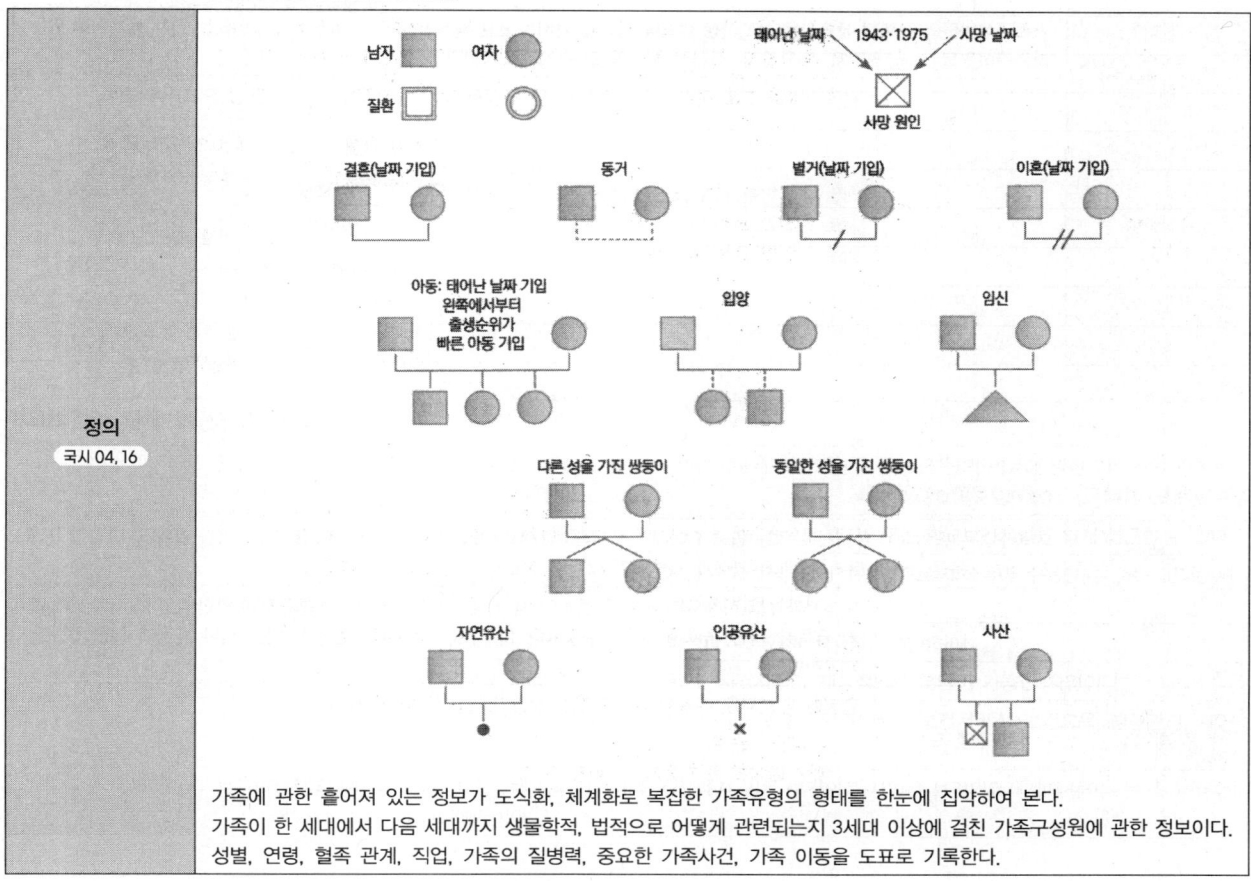

가족에 관한 흩어져 있는 정보가 도식화, 체계화로 복잡한 가족유형의 형태를 한눈에 집약하여 본다.
가족이 한 세대에서 다음 세대까지 생물학적, 법적으로 어떻게 관련되는지 3세대 이상에 걸친 가족구성원에 관한 정보이다.
성별, 연령, 혈족 관계, 직업, 가족의 질병력, 중요한 가족사건, 가족 이동을 도표로 기록한다.

가족밀착도

정의 국시 05	가족구성원들의 전체적 상호작용으로 가정 생활에 영향을 미치는 근본적 문제이다. 가족구조를 구성하는 현재 동거하고 있는 가족구성원들 간 상호관계, 밀착관계, 정서적 지지를 그림으로 도식화하여 관계의 본질을 파악한다.	
작성방법 공무원 19	선	가족 2명을 조로 하여 가족구성원인 두 사람의 다양한 관계는 각각 다른 선으로 나타낸다. 친밀감이 약한 관계(소원한 관계) − 서로 친밀한 관계 = 매우 친밀한(밀착된) 관계 ≡ 밀착된 관계, 갈등이 심한 관계, 소원한 관계, 이별 또는 단절, 갈등적 관계, 융해된 갈등관계

외부체계도(생태도) 임용 02 / 국시 03 / 서울 08

정의	가족구성원과 가족을 둘러싸고 있는 환경의 다양한 외부체계(친척, 직장, 교육기관, 보건 의료기관, 여가 활용)의 다양한 관계와 상호작용을 그림으로 나타낸다. 가족과 외부와의 다양한 상호작용을 한눈에 파악한다.	
특징 국시 22	외부 환경 국시 07	대상자가 상호작용하는 외부 환경들의 성격, 질, 지지, 자원의 흐름까지 파악한다. 대상자와 가족에게 유용한 자원, 부족한 자원, 보충해야 할 자원, 스트레스, 갈등이 되는 외부 환경에 대한 정보를 제공한다.
작성방법	상호관계 표시	중심원과 외부원 각각의 상호관계를 상징기호를 이용하여 표시 …… 소원한 관계 ≡ 매우 밀착된 관계(또는 — 교류 강함)

사회지지도 　임용 02, 12 / 전북 04

정의 국시 06, 18, 21			가족 내 가장 취약한 가구원의 가족 하위체계를 중심으로 가족 내부, 외부체계와의 상호작용을 보여준다. 부모·형제 관계, 친척관계, 친구와 직장동료와 이웃관계, 지역사회와의 관계를 그려봄으로 취약한 가족구성원과 가족 내부, 외부와 상호작용을 파악한다.
특징			가족 자체의 지지체계의 양상에 전반적 이해에 도움으로 가족의 문제를 해결할 때 누구를 중심으로 시작할 것인지 어떻게 지지체계를 활용할 수 있을 것인지를 알려준다. 원 안에 얼마나 많은 선들이 연결되었는지 평가하여 간호중재에 활용할 수 있는 지지체계를 파악한다.
작성방법	가장 안쪽 원		우선적 간호중재가 이루어져야 하는 취약한 가족구성원 선정
	두 번째 원		동거가족
	세 번째 원		친척
	네 번째 원		이웃, 친구, 직장동료
	가장 바깥쪽 원		선정된 가족구성원과 관련되는 지역사회자원
	지지 정도 표시 임용 21	구성원 중심	안쪽 구성원 중심으로 선을 이용하여 지지 정도 표시
		직선 연결 안됨	지지 정도 약함 / 선을 그리지 않는다.
		화살표, →	에너지 흐름 지지를 나타내는 직선의 끝에 화살표로 지지활동의 방향을 표시한다.
		하나, →	지지 정도 보통
		2개 선, ⇒	지지 정도 강함

◆ 김기영 보건교사 ◆

가족연대기 임용 15 / 국시 14

목적 국시 19	가족의 역사 중에서 개인에게 영향을 주었다고 생각되는 중요한 사건들을 순서대로 열거한다. 그러한 사건들이 가족구성원들에게 어떤 영향을 주었는지 관련성을 파악하여 가족의 생활변화를 안다.

가족생활사건 임용 13

의의	일상에 축적되어 온 사건들로 쌓인 스트레스가 정신장애, 신체장애의 원인이다. 스트레스 생활사건은 일상생활에서 발생되는 스트레스 요인이다. 생활사건들은 걱정, 스트레스, 개인의 신체적·정신적 안녕에 영향을 주는 긴장 상태를 만들 수 있다. 생활사건 스트레스로 신체, 정신적 질병에 생긴다. 생활사건 스트레스가 개인의 저항력과 대처자원을 감소시키는 취약성 요인이 된다.
가족생활 사건 도구, 생의 변화 질문지 공무원 15	

스밀크스타인(Smilkstein)의 가족기능 평가도구 : 5가지 가족기능 영역(APGAR) 임용 99 / 국시 07

가족의 적응능력 (Adaptation)	위기 시 문제해결을 위해 가족자원이 필요할 때 가족의 내적·외적 자원이 제공되는 도움의 만족 정도이다.
가족 간 동료의식 정도 (Partnership)	가족구성원끼리 동반자 관계에 의해서 문제해결을 위해 의사결정을 하는 정도에 가족구성원의 만족 정도이다.
가족 간 성숙도 (Growth)	가족구성원 상호 간 지지, 지도를 통해 신체적·정서적 성숙 발달을 달성하는 정도에 가족구성원의 만족 정도이다.
가족 간 애정 정도 (Affection)	가족구성원 간 서로 보살펴주고 사랑하는 정도, 친밀감, 감정적 경험을 나누는 감정적 교류에 개인의 만족 정도이다.
가족 간 해결 (Resolve)	가족구성원들이 타 구성원의 신체적·정서적 성숙, 애정을 위하여 서로 돈, 공간, 시간에 대한 결정에 돈, 공간, 시간을 내주는 정도의 만족이다.

진단의 우선순위 `국시 03`

전체 영향	가족 전체에 영향을 줄 수 있는 것
긴급성	응급, 긴급을 요하는 것으로 긴급성이 요구, 응급처치가 필요한 문제
근본적 문제	도미노 현상을 일으킬 수 있는 근본적 문제
쉽게 행동	가족들이 실제로 쉽게 행동함으로 변화된 결과를 보거나 경험할 수 있는 것
만족	가족이 수행할 수 있어 결과에 만족을 느낄 수 있는 문제
관심도	가족의 관심도가 높은 것

가족간호수행 유형 `국시 01` 〈자 예계 강사〉
계약

방법	공동 책임	동반자 관계로 간호사와 가족 간 협력적으로 간호사와 가족의 공동의 분담된 노력을 하여 공동 책임
	문서화	계약은 문서화로 간호사, 환자, 가족 간의 서비스의 내용과 누가, 언제, 무엇을 수행할 것인가를 기술
장점 `국시 10, 16, 17` 〈참 효자 동개 책〉	참여	가족이 능동적 참여자가 된다.
	동기화	대상자가 필요한 임무수행을 하도록 동기화가 된다.
	개별화	대상자의 요구에 맞는 건강관리의 개별화가 된다.
	책임감	가족이 가족 건강에 책임감을 인식한다.
	자율성	자신을 돌볼 수 있는 기술을 배움으로써 자율성, 자긍심이 높아진다.
	효율성	가족이 간호를 구체적으로 이해하고 과업을 수행하는 동기가 되어 간호가 효과적으로 수행됨으로써 효율성과 비용 효과가 도모된다.

예측적 안내 공무원 19

방법	가족들이 부딪히게 될 문제들의 정보를 아는 데 도움이 필요하다. 가족들은 기대되는 문제에 대처방법의 문제해결의 접근을 통해 가족들은 문제 상황에 효율적 결정을 다루는 법을 배운다.
효과	예견할 수 있는 문제에 적절한 예측적 안내를 받으면 문제들을 예측하여 대처 능력을 키워준다.

사례 연구

방법	사례 읽기	가족이 해결하기 원하는 문제를 선택하여 문제와 관련된 성공한 사례, 실패한 사례를 선택한다. 선택된 사례를 나누어 주고 읽어 그 해결과정을 살펴보면서 성공이나 실패의 요인을 알아본다.
	논의	참가자들이 논의를 하면서 같은 문제가 발생하였을 경우 어떻게 할 것인지 결정한다.
효과		다른 가족이 직면한 문제를 통해 대상가족이 문제를 어떻게 해결해갈 것인가 인식하여 문제해결능력을 키운다.

가족 자원강화 국시 08

자원 알선	가족의 간호요구를 해결할 자원이 어디에 있는지를 알아내고 간호요구가 필요한 가족을 돕는 데 활용한다.
인적 자원	건강행위와 돌보는 기술에 대한 지식, 기술, 문제해결 능력의 인적 자원 강화
경제적 자원	가족구성원의 소득 총액, 지출과 의료비용에서 경제적 자원을 강화한다. 부분 실업, 완전 실업에 있더라도 치료, 생존에 필요한 비용을 구한다.
물리적 자원	건강한 가정환경으로 안전한 상수, 음식 공급, 안정된 수면, 물리적 시설 설치, 안전, 적절한 기구, 물품 조달로 물리적 자원 강화

강점 개발 국시 08

정의	문제 자체보다 해결점을 발견하고, 실패보다 성공에 중점을 두는 미래지향적 시각이다.

취약가족

취약 가족의 종류 공무원 19 서울 03 / 부산 05	구조적으로 취약한 가족	불완전한 가족구조를 지닌 가족 예) 한부모가족, 조손가족, 결손가족, 이혼가족, 새싹가족(부모가 모두 없는 가족)
	기능적으로 취약한 가족	저소득가족 : 빈곤가족, 경제적으로 매우 가난한 가족, 실업가족 취업모를 둔 가족 : 어머니가 직장을 다니는 가족 만성질환자 가족 장애자가족 : 유전적 소인, 장애를 가진 가족 가족의 기능 : 애정, 생식, 경제적, 사회화, 보호
	발달단계에서 취약한 가족	예) 미혼모가족(청소년기가족), 미숙아가족(양육기가족)
	가족 내 상호작용이 취약한 가족	폭력가족, 학대부모가족, 비행청소년가족, 알코올중독가족, 다문화가족

방문간호와 가정간호의 차이

구분	맞춤형 방문건강관리	노인장기요양보험 방문간호 국시 20	병원중심가정간호(의료기관 가정간호) 서울 12
법적 근거	지역보건법	노인장기요양보험법	의료법 국시 05, 21
운영주체	보건기관	장기요양방문기관	의료기관
대상자	의료취약계층 국시 04 독거노인, 노인부부, 장애인, 기타 질환자	요양 1~5등급(주로 노인층) 의사가 방문간호 지시서 발급	조기 퇴원한 환자 급·만성 건강문제로 가정간호를 원하는 대상자 국시 21
인력	다직종 참여 보건기관 간호사, 의사, 사회복지사	2년 이상 임상경력 간호사 3년 이상 경력, 700시간 교육을 이수한 간호조무사	가정전문간호사 국시 21
서비스 국시 21	Cure < Care		Cure(의료행위) > Care 월 8회 이하 국시 05
비용부담	무료	본인부담 15%(재가서비스) 본인부담 : 국민기초생활수급권자를 제외한 의료급여자 6%(재가서비스) 기초생활수급자 무료	본인부담 20% 의료급여 1종 무료
수가		1회 방문당 서비스 제공 시간에 따라 수가 산정	가정간호수가 국시 21 가정간호 기본 방문료(방문당 수가제), 요양급여 행위별 진료수가, 교통비로 구성된다.

대상자 군 분류 및 군별 세부 기준 서울 19(2월) 〈집 정자〉

구분		내용
집중 관리군	정의	건강위험요인 및 건강문제가 있고 증상조절이 안 되는 경우 8회 직접 방문 또는 7회 직접 방문과 1회 내소 또는 전화 상담
	예	1) 수축기압 140mmHg 이상 또는 이완기압 90mmHg 이상 2) 수축기압 140mmHg 이상 또는 이완기압 90mmHg 이상이고, 흡연·고위험 음주·비만·신체활동 미실천 중 2개 이상의 건강행태 개선이 필요 3) 당화혈색소 7.0% 이상 또는 공복혈당 126mg/dL 이상 또는 식후혈당 200mg/dL 이상 ※ 당뇨병 진단기준은 당화혈색소 6.5% 이상인데, 대상자 군 분류에서는 7.0% 이상으로 하고 있다. 4) 당화혈색소 7.0% 이상 또는 공복혈당 126mg/dL 이상 또는 식후혈당 200mg/dL 이상이고, 흡연·고위험 음주·비만·신체활동 미실천 중 2개 이상의 건강행태 개선이 필요 5) 관절염, 뇌졸중, 암 등록자로 흡연·고위험 음주·비만·신체활동 미실천 중 2개 이상의 건강행태 개선이 필요 6) 임부 또는 분만 8주 이내 산부, 출생 4주 이내 신생아, 영유아, 다문화가족으로 집중관리가 필요 7) 허약노인 판정점수가 4~12점 8) 북한이탈주민으로 감염성 질환이 1개 이상이거나, 흡연·고위험 음주·비만·신체활동 미실천 중 2개 이상의 건강행태 개선이 필요 ※ 암 대상자로 암 치료 종료 후 5년이 경과되지 아니한 경우
정기 관리군	정의	건강위험요인 및 건강문제가 있고 증상이 있으나 조절이 되는 경우(위험군) 분기당 1회 이상 직접 방문하여 건강관리 서비스 제공
	예	1) 수축기압이 120~139mmHg 또는 이완기압이 80~89mmHg 2) 수축기압이 120~139mmHg 또는 이완기압이 80~89mmHg이고, 흡연·고위험 음주·비만·신체활동 미실천 중 1개 이상의 건강행태 개선이 필요 3) 공복혈당이 100~125mg/dL 또는 식후혈당이 140~199mg/dL 4) 공복혈당이 100~125mg/dL 또는 식후혈당이 140~199mg/dL이고 흡연·고위험 음주·비만·신체활동 미실천 중 1개 이상의 건강행태 개선이 필요 5) 관절염, 뇌졸중, 암 등록자로 흡연·고위험 음주·비만·신체활동 미실천 중 1개의 건강행태 개선이 필요 6) 북한이탈주민으로 흡연·고위험 음주·비만·신체활동 미실천 중 1개 이상의 건강행태 개선이 필요 ※ 암 대상자로 암 치료 종료 후 5년이 경과되지 아니한 경우 * 공복혈당 장애 : 공복혈당이 100~125mg/dL, 내당능 장애 : 식후혈당이 140~199mg/dL

자기역량 지원군	정의	건강위험요인 및 건강문제가 있으나 증상이 없는 경우(정상군) 6개월당 1회 이상 직접 방문하여 건강관리 서비스 제공
	예	1) 수축기압이 120mmHg 미만이고, 이완기압이 80mmHg 미만 2) 수축기압이 120mmHg 미만이고, 이완기압이 80mmHg 미만이며 흡연·고위험 음주·비만·신체활동 미실천 중 1개 이상의 건강행태 개선이 필요 3) 당화혈색소가 7.0% 미만 또는 공복혈당 100mg/dL 미만 또는 식후혈당 140mg/dL 미만 4) 당화혈색소가 7.0% 미만 또는 공복혈당 100mg/dL 미만 또는 식후혈당 140mg/dL 미만이고, 흡연·고위험 음주·비만·신체활동 미실천 중 1개 이상의 건강행태 개선이 필요 5) 질환은 없고, 흡연·고위험 음주·비만·신체활동 미실천 중 1개 이상의 건강행태 개선이 필요 6) 기타 집중관리군과 정기관리군에 해당되지 않는 경우

❻ 건강증진

건강증진 정의(WHO) 임용 99 / 국시 99 / 서울 04

건강증진은 건강에 영향을 미치는 건강습관과 사회 환경의 개선을 통해 건강잠재력이 충분히 발휘되도록 한다. 건강에 통제력을 증대시키고 건강을 향상시키는 능력을 갖도록 하는 과정이다.

타나힐(Tannahill)의 건강증진모델 공무원 17

보건교육	보건교육은 개인의 지식, 태도, 행동에 영향을 준다. 행위 변화를 통한 자기건강관리능력의 개발을 통해 건강을 유지하고 증진한다.
건강보호	건강보호는 법률적, 재정적, 사회적 방법을 통해 건강에 유익한 환경을 제공함으로 인구 집단을 보호한다. 건강을 보호하기 위한 건강한 환경(물리적, 정치적, 법적, 사회적 환경) 속에서 살 기회 확대를 위해 환경의 건강 위험요인에 접촉기회를 감소한다.
	법적 통제, 재정적 통제, 기타 규제 및 통제
예방 국시 99	질병의 진행과정을 방지하기 위한 목적으로 소극적 행동이다. 예방은 보건의학적 개입을 통해 질병을 감소시킨다. 일차 예방은 건강위험요소를 감소시킴으로 건강문제의 발생을 예방한다. 이차 예방은 건강문제를 조기에 발견하고 그 진행을 예방한다. 삼차 예방은 기존 질병에 의한 장애의 진행 및 고통의 감소, 질병 재발의 예방이다.

타나힐의 건강증진영역

1) 예방 영역	예방접종, 자궁경부암 선별검사, 선천성장애 선별검사, 고혈압 검진, 의학적 개입을 통해 질병과 불건강을 감소시킨다.
2) 예방적 보건교육 영역	불건강을 예방하기 위해 생활양식의 변화를 유도하고 예방사업을 이용하도록 권장하는 노력 예) 금연상담, 정보제공
3) 예방적 건강보호 영역	건강보호차원에서 법률, 정책, 규칙의 제정과 시행 예) 수돗물 불소화 사업(충치 예방 위해)
4) 예방적 건강보호를 위한 보건교육 영역	안전벨트 착용 의무화하는 법안을 통과시키도록 운동을 전개하거나 로비활동을 하는 것 예방적 건강보호를 위한 방법들이 성공을 거두기 위해 대중들에게 도움이 되는 사회적 환경을 조성하려는 노력
5) 적극적 보건교육 영역	개인이나 전체 지역사회가 적극적으로 건강관련 인지와 자신감, 기술을 개발하도록 도와주는 보건교육 예) 청소년 대상의 생활기술 습득 활동
6) 적극적 건강보호 영역	적극적 건강상태를 위해 사용이 편리한 여가시설을 마련하기 위해 공공자금을 제공하는 것 직장 내 금연 정책 시행이나, 심야 대중매체에서 주류광고를 하지 못하도록 하는 법령 예) 작업장 금연 정책
7) 적극적 건강보호를 위한 보건교육 영역	대중이나 정책 결정자들에게 적극적 건강보호 수단의 중요성을 인식시키고 지원을 보장받기 위한 노력 예) 담배광고 금지를 위한 로비활동

오타와 헌장의 건강증진 원칙 국시 10, 13 〈옹·연역〉

옹호	건강의 중요성에 대중의 관심을 불러일으키고 보건의료의 수요를 충족시키는 건강한 보건정책을 수립한다.
역량강화(가능화)	건강을 유지하는 것을 권리로 인정하여 자신들의 행동에 책임을 느껴 건강관리에 적극 참여한다. 건강한 선택을 위한 기술 습득 기회를 제공한다. 스스로 건강결정요인들을 통제할 수 있고 건강 잠재력을 달성한다.
연합(중개, 통합, 조정)	모든 사람들이 건강을 유지하고 증진하도록 건강에 영향을 미치는 학교, 경제, 언론, 관련 분야 전문가들이 협조한다.

◆ 김기영 보건교사 ◆

오타와 헌장(오타와 선언)의 건강증진 위한 5개 기본활동 영역 〈공보기 활환〉

건강한 공공정책 확립	조직의 변화, 입법조치, 재정마련, 조세의 부문에서 정책입안자가 정책 결정의 결과가 건강에 미치는 영향 인식으로 건강증진정책을 확립한다.
건강지향적 환경조성 (지지적 환경조성)	자연적, 사회, 경제, 정치, 문화적 환경까지 건강에 좋은 환경을 개발한다. 일, 여가생활은 건강의 좋은 원천으로 안전, 즐거움을 가질 수 있는 생활 환경, 직장환경 조성과 자연 환경을 보존하는 데 지역사회, 국가, 전 세계가 상호보완적 관계를 유지한다.
지역사회활동 강화	지역사회에서 건강관련 활동을 강화하여 자조, 사회적 지지를 높이는 지역사회의 인적, 물적 자원을 개발한다.
개인의 기술개발	건강을 위한 정보와 교육 제공과 일상생활에 필요한 기술을 강화하여 건강과 환경에 통제 능력이 향상된다. 학교, 직장, 지역사회에서 개인의 건강에 유익한 선택 능력과 전 생애의 각 단계를 준비하고 만성질환, 상해에 대처 능력을 개발한다.
보건의료사업 방향 재조정	보건의료사업은 지역사회 요구와 사회변화에 민감하게 대처한다. 치료에서 건강증진 방향으로 전환한다. 건강증진의 책임은 개인, 지역사회, 보건전문인, 보건의료전문기관, 정부 등이 공동으로 보건의료체계를 만들어 간다.

국제대회(회의)

제2차 아델레이드 국제대회(회의) 공무원 16		공공정책영역으로 여성건강증진, 음식과 영양, 흡연과 음주, 지지적 환경 조성 등 네 가지 분야에 정책 제시
제7차 건강 증진을 위한 케냐 나이로비 국제대회(회의) (2009)		• 주제 : 수행역량 격차 해소를 통한 건강증진과 개발 공무원 19 • 5가지 테마별 주제 : 건강지식 및 건강행동, 건강증진을 위한 역량 강화, 지역사회 권한 부여(지역사회 역량 강화), 보건체계 강화, 파트너십 및 부문 간 활동 공무원 16
제9차 상하이 국제회의	2016~2030 공무원 21	지속 가능 발전목표[SDGs(Sustainable Development Goals)] 건강과 지속 가능한 발전(경제, 사회, 환경 포함) 목표(SDGs)와의 연계를 강조하였다. 정부와 시민사회, 민간기업 등 모두 참여하는 파트너십을 강조한다. '상하이 선언'이 채택되었고, 건강도시에 관한 공동추진과제 '상하이 건강도시 시장합의문'을 채택하였다.
	달성 주제	모든 형태 빈곤과 불평등 감소
	분야	(변혁성) 경제성장, 기후변화 등 경제·사회·환경 통합 고려
	달성 대상국가	(보편성) 개발도상국과 선진국 공통의 문제

건강증진학교

정의 임용 18		생활, 학습, 작업 공간으로 학교가 건강한 생활터가 되기 위해 학생, 교사, 학부모의 건강증진 역량을 지속적으로 강화한다.
학교 건강증진원칙 〈보건교사! 전원 다 참여〉	전체 학생	학교건강증진의 대상은 질병이 있는 학생뿐만이 아니라 전체 학생들의 일상생활에 관한 전반적인 내용을 포함한다.
	원인	학교건강증진 활동의 초점은 학생들의 건강문제의 원인이나 결정 요인에 둔다.
	다양한 활동	학생건강증진 활동은 학생들의 건강 유해요인들을 감소시키기 위한 의사소통, 교육, 학교활동, 지방자치단체와의 협력 등 다양한 활동을 포함한다.
	참여	학교건강증진은 학생들이 참여하도록 하여 효율성을 높인다.
	보건교사	학교건강증진의 활성화에 가장 중심 역할을 하는 사람은 보건교사이다.

WHO 학교건강증진 영역과 내용 : 건강증진을 위한 6개 기본활동 영역 임용 18 / 공무원 20 〈학교건강증진은 유물정 사서기〉

학교보건 정책 : 건강한 공공정책 확립		학교보건 정책은 건강을 향상시키는 학교의 정책 방향을 제시한다. 학교보건위원회 구성, 학교 내 금연운동, 요보호 아동 건강 상담 제공, 응급처치훈련
학교의 물리적 환경 : 건강지향적 환경 조성		물리적 환경은 교사, 운동장, 실내·외 시설, 학교 주변의 위생, 쾌적함, 안전함을 유지한다. 학교환경위생관리, 학교주변 보도블록 교체, 양치질 교실 조성, 휠체어 전용 통로 설치 등
학교의 사회적 환경 : 건강지향적 환경 조성 공무원 16		사회적 환경은 교직원 간, 학생 간 상호관계, 교직원과 학생 간의 상호관계, 학생과 학부모 간 상호관계의 유대관계를 말한다.
지역사회유대 관계 (지역사회와의 연계) : 지역사회 활동 강화	참여 촉진	가족과 지역사회의 참여를 촉진하여 청소년 건강에 관심이 있는 학부모, 지역단체 및 보건기관은 학교활동에 협조하고 참여한다.
	연계 유지	지역사회와 학교의 연계를 유지하여 학교의 건강행사를 지역사회에 파급한다. 학생과 교직원들은 지역사회 행사에 참여한다.
개인의 건강 기술 : 개인의 기술 개발	교육과정	교육과정에서 건강 관련 내용을 다룬다. 보건교육과정을 학생들의 요구, 관심, 문제에 맞게 고안하고 학생들의 참여를 강조한다.
	교사	교사들에게 학교건강증진 프로그램에 교육을 실시하고 건강자원 활용에 정보를 제공한다.
학교보건서비스 (학교의료서비스 및 건강증진서비스) : 보건의료사업 방향 재조정		학교는 학생의 건강관리, 건강 유지·증진에 책임을 갖고 직접적인 서비스를 제공한다. 학생과 교직원의 건강증진 요구에 근거한 서비스를 제공한다.

건강 형평성

건강 형평성 국시 18, 21	성별, 인종, 종교, 생애주기에서 위치, 교육수준, 직업, 소득수준, 재산 등과 같은 사회경제적, 지리적 위치에 따른 건강 불평등을 줄이거나 없애는 것이다.
건강 불평등 국시 17	지역 간 사회경제적 위치에 따른 건강수준의 차이를 건강 불평등으로 이해한다.

라론드(Lalonde)의 건강의 장 개념 국시 18 / 공무원 16, 17, 19 〈라론드가 생생하게 보환한다〉

생활습관(생활양식, life style) 국시 19	여가활동, 소비패턴, 식생활 습관 등은 개인의 건강에 많은 영향을 끼친다. 생활습관이 건강 결정요인으로 가장 많은 영향을 준다.
환경(environment)	환경은 물리적, 심리적, 사회적 환경까지 포함한다. 개인의 주변에 있는 모든 내외적 환경은 건강과 질병에 직·간접적으로 영향을 준다.
보건의료제도(보건의료조직, health care system)	보건의료제도는 예방적 요소, 치료적 요소, 재활적 요소 등을 포함한다.
생물학적 요인 (인체생리, human biology)	개인의 유전적 소인, 육체적 특성 등과 같은 생물학적 요인은 질병발생에 영향을 준다.

문화적 다양성

문화 간호사정 국시 21	인종적 배경, 종교, 가족유형, 문화적 가치관, 언어, 교육, 건강문제, 원인, 치료, 예견된 결과, 문제의 영향을 파악한다.

해돋이 모형(선라이즈 모형, Sun Rise Model)

정의	Leininger는 문화적 차이를 간호의 시각에서 인식하고 연구하여 횡문화 이론의 본질적인 요소들을 구체화하고 발전시켜 해돋이 모형을 개발하였다.
간호	7가지 요인들인 종교와 철학, 혈연 및 사회, 문화적 가치관과 삶의 방식, 정책 및 법, 경제, 교육, 기술이 개인, 가족, 집단, 지역사회의 건강과 질병에 영향을 미친다. 간호사는 고유한 문화적 배경을 파악하고 대상자의 문화와 삶의 방식의 다양한 요인들에 해박한 지식을 갖추어야 한다. 개인, 가족, 집단, 지역사회에 문화적으로 적합한 간호를 제공한다.

문화적 다양성을 고려한 지역사회 간호실무의 원칙 〔국시 17〕

문화적 자기 인식	다른 문화적 배경을 가진 대상자를 돌보는 간호사에게 자기인식은 중요하다. 간호사의 문화적 자기인식은 자신의 문화에 가치관과 규범, 신념, 언어적·비언어적 의사소통 유형, 다른 민족과 다른 생활습관의 분석을 통해 문화적으로 자기인식한다.
문화적 차이 인식 국시 19 / 공무원 20	간호사의 문화적 특성이 대상자의 문화적 특성과 다르다는 것을 인식한다. 문화적인 오해의 극복은 문화적인 차이를 인식한다. 문화에 따라 건강의 의미와 건강에 태도가 다르다는 것을 이해한다.
문화적 지식	대상자의 행위는 대상자 집단의 신념, 가치관, 의사소통, 규범, 생활습관에 영향을 받는다. 간호사가 대상자의 건강행위 이해를 위해 대상자가 속한 집단의 문화를 배울 필요가 있다. 대상 집단의 관찰, 주 정보제공자와 면담, 관련 자료의 검색을 통해 이해를 높인다.
문화적 기술	문화적 기술은 문화 간 의사소통 기술을 포함하며, 대상자에게 맞는 간호중재를 위해 필요하다. 이민 온 대상자와 의사소통의 어려움으로 정보와 교육이 불충분하면 의사소통 기술을 증진시킨다. 문화적 신념체계를 고려하여 다문화에 적합한 간호를 제공 위해 비판적 사고능력을 통한 간호과정을 제공한다.
문화적 경험 (문화적 환경)	문화적 경험은 다른 문화에 접촉 기회 및 다문화와 관련된 학습 경험으로 해외 자원봉사, 국제교류 활동, 여행 등을 통한 외국인과의 경험 및 다문화 관련 교육 참여 등을 의미한다. 다양한 문화에 접촉과 체험, 문화관련 학습과 교육을 통해 문화적 역량을 강화하는 문화적 경험은 중요하다.
문화적 민감성 국시 16	간호사는 다른 문화에 존경심과 인내를 가진다. 문화적 맥락 안에서 행동, 신념, 가치를 이해하고 존경하고 인정한다. 존중은 문화적인 장애 요인을 없애는 중요한 요소이다. 상대방 문화에 신뢰와 이해가 형성되어야 한다.
문화와 건강행위의 연관성 공무원 19	문화를 기반으로 한 가치관, 신념, 관습 등이 사람들의 생활습관이나 건강에 영향을 미친다. 습관적으로 먹는 식이, 성년의식 등은 건강에 긍정적 또는 부정적 영향을 미친다. 어떤 문화적 배경을 가진 대상 집단에서 저체중아 발생률이 높고 임신합병증이 빈발한다면 그 집단의 문화적 특성에 기반한 건강행위나 신념을 조사한다.

다문화 대상자의 문화 사정도구 〈공시 의사 환생〉

정의	가이거와 다비드하이저(Giger & Davidhizar)의 횡문화사정 모형에서 6가지 문화현상을 제시하였다.
의사소통	목소리 특징, 억양과 발음, 침묵 사용, 비언어적 의사소통, 언어적 의사소통
공간	편안한 정도, 대화의 거리, 공간 침범을 당했을 때 반응
사회 조직	건강상태, 결혼상태, 자녀 수, 부모의 생존 여부, 역할, 영향을 미친 사람, 개인의 종교, 취미 등
시간	시간관념, 과거중심/현재중심/미래중심, 약속시간과 시간엄수 정도, 시간과 관련된 다양한 견해와 행동
환경통제 국시 22	내적 통제위와 외적 통제위, 병이나 질병에 대한 정의, 자주 사용하는 민간 요법, 병을 낫게 하는 힘의 원천
생물학적인 차이	피부색, 모발, 신체적 특징, 키, 체중, 마른 정도, 질병, 좋아하는 음식, 전통음식

건강증진사업(국민건강증진법)의 필요성(시대적 배경) 임용 99 / 국시 03 〈관생의 요건〉

생활양식 변화	사회발전에 따른 생활양식, 식생활 변화로 각종 질환에 위험요인이 증가한다.
낮은 건강수명 국시 05	평균수명 연장으로 노인 인구의 급속한 증가와 인구노령화에 따른 질병의 만성화, 만성 퇴행성 질환, 난치병이 증가한다. 기존 감염병 재출현, 신종 감염병 유행 가능성
의료비 증가	전 국민 의료보험 실시에 따른 의료 수요의 증가로 국민의료비가 증대한다.
요인 다양화	질병유발 요인 다양화로 보건의료 이외 타분야와 협조가 요구된다. 환경오염에 따른 시급한 대책이 필요하다.
의료 관심 증가	국민들의 의료에 대한 관심이 증가한다.

◆ 김기영 보건교사 ◆

국민건강증진종합계획 2030의 총괄목표 (국시 16)

비전 공무원 19 〈모평〉		모든 사람이 평생 건강을 누리는 사회	
목표 공무원 22 〈수형〉	건강수명 연장 국시 18	30년까지 건강수명 73.3세 달성	
	건강형평성 제고 국시 08	건강수명의 소득 간, 지역 간 형평성 확보 건강형평성 문제가 제기되는 취약계층은 인구 집단별 건강관리분야에서 중점과제로 추가하였다.	
기본원칙 공무원 22 〈참! 정연건 환생〉	모든 정책	국가와 지역사회의 모든 정책 수립에 건강을 우선적으로 반영한다.	
	건강수준 향상과 건강형평성 제고	보편적인 건강수준의 향상과 건강형평성 제고를 함께 추진한다.	
	생애과정과 생활터	모든 생애과정과 생활터에 적용한다.	
	건강친화적인 환경	건강친화적인 환경을 구축한다.	
	참여	누구나 참여하여 함께 만들고 누릴 수 있도록 한다.	
	연계하고 협력	관련된 모든 부분이 연계하고 협력한다.	

국민건강증진사업 6개 중점분야 (임용 08 / 국시 08, 16 / 부산 12) 〈비감염성, 감염 인구집단 정신 건강 환경〉

건강생활 실천 국시 06 / 경기 08 〈구영신 금절〉	금연, 절주, 영양, 신체활동, 구강건강
정신건강관리 〈자치 중지〉	자살예방, 치매, 중독, 지역사회정신건강
비감염성 질환 예방관리 국시 14 / 공무원 14 〈암심비손〉	암, 심뇌혈관질환(① 심뇌혈관질환 ② 선행질환), 비만, 손상
감염 및 기후변화성 질환 예방관리	감염병 예방 및 관리 : ① 결핵 ② 에이즈 ③ 의료감염·항생제 내성 ④ 예방 행태 개선 감염병위기대비대응 : ① 검역/감시 ② 예방접종 기후변화성 질환
인구집단별 건강관리 〈영아와 여장노를 근로하는 군인〉	영유아, 아동·청소년, 여성, 노인 서울 09, 장애인, 근로자, 군인
건강친화적 환경 구축 〈법 기정 재자〉	건강친화적 법제도 개선, 건강정보 이해력 제고, 혁신적 정보기술의 적용, 재원마련 및 운용, 지역사회자원(인력, 시설) 확충 및 거버넌스 구축

분야별 대표지표 (공무원 16)

영역		대표지표	아동·청소년 성과 지표
건강생활실천	금연 (공무원 21)	성인남성 현재 흡연율(연령표준화) 성인여성 현재 흡연율(연령표준화)	중학교 남학생 현재 흡연율 고등학교 남학생 현재 흡연율 중학교 여학생 현재 흡연율 고등학교 여학생 현재 흡연율
	절주	성인남성 고위험 음주율(연령표준화) 성인여성 고위험 음주율(연령표준화)	청소년 남학생 현재 음주자의 위험 음주율 청소년 여학생 현재 음주자의 위험 음주율
	신체활동	성인남성 유산소 신체활동 실천율(연령표준화) 성인여성 유산소 신체활동 실천율(연령표준화) 국시 21	중·고생 유산소 신체활동 실천율
	영양	식품 안정성 확보 가구분율	
	구강건강	영구치(12세) 우식 경험률(연령표준화)	영구치(12세) 우식 경험률
정신건강관리	자살예방	자살 사망률(인구 10만 명당) 남성 자살 사망률(인구 10만 명당) 여성 자살 사망률(인구 10만 명당)	청소년 자살 사망률(인구 10만 명당)
	치매	치매안심센터의 치매환자 등록·관리율(전국 평균)	
	중독	알코올 사용장애 정신건강 서비스 이용률	
	지역사회 정신건강	정신건강 서비스 이용률	
비감염성 질환 예방관리	암	성인남성(20~74세) 암 발생률(인구 10만 명당, 연령표준화) 성인여성(20~74세) 암 발생률(인구 10만 명당, 연령표준화)	
	심뇌혈관질환	급성 심근경색증 환자의 발병 후 3시간 미만 응급실 도착 비율	
	선행질환 (국시 20)	성인남성 고혈압 유병률(연령표준화) 성인여성 고혈압 유병률(연령표준화) 성인남성 당뇨병 유병률(연령표준화) 성인여성 당뇨병 유병률(연령표준화)	

비감염성 질환 예방관리	비만	성인남성 비만 유병률(연령표준화) 성인여성 비만 유병률(연령표준화)		아동 남성 비만 유병률 아동 여성 비만 유병률 청소년 남성 비만 유병률 청소년 여성 비만 유병률
	손상	손상 사망률(인구 10만 명당)		어린이·청소년(19세 미만) 손상 입원율(인구 10만 명당)
감염 및 기후 변화성 질환 예방관리	감염병 예방 및 관리	신고 결핵 신환자율(인구 10만 명당) MMR 완전접종률		
	기후변화성 질환	기후보건 영향평가 평가체계 구축 및 운영		
인구집단별 건강관리	영유아 공무원 21	영아사망률(출생아 1천 명당)		
	아동·청소년	고등학교 남학생 현재 흡연율 고등학교 여학생 현재 흡연율		학교 밖 청소년 건강검진 수검률 제고
	여성 공무원 21	모성사망비(출생아 10만 명당)		
	노인 공무원 17	노인 남성의 주관적 건강 인지율 노인 여성의 주관적 건강 인지율		
	장애인	성인 장애인 건강검진 수검률		
	근로자 공무원 21	연간 평균 노동시간		
	군인	군 장병 흡연율		
건강친화적 환경 구축	건강정보 이해력 제고	성인남성 적절한 건강정보 이해능력 수준 성인여성 적절한 건강정보 이해능력 수준		

건강도시

세계보건기구에서 건강도시란 '물리적, 사회적 환경을 지속적으로 개선하고 창출하며, 지역사회의 자원을 증대함으로 도시 구성원들이 개개인의 능력을 발휘하고 잠재 능력을 최대한 개발하여 상부상조하는 도시'이다.

❼ 역학

숙주로 병원체 접촉 의한 상호반응 결과

감염 실패 국시 98, 06	병원체	불충분한 병원체 양, 병원체의 낮은 감염력
	침입로	부적합한 침입로
	숙주	숙주의 낮은 감수성, 숙주의 특이 면역
감염 성공	불현성 감염	병원체	소량의 병원체, 병원체의 낮은 병원력 국시 19
		침입로	적합한 침입로
		숙주	숙주의 부분적 면역
	현성 감염 국시 05	병원체	다량의 병원체, 병원체의 높은 병원력
		침입로	적합한 침입로
		숙주	숙주의 높은 감수성 국시 16, 숙주의 면역 결여

감염의 종류	현성 감염	정의		숙주의 정상적 생리 상태를 변화시켜 이상 상태로 증상을 나타낸다. 역학적 면에서 pt 본인, 타인이 질병 이환을 인지하여 문제점 없이 관리가 수월하다.
	불현성 감염	정의		증상이 없이 면역만 생긴다.
		중요성	많음 국시 04	불현성 감염 pt가 현성 감염 pt보다 많아 발생 양상, 질병의 규모를 파악하지 못한다.
			전파 국시 04	현성 감염과 똑같으나 아프지 않고 표식도 없고 기동력이 정상으로 pt보다 전염성 질환 전파에 큰 역할을 한다.
			면역	숙주에게 면역이 부분적 획득으로 후에 재감염 시 위중한 상태 방어
			집단면역	지역사회의 집단면역 수준 결정

감염성 질병발생의 변화 〈개잠 세잠〉

잠재기간	병원체가 숙주에 침입하여 감염이 일어난 뒤, 표적 장기로 이동하여 증식하기 까지의 시간이다. 감염의 전파가 일어나지 않는다. 이 기간에 혈액 혹은 분비물에서 병원체가 발견되지 않는다.
개방기간 (전염기간)	감염 후 병원체가 숙주에서 발견되는 기간이다. 감염의 전파가 가능한 기간이다. 조직, 혈액, 분비물에서 균이 발견되기 시작한다. 병원체가 충분히 증식한 뒤 조직, 혈액, 분비물에서 균 배출이 시작한다.
세대기 공무원 19	감염 시작 시점부터 균 배출이 가장 많아 감염력이 가장 높은 시점까지 기간이다. 감염병 관리에 격리기간을 정할 때 중요하다.
잠복기	병원체가 숙주에 침입하여 증상이 발현되기까지이다. 표적 장기까지 이동, 증식하여 표적 장기에 병리 변화를 야기하는 시간이 필요한 기간이다. 폭로된 사람들의 질병 발현 기간을 정할 수 있어 검역에 사용한다. 전염병 환자와 접촉한 사람, 유행 지역에서 들어온 사람에게 건강격리를 한다.

전염성 질환 발생의 6단계 = 감염 고리 임용 01 / 공무원 09 / 서울 07

병원체		병원체는 질병을 유발하는 인자이다. 세균, 바이러스, 리케차, 원충, 기생충, 곰팡이다. 병원체가 몸에 침입해 인체 방어체계를 뚫고 자신을 증식시켜 질병을 유발한다.
병원소		병원소는 병원체가 생존, 생활하고 증식을 계속해서 다른 숙주에게 전파될 수 있는 상태로 저장되는 장소이다. 환자인 인간 병원소, 동물 병원소, 흙, 물, 음식, 대소변, 더러운 표면이나 기구의 무생물 병원소이다.
병원소로부터 병원체 탈출	탈출	병원체의 탈출구는 병원체의 종류, 인간 병원소의 기생부위에 따라 다르다.
	호흡기계 탈출	대화, 기침, 재채기를 통해 탈출한다. 국시 17 ex) 폐결핵, 폐렴, 감기, 홍역, 수두, 디프테리아, 백일해, 폴리오, 로타 바이러스, 수족구병, 유행성 이하선염
	소화기계 탈출	구토물, 분변에 의해 체외로 배출한다. ex) 소화기계 전염병 국시 19 : A형 간염, 세균성 이질, 콜레라, 장티푸스, 파라티푸스, 폴리오, 로타 바이러스, 수족구병, 기생충 질환
	비뇨 생식기계 탈출	소변, 성기 분비물에 의해 탈출한다.
	개방 병소로부터 직접 탈출	신체 표면의 농양, 피부병의 상처부위에서 병원체가 직접 탈출한다.
	기계적 탈출	흡혈성 곤충에 의한 탈출, 주사기에 의해 탈출한다. ex) 일본뇌염(모기), 말라리아(모기), 발진열(쥐벼룩), 발진티푸스(이)

전파방법	전파		전파는 탈출한 병원체가 새로운 숙주에 옮겨지는 과정이다.
	직접전파		병원체가 어떤 매개체 없이 숙주에서 다른 숙주로 직접 옮겨진다.
			비말 전파, 분변-경구 전파, 피부 접촉, 교상, 성접촉, 수직전파
	간접전파		중간 매개체를 통해 숙주에게 전파한다.
			공기매개전파, 식수매개, 식품매개전파
			활성 매개체(생명체), 비활성 매개체(오염된 물체)
새로운 숙주로의 침입	침입		병원체의 침입 양식은 병원체의 탈출 양식과 비슷하다. 병원체에 따라 침입경로가 정해져 있으며 그 경로가 달라지면 감염되지 않는다.
	호흡기 통한 병원체 침입		호흡기 통해 배출되는 비말, 비말핵의 흡입이다.
	소화기 통한 병원체 침입		병원체가 위장관으로 들어오는 경우이다.
	비뇨 생식기계 통한 침입		생식기의 직접 접촉의 성병이다.
	피부 접촉		피부 접촉, 개방 병소를 통한 침입이다.
	기계적 침입		전염병 매개 곤충 자상, 동물 교상이다.
			오염된 주사침, 오염된 혈액 수혈이다.
신숙주의 감수성, 면역력	감수성	결정 국시 22	연령, 성, 종족, 면역상태, 신체적, 정신적 건강은 병원체에 대한 숙주의 감수성을 결정한다.
		감수성 증가	정상 방어기전이 깨어지면 감염에 감수성이 증가한다.
		감수성 감소	예방접종을 통한 면역으로 감염에 감수성이 감소한다.
	면역력	비특이적 면역력	숙주의 비특이적 면역력은 모든 병원체에 공통적으로 작용한다. ex) 점액, 섬모활동, 염증 반응, 식균작용, 발열, 자연살해세포, 정상 상주균
		특이적 면역력	특이적 면역력은 특정한 병원체에만 방어한다.

생물 병원체 특성 `임용 99`

감염력	$\dfrac{\text{감염자수}}{\text{감수성자수}} \times 100\%$ (현성 감염 + 불현성 감염)	정의	병원체가 숙주에 침입하여 알맞은 기관에 자리잡고 증식하여 감염을 일으키게 하는 능력이다. 감염을 성공시키는 데 최저 병원체 수에 영향을 받는다.
		높은 감염력	콜레라는 장티푸스보다 적은 수로 감염되므로 콜레라가 장티푸스보다 감염력이 높다.
		2차 발병률	감염력을 직접 측정하는 것은 불가능하고 간접적으로 2차 발병률을 통해 감염력 측정 2차 발병률 = $\dfrac{\text{환자 접촉으로 이차적으로 발병한 사람수}}{\text{환자와 접촉한 감수성 있는 사람수}} \times 100\%$
병원력 (발병력) 임용 15 / 서울 09	$\dfrac{\text{발병자수(현성 감염자수)}}{\text{감염자수}} \times 100\%$	정의	병원체가 감염된 숙주에게 임상적으로 질병을 일으키는 능력이다. 감염된 숙주 중 현성 감염을 나타낸다.
		100%	홍역, 광견병 바이러스 후천성 면역결핍증 바이러스 : 감염력이 크지 않으나 병원력이 높은 바이러스
독력 국시 17 / 대전 06	$\dfrac{\text{중환자수 + 사망자수}}{\text{발병자수(현성 감염자수)}} \times 100\%$	정의	임상적으로 증상을 발현한 현성 감염자에게 심각한 정도인 후유증, 사망을 나타내는 미생물의 능력이다.
cf) 치명률 국시 03	$\dfrac{\text{특정 질환으로 인한 사망자수}}{\text{특정 질환을 가진 환자수}} \times 100\%$		

◆ 김기영 보건교사 ◆

병원소

인간 병원소 경북 04	환자(현성 감염자)		
	불현성 감염자		
	보균자		임상 증상은 없지만 체내에 병원체를 보균하여 균을 배출하고 병원체 보유자이다.
	잠복기 보균자 (발병 전 보균자) 국시 20	개념	질병에 감염된 뒤 임상 증상이 나타나기 전에 균을 보유한다. 임상 증상이 나타나기 전인 잠복기간 중에 병원체를 배출하는 자
		감염병	호흡기 감염 : 디프테리아, 홍역, 백일해, 유행성이하선염, 성홍열, 인플루엔자, 폴리오
	회복기 보균자 (병후 보균자) 부산 04	개념	임상 증상은 소실되었으나 회복기에 균을 보유한다. 질병에 이환되었다가 임상증상이 전부 소실되었는데도 계속 병원체를 배출하는 자
		감염병	위장관 감염 : 장티푸스, 파라티푸스, 세균성이질, 디프테리아 등
	건강 보균자 부산 04	개념	병원체의 감염을 받고도, 처음부터 끝까지 전혀 임상증상을 나타내지 않으며, 건강자와 다름없지만 병원체를 지속적으로 배출하는 자
		감염병	디프테리아, 폴리오, 일본뇌염, B형간염 등
	만성 보균자	개념	균을 오랫동안 지속적 보유하고 있는 만성 보균자
		감염병	장티푸스, B형 간염, 결핵
동물 병원소	정의		감염된 동물이 병원소로 동물 병원소를 통해서 인간에게도 감염을 야기한다.
	소		결핵, 탄저(초식동물), 브루셀라, 살모넬라증(가축, 애완동물)
	돼지		일본뇌염, 탄저, 브루셀라, 살모넬라증, 렙토스피라증(설치류, 가축)
	개		광견병, 톡소플라스마증(고양이)
	고양이		살모넬라증, 톡소플라스마증
	쥐		렙토스피라증, 신증후군 출혈열, 쯔쯔가무시병(들쥐에 기생하는 털진드기 유충) 페스트(쥐벼룩), 발진열(쥐벼룩)
무생물 병원소 (환경 병원소)	정의		흙, 먼지, 물, 음식, 대소변, 더러운 표면이나 기구의 무생물로 병원소 역할

직접전파 공무원 20

정의		병원체가 어떤 매개체 없이 숙주에서 다른 숙주로 직접 옮겨진다.
비말전파	정의	환자의 기침, 재채기, 대화를 통해 발생하며 호흡기에서 나온 병원체가 있는 비말이 다른 사람의 호흡기, 결막에 침입한다. 감염원과 숙주가 1m 이내에 있을 때 감염된다. ex) 인플루엔자, 유행성 이하선염, 백일해, 수막 구균성 뇌막염, 디프테리아, 풍진, 연쇄상구균 인두염, 폐렴, 성홍열
	예방	공기 중에 떠 있지 못하는 비말을 통한 전파로 감염원과의 긴밀한 접촉을 예방한다.
분변전파 국시 21		환자, 보균자에 의한 감염원인 분변과 구강경로 ex) 콜레라, 장출혈성 대장균 감염증, 장티푸스, 파라티푸스, 세균성 이질, A형 간염
직접접촉 국시 22		감염된 사람의 신체 표면과 숙주의 신체 표면이 직접 접촉으로 미생물의 신체적 전파 ex) 이 기생충, 옴, MRSA, VRE(vancomycin-resistant enterococcus) 국시 20, 에볼라 바이러스병, 농가진
성접촉	삼출액	감염된 상대방의 병변 부위 삼출액을 통해 점막에 침입 ex) 임질, 클라미디아 감염
	정액, 질분비물	감염된 상대방의 정액, 질분비물이 성기의 피부나 점막의 미란, 궤양의 상처를 통해 전파 ex) 매독, HIV
교상		광견병
수직전파	기전	모체의 병원체가 태반, 분만과정에서 태아로 전파
	풍진	임신 12주 이내
	매독	16~18주 이후 태반 통과
	HIV, B형 간염	자궁 내 감염의 감염률은 낮고 분만 시 감염률이 높다.

◆ 김기영 보건교사 ◆

간접전파

정의			중간 매개체를 통해 숙주에 전파한다.	
공기매개전파 국시 09 / 공무원 20	정의		감염된 숙주에서 기침, 재채기를 통해 전염 물질을 포함한 비말핵이 오랫동안 공기 중에 부유된 상태로 있다가 호흡기에 직접 흡입 ex) 폐결핵, 홍역, 수두, 사스 〈결홍 사수〉	
	예방		특별한 공기 취급, 환기	
식품매개전파			식품이 매개하는 경우	
식수, 우유전파			물, 우유 매개물	
비활성 매개체에 의한 전파				
활성 매개체 전파 임용 93 / 국시 18	정의		활성 매개체(vector)인 생명체가 전파의 중간 역할을 하는 경우	
	종류	모기 충북 05	일본뇌염	작은 빨간집 모기
			말라리아	중국얼룩무늬날개모기(학질모기과)
			황열	
			뎅기열	
			지카 바이러스 감염증	
		파리	장티푸스, 파라티푸스	기계적 전파 : 생물에 의해 병원체가 다른 숙주에게 전파된다.
			세균성 이질	
			소아마비(폴리오)	
		진드기	쯔쯔가무시증	리케치아 쯔쯔가무시균, 들쥐에 기생하는 털진드기 유충
			재귀열	
		이	발진티푸스(리케치아)	
		쥐벼룩	발진열(리케치아), 페스트	
		쥐	신증후군성 출혈열, 렙토스피라증	
		담수어	간흡충증	
		민물게	폐흡충증	
주삿바늘, 혈액			HIV, 매독균, B형 간염, C형 간염	

평생면역 (임용 22)

평생면역 획득 〈평생 AB 폴이 백발이다〉	정의	질환을 한 번 앓고 나면 평생 걸리지 않는 면역을 평생면역이라고 한다.
	기전	항원에 기억 T림프구가 평생 존재하여 일생 동안 지속되는 면역체(항체) 생성
	사례 임용 09	MMR(홍역, 유행성 이하선염, 풍진), 수두 백일해, 폴리오, 발진티푸스(리케치아, 이를 통해 감염) A형 간염, B형 간염
평생면역 획득 없음	정의	병원체에 따라 평생면역을 획득할 수 없다.
	기전	강한 항원적 특성이 없으며, 재감염이 일어날 수 있다.
	사례 임용 09	세균성 이질균 인플루엔자, 수막구균성 수막염 디프테리아, 파상풍

면역의 종류 (임용 99 / 국시 00, 02, 06)

능동 면역	기전		자연 발생적으로나 인위적 예방접종으로 신체에 침입한 특정 항원에 자신의 면역계의 능동적 면역반응을 유발하여 특이 항체를 형성한다.
	자연능동면역 광주 05	기전	자연 발생적으로 신체에 침입한 특정 항원에 자신의 면역계의 능동적 면역반응을 유발하여 특이 항체를 형성한다.
		예	수두 바이러스
	인공능동면역 임용 18	기전 국시 22	인위적 예방접종으로 신체에 침입한 특정 항원에 자신의 면역계의 능동적 면역반응을 유발하여 특이 항체를 형성한다.
		예 국시 19 부산 04 / 충남 05	생백신(구강 소아마비, BCG, MMR) 사균백신(백일해, 주사용 장티푸스) 톡소이드(독소, Td, 파상풍, 디프테리아)

수동면역	특징	즉각적	수동면역은 침범한 특이 항원에 즉각적 방어를 제공한다.
		일시적	항체는 이물질로 신체는 항체를 비자기로 인식하고 빠르게 제거한다. 효과가 일시적으로 단기간만 작용한다.
	자연수동면역 `국시 02`	기전	인체가 항원과 전혀 접촉이 없음에도 자연적으로 형성된 면역 반응이다.
		예 `국시 13`	태반 — 태아가 태반을 통해 모체로부터 항체(IgG)를 받는다.
			초유, 모유 — 초유나 모유를 통해서 항체(IgA)를 전달받아 면역을 갖는다.
	인공수동면역	기전 `국시 06`	다른 사람, 동물에서 만들어진 항체, 항독소를 체내에 주입하여 면역이 생긴다.
		예	면역글로불린 `국시 17` — 회복기 pt 혈청, 면역 혈청에서 나온 감마글로불린, HBIG
			항독소 — 파상풍, 독사에게 물린 경우 항독소 적용

집단면역

정의	지역사회, 집단에 병원체가 침입하여 전파하는 것에 대한 집단의 저항성을 나타내는 지표	
공식	$\dfrac{\text{면역체를 가지고 있는 사람}}{\text{총 인구수}} \times 100(\%)$	
특징	개개인의 면역력	집단면역은 지역사회 개개인의 면역력에 의한다. 면역력을 가진 주민수가 많을수록 집단 면역력이 증가하고 지역 내 면역된 자가 감소하면 집단면역이 감소한다.
	예방접종	예방접종은 집단면역을 유지하는 좋은 방안이다.
	흔한 질병	그 지역에 흔한 질병일수록 질병 후 면역 획득으로 집단면역이 커진다.
	주기적 변화 `임용 07`	집단면역은 시간적 현상인 주기적 변화(순환변화)로 집단면역력이 감소하면 전염병이 발생한다. 유행이 일어나면 집단 면역력이 높아져 집단면역이 병원체가 집단 내에서 퍼져나가는 힘을 억제하여 그 후 몇 년간 유행이 일어나지 않는다.
	한계밀도	한계밀도는 유행이 일어나는 집단면역의 한계치이다. 집단면역의 한계로 집단 내 면역이 없는 신생아가 계속 태어나거나, 면역이 없는 사람이 집단 내 이주하면 집단면역이 감소하여 일정한 한도 이하로 떨어지면 유행한다.

기본 감염재생산수(기초 감염재생산수, basic reproduction number ; R0) 〈공무원 15〉

정의	기본 감염재생산수는 모든 인구가 감수성이 있다고 가정할 때 한 명의 감염병 환자가 감염가능 기간 동안 직접 감염시키는 평균 인원수이다. 모든 사람이 감수성자인 지역사회에서 기본 감염재생산수는 각 전파원이 감염시키는 환자수의 평균이다.		
실제 감염재생산수	지역사회에 질병에 면역을 가지고 있는 인구의 비율(집단면역)인 p만큼의 환자가 덜 발생한다. 2단계 감염자수(R)는 실제 감염재생산수이다. p는 집단면역으로 지역사회 면역비율 2단계 감염자수(R) = R0 − pR0 　　　　　　　　　= 기초 감염재생산수 − 면역비율 × 기초 감염재생산수		
	R < 1	질병의 유행은 결국 사라지게 된다.	
	R = 1	질병은 풍토병이 된다(지역사회에 일정 수 유지).	
	R > 1	질병의 유행이 일어난다.	
감염재생산수의 결정요인 〈공무원 20〉	정의	감염재생산수 $R = \beta \times \kappa \times D$	
	β(베타)	β(베타)는 감염원이 감수성자와 1회 접촉 시 감염을 전파시킬 확률 β(베타)는 질병의 특성과 전파방법에 따라 달라진다. HIV 감염은 성적 접촉은 0.1보다 작지만, 수혈은 1.0에 가깝다. 감염병의 관리원칙은 β(베타)를 감소시킨다. 예시 : HIV나 성병관리에서 콘돔사용	
	κ(카파)	κ(카파)는 단위 시간 동안 감염원이 감수성자와 접촉하는 횟수 감염병 유행 관리방법 중 격리나 검역은 κ(카파)를 감소시킨다.	
	D	D는 감염원이 감염을 전파시킬 수 있는 기간이다. D는 질병별로 감염가능기간이 정해져 있고 질병에 따라 항생제로 감염전파기간이 줄어든다. 감염병을 치료하는 것(이차 예방)이 감염병 일차 예방 효과도 갖는다.	

감염병 예방과 관리 `국시 06`

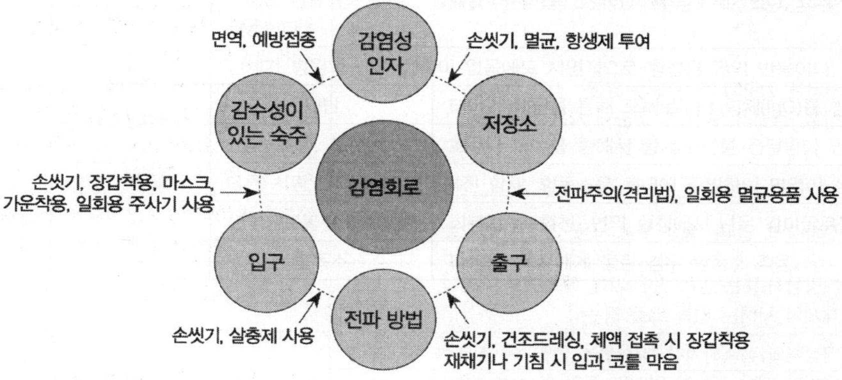

```
                          면역, 예방접종 ── 감염성 인자 ── 손씻기, 멸균, 항생제 투여
                                                    │
                                  감수성이 있는 숙주   저장소
                                              \   /
손씻기, 장갑착용, 마스크,          ──→   감염회로   ←──   전파주의(격리법), 일회용 멸균용품 사용
가운착용, 일회용 주사기 사용              /   \
                                  입구      출구
                                    \     /
                                    전파 방법
           손씻기, 살충제 사용              손씻기, 건조드레싱, 체액 접촉 시 장갑착용
                                         재채기나 기침 시 입과 코를 막음
```

감염회로(infection cycle)

◆ 김기영 보건교사 ◆

감염회로 차단을 위한 간호중재

감염회로	중재	이론적 근거
감염원 (infectious agent)	사용한 기구의 소독 또는 멸균 청결, 손씻기, 항생제, 살균제 사용	청결, 손씻기, 소독과 멸균, 항생제, 살균제는 미생물을 감소시키거나 제거한다. 소독(distinfection) 임용 21 : 물체의 표면에 있는 세균의 아포 형성 균을 제외한 미생물을 죽인다. 멸균(sterilization) 임용 21 : 모든 종류의 미생물과 아포 형성 균을 완전히 죽인다.
병원소(저장소) 임용 21	전파주의, 멸균, 1회용 물품 사용, 건조드레싱, 손 씻기, 위생	전파주의(격리법), 멸균, 1회용 물품 사용, 건조드레싱, 손 씻기, 위생은 상주균과 일시균의 수, 감염의 요소를 감소시킨다.
탈출구	개방상처 또는 말하거나, 기침, 재채기를 피한다. 기침 또는 재채기 시에는 입과 코를 막는다.	호흡기계로부터 탈출되는 미생물의 수를 제한한다.
전파방법	대상자와 접촉하거나, 배설물을 만진 후, 침습적 처치 수행 전이나 개방 상처를 만지기 전과 후 손을 씻는다. 음식을 먹거나 준비하기 전에, 화장실을 다녀온 후, 감염물질을 만진 후에 손을 씻는다.	손 씻기는 미생물 전파를 예방하고 조절하는 중요한 방법이다.
	살충제, 적절한 냉동	
침입구	침습적 시술을 할 때는 멸균술을 이용한다.	손 씻기, 장갑, 마스크 착용, 일회용 비닐 사용 침습적 시술은 신체의 자연적 방어벽을 뚫고 미생물이 침투하기 쉽다.
감수성이 있는 숙주 임용 21	대상자에게 영양이 균형 잡힌 식이를 한다.	균형 잡힌 식이는 신체 조직을 만드는 데 필요한 단백질과 비타민을 공급한다.
	예방접종의 중요성을 교육한다.	예방접종은 면역 형성으로 감염질환으로부터 사람들을 보호한다.

감염병 관리원칙

병원체와 병원소 관리 국시 05	병원소 제거		인수공통 감염병은 병원소인 감염된 동물(소, 돼지, 개, 고양이, 쥐)을 제거한다. 인간이 병원소인 감염병은 외과적 수술로 병원소를 없앤다. 인수공통 감염병 : 탄저, 브루셀라증, 광견병, 야토병, 결핵, 렙토스피라증, 조류인플루엔자 인체 감염증, 돼지 인플루엔자, 일본뇌염, 발진열 ex) 편도선 절제술 적응증 : A군 연쇄상구균의 만성 보균자
	항생제 공무원 20		약물요법으로 항생제 투여로 완전히 치유되기 전 감염력이 감소한다. 병원소인 감염자로부터 병원체 배출을 막아 감염성 질환의 전파를 막는다.
전파과정 (전파방법) 차단 관리	직접전파	환자격리	감염력이 없을 때까지 병원소인 환자 격리로 환자, 보균자가 감수성자와 접촉하지 못하도록 한다.
		건강격리(검역) 공무원 20	병원소인 전염병 환자와 접촉한 사람, 유행지역에서 들어온 사람에게 건강격리를 한다. 유행지에서 들어오는 사람들은 떠난 날부터 계산하여 병원체 최대 잠복기 동안 일정한 장소에 머물게 하여 감염 여부를 확인할 때까지 감시한다.
	간접전파 (환경 위생) 국시 18	공기매개	특별한 공기 취급이나 환기로 공기매개의 전파과정 차단
		식품매개	충분한 가열요리, 냉장·냉동보관으로 식품매개의 전파과정 차단
		식수매개	상수, 하수의 염소소독으로 식수매개의 전파과정 차단
		매개물	오염된 물건을 소독제로 소독과 폐기로 매개물의 전파과정 차단
		매개생물	구충, 구서로 전염병 매개체의 전파과정 차단 모기, 파리, 진드기, 쥐벼룩, 쥐, 담수어, 민물고기
숙주 관리	예방접종		감수성자에게 예방접종으로 능동면역, 수동면역 증가
	저항력 증가		영양관리, 운동, 적절한 휴식, 충분한 수면으로 저항력 증가
	조기진단, 조기치료		예방되지 못한 pt에 대한 조기진단, 조기치료를 하여 질병의 경과를 가볍게 하고 합병증을 줄인다.

전파 경로별 주의 공무원 19

구분	항목	내용
표준주의 공무원 21	적용	모든 환자의 혈액, 체액(땀 제외), 분비물, 배설물, 손상된 피부와 점막을 다룰 때 표준 주의지침을 사용한다.
	장갑	혈액이나 체액을 다룰 때 장갑을 착용한다.
	개인 보호장구	분비물이 튀는 경우 안경, 마스크, 가운의 보호장구를 사용한다.
	손위생	간호술기 전과 후, 장갑 착용 전과 제거 후 손위생을 유지한다. 손이 지저분할 때 물과 비누로 씻고 오염되지 않은 경우 알코올 성분의 손소독제를 사용한다.
	기침 예절	기침을 할 때 휴지로 입과 코를 가리고 휴지가 없으면 옷소매로 가린다. 사용한 휴지는 즉시 버린다. 기침 후 손 위생을 한다.
	장비 세척 또는 폐기	사용 후 장비를 세척 또는 폐기한다.
접촉주의	적응증 국시 20, 22	농가진, 이기생충, 옴, 다제내성균(MRSA, VRE), A형 간염, 세균성 이질, 콜레라, 장티푸스, 로타 바이러스
	일회용 장갑	환자의 신체나 환자가 접촉한 사물을 접촉하기 전 일회용 장갑을 착용한다. 병실을 나오기 전 사용한 장갑을 벗고, 손위생을 한다.
	개인별 사용	격리병실에서 체온계, 혈압계, 청진기, 이동변기 등을 환자 개인별로 따로 사용한다. 재사용 물품은 다른 환자에게 사용하기 전 소독 및 멸균한다.
	이동 제한	환자의 병실 밖 이동을 제한한다. 이동이 불가피한 경우 환자에게 덧 가운을 입히거나 깨끗한 시트로 환자를 감싸준다.
비말주의	적응증	디프테리아, 백일해, 유행성 이하선염
	외과용 마스크	환자병실에 들어갈 때 환자와 1m 이내 접근 시 외과용 마스크를 착용한다.
	이동 제한	환자의 병실 밖 이동을 제한하며 이동이 불가피할 경우 환자에게 외과용 마스크를 착용시킨다.
공기매개주의 임용 21 국시 17, 19, 20	적응증	5 μm 이하의 비말핵이 먼 거리를 이동하여 전파된다. 활동성 결핵, 수두, 홍역, 중증급성호흡기증후군(SARS)
	음압 격리실	결핵, 홍역, 수두, 사스의 공기 매개 접촉 전염병 환자를 격리시킬 때 사용한다. 공기매개주의 질환자는 음압이 형성되는 격리실을 사용한다.
	N95 마스크	호흡 격리병실 출입자는 HEPA(High-efficiency particulate air) 필터마스크 또는 N95 마스크를 출입 전 착용하고 퇴실 후 벗는다.
	이동 제한	환자의 병실 밖 이동을 제한한다. 이동이 불가피한 경우 환자에게 외과용 마스크를 착용시킨다.

질병의 자연사(리벨과 클락, Leavell & Clark) 단계 〈비초 불현회〉

발병기 이전	1단계	1차 예방	비병원성기	병원체, 숙주, 환경의 상호작용에 숙주의 저항력과 환경이 숙주에게 유리하게 작용하여 병원체의 숙주에 대한 자극을 극복 상태로 건강이 유지되는 기간이다.
	2단계		초기병원성기	발병기 이전(pre) 병원체의 자극이 시작되어 숙주의 면역강화로 질병에 저항력이 요구되는 기간이다.
발병기	3단계	2차 예방	불현성 감염기	병원체의 자극에 숙주의 반응이 시작되는 조기의 병적 변화기이다. 전염병은 잠복인 감염은 되었으나 증상이 나타나지 않은 시기이다. 비전염성 질환은 자각 증상이 없는 초기 단계이다.
	4단계		현성 감염기 (발현성 질환기)	해부학적, 기능적 변화로 임상적 증상이 나타나는 시기이다. 질병의 진전을 막기 위한 적절한 치료와 합병증과 후유증을 예방하기 위해 장애를 국소화하고 죽음을 예방한다.
	5단계	3차 예방	회복기	질병으로부터 회복되거나 불구, 사망에 이르는 시기이다. 불구를 최소화하고 잔여기능을 최대한 재활시켜 활용하도록 도와주는 단계이다.

예방

1차 예방	정의		건강문제가 일어나기 이전에 행하는 활동으로 질병발생을 억제하는 것
	1단계: 비병원성기	건강증진	보건교육, 영양, 체력, 인성 발달, 생활조건 개선
	2단계: 초기 병원성기	건강보호	위생, 노출예방, 예방접종, 영양제, 사고예방, 산업재해예방
2차 예방 서울 09	정의		건강문제가 생긴 이후 조기발견, 조기치료로 장애의 국소화, 후유증 예방
	3단계: 불현성 감염기	조기발견, 조기치료	개인검진, 집단검진으로 조기발견, 조기치료로 질병을 치유한다.
	4단계: 현성 감염기 (발현성 질환기)	장애의 국소화	적절한 진단과 치료로 질병의 진전과 합병증, 후유증을 예방, 장애를 국소화하고 죽음을 예방한다. 치료기간, 경제력, 노동력 손실 감소, 전염성 질병의 전파를 막는다.
3차 예방 공무원 07	정의		회복기에 있는 환자에게 재활
	5단계: 회복기	재활	불구를 최소화하고 사망을 방지한다. 기능장애를 남긴 사람들에게 재활하여 신체기능 회복과 남아있는 기능을 최대한으로 활용하여 정상적 사회생활을 하도록 훈련

기간(period) 유병률

정의	일정 기간 동안 특정 인구집단에서 특정 질병을 가진 사람의 수로 당시 존재하는 인구 중 존재하는 환자의 비례적 사건율이다.
공식	$\dfrac{\text{기간 초 환자수 + 일정 기간 새롭게 발생한 환자수}}{\text{전체 인구집단의 수}} \times 10\text{의 배수}$
발생률 계산 경북 04	기간 유병률 = 기간 발생률 × 평균 유병기간(이환기간)

시점(point) 유병률

정의 국시 05, 19	어느 시점에서 특정 인구 집단에서 어떤 병에 걸려 있는 사람의 분율이다.
공식	$\dfrac{\text{그 시점에서 환자수(기존 환자수 + 신 환자수)}}{\text{특정 시점에서 인구수}} \times 10\text{의 배수}$

평균 발생률(발생밀도) 공무원 16

정의	총 추후 관찰 기간 중 관찰 인구수 중에서 특정 질병이 새로 발생한 횟수를 비율로 나타낸 것이다.
공식	$\dfrac{\text{관찰기간 동안 관찰 인구 중에서 새로 발생한 환자수(질병이 새롭게 발생한 수)}}{\text{총관찰 인시(질병에 걸리지 않은 상태의 관찰기간의 합)}}$

누적 발생률 국시 13

정의 임용 20	누적 발생률은 일정 기간 동안 건강한 전체 인구수 중에서 특정 질병이 새로 발생한 환자수를 단위 인구로 표시이다.
공식	$\dfrac{\text{일정 기간에 새로이 특정 질병에 걸린 환자수}}{\text{건강한 전체 인구수}} \times 100$

발병률(Attack rate)

정의 국시 07	유행기간이 짧거나 고정되어 있는 경우 위험도와 발병률은 같은 의미이다. 누적발생률의 특수한 예로 어떤 집단이 한정된 기간 동안 어떤 질병에 노출 위험이 있는 사람 중 그 질병이 발생한 사람의 분율이다. 전염성 질환 유행같이 제한된 기간 동안 다수의 pt가 폭발적으로 발생한 경우 특정 질환의 전체 이환기간 중 집단 내 새로 발병한 총수를 비율(%)로 표시한다.
공식 임용 92	$\dfrac{\text{유행기간 중 위험에 노출된 대상자 중에서 새로이 발생한 환자수}}{\text{집단 내 위험에 노출된 건강한 전체 인구수(전염병의 면역이 없는 자)}} \times 100\%$

2차 발병률(Secondary attack rate)

정의 공무원 20	병원체의 감염력(전염력)을 간접 측정하며 전염병의 전염 정도 측정으로 환자와의 접촉으로 질병이 발생한 정도를 비율로 나타낸 것	
공식 공무원 19	$\dfrac{\text{환자와 접촉으로 이차적으로 발병한 사람수}}{\text{환자와 접촉한 감수성 있는 사람수}} \times 100\%$ $= \dfrac{\text{질병의 최장 잠복기 내 새롭게 발생한 수}}{\text{질병에 감수성 있는 인구수} - (\text{초발환자} + \text{초발환자와 비슷한 시기에 발생한 환자수})} \times 100\%$	
	이차적 발병한 사람수	이차적으로 발병한 사람수는 환자와 접촉시기로부터 그 질병의 최장 잠복기간 중 발병한 사람만 계산
	제외	분자 : 그 질병의 잠복기 외 발병한 사람 제외 분모 : 과거력이 있거나 예방접종자, 일차 발병자(초발환자), 일차 발병자(초발환자)와 비슷한 시기에 발생한 환자 제외

조율(crude rate)

정의 임용 14	일정 기간 동안 대상 인구집단 전체에서 나타난 환자 총수를 표시한 것 연령 구성, 보건의료수준, 건강수준에 영향을 받는다.
장점	지역사회의 실제 자료 요약 제한점이 있음에도 국제적 비교를 위해 쉽게 사용
단점	비교하려는 지역사회의 인구학적 특성이 다르기 때문에 조율의 차이를 해석하기 어려움

특수율(specific rate)

정의	인구집단을 특성인 연령, 성, 학력, 직업, 결혼상태, 경제수준, 도시/농촌지역, 계절별로 산출한 지표는 특수율이다. 모집단을 같은 특성을 가진 소집단으로 분류하여 각 소집단 내 사건의 비율을 계산하여 비교한다. 서로 다른 연령 분포를 통제하여 비교한다. 비교하려는 두 지역사회의 연령분포가 다르다면 연령별 특수율을 계산하고, 성별 분포가 다르다면 성별 특수율을 사용하여 두 지역사회를 비교한다.

표준화율(보정률) 공무원 17

정의 임용 20 / 국시 17	2개 이상 지역의 인구 내 연령, 성, 학력 등 인구 내 구성비가 달라진다. 조율을 비교하는 것은 정확치 않으므로 구성비 차이에서 생기는 조율의 차이를 조정하여 비교한다. 두 집단의 연령 구성비를 동일하게 만들어 사망률 비교
의의 임용 20	연령과 같이 결과 해석에 영향을 주는 변수를 혼란변수라 한다. 이러한 혼란변수(교란변수)의 영향을 제거하려면 두 집단의 연령 구성비를 동일하게 만들어 사망률을 비교한다.

직접표준화 방법 (임용 20)

연령	관찰된 사건율	표준인구수	표준인구에서 관찰된 기대 사건수
30~39세	10%	200	20
40~49세	20%	200	40
50~59세	30%	200	60
계		600	120

직접표준화율 = (120/600) × 100% = 20%

간접표준화 방법

연령	인구(P)	표준인구의 사건율(A)	기대사건수(AP)
0~4세	20	5%	1
5~9세	30	10%	3
10~14세	30	10%	3
15~19세	20	15%	3
계	100	10%	10

Q : 집단에서 관찰된 총사망수 = 15

$$\text{SMR(표준화사망비)} = \frac{Q}{E} = \frac{15}{10}$$

관찰된 집단에서 표준인구집단에 비해 더 많은 사망자가 발생했다.

사망 관련 지표

건강지표 〈조수비〉	조사망률, 평균수명, PMI(비례사망지수)
보건수준 지표	영아 사망률, 모성 사망률

치명률 국시 03	정의 국시 20	질병의 생명에 위험도를 나타내는 지표이다. 특정 질환으로 인한 사망수로 질병의 위중도를 알 수 있다.	
	공식	$\dfrac{\text{특정 질환으로 인한 사망수}}{\text{특정 질환 환자수(발병자수 = 현성 감염자수)}} \times 100\%$	
조사망률 (보통 사망률) 임용 94	정의	1년 동안 전체 인구 중 어떠한 이유이건 관계없이 발생한 사망수	
	공식	$\dfrac{\text{같은 해의 총사망수}}{\text{특정 연도의 중앙인구}} \times 1{,}000$	
연령별 특수 사망률	공식	$\dfrac{\text{같은 해 특정 연령군의 총사망수}}{\text{특정 연도의 특정 연령군의 중앙인구}} \times 1{,}000$	
원인별 특수 사망률 임용 94	정의	특정 지역 내 인구에서 1년 동안 특정 원인에 의한 사망 가능성을 나타낸다.	
	공식	$\dfrac{\text{같은 해 특정 질병(원인)으로 인한 사망수}}{\text{특정 연도의 중앙인구}} \times 100{,}000(10\text{만})$	
비례사망률 공무원 08, 20	정의	1년 동안 총사망자수 중에서 한 특성에 의한 사망자수의 구성 비율로서 사인별 사망분포를 나타낸다.	
	공식	$\dfrac{\text{같은 해의 특정 원인에 의한 사망수}}{\text{특정 연도의 총사망수}} \times 100\%$	
비례사망지수(PMI)	정의 국시 22	1년간 총사망수 중에서 50세 이상의 사망자수의 구성 비율을 백분율로 나타낸다.	
	공식	$\dfrac{\text{그해 50세 이상 사망수}}{\text{연간 총사망수}} \times 100\%$	
	특징 국시 00, 22	WHO에서 건강수준을 비교하는 건강지표	
	↑	비례사망지수(PMI)가 크면 50세 이상 사망자가 크므로 건강수준이 좋다.	
	↓ 국시 05, 19	PMI가 낮으면 어린 연령층의 사망률이 높으므로 건강수준이 낮다.	

출산 관련 지표

구분		내용
조출생률 (보통 출생률) 대전 06	정의	1년간 발생한 총출생아수를 당해 연도의 중앙인구로 나눈 수치를 인구 1,000명당으로 나타낸 것
	공식	$\dfrac{\text{연간 총출생아수}}{\text{연 중앙인구수(그해 7월 1일 현재 총인구수)}} \times 1,000$
일반 출산율 국시 99, 04 / 경기 08	정의	임신이 가능한 연령(15~49세)의 여자 인구 1,000명당으로 출생률 표시
	공식	$\dfrac{\text{연간 총출생아수}}{\text{가임연령 여성인구(15~49세, 15~44세)}} \times 1,000$
연령별 특수 출산율	정의	어떤 연도에서 특정 연령의 여자 인구 1,000명에 대한 같은 연령의 여자가 출산한 출생아수
	공식	$\dfrac{\text{그해 특정 연령층 여자에 의한 출생아수}}{\text{어떤 해 7월 1일 특수 연령층 여자수}} \times 1,000$
합계 출산율 임용 10 / 국시 16	정의	여성 한 명이 가임기간(15~49세)에 출산하는 출생아수이다. 한 명의 여자가 연령별 출산율에 따라 출산을 한다면 일생 동안 모두 몇 명의 아이를 낳는가를 나타내는 지수이다.
	공식 국시 05	연령별 특수 출산율을 산출한 다음 계산된 연령별 출산율을 모두 더하여 산출
	특징 국시 22	국가별 출산력 수준을 비교하는 주요 지표이다. 인구 대체 수준은 인구를 현상 유지하는데 필요한 출산율 수준으로 2.1명이다.
총재생산율 임용 10	정의 국시 18	한 명의 여자가 가임기간(15~49세)에 몇 명의 여자아이를 낳는가를 나타내는 지수
	공식 공무원 18	합계 출산율 $\times \dfrac{\text{여아 출생수}}{\text{총출생수}}$
순재생산율	정의	재생산율을 산출할 때 가임기간의 각 연령에서 여자 아기를 낳는 연령별 여아 출산율에 태어난 여자 아이가 죽지 않고 가임연령에 도달할 때까지 생존율을 곱해서 산출한 것이다. 여성 인구의 사망 양상을 고려한 재생산율이다.
	공식	합계 출산율 $\times \dfrac{\text{여아 출생수}}{\text{총출생수}} \times \dfrac{\text{가임연령 시 생존수}}{\text{여아 출생수}}$
	1↑	순재생산율이 1 초과이면 확대 재생산으로 한 여자가 다음 세대에 남기는 여자수가 하나 이상으로 다음 세대에 인구가 증가한다.
	1↓	순재생산율이 1 미만이면 축소 재생산으로 현재의 재생산력이 다음 세대에 인구를 감소시킨다.
	1	인구의 증감이 없다.

모성 지표

지표	구분	내용
모성 사망률 (임용 11 / 서울 09)	정의	임신, 분만, 산욕기 합병증으로 사망하는 것이다. 사고나 우발적인 원인에 의한 모성 사망은 포함되지 않는다.
	공식 (국시 05)	$\dfrac{\text{같은 해 임신, 분만, 산욕기 합병증으로 사망한 모성수}}{15{\sim}49\text{세 가임기 여성수}} \times 100{,}000(10\text{만})$
모성 사망비 (임용 11 / 서울 09)	정의	출생아 10만명당 모성 사망의 수로 표시한다. 임신, 분만, 산욕기 합병증으로 사망하는 것이다. 사고나 우발적인 원인에 의한 모성 사망은 포함되지 않는다. ex) 인구 집단별 건강관리 : 여성에서 모성 사망비
	공식	$\dfrac{\text{같은 해 임신, 분만, 산욕기 합병증으로 사망한 모성수}}{\text{특정 연도의 총출생아수}} \times 100{,}000(10\text{만})$

사산·영아 지표

지표	구분	내용
사산율(태아 사망률) (서울 09)	공식	$\dfrac{\text{같은 해의 태아[임신 28(20)주 이상] 사망수}}{\text{특정 연도의 출산수(출생아수 + 사산아수)}} \times 1{,}000$
사산비(태아 사망비)	정의	태아 사망비는 태아사망률과 함께 태아소모율을 측정하는 지수
	공식	$\dfrac{\text{같은 해에 일어난 임신 28(20)주 이후의 태아 사망수}}{\text{특정 연도의 출생아수}} \times 1{,}000$
주산기 사망률 (경북 04)	정의	임신 28주 이후부터 생후 1주 이내 사망수
	공식 (국시 06)	$\dfrac{\text{같은 해에 발생한 임신 28주 이후 사산수 + 생후 1주 이내 사망수}}{\text{특정 연도의 출산수(출생아수 + 사산아수)}} \times 1{,}000$
신생아 사망률 (국시 00 / 부산 04)	정의	생후 1년간의 출생아수 1,000명에 대한 생후 28일 이내의 신생아 사망률
	공식	$\dfrac{\text{같은 해 생후 28일 이내 신생아 사망수}}{\text{특정 연도의 출생수}} \times 1{,}000$
영아 후기 사망률 (후신생아기 사망률, 신생아 후기 사망률) (임용 11 / 공무원 19)	정의	생후 1년간의 출생아수 1,000명에 대한 28일(4주) 이후 첫돌이 되기 전 1년 미만에 사망하는 경우
	공식	$\dfrac{\text{같은 해 생후 28일}{\sim}1\text{년 미만에 사망한 영아수}}{\text{특정 연도의 출생수}} \times 1{,}000$
영아 사망률 (국시 07 / 서울 09 / 대전 06)	정의	생후 1년간의 출생아수 1,000명에 대한 1년 미만 영아의 사망수
	공식	$\dfrac{\text{같은 해 영아사망수(1년 미만에 사망한 영아수)}}{\text{특정 연도의 출생수}} \times 1{,}000$

α-지수(α-index)

정의	신생아 사망률과 영아 사망률의 비교지수
공식	$\dfrac{\text{같은 해의 생후 1년 미만에 사망한 영아사망수}}{\text{1년 동안의 생후 28일 이내 신생아사망수}}$
의의 국시 13, 19 / 공무원 21	1에 가까울수록 — 영아사망의 대부분이 어떤 방법으로 살릴 수 없는 신생아 사망으로 보건수준이 높다. 커질수록 — 영아사망수 증가로 보건수준이 낮으며 영아사망의 원인에 대한 예방대책 수립이 필요하다.

부양비 임용 18 / 국시 97

정의	지역사회 인구 중 생산연령층인 15~64세 인구수 100명에 대한 부양대상 인구인 0~14세와 65세 이상 인구에 대한 비율이다.
총부양비 국시 04	$\dfrac{0\sim14\text{세 인구수} + 65\text{세 이상 인구수}}{15\sim64\text{세 인구수}} \times 100$
유년 부양비 국시 14	$\dfrac{0\sim14\text{세 인구수}}{15\sim64\text{세 인구수}} \times 100$
노년 부양비 국시 01 / 공무원 09 / 서울 09	$\dfrac{65\text{세 이상 인구수}}{15\sim64\text{세 인구수}} \times 100$

노령화지수 임용 18 / 국시 04, 13, 16 / 서울 09

정의	사회, 경제적인 면에서 큰 의의를 가지고 있는 연령지수 0~14세 인구 100명에 대한 65세 이상 인구의 비이다.
공식 국시 19	$\dfrac{65\text{세 이상 인구수}}{0\sim14\text{세 인구수}} \times 100$

성비

정의 국시 14	남녀인구의 균형 상태를 나타내는 지수로 여자 100명에 대한 남자수이다. 이상적 성비는 100		
공식	$\frac{남자수}{여자수} \times 100$		
종류 국시 16 / 서울 02	1차 성비	태아 성비	
	2차 성비	출생 시 성비	출생 시에는 남자가 많다.
	3차 성비 서울 09	현재 인구 성비	영·유아 사망이 남자에게 크게 나타나 결혼 연령층에서 균형을 이루다 노인인구에서 여자인구가 많아진다.

역학연구

역학의 역할 국시 01 / 서울 07	기술적 역할	자연사 기술	질병의 임상경과의 자연사에 기술로 질병의 임상적 특성, 임상 경과 등 자연사를 파악하는 것이다. 질병의 원인규명을 위한 연구방향을 결정하는 데 중요한 열쇠이다.
		질병이나 유행 감시 국시 19	성별, 직업별, 지역별, 시간별로 인간 내 발생하는 모든 생리적 상태, 이상상태의 빈도, 분포를 기술한다. 인구집단의 건강수준과 질병양상에 대한 기술을 한다. 질병과 유행발생의 감시 역할로 이상상태의 빈도, 분포의 변화를 즉시 발견하여 적절한 조치를 한다. 인구집단에서 건강문제가 발생하지 않도록 통제한다.
		인구 동태 기술	분모가 되는 모집단과 인구동태에 관한 기술이 병행 한다. 어떤 집단의 출생률, 사망률 등 인구의 양적 변화와 구조적 변화가 질병 양상에 영향을 줄 수 있다.
	질병 발생 원인 규명		생리적 상태, 이상상태의 빈도, 분포를 결정하는 요인들은 원인적 연관성 여부를 근거로 질병의 원인, 전파경로를 찾아내어 전파 차단, 위험요인들에 관리대책을 수립한다.
	보건사업 평가		질병의 예방, 관리, 치료를 위하여 제공되는 건강관리 사업의 효과나 효율을 평가하는 자료를 제공한다.

보건사업평가의 역할 → 작전역학(Omran)

정의	옴란(Omran)은 보건사업평가의 역할을 작전역학이라고 한다. ex) 산업 안전 교육 실시 전후 재해 발생률 조사를 통한 재해 예방

원인적 연관성 확정조건 : MacMahon(Hill)　국시 98　〈생일에 특용기 통에 실시한다〉

시제의 정확성 (시간적 속발성) 국시 22	원인적 요인에의 폭로가 결과라고 생각되는 질병 발생보다 반드시 선행한다.
통계적 연관성의 강도 공무원 08	요인과 결과 간의 통계적 연관성이 강할수록 그 관계는 원인적 연관성일 가능성이 크다. 발생률에 의한 비교위험도로 표시되는 관련 정도의 크기가 클수록 인과관계가 있을 가능성이 강하다.
용량-반응관계	질병의 발생률은 요인에 폭로의 양, 기간에 따라 상관성이 있어 질병원에 노출 정도가 증가함에 따라 질병의 발생률, 유병률이 증가한다.
기존 지식과 연관성의 일치도	통계적 연관성을 보이는 추정원인은 이미 확인된 지식소견, 질병의 자연사, 질병의 발병 과정과 일치할 경우 원인적 연관성일 가능성은 커진다.
연관성의 일관성 공무원 07	요인과 연관성이 다른 지역, 다른 집단, 다른 연구 시점, 다른 연구 방법에서 행해진 경우에도 같은 결과를 보인다.
연관성의 특이도	한 요인이 특정 질병과 강한 관련성이 있지만 다른 질병과는 관련성이 없다.
생물학적 공통성 (설명 가능성)	어떤 병인이 어떻게 특수질환을 유발하는가를 설명할 수 있는 생물학적 지식이 있다. 생물학적 공통성은 기존 생물학적 지식과 일치를 말한다.
실험결과에 의한 증거	실험으로 증명이 되며 실험을 통해 요인에 노출시킬 때 질병발생이 확인되거나 원인의 제거에 질병 발생이 감소하면 원인일 가능성이 높다.

바이어스 〈선정교에서 자버선이 확호 회차에 갔다〉
분류 〈선정교〉

선택 바이어스	연구 대상의 선정 과정에서 발생
정보 바이어스	연구의 정보 수집과정에서 발생
교란 바이어스	제3의 변수에 의해서 초래되는 연구 결과의 왜곡

선택 바이어스 공무원 12, 15 〈자버선〉

버크슨 바이어스	병원 환자를 대상으로 환자-대조군 연구를 할 때에 연구대상자들의 특성에 따라 생기는 선택 바이어스의 일종 질병을 가지고 있는 사람과 가지고 있지 않은 사람들의 병원 입원 확률이 다르기 때문에 나타나는 바이어스다. 이를 극복하기 위해서는 여러 등급의 병원을 포함하여 연구한다.
선택적 생존 바이어스 = 네이만(나이만) 오류 공무원 15	병이 심한 사람은 모두 죽고, 심하지 않은 사람만 연구대상에 포함되어 생기는 바이어스이다. 연구에 포함된 대상자들은 생존하고 있는 대상자만이 포함될 수 있고, 산출된 연구결과는 질병발생이 아닌 질병발생 후 생존에 영향을 주는 인자로 해석해야 한다.
자발적 참여자 바이어스 (자기선택 바이어스) 공무원 17	모집단에서부터 연구집단으로 선정되는 과정 중에 자발적 참여자가 더 많이 연구집단에 포함된다. 이 대상자들은 비자발적 참여자보다 건강하거나 특별한 문제가 있어 연구집단에 참여하고자 하는 대상들이다. ex) 건강 근로자 효과 : 건강하지 않은 근로자가(고용 문제 때문에) 건강검진을 피하는 경향이 있다. 이 바이어스는 전 근로자 등록을 통한 코호트연구 설계를 통해 극복할 수 있다.

정보 바이어스(측정 바이어스) 공무원 12, 15, 16 〈확호 회차〉

회상 바이어스 공무원 16	특정한 질병을 가진 사람이 특정 사실을 더 잘 기억하여 생기는 바이어스이다. 환자군이 대조군보다 질병 관련 요인을 더 잘 기억하여 부정확한 정보 수집이다.
차별적 오분류 공무원 17	회상 바이어스는 차별적 오분류를 유발한다. 환자-대조군 연구에서 환자는 과거 위험요인을 심각하게 받아들이는 반면, 건강한 사람은 과거 위험요인을 대수롭지 않게 받아들인다.
확인 바이어스	코호트 연구에서 추적관찰 시행 시 노출 대상자를 더 철저하게 조사하거나 노출된 대상자가 과다하게 자신의 질병을 보고함으로 질병 발생이 높은 것처럼 보이는 바이어스
호손효과	연구에 참여하거나 위험요인에 반복 측정하는 것으로 행동 변화를 유발한다. 요인-결과 간 관련성에 영향을 미치는 바이어스이다.

교란(혼란) 바이어스 공무원 15, 16, 17

연구가설을 분석하는 과정에서 독립변수와 종속변수 이외의 제3의 변수에 의해 관련성이 영향을 받아 그릇된 결론을 유도하는 경우 교란(혼란)이 일어났다고 한다.

유행조사 단계(역학조사) 〈진 유행 기술〉

진단 확인 경남, 경기 04		환자 또는 의심되는 사례들의 발생을 정확하게 파악한다. 신고된 환자, 유사 환자의 임상소견을 관찰하고 검사물(가검물)을 채취하여 원인균과 진단을 확인한다. 모두 같은 동일 질환에 의해 발병되었음을 확인한다.
유행 확인 국시 21		환자수가 결정되면 유행인지 아닌지를 판단한다. 짧은 기간에 관찰된 동일 질환 발생이 과거 발생수준의 정상적 발생, 기대되는 평균 발생수보다 유의하게 클 때 유행이라고 판단한다.
기술역학 국시 04 / 서울 05	특성 기술	자료를 수집하여 시간, 장소, 사람별로 유행의 특성을 기술한다.
	시간	사례수를 질병 발생의 시간별로 시, 일, 주, 달로 나누어 유행곡선을 그려 공동 노출일, 2·3차 유행 여부, 전파기전을 확인한다.
	장소	점지도 위에 사례의 발생위치에 따라 점을 찍어 표시한다. 주어진 영역 내에서 밀접 정도 확인으로 감염원, 전파경로를 파악한다.
	사람	연령, 성, 직업, 노출 관련 요인별로 분석한다. 어떤 집단에서 감염이 발생하였는지 확인하여 고위험 집단 확인과 전파경로를 파악한다.
가설 설정		시간, 장소, 사람에 관한 기술역학을 검토하면 병원체, 병원소, 감염원, 전파기전, 숙주요인에 가설을 세운다.
가설 검정 : 분석 역학		원인과 그 결과인 질병 유행이 모두 일어난 시점으로 후향적 조사인 환자대조군 연구, 후향적 코호트를 한다.
유행관리와 평가와 보고		가설에 근거하여 감염원, 전파방식이 검증되고 나면 숙주-병인-환경요인의 통제를 위해 예방대책, 적절한 방역활동, 전파관리계획, pt의 간호계획을 수립한다.

기술역학

지역적 변수 (국시 04)

풍토병	그 지역에 사는 모든 종족에서 높은 발생률이 관찰되며 다른 지역에 사는 동일종족과 이 지역을 떠난 주민에서 발생률이 높지 않다. 다른 지역에 살던 건강인이 이 지역으로 이주해오면 이 지역에 살던 주민과 같은 수준의 발병률을 가진다.
산발성	질병 유행이 아니면서 시간, 지역에 따라서도 경향성에 예측을 할 수 없을 때
범유행성 (대유행성, 범발성)	질병 유행이 한 지역에 국한되지 않고 두 국가 이상의 광범위한 지역에 동시에 유행되는 질환
유행성	한 국가에 토착적 이상으로 발생한다. 그 지역에 없던 질병이 외부로부터 유입될 때 외인성 유행이고, 그 지역에 존재하는 질환이 토착성 이상의 수준으로 유행되는 것이다.
토착성	특정 지역에 항상 존재하면서 오랜 기간 동안 발생 수준이 일정한 질병이다.

시간적 변수 종류 : 환자수를 발생의 시간별로 시, 일, 주, 달로 나누어 유행 기술 〈불계 주추〉

불시 유행 (일일 변화, 돌연 유행) 공무원 09	매일매일 질병의 변화로 어떤 질병이 국한된 지역에서 일시에 많은 사람들에게 돌발적으로 발생한다. 외래 감염병의 국내 침입 시 돌발적으로 유행한다.
계절적 변화	질병분포가 많이 발생되는 달, 계절이 나타나는 양상이다.
주기적 변화 (순환 변화) 임용 01 / 경기 07	해당 지역주민의 집단면역 감소로 유행이 일어나며 집단면역력이 높아져 그 후 몇 년간 유행이 일어나지 않아 질병 발생 빈도가 몇 년을 두고 반복하여 달라지는 주기성이다.
추세 변화 (장기 변동)	생물학적, 물리적, 화학적, 사회적 환경변화에 따른 수십 년에 걸친 장기간의 질병의 발생, 사망률 추적으로 질병 발생 현황을 알 수 있다.

유행곡선

1) 단봉형(단일봉) 유행곡선 (Unimodal curve)	정규분포 곡선이며 공동매개체에 단일 노출되어 발생한다. 첫 발생 환자와 마지막 발생 환자의 거리는 최단 잠복기간과 최장 잠복기간의 차이이다.
2) 쌍봉형 유행곡선 (Bimodel curve)	First peak는 단일 감염원 양상(unimodal curve)과 같고 second peak는 이차 감염 의미로 2번의 공동 노출이 있다.
3) 다봉형 유행곡선 (Multimodal curve)	시작은 단일 감염원 유행과 유사하지만 정점이 하나가 아니고 여러 개다. 균이 제거될 경우 급격히 발생이 줄어든다. 노출이 간헐적으로 이루어져 유행이 반복한다.
4) 증식형 유행곡선 (propagated pattern)	사람에서 사람으로 연쇄성 전파가 일어나는 질병이다.

사례 연구 (case study)	단일 환자에 관한 기술로서 기존에 보고되지 않았던 특이한 질병양상이나 특이한 원인이 의심되는 경우, 원인적 노출요인과 발병에 임상적 특성을 기술하여 보고한다.
사례군 연구 (case series study)	사례 연구의 연장선으로 사례 연구에서 나타난 공유 사례들을 가지고 이들의 공통점을 기술하여 가설을 수립하는 연구방법이다.

생태학적 연구(Ecological study) 국시 10

한 시점에서 개인이 아닌 여러 인구집단에서 위험요인의 노출률과 대상 질병의 집단별 발생률 간의 상관성이 있는지 분석한다.
인구집단의 특성에 대한 연구로 인구집단을 분석단위로 한다. 인구집단에서 유해요인과 특정 건강문제와 상관관계 연구이고 분석연구가 아니다.

생태학적 오류 공무원 13	인구집단을 분석단위로 하여 관찰된 결과를 개인에게 직접 적용할 때 오류를 유발한다.

◆ 김기영 보건교사 ◆

단면조사연구 : 시점 조사, 유병률 조사, 조사연구, 상관관계 연구

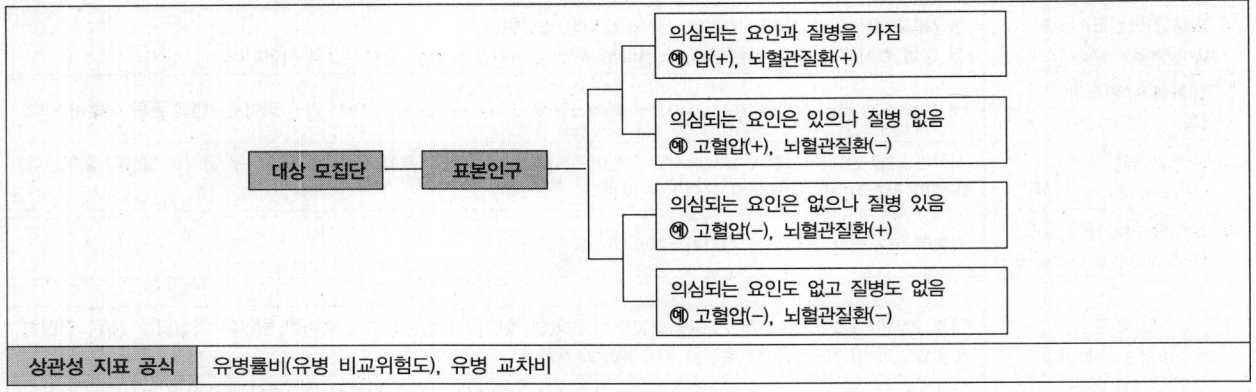

| 상관성 지표 공식 | 유병률비(유병 비교위험도), 유병 교차비 |

장점

경제적	경제적으로 큰 비용이 들지 않는다.
단시간	단시간 내 결과를 얻는다.
유병률	일반인이 표본이므로 해당 질병의 유병률을 구한다.
여러 관련성	동시에 여러 종류의 요인과 관련성 연구이다. 한 번에 대상 집단의 여러 종류의 질병과 이와 관련된 여러 속성을 동시에 파악한다.

단점 임용 15

큰 인구집단	대상 인구집단이 커야 한다.
선택편견 문제	연구대상의 선택편견 문제로 위중한 환자들은 사망하거나 큰 병원으로 가서 경과가 좋은 경우만 연구한다.
상관관계	상관관계만 알 수 있을 뿐이며 인과 관계를 규명하지는 못한다.
발생률 불분명	〈시발원 불분명〉 진정한 발생률을 구할 수 없다.
선후관계 불분명	원인-결과 관계를 동시 파악으로 질병과 관련 요인의 시간적 선후관계가 불분명하다.
원인 불분명	복합요인들 중 원인에 해당하는 요인만을 찾아내기 어렵다.

환자(사례)-대조군 연구(후향성 연구)

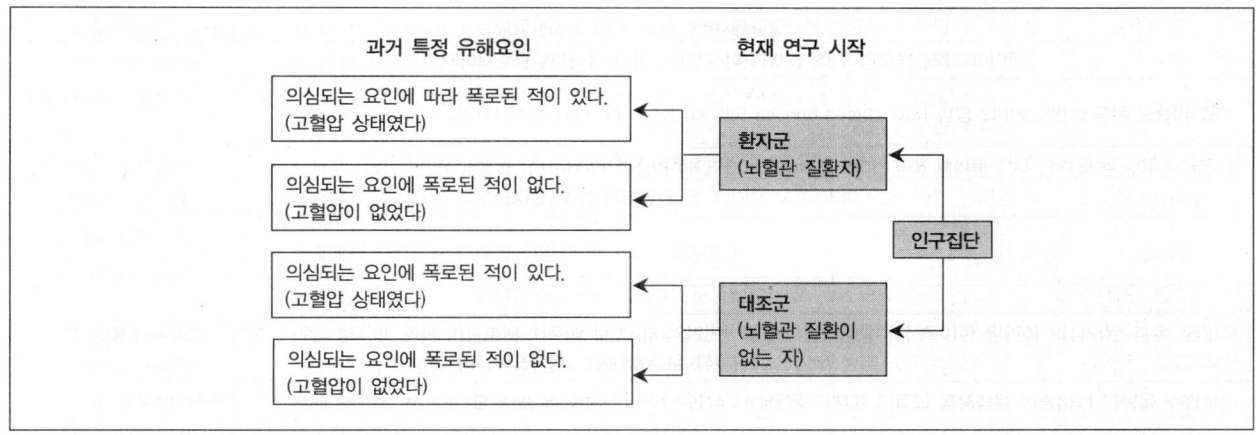

방법 임용 09

환자군	이미 특정 질환에 걸려있는 환자(사례)군을 선정
대조군 공무원 19	짝짓기로 각 환자와 짝지어질 수 있으나 그 질병에 이환되지 않은 대조군을 선정한다. 대조군은 연구하는 질병이 없고 이상적으로 연령, 성별, 인종, 경제 상태 등 여러 가지 특성이 환자군(사례군)과 거의 비슷하여야 한다. 교란변수의 영향을 통제하기 위해서이다.
교차비 대전 06	두 소집단이 과거에 원인이라고 의심되는 요인에 폭로되었던 비율의 비교로 비의비(교차비)를 구한다.

장점

단기간	단기간 내 연구 수행으로 연구결과를 빠른 시일 안에 알 수 있다.
경제적	연구가 비교적 용이하여 경비, 노력이 적게 들어 자료 얻기가 수월하다.
적은 연구 대상자	적은 연구 대상자로 연구가 가능하여 발생이 적은 연구, 희귀한 질병, 원인이 작용하여 발병까지 기간이 긴 질병, 잠복기간이 긴 질병의 연구가 가능하다.
위험 노출 없음	연구 때문에 피연구자가 새로운 위험에 노출되지 않는다.
여러 관련성	한 질병과 관련 있는 여러 위험 요인을 동시에 조사할 수 있다.

단점 임용 15

대조군 선정	비교하려는 요소 이외 모든 조건이 비슷한 대조군 선정이 어렵다.
정보 바이어스 (정보편견) 국시 07	과거 기록과 기억력에 의존하여 정보 바이어스(편견)의 위험이 높다. 기억력에 의존하는 경우, 질병과 관련되어 있는 요인만을 더 잘 기억하는 회상 바이어스는 결과에 삐뚤어지는 결과를 가져온다.
선후 관계	현재의 질병 상태에 대해 과거 요인 노출을 보지만 폭로 요인–질병 간의 시간적 선후 관계는 명확하지 않다.
No 발생률	발생률을 알 수 없어 코호트 연구에서 같은 비교위험도를 구할 수 없고 교차비에 의한 간접 비교만 가능하다.

교차비(비의비, OR)

공식	$$\text{교차비(OR)} = \frac{\text{환자군에서 위험요인에 폭로된 사람과 그렇지 않은 사람의 비}}{\text{비환자군(대조군)에서 위험요인에 폭로된 사람과 그렇지 않은 사람의 비}} = \frac{A/C}{B/D} = \frac{AD}{BC}$$ $$= \frac{\dfrac{\text{환자군에서 위험요인에 폭로된 사람}}{\text{환자군에서 위험요인에 비폭로된 사람}}}{\dfrac{\text{비환자군(대조군)에서 위험요인에 폭로된 사람}}{\text{비환자군(대조군)에서 위험요인에 비폭로된 사람}}}$$	
교차비 (비의비, OR) 해석	OR > 1	환자군에서 위험요인에 노출의 분포의 비는 대조군에서 위험요인 노출의 분포의 비에 비해 높다.
	OR = 1	대조군과 환자군의 위험요인에 대한 노출률이 같다. 위험요인에 대한 노출이 질병 발생과 아무런 연관이 없다.
	OR < 1	대조군이 pt군에 비해 위험요인에 대한 노출이 많다. 환자군의 특정요인에 대한 노출이 질병 발생 위험이 감소된다.

코호트 연구

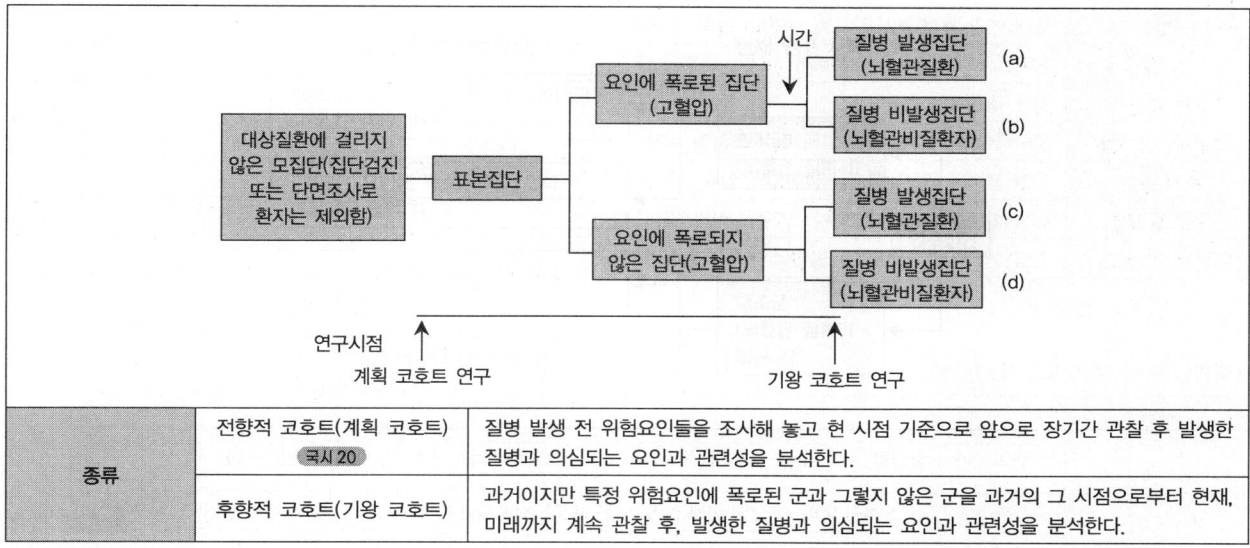

종류	전향적 코호트(계획 코호트) 국시 20	질병 발생 전 위험요인들을 조사해 놓고 현 시점 기준으로 앞으로 장기간 관찰 후 발생한 질병과 의심되는 요인과 관련성을 분석한다.
	후향적 코호트(기왕 코호트)	과거이지만 특정 위험요인에 폭로된 군과 그렇지 않은 군을 과거의 그 시점으로부터 현재, 미래까지 계속 관찰 후, 발생한 질병과 의심되는 요인과 관련성을 분석한다.

장점 경기 04

전 과정	위험요인의 노출에서 질병진행의 전 과정을 관찰한다.
여러 번 측정	위험요인의 노출수준을 여러 번 측정한다.
여러 관련성	연구하고자 하는 요인을 연구자 뜻에 따라 포함시켜 한 번에 여러 가지 가설을 검증하여 노출과 수많은 질병 간의 연관성을 볼 수 있다.
선후 관계	원인-결과 해석 시 선후 관계가 분명하다.
신뢰성	정보들의 편견이 가장 적어 신뢰성 높은 자료를 얻는다.
비교위험도	위험요인에 노출된 군과 노출되지 않은 군별로 발생률과 비교위험도를 구한다.

단점 울산 04

비용	오랜 기간 추적 조사로 노력, 비용이 많이 필요하다.
장시간	장시간 지속적으로 관찰하여야 한다.
많은 대상자	많은 대상자가 필요하다.
연구대상자 영향	연구대상자가 그 사실을 알게 되어 조사에 영향
추적 불능	추적 불능의 연구대상자가 많아지면 실패 가능성 증가
낮은 발생률	질병 발생률이 낮은 경우에는 연구에 어려움이 있다.
진단방법 변화	진단방법, 기준, 질병분류 방법의 변화 가능성이 있다.

상대위험비(비교위험도) 임용 17, 22

공식 임용 08 / 국시 14 서울 06 / 경남 05			
	$\dfrac{\text{폭로군에서 발생률}}{\text{비폭로군에서 발생률}}$ = $\dfrac{\text{의심되는 요인에 폭로된 집단에서 특정 질병 발생률}}{\text{의심되는 요인에 폭로되지 않은 집단에서 특정 질병 발생률}}$ = $\dfrac{A/(A+B)}{C/(C+D)}$		
해석	RR > 1	노출군이 비노출군에 비해 질병 발생 위험이 높아 위험요인에 노출이 질병 발생의 원인요인일 가능성이 크다.
	RR = 1 서울 08	노출군과 비노출군의 질병발생 위험이 같아 위험요인에 노출이 질병 발생과 아무런 연관이 없다.
	RR < 1	비노출군이 노출군에 비해 질병의 발생이 많아 위험요인에 노출이 질병의 예방효과이다.

귀속위험도(기여위험도, 발생률차)

정의	발생률차인 폭로군과 비폭로군의 발생률 차이이다. 질병의 발생률 중에서 특정 원인의 노출이 직접 기여한 정도이다.
공식	폭로군에서 발생률 − 비폭로군에서 발생률

귀속위험 백분율(기여위험분율) 임용 21

정의	위험요인을 가지고 있는 집단에서 해당 질병 발생률의 크기 중 위험요인이 기여하는 부분을 추정한다. 얼마만큼 이 위험요인으로 질병이 발생한 것인가 기여한 정도인 분율이다.
공식	$\dfrac{\text{폭로군에서 발생률} - \text{비폭로군에서 발생률}}{\text{폭로군에서 발생률}} \times 100\%$

인구집단(지역사회) 기여위험도(Population Attributable Risk, PAR)	정의	노출군과 비노출군이 모두 포함된 전체 인구집단에서 질병 발생의 정도가 특정 요인의 노출에 기인한 것인지를 파악한다.
	공식	전체인구의 발생률 − 비노출군의 발생률
인구집단(지역사회) 기여위험분율(Population Attributable Fraction, PAF)	정의	전체 인구집단의 질병위험도 중에서 노출이 질병 발생에 기여한 분율이다. 노출이 제거되었을 때 전체 인구집단의 질병위험도 중 예방될 수 있는 분율이다.
	공식	$\dfrac{\text{전체인구의 발생률} - \text{비폭로군에서 발생률}}{\text{전체인구의 발생률}} \times 100\%$

실험연구 공무원 20

실험군, 대조군 선정		무작위로 대상군 선정, 선택적 편기 없애 혼란 변수의 집단 간 분포 동등
조작화	실험군	실험군에 원인 변수(의심되는 요인, 예방요인) 투입
	대조군	대조군에 원인 변수를 투입 ×
차이 검증		각 군에서 발생률, 치유율 비교
눈가림법 (맹검법) 적용	단순맹검법	연구 대상만 치료 내용을 모르게 한다.
	이중맹검법 경기 05	실험자와 연구대상자 모두에게 실험군에 속하였는지 대조군에 속하였는지를 모르도록 한다.
	삼중맹검법	이중맹검법에 임상역학자나 의학통계학자에게까지 비밀로 한다.

지역사회 실험연구

임상실험연구가 개개인의 환자나 건강한 사람들을 연구대상으로 했다면, 지역사회 실험연구는 연구의 단위가 개인이 아니라 지역사회이다.

집단검진
집단검진의 목적 임용 01 〈역자를 보조한다〉

조기 발견	2차 예방의 대표적 방법으로 질병을 조기에 발견하여 조기진단을 하여 조기 치료로 생명의 연장, 질병 치유에 도움이 된다.
보건교육	집단검진을 실시하는 과정에서 주민들에게 질병 발생에 관한 지식과 예방의 중요성을 인식시키고 정기적 건강진단을 받도록 보건교육을 한다.
역학적 연구	집단검진을 통해 지역사회의 유병률, 질병상태를 파악하여 질병 전체의 규모와 발생 양상 파악으로 질병의 역학적 연구에 도움이 된다.
자연사, 발병기전	집단검진으로 질병의 조기상태 파악으로 질병 발생에 관계되는 요소의 정보를 얻어 질병의 자연사, 발생기전을 이해하는 데 도움이 된다.

집단검진 원칙 : Wilson & Junger 임용 98 / 국시 03, 16

정확도, 신뢰도	검사상 정확도, 신뢰도가 높고 질병 발견을 위해 민감하고 특수한 검진도구가 있어야 한다.
안전도	검사가 건강인 집단 대상으로 실시하므로 검사상 안전도가 높다.
간편	검사방법이 기술적으로 시행이 쉽고 간편하다.
저렴	검사 단가가 싸야 한다.
수용도	대상자가 거부감 없이 받아들일 수 있도록 수용도가 높다.
중요한 건강문제	질병은 개인, 지역사회에서 중요한 건강문제이다.
잠복기 국시 22	어느 정도의 잠복기나 초기 증상을 나타내는 시기가 있는 질병이어야 한다.
기준	정확하게 진단을 내리고 치료를 해야 할 환자로 규정하는 기준이 마련되어야 한다.
치료	치료할 수 있어야 하고 치료를 할 수 있는 시설이 있어야 한다.
지속성	단발적이 아니고 지속적인 사업으로 추진될 만한 가치가 있어야 한다.

검진도구 정확도(타당도)

종류 임용 05, 07, 11 국시 03, 04, 08 서울 08, 09 공무원 09	검사 \ 질병	있음(환자수)	없음(비환자수)	합계
	양성	a 진양성	b 가양성	a + b 검사양성자수
	음성	c 가음성	d 진음성	c + d 검사음성자수
	합계	a + c 총환자수	b + d 총비환자수	a + b + c + d

민감도 국시 07, 09, 17	$\dfrac{검사\ 양성자수}{총환자수} \times 100\%$	질병이 있는 사람을 이 검사방법이 질병이 있다고 확인하는 능력
	$\dfrac{진양성}{진양성 + 가음성} \times 100\%$	
특이도 국시 08	$\dfrac{검사\ 음성자수}{총비환자수} \times 100\%$	질병이 없는 사람을 이 검사방법이 질병이 없다고 확인하는 능력
	$\dfrac{진음성}{진음성 + 가양성} \times 100\%$	
양성 예측도 임용 15	$\dfrac{확진된\ 환자수}{총검사\ 양성자수} \times 100\%$	검사방법의 예측능력으로 검사방법이 그 질병이라고 판단한 사람들 중에서 실제로 그 질병을 가진 사람들의 비율
	$\dfrac{진양성}{진양성 + 가양성} \times 100\%$	
음성 예측도 임용 15	$\dfrac{확진된\ 비환자수}{총검사\ 음성자수} \times 100\%$	검사방법의 예측능력으로 검사방법이 그 질병이 아니라고 판단한 사람들 중에서 실제로 그 질병을 가지지 않는 사람들의 비율
	$\dfrac{진음성}{진음성 + 가음성} \times 100\%$	

정확도의 척도

위양성도 (가양성)	정의	질병이 없는 사람을 이 검사방법이 질병이 있다고(양성)으로 판정할 확률
	공식	위양성도 = $\frac{검사양성수}{총비환자수} \times 100\% = \frac{b}{b+d} \times 100\% = 100(\%) - 특이도$
위음성도 (가음성)	정의	질병이 있는 사람을 이 검사방법이 질병이 없다고(음성)으로 판정할 확률
	공식	위음성도 = $\frac{검사음성수}{총환자수} \times 100(\%) = \frac{c}{a+c} \times 100\% = 100(\%) - 민감도$

정확도(타당도)에 영향을 미치는 요인

기준의 명확성	환례 정의에 대한 기준의 명확성으로 질병이 있는 사람과 없는 사람을 구분하는 기준(한계치)이 불명확한 경우 질병이 있는 사람을 없는 사람으로, 없는 사람을 있는 사람으로 오분류이다.			
기준의 엄격성	정의	검사결과의 양성, 음성을 구분하는 한계치의 엄격성이 정확도에 영향		
	덜 엄격	진단기준이 덜 엄격하여 기준치가 낮아지면 검사 양성자수가 증가, 검사 음성자수가 감소하여 민감도는 높아지고 특이도는 낮아진다.		
		결과	민감도 = $\frac{진양성}{진양성 + 가음성 \downarrow}$	특이도 = $\frac{진음성}{진음성 + 가양성 \uparrow}$
	엄격 〈엄특〉	진단기준이 엄격하여 기준치(한계치)가 높아지거나 첨가하면 검사 양성자수가 감소하고 검사 음성자수는 증가한다. 민감도는 낮아지고 특이도는 높아진다.		
		결과	민감도 = $\frac{진양성}{진양성 + 가음성 \uparrow}$	특이도 = $\frac{진음성}{진음성 + 가양성 \downarrow}$
		가양성자수가 감소하면 특이도 증가, 민감도 감소		
유병률	예측도 변화	유병률이 높을 때	민감도와 특이도에 변화 없다. 양성예측도는 증가, 음성예측도는 감소	
		유병률이 낮을 때	민감도와 특이도에 변화 없다. 양성예측도는 감소, 음성예측도는 증가	

신뢰도	정의 국시 06			동일인이 동일대상을 동일방법, 동일 측정도구로 반복적으로 측정할 때 측정치가 얼마나 일관성을 가지고 동일한 것을 얻을 확률 신뢰도는 정확도의 필수조건으로 정확도가 높은 측정이 되려면 신뢰도는 높아야 하지만 신뢰도가 높다고 반드시 정확도가 높은 것은 아니다. 임용 08
	오차(감소요인) 임용 94	생물학적 변동에 따른 오차		혈압은 피측정자의 시간, 자세, 기분 등에 따라 달라질 수 있음을 고려하여 측정한다.
		관측자 내 오차		동일인이 동일 대상을 여러 번 반복하여 측정했을 때 동일치를 얻는 확률을 보는 것이다. 관측자 내 오차는 측정도구 자체의 잘못이 있거나 측정자의 편견과 기술적인 오차가 있을 경우 발생할 수 있다.
		관측자 간 오차 임용 23		동일 대상을 동일한 측정도구로 여러 사람이 측정했을 때 동일치를 얻는 확률을 보는 것이다. 관측자 간 오차는 측정도구의 문제가 있을 경우, 관측자 내 오차 또는 관측자 간의 기술적인 차이가 있을 경우에 발생한다.
		기계적 오차		사용하는 측정도구에 의한 오차
		환경에 의한 오차		측정할 때 환경조건이다.
	증가방법 국시 16	대상자		대상자의 생물학적 변동에 따른 오차를 고려하여 생물학적 변동이 되지 않은 신체 상황을 만든다.
		측정자	마음자세	측정이 이루어지는 상황은 측정자만이 알 수 있어 측정자가 정확한 측정결과를 얻으려는 마음의 자세로 준비한다.
			연습	일관성 있는 측정값이 나오도록 연습하여 측정자의 기술적 미숙, 기술적 오차를 감소시킨다.
		관측자(측정자) 간		측정자 수를 줄여서 측정자 간 오차를 줄인다. 여러 사람이 공동 측정하여 종합하여 평균치를 산출한다.
		측정도구	공인 규격품	측정도구를 표준화된 공인 규격품을 사용하여 오차 최소화
			이상 유무	실시 전 이상 유무를 확인한다. 측정 도중 수시로 측정도구의 이상 유무를 점검하여 이상이 있을 때 즉시 교정 조치를 한다.
		환경		측정 시 환경조건이 측정을 방해하지 않도록 한다.

검진도구의 민감도와 특이도 선택 공무원 18, 19

위음성을 줄여야 하는 경우		위음성(환자의 음성판정)을 줄여야 하는 경우 한 환자를 놓침으로써 초래되는 대가가 큰 경우, 질병이 중하거나 명확한 치료법이 있는 경우(페닐케톤뇨증, 암 등), 질환의 감염성이 높은 경우(매독, AIDS)에는 특이도의 희생을 감수하더라도 민감도를 높인다.
위양성을 줄여야 하는 경우		위양성(질병이 없는 자의 양성판정)을 줄여야 하는 경우 특이도를 높인다. 집단검진에서 양성으로 나온 사람들이 복잡하고, 매우 비싼 정밀검사를 받아 의료체계에 부담을 주는 경우나, 집단검진에서 양성판정이 낙인이 되어 문제를 일으킬 수 있을 때 고려한다.
유병률	유병률이 높은 지역	유병률이 높은 지역은 질병자가 많아 위양성 문제가 생길 가능성이 낮아 민감도가 높은 검사가 유리하다. 유병률이 높은 지역은 질병자를 더 많이 색출해야 하므로 민감도가 높은 검사를 한다.
	유병률이 낮은 지역	유병률이 낮은 지역은 질병자가 적어 위음성 문제가 생길 가능성이 낮아 특이도가 높은 검사가 유리하다.

◆ 김기영 보건교사 ◆

백신의 종류 임용 10

생균	바이러스	〈MBC의 일 구 소장은 황수 비인이다〉 홍역, 이하선염, 풍진(MMR) 수두, 경구용 소아마비 일본뇌염 황열(아르보바이러스), 우두진(두창, 천연두) 인플루엔자(코 스프레이 비강용 생백신)
	세균	결핵(BCG), 경구용 장티푸스
사균	바이러스	인플루엔자, 주사용 소아마비 광견병, 일본뇌염 A형 간염, B형 간염 사람유두종 바이러스 감염증
	세균	백일해, 주사용 장티푸스 콜레라, 페스트 수막염구균, b형 헤모필루스 인플루엔자(Hemophilus influenzae type b), 폐렴구균
Toxoid(독소)		파상풍, 디프테리아

생백신 (활성화 백신)	정의		독성을 약화시켜 병원성 약화로 접종되면 몸속에서 증식하여 극히 가벼운 병에 걸린 것 같다.
	특성	강한 면역	1회 접종으로 강한 면역이 생김
		장시간	면역효과가 장시간 지속
사백신 (불활성화 백신) 광주 05	정의		바이러스, 세균을 죽여서 정제 추출한 백신
	특성	단시간	면역효과가 생백신에 비해 단시간만 지속하고 오래 가지 않음
		추가 접종	충분한 면역을 얻기 위해 몇 번의 추가 접종 필요
톡소이드	정의		균이 내는 독소에 의한 질환에서 그 독소만 추출
	특성	낮은 면역	면역효과가 가장 떨어진다.
		추가 접종	충분한 면역을 얻기 위해 몇 번의 추가 접종 필요
		안전	부작용도 적고 안전

	⟨AABb DTaP MMR 폴리오 결일수 폐사인⟩											접종 방법
	출생	1개월	2개월	4개월	6개월	12~15개월	15~18개월	24개월	4~6세 국시 22	12세		
B형 간염	1차	2차			3차							근육주사
BCG		1차										피내주사
DTaP			1차	2차	3차		4차		5차	★TD 추가		근육주사
IPV			1차	2차	3차				4차			근육주사
b형 헤모필루스 인플루엔자			1차	2차	3차	4차						근육주사
폐렴구균			1차	2차	3차	4차						근육주사
로타바이러스 감염증 RV1			1차	2차								경구 투여
로타바이러스 감염증 RV5			1차	2차	3차							경구 투여
MMR						1차			2차			피하주사
일본뇌염							1, 2차	3차	4차	★5차		피하주사
수두						1차						피하주사
A형 간염						1차, 2차						근육주사
사람유두종 바이러스										1, 2차		근육주사
인플루엔자						매년 접종						근육주사

학교에서 예방접종 확인

초등학교 입학	만 4~6세 추가접종 4종 백신	DTaP 5차, 폴리오 4차, MMR 2차, 일본뇌염 사백신 4차 또는 생백신 2차
중학교 입학	만 11~12세 추가접종 3종 백신	Td(Tdap) 6차, 일본뇌염 사백신 5차 또는 생백신 2차, HPV 1차(여학생만)

일본뇌염 예방접종

불활성화 백신 임용 95	기초접종	생후 12~23개월에 1차 접종 1개월 후 2회 접종하고, 2차 접종 11개월 뒤 3차 접종
	추가접종	만 6세(4차), 만 12세(5차)에 각각 1회 접종
약독화 생백신	기초접종	생후 12~23개월에 1회 접종하고, 1차 접종 12개월 뒤 2차 접종

A형 간염

1차 접종	1차 접종은 생후 12~23개월에 시작한다.
2차 접종	2차 접종은 1차 접종 후 6~12(6~18)개월 간격으로 접종한다.

◆ 김기영 보건교사 ◆

예방접종

의의, 목적 임용 98			항원인 백신을 투여하여 인위적인 능동면역을 보유하여 감염병의 감염, 이환과 만연을 방지한다.
예방접종 금기사항 (= 접종 전 예진사항) 임용 98	현재 질환		최근 앓은 적이 있거나 현재 병을 앓고 있는 자이다. 백신의 부작용이 가중되는 것을 피한다.
	열성 질환		열성질환이 있을 때 모든 예방접종을 금지한다.
	설사 환자		현재 설사를 하고 있는 자이다.
	만성병		결핵, 심혈관계 질환, 간질환, 신장질환, DM, 위장병, 각기증(Vit B_1 부족, 다리 감각 상실)이 있다.
	감염성 이환		홍역, 볼거리, 수두의 감염성 이환 후 1개월 이내로 기간이 짧은 경우이다.
	알레르기		백신성분에 이상반응 기왕력으로 알레르기가 있는 경우, 약이나 달걀을 먹고 피부에 두드러기가 잘 나는 사람이다.
	임산부		임신 중에는 생균의 볼거리/홍역/풍진 접종을 금하고 사균(인플루엔자)을 투여한다. 이미 접종한 가임여성은 백신 접종 3개월 이후에 임신을 권고한다.
	인공면역	생백신	생백신 접종 후 1개월 이내는 금기이다.
		면역글로불린	최근 3개월 이내 감마글로불린, 면역글로불린, 혈청주사, 수혈을 받은 경우에는 3개월이 지난 다음에 접종한다. 면역글로불린이 함유된 특이 항체가 능동면역 반응을 방해하여 인체가 적절한 양의 항체를 생산하지 못한다.
	면역 문제	면역억제자 국시 07	방사선요법, 항암제, 부신피질 호르몬제제, steroid계통 면역억제제를 현재 복용 중인 자, 최근 복용하였던 자이다. 면역억제자는 생백신 투여로 바이러스 증식이 증가되어 질병을 야기하므로 생백신을 투여하지 않는다.
		면역억제 아동과 한집에 사는 아동	면역억제 아동과 한집에 사는 아동에게도 생백신으로 배출된 바이러스가 면역억제 아동에게 전파될 수 있어 생백신을 금한다.

예방접종 전후의 주의사항 **임용 01**	접종 전 진찰	접종 전 몸이 불편한 경우 의사의 진찰을 받는다.
	목욕, 수영	접종 후 목욕, 수영을 하지 않는다.
	비	접종 후 비를 맞지 않는다.
	음주	접종 전후 음주를 피한다.
	운동 제한	접종 전후 2일간(당일과 다음 날) 과도한 행동, 운동을 금하고 안정한다.
	접종부위	접종부위를 긁거나 만지지 말고 청결하게 한다.
	찬물 찜질	주사 부위가 아프거나 발적이 있으면 24시간 동안 찬물 찜질을 하고 그 후에 필요하면 더운물이나 찬물 찜질을 한다.
	관찰	접종 후 20~30분간 접종기관에 머물러 관찰하고 귀가 후 3시간 이상 주의 깊게 관찰한다.
	접종 후 진찰	접종 후 고열, 두통, 구토 등 부작용이 발생한 경우 즉시 의사의 진찰을 받는다.

만성퇴행성 질환

여러 위험요인	일부 질환을 제외한 대부분의 질환들은 여러 위험요인이 파악된다. 원인이 명확하게 알려진 것은 드물다.
오랜 기간	불가역적 병리변화 동반으로 발생하면 3개월 이상 오랜 기간 경과하거나 질병의 성격이 영구적이다. 장기간에 걸친 감시와 치료, 재활을 요한다.
유병률 증가	연령이 증가함에 따라 유병률이 증가한다. 발생률에 비해 유병률이 높다.
기능장애	호전과 악화를 반복하면서 점점 나빠지는 방향으로 진행한다. 기능장애, 불능이 많다.

⑧ 산업간호

산업재해 지표 〔국시 98, 00, 02, 06〕

건수율(발생률, incidence rate)〔국시 98〕	정의	〈건평 재건〉 근로자 1,000명당 재해 발생 건수를 표시하여 산업재해 발생 상황을 총괄적으로 파악한다.
	공식	$\dfrac{\text{일정기간 중 재해 발생 건수}}{\text{일정기간 중 평균 종업원수}} \times 1,000$
도수율 (frequency rate)〔국시 02, 06 / 전북 05〕	정의	〈도시 재건〉 위험에 노출된 근로자의 근로시간당 재해가 얼마나 발생했는가를 보는 재해 발생 상황을 파악하기 위한 표준지표이다.
	공식 〔국시 14, 18〕	$\dfrac{\text{일정기간 중 재해 발생 건수}}{\text{일정기간 중 연작업(근로)시간수}} \times 1,000,000(\text{백만})$
강도율 (severity rate, intensity rate)〔국시 00, 06〕	정의	〈강시 손일〉 1,000시간을 단위 시간으로 연 근로 1,000시간당 작업 손실 일수이다. 재해에 의한 손상의 정도를 나타낸다.
	공식	$\dfrac{\text{일정기간 중 작업 손실 일수}}{\text{일정기간 중 연작업(근로)시간수}} \times 1,000$
재해율	정의	근로자 100(1,000)명당 발생하는 재해자수의 비율
	공식	$\dfrac{\text{재해자수}}{\text{일정기간 중 평균 종업원수}} \times 100(1,000)$
평균 작업 손실 일수	정의	재해 건수당 평균 작업 손실 규모가 어느 정도인가
	공식 〔국시 02〕	$\dfrac{\text{작업 손실 일수}}{\text{재해 건수}}$

작업 환경 관리
유해물질 허용기준 〈최시단 혼생〉

시간가중 평균 노출기준 (Time Weighted Average, TLV-TWA) 공무원 14	정의	1일 8시간 작업을 기준으로 1주 40시간 정상 노동시간 중 평균 농도이다. 근로자가 반복하여 폭로되더라도 건강상 장애를 일으키지 않는 농도이다. 산업장의 소음 시간가중 평균 노출기준 : 90dB
	계산	$$\frac{C_1 \times T_1 + C_2 \times T_2 + \cdots + C_n \times T_n}{8}$$
최고 노출기준 (최고허용농도, 한계허용치, 천정치) (TLV-celling, TLV-C) 임용 21 / 공무원 15, 16, 17	정의	잠시라도 폭로되어서는 안 되는 농도 잠시라도 이 농도 이상 노출 시 건강장애를 초래하는 유해요인 적용 기준이다. 순간적이라도 절대적으로 폭로하여서는 안 되는 농도이다.
단기간 노출기준 (Short Time Exposure Level, TLV-STEL)	정의	15분간의 시간가중 평균 노출 값으로 시간가중 평균농도를 초과하나 15분간 폭로되어도 건강 장해가 없는 평균농도이다. 시간가중 평균 노출기준을 초과하고 단기간 노출기준 이하면 1회 노출 지속시간이 15분 이하, 1일 4회 이하, 노출간격이 1시간 이상이어야 한다.
혼합물질의 노출기준(허용 농도)	정의	2종 이상 유해요인이 혼재하는 경우 각 유해요인의 상승작용으로 유해성이 증가한다. 허용 농도 : 산출하는 수치가 1을 초과하지 않는 것
	계산	$$\frac{C_1}{T_1} + \frac{C_2}{T_2} + \cdots + \frac{C_n}{T_n}$$ C : 화학물질 각각의 측정치 T : 화학물질 각각의 노출기준
생물학적 노출지수 공무원 16	정의	어떤 유해물질에 노출농도가 노출기준일 때 생물학적 측정값이다. 인체에 흡수된 내부 폭로량을 반영한다. 소변, 호기, 혈액이 이용된다.

물질안전 보건자료(MSDS) 국시18 〈물안보〉

사업주가 근로자나 실수요자에게 화학물질에 필요한 정보를 제공함으로 근로자나 실수요자가 유해물질을 안전하게 취급하여 화학물질로 산업재해나 직업병 등을 예방하기 위함이다.

작업환경관리 기본원칙 국시 08 〈대격 환보〉

순서			대치 → 격리 → 환기 → 보호구 착용
공학적 관리		대치	〈시물공 변경〉 위생대책의 근본 방법으로 시설, 장비, 물질(원료), 공정을 변경하는 방법
		격리 임용 18 국시 01, 02, 08	〈시물공 격리〉 작업자와 유해인자 사이에 장벽을 놓는다. 작업자와 유해인자 사이에 물체, 거리, 시간 등의 장벽을 만들어 작업자를 보호하는 작업환경 관리방법이다. 물리적 수단, 물질 격리, 공정격리, 시간 격리 일반적으로 가장 비용이 많이 드는 방법이다.
		환기	오염된 공기의 농도를 경감, 오염된 공기를 작업자부터 제거하고 신선한 공기를 치환한다.
개인용 보호구			작업자의 신체 일부나 전부에 착용하는 보호 장구들로 작업자를 현장의 유해환경으로부터 격리한다.
교육 국시 08			관리자, 감독자, 작업자, 행정적 관리

직업병 정의 임용 92				근로자들이 그 직업에 종사함으로써 발생하는 상병으로 업무와 상당한 인과관계가 있는 것
전신 진동 공무원 15, 16		정의		지지 구조물을 통해 전신에 전파되는 진동
		직업		교통기관 승무원, 중기 운전공, 분쇄기공, 발전기 조작원
		신체적 영향	자율신경, 순환기	말초혈관 수축, 혈압상승, 맥박 증가, 발한, 다발성 신경염
			소화기	내장 하수증, 위하수
			여성	성기 이상, 자궁 탈수, 월경장애
국소 진동 임용 93 공무원 09, 11, 15, 16, 17		정의		국소적으로 손, 발 등 특정 부위에 전파되는 진동
		질환	레이노드 현상 임용 19 / 경기 04	한랭 환경 시 레이노드 현상 발생 동맥혈관 경련성 질환으로 일측성 손가락의 간헐적 창백, 청색증, 냉감, 통증, 저림, 감각마비
			국소증상	국소 혈관, 신경, 근육 지각 이상, 다발성 신경염, 관절염, 류머티즘 질환, 골, 관절장애, 수완진동 증후군

이상기압	질소		공기의 78%를 차지하는 질소(N_2)는 정상 기압에서는 인체에 직접적인 피해를 주지 않지만 고압 환경이나 감압 환경에서 건강에 심각한 영향을 미칠 수 있다. 공무원 12, 16
	질소 마취		고기압 환경의 3기압에서 자극감, 4기압 이상에서 마취 작용, 10기압에서 정신 기능 둔화, 10기압 이상에서 의식 상실을 일으킨다.
	감압병(잠함병) 공무원 16, 21		고기압에서 혈액과 조직에 액화된 질소가 감압 시 체외로 배출되지 않고 혈액과 조직에 기포를 형성한다. 기포가 모세혈관에 혈전현상, 순환장애, 통증성 관절장애로 전신에 동통과 중추신경 증상을 나타낸다.
	저압환경과 건강장애 : 고산병(항공병) 공무원 19		체내로 들어간 산소는 혈액 내 혈색소와 결합하여 조직에 운반되어 체내 물질연소에 사용된다. 저산소증은 대기 중 산소 농도가 15% 이하일 때 조직세포에 공급되는 산소의 양이 감소된다. 산소량이 10%가 되면 호흡곤란, 7% 이하면 질식사
분진과 건강장해	진폐증 임용 19	유리 규산	유리 규산으로 인한 규폐증, 폐결핵
		석면 국시 07	석면폐증, 강한 발암성 물질로 폐암, 중피종
	분진 예방대책 국시 22	대치	분진 발생의 원인을 제거하고 분진 방지시설을 설치하고 개선한다.
		보호구	작업 시 방진마스크를 착용한다.
		행정적 관리	작업 시간 조정, 작업 강도 경감 같은 작업의 적정관리와 분진 흡입을 적게 하는 작업자세를 유지한다.
		청소	호흡기로 유입되는 분진은 매우 작아 공기 중에 부유하므로 작업장 내 쌓인 먼지를 작업 전후 청소하여 습기 유지하여 먼지 발생 최소화
		특수 건강진단	정기적 특수 건강진단으로 질병의 발생 및 경과 확인
		금지	호흡기계 질환자, 결핵 기왕력의 사람은 작업배치를 금한다.

유해 광선

전리방사선	감수성 조직 공무원 10, 16	고도 감수성	골수, 림프조직의 조혈기관과 생식세포
		낮은 감수성	낮은 감수성 조직은 신경조직·골·근육
	인체 영향 공무원 10, 14	식욕부진, 구역, 구토, 급성 방사성 피부염, 난치성 궤양성 피부염 만성 빈혈증, 백혈병, 갑상샘암, 유방암, 백내장, 섬유증식증, 노화촉진, 수명단축 생식세포에 태아장애, 기형발생, 염색체이상, 유전자변이	
적외선 공무원 20		열중증, 피부 화상을 일으키나 유리공, 안구부위 온도상승으로 후극성 백내장인 초자공 백내장	
자외선 공무원 10, 14	피부	피부의 홍반, 색소침착, 부종, 수포, 피부박리, 피부암	
	눈	결막염·각막염, 백내장	
가시광선	조명불량	정신적 불쾌감, 근육긴장, 눈의 피로, 시력감퇴, 작업능률과 생산량 감소	
	조명과잉	눈부심이 망막 자극하여 시력장애, 망막변성, 광선공포증, 두통, 암순응 저하, 광시	
레이저	눈	가장 민감한 표적기관, 백내장, 시력장애	
	피부	홍반, 수포형성, 색소침착	
극저주파(ELF) (전자파)		전자파라고 부른다. 극저주파 중 자기장은 차폐물에 의해 차단되지 않고 신체 투과로, 암 발생 관련	

◆ 김기영 보건교사 ◆

소음

청력 영향	기전	소음성 난청으로 소음에 의한 손상은 감각 신경성 난청이다. 내이 와우기관의 코르티(corti) 기관(음파를 신경 흥분으로 전환)의 유모세포 손상으로 영구적 청력손실이 된다.
	증상 (공무원 18)	C5-dip현상 : 초기에 3,000~6,000Hz 범위, 특히 4,000Hz 근처의 고주파음에서 청력 소실이 시작하여 고음을 듣지 못한다.
예방 대책	제외	소음에 의해 청력장애가 악화될 수 있는 질환자나 신경증이 있는 사람은 작업 배치에서 제외한다.
	허용 한계	소음의 허용한계를 초과하지 않는다. 소음의 허용한계는 1일 8시간 소음에 노출될 경우 90dB, 4시간 노출될 경우 95dB, 2시간 노출 시 100dB, 1시간 노출 시 105dB이다.
	대치 (임용 23)	시설과 작업방법 관리로 사용기계, 생산 공정, 작업방법 등의 변경으로 소음원을 제거하거나 감소시킨다. 저소음 기계로 변경, 기계에 소음기 부착이나 공명 부분의 차단 등을 실시
	격리 (임용 23)	음원의 거리적 격리를 한다. 음향 차단판을 설치하고 작업실 내·외벽에 흡음장치, 차음장치, 방음벽 설치
	보호구	보호구로 귀마개와 귀덮개 사용
	청력 검사	개인관리로 정기적인 청력검사 시행

산업피로

산업피로는 정신적, 육체적, 신경적인 노동부하에 반응하는 생체의 태도이며, 피로 자체는 질병이 아니라 가역적인 생체변화로 건강장애에 경고반응이다. 산업피로는 작업능률을 저하시켜 작업량을 감소시키며, 신체적·신경적·정신적으로 근로자들의 건강을 해친다.

근로자 건강진단(산업안전보건법 시행규칙) (임용 11 / 국시 01, 05) 〈배일 특수임〉

배치 전 건강진단 (임용 17)	정의 (국시 14, 19)		사업주가 신규채용이나 배치전환 사유로 특수 건강진단 대상 업무에 근로자에게 사업주의 비용 부담으로 실시하는 건강진단이다.
	목적	적성	배치하는 부서에 대한 의학적 적성을 평가한다.
		기본 자료	직업성 질환예방을 위해 유해인자 노출 부서에 신규 배치되는 근로자의 기본 자료 확보이다.

일반 건강진단 공무원 09	목적 국시 04	근로자의 일반 질병, 전염병, 직업성 질환을 조기에 발견하고 치료를 신속히 받아 생산성을 향상시키고 근로자의 건강 유지·보호		
	시기 임용 18 / 국시 07	사무직 종사 근로자(교사)	2년에 1회 이상	
		그 외 근로자	1년에 1회 이상 임용 22	
특수 건강진단 충남 12	목적 국시 01	유해인자에 노출되는 업무에 종사하는 근로자의 직업성 질환을 조기에 찾아내어 사후 관리, 치료를 신속히 받아 직업성 질환으로부터 근로자의 건강 유지·보호		
	시기	배치 후 첫 번째 특수 건강진단	1~12개월 이내	
		기본주기	해당 유해인자의 정해진 기본주기에 따라 6~24개월	
		1/2 단축	해당 유해인자의 특수 건강진단 기본주기를 1/2로 단축 최근 1년 동안 실시한 작업환경 측정결과 유해인자 발생이 노출기준을 초과한 작업 부서, 공정 가장 최근에 실시한 특수 건강진단·수시 건강진단·임시 건강진단 결과 새로운 직업병 유소견자가 발생된 작업부서, 공정	
수시 건강진단 임용 17 / 공무원 14	목적	급성적으로 발병하여 정기적인 특수 건강진단으로 발견하기 어려운 직업성 질환을 조기 진단한다. 유해인자 노출업무 종사 근로자가 호소하는 유해인자 노출업무의 신속한 예방과 노출업무에 업무 적합성 평가를 한다.		
	절차	근로자	증상, 소견을 보이는 근로자가 직접 수시 건강진단 요청	
		근로자대표, 감독관	근로자대표, 명예 산업 안전 감독관이 당해 근로자 대신 수시 건강진단을 요청	
		산업보건의, 보건관리자	당해 사업장의 산업보건의, 보건관리자가 수시 건강진단을 건의	
임시 건강진단	목적	직업성 질환을 예방하기 위한 적절한 조치를 긴급히 강구하여야 할 필요가 있을 때 직업병의 집단 발생 예방 및 직업병 발생부서 근로자의 긴급한 건강 보호, 유지		
	상황 국시 18	자각, 타각증상	같은 부서에 근무하는 근로자 또는 같은 유해인자에 노출되는 근로자에게 유사한 질병의 자각, 타각증상이 발생한 경우	
		직업병 유소견자 발생	직업병 유소견자가 발생하거나 여러 명이 발생할 우려가 있는 경우	
		지방고용노동관서의 장	기타 지방고용노동관서의 장이 필요하다고 판단하는 경우	

건강관리구분 판정(근로자 건강진단 실시기준) 공무원 09 / 서울 08 / 경기 05, 08 / 전북 05

A		건강자	건강관리상 의학적 및 직업적 사후관리가 필요 없는 자
C 국시 05	C₁	직업병 요관찰자 국시 19	직업성 질병으로 진전될 우려가 있어 추적 검사 등 관찰이 필요한 자 임용 18 / 국시 14
	C₂	일반 질병 요관찰자 임용 22	일반 질병으로 진전될 우려가 있어 추적 관찰이 필요한 자
	Cₙ	야간 작업 질병 요관찰자	질병으로 진전될 우려가 있어 야간 작업 시 추적 관찰이 필요한 자
D 국시 07	D₁	직업병 유소견자	직업성 질병의 소견을 보여 사후관리가 필요한 자
	D₂	일반 질병 유소견자	일반 질병의 소견을 보여 사후관리가 필요한 자
	Dₙ	야간 작업 질병 유소견자	질병의 소견을 보여 야간 작업 시 사후관리가 필요한 자
R		2차 건강진단 대상자	1차 건강진단 결과 건강수준의 평가가 곤란하거나 질환 의심자로 판정된 자를 대상으로 질환의 심사 판정을 통보받은 날로부터 30일 이내 2차 건강진단 실시
U 공무원 20		판정할 수 없는 근로자	특수 건강진단 실시 도중 퇴직 등의 사유로 건강진단을 종료하지 못해 건강관리 구분을 판정하지 못한 경우 "U"는 2차 건강진단대상임을 통보하고 30일을 경과하여 해당 검사가 이루어지지 않아 건강관리 구분을 판정할 수 없는 근로자

◆ 김기영 보건교사 ◆

업무수행 적합 여부 임용17 / 공무원15 : 직업병 유소견자(D₁)와 일반 질병 유소견자(D₂)

구분	업무수행 적합 여부 내용
가 〈가능〉	건강관리상 현재의 조건하에서 작업이 가능한 경우
나 〈나일〉	일정한 조건(환경 개선, 보호구 착용, 건강진단주기의 단축 등)하에서 현재의 작업이 가능한 경우
다 〈다한〉	건강장해가 우려되어 한시적으로 현재의 작업을 할 수 없는 경우(건강상 또는 근로조건상의 문제가 해결된 후 작업복귀 가능)
라 〈라 안된다〉	건강장해의 악화 또는 영구적인 장해의 발생이 우려되어 현재의 작업을 해서는 안 되는 경우

근로자건강센터	고용노동부, 안전보건공단의 위탁을 받아 운영되는 기관으로 50인 미만 임용22 사업장 근로자의 건강관리를 위해 운영된다.
보건관리자	상시 근로자 50명 이상을 가진 사업장에 보건관리자를 선임해야 한다. 공무원21
근로 복지공단	근로자의 업무상 재해에 신속하고 공정한 보상, 재활, 재해 예방

납(연, Pb, lead) 중독

증상 국시 04, 08, 21 / 공무원 12, 15

신경계	급성 뇌증	혈액-뇌 장벽(BBB)을 손상시킴으로 뇌 실질 내 수분 증가로 급성 뇌증의 심한 뇌중독 증상
	지능장애	
근골격계	손목의 처짐	사지의 신근쇠약, 신근마비(wrist drop 동반), 말초신경 마비로 손목의 처짐 근육의 피로가 연성마비
	골격 장애	납은 뼈에 축적되고 칼슘 조절 작용 방해로 근육계 장애, 근육통
조혈계	빈혈 국시 22	빈혈로 피부 창백 납은 헤모글로빈 안 헴분자와 철의 결합을 방해하여 혈색소(헤모글로빈) 합성 방해로 철분 결핍성 빈혈 임용19, 적혈구 내 프로토폴피린(헴의 전구체) 증가 심한 환자에서 적혈구 파괴로 용혈성 빈혈
	호염기성 적혈구	혈중 납이 적혈구막에 결합하여 호염기성 적혈구 증가
소화기계	청회색선	구강치은부에 암청회색의 황화연(Pbs)이 침착한 청회색선
	급성 복통, 구토, 급성 시 설사, 변비, 식욕부진	
급성 신부전	납은 근위 세뇨관을 파괴하여 당, 단백, 인산 배설 증가	
임신	자연 유산, 출생 시 신장, 체중, 머리 둘레가 낮다.	

착화치료

기전 임용 19			연조직과 뼈에서 납을 끌어들여 수용성 복합체를 형성하여 소변에서 납을 배출한다.
종류			calcium disodium edetate, dimercaprol(BAL in oil), D penicillamine(페니실라민), succimer(석시머)
칼슘 이디티에이 (calcium disodium edetate) 임용 19	부작용		세뇨관 괴사와 심부정맥을 유발 근육에 투여하면 통증이 있다.
	방법		근육 또는 정맥에 투여한다.
	투여 전 간호	신기능	신독성을 일으킬 수 있다. calcium EDTA 투여 전 신기능 상태인 혈청 BUN, Cr, 섭취량과 배설량을 확인한다.
		다이소듐 이디티에이	다이소듐 이디티에이(금속이온 봉쇄제, 변색 방지제)는 칼슘다이소듐 이디티에이와 다르다. 다이소듐 이디티에이는 납에 중독된 아동에게 투여하면 저칼슘혈증과 심장마비를 일으켜 절대 투여하지 않는다. 약을 이중 확인하고 다른 의료인과 한 번 더 확인한다.
국소 마취제	종류		lidocaine, procaine
	기전 임용 19		나트륨에 대한 신경막 투과성의 증가를 막기 위해 나트륨 통로를 차단하여 감각신경충동을 차단한다. 감각신경충동이 차단되면 감각인 통증이 뇌로 전달될 수 없다.

수은중독

미나마타병 임용 19 / 공무원 09 〈수미〉		선천성 신경장애, 시야협착, 청력장애, 언어장애, 사지마비 모체를 통해 아이에게도 중독증상
증상 임용 13 〈수은으로 구정에 떨린다〉	정신흥분증	신경과민증, 겁이 많아지고 부끄러움이 많음, 감정의 불안정, 정신장애
	신경장애	유기수은이 뇌조직에 침범, 시력·청력·언어장애·보행장애, 경직, 마비, 감각이상
	급성 호흡기 장애	노출 경로가 주로 호흡기이므로 기침, 호흡곤란
	구내염	잇몸이 붓고, 압통, 잇몸염
	소화기계	금속성 입맛이 난다. 구토, 설사, 복통, 소화불량 증세
	근육진전	떨림, 근육진전
	신부전	무기수은에서 발생, 신장염, 단백뇨, 신부전
급성중독 응급처치	우유, 달걀 흰자 공무원 18	우유와 달걀 흰자는 수은과 단백질을 결합시켜 침전

크롬중독

증상 임용 13	눈	결막의 염증, 안검, 결막의 궤양
	비중격 천공	비중격의 연골부에 둥근 구멍이 뚫리는 비중격 천공
	호흡기계	급성 화학성 폐렴, 기관지염, 천식, 폐암
	신장장애	급성 신부전, 과뇨증이 오며 진전되면 무뇨증, 요독증으로 사망
	피부	자극성 피부염, 알레르기성 피부염, 통증 없는 피부궤양, 피부암
응급처치		우유, 비타민 C BAL, Ca-EDTA 복용은 효과가 없다.

카드뮴중독

이타이 이타이병 임용 19 / 공무원 09	칼슘 불균형 → 골연화증, 보행장애, 심한 요통, 대퇴 관절통 신장 기능 장애	
증상 임용 13 / 국시 09 〈간 골심 폐신 카〉	소화기계	간 기능 장애, 급성 위장염, 구토, 설사, 복통, 식욕부진, 체중감소, 대소변의 흑색, 후증
	호흡기계 국시 05	기침, 호흡곤란, 호흡기 장애, 폐부종, 폐렴, 폐기종, 폐암, 기관지염
	신장장애	급성 신부전, 단백뇨(β_2-microglobulin 증가), 당뇨, 고칼슘뇨, 인산뇨, 착색뇨, 전립샘암
	골격계	골연화증(이타이이타이병), 골다공증, 뼈의 통증
	심혈관장애	심혈관장애

비소중독 공무원 14

신경계	말초 신경염, 중추신경계 장애, 경련, 혼수, 쇼크
소화기계	오심, 구토, 설사, 복통, 탈수증, 혈변 구강암, 후두암, 식도암, 간암(간의 혈관육종), 간기능 이상
혈액계	골수기능 저하로 재생 불량성 빈혈, 용혈성 빈혈, 백혈병, 림프암
호흡기계	폐암
비뇨계	신장암, 방광암
피부	피부장애, 피부암

베릴륨중독 임용 13 / 국시 08

호흡기	인후염, 기관지염, 모세기관지염, 폐부종, 폐암
만성 중독증	베릴륨에 노출된 지 5~10년 후 육아종성 변화가 폐에 주로 나타나고 피부, 심근층, 간장, 췌장, 비장, 림프절, 신장에 나타나기도 한다. 노출중단 후에 진행되는 만성질환이다.

망간중독 (공무원 19)

무력증, 식욕 감퇴, 두통, 현기증, 무관심, 무감동, 정서장애, 행동장해, 흥분성 발작, 망간 정신병

유기용제 종류별 영향 〈유기용제로 메이에 사노벤이다〉

유기용제	건강장애
사염화탄소 (공무원 18)	탄화불소제 제조를 위한 연무제·냉동제, 고무접착제, 케이블, 반도체 제조의 용제 중추신경계, 간장·신장장애, 간암, 시신경염이나 위축
벤젠(방향족 탄화수소) (공무원 10)	조혈장애, 재생 불량성 빈혈, 백혈병, 발암성
이황화탄소(CS_2)	중추신경장애(뇌병증, 파킨슨 증후군), 말초신경장애, 심혈관장애, 죽상동맥경화증, 시야협착, 망막병증, 고음역 청력 손실
노말 헥산 (노르말 헥산 MBK, 지방족 탄화수소)	〈노말다〉 다발성 말초신경장애
메탄올	시각장애, 시력저하, 실명 오심, 구토, 복통, 혼수, 사망

VDT 증후군
정의 (임용 99, 19)

VDT 작업으로 인한 건강장애들을 VDT 증후군이라 한다.
컴퓨터의 모니터 등 VDT를 보면서 장시간 작업으로 유발하는 정신적 스트레스, 생리적 반응, 두통, 눈의 가려움, 건조, 시각장애와 VDT 작업으로 목, 어깨, 오른팔, 손목의 통증, 저림, 얼얼함의 근골격계 질환을 가져온다.

9 환경과 건강

환경문제와 환경보전

건강영향평가제도 공무원 14, 16	건강영향평가제도는 환경유해인자를 사전에 평가하여 환경문제와 국민건강에 미치는 영향을 사전 예방적 차원에서 접근한다.
환경영향평가제도 국시 21 / 공무원 20	환경에 영향을 미치는 실시 계획, 허가, 결정을 할 때 해당 사업이 환경에 미치는 영향을 조사, 예측, 평가하여 해로운 환경영향을 감소시키는 방안을 마련한다.

국제환경협약 현황

리우 환경선언(1992) 국시 07 〈리우가 기생과 삼림을 차렸다〉	기후변화 방지협약 공무원 15	
	생물다양성 보호협약	
	삼림협약	
교토 의정서(1997) 공무원 16	온실가스 감축의 구체적 이행 방안으로 목표치 규정과 선진국에서 온실가스 감축 의무	
파리협정(파리협약, 신기후 체제) 공무원 16, 17	지구 온난화 방지 위해 지구 온도 상승폭을 산업 혁명 이전과 비교하여 2℃ 보다 낮게 유지 1.5℃까지 제한 2020년 이후 신기후 체제는 선진국, 개도국, 극빈국 모든 국가에 적용	
생물종 보호	람사르 협약(1971) 공무원 15	물새 서식지로서 중요한 습지 보호에 관한 협약
	CITES(1973)	남획, 서식지 파괴, 희귀종 멸종
오존층 보호 〈오몬비〉	비엔나 협약(1985) 공무원 16	
	몬트리올 의정서(1987) 공무원 13, 16, 17	오존층 보호를 위한 내용이 구체화된다.
사막화 방지협약		
바젤협약(1989) 국시 12 / 공무원 14, 15, 17	유해 폐기물의 불법교역	
런던협약 공무원 13, 15	폐기물의 해양투기로 인한 해양오염 방지	
인간환경선언 공무원 15, 17	1972년 스톡홀름 회의(인간 환경회의)에서 인간환경선언을 하여 '단 하나뿐인 지구'를 보전하자는 공동 인식을 가진다. 인간환경선언의 4대 원칙	

환경보전의 인식부족

님비(Nimby)현상 공무원 18	'Not in my backyard' 쓰레기 매립장, 분뇨처리장, 하수종말처리장 등 혐오시설 설치에 주민들의 반대현상이다.
핌피(Pimfy)현상 공무원 18	'Please in my frond yard' 그 지역에 이익이 되는 시설들을 자신의 지역에 끌어오는 것, 지하철역, 기차역, 병원, 버스 터미널
바나나 현상	'Build Absolutely Nothing Anywhere Near Anybody' 환경 오염 시설을 어디에든 아무것도 짓지 말라는 것

내분비계 장애물질(환경호르몬)
유발물질 공무원 11

중금속류	납, 수은, 카드뮴
다이옥신류 임용 14 / 공무원 16	다이옥신이란 상온에서 무색의 결정성 고체이고 물에 쉽게 용해되지 않고 미생물에 의한 분해도 거의 받지 않으며 청산가리에 비해 10,000배나 독성이 강하다. 고엽제, 제초제, 소각과정
PCB 공무원 17	산전에 PCB에 노출된 유아는 산전 사망, 자궁 내 성장지연, 작은 머리둘레, 색소침착, 인지력 결핍
	가네미 사건
DDT 공무원 17	과거 농약으로 방향족 염소화합물로 유기살충제다. 먹이연쇄를 통하여 대머리 독수리, 펠리컨에게 유산과 죽음을 가져왔다.
DES 공무원 15	DES와 같은 의약품으로 사용되는 합성 에스트로겐류 임신 10주 이전 복용 시 자궁암, 질암 발병이 높다.
알킬페놀	스위스 레만호 오염사건 공무원 10, 14
비스페놀 A 공무원 15	식품, 음료수캔 코팅물질, 플라스틱 그릇, 유아용 플라스틱 젖병, 합성수지 원료
스티렌다이머와 트리머	컵라면 용기의 스티로폼 성분을 비롯한 식품 용기
프탈레이트 에스테르	플라스틱 가소제로 폴리염화비닐(PVC)에 플라스틱의 유연성을 준다.
엔도설판, 아미톨, 아트라진 공무원 16	농약, 살충제, 제초제 등으로 사용

생태계, 인체 영향 〈호르몬분비 암 생성〉

호르몬분비 불균형 공무원 20	기전 〈유촉봉〉	호르몬 유사작용	생체 호르몬과 달리 쉽게 분해되지 않고 안정되어 생체 내 잔존하며 인체, 생물체의 지방 조직에 농축된다. 호르몬 수용체와 결합하여 내분비계 장애물질이 마치 정상 호르몬과 유사하게 작용한다.
		호르몬 촉발작용	내분비계 장애물질이 수용체와 반응하여 정상적 호르몬 작용에서 나타나지 않는 생체 내 새로운 엉뚱한 대사작용을 유발한다. 암과 같은 비정상적 생장과 대사작용의 이상이 생긴다.
		호르몬 봉쇄작용	호르몬 수용체 결합부위에 봉쇄하여 정상 호르몬이 수용체에 접근하는 것을 막아 내분비계가 기능을 발휘하지 못한다.
	질환		내분비 교란 능력, 갑상선기능 이상
생식기	생식기능 저하		인간, 생태계의 생식기능 저하로 남성의 정자 수, 정자 운동성 감소, 기형 정자 증가
	생식기형		자궁기형, 수컷의 암컷화
성장억제	다음 세대의 성장억제		
암	면역기능 저해와 발암성으로 암 증가, 여성에게 유방 및 생식기관의 암, 고환암, 합성 에스트로겐인 DES라는 유산방지제를 복용한 임산부의 딸은 면역기능 이상으로 자궁암, 질암		

온열요소 국시14

기후요소 중 기온, 기습, 기류와 복사열은 인간의 체온조절에 영향을 미치는 온열요소(온열인자)이다. 이들에 의해서 형성된 종합적인 상태를 온열조건이라고 한다. 온열상태를 평가하는 지수는 온열지수이다.

상대습도 (비교습도)	상대습도(비교습도, RH, %) = $\dfrac{\text{그 온도에 있어 현재 수증기(절대습도)}}{\text{그 온도에 있어 포화수증기량}} \times 100\%$

온열지수

지적 온도(최적 온도)

정의	체온조절에 가장 적절한 온도, 즉 이상적 온열조건을 말한다. 작업의 강도, 계절, 성, 연령, 의복, 음식에 따라 달라진다.
주관적 지적(최적) 온도 (쾌적 감각온도)	감각적으로 가장 쾌적하게 느끼는 온도
생산적 지적(최적) 온도 (최고 생산온도)	생산능률을 가장 많이 올릴 수 있는 온도
생리적 지적(최적) 온도 공무원 16	최소의 에너지 소모로 최대의 생리적 기능을 발휘할 수 있는 온도

쾌감대

정의	인체에 가장 쾌적하게 느껴지는 기온, 기습, 기류에 의하여 정해진다. 안정 시 착의상태, 바람이 없는 상태에서 쾌적하게 느끼는 기후범위이다.
쾌감 온도	17~18℃
쾌감 습도 국시 05	60~65%

감각온도 : 체감온도, 실효온도, 등감온도 국시 03

정의 국시 05	실제로 감각을 느끼는 온도작용을 측정하기 위해 기온, 기습, 기류가 종합하여 실제 인체에 주는 온감으로 체감온도이다. 의복 시 착용상태, 계절, 성별, 연령에 따라 변화한다.

습구·흑구 온도지수(WBGT index, 온열평가지수) 공무원 16

습구·흑구 온도지수는 고온장애를 방지하기 위하여 고안된 온열평가지수로 실내와 실외의 온도를 평가하는 도구이다.
기온, 습도, 복사열 등으로 산출된 지수이다.
맑은 날에 건구온도는 증가하고 습구온도는 낮아진다.
옥외 : 0.7WT + 0.2GT + 0.1DT
실내 : 0.7WT + 0.3GT
* WT : 습구온도, GT : 흑구온도, DT : 건구온도

불쾌지수(D.I) 공무원 09, 14, 16, 17

정의 임용 16	기온, 기습의 영향으로 인간이 느끼는 불쾌감 표시이다. 각종 기상조건으로 냉난방 조절장치에 소요되는 전력을 추산하기 위해 제정된다. 기류, 복사열의 실외조건을 고려하지 않았기 때문에 실외의 불쾌지수 산출에는 맞지 않는다.	
계산 임용 16 / 공무원 30	(건구온도 ℃ + 습구온도 ℃) × 0.72 + 40.6 (건구온도 ℉ + 습구온도 ℉) × 0.4 + 15	
불쾌감 공무원 20, 09	D.I : 70이면	약 10% 사람들이 불쾌
	D.I : 75이면	약 50% 사람들이 불쾌
	D.I : 80이면	거의 모든 사람들이 불쾌
	D.I : 85이면	모든 사람들이 견딜 수 없는 정도의 불쾌

카타 냉각력 국시 05

정의 공무원 17	기온, 기습, 기류의 3대 요소가 종합하여 인체의 열을 빼앗는 힘이다.

대기환경기준(환경정책기본법 시행령 제2조) 임용 03 / 인천 04 〈8가지 납벤일！아이(SN) 미오〉

아황산가스(SO₂)	24시간 평균치 0.05ppm 이하
일산화탄소(CO)	8시간 평균치 9ppm 이하
이산화질소(NO₂)	24시간 평균치 0.06ppm 이하
미세먼지(PM-10)	24시간 평균치 100μg/m³ 이하
초미세먼지(PM-2.5)	24시간 평균치 35μg/m³ 이하
오존(O₃)	1시간 평균치 0.1ppm 이하
납(Pb)	
벤젠	

미세먼지(PM-10, PM-2.5)

인체	호흡기 질환	미세먼지가 들어오면 폐포까지 침투해 기도를 자극하고 염증이 생긴다. 천식, 기관지염, 폐렴, 폐기종, COPD, 기관지 확장증의 호흡기 질환이 생긴다.
	심혈관계	심폐환자 병세악화 미세먼지가 몸속으로 들어오면 백혈구가 먼지를 제거하도록 염증 반응이 발생한다. 염증은 주로 혈관을 손상시키고 세포를 약하게 하여 혈관질환인 뇌졸중, 심근경색이 생긴다.
	알레르기성	미세먼지는 점막이나 피부를 자극해 알레르기성 비염, 알레르기성 결막염, 각막염, 아토피성 피부염을 악화
	시야악화	대기 중에 부유하면서 시야를 악화시킨다.
식물		미세먼지가 식물의 잎 표면에 쌓여 광합성 작용, 호흡작용을 저해하여 식물의 성장에 영향

미세먼지 예보 등급별 행동요령(에어코리아) : 서울특별시 대기환경정보

예보구간	좋음	보통	나쁨	매우 나쁨
미세먼지 (PM-10)	0~30	31~80	81~150	151 이상
미세먼지 (PM-2.5)	0~15	16~35	36~75	76 이상
민감군		실외활동 시 특별히 행동에 제약을 받을 필요는 없지만 몸상태에 따라 유의하여 활동한다.	장시간 또는 무리한 실외활동을 제한한다. 특히 천식을 앓고 있는 사람이 실외에 있는 경우 흡입기를 더 자주 사용할 필요가 있다.	가급적 실내 활동을 하여 실외활동 시 의사와 상의한다.
일반인			장시간 또는 무리한 실외활동을 제한한다. 특히 눈이 아픈 증상이 있거나, 기침이나 목의 통증으로 불편한 사람은 실외활동을 피해야 한다.	장시간 또는 무리한 실외활동 제한, 기침이나 목의 통증의 증상이 있는 사람은 실외활동을 피해야 한다.

대기환경보전법 시행규칙 제14조 [별표 7] 공무원 17

대상물질	경보단계	발령기준
미세먼지 (PM-10)	주의보	기상조건 등을 고려하여 해당지역의 대기자동측정소 PM-10 시간당 평균농도가 150$\mu g/m^3$ 이상 2시간 이상 지속인 때
	경보	기상조건 등을 고려하여 해당지역의 대기자동측정소 PM-10 시간당 평균농도가 300$\mu g/m^3$ 이상 2시간 이상 지속인 때
초미세먼지 (PM-2.5)	주의보	기상조건 등을 고려하여 해당지역의 대기자동측정소 PM-2.5 시간당 평균농도가 75$\mu g/m^3$ 이상 2시간 이상 지속인 때
	경보	기상조건 등을 고려하여 해당지역의 대기자동측정소 PM-2.5 시간당 평균농도가 150$\mu g/m^3$ 이상 2시간 이상 지속인 때

황사특보제(기상청)

황사경보	황사로 인해 1시간 평균 미세먼지(PM 10) 농도 800$\mu g/m^3$ 이상이 2시간 이상 지속 예상

연기(매연, smoke)	매연의 농도는 링겔만 차트 이용 허용농도 : 2도(40%) 이하 `공무원 09`		
일산화탄소(CO) `국시 01 / 공무원 11, 14, 17`	인체	산소결핍 `국시 04`	CO는 혈색소(Hb)가 산소와 결합하는 힘에 비해 200~300배 강하다. 체내 Hb의 산소결합과 운반을 저해하여 신체조직의 산소결핍증 유발
		신경계	CO는 뇌조직, 신경계통에 피해로 청력, 시력 약화, 사고능력 감퇴, 운동신경 약화, 근육마비
	증상		혈중 탄소 포화도가 50~60%의 일산화탄소 중독 시 혼수상태 혈중 탄소 포화도가 10~20%에 임상증상이 나타난다. `공무원 09` 혈중 탄소 포화도가 10% 미만이 정상
이산화탄소(탄산가스, CO_2) `공무원 14, 16`	실내공기오염		실내공기오염지표 1,000ppm(0.1%) `국시 04, 05, 12` 실내에 다수인이 밀집해 있을 때 농도 증가 0.1%(1,000ppm) 이상은 그 방의 환기가 불량 `경기 04`
	지구 온난화		대기 중 CO_2는 지구 복사열을 흡수한 후 재복사하여 지표 온도 상승으로 지구 온난화에 기여한다.
질소산화물 `공무원 12, 17`	일산화질소(NO)	정의	자극성이 없는 무색, 무취 기체
		인체 `공무원 16`	헤모글로빈과 친화력이 CO보다 훨씬 강하다. NO는 혈액 중 헤모글로빈과 결합하여 메트헤모글로빈혈증 유발로 농도가 높으면 신경에 손상을 주어 마비, 경련
	이산화질소(NO_2)	정의	적갈색, 자극성 기체, NO보다 7배 독성이 강하다. 광화학적 스모그와 물에 녹으면 산성비의 발생원이 된다.
		인체	눈 자극, 호흡기 감염, 기관지염, 폐렴, 폐기종, 폐암

아황산가스(SO_2)	정의 임용 96 / 국시 07		자극성이 강하며 대기오염물질 물에 잘 녹기 때문에 대기의 습도가 높을 때 부식성이 높은 황산 미스트를 형성하여 산성비의 원인
	인체 공무원 13	호흡기계	폐자극, 천식, 기관지 수축, 코, 목의 점막 자극, 비강, 인후, 호흡기 점막에 궤양
		눈	눈에 가장 자극적으로 급성 결막염
		소화기계	위장장애, 위 팽만감, 식욕부진
		면역력	체내 항체생성 억제로 면역력 약화로 몸의 면역기능을 떨어뜨린다.
	자연 국시 98, 04		농작물 피해와 백화현상으로 잎맥 사이가 표백이 된다. 시계를 흐리게 함
탄화수소(HC) 공무원 09, 11, 12	대기 속의 O_2, O_3, 태양빛 작용으로 고농도의 광화학적 산화물과 광화학 스모그를 만든다. 휘발성 유기화합물이 된다.		

◆ 김기영 보건교사 ◆

기온역전 임용 13

기전 국시 05, 14	정상 상태		정상 상태에서 지표면이 덥고 위로 올라갈수록 기온이 차므로 더운 공기가 가벼워 위로 올라가서 공기의 수직흐름이 생긴다.
	기온역전		기온역전은 고도가 상승되어도 기온이 상승하여 상부의 기온이 하부 기온보다 높아 대기가 안정되고 공기의 수직 확산이 일어나지 않는 현상이다.
	피해		공기의 층이 반대로 형성되어 공기의 수직이동이 없어져 오염물질이 위에 있는 공기로 이동하지 못하여 가스의 오염 물질이 지표면에 침체되므로 중독사고가 나기 쉽다.
종류 공무원 17 〈복 지침이 내렸다〉	복사성 역전 공무원 16, 17	기전	낮 동안에 태양복사열이 큰 경우 지표의 온도는 높아지나 밤에는 복사열이 적어 지표의 온도가 낮아짐으로 발생된다. 아침 햇빛이 비치면 쉽게 파괴되는 야행성이다.
		사례	런던 스모그
	침강성 역전 공무원 14, 16	기전	맑은 날 고기압 상태에서 고기압 중심부에 공기의 압력이 증가되어 공기가 침강한다. 압축을 받아 따뜻한 공기층을 형성하여 이것이 공기 이동을 막는 뚜껑 역할이다. 1,000m 내외 고도에서 발생되며 역전층의 두께는 200~300m이다.
		사례	LA의 대기오염 : 침강성 역전이 주원인, 태평양의 고기압 지대의 영향
	지형성 역전	기전	해륙풍 : 해안지역에서 낮 동안에 찬 해풍이 불어와 육지의 더운 공기가 상승함으로 발생한다.
			산곡풍 : 무겁고 찬 공기가 계곡의 사면을 따라 저지대로 흘러 들어오면 계곡 내 따뜻한 공기는 상층으로 올라가 기온 역전층을 형성한다.

열섬현상 임용 13 / 국시 17

정의		주변의 온도보다 높은 특별한 기온 현상을 나타내는 지역이다.
기전	온도상승	대도시에 인구밀도가 높고, 차량에서 방출되는 인위적 열 생산량의 증가와 난방이나 냉방 장치의 열을 받고 도시의 아스팔트, 시멘트에 복사열이 흡수되어 온도가 증가한다. 도심의 온도가 주변지역의 온도보다 1~2℃ 더 높다. 낮보다 밤에 심하게 나타나 밤 최저기온이 25℃가 넘는 열대야 현상이 일어나고 동식물의 변화와 생태계 파괴로 이어진다.
	먼지기둥	도시가옥과 콘크리트 고층 건물이 밀집되어 불규칙한 지면을 형성하여 자연적인 공기의 흐름이나 바람을 차단시킨다. 도심의 따뜻한 공기는 상승하고 도시 주위로부터 찬 바람이 지표로 흘러 공기의 수직운동이 일어나지 않는다. 도심이 먼지, 이산화탄소, 아황산가스의 대기오염 물질이 증가하여 도심 전체가 먼지기둥(먼지지붕, dust dome)형태를 만들어 낸다.

생성 과정에 의한 분류
1차 오염물질 공무원 16, 17

공장, 자동차 배기관 등 각종 발생원으로부터 대기 중에 직접 배출된다. 오염과 연결되는 일산화질소(NO), 이산화질소(NO_2), 아황산가스(SO_2), 일산화탄소(CO), 탄화수소(HC), 휘발성 유기화합물, 미세먼지, 입자상 물질이다.

2차 오염물질 : 광화학 스모그 형성 기전

1단계	기전 국시 18	〈2차 오염물질이 오 알판〉 오염원에서 배출되는 1차 오염물질인 황산화물(SO_x), 질소산화물(NO_x), CO, 탄화수소, 휘발성 유기물이 대기 중에서 산소, 태양빛의 자외선의 영향을 받아 광화학 반응에 의한다. 광화학적 산화물로 오존(O_3), PAN, 알데하이드가 생성된다.	
	시기	밤보다 태양광선이 있는 낮에 농도가 높다. 햇빛이 많이 쬐이는 여름철 오후 2~3시 사이에 많이 발생	
	생성 물질 서울 02	오존(O_3)	
		PAN류 국시 08 / 공무원 17	PAN, PPN, PBN, 무색의 자극성 액체 눈과 목에 자극을 준다. PAN은 잎의 하단이 청동색으로 변하며, 생육을 지연시킨다.
		알데하이드	강한 자극성 가스
2단계	기전	O_3(오존), PAN, 알데하이드가 대기 성분 간의 광화학 반응에 의한 광화학 스모그를 발생시킨다.	
	피해 경기 04	눈 자극	눈 점막을 자극하여 눈이 따갑고 눈병이 발생
		호흡기	기침, 가래, 호흡기계 질환
		심장장애	
		시야흐림	대기 오염 물질로 하늘이 뿌옇게 보인다.
		식물	식물의 잎 끝에 검은 반점이 생기며 성장 지연[오존(O_3)]

런던형 스모그 기전 국시 00, 06 / 공무원 18	유황 스모그라고 하며 무풍상태, 기온역전(복사성 역전)이다. 석탄을 태워 발전하는 화력발전소, 난방용으로 석탄 사용, 빌딩의 연소시설, 가정 난방시설에서 대기 중에 직접 배출되는 아황산가스(SO_2), CO, 입자상 물질, 먼지에 의하여 생긴다.
LA형 스모그 기전 국시 06	광화학 스모그라고 하며 기온역전(침강성 역전)의 대기가 안정되어 있는 상태이다. 석유계 연료, 자동차 배출가스에서 많이 나오는 질소산화물, 아황산가스(SO_2), CO, 탄화수소, 휘발성 유기물이 산소, 태양광선인 자외선에 의해 광화학 작용으로 광화학 산화물인 오존(O_3), PAN, 알데하이드에 의해 발생되는 스모그 상태이다. 맑은 날에도 안개가 낀 것과 같은 상태이다.

오존

유해성	눈	눈에 자극
	호흡기	기침, 인후자극, 충혈, 가슴통증, 천식 악화, 기관지염, 폐렴, 폐기종, 폐충혈, 폐부종을 유발하여 치사
	심장병	
	식물 영향 국시 05	식물의 잎 끝에 검은 반점이 생기며, 성장 지연
	온실가스로 작용	다른 온실가스와 함께 지구 온난화와 관련

오존경보제 발령기준 임용 03 / 서울 07

주의보	경보	중대경보
0.12ppm 이상	0.3ppm 이상	0.5ppm 이상
주민의 실외활동 자제 요청 자동차 사용의 자제 요청	주민의 실외활동 제한 요청 자동차 사용의 제한 사업장의 연료 사용량 감축 권고	주민의 실외활동 금지 요청 자동차의 통행금지 사업장의 조업 시간 단축 명령

성층권의 오존층 파괴

오존층 파괴요인	〈오존층 파괴로 프레온 가스 아이메〉 프레온가스(m/c) 임용 96 / 공무원 18 , 메탄(CH_4), 이산화탄소(CO_2), 아산화질소(N_2O)
영향	성층권에 있는 오존층이 파괴되어 유해 자외선이 지구에 직접 도달되어 피부암, 백내장 유발
	피부	피부의 색소침착, 홍반, 부종, 수포, 피부암
	눈	백내장

온실효과 : 지구 온난화 현상 임용 98

대기환경 보전법 정의(제2조) 임용 23	적외선 복사열을 흡수하거나 다시 방출하여 온실효과를 유발하는 대기 중의 가스상태 물질이다. 이산화탄소, 메탄, 아산화질소, 수소불화탄소, 과불화탄소, 육불화황을 말한다.	
기전 임용 23 / 국시 17 공무원 11, 16 〈수소불화탄소 아이메〉	기온 유지	지구에서 태양 에너지(적외선, 복사열)의 흡수와 지구에서 방출 에너지의 균형으로 지구의 평균 지상 기온은 15°C로 인간, 생물이 생활하기에 적당한 환경이다.
	온실가스	적외선 복사열을 흡수하거나 다시 방출하여 온실효과를 유발하는 대기 중의 가스상태 물질이다. 화석연료 사용 증가로 배출된 대기 중 이산화탄소(CO_2, 50%), 수소불화탄소, 염화불화탄소(15%), 메탄(15%), 아산화질소(N_2O), 오존이 지구층을 비닐하우스를 씌운 것처럼 둘러싼다. 태양으로부터 방출된 에너지는 지구에 도달한 후 지표로부터 반사하는 복사하는 적외선을 온실가스가 흡수하여 열의 방출을 막고, 흡수한 열을 다시 지상에 복사하여 지구 기온이 상승한다. 기후가 온난하여 지구를 더워지게 한다.
영향 국시 03	기온 상승	지구 온난화로 지구 평균 기온의 상승으로 폭염, 열대야가 발생한다.
	해수면 상승	기온이 높아지면서 극지방에 있는 빙하가 녹아지면서 해수면 상승에 의한 해변이 침식한다.
	물 부족	심각한 물 부족 현상이 야기된다.
	엘니뇨 현상 공무원 14, 16	지구 기온의 상승은 태평양의 수온 상승으로 엘니뇨 현상을 일으킨다. 기존의 기상모형과 다른 에너지 순환형태를 형성하여 세계 각지에 홍수 · 가뭄 · 폭설, 이상난동 현상(겨울에 따뜻한 날씨가 계속된다)의 기상이변을 초래한다.
	라니냐 현상 공무원 14, 16, 17	라니냐 현상은 엘니뇨와 반대로 찬 해수의 용승(바닷물이 위로 솟구침)현상 때문에 저온이 되는 해류의 이변 현상이다. 라니냐 현상이 발생하면 동태평양의 바닷물은 차가워져 세계 각 지역에 홍수, 가뭄, 강추위, 겨울철 저온 현상이 나타나는 기상 이변을 가져온다.

산성비

발생기전 공무원 16	공장, 자동차 배기가스에서 배출된 황산화물, 질소산화물이 대기 중 산화되어 황산, 질산으로 변환되고 비, 안개의 형태로 지상에 강하되는 산성인 pH 5.6 이하 빗물

물과 건강

부영양화	발생 기전 서울 07 / 대구 12	\multicolumn{2}{l	}{가정의 생활하수, 가축의 배설물, 비료, 산업폐수가 호수, 강, 바다의 수중 생태계에 조류 성장에 필요한 영양소를 제공해 준다. 질산염, 인산염 등의 영양물질이 늘어나면 조류가 급속히 증식한다.}
	영향 국시 02 / 서울 07	조류 과다	조류가 과다하게 증가하여 물속 산소가 고갈되어 물고기와 해조류 같은 수생식물이 다량으로 죽는다.
		수질 악화	폐사한 수생 생물(동식물)의 사체 부패 시 산소를 소모하므로 생물화학적 산소요구량(BOD)이 증가하고 용존산소(DO)는 감소한다. 용존산소가 부족할 때 혐기성 세균에 의하여 부패하여 악취가 발생하고 독성물질이 생기므로 급수원으로 이용가치도 상실된다.
적조현상 국시 02	적조현상 원인 국시 94	부영양화	연안 해역에서 발생되며, 질산염, 인산염(영양물질)을 많이 함유한 생활하수, 비료성분이 유입되어 부영양화된 해수에 의해 조류(식물성 플랑크톤)가 다량으로 번식하여 바다가 붉게 변하는 현상이다.
		폭우, 장마	폭우, 장마로 담수의 유입으로 질산염, 인산염, 영양염의 증가와 염분 농도 저하
		일사량	충분한 일사량으로 광합성 작용이 활발하여 대량 번식한 경우
		수온 상승	표층수의 수온이 상승한 경우
		무풍상태	무풍상태가 계속되어 해수의 혼합이 잘 되지 않는 경우
녹조현상	영향	\multicolumn{2}{l	}{적조현상으로 물속의 산소가 부족하거나 플랑크톤 자체의 독성으로 어패류가 폐사한다. 플랑크톤이 물고기의 아가미를 덮어 호흡을 방해하므로 물고기가 죽어 수산업에 막대한 피해를 준다.}
	발생기전	\multicolumn{2}{l	}{영양염류 과다로 호수에 녹조류가 다량으로 번식하여 물빛이 녹색으로 변하는 현상을 녹조현상이라 한다. 녹조류는 영양염류, 수온, 햇빛, 유속에 큰 영향을 받는다. 질소, 인 등 영양염류가 높아진 호수에 일조량이 많고 기온이 높아 수온이 높아지면 광합성이 활발해져 남조류가 폭발적으로 증가한다. 느린 물의 흐름으로 유입된 오염원이 빠져 나가지 못하고 축적되어 조류가 빠르게 증식한다.}

상수 정수과정 (국시 05 / 경기 04)

침사지			침사지(연못)에서 원수에 함유된 흙, 모래, 이물질을 가라앉힌다.
침전 〈보약〉		정의	물속에 비중이 무거운 부유물을 가라앉혀 색도, 탁도, 냄새, 세균을 감소시킨다.
		보통 침전 (국시 13, 17)	완속 여과의 전 처리과정으로 침전지에서 천천히 물을 흐르게 하여 부유물을 침전시킨다.
		약품 침전	급속 여과의 전 처리과정으로 보통 침전으로 가라앉지 않는 작고 가벼운 물질은 약품을 사용하여 응집시켜 가라앉힌다.
폭기 (공무원 17)			물과 공기를 밀접하게 접촉시켜 산소를 용해 흡수하고 이산화탄소, CH_4(메탄)을 제거하고 냄새와 맛을 제거시키고 물의 pH가 높아진다.
여과 (공무원 16, 17)		완속 여과 (공무원 15)	여과기를 써서 물속 침전물을 걸러낸다. 보통 침전법으로 침전시킨 후 완속 여과지의 상층은 작은 모래, 아래층은 큰 돌을 사용하여 물을 통과시켜 불순물을 제거한다.
		급속 여과 (공무원 15)	약품 침전 후 완속 여과보다 40배 이상 빠른 급속 여과의 여과지로 보낸다. 급속 여과지는 거친 모래를 사용한다. 건설비는 적게 들고 운영 관리비는 많이 든다.
소독		가열법	자비소독이 가장 안전한 소독법, 소규모의 먹는물에만 적용한다.
	오존 소독 (공무원 14)	장점	염소소독보다 소독효과가 강하다. 맛과 냄새가 거의 없다. 염소소독 시 발생하는 트리할로메탄 생성 염려가 없다.
		단점	잔류성이 없어 2차 오염 위험이 있다. 가격이 비싸다.
	염소 소독법		

밀스-레인케(Mills-Reincke) 현상 (임용 19)

물을 여과 급수하면 수인성 감염병과 잡균이나 대장균에 의한 발열현상인 수도열이 감소한다.

염소 소독법 임용 14 / 인천 05
불연속 염소소독 방법

기전	염소는 강한 산화력이 있어 유기물질과 접촉하면 살균력 약화로 잔류염소가 필요하다. 물에 염소의 주입량에 비례하여 잔류염소의 양도 증가하나 증가한 잔류염소가 어느 점에서 하강하였다가 다시 증가하기 시작하는 이 곡선이 불연속점이다. 불연속점 후에 주입량에 비례하여 유리잔류염소가 증가한다. 잔류염소는 암모니아와 유기물질과 화합하여 클로라민을 형성한 것을 결합잔류염소라고 한다. 공무원 16 암모니아를 함유한 물은 곡선과 같이 증가한 잔류염소가 불연속점에서 하강하여 거의 0에 가까워졌다가 다시 증가하기 시작한다. 공무원 19 주입량을 증대하면 클로라민의 양이 줄어들어 최소 농도가 되는 점을 불연속점이라고 한다. 그 이후에는 주입량에 비례하여 유리잔류염소가 증가한다.
활용	염소소독은 상수에 불연속점을 지나 염소를 주입한다. 의료기술직 04

불연속점 이상 처리 시 효과

소독효과	염소소독 후 상수에 세균은 감소하나 일정 시간 후에 세균이 증가를 하는 부활현상이 있다. 공무원 14 불연속점 이상으로 염소를 처리하여 유리잔류염소를 증가시킨다. 유리잔류염소는 결합잔류염소(유기물과 암모니아와 염소화합물로 존재하는 잔류염소)에 비해 소독력이 강하여 병원성과 비병원성의 미생물을 멸살시켜 소독효과가 크다.
냄새, 맛 제거	불연속점 이상에서 처리로 물의 냄새와 맛을 제거한다.
경제적	경제적이다.

수도법 시행규칙 제22조의2 인천 05

상수의 수도꼭지	유리잔류염소	0.1mg/L 이상
	결합잔류염소	0.4mg/L 이상
병원미생물에 오염, 오염될 우려가 있을 때	유리잔류염소	0.4mg/L 이상
	결합잔류염소	1.8mg/L 이상
장점	소독력	소독력이 강하므로 보편적 사용
	간편	조작이 간편
	저렴	값이 싸다.
단점	냄새	
	독성	
	발암성	염소소독에서 생성되는 트리할로메탄 형성으로 발암성, 물을 끓이면 증발하여 발암성 제거

미생물에 관한 먹는물 기준 `임용 06, 12 / 서울 05 / 부산 08`

구분	기준			설명
총대장균군 (E. coli)	100mL 중 불검출 `국시 02, 13`	의의 `임용 01`	분변 오염	분변 오염 지표로 대장균은 사람, 가축의 장관 내 생존하는 균으로 사람, 가축의 분변과 공존한다.
			소화기계 병원균 `국시 04`	소화기계 병원균 오염 가능성이 있다. 저항성이 소화기계 병원균과 비슷해서 소화기계 병원균이 검출되면 대장균도 검출한다.
		방법 `임용 01`	간단, 정확한 검출방법	간단, 정확한 검출방법으로 수질오염의 지표로 중요하다.
			최적확수 (Most Probable Number, MPN)	검수 100mL당 대장균 수이다.
			대장균 지수 (coli index)	대장균을 검출한 최소 검수량의 역수이다.
일반세균	1mL 중 100CFU 이하 `국시 03`	의의	병원성, 비병원성균	물속에서 성장하는 병원성, 비병원성균의 총괄적 포함
			멸균 판단	침전, 여과, 소독의 정수처리 공정의 처리효율 지표로 멸균 여부 판단 척도
분원성 대장균군 `공무원 12, 15`	분원성 대장균군은 100mL에서 검출되지 아니할 것			
분원성 연쇄상구균· 녹농균·살모넬라, 쉬겔라 `공무원 13, 17`	녹농균·분원성 연쇄상구균·살모넬라, 쉬겔라는 250mL에서 검출되지 아니할 것			
아황산환원혐기성포자형성균 `공무원 13, 17`	아황산환원혐기성포자형성균은 50mL에서 검출되지 아니할 것			
여시니아균 `공무원 12, 15`	여시니아균은 2L에서 검출되지 아니할 것			

먹는물 기준 임용 06 / 국시 02, 03

항목	기준
수은	0.001mg/L(ppm) 이하(넘지 아니할 것)
카드뮴 광주 05 , 페놀	〈0.005가 페 카〉 0.005mg/L 이하
납, 벤젠, 비소, 셀레늄, 시안 공무원 17	〈납 벤 비 시세 0.01〉 0.01mg/L 이하
크롬	0.05mg/L 이하
총트리할로메탄 공무원 17	0.1mg/L 이하
철(삼철), 에틸벤젠 공무원 11	〈에틸 철 삼〉 0.3mg/L 이하
알루미늄(알리) 공무원 16	0.2mg/L 이하
톨루엔	0.7mg/L 이하
탁도	수돗물의 경우 0.5NTU 이하 지하수를 원수로 사용하는 마을상수도, 소규모 급수시설 및 전용상수도는 1NTU 이하
불소	1.5mg/L 이하
암모니아성 질소	〈오암〉 0.5mg/L 이하
질산성 질소, 과망간산칼륨 소비량	10mg/L 이하
유리잔류염소 공무원 17	〈유사〉 4.0mg/L 이하
색도 공무원 16	5도 이하
수소이온농도(pH)	5.8~8.5
황산이온	200mg/L 이하

염소이온	250mg/L 이하	
경도 공무원 17	1,000mg/L 이하(수돗물의 경우 300mg/L 이하)	
냄새	불검출	
맛	불검출	
카바릴	0.07mg/L를 넘지 아니할 것	
파라티온	0.06mg/L를 넘지 아니할 것	
세제(음이온 계면활성제) 공무원 17	0.5mg/L 이하	
불소 임용 93	급성중독	심장장애, 간장애, 신장염
	만성독성 국시 02	반상치 유발 흰색 반점이나 노란색 또는 갈색 반점이 표면에 착색된 치아
암모니아성 질소 국시 20	분뇨, 질소화합물 공무원 15	분뇨성분, 대장균 수질오염 측정 지표 분변, 질소화합물을 함유하는 오염물 의미
	최근 오염 공무원 05	최근에 수질오염이 발생하였는지를 알 수 있다. 오염된 후 오랜 시간이 경과하지 않았다.
질산성 질소 임용 94	만 1세 미만 영아에게 NO가 Hb과 결합하여 메트헤모글로빈혈증을 유발하여 청색증(blue baby syndrome, Methaemoglobinaemia)과 심한 경우 죽음을 일으킨다.	
과망간산칼륨 소비량	수중의 유기물을 산화 시 과망간산칼륨이 소비된다. 소비량에 따라 수중의 유기물을 간접적 추정	

◆ 김기영 보건교사 ◆

수질오염의 지표 공무원 10, 13, 17

화학적 산소요구량(COD) 국시 04			물속의 유기물을 화학적 산화제가 분해할 때 소비되는 산소요구량 경남 04
생물화학적 산소요구량(BOD) 국시 02			물속의 유기물을 미생물이 분해할 때 소비되는 산소요구량이다. 국시 02 / 경기 06 세균이 호기성 상태에서 유기 물질을 20°C에서 5일간 안정화시키는 데 소비한 산소량이다. 공무원 17 BOD 측정은 5일 걸리지만 COD는 2시간으로 측정 가능하다. 공무원 17
용존산소(DO) 임용 92 / 국시 01		정의 국시 19	물속에 녹아 있는 산소의 양이 클수록 좋은 물로 DO가 높을수록 수질 오염도가 낮다.
		의의	물의 오염도를 나타내는 지표이다. 하천수가 심하게 오염될 경우 용존산소 과다소비로 산소가 결핍되어 혐기성 상태로 메탄(CH_4)이 발생한다.
			BOD가 높으면 DO는 낮다. 임용 19 / 공무원 17
			기압(산소 분압)이 높고 유량(flow rate)이 높을수록 온도가 하강할수록 용존산소(DO) 증가
		기준 국시 08	어류, 조류의 수중 생물이 생존하는 데 필요한 DO는 5ppm 이상
부유물질(Suspended Solids, SS) 공무원 19			부유물질은 유기물질과 무기물질을 함유한 현탁 고형물로, 2mm 이하를 말하며 물의 탁도를 결정한다. 수중의 부유물질이 유기물질인 경우는 용존산소를 소모시키며, 어류의 아가미에 축적되어 폐사를 일으키고, 빛의 수중 전달을 방해하거나 수중식물의 광합성에 장애를 일으킨다.

◆ 김기영 보건교사 ◆

하수처리 공정 공무원 10, 16, 17 : 예비처리 - 본처리 - 오니처리

예비처리(물리적 처리) 〈스크린 침사전〉

스크린	하수처리장으로 최초 유입된 유입하수는 스크린(철제망)을 통해 큰 부유물, 협잡물 제거	
침사법	스크린을 통과한 하수는 0.3m/sec의 유속으로 침사지(연못)를 통과하면서 비중이 큰 모래, 무기물을 침전시켜 제거한다.	
침전법 〈침전은 보약〉	보통침전	최초 침전탱크는 하수를 극히 완만하게 흘려보내므로 부유성 고형물을 중력침전으로 제거한다.
	약품침전	약품을 사용하여 응집시켜 부유물을 제거한다.

본처리(생물학적 처리)

호기성 처리 〈활살〉	활성오니법 국시 09 공무원 16, 17	폭기조에서 호기성균에 의한 산화작용이다. 충분한 산소를 주입하여 호기성 세균을 사용하여 유기성 오물을 분해시키는 미생물 반응 탱크 과정이다.	
	살수여상법 공무원 16, 17	미생물 점막으로 덮인 여상(필터) 위에 뿌려서 표면은 미생물막과 폐수 중의 유기물을 접촉시켜 호기성 세균의 작용으로 처리한다.	
혐기성 처리법 〈부임해서 부침을 했다〉	부패조	단순한 탱크에 하수를 넣은 후 산소를 차단하여 혐기성 세균이 분해하여 이산화탄소, 메탄가스, 악취를 만든다.	
	임호프 탱크 (Imhoff tank) 국시 02 / 임용 93	침전실과 부패실로 분리	
		침전실	침전실에서 고체, 액체의 분리로 침전이 된다.
		부패실	오니를 Imhoff 부패조에 넣고 혐기성 세균이 분해하여 오니의 부패작용으로 소화시킨다. 메탄가스가 발생하며 냄새가 역류하여 밖으로 나오지 않도록 고안했다.

최종 침전지(오니처리, 슬러지처리)

최종 침전지에서 중력침전에 의해 분리된 처리수는 염소처리 후 방류된다. 슬러지의 함수율을 줄이고 고형물의 농도를 높이기 위해 농축, 소화처리, 건조시킨다. 슬러지는 최종 매립의 방식으로 처리한다.

폐기물 처리

폐기물 분류 공무원 19	지정 폐기물			사업장 폐기물 중 부식성 폐기물, 유해물질함유 폐기물, 폐유기용제, 폐유, 폐산 등, 의료 폐기물 등 주변 환경을 오염시키거나 인체에 위해시킬 수 있는 유해한 물질
	의료 폐기물	일반 의료폐기물		혈액·체액·분비물·배설물이 있는 탈지면, 붕대, 거즈, 생리대, 일회용 주사기
		격리 의료폐기물		감염병으로 격리된 사람에 대한 의료행위에서 발생한 폐기물
		위해 의료폐기물	조직물류폐기물	인체 또는 동물의 조직·장기·신체 일부, 동물 사체, 혈액·고름 및 혈액생성물
			병리계폐기물	배양액, 배양용기, 보관균주, 폐배지, 폐장갑
			손상성폐기물	주사바늘, 파손된 유리재질의 실험기구
			생물·화학폐기물	폐백신, 폐항암제, 폐화학치료제
			혈액오염폐기물	폐혈액백, 혈액투석 시 사용된 폐기물

소각처리(열적 처리) 공무원 05

장점 공무원 16, 17	부피 감소	폐기물의 부피가 감소되면 처리면적이 적어 우리나라에 적합한 방식 고체 폐기물을 연소시켜 그 중량을 1/4로, 부피는 1/5로 줄이고 발생된 잔여물을 매립 처리하는 방식
	에너지	소각 과정에서 발생되는 소각열(폐열)을 재이용하여 발전, 난방에 이용
	의료 폐기물	의료 폐기물의 처리에 좋고 위생적이다.
	도시	도시의 중심부에 설치할 수 있다.
단점 공무원 16, 17	고비용	건설비와 관리비가 비싸다. 건설, 관리에 고도의 기술이 요구되며 전문 숙련공이 필요하다.
	대기오염	폐기물의 소각 시 배출되는 대기오염물질은 먼지, 매연, 중금속 입자상 물질, 황산화물, 질소산화물, CO_2, 일산화탄소(불완전 연소 시), 염화수소(HCl, 플라스틱류에 있는 염소에 의해 발생), 다이옥신이 배출된다.

퇴비화 임용 94

정의	유기물을 재활용하기 위해 폐기물 자원화인 비료로 만드는 방법이다. 환경에 악영향을 미치지 않는다. 호기성 조건하에서 호기성 미생물을 이용하여 생물학적으로 유기물을 안정화한다.
퇴비화 과정	3~4주 소요되며 음식찌꺼기, 축산폐기물, 낙엽, 하수처리장 슬러지(하수처리에서 생긴 침전물, 오니)를 호기성으로 공기가 공급되어 생물학적 과정에 의해 분해되어 부식토로 변환시킨다. 고온이 발생하여 병원균, 기생충을 파괴시킨다.

폐기물의 최종처리

매립법 임용 94

도시폐기물 매립지 임용 94	5년 경과	매립완료 후 5년 경과에 사람들을 통제할 필요성 감소
	10년 경과	매립완료 후 10년 경과에 거의 안정화되어 주택 건립
	30년~	유해 폐기물은 30년, 몇 백년 사후 관리

매립법의 종류 〈매립법으로 단위안 사용〉

단순 매립	쓰레기를 오염방지 시설 없이 단순히 땅에 파묻는 처리 방식이다. 저습지, 웅덩이에 지하수, 지표수, 가스, 악취, 위생문제에 구애받지 않고 쓰레기를 투기한다. 매탄가스, 지하수 오염
위생 매립 임용 94	일반폐기물 처분에서 경제적이고 흔한 방법이다. 쓰레기를 일정한 높이로 쌓아 다진 후 그 위에 흙을 덮는 방식이다. 폐기물 더미 속에 공기를 통과시켜 분해를 촉진시켜 매립된 폐기물은 호기성 분해와 혐기성 분해를 거쳐 메탄으로 안정화된다. 침출수 토양유입 방지 위해 처리시설과 가스처리시설을 갖추어 매립 후 토지 활용이 가능하다.
안전 매립	유해 폐기물의 최종처분 방법으로 유해 성분이 용출되어 나오지 못하도록 완전히 봉합시켜 격리하는 매립방법이다. 환경오염을 최소화하기 위하여 유해 폐기물을 자연계와 완전히 차단한다.

매립방법 `임용 94`

쓰레기 두께	쓰레기 두께는 3m 내 높이로 매립 쓰레기 높이가 3m를 넘으면 통기성이 나빠져 혐기성 분해가 일어나 매립의 능률이 저하된다. 매립된 쓰레기는 소화, 발효되어 용적이 1/2로 가라앉았을 때 그 위에 다시 쓰레기를 1~2m의 높이로 재매립한다.	
복토	중간 복토	매립 후 20cm 높이로 복토한다.
	최종 복토	최종 복토는 60~100cm 이상 두께로 한다. 악취의 발생이나 쥐의 서식을 방지한다.
경사	매립 경사는 30도 정도	

🔟 인구와 건강

노트스타인과 톰슨(Notestein & Thompson)의 분류 `공무원 22` 〈고과인〉

제1단계	고잠재적 성장단계, 다산다사형	인구증가가 예견된다. 출생률과 사망률이 모두 높으므로 인구증가는 제한된 범위 안에서 일어난다.
제2단계	과도기적 성장단계, 다산소사형	출생과 사망 사이의 폭이 갑자기 확대되고 인구 폭증 현상이 일어난다.
제3단계	인구감소 시작단계, 소산소사형	인구 감소의 시작단계로 인구의 급속한 성장을 거친 후 감소기 상태로 접어든다(출생률과 사망률이 다같이 낮아지는 단계).

◆ 김기영 보건교사 ◆

블래커(Blacker)의 인구변천이론 공무원 22

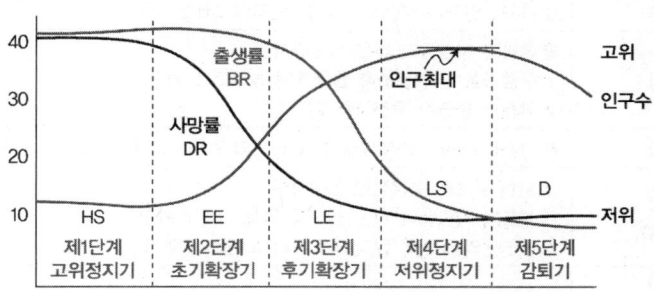

제1단계	High Stationary phase, HS, 고위정지기, 다산다사형	고출생률과 고사망률의 인구정지형이다. 중부아프리카 지역의 국가들과 같은 후진국형 인구형태이다. 정치적 불안이나 빈곤문제가 해결되지 않는 경우 높은 사망률로 인구가 증가하지 않을 수도 있다.
제2단계	Early Expanding phase, EE, 초기확장기, 다산소사형, 다산감사형	저사망률과 고출생률의 인구증가형으로 인구증가가 계속되는 경제개발 초기국가들의 인구 형태이다.
제3단계	Late Expanding phase, LE, 후기확장기, 소산소사형, 감산소사형	저사망률에 저출생률의 경향을 나타내는 인구성장 둔화형으로 산업의 발달과 핵가족화 경향이 있는 국가들의 인구형태이다.
제4단계	Low Stationary phase, LS, 저위정지기, 인구정지형	사망률과 출생률이 최저에 달하는 인구증가 정지형이다.
제5단계	Declining phase, D, 감퇴기, 인구감소형	출생률이 사망률보다 낮아져서 인구가 감소하는 경향이 있는 감소형 국가이다.

인구구조 유형 국시 98, 06 〈피종항 호별〉

유형		내용
피라미드형 (pyramid form) 공무원 09	정의	0~14세 인구가 50(65)세 이상 인구의 2배를 넘는다.
	특징	출생률과 사망률이 높은 다산다사형 인구증가형 : 사망률보다 출생률이 높으므로 인구가 증가 삼각형의 전형적 후진국형 인구구조
종형 (bell form)	정의	0~14세 인구가 50(65)세 이상 인구의 2배와 같다.
	특징 국시 06	정지형 구조로 이상적인 인구형태 출생률과 사망률이 낮은 선진국 유형, 소산소사형 노인인구의 비중이 많아짐에 따라 노인문제 야기
항아리형 (pot form) 공무원 09 / 부산 05	정의 국시 08 / 경기 04	0~14세 인구가 50(65)세 이상 인구의 2배가 안 된다.
	특징 국시 19	사망률이 낮으나 출생률이 사망률보다 더욱 낮아 인구 감소
호로형 (guitar form) 국시 98	정의	15~49세 인구가 전체 인구의 50%가 안 된다.
	특징	생산 연령층 인구가 도시로 빠져나간 농촌인구의 유출형 형태 노동력 부족, 시설, 자본의 유휴현상(쓰지 못하는 현상) 노년부양비가 높다. 국시 06
별형 (star form)	정의 국시 98	15~49세 생산층 인구가 전체 인구의 50%를 넘는다.
	특징 국시 20	생산연령층 인구가 도시로 유입되는 전입형, 도시형 인구구조 도시 인구형태로 생산연령층의 도시 유입은 출산율에 영향

인구정책

인구 조정정책	인구 변동의 요소인 출생, 사망, 인구 이동의 현실적 상태와 이상적 상태의 격차가 있을 때 이 격차를 좁혀 국가가 바라는 바람직한 상태로 정책을 펴는 것이다. 출산 조절정책, 인구 분산정책, 인구자질 향상정책은 인구의 양과 질에 직접적으로 영향을 미친다.
인구 대응정책	인구변동의 결과로 야기되는 사회, 경제, 고용, 교육, 문화 등 문제의 해결에 대처 위한 정책이다. 주택정책, 식량정책, 교육정책, 사회보장정책이 있다. 복지와 결부된 공공정책은 인구문제와 관련되어 사회경제 정책이다.

저출산 고령사회 기본 계획 〈서울 12 / 경기 08〉

2005년 법 제정	정부에서는 '저출산·고령사회기본법'을 제정하고 '저출산고령사회위원회'를 설치하였다. 초저출산 : 합계출산율이 1.3명 이하이면 초저출산 사회이다.

제4차 저출산 고령사회 대책 〈공무원 17〉

목표 〈공무원 21〉	〈삶 성평등 인구 변화〉 개인의 삶의 질 향상, 성평등하고 공정한 사회, 인구변화 대응 사회 혁신

재난

기구	장	소속	주요 업무
중앙안전관리위원회	국무총리	국무총리 소속	안전관리 중요 정책 심의, 총괄
안전정책조정위원회	행정안전부 장관	중앙안전관리위원회 소속	안건의 사전 검토, 사전 조정
중앙재난안전대책본부	행정안전부 장관 〈임용 22 / 공무원 19〉	행정안전부 소속	재난 대응, 복구 총괄, 조정

재난의 유형 〈사자 해외재난〉

자연재난	태풍, 홍수, 호우(豪雨), 강풍, 풍랑, 해일(海溢), 대설, 한파, 낙뢰, 가뭄, 폭염, 지진, 황사(黃砂), 조류(藻類) 대발생, 조수(潮水), 화산활동, 자연우주물체의 추락·충돌, 자연현상으로 인하여 발생하는 재해
사회재난 〈임용 17〉	화재·붕괴·폭발·교통사고·화생방사고·환경오염사고·다중운집인파사고 등으로 발생하는 대통령령으로 정하는 규모 이상의 피해와 국가핵심기반의 마비, 감염병 또는 가축전염병의 확산, 미세먼지, 인공우주물체의 추락·충돌 등으로 인한 피해
해외재난	대한민국의 영역 밖에서 대한민국 국민의 생명·신체 및 재산에 피해를 주거나 줄 수 있는 재난으로 정부차원에서 대처할 필요가 있는 재난

재난관리 4단계 〈재난관리에 예대가 대복이 있다〉

예방(예방 완화) 국시 21	재난 발생 전	위험성 분석 및 위험 지도 작성 국시 18 건축법 정비 제정, 재해보험, 토지이용관리 안전관련법 제정, 조세 유도 공공 예방 완화 안전 교육
대비(준비 계획)	재난 발생 전	재난대응 계획, 비상경보체계 구축 통합대응체계 구축, 비상통신망 구축 자원동원관리체계 구축 대응자원 준비, 교육훈련 및 연습
대응 임용 17	재난 발생 후	비상시스템의 가동, 대응자원동원 재난대응 적용, 재해 진압, 구조 구난 응급의료체계 운영, 대책본부 가동 인명 구조와 이송 환자 수용, 간호, 보호, 후송 중증도 분류 국시 19 와 현장진료소 설치·운영 의료서비스 지원 손상과 피해 정도 사정 임시대피소 마련(피난처, 식수, 음식, 의료 제공)
복구	재난 발생 후	잔해물 제거, 이재민 지원 임시 거주지 마련(식수, 음식 제공) 무료진료, 예방접종, 전문치료 의뢰 국시 20 피해 주민 및 대응활동요원에 대한 재난심리상담(외상 후 스트레스 장애 관리) 피해 평가 국시 20 감염병 예방 관리 사회 복구

재난간호 역량

예방/완화역량 영역	위험감소와 질병예방과 건강증진, 정책개발과 기획 역량
대비역량 영역	윤리적 실무와 법적 실무 및 책무성, 의사소통과 정보공유 및 교육과 준비 역량
대응역량 영역	지역사회 돌봄, 개인과 가족 돌봄, 심리적 간호, 취약인구집단 간호에 역량
복구/재활역량 영역	개인, 가족과 지역사회의 장기적 회복에 간호역량

식품안전관리인증기준(HACCP) 공무원 09 / 서울 09

HACCP 7단계 공무원 09 〈HACCP는 위중한을 모니터링하고 개를 검문하자〉

위해요소 분석 (Hazard Analysis, HA)	원료와 공정에서 발생 가능한 인체의 건강을 해칠 우려가 있는 생물학적, 화학적, 물리적 위해요소를 정보수집하여 분석평가한다. 위해요소를 제거하거나 허용 한도를 고려한다.
	생산품목의 제조 공정도를 작성하여 품목별 원재료, 장치, 기계, 제조공정을 분석하여 적용 가능한 조치를 고려하고 배제가 불가능할 시 허용한도를 고려한다.
중요 관리점 결정 (CCP)	식품 위해를 예방, 제거, 안전성을 확보할 수 있는 단계, 공정의 중점 관리를 결정한다.
	시설, 설비의 위생, 기계, 기구의 위생, 종업원의 개인위생, 일상의 미생물 관리체계, 미생물의 증식억제, 온도관리
한계기준 설정	위해요소 관리가 한계치의 설정대로 이루어지는지 판단하기 위한 위해관리 기준인 목표기준, 한계기준 설정
	온도, 시간, pH, 수분, 염분 농도
모니터링	CCP에 대한 모니터링을 한다. 중요 관리점에 설정된 한계기준 준수 여부를 점검하기 위한 관찰측정 수단으로 모니터링
	온도, 시간, pH, 수분, 염분 농도 등 모니터링
개선조치	CCP의 한계기준을 벗어날 경우 위해가 일어나기 전 개선조치 방법을 수립한다. 공정을 바꾸고 관리가 유지되도록 조치
	작업중단을 통한 위해 제거
검증	HACCP 실행상태 검증 절차로 미생물, 화학적, 물리 검사와 서류상 기록의 재검토를 확립하여 제조업자나 관리감독기관의 검증이 필요
	장비가 교정되었는지, 검사기록, 최종제품을 검토한다.
문서화	HACCP 실행에 대한 기록유지 방법으로 문서화한다.
	HACCP 원칙에 따른 기록을 한다.

감염원과 중간숙주(1차 → 2차)

분류	기생충	1차 (감염원)	2차 (중간숙주)
선충류 〈유선아 요편회에 심동을 만들자〉	회충증	채소	
	십이지장충	채소	
	편충증	채소	
	요충증	채소	
	동양모양선충	채소	
	선모충	돼지고기	
	유극악구충	담수어류	물벼룩 → 담수어류(가물치, 메기, 뱀장어, 미꾸라지)
	아니사키스충(Anisakis)	해산어류	해산갑각류 → 해산어(대구, 청어, 오징어, 고래)
흡충류	간흡충증 임용 13	담수어류	왜우렁이 → 담수어(피라미, 붕어, 잉어)
	폐흡충증	민물갑각류	다슬기 → 민물갑각류(민물게, 가재)
	요코가와흡충	담수어류	다슬기 → 담수어(은어)
조충류	광절열두조충	담수어류	물벼룩 → 담수어류(연어, 송어, 농어)
	무구조충	쇠고기	
	유구조충	돼지고기	

십이지장충	감염경로 공무원 12		경구감염, 경피감염
선모충증	전신의 근육조직(횡문근)에 침입하여 피낭유충에 머문다.		
간흡충(간디스토마) 임용 13 / 공무원 14, 15, 16	제1중간숙주는 왜우렁이(쇠우렁이) 제2중간숙주는 담수어, 잉어, 참붕어의 어육 내에 피낭유충이 된다.		
유구조충	뇌, 안구, 근육, 피하, 심장, 폐에 유구낭충(머리에 갈고리가 있다)을 일으킨다.		

식중독과 소화기계 감염병 비교 (임용 99 / 공무원 12, 13, 16, 17)

구분	식중독	소화기계 감염병
종류	세균성(감염성, 독소형), 바이러스성 식중독	식품, 수인성 감염병 ex) 세균성 이질, 장티푸스
잠복기	잠복기가 짧다. 단시간 이내 발생한다.	잠복기가 길다. ex) 세균성 이질(1~3일), 장티푸스(1~3주)
발병에 필요한 균 양	다량의 세균이나 독소량으로 발병한다.	소량의 균으로 발병한다.
병원성	병원성이 약하여 증상이 가볍다. $$병원성 = \frac{발병자수(현성\ 감염자수)}{감염자수}$$	병원성이 강하여 증상이 위험해지기 쉽다. ex) 장티푸스 : 장출혈, 장천공, 백혈구 감소
경과	일과성이다.	경과가 길다. 세균을 방출하는 시간이 길다. ex) 소화기계 감염병 : 회복기 보균자
전염성	전염성이 적다. 원인 음식물의 섭취로 전파된다. 환자에 의한 2차 감염은 드물다.	전염성이 강하다. 환자에 의한 2차 감염으로 사람에서 사람으로 전파한다. 감염자와의 접촉으로 균이 입으로 들어온다.
병후 면역	병후 면역 획득이 없다.	병후에 어느 정도 면역 획득이 있다.

◆ 김기영 보건교사 ◆

식중독의 분류 〔임용 99 / 공무원 12, 15, 16, 17〕

대분류	중분류	소분류	원인균 및 물질
미생물	세균성	감염성	〈병장 살리캠〉 살모넬라, 장염 비브리오균, 병원성대장균, 캠필로박터, 리스테리아균
		독소형	〈황보 웰〉 황색 포도상구균, 보툴리누스 중독, 웰치균
	바이러스성	노로 바이러스	매우 전염력이 강하고 사람에서 사람으로 쉽게 전파
자연독 식중독	동물성 자연독		복어독, 조개독 중독
	식물성 자연독		감자독, 버섯독, 청매중독, 독미나리, 고사리
곰팡이 독소	맥각독(에르고톡신, 볏과 식물) 아프라톡신(땅콩, 콩, 옥수수, 쌀, 보리)		
화학성 식중독	기전		유해한 화학 물질이나 금속이 식품에 혼입되어 섭취함으로 체내에 식중독을 일으킨다.
	식품첨가물		착색료, 착향료, 감미료, 방부제의 부적합 첨가물을 사용하든가 또는 대량으로 사용하여 중독을 일으킬 수 있다.
	유해물질		본의 아니게 잔류되는 잔류농약, 살충제, 살서제(쥐약)가 식품, 야채, 과일에 있어 섭취한다.
	조리기구, 포장에 의한 중독		구리, 납, 수은, 카드뮴, 비소로 된 용기에서 용출되어 중독 사고가 일어난다.

◆ 김기영 보건교사 ◆

세균성 식중독 차이

구분	감염형	독소형
정의 국시 04	세균 자체로 인한 식중독이다. 세균이 체내에서 대량으로 증식하여 소화기에 작용해서 일어나는 식중독이다.	세균이 분리한 독소에 의한 식중독이다. 세균이 증가할 때 발생하는 체외독소가 소화기에 작용하여 일어나는 식중독이다.
독소	균체 내 독소	균체 외 독소
종류 국시 08 / 서울 06	〈감염형 식중독에 걸린 장병 살리캠!〉 살모넬라, 호염균 식중독(장염 비브리오), 병원성 대장균, 캠필로박터, 리스테리아균	황색 포도상구균, 보툴리누스 중독, 웰치균
잠복기	잠복기가 길다. 체내에서 세균이 대량으로 증식하는 데 시간이 필요하다.	잠복기가 짧다. 식품 중에서 증식한 세균이 분리한 독소에 의한 식중독으로 짧은 시간에 식중독을 일으킨다.
균의 생사	균이 사멸하면 식중독이 발생하지 않는다.	생균이 전혀 없어도 독소에 의해 발생 가능성
가열	가열요리에 의한 예방효과가 있다.	가열요리에 의한 예방효과가 없는 경우가 많다.

감염성 식중독
살모넬라 식중독

원인균 국시 07		Salmonella typhynurium, Salmonella enteritidis(장염균), 살모넬라균
잠복기		6~48시간(평균 24시간)
전파경로 임용 10 / 서울 06		동물, 육류, 우유, 난류, 사람
증상 공무원 15	위장염 증상	구토, 설사, 복통
	고열	급격한 발열, 고열(38~40℃)
	합병증	뇌막염, 폐렴, 심내막염, 담낭염, 신우신염, 관절염, 화농성 피부 유발

호염균 식중독 : 장염 비브리오

원인균	Vibrio Parahemolyticus(장염 비브리오균)
잠복기	12~24시간(평균 12시간)
전파경로 임용10 / 국시07 / 공무원16	어패류, 2차 오염

병원성 대장균

원인균	병원성 대장균(E. coli O-157) 공무원 03, 09	
감염원	소, 배설물, 2차 감염	
잠복기	평균 12시간(10~30시간)	
증상 공무원16	복통, 혈액성 설사, 미열	
합병증	용혈성 요독증후군	3대 징후 : 용혈성 빈혈, 혈소판 감소증, 급성 신부전증 용혈성 요독증후군은 미세 혈관 내피세포 손상으로 혈소판, 섬유소 덩어리가 축적되어 폐쇄되어 발생한다.
	패혈증	숙주의 저항성이 저하된 경우, 장관의 조직에 침투해 패혈증을 일으킨다.

캠필로박터 제주니 식중독

원인	캠필로박터균(Campylobacter jejuni)
특징	감염력↑, 미호기적 조건, 30°C 이상
감염원	동물 접촉, 육류, 우유, 우물, 2차 감염
잠복기	2~7일, 다른 식중독보다 길다.

리스테리아증

원인	리스테리아균(Listera monocytogenes)
감염원	식육, 식육가공품, 유제품, 야채
증상	감기, 유산, 뇌수막염, 장기 병변, 패혈증

독소형 식중독
황색 포도상구균

원인균	황색 포도상구균이 내는 enterotoxin(장독소) 임용 15
잠복기 서울 08	0.5~6시간(평균 3시간)
특징	건조, 산성, 알칼리성, 열에 강함 국시 03
전파경로	유제품, 화농성 질환자 공무원 05, 복합조리 식품 서울 08
증상 공무원 11, 17	소화기 증상, 혈변/발열× 서울 08

보툴리누스 중독 공무원 11, 13, 14, 16, 17

원인균 임용 22	Clostridium botulinum(A, B, E, F형)이 내는 외독소(신경독) 보툴리누스균이 산출하는 신경독을 섭취하므로 증상
	그람 양성 아포 형성 혐기성 간균
	보툴리누스균(A, B, F형)은 내열성이 강하다. 100℃에서 수 시간 가열해도 균은 죽지 않으나 생성된 독소는 열에 쉽게 파괴로 80℃에서 20분, 100℃에서 1~2분 가열로 쉽게 파괴된다.
잠복기	18~98시간(평균 24시간 이내)
전파경로 국시 08	소시지, 햄, 육류, 통조림, 밀봉식품, 야채, 과일, 식육, 어류, 유제품의 혐기성 상태 보관
증상 국시 08	위장장애, 체온 정상, 신경성 증상

웰치균 식중독 공무원 17

원인균	웰치균(clostridium welchii) 균주가 분비하는 외독소
잠복기	12~18시간(12시간)
전파경로 국시 10	오염된 쇠고기, 닭고기, 가금류, 돼지고기, 식육가공품, 어패류 조리식품, 단백질 식품 가축이 도살장에서 오염되어 식중독의 발생원이 된다. 충분하게 가열하지 않아 식품 내 균이 남아 증식하여 독소를 생성된 것 섭취

노로 바이러스 공무원 09

잠복기	24~48시간
전파기간	급성기부터 설사가 멈추고 48시간 후까지 조리 업무 종사자 : 회복 후 최소 3일 이후 업무에 복귀한다.

자연독 식중독 임용 10

동물성 자연독	복어 중독	테트로도톡신(tetrodotoxin)
	굴, 고둥, 바지락, 모시조개	베네루핀(venerupin)
	섭조개, 대합조개	색시톡신(saxitoxin)
	홍합	마이틸로톡신(mytilotoxin)
식물성 자연독	버섯	무스카린(muscarin, muscaridine, aminatoxin, amanitatoxin, cholin, neurin, phaline)
	감자	솔라닌(solanine)
	청매중독 〈청아〉	아미그달린(amygdaline)
	독미나리 〈미시〉	시큐톡신(cicutoxin)
	고사리 〈고프타〉	프타퀼로사이드(ptaquiloside)

곰팡이 독소 식중독

맥각중독	ergotoxin, 곡류(볏과), 보리에 곰팡이 독
aflatoxin	발암성, 쌀, 보리, 콩, 땅콩, 옥수수 오염

복어 중독

원인독 국시 18		테트로도톡신(tetrodotoxin) 임용 16
특징	신경독	난소, 알, 간장, 내장, 위장, 고환, 껍질의 신경독 난소, 알에 독소가 많이 함유되어 산란기인 봄철에 독력이 강해지기 시작해 5~6월에 최고
	강한 내열성 임용 16	강한 내열성으로 100℃에서 4시간 동안 파괴되지 않는다.
	물에 강함	물에 녹지 않는다.
	치사율	치사율은 40~80%로 높다.

◆ 김기영 보건교사 ◆

PART 02

◆ 김기영 보건교사 ◆

학교보건

1. 학교보건사업
2. 안전관리
3. 감염병

① 학교보건사업

치아우식증(충치)
발생기전 [임용 00]

치태 형성	음식 섭취 빈도의 증가, 캐러멜, 벌꿀같이 끈끈한 물질의 탄수화물이 치태(치면 세균막)를 형성하는 주된 원인이다.
세균	충치는 입 속에 살고 있는 치태 속 세균의 활동에 의해 세균이 음식물 찌꺼기 중 당(sugar)을 먹고 살면서 산(acid)을 배설한다. 배설하는 산으로 치아의 법랑질(에나멜)과 상아질에서 칼슘염과 석회화 조직을 용해하고 분해하고 제거하여 치아우식증이 발생한다.

치아우식증 예방방법
불소 이용 기전

산생성 억제	치태 속 세균이 당을 먹고 배설하는 산을 만드는 과정을 억제한다.
내산성 증가	불소는 치아가 산에 잘 견딜 수 있도록 내산성을 높여 주어 충치를 예방한다.
재석회화 증가	치아의 재석회화를 도와주어 충치를 예방한다.
탈석회화 억제	구강 내 존재하는 균으로 치아의 무기질이 용해되는 탈석회화를 억제한다.

◆ 김기영 보건교사 ◆

불소용액 양치

방법 임용 98	플라스틱, 종이컵	불소용액은 유리 성분과 반응하므로 플라스틱이나 종이컵을 사용한다.
	불소용액	초등학생들이 점심식사 후 칫솔질을 하고 1분 동안 10cc 불소용액을 입에 물고 있다 뱉은 뒤 30분간 물이나 음식을 먹지 않는다.
	뱉기	불소용액 양치 후 확실히 용액을 뱉도록 교육, 확인하고 따로 뱉는 용기를 마련한다.
	헹구지 않기	뱉은 다음 물로 헹구지 않아야 하며 불소용액은 절대로 마시지 않는다.
	농도	매일 : 0.05% 불화나트륨 용액 10mL 1주 : 0.2% 불화나트륨 용액 10mL
장점 임용 98	비전문 기술	구강보건 전문기술이 필요하지 않고 약간의 훈련받은 비전문가가 관리할 수 있다.
	기구, 장비×	특수기구, 장비가 필요하지 않다.
	단시간	단시간 내 도포가 가능하다.
	쉽게	보건교사가 불소도포용액을 쉽게 만들 수 있고 학동들이 쉽게 할 수 있다.
	책임감	학동들의 책임감을 불러일으켜 스스로 치아를 관리하는 자세를 갖는다.
	학업 지장×	학업에 지장을 주지 않는다.

올바른 칫솔질

칫솔	크기	칫솔머리가 입안에 잘 들어갈 수 있는 크기
	칫솔털 면	솔의 표면이 수평인 직선에 솔 끝이 둥근 모가 효과적으로 이를 닦는다.
	칫솔털 세기 국시 22	견고하면서 부드럽고 탄력이 있어야 좋다. 빳빳한 칫솔은 치아의 법랑질을 벗기고 잇몸의 마모를 초래한다. 너무 부드러운 칫솔은 찌꺼기가 잘 제거되지 않는다.
	직선형 손잡이	칫솔머리부터 손잡이까지 칫솔대가 곧아 구강 모든 부위에 쉽게 닿는다.
	칫솔 교환	2~3개월 이내 오래 사용하여 옆으로 벌어지거나 솔이 닳아 헤진 칫솔은 사용하지 않는다.

회전법

방법	잇몸	칫솔을 아랫니는 밑으로 향하게 하고 윗니는 위로 향하게 하고 잇몸 깊숙이 넣는다.
	45° 밀착	칫솔의 끝을 치아와 잇몸에 45°로 밀착시킨다.
	진동	칫솔을 잇몸과 치아의 경계선에 놓고 위아래로 진동하는 동작으로 움직여 약간의 진동을 준다.
	회전	잇몸에서 치아 쪽으로 부드럽게 회전하면서 빗질하듯이 칫솔을 쓸어 낸다.
	순서	치아 닦는 순서를 정하며 바깥쪽보다 안쪽이 닦기 어려우므로 안쪽 어금니 쪽부터 닦기 시작하고 바깥쪽을 닦고 씹는 면을 닦는다. 칫솔모를 치아의 씹는 면에 위치시킨 후 앞뒤로 문질러 치면을 닦는다.
	앞니 안쪽	앞니의 안쪽 면은 칫솔을 앞으로 비스듬히 세워 입 안쪽에서 바깥쪽으로 둥글게 쓸어내린다.
	혀	칫솔질로 치아뿐 아니라 혀의 가운데와 맨 안쪽까지 잘 닦아 입 냄새의 원인을 제거한다.
효과	음식물 제거	치아 표면을 고루 닦고 잇몸 아래, 치아와 잇몸 경계선, 치아와 치아 사이의 남아 있는 음식물 찌꺼기를 제거한다. 구강의 청결 유지로 치아우식증, 치은염(잇몸염증)을 예방한다.
	치태 제거	칫솔을 45° 각도로 놓음으로 치아와 잇몸 경계선, 치아와 치아 사이의 치태(프라그)와 치석을 제거한다.
	잇몸 마사지	칫솔의 자극에 의해 잇몸 마사지로 혈액순환이 좋아지고 각화층이 발달해 저항력이 커진다. 각화층 : 표피의 가장 바깥층
	치아 손상 감소	치아의 손상 없이 깨끗한 칫솔질

치실질 국시 17, 22

방법	치아 사이에 치실을 한 번에 끼워 넣어 치실을 아래위로 넣었다 뺐다 하는 동작을 한다.
효과	치아와 치아 사이의 치태와 치석과 박테리아 군집을 제거한다.

음식

간식	간식 감소	설탕, 탄수화물이 든 간식을 먹을 때마다 치태 내 세균은 산 생성으로 간식을 감소한다.
	취침 전 간식	타액은 구강 박테리아 균주를 억제하여 충치를 예방한다. 밤에 타액 분비량이 적어 음식이 밤새 세균의 영양분으로 취침 전 간식을 감소한다.
치아에 나쁜 음식	부착성 음식	사탕, 캐러멜, 초콜릿, 과자의 치아에 부착성이 높은 우식성 식품은 치태와 산 형성으로 치아 부식
	단 음료	코코아 같은 단 음료도 산 형성으로 치아를 부식시킨다.
	산성 음료	청량음료, 콜라의 높은 산도는 치아 표면에 부식을 일으킨다.
치아에 좋은 음식	칼슘, 단백질	우유, 치즈의 칼슘, 단백질이 풍부하여 치아 형성과 침 분비를 촉진하여 치아를 보호한다.
	불소	등푸른 생선류, 녹차의 불소 성분이 풍부하여 법랑질 형성을 돕는다.
	청정 식품	과일, 채소류의 섬유질 식품은 씹는 동안 치아 표면을 씻어 주는 역할로 치아를 청소하며 잇몸 자극

정기적 구강검진 국시 22

방법	6개월마다 정기적으로 구강검진을 한다.
근거	6개월마다 정기적 구강검진으로 법랑질 침범 시 증상이 없는 구강 병변을 조기 발견, 조기 치료로 치아우식증의 진행을 막는다.

정기적 스케일링

방법	정기적 스케일링을 한다.
근거	정기적 스케일링으로 치태 제거로 치태 속 세균의 활동 제거로 치아우식증을 방어한다.

치아 홈 메우기

방법	치아 홈을 미리 메워 주어 충치를 예방한다.
근거	유치, 영구치 어금니의 씹는 면에 좁고 가는 홈이 있어 음식물 찌꺼기가 잘 끼어 충치가 쉽게 생긴다.

치주질환(풍치)

치아 표면에 생기는 플라크(치태) 속에 있는 세균은 잇몸을 상하게 하는 독소를 만든다. 치아를 둘러싸고 있는 치은과 치아를 지탱하는 뼈인 치조골이 파괴되어 치조골이 지지하는 치아를 상실하게 하는 염증성 질환이다.

시력관리
필요성 임용 13

회복 어려움	시력은 청소년기에 계속 성장한다. 눈 관리가 소홀하면 근시가 발생하고 시력의 회복이 어렵다.
학습 영향	시력은 인간생활에 절대적으로 필요하며 학습 활동에 큰 영향을 준다.

시력 검사
방법 국시 02, 13

설명	시력검사표('한천석 시력표', '청산시력표')를 보여주고 원거리 검사의 목적을 설명하고 이해
방	주의가 산만하지 않은 방에서 검사
검사표	편평한 공간에 수직으로 깨끗한 검사표를 건다. 시력검사표 위 시력 1.0선이 아동이 섰을 때 눈높이
빛	검사받는 아동의 측방, 후방, 머리 위쪽에서 빛이 오도록 하며 모든 섬광을 제거한다. 얼굴 정면으로 빛이 오지 않게 한다.
조도	교실의 조명은 300Lux를 유지하고 시력검사표는 형광등이 내장된 것으로 시력표 위 빛의 강도는 500Lux 촉광을 한다.
바닥선	시력검사표로부터 3m나 5m(한천석 시력표) 떨어진 곳의 마루에 분필, 페인트로 선을 표시한다. 표시된 선에 발가락을 대고 서서 읽게 한다.
차안기	검사받지 않는 눈에 차안기로 가리는 방법을 시범한다. 기록 오류 방지를 위해 오른쪽 눈, 왼쪽 눈 순으로 검사한다.
시작 임용 17	시력 검사용 위의 시력은 0.4선에서 시작하여 왼쪽에서 오른쪽으로 시행한다. 큰 시표부터 차차 작은 시표를 읽게 하며 검사
시력	특정한 선에서 4개 중 3개의 부호를 읽었을 때 그 선의 시력을 기록한다. 동일 줄에서 50% 이상 맞추면 해당 시력으로 기록
안경 쓴 아동	안경을 쓴 아동은 교정 시력을 한 번만 검사한다.
관찰	눈을 가늘게 뜨고 보거나 눈을 깜박이거나 얼굴을 찌푸리거나, 머리를 기울이는 것을 본다.

스넬렌 시력 결과 (임용 17)

시력표시법	분자 = 시력 측정거리(시력표로부터 대상자 사이의 거리) 분모 = 시력표 표준거리(정상인이 볼 수 있는 거리)
정상	20/20의 시력이 한천석 시력표로 1.0이다. 측정거리 20feet(6m)에서 20의 시표 번호를 읽는다. 20의 시표 번호는 정상 안의 경우 20feet 떨어져도 읽을 수 있는 크기의 시표
비정상 (임용 22)	스넬렌 검사(snellen test)의 시력 20/200은 정상시력의 사람이 200피트에서 읽을 수 있는 글자를 대상자는 20피트의 거리에서 읽는다는 의미이다. 분모인 아래의 숫자가 커질수록 환자의 시력이 나쁘다.

시력 불량 (임용 93)

공식	시력이 불량하여 0.1에 있는 5m용 시표를 보지 못하면 그 시표를 볼 수 있는 거리(m로 표시)에 0.1를 곱한다. 5m : 0.1 = 볼 수 있는 거리m : 시력 0.1 × 볼 수 있는 거리m = 5m × 시력 $시력 = \dfrac{0.1 \times 볼 수 있는 거리}{5}$

근거리 시력검사 (임용 17)

FC (Finger Count)	1m 앞에서도 맨 위의 시표를 읽지 못하면 손가락의 수를 맞추는 거리를 측정해서 표시한다. 50cm에서 손가락 수를 식별하면 FC(Finger Count) 50cm이다.
HM (수지 운동, Hand Movement)	FC(Finger Count)로 보이지 않는 경우 눈앞에서 손을 움직여 알 수 있다면 수지 운동(Hand Movement, HM)을 한다. 30cm 앞에서 손 움직임을 검사한다. 눈앞의 손 움직임을 맞추는 거리를 측정해서 기록한다.
포켓용 근거리 시력표 (로젠바움 차트)	포켓용 근거리 시력표를 눈에서 35cm 떨어진 거리에서 읽는다.

비만(Obesity)
원인 임용 06

잘못된 식사	과식	많이 먹으면 섭취 칼로리가 소비 칼로리를 웃돌아 인슐린 분비를 증가시켜 지방세포에 중성지방이 축적되어 살이 찐다.
	결식	불규칙적 식사로 결식 후 폭식의 혈당 상승은 인슐린 분비를 증가시켜 지방세포의 지방합성을 증가시킨다.
	간식	간식에는 고지방, 고당질, 고염분으로 비만을 일으킨다.
	야식	야식으로 섭취 칼로리가 생기나 수면으로 칼로리 소모가 적어 비만을 일으킨다.
운동부족		운동은 에너지 소비 작용이 활발해져 포도당이 에너지로 쓰여 지방이 축적되지 않는다. 텔레비전 등 문화시설의 증가는 신체활동 감소로 칼로리 소모 감소로 지방이 축적된다.

문제점 임용 06
신체적 문제

지방세포 수 증가	학령기 비만은 성인 비만으로 진행되어 성인병을 일으킨다.
	지방세포 수 증가는 정상 체중으로 전환이 어렵다.
	어릴 때 비만하면, 지방세포가 많이 생겨나는 지방세포 증식형 비만이 된다. 한 번 늘어난 지방세포의 수는 다시 줄어들지 않아 어릴 때 생긴 비만은 성인기에 발생한 비만보다 체중을 줄이기가 어렵다.
고혈압	비만에서 나타나는 고인슐린혈증은 염분정체 관여로 전체 혈류량 증가, 교감신경 자극으로 심장의 운동 부하가 증가한다. 인슐린으로 혈관 근육조직증식으로 말초혈관 저항으로 혈압이 상승한다.
고지혈증	복부비만은 지속적 지방분해를 일으키고 복부의 지방이 간에 이동하면 간에서 LDL 생성, HDL 감소하여 혈중 LDL 생성, HDL을 감소시킨다.
동맥경화증	혈관 내벽에 지방, 콜레스테롤, 지질 증가로 동맥경화증이 생긴다.
지방간	지방간은 중성지방이 간 중량의 5% 이상이다. 복부지방은 지속적인 지방분해를 일으켜 간문맥을 통하여 간에 지방이 축적되어 지방간을 가진다.
DM	비만은 인슐린 수용체에 인슐린 저항을 초래하여 당뇨가 생긴다.
골관절염	체중 증가는 관절 부담으로 체중이 부하되는 관절에 뼈의 과잉 증식으로 골 증식체의 골관절염이 발생한다.

암질환	공통	대장암(비만, 과식, 지방식)	
	여성	유방암, 자궁암, 담낭암 증가	
		지방조직에서 에스트로겐 분비 증가로 유방암, 자궁암 위험	
	남성	전립선암(고지방식이) 증가	
효과 평가 임용 11	지식	비만관리를 위한 식이, 운동, 비만 합병증에 대한 지식의 변화	
	태도, 신념	몸무게를 감소시키고자 하는 태도, 신념의 변화	
	실천율	식이	비만관리를 위한 식이의 변화 간식 횟수 변화 고칼로리 음식 감소 저칼로리 음식과 영양가 있는 음식 섭취
		운동	운동 실천율 변화 규칙적 운동 실천율 : 주 5일 이상, 30분 이상
	신체측정 임용 04	체지방 측정기에 의한 체지방률 삼두박근 피부주름 두께 허리둘레 허리둘레와 엉덩이둘레 비율	
	비만율 임용 04	체중, 키에 의한 비만도 Broca 지수(표준체중에 의한 상대체중) : 경도비만, 중등도비만, 고도비만, 비만율 변화 체질량 지수(BMI) : 과체중, 비만	

◆ 김기영 보건교사 ◆

비만기준

체질량지수(kg/m^2)		저체중	18.5 미만
		정상	18.5~22.9
		비만 전 단계	23~24.9
		비만	25~
복부비만 기준(대사증후군)		허리둘레(성인 남자)	90cm 이상
		허리둘레(성인 여자)	85cm 이상
복부비만		허리/엉덩이 둘레비(성인 남자)	0.95 이상
		허리/엉덩이 둘레비(성인 여자)	0.85 이상

삼두박근 피부주름 두께 측정기(caliper)

의의 국시 21		신체 지방축적 정도 지표
방법	지방	삼두박근(팔 중간 부위의 뒤쪽) 피부의 피하조직을 엄지와 검지로 들어 올려 근육으로부터 피부를 분리시켜 켈리퍼로 수초간 잡아 눈금을 읽는다.
	평균	2~3회 측정하여 평균값을 한다.

규칙적 식사 임용 98

아침, 점심	활동 시간대인 아침, 점심에 탄수화물 섭취는 중요한 에너지원으로 사용한다.
저녁	섭취한 여분의 탄수화물, 지방섭취는 수면 시 지방으로 저장한다. 수면 시 신체의 휴식, 회복을 위해 낮은 칼로리를 섭취한다.

아침 결식의 영향

학업 영향	아침밥이 혈당 공급역할로 오전 내내 학생들의 두뇌가 활발히 움직여 집중력, 학습능력이 좋다. 아침 결식으로 일과시간에 혈당치가 저하되어 뇌에 에너지가 공급되지 않아 무기력하며 집중력이 떨어진다.
정서적 영향	아침을 결식한 학생들은 식사를 걸러서 저혈당이 되면 스트레스 반응이 나타난다. 심리적으로 불안, 초조를 보인다.
비만	아침식사는 점심, 저녁식사의 과식을 방지하여 비만을 예방한다. 아침을 거르면 점심 때 과식으로 혈당치가 높아지고 인슐린 분비를 촉진하여 지방세포에 지방합성이 증가하여 살이 찐다. 아침을 거르면 간식으로 칼로리, 당, 지방, 염분 성분이 많은 패스트푸드를 먹고 비만을 일으킨다.
만성 질환	비만으로 만성 질환에 걸린다. 비만으로 고혈압, 고지혈증, 동맥경화증, 지방간, 당뇨 등을 유발한다.
소화기 질환	다음 끼니에 과식을 하게 됨으로 소화기 관련 질환이 된다.

인터넷 중독(스마트 미디어 중독)
증상 또는 피해

신체적 피해	두통, 눈, 순환계 장애, 근골격계 장애, 체중증가, 체력저하, 수면부족
정신적 피해	시간에 대한 지각 왜곡, 정신적 폐해, 우울증
지적 피해	기억력 상실, 창의력, 응용력 상실
가족적 문제	가족 고립, 가정 불화
사회적 문제	사회적 고립, 역할 소홀

◆ 김기영 보건교사 ◆

실내공기의 질 유지 관리

군집독 공무원 17	기전	다수인이 환기가 불량한 실내에 장시간 있어 화학적, 물리적 변화이다. 호흡에 의한 O_2 감소, CO_2 증가한다. 실내온도 상승, 습도 상승, 기류부족으로 체열방산이 저해된다.
	예방	가장 중요한 것은 환기
레지오넬라균 공무원 18		에어컨 냉각수에서 레지오넬라균 오염
새집증후군 공무원 16		새로 지은 주택이나 빌딩에 사용하는 건축자재나 벽지에서 유해물질로 눈이 따갑거나 목과 머리가 아프고, 아토피성 피부염이 생긴다.
	베이크 아웃	창문과 문을 닫고 집안온도를 35~40°C로 올린 뒤 8시간 이상 난방을 하는 베이크 아웃으로 유해성분의 70%가 날아간다. 이후 보일러를 중지시키고 1~2시간 창문과 문을 열어 환기시켜 방출된 오염물질을 실외로 배출시킨다.
	플러쉬 아웃	환기 등을 이용하여 신선한 외기를 실내에 충분히 도입하므로 실내 오염원을 실외로 방출한다.
새학교 증후군		신설한 학교, 리모델링한 학교에서 실내에 들어서면 기분이 나빠지고 눈물이 흐르며 코가 메케하고 가래가 나는 등 건강상 이상 증세가 발생한다. 건물 내부에 있을 때만 증상이 나타나고 실외로 나오면 증상이 완화된다.
헌집증후군 공무원 19		오래된 집안에 세균, 진드기의 오염물질이 건강에 나쁜 영향을 주는 현상
빌딩증후군 공무원 19		실내공기가 오염되어 건물 안에서 두통, 어지러우며, 피로, 눈이나 목이 따갑고, 소화가 되지 않고, 메스꺼운 증상을 보인다. 건물 밖으로 나가면 증상이 없어진다.

◆ 김기영 보건교사 ◆

소음의 건강문제와 관리

소음 측정	소음 기준		소음을 측정하여 교사 내 소음은 55dB(A) 이하 서울 05
	방법	교실 선택	소음변동이 적은 평일(월요일~금요일)에 학생이 없는 교실 안에서 외부 소음의 영향이 큰 교실을 선택한다.
		거리	교실 창으로부터 1m, 복도로부터 1m 떨어진 지점 2곳을 측정하여 평균값을 구한다.
		높이	바닥에서 1.2~1.5m 높이에 받침 장치(삼각대)를 설치하여 측정
		소음계	손으로 소음계를 잡고 측정할 경우 소음계는 측정자의 몸으로부터 50cm 이상 떨어져야 한다. 소음계의 마이크로폰은 주소음원 방향으로 향한다.
		풍속	풍속 2m/sec 이상 — 마이크로폰에 방풍망 부착 / 방풍망이 풍속 감속 효과
			풍속 5m/sec 초과 — 측정하여서는 안 된다.

◆ 김기영 보건교사 ◆

❷ 안전관리

책상과 의자

분리		책상과 의자는 분리되는 것이 좋으며 1인용이 적합하다.
높이 국시 07	의자 높이	하퇴장(무릎 이하 다리 길이) − 1.5cm 국시 99
	책상 높이	의자의 높이 + 앉은키의 1/3
폭(전후경)	의자 폭	상퇴의 길이
	책상 폭	앉은키의 2/3 가운뎃손가락 끝에서 팔꿈치까지 2배 이상
책상의 좌우경		1인용은 60cm
의자 등받이		의자 등받이의 각도는 앉는 면에 110°로 허리뼈와 견갑골 사이가 꼭 들어 맞도록 경사진다.

계단 안전관리 국시 07

계단 높이	계단 높이는 15~18cm 이하
계단 너비	계단 너비는 25~30cm 이상
단 너비	단 너비(가로 = 폭)는 1.5~2.5m
난간 높이	1m 이상 계단, 계단참 양옆에 난간을 설치한다. 계단 난간의 높이는 계단으로부터의 높이에 85cm 이상
중간 난간	너비가 3m를 넘는 계단에는 계단의 중간에 너비 3m 이내마다 난간 설치
계단참	3m 이상 계단높이는 3m마다 너비 1.5m 이상 계단참 설치
경사도	층계의 경사도는 40도 이내

교실의 방향 임용 94

남향, 동향, 남동향	일반 교실, 과학실험실, 체육관
북향, 북서향	미술실

❸ 감염병

국가 감염병 위기대응 수준(질병관리청) 공무원19 〈관주 경심 발 유입 제 지전〉

	위기유형
관심(Blue)	해외에서의 신종감염병의 발생 및 유행 국내 원인불명·재출현 감염병의 발생
주의(Yellow)	해외에서의 신종 감염병의 국내 유입 공무원17 국내 원인불명·재출현 감염병의 제한적 전파
경계(Orange)	국내 유입된 해외 신종감염병의 제한적 전파 국내 원인불명·재출현 감염병의 지역사회 전파
심각(Red)	국내 유입된 해외 신종감염병의 지역사회 전파 또는 전국적 확산 국내 원인불명·재출현 감염병의 전국적 확산

감염병 관리단계

예방단계	정의	학교 내 감염병이 없는 일반적인 상황을 유지한다.		
	활동	감염병 예방, 관리 계획, 수동 감시 체계, 감염병 예방 교육, 예방접종 관리, 방역 활동		
대응단계	활동	대응 제1단계 공무원21	감염병 유증상자 존재	유증상자 발견, 마스크, 격리 이동, 진료 의뢰, 교실 소독과 예방 수칙 교육
		대응 제2단계	감염병 (의심)환자 존재	유행 여부 감시, 교육청 보고, 보건소 신고 공무원20, 능동감시, 예방 교육
		대응 제3단계	감염병 (의심)환자가 2명 이상 확인되어 학교 내 감염병이 유행하는 상황	유행 차단, 능동감시, 감염병 유증상자, 밀접 접촉자, 고위험군 예방 교육, 학교 방역

감시체계 운영

수동 감시 체계	예방단계 감염병이 없거나 유행이 없는 평상시에 운용된다. 평소에 학생들을 관찰하거나 보건실 방문 이용 과정을 통해 감염병(의심)환자를 발견하는 것
능동 감시 체계	대응단계 특정 질병이 발견되는 경우나 새로운 유행이 발생될 때 운용된다. 유행이 의심되는 일정 기간 동안 증상 유무 묻기, 검사 등을 통해 감염병(의심)환자를 적극적으로 파악하는 것

코로나바이러스감염증-19

특징	제4급 감염병	
병원체	사스-코로나바이러스-2Severe Acute Respiratory Syndrome-Coronavirus-2(SARS-CoV-2)	
전파경로	비말전파	감염자의 비말이 호흡기나 눈, 코, 입의 점막으로 침투될 때 전염된다. 감염된 사람이 숨을 내쉬거나 말을 할 때, 재채기, 기침할 때 비말을 통해 다른 사람에게 감염
	공기전파	공기전파는 특정 환경에서 제한적으로 전파
	간접전파	감염된 사람의 비말이 묻은 매개체와 접촉하고 눈, 코, 입을 만져 감염

인플루엔자

원인균	인플루엔자 바이러스 A, B, C, 제4급 감염병 매년 유행하는 인플루엔자 바이러스 균주가 달라서 매년 백신 접종 국시 12	
신종인플루엔자	원인 병원체 : A(H1N1), 제1급 감염병 임용 11 / 서울 09	
전파경로	비말전파	pt의 비말, 콧물에 의한 비말전파
	간접전파	pt의 비말, 콧물에 오염된 기물을 통한 간접전파

홍역(Measles)

원인균		Measles virus(Measles morbillivirus), 홍역을 앓고 난 뒤 면역은 영구적 `대전 05`, 제2급 감염병
잠복기		1~2주(평균 10~12일)
전파경로	직접전파	pt의 재채기, 비말에 의한 직접전파
	공기전파	비말핵에 의한 공기전파
	간접전파	콧물, 인두 분비물로 오염된 물품에 의한 간접전파
전파기간		〈홍사〉 발진 출현 전 4일~발진 출현 후 4일
증상 `임용 19 / 국시 00, 16`	전구기	전염력, 발열, 결막염(conjunctivitis), 콧물(coryza), 기침(cough) 결막염 이후 코플릭(koplick) 반점인 주위가 붉은 하얀 점이 구강 내 협부 점막에 수개~수백 개 나타난다. 발진 1~2일 전에 나타나 발진 후 12~18시간 내 소실
	발진기	koplick 반점 1~2일 후 홍반성 구진상 발진으로 처음 생긴 곳은 융합된 홍반성 구진과 나중 부위는 산재된 모양 귀 뒤 → 목 → 얼굴 → 몸통 → 팔, 다리 초기 얼굴에 선홍색 구진(홍반성 구진) 시작 → 아래로 확산
	회복기	고열, 피부 낙설, 색소 침착, 합병증
합병증 〈폐뇌 호혈〉	호흡기계	기관지염, 폐렴, 급성 중이염
	신경계	뇌염, 뇌수막염
	혈액계	호중구 감소증, 혈소판 감소증

◆ 김기영 보건교사 ◆

예방대책 국시 13

인위적 능동면역	정의	홍역에 접촉 3일 이내 예방접종인 생균백신으로 신체가 항원에 능동적으로 항체 형성으로 방어한다.
	대상 국시 19	환자와 밀접한 접촉을 한 건강한 감수성자 4~6세에 홍역 추가접종을 하지 않은 경우 홍역이 유행하는 시기에 홍역 단독 백신을 6개월 이후 12개월 미만 소아에게 접종(단독 백신이 없다면 MMR 접종)한다. 최소 4주 이상 간격을 두어 생후 12~15개월에 1회 재접종, 만 4~6세에 2차 접종한다. 생후 12개월 이전의 MMR 접종은 접종 횟수에 포함하지 않는다.
	금기	면역기능저하 환자, 면역억제약품 투여자, 고열이 있는 환자에게 사용하지 않는다.
인위적 수동면역 국시 03	정의	홍역에 접촉된 지 6일 이내 항체인 감마글로불린으로 홍역에 걸리지 않거나 홍역을 경하게 한다. 홍역 백신과 면역글로불린을 동시에 투여하면 안 된다.
	대상	면역기능 저하, 면역 억제 치료 pt, 쇠약한 아동 임용 92 홍역에 감수성인 가족 또는 긴밀 접촉자, 백신 접종이 금기인 사람, 임신부
	효과	효과는 3주간 유지된다. 예방접종이 금기되지 않았을 때 3개월 후 홍역 생백신 능동면역

◆ 김기영 보건교사 ◆

수두

원인균 임용 02		바리셀라 조스타 바이러스(Varicella-Zoster Virus), 제2급 감염병, 평생 면역 임용 22
잠복기 임용 92		2~3주
전파경로 임용 02 / 국시 99	직접전파	호흡기 분비물인 비말, 타액에 의한 직접전파
		수두 수포액과 직접접촉에 의한 직접전파
	공기전파	호흡기 분비물의 비말핵에 의한 공기전파
	간접전파	호흡기 분비물이나 수포 내용물에 오염된 기물에 의한 간접전파
전파기간 임용 94, 09 / 국시 04		발진 1~2일 전부터~가피 형성까지(발진 후 6~7일) 수포 안 바이러스는 딱지가 되면 없어진다.
증상	전구기	
	발진기 임용 93 국시 06, 08, 19	반점 → 구진 → 수포 → 농포 → 가피로 급격히 변화. 같은 시기에 한 부위에 시기가 다른 여러 형태의 발진. 모든 발진을 동시에 볼 수 있다. 발진 시작은 두피, 얼굴(수두), 가슴, 배, 몸통 → 팔다리(지방) 소양증
합병증 임용 95 〈수두 봉으로 혈라폐뇌〉	감염	폐렴, 관절염, 골수염
	혈액계	혈소판 감소증, 출혈성 Varicella
	신경계	뇌염, 무균성 뇌수막염, 척수염, 라이증후군
	피부	2차적 피부의 세균 감염, 봉와직염, 농가진
예방접종	생백신	수두예방 접종력 없는 아동은 접촉 후 3~5일(72시간) 이내 백신을 투여하면 예방 효과 있고 경하게 한다.
	면역글로불린 임용 22	pt와 밀접하게 접촉한 면역 저하자, 임산부에게 질병 완화 or 예방 위해 접촉 후 4일(96시간) 이내 면역글로불린 주사
Acyclovir (아시클로비어) 국시 16	근거	바이러스의 DNA 합성을 방해로 바이러스의 복제를 차단하여 확산 감소와 치유를 촉진한다. 수두 pt는 항바이러스제제 ayclovir 투여로 증상 감소, 피부 병변 치유 촉진과 감염 방지
아스피린 금지	방법	수두 시 아스피린 사용을 금한다.
	근거	아스피린은 라이증후군 유발

유행성 이하선염(볼거리)

원인균 임용 08, 15	\multicolumn{2}{l	}{ Mumps Virus(멈프스 바이러스, Mumps orthorubula Virus), 발병 이후 영구 면역, 제2급 감염병 }
잠복기	\multicolumn{2}{l	}{ 2~3주(18일) }
전파경로 임용 08 / 국시 98	직접전파	호흡기 분비물인 타액, 비말을 통한 감염
	간접전파	호흡기 분비물인 타액, 비말로 오염된 물건
전파기간 임용 08, 19 〈삼 오〉	\multicolumn{2}{l	}{ 이하선 종창 전 3일~종창 후 5일 }
증상	전구기	발열
	이하선종창 국시 02	종창, 이하선이 부어오를 때 고열, 통증, 난청
	회복기	감소
합병증 임용 92	사춘기 남자	고환염, 부고환염
	사춘기 여자	난소염
	뇌수막염	mumps virus는 무균성 뇌수막염을 일으키는 중요한 병원체
	귀	유양돌기염, 감각신경성 청각장애
	관절염	남자보다 여자에게 흔하다.
	염증	심근염, 심낭염, 췌장염, 신장염
	혈소판 자반증	혈소판 감소증 : 홍역, 수두, 풍진, 유행성 이하선염
음식 임용 95 / 국시 00	방법	유동식을 권하고 신 음식을 피한다.
	근거	씹는 음식, 신 음식은 타액 분비 촉진으로 통증을 악화시킨다.

풍진

원인균		Rubella virus(풍진 바이러스, Rubivirus rubellae) 임용 95 , 자연 감염 후 영구적 면역, 불현성 감염이 많다. 제2급 감염병
잠복기 임용 95		2~3주
전파경로	직접전파	pt의 호흡기 분비물인 비인두 분비물, 비말에 의한 직접전파
	간접전파	콧물, 인두 분비물로 오염된 물품에 의한 간접전파
	수직감염	임신 12주(3개월) 이내 태아의 수직감염이다. 임신 초기 산모가 감염되면 90%에서 선천성 풍진 증후군 발생
전파기간 국시 97 〈칠 풍〉	7일	발진 출현 전 7일~발진 후 7일
증상	전구기	미열, 림프절 종창
	발진기 국시 05	림프절이 커진 후 발진, 2~3시간 내 두미 방향 발진으로 얼굴 → 가슴, 등, 팔, 삼일 홍역, 호흡기
선천성 풍진 증후군		12주(3개월) 이내 임신부가 풍진으로 자궁 내 사망, 유산, 저체중아, 기형아를 출산한다.

◆ 김기영 보건교사 ◆

성홍열

원인균			베타 용혈성 연쇄상구균(streptococcus), 제2급 감염병	
격리기간			항생제 치료 시작 후 24시간까지, 치료를 시작하고 낙설기가 지날 때까지인 모든 증상이 없어진 후	
전파경로	직접전파		pt-보균자의 비말감염의 직접전파	
	간접전파		pt-보균자의 비말에 오염된 물건에 의한 간접전파	
증상 국시 09	전구증상			
	발진기	발진	전구증상 후 선홍색의 작은 구진이 손가락으로 누르면 퇴색, 손가락을 떼면 다시 나타남 목, 겨드랑이, 사타구니에서 시작해서 24시간 내 몸체, 사지를 덮고 3~7일 이내 사라짐 발진은 관절의 접히는 부분, 사타구니 내측에 진하게 충혈	
		안면 홍조, 편도선, 인두, 후두		
		혀	흰 딸기 혀, 혀에 막이 덮히고 돌기가 회백색으로 덮이고 유두가 현저 막이 벗겨지며 붉은 유두, 딸기 모양 혀	
		경부 림프절 부종		
	낙설기		피부 낙설	
검사	ASO 상승		ASO titer 검사 : 연쇄상구균 항원에 항체 반응 검사	
	인후 배양 양성		인후 배양에서 group A군 β-용혈성 연쇄상구균 발견	
합병증	화농성		편도선 주위, 인두후부 농양, 부비동염, 중이염, 경부 림프절염	
	과민반응	정의	A군 β-용혈성 연쇄상구균 과민반응으로 2~3주에 발생	
		종류	류머티스성 열, 급성 사구체 신염	
환자, 접촉자 관리 국시 10			페니실린을 10일간 투약	

디프테리아

원인균	디프테리아균[Corynebacterium Diphtherae(세균)] 이환 후 영구면역을 얻는 것은 아니다. 임용 09 감염에서 회복되어도 면역획득 없어 예방접종 Td는 10년마다 추가 접종, 제1급 감염병	
전파경로	직접전파	기침할 때 환자, 보균자의 비인두 분비물, 비말
	간접전파	원인균에 오염된 옷, 물건
전파기간	〈2D〉 치료받는 경우 2일 내 감염력 감소, 경우에 따라서 4주 이상 지속	

백일해

원인균	보르데텔라 백일해균[Bordetella Pertussis(세균)], 한 번 앓고 나면 평생 면역, 제2급 감염병	
잠복기	1~2주(평균 1주일)	
전파경로	직접전파 국시 19	감염자의 비말에 의한 직접전파
	간접전파	비말에 묻은 물건에 의한 간접전파
전파기간 〈5백〉	항생제 치료시작 후 5일까지 항생제 투여를 하지 않는 경우는 발작적 기침 시작 후 3주간	
증상	카타르기	
	발작기 국시 19	발작적 기침, whooping 국시 18, 가래
	회복기	
치료	Erythromycin 국시 20	항생제 치료시작 5일 내 비인두 병원균 제거, 전염병 감소
격리 국시 20	방법	발작적 기침단계 이전 초기 감기단계에 높은 전염성. 격리 기간은 특유한 기침이 멈춘 후, 항생제 치료시작 후 5일간 격리
	근거	격리로 병원소인 환자와 접촉을 막아 감염병이 전파되지 않도록 한다.
유발인자 국시 20	방법	급격한 온도 변화, 연기, 먼지, 소음, 활동, 흥분 등 기침 발작 유발 인자를 피한다. 조용한 환경과 평온 유지
	근거	기침 발작은 소음이나 놀람에 의해 자극을 받는다.

수족구병

정의		제4급 감염병
원인균	coxachie virus A16	장 바이러스에 속하는 콕사키바이러스 A16이 대부분이다.
	entero virus 71	엔테로바이러스 71은 수족구병과 무균성 뇌막염, 뇌염, 마비질환 초래
전파양식	분변-경구전파	바이러스가 대변으로 배출되어 분변 - 경구전파
	비말감염	바이러스가 호흡기 분비물로 배출되어 비말감염
	간접전파	매개물에 의해 간접전파
전파기간 (등교중지)		〈수육〉 첫 증상이 나타날 때부터 수포성 발진이 생긴 후 6일까지 피부 병변에 액체가 남아 있는 동안으로 가피가 형성될 때까지
증상		식욕 감소, 미열
	구강	구내 병소는 혀, 구강 점막에 궤양성 수포
	손, 발	수포성 발진은 손, 발에 있다. 발진에 소양증이 없다.
합병증		무균성 뇌막염, 뇌염 : entero virus 71

파상풍

원인균	파상풍균(클로스트리듐, Clostridium Tetani) 제3급 감염병 : 발생 또는 유행 시 24시간 이내에 신고하고 발생을 계속 감시할 필요가 있는 감염병
병원소	흙, 먼지
전파경로	상처, 신생아 배꼽으로부터 파상풍의 감염
증상 임용 92	통증, 미열, 경련, 얼굴 경련, 목 근육 경직, 호흡근 마비, 배뇨곤란

일본뇌염

원인균	일본뇌염 바이러스로 급성 중추신경계 감염증, 제3급 감염병
병원소	돼지
전파경로	돼지-모기-사람의 경로 감염된 돼지(증폭 숙주)를 일본뇌염 매개 모기로 작은 빨간집 모기가 흡혈 후 감염된 돼지로부터 균을 얻고 사람을 물 때 균을 옮겨준다.

말라리아

원인균		플라즈모디움(Plasmodium, 기생 생물) 속에 속하는 원충(3일열 원충, 4일열 원충, 열대열 원충, 난형열 원충) 우리나라의 말라리아는 삼일열 원충 감염이다. 적혈구, 간세포에 침범하여 생기는 급성 열성 질환 말라리아는 적혈구 내 기생하면서 적혈구가 파괴되어 빈혈, 비종대와 주기적 열발작 제3급 감염병
병원소		사람, 난형열 원충은 고위 영장류(원숭이와 인류)
전파경로 공무원 13, 17		감염된 학질 모기과의 암컷 중국 얼룩무늬 날개모기(Anopheles sinensis)가 사람을 물 때 전파된다. 수혈이나 감염된 주사기로 전염
증상 임용 13 〈말라리아는 폐심 간 신신 열혈〉	열	3일(72시간)마다 열, 하루걸이 열
	호흡계	간질성 폐렴
	심부전	
	간부전	간세포 침범으로 황달, 간부전, 비종대(파괴된 적혈구 침착)
	소화기계	구역, 구토
	신장계	사구체 신염, 신증후군, 급성 세뇨관 괴사
	신경계	혼수, 급성 뇌장애, 전신발작
	혈액계	빈혈 : 적혈구를 침범하며 적혈구가 파괴되어 빈혈로 사망 가능 혈소판 감소 : 항혈소판 항체로 혈소판 감소

가을철 발열성 질환 - 제3급 감염병 〈렙의 신 쯔〉

신증후군 출혈열	쯔쯔가무시증	렙토스피라증
hantaan virus (한탄바이러스, 심한 증상)	R. tsutsugamushi (리케치아 쯔쯔가무시균)	Leptospira interrogans (렙토스피라균)
설치동물(등줄쥐, 집쥐)	설치동물(등줄쥐, 집쥐)에 기생하는 털진드기 유충	설치동물(쥐), 야생동물, 가축, 개, 소, 돼지 ; 주로 쥐

전파경로 비교 (임용 12)

신증후군성(유행성) 출혈열	쯔쯔가무시증	렙토스피라증
감염된 들쥐의 타액, 배설물인 소변, 분변을 통하여 호흡기로 전파된다.	들쥐에 기생하는 털진드기 유충이 사람을 물어서 걸린다. * 털진드기 : 경란형 전파	보균동물의 소변으로 오염된 흙, 자연수로 상처난 피부로 접촉되어 전파된다.
사람과 사람 사이 직접전파×		

예방법

		신증후군성(유행성) 출혈열	쯔쯔가무시증	렙토스피라증
접촉 방지	기전	들쥐의 배설물을 통하여 호흡기로 전염	들쥐에 기생하는 털진드기 유충에 물려서 걸림	설치류, 보균 동물의 소변으로 오염된 자연수에 상처난 피부 접촉으로 감염
	방법	들쥐의 배설물에 접촉을 피하도록 잔디 위에서 자거나 침구, 옷을 말리지 않는다.	야외활동 시 수풀에서 작업하는 사람들은 진드기에 접촉하지 않도록 밭에서 일할 때 긴 옷을 입고 장화를 신는다. 피부, 옷에 진드기 구충제를 사용한다.	들쥐의 배설물에 오염된 흙, 물의 접촉을 피하도록 보호의, 고무장갑, 장화를 착용한다. 논의 물을 빼고 마른 뒤 벼베기 작업을 할 것
목욕		야외활동 후 귀가 시 옷에 묻은 먼지를 털고 세탁한다. (국시 21) 목욕한다.		작업 후 깨끗한 물로 손발을 씻는다.

신증후군 출혈열 증상 임용12 〈발 저 핍이회〉

발열기	고열, 통증, 안구, 홍조
저혈압기	저혈압, 단백뇨, 혈뇨, 출혈
핍뇨기	신부전, 출혈
이뇨기	
회복기	

쯔쯔가무시증 임용12	진드기 상처, 피부발진, 고열, 림프절 비대, 결막염, 호흡기계, 소화기계
렙토스피라증 임용12	웨일씨병이라고 하며 간기능, 신기능 저하로 중증 황달, 신부전, 혈관염으로 출혈이 중요한 소견이다.
	고열, 수막염, 눈 충혈, 호흡기계, 심장

전염성 결막염

구분	급성 출혈성 결막염(아폴로 눈병)		유행성 각결막염
원인균	엔테로 바이러스(Entero Virus)		아데노 바이러스(Adeno virus)
잠복기	1~2일의 짧은 잠복기		5~7일(1주일)의 긴 잠복기
격리기간	전파기간은 발병 후 4일~1주일이나 격리기간은 격리 없이 개인 위생 수칙을 철저히 지킬 것을 권장한다.		전파기간이 발병 후 2주까지이나 격리 없이 개인 위생 수칙을 철저히 지킬 것을 권장한다.
전파경로	직접 접촉	pt의 분비물, 눈물, 눈곱과 직접 접촉	
	간접 접촉	분비물이 묻은 물건을 만지고 자신의 눈을 만지거나 비볐을 때	
		수영장, 목욕탕을 통해서 전파	

공수병

원인균	Rabies virus(광견병바이러스, 공수병바이러스), 바이러스가 일으키는 중추신경계 급성 감염 인수 공통 감염병, 제3급 감염병
병원소	견과의 많은 야생동물과 가축
전파경로	동물이 물거나 발톱에 의해 피부 손상을 받았을 때 동물의 침인 타액 속 바이러스가 상처로 전파

로타 바이러스

잠복기 임용 92	2일(48시간) 이하
전파양식	변-구강 전염, 비말 감염 : 호흡기

세균성 이질

원인균 임용 00			Shigella(시겔라), 제2급 감염병
격리 해제 임용 00			설사가 멈추고 항생제 투여를 중지한 후 48시간 후 24시간 간격으로 채취한 대변에서 연속 2회 이상 이질균이 음성(-)일 때이다.
전파경로 임용 00	직접전파		환자, 보균자에 의한 대변-경구 전파, 손에 붙어 있는 세균만으로도 직접 전파된다. 매우 적은 양(10~100개)의 세균도 감염을 일으켜 감염력이 높다.
	간접전파	식품 매개	배변 후 손톱 밑과 손을 깨끗이 씻지 않는 환자, 보균자가 음식을 오염시켜 간접전파를 한다.
		식수 매개	우유, 위생상태가 나쁜 우물물, 야외 음료수를 통해 간접전파한다.
		활성 매개체	파리에 의한 매개 생물에 의해 간접 전파한다.
증상 임용 00	고열, 식욕부진, 복통		
	설사		수양변 → 점액변 → 혈변으로 진행
	이급후증		이급후증은 변을 보아도 시원하지 않은 느낌
합병증	탈수		
	균혈증		혈액 중에 세균이 살아 있는 경우
	패혈증		혈액에 침입한 세균에 감염된 전신성 염증 반응 증후군

장 출혈성 대장균 감염증

원인균			대장균 O-157, E.coli O-157 : H7, 제2급 감염병
병원소			소, 사람
전염기간			설사가 멈추고 항생제 치료 종료 48시간 후부터 24시간 간격으로 2회 대변 배양검사(-)까지
전염경로	직접전파		pt, 보균자의 분변과 구강경로를 통한 사람 사이 직접전파
	간접전파	식품 매개 전파	조리가 덜 된 쇠고기, 갈아 만든 쇠고기(햄버거), 오염된 물로 재배한 야채로 식품 매개에 의한 간접전파
		식수 매개 전파	염소 소독이 충분하지 않은 물, 멸균이 안 된 생우유, 식수 매개에 의한 간접전파 오염된 호수, 수영장에서 수영
증상			혈변, 격렬한 복통, 열, 백혈구 없음, 빈혈
합병증			용혈성 요독증후군으로 용혈성 빈혈, 혈소판 감소증, 급성 신부전 ＊용혈성 요독증후군 1. 혈관 내피 세포가 손상되어 발생 2. 적혈구는 폐쇄된 혈관을 통과하면서 손상되며 급성 용혈성 빈혈을 일으킴 3. 손상받은 혈관 내에서 혈소판이 부착되어 혈소판 감소증 4. 사구체 세동맥의 내피세포 손상으로 혈소판, 섬유소 덩어리가 축적되어 폐쇄

◆ 김기영 보건교사 ◆

콜레라

원인균			Vibrio cholerae(비브리오 콜레라), 제2급 감염병
전염기간			설사가 멈추고 항생제 치료 종료 48시간 후부터 24시간 간격 2회 대변 배양 검사 음성
전파경로	직접전파		pt, 보균자의 분변과 구강경로를 통한 직접전파
	간접전파	식품 매개 전파	콜레라 pt의 토물, 대소변의 콜레라균에 오염된 음식물과 날것, 설익은 해산물, 조개, 새우, 게의 식품 매개에 의한 간접전파
		식수 매개 전파	콜레라 pt의 토물, 대소변의 콜레라균에 오염된 물의 식수 매개에 의한 간접전파
		활성 매개체 전파	파리의 매개체에 의한 간접전파
증상			설사, 복통 없음, 열 없음
합병증			탈수, 신부전

장티푸스

원인균			Salmonella typhi(살모넬라 타이피균), 제2급 감염병
전파경로 국시 16	직접전파		적은 양의 균에서도 발병되며 pt, 보균자의 분변과 구강경로를 통한 직접전파
	간접전파	식품 매개 전파	pt, 보균자의 토물, 분변에 오염된 음식물, 우유, 유제품의 식품 매개에 의한 간접전파
		식수 매개 전파	pt, 보균자의 토물, 분변에 오염된 물의 식수 매개에 의한 간접전파
		활성 매개체 전파	파리의 매개체에 의한 간접전파
격리기간			설사가 멈추고 항생제 치료 종료 후 48시간이 지난 후 24시간 간격으로 시행한 분변배양에서 3회 연속(-)
증상	열 임용94		발열은 서서히 상승하여 지속적 발열이 되었다가 이장열이 되어 해열
	복통, 설사 후 변비, 발진, 비장종대, 서맥, 호흡기		
합병증	장출혈, 장천공		치료하지 않을 경우 회장의 파이어판에 궤양으로 장출혈, 장천공
	백혈구 감소		백혈구 감소, 호중구, 호산구 감소

◆ 김기영 보건교사 ◆

PART 03

◆ 김기영 보건교사 ◆

보건교육

- 2022년 보건 교육과정
- 2015년 보건 교육과정의 핵심역량
- 2022년 보건교과의 영역과 내용
- 2015년 보건교과의 영역과 내용
- 토의 종류 비교
- 토의 장점·단점 비교

2022년 보건 교육과정

건강역량 〈관문옹〉	건강관리 역량 임용 19	일상의 건강을 관리할 수 있는 건강관리 역량
	건강문제해결 역량	건강문제가 있을 때 이를 해결할 수 있는 건강문제해결 역량
	건강옹호 역량	자신만이 아니라 공동체의 건강을 함께 옹호하며 사회적 환경을 개선할 수 있는 건강옹호 역량
영역 〈정성드린 건강 안자중〉	건강증진과 질병예방	건강을 중시하고, 건강의 연속성과 항상성, 몸과 마음에 대한 이해를 토대로 자신과 공동체의 건강증진을 추구한다.
	정서와 정신건강	정서와 정신건강을 이루는 요소, 관계의 유대 및 지지 강화로 행복과 안전을 지향하며 약물, 중독, 정서와 정신건강 문제를 예방하고 대처한다.
	성과 건강	성 건강이 개인과 가족의 행복, 국가 발전의 기본임을 인식하고 사회적 맥락을 고려한 균형 있는 시각으로 성을 이해하며 성 건강을 관리한다.
	건강안전과 응급처치 임용 19	안전에 대한 감수성을 기르고, 사고와 질병에 개인과 공동체가 함께 협력하여 대처한다.
	건강자원과 건강문화	건강문화와 건강의 상호작용을 이해하고 건강정보와 건강자원을 효과적으로 활용하고 환경을 개선하며 개인과 공동체의 건강을 옹호한다.

◆ 김기영 보건교사 ◆

2015년 보건 교육과정의 핵심역량 〈건강 안정관의 의사〉

건강 관리 능력 임용 19	건강을 유지 증진하기 위하여 일상생활에서 건강 행동을 계획하고 실행한다. 자신의 잠재 능력을 최대한 발휘할 수 있도록 하며, 사회적·물리적 환경 변화에 유연하게 대처할 수 있는 능력이다.
건강 안전 위험 인식 능력	일상 속에서 개인 및 공동체의 건강과 안전을 위협하는 여러 가지 위험 요인을 인지하고 분석하며, 대응할 수 있는 능력이다.
건강 정보, 자원 활용 능력	비판적, 융합적인 사고를 통해 다양한 건강 정보 자원을 탐색하고, 올바른 건강 정보, 자원을 선택적으로 수용하여 활용할 수 있는 능력이다.
건강 의사소통 능력	다양한 건강 관련 의사소통에서 문서적, 언어적, 비언어적 의사소통 방법을 활용한다. 자신의 건강 상태나 요구를 효과적으로 표현하고 타인을 바르게 이해할 수 있는 능력이다.
건강 의사 결정 능력	다양한 건강 차원의 선택 및 건강 관리의 실천 상황에서 건강에 유익하고 합리적인 의사 결정을 할 수 있는 능력이다.
건강 사회, 문화 공동체 의식	사회, 문화적 특성이 개인 및 집단의 건강 신념 및 건강 행위와 국가의 건강 증진 정책, 제도 등에도 영향을 미치고 있음을 이해한다. 건강한 사회 문화의 가치, 태도를 수용하고 실천하며 공유하는 능력이다.

2022년 보건교과의 영역과 내용
건강증진과 질병 예방

중학교 범주	중학교 내용 요소	고등학교 범주	고등학교 내용 요소
건강과 건강증진	• 건강 개념과 영향요인 • 건강관리모델 • 건강에 대한 사회적 지지	건강과 건강증진	• 다차원적 건강 개념과 건강영향요인 • 건강지표와 건강 평가 • 건강관리의 역사와 제도 및 모델 • 건강에 대한 사회적 지지와 역할 및 책임
건강 신호와 생활주기	• 몸과 마음의 신호와 건강지표 • 생활주기와 건강생활습관	건강 신호와 생활주기	• 몸과 마음의 신호와 변화 • 생애주기별 건강 특성과 건강관리 및 제도
질병 예방과 건강생활 기술	• 건강문제 및 질병 예방과 건강관리 • 건강생활기술 • 건강옹호와 협력	질병 예방과 건강생활 기술	• 개인과 공동체, 국가의 질병예방과 건강관리 • 건강생활기술과 건강자원 • 개인·공동체·국가의 건강옹호와 협력 및 네트워크

정서와 정신건강

중학교 범주	중학교 내용 요소	고등학교 범주	고등학교 내용 요소
중독과 건강	• 흡연·음주·약물 오·남용 • 행위 중독	중독과 건강	• 의약품 오·남용 • 물질 및 행위 중독
정서· 정신건강	• 감정·공감 및 지지 • 자아 존중감 • 스트레스 관리 • 삶·죽음·상실의 의미	정서· 정신건강	• 정서·정신건강 이해 • 감정과 성격의 이해와 관리 • 우울 및 불안과 스트레스 관리 • 삶과 죽음·상실의 개인적·사회·문화적 의미

성과 건강

중학교 범주	중학교 내용 요소	고등학교 범주	고등학교 내용 요소
성과 성발달	• 성의 개념 • 성적 발달과 신체상	성과 성발달	• 성의 다양한 개념 • 생애주기별 성적 특성과 관리 • 성적 발달과 건강관리 • 신체상과 몸에 대한 권리
사랑, 권리와 책임	• 성적자기결정권 • 이성교제와 경계 존중 • 성역할 및 임신과 피임	사랑, 권리와 책임	• 사랑과 성적자기결정권 • 성 건강 및 권리와 임신·피임·미혼부모 • 성역할과 성인지 감수성
성문화와 위험관리	• 성폭력·성매개감염병 등 성 건강위험 • 성 건강문제와 관리·옹호 • 성문화	성문화와 성적 위험	• 성 건강문제와 성매개감염병 및 위험 이슈 • 성문화와 성폭력·성매매 예방대책 • 성미디어 문해력 • 성 건강 관련 제도와 정책

건강안전과 응급처치

중학교 범주	중학교 내용 요소	고등학교 범주	고등학교 내용 요소
건강 안전	• 건강 안전의 의미와 위험요인 • 급 · 만성 질병 및 관리 • 면역과 감염병 예방 및 관리	건강 안전	• 건강 안전과 개인적 · 사회적 위험요인 • 암 · 심혈관계 질환 등 주요 급 · 만성 질병과 직업병 안전관리 · 제도 • 면역과 감염병 관리체계 및 제도
사고예방 응급처치	• 공동체의 문화와 건강 안전 및 관리 • 건강수칙 · 응급처치 · 협력	사고예방 응급처치	• 공동체 문화와 건강 안전 및 자원 • 안전수칙과 응급처치 · 협력체계 및 제도

건강자원과 건강문화

중학교 범주	중학교 내용 요소	고등학교 범주	고등학교 내용 요소
건강권과 건강자원	• 건강권 • 건강정보와 보건의료서비스건강자원 • 디지털 · 인공지능 시대 건강자원의 변화 · 위험	건강권과 건강자원	• 건강권의 역사와 의료보장 • 건강정보와 보건의료서비스 체계 • 건강자원과 건강정책 및 제도 · 건강지향적 환경 • 디지털 · 인공지능 시대 건강자원
건강문화	• 건강 문해력과 디지털 문해력 • 기후변화와 사회적 건강문제 • 건강 신념과 규범 · 관행 등 건강문화와 지속가능한 환경	건강문화	• 건강 문해력과 건강 데이터 · 디지털 문해력 • 기후변화와 사회적 건강문제 및 국제 연대 • 건강 신념 · 규범 · 관행 등 건강문화와 지속 가능한 환경

성취기준

학습 요소를 구체화하여 학생들이 보건과 학습을 통해 할 수 있기를 기대하는 결과 또는 도달점 형태로 진술하였다.

2015년 보건교과의 영역과 내용 〈건 질의 생 건이 안응에 건사한다〉

영역	핵심 개념	내용 요소	
		중학교	고등학교
건강의 이해와 질병 예방	건강 증진	• 건강의 중요성 • 건강 평가	• 건강 영향 요인 • 건강 지표, 평가
	생활 주기	• 건강한 생활 주기	• 건강한 생애 주기
	질병 예방	• 생활 습관과 질병 • 유행성 감염병 • 신체 기관별 건강 관리	• 비만, 암 등 만성 질환 • 감염병 예방 관리 • 신체 기관별 건강
생활 속의 건강한 선택 〈성 건강 약정〉	약물·담배·술	• 의약품의 안전한 선택 • 흡연·음주 예방과 대처	• 약물 오·남용 예방 • 흡연, 음주 폐해와 건강한 선택
	성 건강	• 청소년의 성적 발달 • 이성교제와 성 역할 [인용 20] • 임신·출산과 피임 • 음란물과 성 상품화 • 성폭력·성매매	• 섹슈얼리티 • 사랑·성적 자기 결정권 • 성희롱·성폭력·성매매와 성문화 • 성 매개 감염병 [인용 20] • 준비된 임신과 피임, 미혼모, 저출산
	정서·정신 건강	• 자아존중감 증진 • 스트레스와 과몰입 • 분노·충동 등 감정 수용과 조절 • 죽음과 상실	• 자아존중감과 회복 탄력성 • 불안·우울 등의 감정 대처 • 자살과 위기 관리 • 정신건강 문제와 편견
	건강 생활 기술	• 건강 의사소통 기술(주장, 거절, 공감하기) • 건강 의사 결정 • 건강 증진 옹호 활동(개인과 지역사회)	• 건강 의사소통 기술(협상, 거절, 갈등 관리) • 공동체 건강 의사 결정 • 건강 증진 옹호(국가와 세계)

안전과 응급 처치 임용 19	생활 안전 임용 19	• 건강·안전 위험 요인 예측과 안전 문화 운동 • 따돌림, 학대, 폭력 • 직업병 이해와 예방	• 건강·안전 위험 요인 평가와 안전 문화 운동 • 차별·학대·폭력 • 직업병의 예방·대처
	응급 처치	• 생활 속의 응급 처치 • 심폐소생술과 자동제세동기	• 생활 속의 응급 처치 • 심폐소생술과 자동제세동기(자동심장충격기) • 구조 활동
건강 자원과 사회문화	건강권과 건강자원	• 건강권과 책임(개인, 지역사회) • 건강 정보·자원 활용	• 건강권과 책임(국가와 국제) • 건강 윤리, 건강 격차 • 보건 의료 서비스와 의료 보장 제도
	건강문화	• 유행·미디어와 건강 • 또래·가족 문화와 건강 • 장애인, 다문화 가족 등 사회적 소수자·약자와 건강	• 건강 신념·관행·미디어 • 헌혈과 장기 기증, 장례 문화 • 문화적 다양성과 건강

◆ 김기영 보건교사 ◆

토의 종류 비교

종류		내용
집단 토의 (Group discussion)	구성원	사회자, 10~15명 내외의 참가자 참가자 수가 많을수록 토론의 참여기회가 적어지므로 참가자는 10(15)명 내외가 적당 사회자도 민주적 과정에 의해 선출
	진행	10~15명 내외의 참가자들이 주제에 자유롭게 상호의견을 교환하고 부족한 부분과 요약을 교육자가 지원하여 결론을 내린다.
분단 토의 (Buzz session)		'와글와글 학습법', 전체 참가자를 제한된 시간 내 소그룹으로 나누어 토론하고 다시 전체 토의 시간을 가져 의견을 종합 정리함
배심 토의 (Panel discussion)	구성원	청중: 비전문가로 질문, 발언 사회자: 배심원: 4~7명 전문가
	진행	4~7명 전문가(배심원)가 토의될 주제에 2~3분 다른 의견을 발표하고 다양한 의견을 교환한다. 사회자는 문제의 소개와 대립의견을 청중에게 설명하여 토의를 유도한다. 적당한 때 청중을 토의에 참가시켜 질문과 발언의 기회를 제공한다.
심포지엄(Symposium), 단상 토의	정의	특정한 토의 주제에 권위 있는 전문가들 2~5명 선정하여 각기 다른 의견을 10~15분 발표한다. 이를 중심으로 사회자의 진행에 따라 전문가인 청중들과 질의와 응답을 통해 공개 토론한다.
	사회자	이 분야 최고전문가
	배심원	2~5명 전문가로 10~15분 발표
	청중	전문가로 질문과 의견 진술
공개 토의(Forum)		1~3인 정도 전문가가 10~20분간 공개적인 연설을 한 후, 이를 중심으로 청중과 질의응답하는 방식으로 토의가 진행된다. 청중이 직접 토의에 참가하여 연설자에게 질의를 할 수 있다.
브레인스토밍 (Brainstorming)		6~7(12~15)명이 한 집단을 이루어 10~15분 단기 토의를 한다. 사회자, 서기를 선정하여 모든 구성원들이 자유로운 분위기에서 우수, 다양한 의견이 나오도록 유도하며 제시된 여러 의견을 조합한다. 타인의 의견에 비판하지 않고 질보다 양적 발상 장려

토의 장점·단점 비교

		장점		단점
집단 토의 (Group discussion) 임용 99	능동적 참여	모든 교육 대상자들이 능동적으로 참여할 수 있는 기회 제공	소수 참여	많은 대상자가 참여할 수 없으므로 경제적이지 못하다. 적합한 소수에게 적용한다.
분단 토의 (Buzz session) 국시 02	많은 참석	참석인원이 많아도 진행이 가능하여 전체가 의견을 제시하고 교환할 수 있다.		
배심 토의 (Panel discussion) 임용 99	연사, 청중 간 토의	청중과 발표자 간에 자유로운 의사교환이 가능하다. 전문가, 청중이 함께 토의함으로 문제해결 방안을 제시한다. 연사, 청중이 서로 마음을 털어놓고 토의함으로 문제의 해결책을 제시한다.	전문가	전문가 위촉에 따르는 부담 주제에 맞는 전문가 위촉이 힘들다. 일정한 시간 안에 많은 수의 전문가 초빙으로 경제적 부담이 크다.
	수준 높은 토론	청중은 주제에 높은 수준의 토론을 경험한다.	사회자	유능한 사회자를 구하기가 어렵다.
	다각도 분석 경기 07	어떤 주제에 다각도로 분석하고 앞으로 예측한다.	청중	청중이 기존 지식이 없을 때 토론내용을 이해하기 힘들고 토론의 이해속도를 따르지 못한다.
	판단력	타인의 의견을 듣고 판단력과 분석력을 기를 수 있다.	시간통제	발표에 소요되는 시간을 통제하기 어렵다.
	흥미유발	흥미유발이 쉽다.		
심포지엄 (Symposium), 단상 토의	다양한 지식	특정 주제에 다양한 관점에서 청중이 알고자 하는 문제의 전체적 파악, 다양한 지식과 경험을 얻을 수 있다.	준비 부족	전문가의 사전 준비가 부족할 경우 청중에게 실망감을 줄 수 있다.
	깊은 접근	깊이 있게 취급하며 체계적이고 전문적인 정보와 지식을 심도 있는 접근이 가능하다.	중복	연사의 발표내용에 중복으로 다른 분야의 토의를 진행하더라도 중복되는 이야기, 통상적 발표가 되기 쉽다.
	흥미	의사전달 능력에 따라 강의가 다채롭고 창조적, 변화 있게 진행되며 연사가 계속 바뀌므로 무료하지 않고 흥미롭다.	청중	청중이 주제에 대한 정확한 윤곽이 형성되지 못했을 때 비효과적
			제한	청중의 질문시간이 3~4분으로 제한되고 질문이 극히 한정된 수의 청중만 참가

PART 04

◆ 김기영 보건교사 ◆

정신간호학

1. 정신건강
2. 정신간호의 이론적 모형
3. 치료적 중재
4. 가족치료 유형
5. 스트레스(Stress)
6. 불안장애
7. 공황장애
8. 강박 및 관련 장애
9. 위기
10. 신체증상 관련 장애
11. 조현병 스펙트럼 장애
12. 양극성장애
13. 우울장애
14. 자살과 자살행동장애
15. 물질 관련 및 중독성 장애
16. 수면각성장애
17. 신경발달장애

❶ 정신건강

정신건강 예방 임용 11 / 국시 99, 00, 01, 02, 03, 04, 06, 14

1차 예방	2차 예방	3차 예방 국시 16
건강 상태에 있는 인구집단 국시 18	고위험군 대상으로 초발 정신병(생애 처음으로 발병한 경우), 정신건강문제를 가진 대상	만성 정신질환자
건강증진, 건강보호로 정신질환의 발생률을 낮춘다.	문제의 조기발견과 조기치료로 현존하는 질병 사례 수 감소로 정신질환의 유병률은 감소한다.	지역사회 복귀와 재활을 한다.

정신건강 평가
정신 상태 검사 〈지기 추계집의 병판시 정보〉

지남력		시간에 지남력, 장소에 지남력, 사람에 지남력
기억	즉각적인 저장과 회상	'사과', '도로', '의자' 등 2~3(3~4)개의 단어를 따라서 말하게 하고 3~5분 후 그 단어를 다시 말하게 한다.
	최근 기억	당일의 사건과 같이 이미 알고 있는 정보를 질문
	장기 기억	기념일, 주민등록번호, 다녔던 학교 이름을 질문한다.
추상적 사고		속담을 들려주고 속담의 뜻을 질문하여 어떤 의미인지 묻는다. 대답의 정확성, 적절성, 추상성, 구체성을 파악한다.
		사과와 배, 진리와 아름다움 사이의 유사성을 묻는다.
집중력(주의력)	숫자 외우기	4, 7, 3 같은 3가지 숫자를 따라서 반복 성공적으로 반복할 때 매번 한 자리 숫자를 보태어 반복
	연속적으로 7 빼기	"100에서 시작하여 7만큼 계속 빼 보세요."
	거꾸로 철자 말하기	W-O-R-L-D를 불러주고 하나씩 거꾸로 말하게 한다.
계산력		"천원 주고 780원짜리 물건을 사면 얼마를 돌려받아야죠?"으로 실용적 질문을 한다.

정보와 어휘력	최근의 4명 내지 5명의 대통령 이름, 우리나라에서 가장 큰 도시 5개 지명 이름대기, 좋아하는 과목, 직업을 물어본다. 환자의 정보 습득과 표현하는 어휘, 아이디어의 복잡성을 관찰한다.
병식	환자가 특정한 기분, 사고, 지각에 이상이 있다고 알고 있는지 질환의 일부라고 파악하는지 살핀다.
판단능력	대상자의 현재 생활환경과 관련한 환자 가족의 상황, 직업, 돈의 사용, 대인 간의 갈등을 질문했을 때 판단하여 대답하는 능력을 확인한다.
시각공간능력(구성력)	시계 모양, 점차 복잡한 모양의 것으로 한 번에 하나씩 보여주고 백지 위에 그린다.

미네소타 다면적 인성검사(MMPI)

타당도 척도 〈비 무신 허교 ? F L K〉	해석		T점 70점 이상이면 피검사자의 응답 전체의 신뢰성을 의심	
	무응답(?) 척도		생략되거나 중복 표기된 빈도로 이 항목이 클 경우 다른 척도들의 신뢰도가 떨어진다.	
	신뢰도(F : infrequency) 척도		생각이나 경험이 일반 대중들과 다른 정도 측정	
	허구(부인)(L : Lie) 척도 임용 21		자신을 좋게 보이려고 고의적으로 부정직하며 세련되지 못한 시도 측정	
	교정(K) 척도		정신적 장애를 가지고 있으면서도 정상적인 프로파일을 보이는 사람을 식별	
	비일관성 척도 〈무고〉	VRIN (무선반응 비일관성, Variable Response Inconsistency) 척도	정의	무분별하게 응답하는 경향 측정
			80 이상	무효, 프로파일 해석 불가능
			65~79	부주의, 일시적인 집중력 저하
		TRIN (고정반응 비일관성, True Response Inconsistency) 척도	정의	무분별하게 '예' 혹은 '아니다'로 답한 경향 측정
			80T 이상	무효, '그렇다' 반응 경향 강함, 프로파일 해석 불가능
			80F 이상	무효, '아니다' 반응 경향 강함, 프로파일 해석 불가능

임상척도 〈건우 히반 남편 강조 경사〉		해석 진단에서 유의한 경계선은 규준척도 T 70(65)점이다.
		건강염려증 척도(Hs : Hypochondriasis)
		우울증 척도(D : Depression)
		히스테리 척도(Hy : Hysteria)
		반사회성 척도(Pd : Psychopathic deviate) 임용 21
		남성성–여성성 척도(Mf : Masculinity-feminity)
		편집증 척도(Pa : Paranoia)
		강박증 척도(Pt : Psychasthenia)
		조현병 척도(Sc : Schizophrenia)
		경조증 척도(Ma : Hypomania)
		사회적 내향성(Si : Social Introversion)

투사적 검사 〈로주 집문단어!〉

로르샤흐검사 (로샤검사)	10장의 카드를 보여주면서 잉크, 얼룩 그림을 보고 무엇으로 보이는가, 어느 부위를 무엇으로 생각하였는가 물어 성격을 투사하여 인격 성향을 추론한다. 개인의 사고, 정서, 현실지각, 대인관계 방식 등 다양한 측면의 성격 특성에 정보를 제공한다.
주제통각검사	내담자의 성별과 연령에 따라 여러 가지 인물 또는 극적인 상황을 그린 20장의 그림으로 구성된다. 그림을 한 장씩 보여주면서 상상을 하여 이야기를 구성한다. 그림에 있는 인물과 자기 자신을 동일시하여 자신의 원망, 갈등, 공포를 투사한다.
집, 나무, 사람 그림검사	집, 나무, 사람 등을 그리게 한다. 그림을 그리면서 내적 욕구, 갈등이 표출되어 그 자체가 치료적 효과가 있다. 그림의 해석은 그림이 치료자에게 주는 주관적 인상에 근거하여 인상주의적으로 해석한다.
문장완성검사	50~100개 개방형 미완성 문장을 완성하도록 하여 역동적 내용을 확인한다. 문항은 개인의 욕구, 과거, 현재, 자신감, 능력, 미래, 목표, 소원이 포함된다.
단어연상검사	어떤 단어를 주고 마음에 가장 먼저 떠오르는 단어를 말하게 한다. 어떤 특정한 의미 계열에 있는 공통된 단어들에 연상장애가 일어나면 그 단어와 관련된 콤플렉스가 잠재되어 있다.

지각 검사

신경손상, 뇌손상으로 인한 기질적 정신장애를 평가한다. 투사적 목적과 뇌의 기질적 손상이 있는 환자를 진단한다. 시각적 자극을 지각하고 운동 능력으로 묘사하는 과정에서 미성숙을 탐지한다. 신경손상이나 뇌손상으로 보고도 그리지 못한다.

정신건강평가(판단) 기준 : 마리 야호다(Marie Jahoda) 임용 09 / 국시 00, 04, 07 〈현주는 통긍자자〉

현실지각	사회적 민감성으로 공감능력은 다른 사람의 감정과 태도를 존중하고 자신의 지각을 검증해 보는 능력이다. 자기의 지각을 새로운 정보에 비추어서 변경한다.	
주변 환경의 지배	사회에서 인정하는 역할을 성공적으로 수행하고 효율적으로 대처한다. 남을 사랑하고 남들로부터 사랑을 받으며 호혜적 관계로 자기의 주변 환경을 만들어 간다.	
통합력	스트레스와 내적, 외적 갈등에 정서의 조절 간 균형을 갖는다. 스트레스를 처리하고 강하고 융통성 있는 자아를 단련시켜 성장한다.	
자신에 대한 긍정적 태도 국시 05	구성	자신에 대한 긍정적 태도로 자기이해, 자기수용, 자기개방 필요
	자기이해	객관적으로 자기인식을 하여 자신에 정확한 이해를 한다.
	자기수용	자신을 있는 그대로 하나의 인간으로 수용한다.
	자기개방	다른 사람에게 있는 그대로 자신을 솔직히 나타내 보인다.
자율성	자기결정	자기결정과 자기결정의 결과를 수용하여 책임을 진다.
	타인존중	타인의 자율성과 선택의 자유도 존중한다.
자아실현(자기실현)	자기의 잠재력을 개발하고 실현하여 새로운 성장, 발달, 도전을 한다.	

❷ 정신간호의 이론적 모형

대인관계 모형(인간관계 모형)

행동 일탈 견해 국시 02, 17	성격은 인생 초기 유아가 대인관계인 어머니를 통한 기본적 욕구인 생리적 욕구 만족과 대인관계 안정성을 해결하려는데 방해를 받는 경우 불안을 인지하고 정신적으로 상처를 입고 부정적 자아개념을 형성한다.
치료목표	대상자가 치료자와 건강한 인간관계를 경험하면서 기본 욕구 해결과 만족할 만한 대인관계를 형성할 때 신뢰감, 안정감, 자긍심 증진이 있다.

주요 개념 국시 06

욕구만족	산소, 물, 음식, 온기, 부드러움, 휴식, 활동, 성적 표현과 관련된 기본적 욕구인 생리적 욕구, 구강기적 욕구, 상호작용 욕구를 충족하는 것이다. 충족되었을 때 불안감소, 안녕 상태에 놓이고 욕구들이 충족되지 않으면 불안, 두려움에 빠진다.
대인관계 안정성	모든 욕구가 만족되고 대인관계 안정성을 가지면 완전한 안녕상태 경험
불안	욕구를 충족시킬 능력이 없거나 대인관계상의 안정성을 성취할 수 없을 때 불안이 발생한다.
자기체계 : 인격화	어린 시절의 욕구와 대인관계 경험에 바탕을 둔 불안으로부터 자신을 보호하기 위해 채택한 안정성 추구방법으로 자아 보호 수단이다. 불안이 발생하여 불안을 감소시키기 위한 행동은 바람직한 인격(성격)에 방해물 역할을 한다.

인격화 : '좋은 나/나쁜 나'의 자아상 국시 06

정의	개인이 자신이나 타인에 대해 자아상이다. 엄마의 양육에 따라 다른 수준의 불안을 경험하면서 세 가지 자아상을 형성한다.
'좋은 나'	어머니의 자애로움 속에서 얻어지는 자기상이다. 주 양육자의 긍정적 피드백에 대한 반응으로 발달한 성격의 부분이다. 만족과 기쁨의 경험을 배우고 자기체계로 함입한다.
'나쁜 나'	양육자와 상호작용할 때 부정적 피드백에 대한 반응으로 발달한 성격의 부분이다. 불안이 증가하는 상황에서 불만족, 스트레스로 부정적 감정을 특정 행동으로 대치하는 것을 학습하며 자신이 나쁘다고 믿는다.
내가 아닌 나	극도의 긴장, 불안, 공포 관계에서 얻어진 자기상이다. 공포, 두려움을 경험하는 아동은 불안 감소를 위해 이런 감정을 부정하므로 '나 아닌 나' 가짜 자기가 된다.

〈설리반 모형〉

연령		욕구	대인관계 발달(설리반)
영아기(0~1세)	영아기(0~18개월)	구강기적 욕구 / 접촉 욕구	'좋은 나/나쁜 나'의 자아상
유아기(2~3세)	아동기(18개월~6세)	참여욕구	의사소통을 명확히 하는 법과 만족지연 성역할
학령전기(4~6세)			
학령기(7~12세)	소년기(6~9세)	또래 욕구	또래집단과 만족스러운 관계 형성 지적 성장 내적 통제력
	청소년 전기(9~12세)	친교 욕구	단짝 관계
청소년기(13~18세)	초기 청소년기(12~17세)	성적 욕구	자아정체감 발달
	후기 청소년기(18~23세)	통합 욕구	성적 충동 억제 친밀한 관계 유지 자아정체감 확립

실존모형

행동 일탈에 대한 견해 국시 98, 20	개인이 자신이나 환경에서 멀어질 때인 자신이나 환경으로부터 자기 인식에서 괴리될 때 일탈 행동을 갖는다. 자신에게서 소외된 사람은 자유로운 선택이 불가능하고 다른 사람의 요구에 따라 선택하는 경향이다. 자기인식이 부족하면 다른 사람과의 진정한 관계가 불가능하다.

합리적 정서행동치료 REBT(Rational Emotive Behavioral Therapy)

직면기법 임용 16	A	Activation event	선행사건	정서를 유발하는 사건이다.
	B	Belief system	신념체계 - 합리적 신념, 비합리적 신념	선행사건의 환경적 자극에 개인이 갖는 유전적, 상처를 받은 과거의 경험에서 생긴 비합리, 검증되지 않은 신념, 사고 방식이다.
	C	Consequence	정서적 결과	어떤 선행사건에 접했을 때 비합리적 신념체계를 가지고 그 사건을 해석함으로써 느끼는 정서적 결과로 불안, 원망, 죄책감이다.
	D	Dispute	논박	치료자는 대상자가 가지는 비합리적 신념, 사고에 도전해 보고 평가한다. 신념의 타당성을 다양한 관점에서 평가한다.
	E	Effect	효과	비합리적 신념을 논박한 후 합리적 신념으로 대처한 다음 느끼는 긍정적인 인지, 감정, 행동이다. 이성적으로 생각하는 인지적 효과, 바람직한 정서로 변화하는 정서적 효과, 바람직한 행동을 보이는 행동적 효과이다.

글래써(W. Glasser)의 현실치료이론

기본적 욕구 〈생소한 재능자〉	생존(생리적) 욕구	생존(생리적) 욕구는 인간이 생물학적 존재로서 생존에 대한 욕구이다. 개인의 생존과 안전을 위한 신체적 욕구이다.
	소속과 사랑의 욕구	소속의 욕구는 가족, 직장, 사회에 소속됨과 사랑하고, 협력하는 욕구이다.
	능력(힘)의 욕구	능력의 욕구는 경쟁하고, 성취하며, 중요한 것을 얻으려는 욕구이다. 자기 가치감, 능력감, 성취감, 승인감, 중요감과 관련되어 있다.
	자유의 욕구	자유란 선택을 마음대로 하고 싶고 자유롭고 싶어 한다.
	재미(흥미, 즐거움)의 욕구	재미는 많은 새로운 것을 배우고 놀이를 통해 즐기고자 한다.
상담 과정	단계	W-D-E-P(Want-Doing-Evaluation-Plan)
	Want 욕구 파악하기	욕구, 바람 탐색으로 내담자가 원하는 것이나 욕구가 무엇인지를 탐색한다. W : 원하는 것이 무엇인가?
	Doing 현재 행동 파악하기	원하는 것을 달성하기 위해 너는 무엇을 하고 있는지 탐색한다. D : 원하는 것을 달성하기 위해 너는 지금 무엇을 하고 있는가?
	Evaluation 행동 평가하기	현재의 행동이 자신이 원하는 것을 획득하는데 도움이 되는지 평가한다. E : 지금 하는 행동이 원하는 것을 획득하는데 도움이 되고 있는가?
	Plan 계획하기	원하는 바를 획득하는데 도움이 되는 실행 계획을 세운다. P : 욕구와 원함을 충족시키기 위해 무엇을 할 것인가?

게슈탈트 치료 〈펄스(Perls)는 감언신 미빈반〉

신체 자각	억압된 감정과 관련이 있는 신체 부분에 자각하도록 요구함으로 감정 상태 파악 행동과 감정에 통찰, 각성을 얻는다.
감정 자각	감추어진 감정을 찾아내어 자각하도록 도와준다. 욕구와 감정을 자각한 후 게슈탈트로 형성하여 전경으로 떠올린다.
언어적 자각	대상자가 자신의 언어 사용 습관을 관찰하여 비생산적인 언어습관에 변화를 준다. 언어 자각을 통해 대상자의 언어를 명료화시키고 생산적인 언어를 사용한다. '그것', '당신', '우리'를 '나'로 바꾸어 말하여 자기의식을 증진한다. '할 수 없다'를 '하지 않겠어', '필요하다'를 '바란다', '해야 한다'를 '선택한다'로 바꾸어 자신의 욕구, 감정에 책임의식 증진
미해결 과제	미해결 과제는 해결을 요구하며 전경으로 떠오르게 하기 때문에 다른 게슈탈트가 선명하게 형성되는 것을 방해한다. 게슈탈트를 형성하지 못하여 배경으로 물러나지 못한 상태이다. 미해결 과제는 분노, 증오, 고통, 불안 같은 표현되지 않은 감정이다.
빈의자 기법 국시 18	현재 치료 장면에 없는 타인과 상호작용할 필요가 있을 때 빈 의자에 필요한 사람이 현재 의자에 앉아 있다고 상상하고 대화하는 기법이다. 내담자와 감정적 관계를 갖고 있는 대상과 그 상황에서 체험되는 감정을 지각하도록 도와준다. 역할을 바꾸어가면서 대화를 시켜 상대편의 감정에 지각과 이해도 함께한다. 감정을 피하지 말고 직면하여 머물러 있도록 요구함으로 미해결 과제를 해결한다.
반대로 하기	평상시 행동과 반대되는 행동을 해보도록 요구하여 억압한 자신을 접촉하고 통합한다. 회피해 왔던 행동을 실천함으로 문제를 극복하게 한다. 지금-여기에 발생하는 대부분의 문제는 자신이 옳다고 믿는 신념과 행동이 원인인 경우가 많다. 옳다고 믿는 신념과 행동은 반대로 하면 문제가 극복된다.

의미치료

의미 발견 방식	창조적 가치		창조적이고 생산적인 활동에서 인식되는 것으로 세상에 주는 데에서 생기는 것이다.
	경험적 가치		자연이나 예술세계의 미에 몰두함으로 나타나는 것으로 세상으로부터 받는 데서 생긴다.
	태도적 가치		사람들이 변화시키거나 피할 수 없는 상황을 수용하는 데서 생기는 것으로, 운명을 받아들이는 방법, 고통을 견디어 내는 용기, 불행 앞에서 내보이는 의연함이다.
기법 〈반역한 태호〉	역설적 의도	방법	대상자가 가지는 예기 불안을 회피하거나 집착하지 말고 바로 직면함으로 강박증이나 공포증 같은 신경증적 행동을 치료한다. 두려워하다 보면 두려움이 오히려 증가하는 반면, 두려움의 내용이나 증상을 적극적으로 표현하면 두려워하는 것이 어리석은 것으로 느껴진다.
		예	불면증으로 고생하는 대상자에게 잠을 자려고 노력하는 대신에 오히려 잠을 자지 말 것을 요구하는 것
	반성제거 (탈숙고)	방법	대상자의 과도한 주의를 대상자 자신의 밖으로 돌려 문제를 무시함으로 긍정적이고 생산적인 사고로 전환한다. 강박적인 자기성찰 또는 과열반사를 상쇄한다.
		예	불면증 환자가 잠을 자려고 애쓰는 대신 음악을 듣거나 다른 재미있는 일을 함으로 잠을 자는 일에 쏟는 관심을 다른 곳으로 돌리고 집중하면 쉽게 잠을 잘 수 있다.
	호소기법	방법	대상자에게 확고한 의지와 책임감으로 맹세하도록 한다.
		예	약물중독 내담자에게 큰 소리로 "난 나의 운명을 통제할 수 있다."라고 크게 말하도록 한다.
		의지 암시훈련	의지의 힘과 자유를 제시한다.
	태도변형	방법	자신에게 있는 실존적 현실에 부정적 태도를 변경하도록 돕는다. 태도변형은 적극적인 의견교환이나 긍정적인 제안 등의 직접적인 개입을 통해 이루어진다. 대상자에게 태도를 바꾸도록 강요하거나 주입식으로 교육하는 것이 아니라 스스로 긍정적인 태도를 지향하도록 한다.

의사소통 모형
상호교류분석 모형 : 번(Berne) 국시 08
구조 분석

자아 상태	부모 자아상태(P)	정의	부모나 교사에 의해 교육받거나 영향을 받아 형성되어 양육적, 비판적 모습으로 반응한다.
		양육적 부모(어버이, NP)	양육적 부모(어버이, NP)는 보살피고 관심을 가지며 보호적, 친절, 동정, 관용적인 태도이다.
		비판적 부모(어버이, CP)	비판적 부모(어버이, CP)는 비판하는 경향, 지배적 태도, 명령적 말투이다.
	성인 자아상태(A)		현실지향적 성격으로 객관적, 논리적, 합리적, 분석적, 지성적이며 이성에 관련된다.
	어린이(아동) 자아상태(C)	자유로운 어린이(FC)	어린아이의 행동, 감정을 자유롭게 표현, 타인을 의식하지 않고 자기중심적, 쾌락추구, 자유롭게 감정을 표출한다.
		순응하는 어린이(AC)	눈치 보는 행동을 취할 때 타인의 말이나 규칙에 순응하는 기능이다. 순응하는 자아는 타인을 지나치게 의식하여 죄의식, 두려움, 부끄러움을 보인다.

교류 유형 〈저 상교〉

상보적 교류 (보완 교류)	상호신뢰가 있거나 사이가 좋은 관계에서의 대화 형태이다. 하나의 자아상태에서 상대방의 어떤 자아상태로 메시지를 보냈을 때 실제로 반응을 보인 자아상태가 암묵적으로 기대했던 것이다.
교차적 교류	바람직하지 못한 인간관계에서 교차된 상호 교류이다. 상대방의 예상 외 반응으로 불쾌, 거부감을 느끼며 의사소통을 단절시키고 문제가 발생한다.
저의적 교류 (이면적 교류)	사회적(명백한) 수준과 심리학적(은밀한) 수준을 가지며 두 가지 메시지가 동시에 전달된다. 겉으로 합리적 대화를 하는 것 같으나 대화 이면에 다른 동기나 진의, 욕구를 감추고 있는 대화 형태이다. 의견, 감정의 교류가 안 될 때 의사소통을 단절시키고 문제가 발생된다.

교류 분석 〈번이 계각 구상〉

구조 분석 (구조와 기능 분석)	구조(구조와 기능) 분석에서 사고, 감정, 행동을 드러낼 때 어느 자아 상태에 놓여 있다. 이 자아 상태에서 일어나는 사고, 감정, 행동이 적절한지 부적절한지 깨닫고 부적절한 내용을 변화시킨다. 특정 자아 상태에 묶이지 않고, 세 자아 상태를 모두 활용한다.
상호교류 분석	두 사람 간의 교류유형인 상보적(상호보완적) 교류, 교차적 교류, 저의적 교류를 발견하고 분석한다. 비효율적인 교류유형에서 벗어나도록 돕는다. 다른 사람과 어떤 유형의 교류(의사거래)를 하는지를 확인하고, 이러한 교류가 의사소통에서 일으키는 문제점이 무엇인가를 분석·확인하여 문제를 해결한다.
게임분석 (게임과 라켓 분석)	게임분석은 이면교류를 분석한다. 게임분석의 목적은 대인관계에서 자기 통제에 있다. 게임이란 대인관계 중에서 반복되어지는 나쁜 습관이다. 게임이 이루어지는 이유와 게임의 결과와 게임의 속성을 이해한다. 자신이 알지 못하고 비생산적인 방식으로 타인에 반응하는 경향을 알아차리고 자신을 통제한다.
각본분석	각본분석이란 인생을 하나의 드라마로 보고 그 시나리오를 분석하는 방법으로 인생계획을 스스로의 통제하에 둔다. 인생 초기 경험과 관련하여 만들어진 무의식의 인생계획을 분석한다. 자기패배적인 인생각본을 깨닫고 적절하고 효율적인 대안을 찾아 자율성을 획득한다.

사회 모형

일탈행동에 대한 견해 국시 12	사회적 상황	사회 환경이 일탈행동에 중요한 책임이 있다. 사회적 상황인 가난, 교육 부족, 가정불화의 환경적 지지가 부족하여 스트레스 대처 능력을 제한하고 부적응적 대처 반응을 야기하고 정신질환의 소인이 될 수 있다.
	문화적 정의 국시 22	이상행동은 '문화적으로 정의된 것으로 질병이 아니다.'이다. 사회에서 바람직하지 않은 행동을 정신장애인으로 명명한다. 진정한 질병은 객관적 사실이 아니라 그 사회가 판단한 것으로 똑같은 행동일지라도 다른 문화에서 전혀 이상행동이 아닐 수 있다. 한 문화권에서 정상인 행동이 다른 문화권에서 괴이한 것일 수 있고 제3의 문화권에서 정신병으로 보일 수 있다.
치료과정 국시 16 〈비치 법사〉	법적·제도적 정책	법적·제도적 정책을 수립하여 지역사회를 건강하게 하는 프로그램을 개발한다. 지역사회 전체가 건강하여 개인이 건강하도록 한다.
	사회적 지지	사회적 지지로 사회적 체제를 통해 지원을 하도록 사회적 체계를 파악한다. 이용 가능한 자원군을 활용하여 적절한 자원이 있다면 대처기전을 발달시켜 성장할 수 있다.
	비전문인	치료자는 전문인 혹은 비전문인일 수 있다. 성직자, 경찰, 미용사, 바텐더 등도 훈련받을 수 있다.
	치료자	치료자는 사무실에만 있지 않고 가정방문을 하며, 지역사회 집단을 대상으로 강의를 하거나, 다른 기관의 자문의뢰에 상담을 한다.

프로이트 정신성적 발달이론(psychosexual development theory)
의식의 구조(의식의 수준) 국시 00, 02, 04, 05

의식	대부분 자아 + 일부 초자아	작은 부분	의식의 구조 중 가장 작은 부분이다.
		현재 지각	현실에서 알아차릴 수 있는 현재를 지각하는 부분이다. 노력하지 않고 알게 되는 활동, 깨어 있을 때 작용하여 사고, 감정과 관계이다.
		현실 원칙	현실 원칙에 입각하여 논리적, 합리적, 신중하게 행동하도록 이끈다.
전의식	자아 + 초자아	집중 국시 00, 06	의식과 무의식 사이에 존재하는 영역으로 평소에는 의식하지 못하지만 애를 써서 마음을 주의 집중하면 의식에 떠올린다.
		보호막	방파제, 보호막 역할로 수용할 수 없는 혼란한 무의식적 기억이 의식으로 표출될 때 의식에 도달하지 못하도록 한다.
무의식	대부분 이드 + 초자아 + 자아	큰 부분	빙산의 물 밑에 숨겨진 부분으로 마음의 가장 큰 부분이다.
		저장	전 생애 동안 경험한 지식, 기억, 감정, 경험을 망각하는 것이 아니며 무의식 속에 저장한다.
		억압	의식의 불쾌하고 중요하지 않고 필요하지 않고 수용하기 어려운 생각, 기억, 사건, 감정을 억압한다.
		의식 어려움	의식될 수 없는 정신 영역으로 의도적으로 회상하는 것은 불가능하다.
		본능	성적 욕구나 자기 보존, 공격성 같은 본능적 욕구와 충동들이 무의식을 이루고 있다.
		심리 영향	무의식은 인간의 심리를 좌우하는 중요한 힘의 근본이다.
		행동 영향 국시 08	무의식은 인간 행동에 강력한 영향이다.

성격 구조 국시 01, 03, 06

	원초아(이드, id)	자아(ego)	초자아(superego)
의식	무의식에 위치 국시 03 모든 정신력의 근원	대부분 의식 + 전의식 + 무의식	대부분 무의식 + 전의식 + 의식
발달	태어날 때부터 존재한다. 자아발달(4~6개월부터 시작)과 초자아 발달(남근기)로 약화된다. 청소년기에 생물학적 변화(2차 성징)로 일시적으로 증가한다.	생후 4~6개월부터 발달한다. 국시 08 동일시로 부모 닮음에 의해 형성된다. 자아의 건전한 발달은 성숙한 인격의 필수 요소이다.	남근기에 같은 성의 부모와 동일시로 초자아가 발달한다. 부모의 가치관과 사회적 규칙으로 도덕, 양심이 형성된다.
원칙	쾌락원칙(원리) 임용 21 / 국시 03 인간 본능 = 성적 본능 + 자기보존 본능 + 공격적 본능	현실원칙(원리) 임용 21 / 국시 04 현실과 상호작용하면서 발생한다. 이드와 초자아 사이에서 갈등을 조정한다.	사회적 원칙(원리)(완벽주의 원리) 도덕적 기준과 양심, 자아이상에 따라 행동한다. 초자아는 이드의 충동 통제로 개인의 사회화에 중요하다.
기능		집행자 국시 04 현실에서 본능의 욕구와 초자아의 통제 사이에 조정자 역할의 인격의 집행자이다.	재판관 국시 08 이상을 추구하고 완성을 위해 투쟁하며 옳고 그름을 판단하여 자아의 행동에 감독자, 검열자로서 기능한다. 초자아가 지나치게 강력한 경우 자아는 위축되고 죄책감에 시달린다.
사고	1차적 사고과정 무의식적 사고과정으로 불쾌감을 피하고 욕구를 만족시키는 방향이다. 생각과 행동이 하나로 취급된다. 현실을 무시하고 시공간 개념이 없고 비언어적, 비과학적, 비합리적, 비현실적	이차적 사고과정 욕구를 참고 지연시킨다. 감정보다 이성에 의해 행동이 결정되고 논리적이다.	

정신 성 발달

특징 `국시 11`

성적 본능	성격발달에 성적 본능이 중요한 역할로 감각적 쾌락을 설명하면서 성심리라는 단어를 사용한다.
신체적 특정부위	신체적 특정부위의 심리학적 중요성이다. 새로운 쾌락과 갈등의 근원이 발달 단계에서 신체의 한 부분에서 다른 부분으로 전이된다.

구강기

쾌락 추구	빨기, 씹기, 소리내기 같은 구강적 행위 중심이다.
타인 신뢰	이 시기를 잘 지내면 타인을 신뢰하며 자신감, 관대함, 사교적이며 긍정적 성격 형성
고착현상 (구강기적 성격) `국시 05`	구강욕구의 불충족이나 과다한 욕구충족으로 수동적이거나 의존적, 자기중심적이다. 엄지손가락 빨기, 담배를 많이 피는 사람, 술을 먹고 마시기, 폭식증 환자, 먹거나 마시거나 말하는 행동에 집착, 불평

항문기 `임용 16`

쾌락 추구	괄약근이 발달하고 대변을 참거나 누는 것이 가능해진다. 마음의 주된 관심은 항문, 요도로 배변, 배뇨행위에 주된 관심 대상이고 쾌감의 근원이다.
자율성	배변훈련에 배변의 통제 능력을 획득하여 자율성을 형성한다.
양가감정	배변훈련과정에서 부모의 칭찬과 징벌은 부모에 대한 양가감정이다.
고착현상 (항문기적 성격) `국시 02`	인격 발달 장애로 과잉 만족은 청결, 질서에 강박적, 무엇이든 아끼고 보유, 인색, 완벽성, 완고하다. 과잉 좌절은 불결, 지저분하고 낭비벽이 심한 성격, 양가감정, 죄책감, 분노, 가학피학성이다.

남근기 `국시 10`

쾌락 추구 `국시 13`		생식기와 음경이 관심의 대상으로 민감한 곳, 쾌락의 근거이다.
성 호기심		남녀의 성 차이를 인식하고 성 차이에 호기심이다.
성격 형성 `국시 21`		남아의 오이디푸스 콤플렉스와 여아의 엘렉트라 콤플렉스로 동성의 부모를 동일시하여 심리적 갈등을 해소한다. 초자아를 형성하는 성격이 형성되며 가장 중요한 시기이다.
삼각관계		부모, 형제, 자매 간 갈등으로 가족 삼각관계를 형성한다.
경쟁의식		형제간 경쟁의식으로 동생을 보는 시기에 형이 동생에게 경쟁의식을 느낀다. 부모 사랑을 받으려는 형제간 경쟁의식을 갖는다.
남아	오이디푸스 콤플렉스 `국시 05, 18`	남아가 어머니를 성적 애착 대상으로 바라고 소유하려는 욕망을 가지나 아버지가 경쟁자라는 것을 알게 된다. 자신과 아버지의 성기를 비교해 열등감을 느낀다.
	거세불안	
	동일시	아버지에 대한 적대감과 어머니에 대한 성적 욕망 사이에 느끼는 심리적 갈등인 오이디푸스 콤플렉스를 동성 아버지를 동일시하는 것으로 해결한다. 동일시 과정을 통해 초자아를 형성한다.
여아	엘렉트라 콤플렉스	여아는 사랑의 짝으로 아버지를 원하나 어머니에 의해 좌절되는 엘렉트라 콤플렉스를 경험한다.
	남근선망	
	동일시	자신의 욕망을 동성의 어머니를 동일시함으로 심리적 갈등을 해결한다.
성공	성 정체감 `국시 05, 18`	사회적 성 정체감(gender identity) 형성으로 그가 속한 사회에서 인정되는 남성다움, 여성다움, 성적 역할에 따라 자신의 성적 정체성을 형성한다.
실패	불안	심한 불안의 신경증적 장애는 오이디푸스 콤플렉스가 해결되지 못한 무의식적 갈등 때문이다.
	반사회적 인격	동성 부모의 사망, 이혼, 별거는 동일시 대상이 없어져 초자아 형성을 방해하여 반사회적 인격을 형성한다.
	성 문제	남근기에 고착이 오면 성별불쾌감, 노출증, 관음증 등 성생활에 지장을 초래한다.
남근기적 성격 `국시 07`		뻔뻔스럽고 자기 자랑하고 남에게 인정과 칭찬을 받고 싶어한다.

잠복기 (국시 04)

쾌락 추구	본능적 욕구는 잠재화되어 평온한 시기로 성적 욕구와 흥미가 약해진다.
지식	성 에너지는 지적 흥미와 지식 획득, 성취한 일에 쾌감
사회화	사회화 시기로 또래와의 집단형성을 이루어 사회적 관계를 발전한다. 사회생활에 필요한 실용적 기술 습득과 개발을 연마한다. 부모와 동성 친구와 동일시로 자아와 초자아가 발전한다. (국시 06)
동성 친구	동성 간에 느끼는 정상적 동성애 시기이다. 동성 친구와 친하게 놀면서 이성에 관심이 감소하고 이성에 배타적이다.
성공	대인관계 원만, 사회적응 능력
실패	학업 실패, 열등감, 사회 적응 장애, 동성 간에 느끼는 정상적 동성애 시기이다.

성기기

쾌락 추구	성적 욕구가 쾌락의 근거가 되는 시기이다. 마지막 단계이며 성호르몬 분비로 생식기관 성숙, 성적으로 성장한다.
성적 충동	사춘기 호르몬 변화로 잠복기 동안 억압되었던 리비도 에너지를 강한 성적 충동으로 재출현이다. 사회적으로 용납하는 범위 내 성적 욕망을 다룬다.
이성 애착	이성에 애착 증가로 이성 관계와 결혼 준비에 노력을 기울이는 시기이다.
정서적 독립	정서적 독립 획득을 위하여 부모에 애착 감소와 적대적, 거부적 태도와 부모로부터 해방된다.
성격완성	성격발달이 완성되고 평생 조금씩 수정과 발전이 된다.

◆ 김기영 보건교사 ◆

방어기전 국시 98, 00, 02, 03, 04, 05, 07, 08

자아의 무의식에 해당되는 부분이 관장한다. 불안으로부터 자아를 보호하기 위한 수단이다.

기제	설명
억압 국시 07	불안을 다루며 갈등을 해결하기 위해 사용하는 가장 기본적인 방어기제이다. 죄의식, 수치심, 자존심을 상하게 하는 용납될 수 없는 기억, 생각, 욕구, 충동, 경험을 의식에서 제거하여 무의식 영역에 묻어버려 까맣게 잊어버리는 무의식적 방어기전이다.
억제 임용 15 / 국시 05	바람직하지 못한 받아들이기 싫은 기억, 생각, 욕구, 충동을 의도적, 의식적으로 누르고 통제, 조절한다. 없다고 억지로 생각하고 기억을 잊으려고 노력하는 의식적 방어기전이다.
반동형성	수용할 수 없거나 바람직하지 못한 생각, 감정, 소원, 충동, 행동이 받아들여질 수 없는 것일 때 표현되는 것을 막기 위해 이와 반대의 생각, 행동을 강조함으로 의식되지 않도록 하는 과정이다.
취소(undoing) 국시 05	말이나 의례적 행위를 통하여 자신의 성적, 공격적 의도를 제거한다. 성적, 적대적 욕구로 상대가 입었다고 상상하는 피해나 견딜 수 없는, 수용할 수 없는 생각, 감정, 행동, 경험을 인정하지 않는 행위이다.
상환(restitution)	무의식적 죄의식에 대한 상환반응으로 자신의 태만하고 비난받을 만하며 비열한 행동에 대한 죄책감을 씻기 위해 사서 고생하는 것, 창조적인 일에 대한 열성 같은 배상하는 보상 활동으로 나타난다.
함입 임용 15 / 국시 04	자기와 자기 아닌 것 정도는 구분하는 시기에 일어나는 원시적 동일화이다. 남에게 향했던 모든 감정을 자신에게로 향하며 잘못된 것을 모두 자신의 탓으로 돌린다.
동일시	타인의 특질을 자신의 것으로 만드는 기제이다. 여러 가지 측면에서 다른 사람을 닮게 되는 과정이다. 자아와 초자아 형성에 중요하며 성격발달에 큰 영향을 준다. 초자아는 남근기에 오이디푸스 콤플렉스 해결 위해 자기와 같은 성의 부모를 무의식적으로 닮으려고 한다. 국시 16
합리화 임용 15, 18 / 국시 18	사회적으로 용납될 수 없는 일, 생각, 행동, 감정의 진짜 의도를 숨기고 이기적이고 잘못된 이유나 설명을 붙여 개인의 행동을 정당화하거나 안심시키는 무의식적 기전이다.
대리형성 (대리성 만족)	목적하던 것을 갖지 못함에 따른 좌절감에 기인한 긴장을 감소시키려고 원래의 대상과 비슷하며 동시에 사회적으로 용납되는 대안적인 다른 대상으로 만족하는 것이다.
전치(displacement) 국시 17	전혀 다른 대상에게 자신의 욕구를 발산하는 것이다. 어떤 대상에게 느낀 감정을 다른 대상에게 전환시킨다. 하나의 대상에서 느끼는 무의식적 충동, 감정, 관념이 실제 대상과 다른 덜 위협적, 중립적인 다른 대상으로 옮기는 것이다. 정서의 근원은 언급되거나 해결되지 않고 부적절하게 표출된 곳에서 문제가 발생한다.
보상 국시 22	바람직하지 못한 특성으로 생긴 열등감, 한 분야의 결함, 부족, 불완전을 감소시킨다. 바람직한 특성, 다른 분야의 탁월성, 우수성을 강조함으로 결함, 부족, 불완전을 메우려 시도하여 안정을 획득한다.

승화	억압으로 해결되지 않는 본능의 힘, 성적 공격적 에너지, 성충동, 공격 충동을 사회적으로 유용, 건설적, 능률적, 창조적 기전으로 돌려쓰는 기전이다. 성숙한 방어기전이다.
투사 임용 15 / 국시 14, 19, 21	현실을 왜곡하여 남에게 그 탓을 돌림으로 자아를 보호한다. 자신의 수용할 수 없는 감정, 충동, 생각, 행동의 책임을 현실을 왜곡하여 자신에서 외부 대상이나 다른 사람에게 덤터기 씌우기로 그 탓을 돌린다. 다른 사람을 비난하며 자아를 보호하여 불안을 완화하나 자기인식, 성장을 방해한다.
상징화	무의식에 억압되어 있는 대상, 사고, 감정, 충동을 묘사, 대변하는 다른 상징적 대상, 언어, 사고를 이용하는 것이다. 원초적인 대상은 금기의 성질을 띠며 내세워지는 대상은 중립적이다. 억압된 충동이 상징화를 통하여 증상으로 나타나면 그 양상이 원래의 충동과 다르므로 그 상징의 의미를 파악하기 어렵다.
퇴행 임용 16	자신이 감당할 수 없는 현실에 마주쳤을 때 현재와 같은 갈등이 없었던 시기인 이전의 초기 발달 단계로 되돌아가는 것이다.
부정 임용 15 / 국시 05	다른 사람도 알고 있으나 의식화되면 감당 못할 고통스러운 객관적인 현실, 경험, 생각, 욕구를 무의식적으로 인정하지 않는 것으로 불안을 회피한다.
격리(고립) 국시 13	사고, 기억과 관련된 느낌, 감정으로부터 사고와 감정을 분리시킨다. 고통스러웠던 사실은 기억하지만 감정은 억압한다.
주지화	스트레스 상황에 지능이 높거나 교육정도가 높은 사람이 느낌보다 논리, 추론, 분석 같은 인지 과정을 사용으로 용납 못할 충동에서 오는 불안, 정서적 불편을 제거한다. 사고는 의식상에 남아 있지만 감정은 빼어버려 실제적인 감정의 표현을 회피한다.
해리	정서적 고통을 피하려고 평상시 통합적으로 기능하던 기억, 자아나 환경에 대한 의식, 감각, 행위가 와해되어 인격을 조각내고 통합된 인간으로 기능할 수 있는 능력을 방해한다. 인격의 일부가 자아의 통제를 벗어나 독립적으로 행동하는 경우로 성격이나 정체감을 일시적이지만 극적으로 수정하는 것이다. 인식 밖에서 말하고 행동했던 기간을 설명할 수 없고 기억하지도 못한다.
분리(splitting)	사람의 좋은 것과 나쁜 것을 통합할 능력이 없어 상반되는 느낌이 공존하는 것을 수용할 수 없다. 이런 갈등의 양가감정을 참을 수 없을 때이다. 어떤 사람이나 상황을 옳거나 그름 또는 좋거나 나쁜 이분법적으로 범주화한다.
이상화	다른 대상에게 긍정적인 속성을 과도하게 부여하는 것이다.
전환 임용 15 / 국시 08	심리적 갈등이 신체 감각기관과 수의근계의 증상으로 무의식적으로 표출한다. 꾀병과 다르며 신체적으로 아무 이상이 없으나 고통을 느낀다.
신체화	심리적 갈등이 감각기관, 수의근계를 제외한 신체부위 증상으로 표출한다.
행동화	위협적 생각, 무의식적 소망, 충동, 감정, 무력감을 자각하는 것을 피하기 위해 직접 표현하는 것이다. 말이나 행동으로 화를 내며 맹렬히 공격, 신체적 행동, 비행, 충동적 행동의 파괴적 방법을 사용한다.

정신분석 치료과정 국시 98, 05, 19 〈꿈 자전저〉

목표	환자가 이상 행동과 무의식의 동기를 통찰함으로 자신의 행동을 이해하는 무의식의 의식화와 성격 재구성이다.
자유연상 임용 21 / 국시 05	의식적(인식적) 점검이나 검열 없이 환자가 무엇이든 머리에 떠오르는 생각과 느낌을 정직하게 그대로 말로 표현한다. 자유연상을 통해 대상자의 무의식에 있는 갈등을 지각하도록 한다. 억압된 갈등이 의식수준으로 표출되면 합리적으로 다룰 수 있다.
꿈 해석 국시 06	꿈은 내적 갈등의 상징적 의사소통으로 해석을 이용해 대상자들이 내적 갈등을 인식하도록 한다. 해석과정 중 꿈의 상징적 의미, 회피하고자 하는 주제로 무의식을 벗기기 위해 사용한다. 꿈은 상징적 형태로 인간의 억압된 갈등, 공포, 욕망을 나타낸다.
저항	저항은 대상자들이 인지하지 않으려는 갈등 영역인 불안을 야기하는 사항이다. 억압된 자료들이 의식화되면 고통스럽기 때문에 의식으로 나오는 것을 막아 인식하지 않은 채 머물러 있으려는 것이다. 자신에 언어화하는 것을 회피하고 변화하지 않으려는 현상이다.

전이 국시 15

정의	대상자가 치료자를 향해 강력한 긍정적 또는 부정적 감정이 생길 때 일어나는 것이다. 대상자의 과거에 중요한 사람, 부모에 대한 정서적 반응을 나타낸다.
방어기제	전치, 투사
전이 분석	치료자는 적절한 때 전이를 분석해 주어야 한다. 전이의 분석으로 조기 외상적 경험을 재현시켜 해결되지 않은 갈등, 상처, 불안의 실체를 파악한다. 치료자는 중립을 지키고 적당한 거리를 유지하면서 자기주장을 삼간다.

역전이 국시 15

정의	간호사의 정서적 반응으로 환자가 자기 과거의 어떤 중요한 인물로 부각되어 일어나는 현상이다. 간호사가 그것을 인식하지 못하거나 다룰 수 없을 때 치료적 관계의 저항요인으로 치료를 방해한다.
개인분석 국시 05	역전이가 진전되지 않도록 조심하고 치료가 방해받지 않도록 한다. 개인분석을 하여 역전이를 극복할 때 환자에 대한 공감이 생긴다. 자기 탐색을 통해 자신의 마음을 살피고 감정을 조절하여 대상자에게 영향을 주지 않도록 한다.

Mahler 대상관계이론 발달단계 국시 13, 15 〈분실 화통〉

나이	단계		발달 과업
출생~1개월	정상 자폐기		타인, 외부 환경의 존재를 인식하지 못하고 모든 세상을 자신으로 여기는 시기이다.
1~5개월	공생기		모자가 공생하는 시기이다. 영아는 어머니가 자신의 욕구를 충족시켜주는 것을 인식하며 아동과 엄마의 '정신적 융합'의 유형이다.
5~10개월	분화분기		세상에 관심을 보이며 모자공생의 알을 깨고 껍질 밖으로 나오는 분화의 시기이다. 영아가 주위환경에 관심을 갖고 엄마로부터 분리되어 있음을 인지하기 시작한다. 조금씩 어머니 품에서 벗어나려는 시도로 아동이 어머니로부터 신체적으로 처음 멀어지는 것부터 시작한다.
10~16개월	실행분기		분리불안이 고조한다. 아동은 운동기능이 발달함에 따라 독립심이 증가하고 자기가 분리되어 있다는 느낌이 증가한다. 영아의 주된 관심이 어머니에서 떠나 주위환경, 장난감, 물건으로 옮겨지면서 어머니에게서 실제적으로 분리되는 경험을 한다.
16~24개월	화해접근분기	욕구 만족	분리불안이 최고조에 달했다가 점차 감소하며 아동의 자아와 자율성이 건강하게 발달하는데 중요한 단계이다. 분리되어 있음을 급작스럽게 자각할 때 모성으로부터 안정감을 유지하기 위해 '정서적 충전'을 얻는 것을 배운다. 어머니가 아동의 정서적 욕구를 만족시킬 수 있다면 아동은 자신이 사랑받고 버려지지 않을 것임을 알게 되어 안정감이 발달한다.
		욕구 불만족	어머니가 정서적 욕구를 일관성 없이 충족하거나 의존적 행동이 보상되고 독립적 행동에 보상 제한으로 아동에게 버림받는 것에 공포와 분노와 혼란을 가져온다. 병적인 모자관계는 경계성 성격장애, 조현병의 원인이다.
24~36개월	통합분기	분리불안 해결 국시 17	대상항상성을 획득하면서 어머니에 대한 믿음을 가지고 분리불안을 해결한다.
		분리와 개별화	어머니를 자신과 분리된 사람으로 지각하여 자기의 분리와 개별화가 명백하게 확립된다. 왜곡된 모자관계로 자녀가 분리 개별화되지 못하면 자아성장에 커다란 영향이다. 분화에 실패하여 분화하지 않은 상태로 남아 경계성 성격장애, 조현병에 걸린다.
		통합	어머니를 '나쁜 어머니'나 '좋은 어머니'로 보기보다 '좋은 것'과 '나쁜 것'을 통합할 수 있는 능력을 갖게 된다. 대상이 전체로 나타나 하나의 인간으로 좋은 점과 나쁜 점을 모두 갖춘 어머니를 내면화한다.

❸ 치료적 중재

동기부여면담(Motivational Interviewing) 〈공동 차 저자〉

정의	변화하려는 동기는 개인의 내부에서 나온다. 변화에 대한 양가감정에 말하도록 도와서 동기, 에너지, 약속을 새로운 기술로 배우고 삶에 필요한 변화를 하는데 사용한다.
공감 표현	공감을 표현한다. 반영적 경청에 의한 공감과 수용을 한다. 감정을 수용하는 의사소통은 변화를 위한 주제와 이유를 파악하는 것을 도와준다.
동기 이해	대상자의 동기를 이해한다. 대상자가 변화하고자 하는 것이 무엇이고 어떻게 해야 하는지를 질문한다.
차이 확인	차이를 확인한다. 현재 행동과 바라거나 이상적인 행동의 차이를 인식함으로 동기가 부여된다.
저항에 대처	저항에 대처한다. 변화에 논쟁하는 것을 피한다. 대상자에게 무엇을 해야 하거나 문제가 존재하거나 변화가 필요하다고 확신시키려고 하면 대상자는 방어적이고 저항할 수 있다.
자기효능감	자기효능감을 지지한다. 대상자의 강점을 인식하고 희망, 낙관주의, 변화를 성취할 수 있는 가능성을 지원한다.

인지 모형

임의적(독단적) 추론 임용 19	지지할 만한 사실, 증거도 없거나 모순되는 증거에도 불구하고 한 사건에 잘못된 자동적 부정적 최종 결론을 내린다.
감정적 추론 (감정적 추리)	정서 상태에 근거하여 결론을 내린다. 충분한 근거 없이 막연히 느껴지는 감정에 근거하여 결론을 내린다.
선택적(선별적) 추상화 (선택적 추론, 정신적 여과)	어떤 상황을 이루는 많은 요소 중 연관성 있는 다른 정보에는 주의를 기울이지 않고 선택된 단지 하나의 부정적 정보에 초점에 근거를 갖는다. 전체 경험, 의미를 부정적으로 해석하거나 결론을 내린다.

과도한 일반화(절대적 사고, Overgeneralization) 임용 16		한 가지 경우에서 진실인 경우 그것을 약간 유사한 경우에도 모두 적용하여 생각한다. 한두 개의 사건에 근거해서 전반적 경험과 관계에 대한 여러 가지 전반적이고 포괄적인 일반적 결론을 내리거나 관계없는 상황에 적용하여 일반화한다.
이분법적 사고		모든 것을 어떤 극단인 두 개의 범주로만 범주화하여 이해하여 사물을 all or none way로 보며 중립을 인정하지 않는다.
완벽주의		스스로 만족할 때까지 모든 것을 완벽하게 해야 직성이 풀리는 것이다.
확대하기(확대된 사고, 극대화) 또는 최소화하기 (과대확대와 과대축소)	확대하기	어떤 사건의 중요성이나 크기, 의미를 평가할 때 부정적 의미를 과장하거나 개인의 불완전성을 실제보다 과장하는 과대 평가를 한다.
	최소화하기	어떤 사건의 중요성이나 크기, 의미를 평가할 때 사건의 긍정적 의의, 중요성이나 개인의 좋은 점이나 성취를 최소화한다.
재앙적(극단적) 사고 (재앙화, 파국화, 비극화)		긍정적일 수 있는 결과의 가능성은 고려하지 않고 지나치게 과장해서 사람과 사건에 극단적으로 나쁘게 생각한다. 최악의 일이 일어날 것이라고 생각하고 두려워한다.
개인화(Personalization) 임용 16, 19	원인	자신과 관계 없이 실제로 다른 것 때문에 생긴 일에 근거 없이 자신과 연결시켜 자신이 원인이라고 받아들이고 해석한다.
	책임	결과에 영향을 미칠 수 있었던 다른 상황적 요인들은 고려하지 않고 자신이 부정적인 상황에 책임을 지려한다.
자기가치의 외재화		자기가치의 외재화는 다른 사람으로부터 인정에 근거하여 자신의 가치를 결정한다.
미신적 생각		미신적 인과관계를 믿는다.
마음읽기(관심법)		근거 없이 자신이 다른 사람의 마음을 읽고 알고 있다고 믿는다.
명명하기(잘못된 명명)		과실이나 실수와 연관시켜 자신이나 타인에게 지나치게 과장되거나 부적절한 꼬리표(명칭)를 붙여 일반화한다. 꼬리표를 통해 자신에 대한 부정확한 정체성을 창출한다.
"해야 한다" 사고		실제 상황과는 상관 없이 특정한 성취나 행동을 요구하는 것이다. 외적인 사건에 대한 비현실적인 통제량을 당연시하여 자신에게 적용하는 엄격한 자기지시이다.

사고기록

자동적 사고 인식방법으로 사고기록에서 대상자는 일어났던 상황과 그 상황에 의해 유발되는 자동사고를 기록한다. '두 줄 사고기록지'라고 하고, 세 번째 줄에 그 상황과 관련된 정서반응을 기술하는 것을 '세 줄 사고기록지'라고 한다.

두 줄 사고기록지 임용 19

상황	자동적 사고

사고와 감정 감시법 : 역기능적 사고일지(역기능적 사고 기록) 사용 국시 18

방법 〈상감자 합결〉	상황(단서, 사건)	불쾌한 감정이나 생각을 일으키는 실제 사건, 상황이다.
	감정(정서) 반응	부적응적 감정 열거로 슬프고, 불안, 화나는 감정을 열거하고 그 감정의 정도를 점수로 매긴다.
	자동적 사고	상황 → 자동적 사고 → 감정 상황에 반응하고 감정에 선행된 인지왜곡이 포함된 부적응적인 자동 사고를 기록한다.
	합리적 반응 (합리적 사고)	자동적 사고에 합리적 반응인 대안적 반응을 기록한다. 대안적 반응에 도움이 되는 질문들이다. 증거는 무엇인가? 이러한 생각을 뒷받침할 만한 증거는 무엇인가? 이 생각에 반하는 증거는 무엇인가? 자동적 사고를 믿음으로써 나타나는 결과는 무엇인가? 일어날 수 있는 최악의 일은 무엇인가? 일어날 수 있는 최선의 일은 무엇인가? 가장 현실적인 결과는?
	결과	합리적 반응의 결과 산물인 감정, 행동을 재평가한다.
효과	상황 인식	그 상황을 어떻게 지각하고 해석하는가 이해로 대상자의 자동적 사고를 인식시키는 역할이다.
	사고, 감정, 행동 인식	자신의 생각과 감정과 행동을 감시하고 잘못된 생각, 감정, 행동을 논의한다. 역기능적 사고와 부적응적 감정과 부적응적 행동과의 관계를 깨달아 부정적 감정과 행동은 부정적 사고에서 나오는 것을 인식한다.
	사고와 감정, 행동 변화	상황에 대한 비논리적 사고, 믿음을 현실적인 것으로 대치한다. 자기비난, 죄책감을 극복하고 부적응적 행동을 변화한다.

사고중지기법 임용15

방법	간호사 "중지"	문제의 생각이 떠오를 때마다 그 장면에 대해 생각한대로 이야기하며 간호사는 "중지 stop!"하고 외침으로 대상자의 생각을 제지
	큰 소리로 "중지!"	자신의 생각을 제지하는 법으로 두 눈을 감고 반복되는 원하지 않는 생각에 집중하며 마음속에 그 생각이 분명해지면 큰 소리로 "중지!"라고 외친다.
	바람직한 생각	즉시 자신의 생각을 즐겁고 바람직한 생각으로 바꾼다.
	연습	연습을 계속한다. 원하지 않는 생각이 떠오르게 될 때까지 간격이 길어진다.
	조용히 "중지!"	많은 연습을 한 후 마음속으로 조용히 "중지!"라고 말해도 똑같은 효과 역기능적 사고의 진행을 멈추기 위해 멈춤 표지판, 벽돌로 쌓은 벽, 벨소리를 상상한다.
효과		역기능적 사고는 눈덩이처럼 커지는 효과로 작고 중요하지 않은 문제가 시간이 지남에 따라 중요성이 더해져 멈추기 어려워 침습적, 원치 않는 생각을 제거하는 기법

소크라테스식 질문

질문	치료자는 대상자에게 자신의 상황에 '누가, 무엇을, 언제, 어디서, 왜, 어떻게' 만든 것인지 질문한다. 대상자의 신념과 관련된 언급에 논박을 하는 질문을 계속해서 던진다.
효과	증거탐문과 같다.

증거탐문

질문		왜곡된 사고를 지닌 대상자는 왜곡된 생각을 뒷받침하는 정보를 제외한 모든 정보를 무시한다. 특정한 믿음과 자동사고가 무엇에 근거하는지 뒷받침하기 위해 사용되는 특정한 믿음을 지지, 논박하는 증거를 질문한다. 잘못된 생각, 감정, 가정을 논의한다.
효과	인지적 왜곡 조사	치료자가 제시하는 분석적 질문을 통해 찬성이나 반대 증거에 의해 사고의 타당성에 부조화를 일으킨다. 잘못된 정보임을 명확히 하여 자동적 인지적 왜곡이 조사되고 검증된다.
	현실적 해석	증거에 적절한 현실적 해석을 하여 비논리적 믿음, 사고를 현실적인 것으로 대치하여 자기비난, 죄책감을 극복한다.

해체하기 〈이재확 해체하기〉

이분법적 사고 해체	내담자들은 흑백논리를 하거나 전부 아니면 아예 포기하는 식의 사고와 진술을 한다. '크기산정'이라는 과정을 적용하여 내담자의 이분법적 사고를 연속선상에 올려놓고 구체적인 가능성 여부를 산정함으로써 이분법적 사고에 직면한다. 일상에서 일어나는 활동의 결과가 이분법적 흑백이 아니며 덜 극단적이라는 것을 깨닫는 것이다.
재앙화 해체(탈비극화)	초래될 수 있는 비극적인 특성을 과대평가하는 것은 아닌지 생각해 볼 수 있는 기회를 준다. 일어나지 않을 것 같은 결과에 지나친 두려움을 해소하는 것을 돕기 위해 what-if technique하는 가정 기술 기법이다. "일어날 수 있는 가장 나쁜 일은 무엇인가", "그것이 정말 일어난다면 그렇게 끔찍할 것인가?", "그런 일이 있을 때 다른 사람들은 어떻게 대처할까"
확대하기(확대된 사고) 해체	개인의 부정적 성질을 과대평가하는 것은 아닌지를 판단하게 한다.

재귀인

방법	환자의 생활사건에 대한 원인과 책임을 분산시키는 기법이다.
효과	우울증 환자는 생활사건을 부정적, 왜곡된 방식으로 귀인하여 불리한 생활사건에 자기를 탓한다. 우울증 환자의 부정적 내적 귀인에서 외적 귀인으로 수정시킨다.

재구성(Reforming)

방법		문제를 부정적으로 생각하는 대상자는 상황의 한쪽 면만을 보는 경향이 있다. 특정한 믿음의 이익과 불이익을 살펴보는 것으로 문제의 다른 측면에 초점을 두거나 다른 긍정적 시각에서 문제를 바라보도록 한다.
효과	긍정적 시각	대상자가 문제의 긍정적, 부정적 결과를 모두 이해함으로 치우치지 않는 균형을 유지하고 넓은 안목의 새로운 시각을 갖는데 도움이 된다. 문제에 대한 관점을 다른 시각으로 전환하여 긍정적 측면으로 해석하는 것이다.
	긍정적 정서	사고에 대한 의미가 변화하여 정서적으로 긍정적 변화를 유도한다.
	해결지향적 행동	현상에 대한 지각은 인간행동에 영향을 미쳐 상황에 대한 인식 변화로 긍정적 재구성에 의하여 해결지향적 사고를 하며, 해결지향적 행동을 한다.

대안 검토

방법	많은 대상자는 자신이 모든 선택권을 잃었다고 생각한다. 자신의 강점과 자원에 기초하여 대안을 생성하고 검토한다. 고려했던 것보다 광범위한 가능성이 있음을 안내하여 선택하게 한다.

변증법적 행동치료(dialectical behavior therapy)

정의		변증법은 중용이다. 극과 극의 마음을 오가는 것을 중간의 지점으로 찾아가게 한다. 수용과 변화이다. 인생 전체에서 어떤 것은 수용하고 어떤 것은 변화시키는 것이다.
방법 〈마감 고대〉	마음 챙김(알아차림)	마음 챙김(알아차림)은 현재 순간을 집중하는 능력, 정서와 감각을 온전히 체험하고 수용하는 능력이다. 촉각, 후각, 시각, 미각, 청각의 오감으로 주변 환경을 알아차린다.
	감정 조절	감정을 이해하고 이름 붙이기, 원치 않는 감정 바꾸기를 한다.
	대인관계 기술의 개선	대인관계를 효율적으로 하는 기술로 자기주장, 대인관계문제 해결로 개인의 목표를 달성하면서 상대와의 관계나 자기에 대한 존중감을 최대화한다.
	고통 감내하기	순간적 충동에 고통을 감내하여 자해, 자기파괴적 행동의 감소이다. 자신과 현재 상황을 판단하지 않고 있는 그대로 수용하고 인식하는 능력을 키운다. 수용을 통한 주의분산법은 불쾌한 감정들로부터 멀어지게 한다.

◆ 김기영 보건교사 ◆

행동 증가

정적 강화(적극적 강화, 긍정적 강화) 임용 20	정의		치료목표로 삼은 행동을 했을 때 긍정적 강화인 칭찬, 격려 같은 긍정적인 보상을 제공한다.
	효과		그 행동의 빈도가 증가하고 자존감을 증진한다.
부정적 강화 (소극적 강화)	방법		치료목표로 삼은 행동을 했을 때 환자가 겪고 있는 불편감, 불쾌감의 혐오 자극이 제거되어 그 행동의 빈도가 증가하는 것이다.
토큰경제 (명목화폐제도) 국시 03, 13	방법	강화 결정	특권인 자유산책, 외출, 게임기 사용, 간식과 같은 보상으로 강화로 쓰일 수 있는 중요한 아이템을 미리 결정한다.
		토큰 보상	바람직한 행동을 수행했을 때 강화물인 토큰(명목화폐)으로 보상하며 토큰이 즉각적, 긍정적 피드백을 제공한다.
		강화 교환	정기적으로 토큰을 합산하여 미리 정했던 특권인 강화로 교환한다.
	효과		바람직한 행동을 증가시킨다.
행동형성법(형성법, 유형화, Shaping) 임용 20	방법		형성법은 원하는 행동에 근접한 행동을 강화함으로 새로운 행동을 배우는 것이다. 바람직한 행동을 여러 단계로 나누어 강화함으로 점진적으로 바람직한 행동에 가까워져 새로운 행동을 유도한다. 표적 행동을 바로 강화하는 것이 아니라 표적 행동의 구성 요소들을 강화한다.
프리맥 원리	방법		긍정적 강화물인 자주 발생하는 선호되는 활동(R1)을 자주 발생하지 않는 비선호적 활동(R2)에 대한 긍정적 강화물이다. 자주 발생하지 않는 활동(R2)이 발생하도록 한다.

◆ 김기영 보건교사 ◆

행동 감소

벌	정의	어떤 행동 후에 혐오자극을 제시함으로 그 행동을 줄이는 것
혐오요법	방법	부적응적(병적인 문제) 행동이 일어났을 때 즉시 고통을 유발하는 혐오(불쾌한)자극인 전기자극, 구토를 일으키는 약물, 체벌, 사회적 비난을 가하여 부적응적(병적인 문제) 행동 감소 혐오(불쾌한)자극을 짝지어 지속적인 부적응적(병적인 문제) 행동을 감소시킨다.
외재적 민감화	정의	혐오요법의 일종으로, 바람직하지 않은 행동에 약물로 인한 불쾌한 결과를 초래하여 바람직하지 않은 행동을 감소시킨다.
내재된 민감화	방법	바람직하지 않지만 매력적이어서 압도하는 행동에 약물보다 개인의 상상력, 정신적 심상을 통하여 구역질하는 장면을 상상하여 가벼운 구토감, 불쾌한 증상을 유도하여 행동을 감소한다.
	효과	대상자가 통제할 수 있고, 언제 어디서든 필요할 때 사용이 가능
소거(소멸, extinction)	정의	획득된 조건 반응에 강화가 주어지지 않을 때 반응이 사라진다. 행동의 결과로 이전에 주었던 긍정적 강화물이 더 이상 없거나 유보하여 무시하거나 보상을 하지 않는다. 행동이 더 이상 강화되지 않고 그 행동을 감소시킨다.
반응대가, 반응손실 (response cost)	정의	행동의 결과로 강화물인 대상자에게 중요한 가치가 있는 것이나 특권을 제거하여 그 행동을 감소시킨다.

◆ 김기영 보건교사 ◆

기타 행동 학습

모형화 (모델링, modeling)	방법 임용 22		모델선정 → 관찰 → 따라하기 : 혼자 할 수 있게 될 때까지 → 혼자하기 타인의 행동에 관찰 학습을 통해 새로운 행동을 습득한다. 이런 상황에서 어떻게 행동하면 좋은가라는 행동 모델을 보여주거나 어떤 행동이 어떤 결과를 초래한다는 정보를 보여주면 목표로 하는 행동을 형성한다. 구체적이고 확인된 행동에 역할모델을 제시하고 대상자는 모방을 통해 학습한다. 치료자가 직접 모델의 역할을 하거나 다른 사람에게 모델을 제안할 수 있으며, 목적에 맞는 비디오를 제시할 수도 있다.	
계약(각서)	방법	공동책임	계약을 통해 서로에 공동 책임을 진다.	
		목표 행동	목표 행동을 관찰과 측정이 가능하도록 구체적으로 한다. 어떤 행동이 변화해야 하며, 이러한 목표 행동에 어떤 결과가 따르는지에 대상자와 치료자 간의 문서에 만들어지는 계약(각서)이 이루어진다.	
		강화물, 벌	계약을 할 때 목표 행동에 어떤 결과가 따르는지 바람직한 행동 변화를 명확하게 제시한다. 바람직한 행동을 수행할 때 긍정적 보상인 강화물을 명확히 제시한다. 계약을 이행하지 못했을 때 바람직하지 못한 행동에 벌도 서술한다.	
역할극	방법		문제가 되는 쟁점의 역할극으로 배우고자 하는 기술이나 의사결정에 대한 연습과 그 행동의 결과에 피드백을 얻는다.	
	효과		대상자가 목표행동을 연기하도록 한 후 그 행동에 피드백을 제공하여 새로운 행동을 학습하도록 한다. 역할 바꾸기 연습으로 다른 사람과 역할을 바꾸어 봄으로 같은 문제를 다른 관점에서 경험한다.	
사회기술훈련	원리		지도, 시범, 연습, 피드백 임용 23 〈피시 지연〉	
	방법	기술	학습될 새로운 사회적 상호작용의 사회적 기술인 대인관계 기술을 기술(description)한다.	
		학습	지도와 시범을 통한 새로운 사회적 상호작용 기술을 학습한다.	
		연습	효과적 대인관계 기술의 새로운 행동을 연습하여 피드백을 받는다.	
		적용	자연스런 환경에서 새로운 행동을 적용한다.	
	효과		사회적 기술 부족에 원활한 사회적 기능을 수행한다.	

불안 감소

역조건 형성 (호혜적 억제 기법, 상호억제)	방법	불안을 야기하는 상황에 불안과 불안으로 인한 수용할 수 없는 행동이 발생한다. 불안과 이완은 상반되는 행동으로 수용적 행동인 이완요법을 실시한다. 불안과 불안으로 인한 수용할 수 없는 행동을 감소시키는 이완요법의 긍정적 행동으로 대치한다.		
체계적 둔감화 (체계적 탈감작법) 임용 15	방법	이완 훈련	불안을 야기하는 상황에 불안과 상반되는 이완 훈련을 한다. 근육 이완을 연결시켜 근육이 이완된 상태에서 불안을 일으킬 수 없다.	
		위계	불안을 야기하는 상황을 약한 것에서 강한 것까지 점진적으로 겪는다. 각 위계에서 불안과 상반되는 이완 훈련을 함께한다.	
		상상 속 둔감법	상상 속 둔감법은 불안을 유발하는 상황을 상상하며 이완 훈련으로 편안하게 근육을 이완한다.	
			가장 불안이 없는 상태에서부터 가장 불안을 많이 일으키는 상태로 나아감에 따라 이완 상태에서 다음 단계로 진행한다.	
		실제 노출에서 둔감법	실제 노출에서 둔감법은 상상 속 상황이 아닌 실제 노출에서 이완 훈련으로 불안을 감소한다.	
	효과	불안과 고통을 일으키는 특정한 자극을 둔감시켜 불안을 감소한다.		
홍수법 국시 22	방법	노출치료 중 하나로, 가장 불안을 많이 일으키는 자극 단계에 대상자를 충분히 오랜 시간 노출시킨다. 불안, 공포를 느낄 이유가 전혀 없다는 것과 불안을 일으키는 상황에서 도망치는 것은 오히려 불안을 강화시킨다는 것을 학습한다.		
반응예방 (반응차단, 반응방지, 노출 및 반응방지법)	방법	환자가 특정 불안, 공포 상황에 노출되고 불안을 줄이기 위해 하는 행동을 하지 않아도 두려운 결과가 나타나지 않는다는 것을 인식하면서 불안 감소를 이끌어 낸다. 불안 감소를 위한 이완요법이나 탈감작화 같은 기법을 활용하지 않는다.		
감각 기관에의 노출 (체내 수용기 노출)	방법	공황발작(자극 없이 공황발작이 반복적 발생) 중 경험했던 신체적 감각에 노출시키는 것이다. 인공적으로 제작된 장치하에서 공황발작의 증상(예 심박동수 증가, 발한, 전신 열감 등)을 위해 운동을 시킨다든지 머리가 몽롱해지게 호흡을 빠르게 시킨다든지 비현실적 감각을 일으키게 한다. 이들 증상이 공황발작으로 진행되지 않는다는 것을 가르친다.		
	효과	공황장애자는 어떤 사건보다 공황발작에 두려워한다. 신체적 감각에 노출로 단지 어지러울 뿐이며 죽지 않는다는 것을 이해시켜 잘못된 사고를 바꾼다.		

안구운동 민감소실 및 재처리법(안구운동 탈민감 재처리법, eye movement desentitization and reprocessing : EMDR)

방법	외상	외상과 관련한 목표 기억과 이미지, 신념을 확인한다. 외상과 관련된 이미지, 자기에 대한 부정적 믿음, 생각, 가정을 발견하게 한다. 자기에 대한 부정적인 믿음, 감정을 대치할 긍정적 믿음, 감정을 물어본다. 긍정적인 사고와 이미지를 설정하면, 부정적이었던 이미지는 고통스럽지 않게 된다.
	안구운동	민감 소실과 재처리로 외상 기억을 회상하는 동안 전문가의 손가락에 따라 좌우로 움직이는 안구운동을 한다. 좌우로 안구운동을 하는 동안 정신이미지에 초점을 둔다.
효과		불안한 상황을 생각하거나 상상할 때 눈을 빨리 움직이면 과거의 기억은 재처리 과정을 통해 불안이 감소하거나 긍정적 사고가 가능해진다. 눈이 좌우로 움직이는 REM 수면 단계에서 기억이 처리가 되는 원리를 이용한다.

생물학적 치료 〈전광 미수〉

전기경련치료 (ECT)	신경전달물질	ECT 후에 도파민, 세로토닌, 아드레날린 신경전달물질이 증가한다. 아드레날린 : 에피네피린, 노르에피네프린
	신경내분비	ECT 후에 갑상선 자극호르몬, 부신피질 자극호르몬, 엔돌핀을 자극하여 방출한다.
	항경련	ECT 후에 뇌에 항경련 효과를 가져온다. 개인의 발작 역치가 높아지고 발작이 감소한다.
광선치료		계절성 정동장애(SAD)자는 일주기 리듬이 비정상적이다. 광선치료는 멜라토닌 분비를 변화시키고 일주기 리듬을 정상적으로 교정한다.
미주신경 자극술 (VNS)		〈미주에서 노세〉 왼쪽 가슴에 전기자극장치를 심어 왼쪽 미주신경을 자극한다. 이 장치는 자극을 방출하여 대뇌피질이나 변연계의 세로토닌과 노르에피네프린의 활성도를 높인다.
수면박탈치료		수면박탈로 인한 REM 수면을 차단하고 항우울 효과가 있다.

경두개골 자기장 자극치료

작용기전 임용 20	뇌의 전두엽 피질에 코일을 통해 전기흐름이 지나갈 때 자기장이 생기게 된다. 자기장이 생기면서 전기적 자극을 보내 뇌의 신경세포(뉴런)가 활성화된다.

④ 가족치료 유형

가족체계 이론(다세대 가족치료) 〈Bowen은 자정 다 삼가 핵〉
자기분화 임용14

정의		개인 내적인 개념인 동시에 대인관계적 개념이다.
자기분화된 사람	사고와 감정 분리	분화란 사고와 감정을 분리시킬 수 있는 개인의 능력이다. 자기 분화된 사람은 자기 감정에서 사고를 분리시킬 수 있으며, 사고 후에 행동을 취한다.
	나와 타인의 분리 능력	자기와 타인 사이의 분화이다. 자신과 타인을 분리시켜 상대방의 영향에 좌우되지 않으면서 자신의 분명한 입장과 신념을 취하며 행동한다.
	가족 분화	가족의 정서적 혼동을 인식하고 가족의 정서적 혼동으로부터 자유로워져야 건강한 인격을 가진 사람으로 분화된다. 건강한 가족은 분화를 격려한다.
자기 미분화	사고와 감정 미분리	자기 미분화된 사람은 그 순간의 감정만으로 행동을 취한다. 주관적 감정에서 객관적 사고를 분리하기 어렵다.
	나와 타인의 미분리	타인과 쉽게 융합되며 자신과 타인을 분리하지 못한다. 자신의 입장이나 신념보다 남에게 들은 것에 영향을 받는다.
	가족 미분화	가족 내 정서적 융합으로 가족의 정서적 혼동의 영향을 받는다.

◆ 김기영 보건교사 ◆

삼각관계 임용 14	3명의 사람들 사이의 감정적 형태로 두 사람이 자신들의 정서적인 긴장, 불안과 거리감에 제삼자를 끌어들인다. 자신들의 문제를 해결하지 않은 채 두 사람 간의 갈등과 긴장을 완화시키고자 한다. 미분화된 한쪽 부모와 특정 자녀가 강한 애착관계를 형성하고 삼각관계를 초래한다. 문제를 해결하기보다 우회적 방법을 통해 불안을 다루므로 역기능적으로 긴장은 감소시키지만 갈등을 해결하지 못한다. 문제가 있는 부부가 자신들의 문제를 스스로 해결하지 않고 자녀를 그들 관계에 개입시킴으로 불안을 낮추려고 한다.
가족 투사과정	가족들이 자신들의 불안을 다른 가족구성원에게 투사하여 불안을 해소 또는 회피한다. 미분화된 한쪽 부모가 정서 문제, 갈등, 불안을 특정 자녀에게 투사하여 전달하는 과정이다. 부부의 문제해결보다 자녀의 요구에 초점을 두고 자녀 문제에 집중적으로 개입하게 된다. 투사의 표적이 된 자녀는 희생양이 된다. 자아분화가 덜 진행되고 문제의 영향을 많이 받는다. 정서적 안정과 가족 밖 기능에 유해한 결과를 초래한다.
핵가족 정서형성 과정	미분화된 가족자아집합체라는 가족 내의 정서적 융합(융해)으로 핵가족 내에서 만들어지는 다양한 정서 과정이다. 핵가족 내에서 결혼 전에 원가족으로부터 자아분화가 되지 못한 사람일수록 불안이 높고 부부간 융합이 심해진다. 부모는 해소되지 못한 불안이 가족에게로 투사된다. 자녀와의 관계에서 또 다른 융합(융해)을 형성하여 안정을 찾고자 한다. 이러한 정서적 융합(융해)은 불안정하기 때문에 부적응 양상의 원인이 된다.
정서적 단절	세대 간 미분화를 처리해 나가는 방법으로 부모로부터 분화의 수준이 낮고 정서적 융합이 심할 때 불안에 대처하기 위해 정서적 접촉의 단절이다. 원가족으로부터 이사를 가거나 최소한으로 제한된 방문을 하여 심리적 거리를 둔다.
다세대 간 전달과정	한 세대에서 다음 세대로 전달되는 상호작용 유형이다. 상호작용 유형, 태도, 가치, 믿음, 행동은 가족이 많이 개입한 미분화된 가족 자아군은 가족투사과정을 통해 부모에서 다음 세대에 걸쳐 전달한다. 자아의 분화 수준, 융합, 삼각관계, 가족투사과정, 정서적 단절 같은 가족정서 과정이 대를 이어 전개된다. 아동은 원가족과 분화가 잘 진행되지 않으며 이로 인한 갈등은 한 세대에서 다음 세대로 이어진다.

◆ 김기영 보건교사 ◆

치료목표

자아 분화 증진	자아의 분화를 증진시키고 불안 수준을 낮춘다. 스트레스를 주는 문제가 발생했을 때 불안에 자동적으로 반응하지 않고 감정에서 사고를 분리시키어 사고 후에 행동을 취한다.
탈삼각화	부모와 자녀 사이의 삼각관계를 끊는다. 원가족과 융합으로 부부 문제가 있을 때 배우자들의 부모와 자아 분화 수준을 높여 삼각관계에서 벗어나 부부간의 관계를 증진시킨다.

기법 〈가코과 나치〉

가계도	가계도를 활용하여 3세대의 가족체계와 관계로 가족체계의 스트레스, 갈등관계, 주요 삼각관계, 정서적 단절을 사정하고 평가
치료적 삼각관계	치료자가 제3의 인물이 되어 두 가족구성원과 접촉하여 가족들의 삼각관계와 정서적 반응에 말려들지 않고 객관적 자세의 중립적 입장을 유지한다. 가족의 상호작용과 의사소통 양식에 집중한다. 가족들은 정서적 충동에 의한 반응을 자제하고 자신들의 문제해결에 분명하게 사고하기 시작한다. 불안을 지적인 사고와 행동으로 통제한다. 불안을 감소시켜 분화수준을 높인다.
코치하기	코칭은 몇 가지 기본이 되는 행동 원리를 가르쳐 가족들이 자발적으로 행동하도록 한다. 객관적이고 중립적인 조언을 통해 가족의 정서적 상호작용 과정과 개인의 역할을 이해하도록 돕는다. 삼각관계에 끌려가는 것을 방지하고 스스로 분화를 할 수 있도록 지도한다.
과정질문	가족에게 과정질문으로 가족구성원이 감정을 가라앉히고 인지에 초점을 둔다. 가족 관계 속에서 자신의 역할을 인식하여 변화를 유도한다.
나의 입장	긴장된 상황에 있을 때 가족구성원의 행동을 비난하거나 지적하지 않는다. '나의 입장'을 취하여 자신의 감정, 생각을 표현한다.

구조적 모형
주요개념 국시 02

하위체계	가족구성원의 상호작용 단위인 하위체계는 성별, 세대, 공통 관심사, 다양한 활동에 함께 참여에 따라 하위체계가 형성된다. 부부 하위체계, 부모 하위체계, 부모자녀 하위체계, 자녀 하위체계가 있다. 드러나지 않는 연합이나 동맹에 의해 형성된 하위체계는 분명하게 드러난 하위체계보다 의미가 있다.
가족구조	가족체계의 구조는 가족구성원들이 다른 구성원과의 상호작용 형태이다. 경계선, 제휴, 가족규칙, 권력(가족구성원이 다른 구성원에게 미치는 영향력과 결정), 역할, 행동패턴을 규정한다.
위계구조	가족의 위계구조는 하위체계 기능에 의해 발생되는 가족 내의 권력과 책임과 관련된다. 가족이 적절한 기능이 되기 위해서 효율적인 위계구조가 확립됨으로 구성원이 적합한 위치에 있어야 한다. 위계구조의 문제 발생으로 '제휴'라는 역기능이 나타난다.

제휴

연합	연합은 특정 가족원이 제3자에 대항하기 위하여 제휴를 하는 경우이다. 세대 간 연합은 부모 중의 한 사람이 자녀와 맺는 부적절한 연합으로 제3자에 대항한다.		
	안정된 연합	방법	배우자 중 한 사람은 가족 내의 다른 가족구성원과 정서적으로 연합하여 다른 한 사람을 배타적으로 밀어낸다. 자녀도 아버지를 적대시한다. 세대 간 안정연합 : 세대에 걸쳐서 연합이 일어나며 남편과 부인의 갈등이 심한 경우 남편이나 부인 또는 둘 다 아이와 정서적 연합을 하는 것
		결과	안정된 연합이 세대를 넘어 형성될 경우, 가족의 위계구조는 무너지고 가족은 역기능적이 된다.
	우회 연합	방법	부인이 남편과 갈등을 해결하기 위해 남편과 대화를 통해서 해결하지 않고 자녀 중 한 사람에게 불만을 토로하여 고통을 잊으려고 한다. 자녀에게 숙제를 안했다거나 특정한 이유를 만들어서 자녀를 야단치며 남편에 대한 불만을 우회해서 푼다. 어머니와 자녀는 연합을 하지만 자녀가 어머니와 함께 아버지를 적대시하지 않는다.
		결과	연합에 관련된 아이들은 자신들의 발달과제를 다루기보다 부모의 세계에 깊이 관여하게 된다. 자신의 발달단계에서 경험해야 할 발달과제들을 놓치고 발달단계에 맞게 살지 못한다. 어른들의 과제를 일찍 접하게 됨으로 어른들의 발달과업에 부정적이고 힘든 생각이나 느낌을 갖게 된다.
동맹	동맹은 이해를 같이 하는 두 사람이 제3자와는 다른 공동 목적 때문에 서로 협력하는 제휴를 하는 경우이다. 제3자와 적대관계에 있지는 않다.		

경계 임용 10, 18 〈명확한 엄모〉

명확한 경계	정의		가족이 적절하게 기능하기 위해 명확하면서 유연성 있는 경계
	영향	권력	효과적 가족 권위 구조로 부모가 자녀보다 권위와 권력이 많으며, 부모는 자녀에 책임을 갖는다. 가족구조 내 위계질서를 잡아 주어 자녀 중 나이가 많을수록 책임이 많다.
		자율성	자녀의 성장에 따라 독립심, 자율성을 보장하며 스트레스에 유연하게 대처한다.
엄격한 (경직된) 경계	정의		경계선이 지나치게 엄격하고 경직되어 가족구성원 간의 감정적인 교류가 극단적으로 없는 상태이다. 가족들이 유리된 관계를 초래하여 친밀감, 상호작용, 의사소통, 지지, 보호기능이 감소한다. 거리감, 소외감, 고립과 긍정적 측면에서 자율성을 길러 준다.
모호한 (산만한) 경계	정의		가족구성원 간의 심리적 경계가 모호하여 밀착된 가족으로 서로의 생활에 지나치게 과잉개입하고 관여하여 과잉보호이다. 의존성이 심해지고 지나친 소속감과 하위체계 내의 속박된 하위체계를 형성하고 분화가 부족하다.
	영향	자율성 부족	부모는 자녀에게 지나치게 개입하여, 자녀는 의사결정 시 부모에게 의존해 독립심, 자율성이 부족하다.
		대처 기술 방해	경계에 의해 하위체계가 보호받지 못하면 하위체계 내 개인들은 대처 기술을 발달시키지 못한다.

목표

가족구조의 재구조화로 가족의 문제 해결	명확한 경계	가족의 구조적 변화로 적절한 명확한 경계를 발전시킨다. 밀착된 가족구성원은 개별화하고 하위체계의 경계를 강화하며, 경직된 가족구성원은 상호작용을 증진시킨다.
	위계구조	부모가 협력하여 가족 위계질서를 강화한다. 적절한 위계구조는 부모가 권위와 책임을 맡는다.

방법

합류 〈유추모〉	유지하기	치료자가 기존의 가족구조를 지지해주는 기법이다. 가족교류의 법칙을 존중해준다. 유지는 가족의 전체 구조뿐만 아니라 가족의 하위체계에 대한 승인과 지지를 포함한다.
	추적하기	치료자가 가족의 의사소통과 행동의 내용을 관찰하고 가족들의 상호작용과 구조를 탐색한다. 가족들이 하는 이야기를 명확하게 이해하기 위해 질문을 하고 핵심을 파악한다.
	모방하기	치료자가 가족의 생활방식과 정서 상태에 적응하기 위해 가족이 사용하는 언어, 몸짓, 대화 방식 등을 그대로 따라하는 기법이다. 가족에 합류하여 가족구성원이 사용하는 감정 표현, 언어, 동작을 흉내낸다.
실연		가족의 역기능적 상호작용을 실연하는 기회이다. 가족구성원들의 상호작용방식을 파악하여 가족이 사용한 방법과는 다른 기능적인 상호교류를 해보는 기법이다. 가족구성원들의 상호작용을 관찰하다 보면 문제가 되는 관계 패턴이 드러난다. 문제가 되는 상호작용을 부각시킨 후 치료자가 강력하게 개입하여 조정한다.
재구조화 (경계선 짓기)	명확한 경계	역기능적 가족의 구조적 변화를 위해 가족의 반복되는 병리적 현상을 인식하고 가족구조를 수정한다. 가족의 실상에 맞는 가족 규칙의 변화와 재정립을 한다. 가족 간의 역기능적 상호교류 유형을 가족이 사용한 방법과는 다르게 기능적 상호교류를 해보는 기법이다. 전체 가족구성원이 동참하여 가족들 사이 경계를 명확하게 설정하여 서로 상호작용하여 유연하고 명확한 경계를 돕는다.
	경직된(엄격한) 경계선	가족원 간 상호작용의 빈도를 증가시킴으로 명확한 경계선을 갖는다.
	애매한(모호한) 경계선	밀착된 가족의 경우 치료자가 개입하여 하위체계 간의 경계선을 강화하고 하위체계가 분화되도록 돕는다. 각 개인의 독립성을 고취시킨다.

◆ 김기영 보건교사 ◆

전략적 모형
이중구속 의사소통

모순된 말이 연속될 때 또는 비언어적 표현이 언어적 의사소통과 일치되지 않았을 때 발생한다. 이중적 의사소통은 아이의 발달을 방해하고 혼돈, 당황, 초조, 무능감, 분노를 하게 된다. 아이는 어느 메시지에 반응해야 좋을지 몰라 혼돈 상황에 빠진다. 이러한 메시지를 받는 자녀는 스트레스가 생겨 사고장애, 정서장애를 일으킨다.

의사소통

내용과 관계(지시)		모든 의사소통에는 '내용'과 '관계'의 두 차원이 있으며, 내용 측면은 정보를 전달하고 관계 측면은 의사소통하고 있는 사람들 관계를 전달한다.
관계	목적	둘 중 하나의 유형에 고착되기보다 상황에 따라 대칭적 또는 보완적 관계의 능동적인 의사소통을 한다.
	대칭적 관계	평등하지만 경쟁적 상호작용으로 병리적 관계로 발전할 위험이 있다. 의사교환자 한쪽의 반응이 다른 쪽에 영향을 주고 이것이 다시 한쪽의 반응을 상승시키는 효과를 가져오게 되어 언쟁, 싸움으로 발전한다.
	보완적 관계	평등하지 않으며 의사교환자가 우월-열등의 관계에 놓여 있어 한쪽이 다른 한쪽을 보완하는 관계를 의미한다. 경직되는 경우 병리적인 관계로 발전한다.
구두점(마침표)의 원리		마침표는 의사소통의 중요한 측면이다. 사람들은 의사소통의 시작과 결과, 혹은 원인과 결과를 각자의 인식틀에 의해 각기 다르게 판단한다. 사람들 사이에 대화를 일정하게 점을 찍어서 구분하려는 경향이다. 역기능적인 의사소통은 참여자가 각자 어디에 마침표를 찍었는지 대화하지 못하고 자기중심적인 마침표에 집착하기 때문이다.

◆ 김기영 보건교사 ◆

치료기법 〈고지위 불순〉

지시적 방법 (지시 기법)	방법	가족의 상호작용에 직접적 영향을 미치는 특정 행동을 하도록 지시하거나 하지 않도록 지시한다. 가족들이 상담자의 이러한 지시를 잘 따를 수 있도록 가족의 상황이나 배경을 충분히 고려한다. 특정 행동을 하도록 충고하는 것, 증상과 관련하여 특정 행동을 하지 않도록 충고하는 것이다.
고된 체험 기법	원리	내담자가 증상이 나타날 때마다 내담자가 괴로워하는 일을 하게 됨으로 증상을 유지하는 것이다. 증상을 포기하는 것보다 고통스럽다는 것을 알게 함으로 증상을 포기하게 한다.
	방법	증상이 나타날 때마다 내담자가 괴로워하는 일을 하도록 지시하는 직접적이고 처방적인 개입을 한다.
위장 기법	원리	위장 기법을 이용해 가족이 통제할 수 없다고 믿는 증상에 자발적으로 통제하는 상황을 연출한다. 치료에 대한 내담자의 저항을 극복하는 데 도움이 된다.
	방법	내담자가 증상을 가진 '척하고' 부모는 도와주는 '척하고' 연극적인 기법
순환질문	원리	가족은 가족구성원의 대답을 경청하면서 가족 체계를 새롭게 인식하는 경험을 한다.
	방법	각 가족원에게 돌아가면서 가족 상호작용이나 가족관계에 이야기하게 하는 대화기법이다. 가족들 간의 문제에 대한 상황이나 관계성에 대한 지각의 차이를 나타나게 질문, 문제나 사건에 전후 차이를 인식하도록 돕는 질문이다.
불변의 처방	방법	역기능 가족에서 유사한 가족게임이 있다는 전제를 갖고 가족게임을 중단하기 위해 고안된 처방을 모든 가족에게 한다. 부모의 동맹을 강화하고 다른 가족의 연합을 해체한다. 나머지 가족에서 부모를 분리시켜 가족의 상호작용을 바꾼다.
	원리	역기능적 가족의 '게임'에 유사성이 있음을 발견하고 역기능적인 게임을 중단한다.

◆ 김기영 보건교사 ◆

이야기 치료
방법 〈전문 독회〉

문제 외재화하기	자기 문제를 "외재화"하여 자신을 문제에서 분리된 건강한 한 개체로 인식한다. 문제에 통제력을 갖게 함으로 문제 해결에 의지를 갖게 한다.
독특한 결과 찾아내기	환자가 문제의 영향을 피할 수 있었던, 문제를 처리할 수 있었던 때, 문제를 통제할 수 있었던 때를 기억하게 한다. 문제를 처리할 수 있는 독특한 결과의 영향력을 평가한다. 문제 대신 긍정적 결과에 초점을 갖는다.
전체 이야기 다시 쓰기 (이야기 재구성 단계)	전체적인 정체성을 수정한다. 독특한 결과와 관련하여 과거 행동영역 질문으로 과거에 질문으로 언제, 어디서, 누가, 무엇을 어떻게 했는가를 구체적으로 질문을 한다. 정체성 영역의 질문으로 삶의 목적, 의도, 가치관, 신념, 희망에 질문한다. 문제를 다른 시각으로 본다면 어떻게 달라질 것인지를 함께 새로운 이야기를 만들어 낸다. 자신의 장점과 자원을 중심으로 과거, 현재, 미래를 갖게 되며 완전한 이야기가 새롭게 구성된다. 새로운 이야기를 만들어가 문제가 되는 생각, 감정, 행동에 새로운 시각과 의미 개발과 자신에 긍정적 이야기가 자신의 경험과 행동을 결정한다.
회원재구성	독특한 결과를 통해 새로운 이야기(대안적 이야기)를 제작하고 난 후 중요한 사람들과의 관계 속에서 자신의 과거, 현재 모습과 미래 모습에 의도적으로 다시 생각하는 과정을 통해 새로운(대안적) 정체성을 구축한다. 특정 회원을 우대하거나 자격을 해지하는 일, 등급을 올리거나 내리는 일, 특정 의견을 존중하거나 무시하는 일 등 인생 클럽의 회원을 정비할 수 있는 기회를 제공한다.

해결중심 단기가족치료
간호사-대상자 관계유형

방문형	고민과 갈등을 갖지만 치료를 받아야 하는 필요성이나 문제해결의 동기가 약하다. 타인에 의해 상담실에 보내진 비자발적 내담자일 가능성이 높다. 간호사 역할: 방문자 가족에 겸손하고 성실한 태도를 취하고, 타의지만 상담소에 온 것 자체를 칭찬하고 따뜻하게 받아 준다.
불평형	치료자와의 대화 속에서 불평이나 문제를 '함께 확인'하지만 그 문제를 해결하기 위해 자신이 무엇인가를 해야 한다고 생각하지 않는다. 가족이 해결해야 할 문제의 내용은 잘 알지만 책임을 전가하고 문제해결을 위한 구체적 행동의 변화를 찾지 못한다. 부모의 경우 증상을 보이는 자녀 때문에 자신이 희생되었다고 생각한다. 간호사 역할: 가족을 치료받아야 할 대상으로 생각하기보다 상담에 활용할 수 있는 자원으로 생각하고, 대상자가 해결의 주인임을 자각하는 신호가 보이기 전 간호사가 해결책을 제시하는 것을 삼간다.
고객형	문제를 분명히 인식하고 변화를 위해 자발적 동기를 가지고 구체적 상담목표와 해결책을 찾기 위해 자기 자신이 문제해결의 주인임을 잘 알고 있다. 이 유형은 치료자와 협력적인 치료관계로 쉽게 발전할 수 있고 치료자가 원하는 이상적인 내담자이다.

◆ 김기영 보건교사 ◆

변화를 위한 6가지 질문하기 〈기척 예변관대〉

기적 질문	기전	가족이 바라는 목표가 무엇인지 분명하게 하고 기적을 만드는 사람이 바로 자신임을 알고 해결 중심 영역으로 들어가게 한다.
	질문	무엇을 보면 기적이 일어난 것을 알 수 있는가?
척도 질문	기전	문제에 심각도의 수준을 숫자로 나타내어 스스로 심각도 수준을 인지하고 변화할 수 있는 동기를 부여받는다. 지금 제시한 숫자와 앞으로 변화하고자 하는 숫자와의 차이가 클 때는 변화를 위해 노력할 일이 많다고 가족은 인지한다.
	질문	1점은 문제가 아주 심각한 상황이고 10은 당신의 문제가 모두 해결될 때의 상황이라면 현재의 상황은 몇 점 정도인가요?
예외 질문	기전	예외란 가족이 과거에 성공했던 경험이나 현재 잘 수행하고 있는 것이다. 성공적으로 잘하고 있으면서 의식하지 못하는 것을 발견한다.
	질문	문제가 발생하지 않은 때는 언제인가?
변화에 대한 질문	기전	이 세상 모든 것들은 끊임없이 변하고 있다를 적용한다. 변화는 가족이 가지고 있는 잠재능력이 되는 중요한 단서를 제공한다.
	질문	이곳에 와서 무엇이 변화되기를 바랍니까?
관계성 질문	기전	대상자에게 중요한 다른 사람들의 생각, 지각, 의견, 반응에 대한 질문이다. 자기중심적 생각에서 벗어나 다른 가족의 의견, 생각, 가치관을 생각하고 이해한다.
	질문	네가 그렇게 계속 화를 내지 않는다면 어머니는 어떻게 반응하실까?
대처에 대한 질문	기전	과거에 사용했거나 가지고 있는 대처기술이나 자원을 활용하도록 자신과 가족의 강점과 자원을 발견하여 해결하기 위해 노력한다.
	질문	어려운 상황을 지금까지 어떻게 견디어 올 수 있었는가?

경험적 가족치료
사티어의 의사소통 유형 〈일산초 회비〉

회유형	자기의 내적 감정이나 생각을 무시한다. 타인의 비위와 의견에 맞추려는 성향으로 타인의 의견에 지나치게 동조하고 비굴한 자세를 취하며, 사죄와 변명을 한다. 타인과 상호작용하는 상황을 존중한다.
비난형	회유형과 정반대로 타인 무시. 자기를 강하게 보이게 하려고 타인의 가치를 격하시켜 타인의 말이나 행동을 비난한다. 통제하며 명령하는데 자신과 상황에만 가치를 둔다.
초이성형	자신과 타인을 모두 무시하고 상황만을 중시한다. 규칙과 원리 원칙을 찾고, 극단적인 객관성을 보인다.
산만형	자신, 타인, 상황을 모두 무시한다. 위협에 직면하면 위협이 존재하지 않는 것처럼 행동한다.
일치형	의사소통 내용과 내면의 감정이 일치한다. 알아차린 감정이 언어로 정확하고 적절하게 표현된다. 자신과 타인, 상황을 파악하고 심리적으로도 안정된 상태이다.

	회유형	비난형	초이성형	산만형
내적 경험	"나는 아무 가치가 없다.", "나는 힘이 없다." 슬픔 억눌린 분노	"나는 외로운 실패자다." 소외감 실패감과 분노	"어떤 감정도 표현할 수 없다." 자기통제의 상실에 두려움 쉽게 상처받음 소외감	"아무도 나에게 관심을 갖지 않는다.", "내가 설 곳은 없다." 무가치함과 고독의 경험 소외감
내적 자원	돌보는 것, 양육, 예민성	강한 주장, 지도력, 에너지	지식, 세부사항에 주의 집중 문제해결 능력	유머, 즐거움, 자발적, 창의력

◆ 김기영 보건교사 ◆

방법 〈규빙에 있는 조재역〉

가족 규칙		가족 규칙은 가족 구조 내에서 영향력이 강한 행동 규범으로 개인의 행동을 규제하며 가족성원들의 행동에 영향을 주는 보이지 않는 힘이다. 고통의 원인을 나쁜 규칙, 융통성 없는 경직된 비합리적 가족 규칙에 둔다. 건강하지 못한 가족 규칙은 자아존중감에 부정적 영향을 미친다. 건강하지 못한 가족 규칙을 변화시켜 가족의 자아존중감을 향상시킨다. 가족 규칙을 융통성, 인간적, 현실적, 합리성 있게 만든다.
가족조각기법	방법	가족구성원 한 명을 조각가로 정하여 가족 개개인에 대한 이미지에 따라 다른 가족을 공간에 배열한 후 가족의 얼굴이나 몸을 마음대로 움직여 무언의 동작의 신체적 표현을 한다. 가족관계를 표현하여 가족관계를 파악한다. 가족 전원의 배치가 끝나면 조각을 만든 사람은 어딘가에 들어가 자신의 모습을 만든다.
	효과	자신의 느낌, 생각, 내면적 경험에 강한 정서적 체험을 경험한다. 문제원인은 환경에 의해서 개인의 감정을 억압하는 것으로 과거의 경험을 통해 내면의 잠재되어 있는 충족되지 못한 욕구와 기대를 드러 내놓는 것 가족조각을 사용하여 자신의 느낌, 생각, 내면적 경험에 표현을 강화하여 강한 정서적 체험을 경험한다. 조각과정을 통해 가족의 역동성, 의사소통 유형, 권력구조, 가족 규칙을 알 수 있다.
빙산 탐색		인간의 심리 내적 경험을 빙산에 비유하여 개입하는 것이다. 가족 규칙과 의사소통 유형 뒤에 내재되어 있는 감정, 느낌, 기대, 열망을 질문한다. 개인의 심리 내적 경험을 이해하도록 지도한다. 일치형의 의사소통을 가지도록 한다.
역할극		가족구성원들에게 다른 사람의 역할을 수행한다. 새로운 시각으로 자신을 바라보며 가족의 입장을 이해하게 한다.
재정의 (reframing)		문제에 대한 정상적인 것, 긍정적인 것으로 재규정함으로 의미를 변화시킨다. 긍정적인 측면을 강조한다. 부정적인 의미를 긍정적으로 변화시키기 위해 사용한다.

◆ 김기영 보건교사 ◆

⑤ 스트레스(Stress)

스트레스의 생리적 반응 〔임용 99〕

교감신경계 반응			스트레스를 받으면 시상하부가 교감신경계를 자극하여 부신수질은 에피네프린, 노르에피네프린의 카테콜라민의 신경전달물질을 분비한다.
cortisol (Glucocorticoids)	순환기	콜레스테롤치	지방 조직에서 지방 분해가 증가하여 몸에서 지방을 혈액 내 유리시켜 콜레스테롤치가 증가한다.
	혈당	당생성	간내 포도당 형성을 증가시킨다.
		당신생	간에서 포도당 신생을 자극한다. 근육의 조직에서 단백질을 분해하여 아미노산을 만들어 아미노산이 간에서 포도당이 된다.
	면역 억제		B, T림프구 기능을 억압하여 면역이 저하된다. * 면역계는 종양관련항원에 면역학적 감시 림프구는 계속적으로 세포 표면항원을 점검하고 악성 세포를 발견하여 파괴
mineralocorticoid (Aldosterone)	혈량		신장의 세뇨관, 집합관에서 염분, 수분 정체로 세포외액량 증가로 혈량 증가와 핍뇨가 있다.

◆ 김기영 보건교사 ◆

스트레스와 신체질환 임용 99 〈순혈 소면〉

분류				내용
소화기계 질환	스트레스성 궤양	교감신경계		교감신경계 흥분으로 위조직의 혈관수축으로 국소적 빈혈로 위벽이 창백해져 위 점막이 손상된다.
		부교감신경		스트레스가 장기간 지속되면 부교감신경 흥분으로 위산분비 증가로 소화성 궤양이 생긴다.
		글루코코르티코이드		스트레스로 부신피질 호르몬이 자극을 받으면 글루코코르티코이드 증가로 위의 단백질을 소모시켜 위 점막 세포의 재생률이 감소한다. 점막손상에 반응하여 마개를 형성하지 못하고 점막에서 점액 분비 감소와 중탄산 분비 감소로 방어력이 감소한다. glucocorticoid 증가는 염산과 pepsin 분비를 증가시킨다.
	과민성 장증후군			스트레스로 인한 자율신경계 부전으로 변비, 설사가 교대로 나타나는 불안정성 대장이 된다.
순환기계 질환	고혈압			코티졸, 교감신경계 작용으로 혈압이 상승한다. 교감신경계 작용으로 심박동수, 심박출량 증가, 말초 혈관을 수축시킴으로 혈관 저항 증가로 혈압이 상승한다. mineralocorticoid(Aldosterone)은 신장의 세뇨관, 집합관에서 염분, 수분 정체로 세포외액량 증가로 혈량이 증가한다.
	고지혈증			코티졸과 에피네피린은 지방 조직에서 지방 분해를 증가시키어 혈중 지방산, 콜레스테롤을 올린다.
	허혈성 심장 질환			BP 증가로 혈관벽에 높은 압력으로 혈관벽이 약화되고 약해진 혈관벽을 따라 상승된 콜레스테롤이 침전되어 죽상경화증이 발생된다. 관상동맥에 죽상경화증으로 허혈성 심장 질환인 협심증이나 심근경색이 생긴다.
혈관운동 불안정성				자율신경 기능부전에 의한 혈관운동 불안정성으로 편두통(뇌동맥 경련)이 생긴다.
면역기능	감염과 암	기전	T림프구	스트레스는 당류코르티코이드 증가로 T림프구 억제로 T림프구에 의해 매개되는 세포성 면역반응이 감소한다.
			B림프구	B림프구 억제로 B림프구에 의해 매개되는 체액성 면역능력이 감소한다.
			자연살해세포 (NK세포)	자연살해세포 감소로 감염된 세포와 종양 세포에 면역 감시기능과 비특이적 파괴가 감소한다.

면역기능	감염과 암	결과	감염	면역계는 이물질의 침입 감시와 이물질을 사멸시키며 면역계의 억제로 감염 위험이 있다.
			암	면역계는 종양관련항원에 대한 면역학적 감시로 세포 표면항원을 점검하고 악성 세포를 발견하여 파괴시킨다. 면역계의 억제로 암발생이 증가한다.
	자가면역질환	기전 임용 20		스트레스로 면역계를 자극하여 과다면역 반응을 일으킨다. 인체가 자기 관용을 못한다. 자기항원을 이물질로 오인하여 자기를 비자기세포로 인식하여 림프구가 건강한 자기세포를 공격한다.
		결과		류머티스 관절염, 루푸스, 다발성 경화증의 자가면역질환을 초래한다.
	알레르기	기전		스트레스가 있으면 면역 밸런스가 총체적으로 깨어져 알레르기를 유발한다.
		결과		천식, 아토피성 피부염의 알레르기를 유발한다.
당뇨병	아드레날린, 부신피질 호르몬은 혈당을 올리는 작용으로 당뇨병을 유발한다.			

셀리(Selye)의 적응이론

단계 임용 10 〈경저에 소진했다〉

경고기	기전	'투쟁 또는 도피 증후군(대항·도피 반응)'으로 생리적 반응 시작이 짧다. 교감 신경계가 활성화되어 부신수질에서 에피네피린, 노르에피네프린이 분비된다. 뇌하수체에서 부신피질자극호르몬이 자극되어 부신피질호르몬이 분비된다.
저항기	적응	체내에서 호르몬의 분비가 왕성해진다. 스트레스원에 저항하거나 적응하는 단계이다. 신체가 스트레스원에 특별한 반응을 보이지 않고 잘 적응하는 것처럼 보인다.
	부신피질호르몬	부신피질호르몬은 계속 분비하며 신체의 저항을 돕는다.
소진기(탈진기)	적응 에너지 고갈	스트레스 요인에 장기간 노출로 적응 에너지인 부신피질호르몬 고갈로 적절한 방어기전이 소진한다. 적응에너지가 소진된다.
	질병	
	사망	적절한 수행이 제공되지 않으면 질병 발생과 함께 사망

라자루스(Lazarus) 이론 임용 09

인지적 평가	일차 평가	'무관한' 것	〈무궁 도해〉 하나의 사건이 '무관한' 것으로 평가하여 개인에게 반응을 일으키지 않는다.	
		'긍정적인' 것	'긍정적인' 것으로 평가하여 개인에게 즐거움, 행복감을 주는 것으로 지각	
		'스트레스'로 평가	해, 위협	스트레스를 해로운 것이나 위협적인 것으로 지각하면 손상, 상실을 경험한다.
			도전	스트레스를 도전적인 것으로 평가하면 사건과 관련된 이득, 성장 가능성에 초점이다. 스트레스의 부정적 결과를 완충시킨다.
	이차 평가		스트레스가 해, 위협, 도전 반응을 일으키면 이차 평가로 대처 자원에 대한 평가를 한다. 상황을 다룰 수 있는 개인의 지식, 기술, 물질(재정)자원에 대한 이차 평가를 한다. 어떤 대처전략을 이용할 수 있는지, 대처전략이 효과적인지 평가한다. 대처전략을 적용할 수 있는지 평가한다.	
대처	문제 중심적 대처	정의	의식적, 지적 행동을 취하여 스트레스원을 제거하거나 스트레스를 야기시키는 환경을 변화시켜 문제해결 대처를 한다.	
		방법 국시 16	문제를 재정의한다. 대안적 방안 모색하기를 한다. 문제해결, 의사결정기술, 상황을 다룰 수 있는 대안을 조사하기 위해 조언 찾기, 다른 사람에게 도움을 구한다. 각각의 대안에 손익 결정 후 하나의 대안을 선택한다. 대안을 실행한다.	
	정서적 대처	상황의 의미 변화 (인지 중심 대처)	상황의 의미 변화로 상황의 의미를 감소시킴으로 상황의 심각성을 최소화로 위협을 감소한다. 대상자가 발생된 문제의 의미를 스스로 조절함으로 문제를 가볍게 본다. 긍정적 비교, 원하는 대상의 가치를 떨어뜨리기, 선택적 무시	
		감정 발산	울고 소리 지르고 원망하는 감정을 발산한다.	
		감정 객관화	감정을 객관화시켜 가라앉히고 바꾼다.	
		방어기제	억제(의식적 방어기전), 부정, 투사 같은 방어기제를 사용하여 불안을 감소한다.	
		상황회피	상황회피로 문제를 잊어버리기 위해 신체적 운동, 음악 감상을 한다.	

6 불안장애

불안의 정의 국시 99, 00, 01, 02, 07, 17		불안은 원인에 대한 명확한 대상이 없이 두려움을 느끼는 것이다. 외적인 위험에 의한 것이기 보다 내적 갈등에 대한 조절 능력의 상실, 약화로 초래되는 주관적으로 경험되는 불확실, 무력한 느낌과 관련, 속성이 모호한 막연한 염려의 정서 상태이다.
불안의 종류 〈현 신도가 불안하다〉	현실 불안	현실 불안은 자아가 경험하는 불안이다. 현실원리를 따르는 자아는 현실적으로 갈등할 수 있는 세상의 위험에 불안을 경험한다.
	신경성 불안	현실을 고려하여 작동하는 자아와 본능에 의해 작동되는 원초아가 갈등하는 불안이다. 원초아의 쾌락원리에 따라 본능이나 욕구 등을 통제하지 못하면 어떡하지 하는 두려움이다.
	도덕 불안	자아와 초자아가 경험하는 비롯된 불안이다. 초자아가 가지고 있는 도덕원리를 위배할 때 드는 양심으로부터 오는 불안이다.
정신분석이론적 견해: Freud	자아의 반응 국시 16	불안을 본능과 초자아 간 감정적 충돌로 자아가 위험에 처해있음을 알리는 신호이다. 자아는 두 가지 충돌하는 요소의 욕구를 중재한다. 불안은 자아가 위험수준에 있음을 경고하는 것이다. 의식으로 나오려는 수용할 수 없는 본능적인 욕구, 무의식적 사고, 감정, 충동과 사회적으로 얻어진 통제, 양심의 초자아에 대한 자아의 반응이다.
	억압 국시 14	억압은 불안을 다루는 가장 기본적인 방어기제
대인관계이론적 견해: Sullivan		생의 초기 경험이 정신 건강에 영향을 준다. 인생 초기에 양육자와의 관계에서 형성된 불안은 부정적 자기 개념, 낮은 자존감을 만든다.
생물학적		노르에피네프린 : 증가, GABA(억제성 신경전달 물질) : 감소, 세로토닌(5-HT) 불균형(관련, 감소)

불안 단계 임용 11

경증	지각 증가, 학습 동기화
중등도 국시 16	교감신경 반응, 선택적 부주의 국시 21, 완화행동, 신체적 호소
중증 국시 04	급격한 신체적 증상, 불안, 방어기전, 지각 감소
공황 국시 08	극심한 불안, 산만, 지각 왜곡, 자동행동, 신체적 해, 해리 국시 14, 정신증

❼ 공황장애

인지행동 이론	내수 용기 조건화	차사고 동안 빠른 맥박, 현기증, 호흡곤란, 공황을 경험한다. 불안 유발 상황에 관련 없이 현기증, 심계항진 같은 신체적 불편감을 임박한 공황발작과 짝을 짓는다. 공황발작 때 빈맥을 경험할 경우 운동을 통해 빈맥이 생기면 불안이나 공황발작을 경험한다.
	파국적 해석 공무원 22	파국적 해석에 의한 학습된 공포 결과로 공황을 일으킨다. 신체적 감각을 잘못 해석하여 불안유발 상황과 관련 없는 현기증, 발한, 심계항진은 불안과 공황을 자극한다. 모호한 신체감각을 파국적으로 해석함으로 불안이 유발되고 이 불안은 자율신경계 각성을 유발하여 증상이 악화된다.

❽ 강박 및 관련 장애

정신분석 이론

항문기 퇴행 국시 12, 15	오이디푸스 전단계인 항문기로 퇴행으로 항문기적 성격 항문기는 양가감정이 있으며 가학적(남을 학대), 분노에 사로잡혀 있어 공격충동, 청결에 강박사고가 자주 일어난다.
유아기 초자아 국시 04	항문기 발달단계의 공격충동과 관련된 과도한 죄의식이다. 거칠고, 강요적, 징벌적인 유아기 초자아가 현재 정신 병리적 부분으로 다시 나타난다. 초자아가 지나치게 강력한 경우 자아는 위축되고 죄책감에 시달린다.

자아 방어기전 국시 05, 20 〈취 반격〉

취소 국시 08	사고, 충동의 결과를 없었던 것으로 하기 위해 행해지는 행동이다. 정신에너지를 신체활동으로 돌리는 의식 행동을 반복적으로 행하는 취소 기제를 사용함으로 자신을 보호한다. 의식 행동으로 이미 일어난 행동, 경험, 어떤 대상을 향해 품고 있는 욕구로 상대가 입었다고 상상하는 피해를 상징적으로 무효, 취소하여 수치심, 죄책감을 없앤다.
격리(고립)	사고, 기억과 관련된 느낌, 감정으로부터 사고와 감정을 분리시킴으로 고통스러웠던 사실은 기억하지만 감정은 억압한다. 감정과 사고의 분리로 대상에게 허용할 수 없는 적대감을 느낄 경우 무의식적으로 그 대상을 적대감으로부터 고립시킨다.
반동형성	근본적 충동과 반대되는 행동과 의식적 태도로 겉으로 나타나는 태도, 언행이 그 사람의 억압된 충동과 반대로 나타나는 것

강박사고와 강박행동 간의 심리적 기전 임용 15

강박사고와 강박행동 간의 심리적 기전은 강박사고로 불안을 경험한다. 불안을 일으키는 강박사고에 대한 반응으로 강박행동이 생기며 강박행동이 불안을 감소시킨다.

노출 및 반응 방지법 [반응차단(예방), ERP]	방법		환자가 특정 공포, 불안을 일으키는 상황에 노출하고 불안, 충동을 줄이기 위해 하는 강박행동을 수행하지 못한다. 강박행동을 참아도 불안반응이 없다.
	효과	인식	불안 대상에 노출되는 동안 의식행동을 하는 것보다 안하는 것이 긴장과 시간 소비가 적다는 것을 이해한다.
		강박행동 감소	강박사고와 불안이 나타났음을 인식되면 강박행동을 하지 않는다. 고통을 주는 결과에 대한 예측을 뒤엎고 강박행동을 그만둔다.
		불안 감소	지금 해야 할 것, 하고 있는 것에 집중하면 강박사고로 인한 불안을 점차 감소한다.

❾ 위기

위기발달 단계(Caplan)

1단계	평소 문제해결 기술 사용	스트레스 촉진사건 발생으로 불안, 당황하여 평소의 문제해결 기술을 사용한다.
2단계	평소 문제해결 기술 실패	과거와 평소에 사용해 왔던 대처기전, 문제해결 기술로 스트레스원을 해결하지 못한다. 불안 고조, 무력감, 혼돈, 무질서한 느낌이 증가한다.
3단계	새로운 문제해결 기술 사용	내외적 가능한 자원을 동원하여 새로운 문제해결 기술을 사용하여 문제를 다른 관점으로 보아 문제 해결, 불편감을 해소한다.
		해결되면 예전 기능 상태로 돌아가거나 더 나아진다.
4단계	새로운 문제해결 기술 실패	문제 해결이 되지 않을 때 긴장이 견딜 수 있는 수준을 넘어 불안이 극심해져 공황상태, 인지기능 왜곡, 정신증적 사고와 행동이다.

위기의 단계 : Fink 임용 94 〈충현 방승적〉

충격단계	최고의 스트레스를 느끼고 불안, 무력감, 혼동, 공황, 이인증을 느낀다.
현실화 단계	충격에서 벗어나 현실감을 느낀다.
방어적 후퇴단계	현실을 도피하고 부정한다.
승인단계	객관적으로 현실을 인식하고 문제해결을 위한 계획을 수립하여 문제해결을 시도한다.
적응과 변화의 단계	성공적 문제해결로 재조정과 안정을 가진다.

위기의 종류 임용 12 / 국시 98 〈성상재〉

성숙(발달)위기 국시 16, 20	정의	발달과정에서 일어나는 예상 가능한 생활사건
	인격발달 단계	
상황위기 국시 17	정의	예상치 못한 스트레스 사건이 생물, 심리, 사회적인 본래 상태의 통합을 위협할 때 나타나는 반응이다. 일상적 생활 사건이 개인의 평형 상태를 깨뜨린다. 불균형을 야기하며 역할을 상실하거나 위협을 받는다.
	예상 못함	
재난 (돌발, 우발적) 위기	정의	자연적 또는 인위적인 원인으로 인명 손실과 대량 파괴가 나타난 위기 개인 또는 다수의 사람들에게 영향을 주는 갑작스럽고 예상하지 못한 우발적, 비일상적인 사건
		범죄, 위험한 사고, 국가적 재난, 자연 재난

◆ 김기영 보건교사 ◆

⑩ 신체증상 관련 장애

이득 〔임용 11〕

일차적 이득	통증이나 팔과 손의 마비로 고통스러운 사건과 내적 갈등을 인식하지 않도록 하여 불안을 해소한다.
이차적 이득	이차적 이득이란 질병을 통해 얻은 간접적 이득이다. 자기애적 경향으로 통증, 질병, 신체장애를 통하여 정서적으로 배려받고, 정서적 지지, 타인의 관심 받기, 장애자 이득, 환자 역할, 다른 사람들을 조종, 불쾌한 상황과 불쾌한 활동을 피함, 곤란한 상황으로부터 면제, 사회적 책임과 의무로부터 해방, 금전적 보상을 경험한다. 증상을 호소하며 책임을 회피한다. 의존적 욕구 만족과 관련된 이차적 이득은 스트레스, 갈등 시기 동안 환자의 변화에 방어 요인으로 증상을 강화시키고 영구화한다.

전환장애

심해짐	주위 사람이 있으면 심해진다.
만족스러운 무관심 〔임용 11, 17〕 〔국시 13, 22〕	실제 고통스러운 증상이 있는데도 손상의 심각성에 비해 환자는 걱정을 하지 않고 관심의 결여로 심리적 문제라는 단서

◆ 김기영 보건교사 ◆

⑪ 조현병 스펙트럼 장애

사고과정 장애 국시 06 〈우연히 사고난 부비 이지단 음음〉

사고과정	사정	환자의 말을 통해 드러나는 사고과정에 말이 목적에 합당하게 논리적으로 전개된다. 논리, 타당성, 구성, 일치성을 사정한다.
우회증(우원증) 국시 15	기전	연상되는 사고는 너무 많고 선택적 억제기능은 너무 적어 많은 사고가 의식계로 나오는 연상의 장애로 결과적으로 처음 의도한 목표에 도달한다. 말하고자 하는 바를 직접적으로 말하지 않고 불필요하게 상세한 설명이나 언급을 지나치게 섞어서 말한다.
연상(사고)의 이완 (연상의 해리) 국시 08, 20	정의	생각과 생각 사이에 논리적 관계의 결핍으로 생각이 한 주제에서 전혀 관련되지 않은 다른 것으로 이동하여 모호, 분산, 초점 없는 사고이다. 연상 이완은 생각이 한 주제에서 연관성이 없는 다른 주제로 진행된다.
사고의 지리멸렬	정의	연상 이완이 아주 심하면 전혀 이해되지 않은 생각이나 말을 하는 지리멸렬이 나타난다. 문장 구성이 엉망이고 문장이 단편적이며 연결되지 않는다. 연상 이완이 극단적으로 심하여 사고나 말에 적절한 문장 법칙과 논리적 연결성이 없어 논리, 문법적으로 앞뒤가 서로 연결되지 않아 줄거리가 없고 이해할 수 없는 상태이다.
	말비빔	사고의 지리멸렬의 극심한 형태로 명사만 계속 열거한다. 완전한 연결이 없이 한 내용에서 다른 내용으로 이동되어 언어가 지리멸렬하다. 전혀 무관한 것으로 보이는 논리적으로 연결되지 않는 일련의 단어, 구, 말을 나열한다.
사고의 단절 (사고의 두절)	증상	말하는 도중에 생각이 떠오르지 않은 것처럼 갑자기 중간에 말을 중단하는 현상이다. 사고의 흐름이 정지되었다가 얼마 후 다시 진행한다. 환자는 중단되는 이유를 설명하지 못한다.
사고의 지연	증상	연상 속도가 매우 느려져 생각의 속도, 사고, 말의 진행이 매우 느리고 원활하지 못한 현상이다.
사고의 부적절성	정의	어떤 질문을 했을 때 질문 내용과 전혀 상관없는 엉뚱한 답변으로 질문을 무시하고 관심을 기울이지 않는 것처럼 보인다.
사고의 비약 임용 19 / 국시 13	정의	한 주제에서 다른 주제로 재빠르게 전환하며 한 생각에서 다른 생각으로 연상활동이 지나치게 빠르게 진행되며 목적에 도달하지 못한다. 생각들이 전체적 논리성은 떨어지지만 단편적으로 서로 연결된다. 심각하지 않은 경우 듣는 사람이 이해한다.

사고의 이탈	정의	화제가 원래의 주제와는 전혀 다른 방향으로 우회하여 원래 의도된 주제에서 벗어나는 것이다.
음연상(음향연상) 국시 10	정의	새로운 관념이 말의 의미보다 소리의 음향, 음에 따라 새로운 사고가 연상
	사례	영자, 정자, 명자
음송증 국시 07	정의	언어의 상동증으로 말이나 문장을 이유 없이 반복하는 것이다. 의미 없는 말이 토막토막 끊어져 완전히 단절된 낱말들만 반복해서 되풀이한다.
	사례	숭늉, 숭늉, 숭늉
보속증 국시 24	정의	새로운 자극에 사고가 진행되지 못하고 이전 자극에 머물러 한 가지 반응, 생각, 활동을 과도하게 지속, 반복 반응이다. 한 단어 또는 몇 개의 단어만을 반복해서 되풀이한다. 다른 질문에도 같은 대답을 한다.
	증상	내가 학교에 가다가, 가다가, 가다가… 새로운 동작을 하려고 노력해도 반복적으로 같은 동작
신어조작증 (언어압축)	정의	과장되고 부적절하게 말을 만드는 조어증으로 대상자에게 의미를 아는 새로운 단어나 표현을 만들어 낸다. 다른 사람에게 단어나 표현의 의미가 이해되지 않는다.
	사례	두 부부를 압축하여 '두부'라는 새로운 단어

사고내용 장애 중 망상

다른 사람	편집망상, 피해망상, 관계망상		과대	과대망상
생각	사고의 전파, 조종망상, 사고주입		신체	질병망상, 신체망상
초자아	자책망상, 죄책망상		재산	빈곤망상
인생	허무망상		종교	종교망상

사고내용 국시 19	사정	사고내용에서 나타난 정보를 평가한다.
망상 국시 16	정의	이성과 논리적 설명으로 바꾸지 못하여 그릇되고 불합리하다는 분명한 증거에도 그 신념을 계속 갖는다.
	방어기제 국시 08	투사 : 수용할 수 없는 감정, 충동을 다른 사람에게 덤터기 씌우기
편집망상(편집증)	정의	비현실적으로 다른 사람과 그들의 행위나 감지된 의도에 지나치게 의심, 경계하여 피해망상에 속한다.
피해망상 임용 15	정의	다른 사람이 자신이나 가족을 해치려고 하거나 감시한다고 생각하는 피해망상적 내용의 믿음이다. 자신의 증오와 공격성이 상대방에게 투사된 결과로 타인이 자신을 해칠 것이라고 믿는 것이다.
관계망상 임용 15 국시 02, 06, 21, 22	정의	실제로 자신과 아무런 관계가 없는 주위에서 일어나는 일상적 모든 일이 자신과 관련이 있다고 잘못 믿는 망상이다.
조종망상 국시 17		자신의 생각, 행동이 타인에 의해, 미지의 존재에 의해 조종된다고 믿는 망상이다.
사고의 전파 (사고방송망상)		자신의 생각이 외부세계인 다른 사람에게로 방송이 되어서 전파로써 알려져버렸다고 생각하는 믿음이다.
신체망상	증상	자신의 장기가 남과 특이하게 다르게 되었다고 믿거나, 장기가 썩어 들어간다고 믿는 망상이다. 얼굴이 비뚤어졌다고 믿어 성형외과를 끝없이 찾아다니는 경우
질병망상	정의	중병에 걸렸다.
자책망상 (delusion of self accusation) 임용 20	정의	초자아가 심하게 자기 비난적일 때 양심의 가책이나 죄책감을 느낀다. 자기징벌과 죄의식을 내용으로 하는 망상이다.
죄책망상 (delusion of guilt)	정의	자신은 헤어날 수 없는 죄를 지었다고 믿으며, 사회적으로 요구할 수도 없고 용납될 수도 없다고 느끼는 어떤 심리적인 요인이 죄책망상을 만든다. 큰 죄를 지었고 살 가치가 없는 사람이라는 망상이다.
빈곤망상	정의	'자신은 가진 것이 없다 또는 망했다.'의 너무 가난하여 굶어 죽게 되었다고 믿는 경우이다.

허무망상	정의 국시 07		자신은 이미 존재하지 않는다든지, 자신은 존재가치가 없다든지 죽었다거나 하는 믿음이다.
종교적 망상			자신이 절대적 존재에게서 사랑받고 있으며, 그러한 존재의 도구라는 믿음
			종교적 사고, 행동에 과도하게 사로잡혀 있다.
과대망상 국시 20			자신이 위대함, 특별한 힘, 특별하고 권력, 능력을 지니고 있다고 생각하는 믿음이다.
			자신의 힘, 능력, 권력, 부, 우월성, 위대성, 중요성에서 현실과 동떨어져 실제보다 과장해서 믿는 망상이다.

지각장애 임용 14 / 국시 08

착각 임용 19 / 국시 20	정의 국시 06		실제적 외부자극을 잘못 인식하는 현상이다.
환각 국시 19	정의 국시 05		외부자극이 실제로 없음에도 마치 외부에서 자극이 있는 것처럼 지각체험을 하는 것이다.
	종류		환청, 환시, 환촉, 환미, 환취

기억장애

기억과다증			과거에 지각된 인상을 사소한 지엽적인 것까지 자세하게 기억해 낸다. 지나치게 기억을 자세히 할 수 있는 부분은 강한 정서와 결부되어 있는 특정 사건, 경험이다.
기억상실증	전향적 기억상실증 (전진성 기억상실증)		사고 이후의 기억 손상
	후향적 기억상실증 (후진성 기억상실증)		사고 이전의 기억 손상
기억착오증	작화증 과거임용		무의식적으로 기억하지 못하는 부분을 조작적으로 메우는 현상이다.
	기시현상		처음 경험하는 상황을 마치 과거나 꿈에 똑같은 경험을 한 것처럼 순간적으로 느끼는 현상
	미시현상		누차 경험했던 상황을 마치 처음 경험하는 것 같이 느끼는 현상

정서장애

불안정한 정동		정서 표현이 갑자기, 극적으로, 예기치 않게 변화하는 상태
부적절한 정동	국시 04	어떤 상황, 사고내용과 상응하지 못하는 감정상태
정동둔마		감정 표현의 감소로 감수성이 무디어져서 정동적 느낌의 표현이 거의 없는 상태
무감동	국시 14	감정을 느끼지 못하는 상태로 감정 표현을 전혀 하지 않고 주변 환경에 무관심한 상태
무쾌감증	국시 02	즐거움을 느끼지 못하고 즐거움과 기쁨의 감정이 전혀 표현되지 않는 상태
양가감정	국시 05	동일한 사물, 사람, 상황에 상반된 감정 공존으로 단순한 결정조차 내릴 수 없게 한다. 양가감정은 친밀감의 욕구와 두려움이 동시 존재로 만족스러운 대인관계를 이루기 어렵다.

조현병

정신분석적	자아의 결여 국시 05		자아의 결여가 있는 연약한 자아가 본능과 초자아와 거래하고 방어기전을 유지하는 데 사용하다. 외부현실을 다룰 수 있는 에너지 고갈로 현실 검증 능력이 부재하다. 연약한 자아 형성에 의한 분열적 사고 과정으로 내·외적 스트레스, 외계의 요구에 대처할 능력이 없다.
신경전달물질	도파민 국시 06	D 감소	조현병의 음성증상은 중뇌피질 경로에서 도파민 감소와 관련된다. 항정신병 약물의 효과가 적다.
		D_2 증가	조현병의 양성증상은 중뇌변연계 경로에서 도파민 D_2 수용체 증가와 관련된다. 항정신병 약물은 D_2 수용체와 결합한다.
	serotonin 증가		조현병의 음성증상은 serotonin 증가와 관련된다. clozapine 같은 비정형적 약물이 5-HT2(serotonin) 수용체에 차단 작용을 하여 항정신병의 음성증상에 효과가 있다. 추체외로계 증상을 덜 야기한다.

	양성증상	음성증상
개념	정상에선 없는 증상이 SPR에 있는 것 정신기능의 왜곡, 과도	정상에서 있어야 할 것이 SPR에서 없는 것 정상적 정신기능 소실, 결핍
생리	중뇌변연계 경로에서 D_2 수용체 증가	중뇌피질 경로에서 D 수용체 감소 세로토닌 증가

긴장형(긴장증 조현병)

긴장성 흥분	
초조 국시 18	극도의 정신 운동 초조가 동반되어 가만히 앉아 있지 못하거나 다른 사람들의 말을 주의 깊게 듣지 못하는 상태
거부증 국시 05	적개심, 증오, 공포의 표현으로 상대방에게 불안을 야기시키려는 목적이다. 타당한 이유도 없이 간단한 요구도 거절한다.
함구증	정신운동지체로 말을 할 수 있는데도 말을 하지 않는 거부증 현상이다.
반향언어 국시 21	주어진 말을 따라 하는 반향언어

망상장애(편집장애)에서의 망상의 특징 국시 16, 18

체계화	well-systemized(체계화가 잘 되어 있다.) 체계화가 잘 되어 망상의 내용이 사리에 맞다.
정상 생활	well-encapsulated(잘 요약되어 있다.) 잘 요약되어 망상과 관련된 부분을 제외한 생활은 정상이다.

⑫ 양극성장애

양극성장애의 소인

유전	부모 중 한 명이 양극성장애일 때 그 아이가 양극성장애 위험 28%
생화학적 요인	도파민, 노르에피네프린, 세로토닌 증가
정신분석학적 국시 04	조증행동은 죄책감, 창피스러움, 무가치감, 절망감, 부족감을 부정 또는 반동형성하려는 우울에 방어적 행동이다.

⑬ 우울장애

우울장애
원인

생물학적 모형 국시 08		도파민 감소, 노르에피네프린(NE) 감소, 세로토닌(5-HT) 감소
행동이론	학습된 무력감 국시 07	무력감을 '아무도 자신을 도와주지 않을 것이라는 믿음'으로, 절망감을 '나뿐 아니라 그 누구도 어쩔 수 없다'는 믿음으로 정의하였다. 자신의 노력이 결과에 아무런 상관이 없다는 것을 학습한다. 우울은 상황 자체가 아니라 상황을 바꿔줄 수 있는 것은 아무것도 없다고 생각하는 개인의 믿음 때문이며 이것이 적응을 방해한다. 우울에 취약한 사람들은 자신의 삶에 대해 지배력을 경험해 본적이 없다. 상황을 바꿔 줄 수 있는 것은 아무것도 없다고 생각하고 상황을 조절하거나 통제할 수 없는 개인의 무능력 때문에 자기효능감이 낮다. 자신이 상황을 조절할 수 있거나 통제할 수 있다는 경험을 통하여 치료 효과를 얻는다.
정신분석이론	함입 국시 02, 06	함입은 남에게 향했던 모든 감정을 자신에게로 향하며 잘못된 것을 모두 자신의 탓으로 돌린다. 생애 첫 1년 동안 구강기에 어머니로부터 분리된 후 우울로 어머니와의 관계에 문제가 있다. 실제 혹은 상징적인 대상의 상실을 경험한 경우 그 고통을 감당하기 위한 방어기전으로 함입을 이용한다. 함입은 상실한 대상에 지녔던 분노나 공격성이 자기 자신에게 향한다.
우울의 대상상실이론		대상상실이란 애착 대상으로부터의 충격적인 분리를 의미한다. 어린 시절의 상실 경험과 성인기에 경험하는 이별이 우울의 소인이 된다. 이 시기에 애도 과정은 아동의 성격발달에 영향을 주어 정신질환의 유발요인이 된다.
		자기 자신 혹은 자신에게 중요하게 여겨지는 대상, 사랑하는 사람, 외모, 명예, 돈, 건강 등을 상실하게 된다. 자신이 그 대상의 기대를 충족시키지 못하거나, 그 대상이 자기 자신을 존중하지 않는다는 것을 느끼게 될 때 우울증이 발생한다. 성인의 경우 우울증은 자존심의 상실에 기인한다.

비애 단계(죽음에 대한 심리적 적응 단계) 국시 98 〈비애는 부분 타 우수〉

1단계	부정	부정은 충격, 불신의 단계로 상실이 현실임을 인식하지 못한다. 효과적 방어 전략을 조직하는 동안 갑작스런 충격에 대처하기 위한 보호기전이다.
2단계	분노 국시 18	분노는 자기 자신에게 직접적으로 향하거나 사랑하는 사람, 돌봄 제공자, 신에게까지 향할 수 있다.
3단계	타협(협상)	타인에 의해 관찰되지 않고 '협상'은 상실을 되돌리거나 연기시키거나 불행을 뒤로 미루어 보고자 타협을 시도한다.
4단계	우울	상실 실체와 관련되어 완전하게 분리, 관계가 끊어지는 시간이다. 상실의 영향을 많이 경험하여 상실감이 강하고, 슬픔, 우울감이 압도한다.
5단계	수용	상실에 현실감, 개인에게 영향을 주는 의미를 수용한다. 자신에게 일어난 상실에 평온함, 평온한 기대, 체념의 시간이다.

⑭ 자살과 자살행동장애

자살
청소년의 자살심리 임용 08 〈회자 충재〉

회피 심리	문제해결에 필요한 자원 부족과 문제해결능력 부족이다. 입시부담, 학내 폭력 등의 어려운 상황을 피하기 위한 회피 심리이다.
자기 처벌 심리	자신을 학대하는 초자아로부터 야기되는 죄책감과 죄의식이다. 자신을 벌하기 위한 못난 자기 징벌성의 자기 처벌 심리이다.
충동적인 자해 심리	욕구좌절 시 성질을 자제하지 못하고 흥분하는 충동적인 자해 심리이다. 청소년의 특징인 충동적 행동은 높은 자살사고로 몰고 간다.
재결합 심리	부모, 형제, 친구의 죽음 같은 사건에 직면하였을 때 죽은 부모, 형제, 친구, 사망한 사랑하는 사람을 저승에서 만나기 위한 재결합 심리

사회적 이론 : 사회학자인 뒤르켐 〈아! 이기타〉

이기적 자살 임용 19	개인주의 경향으로 자신이 속한 사회집단으로부터 분리되어 고립감이나 소외감에 빠지게 되어 일어나는 자살이다. 조현병, 우울증과 관련된 자살, 신체적, 정신적 질병에 의한 자살, 기쁨과 희망을 잃거나 사별 후 자살이 속한다.
이타적 자살	자신이 속한 사회집단 내에 지나치게 융합, 결속되어 그 사회집단을 위해 희생적으로 자살한다. 군주나 종교를 위해 순교하거나 책임을 다하지 못한 데 대한 자살이 있다. 개인이 사회집단에 지나치게 참여하여 의무감으로 자살
아노미적 자살	사회가 병적으로 혼란스럽거나 무질서하여 발생하거나 사회에 대한 적응이 갑자기 차단, 와해되어 자살하는 것이다. 가정파탄, 이혼, 주식시장 붕괴 후의 자살, 경제공황, 직장에서 해고당한 이후의 자살이다.

자살위험정도 평가 임용 11 / 국시 98, 03, 04, 05, 12 〈생계 정지 의도〉

도움 요청 여부	건강관리체계의 도움 요청 여부이다. 도움을 구하는 대상자의 의지가 클수록 초기 중재로 자살로 인한 죽음을 예방할 수 있다.	
대상자의 의도	자해 사고나 행위의 의미를 파악한다. 죽기를 원하는지 견딜 수 없는 스트레스에서 해방되기를 원하는지 평가한다. 대상자의 의도를 검토하므로 대상자가 표현하는 욕구를 충족시키고 안전을 제공하기 위해 사정한다.	
자살 계획	구체적 계획	자살에 구체적 방법의 계획인지이다. 계획한 방법이 치명성인지이다.
	실행가능성	이런 계획을 실행할 수 있는 어떤 방법을 가지고 있는지 직접 물어본다.
정신 상태	불안, 우울, 혼란된 사고, 손상된 판단의 정신 상태를 평가한다.	
지지체계	가족이나 친구의 지지가 자살 위험을 감소시킨다. 중요한 다른 사람들과의 관계의 어려움이나 격리는 자살을 촉진한다.	
생활양식	생활양식이 안정인지 불안정인지 평가한다. 생활양식의 안정이 중요하다. 어떤 형태의 대처기전을 사용하는지 건설적 대처전략인지 파괴적 대처전략인지 사정한다.	

사정 시 주의점

단계적 면담	
직접적 질문 국시 05, 17, 19	자살 사고, 계획에 직접적으로 질문한다. 이러한 느낌들에 질문 받는 것에 안도감 느낌과 고립감 감소와 자살행동을 제지한다. 임용 09

자살행동장애(Suicidal Behavior Disorder)

| 24개월 내 자살시도 | 최근 24개월 내에, 자살시도를 하였다. |

비자살 자해(Nonsuicidal Self-Injury)
원인

학습이론	긍정적(양성) 강화	양성 강화는 자해 시 느끼는 만족스런 상태(기분 좋은 상태를 만들려 한다.), 대인관계의 어려움을 해결하려 함, 다른 사람의 시선이나 주목을 받는 것 등에 의해 자해가 일어난다.
	부정적(음성) 강화	음성 강화는 괴로운 생각이나 불유쾌한 감정을 피하려는 것(부정적인 느낌이나 인지상태를 해소하려 함) 등에 의해 자해가 일어난다.
정신역동적 이론		부정적인 느낌이나 인지상태를 해소하려 함, 대인관계 어려움을 해결하려 함, 기분 좋은 상태를 만들려한다. 자해는 자신 또는 내면화된 대상을 벌하고자 하는 무의식적인 욕구에 의해 생긴 공격적 충동이다. 자신이나 함입된 대상을 처벌하고자 하는 무의식적인 욕구에서 생긴 공격적인 충동으로 나타난 국소화된 자기파괴이다. 자신이나 타인을 향한 분노에 휩싸여 아픔이 끼어들 틈이 없다. 자해는 긴장 완화를 준다.

⑮ 물질 관련 및 중독성 장애

물질 사용
원인 국시 01, 02
정신분석적

구강기 고착 국시 11	초기 모자관계에서 구강적 욕구가 좌절되거나 과잉 충족되어서이다. 구강기 고착과 퇴행으로 과도한 흡연, 폭음 같은 입놀림 증가 행동은 구강기에 충족되지 못한 욕구를 채우고 무의식적 불안과 충동을 감소시킨다. 자아와 초자아 발달 이전에 구강기적 상태에 인격 발달이 고착되어 어머니 젖을 먹으면 즉각 만족되는 것처럼 즉각적 만족을 추구한다.
내적 통제 능력 부족	자아의 내적 통제 능력 부족으로 약물의 효과로 심리적 욕구의 즉각적 만족 추구로 욕구, 고통을 해결하려고 한다.

심리적 요인 국시 05

낮은 자존감 임용 93	낮은 자아존중감을 가지며 자아개념이 낮을수록 물질남용 가능성이 높다. 개인은 낮은 자아존중감을 다룰 때 자가 조절, 자기 위로에 부적당한 능력을 가지고 술, 다른 약물로 다루는 것으로 사회화되었다.
가치관 부재	자아의 가치 판단력 결핍, 도덕적·영적 가치관 부재

용어정의

물질남용 임용 13	주기적, 계속적 약물사용으로 신체, 심리, 사회적, 직업 문제가 있음에도 약물을 중단하지 않는다. 감정, 행동 등에 변화를 일으키고자 약물을 사용하는 것이다.
물질오용 임용 13	의사의 정확한 처방 없이 임의로 약물을 잘못 사용하는 경우이다. 의약품의 용도를 잘못 알고 부적절하게 사용하는 것이다. 자살, 살인 등에 악용되는 경우, 의료인의 지식부족과 실수로 잘못 처방, 조제되는 경우, 사용자의 약에 대한 무지로 잘못 사용하는 경우 등이다.
물질의존 국시 04, 17	물질사용을 계속한 결과 신체적 의존, 심리적 의존, 금단증상, 내성이 나타나고 약물 사용을 중단하거나 조절하는 것을 어렵게 하고 사회적, 직업적 문제가 야기되며 병적으로 심각한 상태이다.
신체적 의존	신경 화학적 변화의 결과로 신체적으로 형성된 금단증상을 피하기 위하여 물질을 계속해서 취하도록 신체가 강박적으로 요구하는 것
심리적 의존	약물을 계속 사용함으로써 자각적 즐거움, 긴장과 감정적 불편을 해소하려는 것으로 사용을 지속하게 하는 정서적 강박적 충동
금단증상	지속적으로 과다하게 물질을 사용해 온 개인에게 약물 사용을 중단, 감량해서 혈액, 조직 내 농도가 저하되었을 때 나타나는 현상이다. 인지적, 생리적 장애를 동반하는 부적응적 행동변화이다.
내성 국시 14	약을 얼마 동안 계속 투여하면 이전과 같은 용량의 약을 투여해도 동일한 효과가 나타나지 않는다. 그 효과가 감소하기 때문에 약의 용량을 증가한다.
교차내성 국시 17	한 약물이 다른 약물과 효과가 같기 때문에 특정 약물에 내성이 생긴 경우 비슷한 종류의 다른 약물에도 내성이 생긴다.
이중 진단	정신 장애와 물질 사용 장애가 결합된 것

공동의존 임용 13

기전	알코올, 물질중독자와 오랜 기간 함께 생활한 가족구성원에게 나타나는 부적응적 대처방법이다. 부정과 공모하는 분위기 속에서 형성된다. 자신을 돌보지 않고 타인에 지나치게 관여함으로 생기는 불건강한 의존 상태가 된다.

1차 예방 임용 98

약물남용 문제가 일어나기 이전에 행하는 활동으로 약물남용 문제 발생을 억제하는 것이다. 약물남용 예방에 대한 보건교육과 약물을 법적으로 규제하는 법적 조치로 인구 집단의 건강보호가 있다.

또래 상담	방법		같은 또래 안의 상담자 교육 실시로 물질(흡입)예방을 위한 또래 상담가를 양성한다. 또래를 통한 상담으로 물질남용 예방에 대해 친구들에게 상담한다.
	효과	또래 영향	자신에게 영향을 주는 사람이 부모에서 동료집단으로 관심이 전환되어 친구들이 중요하다. 또래의 영향은 강력하여 청소년기에 또래집단에 순응하는 힘이 크다.
		쉽게 공감	또래 상담자들은 학생들과 같은 입장에 있으므로 또래끼리 흡연에 대한 고민을 나누고 서로 공감하는 계기를 마련한다.
		쉽게 해결	청소년들이 "고민거리를 누구와 상담합니까?"라는 질문에 대부분이 "친구와 상담한다."라는 비율이 가장 높다. 흡연의 문제를 일상생활에서 또래 상담으로 가깝고 쉽게 해결한다. 청소년 일탈행위 방지에 도움 제공으로 친구의 흡연과 관련된 문제를 도와줄 수 있고, 친구의 고민과 문제해결로 또래 상담자는 갈등 관리, 중재자 역할을 수행한다.
		많은 학생	교사의 개인 상담으로 소수 학생들에게만 제공되는 상담혜택을 또래 상담자를 통해 전체의 학생들에게 제공한다.

cf) 또래 교육

방법		해당 문제에 이미 노출되었다가 치료를 통해 정상으로 돌아온 경험자가 비슷한 또래의 미경험자에게 해당 문제에 교육하는 방법이다.
장점 임용 05	또래 영향	자신에게 영향을 주는 사람이 부모에서 동료집단으로 관심이 전환되어 친구들이 중요하다. 또래의 영향은 강력하여 청소년기에 또래 집단에 순응하는 힘이 크다.
	쉽게 공감	교육자가 대상자와 비슷한 또래로 친근한 느낌을 줄 수 있으며 해당 문제와 관련된 현실성 있는 설명으로 공감대 형성이 유리하다. 문제를 가진 대상자의 어려움을 잘 이해한다.
	쉽게 해결	이론가보다 실제적인 문제의 해결방안을 제시한다.
	저렴	정식 강사가 아니기 때문에 저렴한 비용으로 초청이 가능하다.

2차 예방

약물남용 청소년을 조기 발견, 조기 치료하여 약물남용의 진행과 지속을 막는다.

3차 예방 임용 95

| 정의 | 약물남용하는 청소년에게 재활치료를 한다. 약물남용으로 인한 장애의 심각성 감소와 기능 상실을 막고 원래의 기능을 되찾도록 한다. |

	아편류(몰핀)	바비튜레이트	마리화나	코카인	암페타민	환각제	흡입제
투여방법	흡입, 경구, 주사	경구, 주사	흡입, 경구	주사, 흡입	경구, 주사	경구	흡입
마취작용	억제제	억제제	흥분제	흥분제	흥분제	흥분제	억제제
심리적 의존	++	++	+	+++	++	++	++
신체적 의존	++	+++	−	−	+	−	−
내성	++	+++	−	−	+	+	−
금단증상	++	+++	−	−	+	−	−

마리화나 : 대마초(카나비스)

| 무욕증후군 (무동기증후군) 국시 16 | 무감동, 에너지 결핍, 일 하고자 하는 욕구가 없어지고 집중력 감소, 사회활동 위축, 개인위생이 저조하고 마리화나에 몰두 |

환각제(mind-altering drug)

| 플래시백 현상 (flashback) 국시 04, 20 | 장기 복용자는 약물복용을 하지 않은 상태에서 잠깐 동안 강한 환시의 중독 증상 경험 |

흡연
니코틴

니코틴		니코틴은 중추신경흥분제로 교감 & 부교감신경을 자극하여 쾌감을 느낀다. 흡연자는 이런 느낌을 유지하기 위해 계속 흡연을 하여 니코틴 중독이 된다. 신체적 의존이 생긴 흡연자는 담배를 갑자기 끊거나 줄이면 금단증상을 경험하고 내성(같은 용량 → 효과↓ → 용량↑)이 생기고 약물 사용을 중단하거나 조절하는 것이 어렵다.
고혈압		니코틴은 중추신경흥분제로 교감신경 자극에 의한 말초혈관 수축은 말초저항 상승과 심근 수축력, 심박출량 상승으로 혈압이 상승한다.
죽상경화증		혈관 내피 손상으로 혈관벽을 손상시켜 지방질이 혈관 내 침착하는 것을 촉진시키고 지질축적으로 죽상경화증 & 동맥경화증이 촉진된다.
		혈장의 LDL 상승, HDL 감소이다. HDL의 항동맥 경화 작용 감소로 고지혈증을 일으켜 죽상경화증이 발생한다. HDL은 말초조직으로부터 콜레스테롤을 간으로 운반하고 간 대사를 통해 콜레스테롤을 분해시킨다.
혈전 임용 19		혈소판 응집 증가와 혈전의 용해를 촉진시키는 플라즈미노겐(plasminogen) 감소로 혈전 유발로 관상동맥질환, 뇌혈관질환의 원인이 된다.
뇌졸중		고혈압과 고지혈증으로 뇌혈관의 죽상경화증과 혈전은 혈관 직경이 좁아지고 혈전에 의한 뇌혈관의 폐쇄가 된다.
허혈성 심질환	O_2 소비 증가	니코틴은 교감신경계 흥분으로 심박동수 증가와 심장의 부담 증가와 말초혈관을 수축하여 말초혈관의 저항 증가로 심근에 필요한 산소 소비량이 증가한다.
	O_2 감소	심장의 관상동맥질환과 혈액 내 CO 증가로 심근으로 보내는 O_2 공급량이 감소한다.
	심근허혈	심근에 O_2 부족상태와 O_2 요구량 증가로 심장부담을 가중시킴으로 심근허혈상태로 허혈성 심장질환을 유발하여 협심증, 심근경색이 발생한다.
소화성 궤양	질환	소화성 위궤양, 십이지장궤양이 발생한다.
	기전 / 혈류 감소	니코틴의 교감신경 흥분으로 위장벽의 혈관 수축으로 혈류 흐름 감소로 위산에 방어력이 감소한다.
	중탄산염 감소	니코틴은 췌장에서 십이지장으로 분비되는 중탄산염의 분비를 감소시켜 위산이 증가한다.

흡연

Tar

발암	암	담배연기 속 타르는 세포에 돌연변이를 일으키는 50여 종의 발암물질을 함유하였다. 발암물질은 구강, 후두, 폐, 식도, 위장을 통해 혈액으로 흡수되어 모든 세포, 장기에 피해가 있다. 혈액순환이 많은 폐, 신장, 방광, 췌장에 암이 발생한다.
	폐암	타르는 발암물질로 호흡기 점막의 섬모상피와 폐포에 침착하여 손상을 입히며 폐암이 된다.

COPD	질환	폐기종	폐포 벽의 탄력성 손상으로 폐포의 과팽창에 의해 폐포 내 공기가 포획되고 호흡곤란이 유발된다.
		만성 기관지염	기관지로부터 점액이 과잉분비된다. 1년에 3개월 이상, 2년 이상 연속하여 만성적 객담을 동반한 기침을 유발하는 기관지, 세기관지 염증이 발생한다.
	폐포막 파괴		폐의 단백분해효소가 자극되어 폐포의 elastin이 파괴된다. 폐포 말단의 공기주머니는 비정상적으로 확장된다.
	과도한 점액		과도한 점액이 생산되어 기도 내경이 좁아진다.
	섬모작용 방해		흡연 시 타르가 기관지에 흡착되어 섬모를 소실시켜 섬모운동 감소로 분비물 제거가 어렵다.
	기관지 섬유화		기관지의 감염과 섬유화가 생긴다.

CO 〈CHF〉

죽상경화증 (동맥경화증)		혈액 중 CO의 농도가 상승되어 만성적 산소부족을 일으켜 혈관 내피 세포 손상과 고밀도 지단백(HDL)의 감소로 죽상경화증(동맥경화증)을 촉진한다.
혈전		피브리노겐(fibrinogen)이 증가하여 혈전형성이 증가되어 순환장애를 초래한다.
허혈성 심질환		혈중 CO 증가로 헤모글로빈의 산소결합을 방해하여 조직세포로 산소 확산을 느리게 하여 심근 허혈을 초래한다.
산소 부족	저산소증	흡연 시 연기 속 CO는 적혈구 내 헤색소가 O_2 결합 능력보다 CO 결합 능력이 210배나 크다. 혈액의 산소운반 능력 방해로 만성 저산소증, 만성 일산화탄소 중독을 일으킨다.
	뇌기능 저하	뇌에 산소 부족으로 뇌기능 저하로 신체자극에 대한 반응, 판단력이 둔화된다.
	조기 노화	모든 세포의 신진대사에 장애로 조기 노화 현상을 일으킨다.

니코틴 의존도가 높은 사람의 특성 임용 01 〈금내 조절× 흡연을 한다〉

금단	불안, 우울한 기분, 초조, 분노, 집중력 감소, 불면, 식욕 증가, 흡연 욕구
흡연	금단증상을 피하기 위해 흡연한다.
내성	같은 용량을 지속적으로 사용했을 때 효과 감소로 원하는 효과를 얻기 위해 담배의 용량이 증가한다.
조절×	흡연을 중단하거나 조절하는 것이 어렵다.

산모의 흡연

기전	CO	CO는 혈액의 산소운반 능력을 방해하여 태아에게 산소공급을 억제한다.
	니코틴	니코틴은 부신으로부터 catecholamines을 분비하여 모체혈관을 수축시켜 산소의 효율성을 떨어뜨린다.
	태반을 통해 타르의 발암물질 전달	
영향 국시 01, 04, 07	임신	태반박리, 전치태반, 조산, 저체중아, 유산, 사산
	아기	선천성 기형, 영아돌연사 증후군, 학습장애, 호흡기 질환

금연교육

평가계획 (효과평가) 임용 97 국시 04	교육종료일	담배연기 속의 유독물질을 설명하는지 평가 니코틴, 타르, 일산화탄소가 인체에 미치는 영향을 말할 수 있는지 평가 흡연 욕구에 대처하는 방법을 설명하는지 평가 금단증상에 대처하는 방법을 설명하는지 평가 흡연 유혹에 대처하는 방법을 보여주는지 평가
	교육종료 3개월 후	금연을 실천하고 있는지 평가 흡연량, 횟수의 변화가 있는지 평가

알코올이 신체기관에 미치는 영향 〈심신한 소간 생수면〉

신경계	뇌기능 저하 국시 05, 07	에틸 알코올은 중추신경계 기능 억제로 인지, 주의력, 집중력, 판단력, 기억력(측두엽, 해마), 감정관리(측두엽, 변연계) 저하 알코올은 뇌에서 규제하고 금지하는 통제 메커니즘을 손상시킨다. 소뇌작용억제로 운동기능이 조절되지 않으며 위험감지와 반응이 느림 몸의 감각기능 저하로 방향감 상실 : 걷고, 뛰기 어려움
	뇌세포 손상	에탄올의 대사 산물인 아세트알데하이드가 축적된다. 아세트알데하이드에 인해 뇌조직 괴사로 기억상실, 인격의 황폐, 치매가 생긴다.
	말초신경염	불충분한 음식물 섭취와 장점막 손상으로 영양소의 흡수가 안된다. Vit B_1은 알코올 대사에 관여하여 Vit B_1군 결핍 증상이 있다.
심혈관계	심장전도	알코올의 대사 산물인 아세트알데하이드가 직접 심근에 손상을 준다. 심장의 전도계에 영향으로 심박동의 불규칙에 의해 심장 발작, 심장 마비
	고혈압	술에 있는 과량의 포도당은 혈당을 정상 수준으로 내리기 위해 과량의 인슐린을 분비한다. 고인슐린혈증은 교감신경계를 자극하고 나트륨 배설을 억제하여 혈압을 증가시킨다.
	고지혈증	지방조직에서 지방을 분해하여 혈중 지질 농도를 상승시켜 고지혈증을 초래한다.
소화기계	위염, 소화성 궤양	위산 분비 증가로 장 점막을 손상시켜 위염, 소화성 궤양이 악화된다.
	췌장염	췌장에 염증을 일으켜 췌장염이 발생한다.
간	저혈당	간에서 에탄올을 에너지원으로 우선 사용하고 간에 술로 인해 지나친 양의 수소 방출로 대사를 방해한다. 간에서 당원분해와 당신생을 감소하여 저혈당이 유발된다.
	지방간	아세트알데하이드는 지방산으로 전환된 후 중성지방이 간에 축적된다. 간세포가 알코올 대사에서 지나친 양의 수소 방출로 지방 대사를 방해한다. 지방산을 처리할 수 없어 지방산의 산화가 감소한다. 간세포 내에 지방산이 축적되어 지방간을 만든다.
	알코올성 간염, 간경변	간은 알코올의 대사 산물인 아세트알데하이드에 의해 손상으로 알코올성 간염으로 간의 염증을 일으킨다. 알코올성 간경화증을 일으킨다.

생식계	남성		남성 호르몬 분비 감소로 성기능 장애, 발기 부전, 정자 수 감소, 생식 능력 저하
	여성		월경 불순, 생식 능력 저하, 불임
	임신		태아 알코올 증후군
면역계	기전		알코올을 남용, 과음하면 백혈구 수를 감소시킨다.
	감염성 질환		백혈구 수 감소로 신체 면역 반응에 영향을 주어 폐렴, 결핵의 감염성 질환에 이환된다.
	암		알코올 자체가 발암물질로 작용한다. 백혈구 수치 감소로 면역이상 초래로 암이 발생한다.
수면변화 국시 17	수면 교란		밤에 술을 마시면 알코올은 수면 잠복시간을 짧게 하여 쉽게 잠이 드나 알코올 기운이 사라지면 수면은 교란되고 파편적이 된다.
	REM 감소		REM 수면의 파편화가 나타나며, REM 수면은 두드러지게 억제된다.
	4단계 NREM 감소		4단계 NREM(깊은 수면) 감소로 깊은 수면 부족으로 자주 잠에서 깬다.

베르니케 증후군(베르니케 뇌병) 국시 03

기전 국시 02, 05		급성으로 뇌간을 구성하고 있는 신경세포에 티아민(Thiamine, Vit B₁)의 심한 영양 결핍이 발생한다. 단기기억장애, 의식 혼탁, 졸림, 착란, 섬망
치료	티아민(thiamine) 국시 19	초기에 thiamine을 비경구적으로 대량 투여할 때 진행을 예방한다. 당은 대사할 때 thiamine이 필요하여 당 섭취는 병을 촉진한다.

콜사코프 증후군 국시 03, 08, 13	섬망의 베르니케 증후의 잔재로 오며 티아민(비타민 B₁) 부족으로 대뇌의 전두엽 피질 위축으로 만성적 뇌증후군과 말초신경 퇴행성 변화로 말초 신경장애이다.
알코올 금단	금주 후 4~12시간 이내 시작하여 2일째 peak에 달하고 진전섬망이 없는 한 4~5일째 개선
	자율신경기능항진, 진전 증가 국시 18, 21 , 정신성 발작
알코올 금단섬망(진전섬망) 국시 06	금주 후 2~5일 후에 오는 섬망
알코올 환각증 (알코올 유도성 정신병적 장애)	알코올 의존자가 술을 끊거나 감량한 후 생생하고 지속적인 환청, 환시를 동반하는 기질적 환각이 48시간 이내로 나타나는 경우

태아 알코올증후군

성장장애	알코올로 태내에서 영양장애로 성장장애, 발육부진	소두증(소뇌증), 두위 성장 지연, 체중, 신장 지연
안면 기형 임용 03	짧은 안검 상악형성부전증 인중 부형성증 : 편평하고 짧은 인중, 얇은 윗입술	작은 눈 얼굴 중간부 형태부전 : 낮은 콧대 소하악증 : 비정상적으로 턱이 작다.
신체기형	선천성 심장질환	선천성 고관절 탈구 같은 골격계 이상
인지문제 국시 04	지적장애, 인지장애, 학습장애, 언어장애	
행동문제 임용 03	운동기능 장애, 조정 능력 저하	주의력 결핍, 과잉 행동

⑯ 수면각성장애

3, 4단계 수면 관련

3, 4단계 수면 문제	몽유병, 야경증, 유뇨증
3, 4단계 수면 감소 국시 17	알코올(4단계 감소), 우울증, 노인 국시 22 benzodiazepine(몽유병, 야경증 치료) imipramine(tofranil, 유뇨증 치료, 유뇨증 : 깊은 잠으로 배뇨 위해 깨지 못함)

REM 관련

REM 증가 국시 17	우울, 스트레스
REM 감소 국시 17, 22	노인, 알코올 이른 기상 benzodiazepine, TCA(기면병, 악몽장애, 유뇨증 치료)
비정상적 REM	기면증, 악몽(악몽장애), 렘수면 행동장애

⑰ 신경발달장애

습관전환 훈련(습관반전치료, 습관전도요법, habit reversal therapy) 〈인자경〉

인식훈련		문제행동의 예방 기술을 사용하도록 문제행동이 나타나는 상황과 자신의 행동에 대한 인식을 증가시킨다.
자극조절	기전	문제행동을 유발하지 않도록 물리적 환경을 수정한다.
	발모장애	혼자 있으면 발모행동이 나타나는 경우, 혼자 있지 않기, 화장실에서 문을 열어두기
	피부벗기기 장애	피부벗기기 장애의 경우 피부 벗기기에 사용하는 도구를 버리기, 장갑 끼기 등의 기술로 문제행동으로 이어지는 것을 예방한다.
경쟁반응훈련	기전	문제행동이 불가능한 대체 행위인 덜 성가신 행동으로 원치 않는 행동을 대치한다.
	틱장애	틱에 연관되지 않은 근육들에 긴장을 가하여 문제가 되는 틱을 할 수 없게 경쟁 반응을 통해 틱을 억제한다. 틱 증상들이 어디에서 발생하며 어떤 근육들이 연관이 되는가를 정확히 알아낸 후 연관되지 않은 근육을 움직여서 목표로 했던 틱증상이 나타나지 않게 된다. ⑩ 음성 틱은 입을 다물고 코로 천천히 호흡, 눈 깜박임 운동틱은 정면 응시, 물체에 초점 맞춤, 얼굴 찌푸림 운동 틱은 하품을 하여 반대 근육 사용
	발모장애	발모행동이 불가능한 다른 손동작으로 대체한다. ⑩ 주먹을 꽉 쥐고 팔을 몸통에 붙이기, 고무공을 쥐었다 폈다 하기, 작은 사무용품을 가지고 어떤 조작을 하기 등을 발모 욕구가 사라질 때까지 사용한다.

◆ 김기영 보건교사 ◆

PART 05

◆ 김기영 보건교사 ◆

여성간호학

1. 여성건강
2. 월경 장애
3. 세균성 성 전파 감염
4. 바이러스성 성 전파 감염
5. 질 감염
6. 가족계획
7. 성
8. 임신
9. 임신 시 건강문제
10. 임신 초기 출혈
11. 임신 후기 출혈
12. 분만
13. 분만과 관련된 합병증
14. 산후여성
15. 산후 합병증
16. 갱년기 여성
17. 생식기 건강문제
18. 생식기 악성 종양

❶ 여성건강

내생식기

		기능
질 국시 12		점막 내층으로 글리코겐을 많이 함유한다. 추벽의 옆으로 주름 잡힌 형태로 편평 상피세포로 전후상하로 늘어난다. 월경 산물 배출과 성교, 분만 시 질의 확장으로 산도(birth canal)의 역할을 한다.
후질원개 국시 04		내진 시 후질원개의 얇은 막을 통하여 내생식기를 촉진할 수 있다. 자궁내막에서 흐르는 분비물이나 세포가 탈락되어 고인다. pap smear 검사 부위, 맹낭천자 부위로 자궁외 임신 파열 시 출혈을 확인한다.
자궁 국시 03	월경	주기적 월경이 발생하는 장소이다.
	착상 국시 22	수정란을 받아들여 착상한다.
	임신	임신 유지로 임신 동안 태아에게 영양을 공급한다.
	분만	불수의적 근육층으로 분만 시 태아를 밀어내는 역할을 한다.
난관	수정 국시 02	난관의 팽대부에서 난자는 정자에 의해 수정한다.
	난자, 수정란 이동	난소와 자궁 사이에 난관의 섬모운동, 연동운동, 수축운동으로 난자와 수정란을 운반하여 이동한다.
난소 국시 04	호르몬 생산	에스트로겐, 프로게스테론, 안드로겐의 호르몬을 생산한다.
	배란	난소에서 성숙한 난자 배출로 배란한다.

자궁 크기

기전 국시 08	에스트로겐은 자궁을 성인 크기로 성장한다. 자궁몸통의 혈관 분포를 많게 하고 근층을 비후시켜 성인자궁으로 성장시킨다.	
자궁체부 : 경부 국시 10	초경 전	0.5 : 1
	사춘기 후, 성인 미산부	1 : 1
	경산부	2 : 1
	폐경기 이후	0.5 : 1

여성호르몬

남녀의 시상하부-뇌하수체-성선관계 국시 06

FSH(난포자극호르몬)

분비			뇌하수체 전엽에서 나오는 호르몬이다.
기능	여자 국시 04	난포 성장	FSH(난포자극호르몬)는 난소의 크기를 크게 하고 난포를 성장시키고 난소의 난포에서 에스트로겐을 분비한다.
	남자	정자 형성	FSH(난포자극호르몬)는 정조세포를 자극시켜 정자의 발육과 성숙을 촉진한다. 정자의 완전 성숙에 테스토스테론과 LH가 필요하다.

LH(황체화호르몬 = 황체형성호르몬)

분비			혈중 내 에스트로겐이 고농도에 이르렀을 때 자극을 받아 급격히 LH 분비가 항진한다.
기능	여자	배란 국시 13	급격히 LH 분비가 항진되며 배란을 유발한다.
		황체 형성 국시 04	배란 후 황체 형성을 유발한다. 형성된 황체에서 프로게스테론, 에스트로겐 분비를 촉진한다.
	남자	테스토스테론	남성의 정소에서 간질세포(Leydig cell)를 자극하여 테스토스테론을 분비한다. 테스토스테론은 FSH, LH와 함께 정자를 완전 성숙시킨다.

◆ 김기영 보건교사 ◆

난포호르몬 = 에스트로겐 국시 13

자궁 성장 국시 12			자궁몸통의 혈관 분포가 많아 혈액공급을 증가시키고 자궁 근육 증대로 성인 자궁으로 성장시킨다.
자궁근 수축력 증가			자궁근의 수축력을 증가시킨다.
자궁내막 비후 국시 14			월경 후 증식기에 자궁내막(속막)의 샘조직과 혈관 분포를 증가시켜 자궁내막(속막)을 비후시켜 자궁내막(속막)을 회복시킨다.
경관	개방		자궁목에 작용하여 자궁바깥구멍을 개방
	경관 점액 임용 13 / 국시 14		pH증가(알칼리), 다량의 비세포성 점액의 분비로 점액의 점도가 묽어져 무색 투명하고, 점액의 양이 증가, 견사성이 높아져 정자가 통과하기 좋다.
			양치(고사리) 모양의 결정체를 형성한다.
질 국시 07	pH 감소		질 점막을 비후시키고 질 세포에서 글리코겐을 침착시킨다. 질내 세균[도데라인간균(막대균)]에 의해 글리코겐이 분해될 때 형성되는 젖산에 의해 질내 pH를 4.5 이내로 감소시켜 세균 감염을 방지한다. 산성 환경에 약한 병원체의 침입이나 증식을 예방한다.
	각질화		질강의 질 표면 상피 세포들을 각질화한다.
난관			배란기에 난관 근육의 수축력을 증가시켜 연동운동을 최대화하고 섬모의 움직임을 활발하게 하여 난자 운반
호르몬			에스트로겐이 고농도에 있을 때 난포자극호르몬(FSH) 분비를 억제하고 황체화호르몬(LH) 생성을 촉진한다.

유방 국시 07

유방성장	유방에 지방조직의 침착과 혈관의 분포를 증가시켜 유방의 성장을 돕고 젖꼭지의 발기와 색소 침착을 증가시킨다.
유선 국시 04	유방의 유선을 자극하여 유선소엽과 관조직을 발달시킨다.

황체호르몬 = 프로게스테론

자궁 이완	뇌하수체 후엽호르몬인 옥시토신 분비를 억제하여 자궁 평활근에서 옥시토신의 자궁수축 작용에 민감도 감소로 자궁수축을 억제시킨다. 자궁의 운동성 억제와 자궁 이완으로 수정란의 탈락을 방지한다.
자궁내막 증진	자궁내막의 샘(선)이 증가하고 혈액공급의 증가와 나선 모양으로 꼬여진다. 자궁내막에 글리코겐을 축적하여 수정란의 착상을 위한 영양 상태를 만들어 주고 임신유지 준비를 한다.
자궁경관 닫힘	자궁목을 수축시켜 자궁경관이 닫힌다.
경관 점액	견사성 감소, 자궁경관의 점액 점성도 증가, 점액의 양 감소 백혈구가 많아져 정자의 이동을 억제하고 정자의 능력을 약화시킨다.
	염주모양의 결정체를 형성한다. 양치(고사리)모양의 결정체를 형성하지 않는다.
유방	젖을 준비하는 젖샘소엽(유선소엽) 안 선방세포를 발달시켜 프로락틴에 의해 유즙 생성을 돕는다.
체온	체온을 약간 상승시켜 월경주기의 배란 후 황체기와 임신 시에 체온이 오른다.
anti-mineralo-corticoid	aldosterone과 경쟁적으로 작용하여 Na^+ 배설이 증가한다.

호르몬 분비의 변동 국시 00, 06 / 임용 13

난포기 초기	음성 되먹이 기전	월경 주기의 마지막에 황체가 퇴화되어 난소호르몬인 프로게스테론과 에스트로겐 감소는 음성 되먹이 기전으로 시상하부의 성선자극호르몬 유리호르몬의 분비를 자극하여 뇌하수체 전엽에서 성선자극호르몬 분비를 자극하여 난포자극호르몬(FSH)이 증가한다. 난포자극호르몬(FSH)으로 난소의 원시 난포가 성숙되고 난포에서 에스트로겐을 분비한다.
난포기 말기	양성 되먹이 기전	뇌하수체 전엽의 난포자극호르몬(FSH)에 의해 난소의 성숙된 난포에서 에스트로겐 분비가 급격히 증가한다. 최고 혈중 농도의 에스트로겐이 양성 되먹이 기전에 의해 1일 후 뇌하수체 전엽에서 황체형성호르몬(LH)의 분비를 최고치에 이르게 한다.
	음성 되먹이 기전	최고의 혈중 농도의 에스트로겐이 음성 되먹이 기전에 의해 뇌하수체 전엽에 작용하여 난포자극호르몬(FSH) 분비를 억제시킨다.

배란 국시 10			에스트로겐이 최대치에 도달한 1일 후 황체형성호르몬(LH)이 증가한다. LH가 난소의 성숙 난포에서 배란을 유발하며 배란 시 에스트로겐의 혈중 농도는 급격히 감소하고 배란이 시작되면 FSH가 증가한다.
황체기	음성 되먹이 기전	황체	배란 후 형성된 난소의 황체에서 다량의 프로게스테론과 소량의 에스트로겐이 분비되어 농도가 높게 유지되면 음성 되먹이 기전으로 뇌하수체 전엽에서 성선자극호르몬의 분비를 감소시킨다.
		백체	수정이 안 되면 난소의 황체가 퇴화되어 백체가 되어 프로게스테론, 에스트로겐 분비가 감소되어 월경이 시작된다.

난소 주기(Ovarian Cycle)

난포기	제5일~	원시난포	시상하부에서 성선자극호르몬 유리호르몬(GnRH) 분비를 증가시켜 뇌하수체 전엽에서 성선자극호르몬 분비가 증가한다. 난포자극호르몬(FSH)과 황체형성호르몬(LH)의 보조적 도움으로 난소에서 하나의 원시난포만이 완전히 성숙이 된다.
			난포에서 에스트로겐이 증가해 월경 주기 제13일에 최대로 분비된 에스트로겐은 시상하부와 뇌하수체 전엽을 자극하여 황체형성호르몬(LH)의 분비를 증가시키고 난포자극호르몬(FSH) 분비를 억제시킨다.
배란	제14일째	성숙난포 (포상난포)	뇌하수체 전엽의 황체형성호르몬(LH)은 난소의 성숙난포(포상난포)에서 난포막을 파열시켜 난자를 배출한다. 배란된 난자는 난관 속으로 이동하여 난관의 팽대부에 위치한다.
			배란 직전의 고농도의 에스트로겐은 난관 평활근의 운동력과 섬모의 움직임을 활발하게 하여 난자의 이동을 돕는다. 난자가 수정되지 않으면 자가분해된다.
황체기	~28일	황체 임용 19	배란된 후 난소 안의 파열된 난포 내 남아 있는 과립세포 등은 뇌하수체 전엽에서 황체형성호르몬(LH)의 작용으로 황체가 된다. 황체는 배란 후 7~8일에 가장 많이 성장하여 형성된 황체로부터 프로게스테론과 에스트로겐이 분비된다. 수정될 경우 황체는 임신 3개월까지 존속하여 임신 유지에 필요한 프로게스테론과 에스트로겐을 분비한다.
		백체기	수정이 안 된 경우 월경 주기 24일경부터 황체가 퇴화되어 백체가 되어 프로게스테론과 에스트로겐 분비가 감소된다.

자궁내막 주기 (임용 13)

월경기 (임용 19)	제1일~5일	월경 시작	월경의 시작은 주기적 혈관수축에 의해 나선형 동맥의 파열과 함께 자궁내막 상층부의 혈액공급이 차단되며 월경 출혈이 시작된다. 자궁내막의 기능층이 흘러내리고 기저층은 항상 유지한다.
		월경 끝	나선형 동맥이 다시 수축하면 월경이 멎고 출혈된 끝 부분은 괴사조직으로 덮인다.
증식기 (국시 06)	제5일~14일 (배란일)	에스트로겐	난포에서 분비되는 에스트로겐은 월경 시 탈락된 자궁 내막의 기능층을 복구한다. 자궁내막은 두꺼워지며 자궁내막 샘조직과 혈관 분포를 증가시키고 배란이 되면 성장은 멈춘다.
분비기	제15(배란 후)일~ 월경 전 3일	프로게스테론	배란 후 황체에서 프로게스테론 분비로 자궁내막샘이 발달되고 나선 동맥이 꼬이고 혈액공급이 풍부한 기능적 자궁내막으로 변한다. 완전하게 성숙한 자궁내막은 두껍고 무겁고 부드러운 벨벳과 같아 샘과 혈액으로 풍족해진다. 수정란이 착상하도록 자궁내막을 폭신폭신하기 위한 영양적이고 보호적 침대의 기능을 한다.
		수정란	수정란의 착상은 수정 후 6~10(7~10)일경에 일어나고 수정이 일어나지 않으면 황체는 퇴화된다.
월경전기(허혈기) (국시 04)	월경 전 3일~ 월경 시작 전	빈혈상태	황체가 퇴화되면 프로게스테론과 에스트로겐의 급격한 감소로 나선형 동맥의 수축과 경련으로 기능층은 기저층에서 분리된다. 자궁내막의 기능층은 빈혈상태를 가져 충분한 영양을 공급받지 못한다.

독성쇼크증후군(TSS) (임용 17)

정의		탐폰 사용의 가장 큰 부작용으로 인체 내에서 독소를 만들어 내는 포도상구균에 의한 급성 질환
예방 〈독성 쇼크로 남산에서 3번 손씻기!〉	손 씻기	비위생적인 손의 접촉에 의해 세균이 질 안으로 확산되므로 탐폰 삽입 및 제거에 손을 깨끗이 씻는다.
	3~6시간	3~6시간마다 교환
	번갈아 사용	탐폰과 일반 생리대를 번갈아 사용하면 예방에 도움이 된다.
	남음	사용 후 몸 안에 제거하지 않은 탐폰이 남아 있지 않은지 반드시 확인한다.
	산부인과	사용 후 제거용 손잡이 끈이 빠져서 탐폰을 제거할 수 없을 때 즉시 산부인과를 찾아 제거한다.

배란 현상 국시 15

복통 임용 13	배란이 되는 순간 난포의 파열로 난포액과 혈액이 복강 내로 유출되어 복막을 자극하여 하복부 통증
배란성 출혈	약간의 배란성 출혈이 동반될 수 있다. 배란 시 에스트로겐 감소로 배란기 점적 출혈
호르몬 검사 (소변 검사)	배란 전	배란 하루 전 에스트로겐의 혈중 농도 최고
	배란 후	배란 후 프로게스테론의 혈중 농도가 증가하기 시작한다. 프레그난에디올(프로게스테론)을 소변에서 측정한다.
기초체온 곡선 임용 19 / 국시 18	배란 후 프로게스테론에 의해 기초체온 곡선이 저온에서 고온으로 상승하여 0.2~0.5°C(0.4°F) 황체기 고온이 계속 유지
자궁내막 조직 검사(생검)	황체기 후반에 자궁내막 생검을 하여 황체호르몬(프로게스테론)에 의해 수정란이 착상할 부위인 자궁내막의 수용력을 본다.
자궁경관 검사 국시 16	비세포성	배란 직전 맑고 깨끗한 비세포성 점액과 양이 증가한다.
	견사성 임용 20	점액이 손가락 사이에서 생 달걀 흰자와 같이 길게 늘어나는지 본다. 점액이 손가락 사이에서 늘려도 끊어지지 않을 정도의 탄력이 있는 견사성이 있다. 정자가 점액을 타고 자궁으로 올라간다.
	양치(고사리) 모양 임용 20	점액을 슬라이드 유리(받침유리)에 발라 말린 후 현미경을 관찰하면 양치(고사리)모양 결정체를 형성한다.

난임(불임)

정의 임용 17	피임 방법을 쓰지 않고 정상 성생활을 하면서 적어도 1년 이내에 임신이 되지 않는다.

남성 난임 검사

정액검사 국시 17, 19	의의 국시 18	남성 불임 검사로 가장 중요하며 최초로 하는 불임 검사	
	생식능력 정자 (WHO 기준)	사정량	1.4mL 이상/1회
		정자 수	1,600만 이상/mL
		정자 운동성	42% 이상 활발한 운동성
		정상 모양 정자 형태비율	4% 이상
		백혈구	1,000,000(백만) 미만/mL
성교 후 검사 (Sims-Huhner test : postcoital test)	목적	불임부부의 성교 후 12시간 내 실시	
	시기 국시 20	부인의 배란시기에 맞추어 실시	
		배란 1~2일 전	
	정상	경관점액은 성상이 투명하고 견사성이 8~10cm 정도, 양치엽 형태 점액 내 5~10개 이상의 활발한 전진운동을 하는 정자 관찰	

여성 난임 사정

호르몬 검사	FSH, LH		MCD(Menstrual Cyclic Day) 3일 난소 기능이 부족할수록 FSH 증가
	LH	배란	배란 직전 LH가 기저선보다 2~3배 상승 가장 정확하게 배란을 예측한다.
		시기	MCD 14일, 배란 직전, 난포기 후반
	프로게스테론	방법	혈청 내 프로게스테론 측정
		시기	MCD 21~23일, 황체기 중반
	혈청 AMH 검사	방법	항뮬러관 호르몬 검사, 난소에 있는 원시 난포에서 분비되는 물질로 수치를 통해 원시 난포의 수를 파악하여 난소 나이를 가늠한다.
		시기	주기 중 어느 때나 해도 된다.

검사	항목	내용
기초체온검사	목적 국시 21	배란 여부의 확인
	방법	체온 측정은 3~4개월간 매일 기록한다.
	정상	배란 전 체온이 하강한다(0.3℃).
		배란 후 24시간 내 프로게스테론 영향으로 체온이 0.2~0.5℃(0.6~0.8℉) 상승한다.
		상승한 체온은 월경 1~2일 전까지 계속
	비정상	정상 기초체온이 보이지 않으면 배란에 문제가 있다.
경관점액관찰 검사 국시 16, 21	목적	배란이 되었는지 확인한다.
	시기	배란기(배란 직전)에 시행
	점액검사 내용	점액량, 점성도, 견사성, 양치엽상, 세포성분 평가
	배란기(직전)	배란기(직전) 에스트로겐이 최고 분비로 경관점액이 많고, 맑고 투명하다. 견사성이 커서 8~10cm 늘어나고, 양치엽상이다.
		세포수가 거의 없어 정자가 점액의 투과성이 가장 높아 수정이 가능하여 임신에 적합하다.
	배란 후	배란 후 분비기에 프로게스테론의 영향으로 점액의 양이 줄고 건조하다.
난관 통기성 검사 (루빈 검사, Rubin test) 국시 06	정의	난관 통기성 여부를 알기 위하여 Rubin관을 통해 CO_2 가스를 경관에서 자궁과 난관으로 주입
	목적	난관 안팎 염증, 난관채 염증, PID로 난관 협착 검사
	난관 통기성 O	탄산가스는 복강 내에 배출하여 횡격막 하 늑간 신경(횡경막 신경) 자극으로 견갑통 경험은 난관의 통기성은 정상을 의미한다.
	양쪽 난관 통기성 ×	CO_2 가스압력 150mmHg 이상 상승한다.
자궁난관 조영술	목적 국시 22	조영제(방사성 비투과성 염료)를 경관에 주입하면서 자궁과 난관의 해부학적 특징을 촬영한다.
	시기	MCD 6~11일, 난포기 초반~중반
		자궁 내 조영제 흐름이 원활하도록 월경 주기 6~11일에 실시 난자가 1차 감수분열 전(배란 전)이므로 방사선의 영향을 적게 받고 자궁내막이 증식하기 전이므로 조영제 소통이 원활하다.

자궁난관 조영술	정상 임용17	정상적일 경우 난관의 통기성으로 조영제 주입 후 10~15분 내에 복막강 전체로 조영제가 퍼지며 횡격막 하 늑간 신경(횡격막 신경) 자극으로 견갑통을 느낄 수 있다.
	비정상	한쪽 또는 양쪽의 난관이 폐쇄된 경우 조영제의 흐름이 중단되므로 폐쇄 부위를 확인한다.
자궁내막 조직검사	시기 국시18	월경주기 : 24~28일, 황체기(분비기) 후반, 월경 1~3일 전
	목적	자궁내막이 수정란 착상에 적절한지 확인 검사로 황체기의 황체호르몬 영향, 수정란이 착상할 부위의 자궁내막 수용력을 검사한다. 자궁내막 염증 유무, 배란 유무와 배란 후 황체기 결함을 확인한다. 임신반응검사가 음성인 경우에만 시행한다.
	정상	정상적 황체기 반응
자궁경검사 (hysteroscopy)	방법	내시경검사로 자궁경관과 자궁강 내를 직접 관찰하여 이상 소견을 조사하는 방법
	목적	자궁내막 용종, 점막하 자궁근종, 자궁내막 유착, 자궁 내의 선천성 기형 진단
복강경검사	정의	다른 검사를 선행 후 시행하는 최종 불임검사이다. 자궁난관 조영술에서 자궁이상이 있을 때 즉시 시행한다.
		검사 후 출혈, 감염, 장기손상의 합병증이 따른다.

항정자 항체 검사

남자든 여자든 혈청, 자궁경관점액, 정액에서 항정자 항체가 발견될 수 있다.
모든 검사에서 음성일 때 검사한다.

◆ 김기영 보건교사 ◆

❷ 월경 장애

무월경

정의 국시 05, 21	원발성 무월경		13세까지 이차 성징을 보이지 않으면서 초경을 하지 않은 경우 또는 15세까지 이차 성징은 있으나 초경을 하지 않는 경우
	속발성 무월경		이차 성징은 있고 월경을 하던 여성이 적어도 3회의 월경주기가 없는 경우 또는 6개월간 월경이 없는 경우
원발성 무월경 원인	이차 성징이 없는 무월경	체질적 지연	m/c, 혈중 FSH가 정상
		난소기능부전증	염색체 이상에 의한 성선발생부전증이다. 성선자극호르몬이 상승된 난소기능부전증[터너증후군(FSH, LH 상승, 에스트로겐 저하)]
	이차 성징은 있으나 해부학적 이상이 있는 무월경	뮐러관 발육부전	뮐러관의 발육부전으로 처녀막 폐쇄, 질결손, 자궁일부 부재의 선천성 기형 처녀막 폐쇄 : 초경이 없고 주기적 복통
속발성 무월경 원인 국시 03	정의		이차 성징은 있고 해부학적 이상이 없는 월경을 하던 여성의 무월경
	임신 국시 22		임신은 속발성 무월경의 흔한 원인, 청소년이 성관계를 부인하더라도 반드시 임신 검사(urine HCG)
	폐경 국시 20		40세 이하 조기 폐경

무월경 검사

1단계	임신 검사 국시 19		소변 β HCG(융모생식샘자극호르몬) 검사를 한다. 월경력이나 임신 가능성이 없더라도 임신으로 인한 무월경인지 확인한다.
	TSH, prolactin		혈중 갑상샘자극호르몬(TSH)과 유즙호르몬(prolactin)의 혈중농도 측정
	프로게스테론 부하검사	결과	프로게스테론 투여 후 질출혈이 있는 경우이다. 무배란증에 의한 무월경으로 진단한다. 월경 유출 경로는 정상으로 판단한다.
2단계	에스트로겐 부하검사	목적	무월경의 원인이 저에스트로겐에 의한 것인지 월경 유출로에 의한 것인지 감별한다.
		방법	프로게스테론 투여 후에도 질출혈이 없는 경우는 에스트로겐에 의한 자궁내막 증식이 일어나지 않는 경우이거나 월경 유출 경로가 정상적이지 않은 경우이다.
		결과	쇠퇴성 출혈이 있다면 에스트로겐 자극으로 월경이 이루어진 것이다. 쇠퇴성 출혈이 없다면 자궁 및 월경 유출 경로의 구조적 이상을 고려한다.
3단계	FSH, LH검사		에스트로겐을 생성할 수 있는 난소자극 기능과 난포형성 기능을 평가하는 생식샘자극호르몬검사이다. 혈중 난포자극호르몬(FSH)과 황체화호르몬(LH)의 농도를 측정한다.

비정상적 자궁출혈
월경 양상

	정상	비정상
간격	21일(3주)~35일(5주)	21일 미만, 36일 이상
월경기간	3~6일	2일 이하, 7일 이상
월경량	20~60mL/주기	80mL 이상 : 월경과다

〈희다 과소 과다〉	정의	간격	양	지속기간
희발월경 (oligomenorrhea) 임용 15	35일(5주) 이상으로 주기가 길다.	불규칙 또는 규칙적	정상이나 적음	다양
다발월경(빈발월경) (polymenorrhea) 임용 15	21일(3주) 미만으로 주기가 짧다.	불규칙 또는 규칙적	정상	
과소월경	정상적인 월경주기에서 적은 출혈로 기간이 정상 또는 감소	규칙적	적음	정상 또는 단축
불규칙 과다월경 (과다부정 자궁출혈, menometrorrhagia) 임용 13 / 국시 13	주기가 불규칙하고 양이 많고 기간이 긴 월경	불규칙	많음	연장
월경과다 (menorrhagia)	주기가 규칙적이면서 양이 많고 기간이 길다.	규칙적	많음	연장
부정 자궁출혈 (metrorrhagia)	월경 기간이 아닌 때의 자궁출혈, 간격이 불규칙적이고 기간이 길지만 출혈량은 정상인 자궁출혈	불규칙	정상	연장

기능부전성 자궁출혈(기능장애 자궁출혈, dysfunctional uterine bleeding)

에스트로겐 쇠퇴성 출혈	기전	자궁내막이 에스트로겐의 지속적 영향을 받다가 에스트로겐이 급격히 소실되면 출혈이 된다.
	예	에스트로겐 치료를 중단한 경우 배란성 출혈 : 배란 시(직전) 에스트로겐 감소로 배란기 점적 출혈
에스트로겐 파탄성 출혈	기전	무배란성이고 배란이 안 되어 프로게스테론의 분비가 없어 프로게스테론의 길항작용이 없는 상태에서 에스트로겐이 과다하게 지속되어 과증식된 자궁내막의 출혈이다.
	예	초경기 폐경 이행기 에스트로겐을 사용하는 경우
프로게스테론 쇠퇴성 출혈	기전	자궁내막이 프로게스테론의 지속적인 영향을 받다가 프로게스테론이 급격히 소실되면 출혈이 된다.
	예	정상 월경, progestin을 중단한 경우
프로게스테론 파탄성 출혈	기전	에스트로겐에 비하여 황체호르몬의 생산이 비례적으로 많아서 출혈이 된다.
	예	progestin을 사용한 경우

무배란성 자궁출혈 원인

초경기 주변 임용 13 / 국시 07	시상하부-뇌하수체-난소 축의 성장은 초경 후 12~18개월(18~24개월) 동안 서서히 성장하며, 대부분 2년 이내에 배란성 주기로 정상화된다. 초경이 시작되는 시기에 시상하부-뇌하수체-난소 축의 미성숙으로 무배란성이고 배란이 안 되어 프로게스테론의 분비가 없다. 프로게스테론의 길항작용이 없는 상태에서 에스트로겐이 과다하게 지속되어 과증식된 자궁내막의 출혈이다.
폐경기 국시 04	폐경기에 난소 기능 쇠퇴와 난포의 수 감소로 시상하부-뇌하수체-난소 축의 장애가 생겨 난포가 FSH, LH 호르몬 자극에 덜 민감하여 난소의 난포가 성숙되지 않으며 배란 횟수가 감소하여 무배란성이다. 배란이 안 되어 프로게스테론의 분비가 없어 프로게스테론의 길항작용이 없는 상태에서 에스트로겐에 노출되어 과증식된 자궁내막의 출혈이다.

월경통 비교

1차성(원발성)	2차성(속발성)
초경 시작 후 1~2년 내(12~18개월) 이내, 대부분 2년 이내에 배란주기가 확립되면서 나타나기 시작하는 월경통 통증은 배란성 주기에서 발생 60~90%가 분만 후 소실	발생 나이에 크게 구애를 받지 않는다. 통증 양상이 무배란성 주기나 초경 1~2년 이후 처음 발생 무배란성 월경주기를 가진 여성이나 대부분 초경 이후 1년 또는 수년이 지나 처음 나타나는 월경곤란증은 속발성 월경곤란증으로 본다. 임용 12

❸ 세균성 성 전파 감염

클라미디아

원인균		클라미디아 트라코마티스균(Chlamydia trachomatis)	
전파경로	성적 접촉	pt의 성기 점막에서 나오는 삼출물이 전염 원인으로 성행위의 성기 - 성기 간 접촉	
	간접전파	O	성기의 삼출물에 의해 젖은 수건, 양변기, 욕실의 타일 바닥
		×	성기의 삼출물에 있는 임균은 건조한 상태나 살균액, 비눗물에서 짧은 시간 내 사멸
남성	합병증 〈요부로 불임〉	비임질성 요도염, 부고환염, 불임	
여성	합병증 임용 12	생식기	바톨린샘염, 자궁경부염 급성 난관염, 골반염증성(PID) 질환으로 발전하며 자궁외 임신과 불임을 초래
		비뇨기	요도염, 급성 요도 증후군
		감염	직장염, 관절염
검사	클라미디아 배양 검사	감염의 확진은 클라미디아 조직 배양으로 경부 내부(원주 세포), 경부 입구, 요도에서 세포를 채집하여 검사	
임신	영향	조기 양막 파막, 저체중아 조기, 후기 유산, 조산 융모양막염, 산후 자궁내막염	
	치료	erythromycin 투여	

모자감염 임용12

감염방식	질식 분만에 의한 산도를 통한 수직감염	
영향 임용96	감염되어 눈의 감염(클라미디아 결막염, 신생아 안염), 폐렴	
치료	안연고	신생아에게 erythromycin, tetracycline 안연고를 투여한다.
	경구용	경구용 erythromycin 7~14일간 치료

임질

원인균	임균[나이세리아 고노레아(Neisseria gonorrhea)]			
합병증	남성 국시03 〈요부로 불임인 고〉	요도염, 부고환염		
		고환염, 불임		
	여자	생식기	바르톨린샘염, 스킨샘염, 자궁경부염, 난관염, 난소염, 골반 염증성 질환(PID)이 생기며 난관염을 치료하지 않으면 반흔이 형성되어 난관이 좁아져 자궁외 임신, 불임증	
		비뇨기	요도염, 방광염	
		소화기	직장염, 복막염	
		전신적	심내막염, 심장근염, 관절염, 뇌막염	
진단	TM 배지 배양검사 임용11	TM(Thayer Martin, 타이어 마틴) 배지에서 배양검사로 임질 진단의 표준 검사		
	골반검진	양손으로 골반 검진에서 골반 압통, 자궁의 불편감		
	성병 검사 국시06	클라미디아 배양 검사, 매독 암시야 현미경 검사, 매독 혈청검사 임질 여성은 다른 성병과 동시 감염		
임신 영향 임용08	조산	자궁 내 성장 지연 국시06, 조기 양막 파수, 조산		
	융모양막염			
	산욕 감염	산욕기 감염, 산후 모체 패혈증		

모자감염

감염양식 국시 04	산도감염 산도를 통한 감염으로 분만 시 모체 자궁경부의 임질균이 신생아에 직접 접촉하여 신생아 안염 형태로 신생아에게 전파된다.	
영향	임균성 안염 국시 13	임균성 안염은 전염력이 높고 미치료 시 신생아 실명 초래
	감염	비염, 요도염, 질염 신생아 임균성 뇌막염, 관절염, 신생아 패혈증
중재	안약 국시 02	출생 시 신생아 안염 예방 위해 신생아의 눈에 erythromycin 투여
	격리	임균성 안염의 전염력이 높아 24시간 동안 격리

매독

원인균	스피로헤타균과인 트레포네마 팔리듐균(Treponema Pallidum)	
전파경로 국시 06	성전파	성교 동안 1기, 2기, 잠재기 초기 감염자(조기 잠복 매독)의 정액, 질 분비물, 삼출액이 피부나 점막의 개방성 상처나 현미경적 찰과상 계기로 점막에 침투하면 전신 혈류를 따라 확대되어 감염된다.
	혈액	1기, 2기, 잠재기 초기 감염자의 감염된 혈액에 의한 전파 수혈을 통한 혈액 전파

증상 〈경국 장편전〉

1기 매독	경성하감 국시11	모양	하나의 통증 없는 단단한 구진에서 가장자리는 부풀고 경화하고 중앙부위에 둥글고 난형 궤양을 형성하며 경계는 명확
		색	표면은 검붉은 적갈색
		위치	자궁경관, 질보다 외생식기의 외음부, 대음순에 발생한다. 외음부가 스피로헤타의 침입을 쉽게 받는다.
		전염력	전염력이 있다.
	국소 림프절 종대		국소 림프절 종대(종창), 샅부위의 림프샘염
	전신 증상		두통, 전신권태, 체온이 약간 상승
2기 매독	시기		감염 6주 후 나선균의 혈행성 전파
	장미진	부위	얼굴, 몸체, 사지나 손바닥, 발바닥에 광범위하게 전신에 퍼짐
		모양	장미진은 다양한 형태로 대칭성의 피진, 구진, 농포, 건선, 인설, 탈모증
		전염성	전염성이 있다.
	편평 콘딜로마 (condylomata lata)	부위	피부가 겹치는 습한 부위에 큰 편평 콘딜로마 외음, 회음부, 대퇴내측, 둔부, 항문에 퍼진다.
		모양	무통의 넓은, 사마귀 같은 납작하고 둥글거나 난형의 가장자리는 경화되는 두꺼운 감염 병변이다. 표면은 습하며, 회색, 핑크-회색의 삼출액으로 덮인다.
	전신 증상		
	감염성↑		
잠복매독: 잠재기	정의		모든 증상이 사라진 상태의 매독이나 내장에서 큰 변화가 일어남
	조기 잠복매독		감염 후 1년 이내로 2기 매독 증상이 재발하고 성교를 통해 전파
	후기 잠복매독		감염 후 1년 이후로 2기 매독 증상이 재발은 안하고 성교에 의한 전파 감소
3기 매독 〈고궤 신대관〉	매독성 고무종		피부, 뼈, 내부 장기에 고무종(육아종성 염증) 발생
	매독성 궤양, 매독성 대동맥염, 매독성 관절염, 신경 매독		

매독 진단

암시야 현미경 검사	1기 매독과 2기 매독의 병변 조직 검체를 슬라이드에 고정 후 암시야 현미경으로 살아 있는 스피로헤타균 확인			
혈청 항체검사 국시 21	시기	1기 매독 초기에 혈청 검사상 음성 2기 매독에 양성		
	선별검사, f/u	Non-treponemal 검사, 비특이 매독항체검사	VDRL	VDRL의 역가인 정량검사로 선별검사, 추적관찰
			RPR	rapid plasma reagin
	확진검사	treponemal 검사, 특이 매독항체검사	특징	치료 후에도 일반적으로 계속 양성으로 추적검사로 적합X
			FTA-ABS	fluorescent treponemal antibody absorbed 매독 확진 표준 검사
			TPHA	micro hemagglutination assays for anibody to T. pallidum 트레포네마 항원에 대한 특수 항체의 검사로 매독을 확진한다.
뇌척수액 검사	3기 매독, 뇌척수액 검사로 확진			

임신 영향 국시 04

자궁 내 성장지연
조기 진통, 미숙아
자연유산, 조산, 사산 : 임신 동안 매독을 초기에 치료하지 않을 경우 태아사망률은 40%

◆ 김기영 보건교사 ◆

모자감염

기전 국시 08		임신 16~18주 이후 균이 쉽게 태반을 통과한다.
		임신 18주(5개월) 이내 치료하면 해로움이 없다.
조기 선천성 매독 국시 08	시기	생후 2년 이내 증세가 나타남
	피부	수포성 발진, 피부병변
	폐	비염, 비강분비물, 비염으로 "콧소리" 내는 비성 호흡, 폐렴
	간, 비장	간과 비장의 비대, 간질환, 황달
	신장	수신증, 신 질환
	근골격계	안장코(비골 파괴), 골막염, 골연골염, 골막 파괴, 장골 발육 부전, 성장장애, 사지통증
	신경계	중추신경계 장애, 지적장애
후기 선천성 매독 3요소 : 후기 증상 〈허각 8〉	간질성 각막염	각막의 불투명, 혼탁으로 시력을 잃는다.
	허치슨 치아 임용 92	치아 크기가 작고 이 사이 간격이 넓어지며 저작면에 절흔(패임)으로 저작면을 향해 얇아져 있다. 유치 아닌 영구치 침범
	8차 뇌신경 장애	8차 뇌신경 장애로 난청

연성하감(chancroid)

원인	헤모필루스 듀크레이 간균은 궤양의 기저에서 발견 임용 10
증상	작은 피부구진 2~3일 내 통증이 있는 경화가 없는 궤양으로 진행 잠복기가 2~3일로 짧다.
	외음에 발생, 대음순에 침윤되었을 때 국소적 부종, 서혜부위 샘염

급성 골반염증성질환(PID)

증상 국시 98, 03	골반진찰 (양손진찰법)	골반종괴	난관-난소 부위에 골반종괴(pelvic mass) 촉진
		압통	양측성 자궁 부속기 압통
		Chandelier sign	자궁경부 움직임에 심한 양측성 자궁 부속기 압통
합병증	난관폐쇄		난관염의 염증소실이 안 되면 난관이 폐쇄된다.
	자궁외 임신, 불임증		난관폐쇄, 난관수종, 골반주위 조직과 유착으로 자궁외 임신, 불임증이 된다.
	난관난소 농양		
	골반농양, 골반유착		골반농양이 발생하여 골반 주위조직과 유착을 형성한다.
	만성 골반통		만성 골반통, 성교통

반좌위 과거임용 / 국시 15, 19	방법	반좌위를 취한다.
	효과	반좌위는 자궁강의 점액 농성 분비물의 배설을 촉진시킨다. 부적절한 배설로 감염이 위로 퍼지는 상행성 감염과 골반 염증성 질환의 재감염을 막는다.

◆ 김기영 보건교사 ◆

④ 바이러스성 성 전파 감염

인유두종 바이러스(Human Papilloma Virus, HPV)

정의 국시 18		인유두종 바이러스(HPV)는 첨형콘딜로마(생식기 사마귀, condylomata acuminata)이다. 30개 이상 DNA 바이러스 중 8개는 악성 잠재성을 가진 자궁경부암의 일차적 원인이다. 국시 15
증상	발생 부위	내부 생식기 입구의 뒷부분인 자궁경부, 질 입구의 습한 부분, 외음부, 항문, 직장, 엉덩이
	첨형콘딜로마 국시 21	구진으로 2~3mm 지름, 10~15mm 높이의 첨형콘딜로마
	모양	미세하고 손가락 같은 돌출로 부드러운 유두성 부종이 하나씩, 다발성, 집약으로 발생하며 닭벼슬, 덩어리같이 양배추 꽃모양의 사마귀
	무통성	무통성이나 병변이 크고, 염증, 궤양에 불편감
예방 국시 15		자궁경부암 예방접종은 인유두종 바이러스 백신으로 예방이 가능하다.
임신↑		비임부 < 임부에 자주 발생한다. 임신 중 질점막이 인유두종 바이러스가 증식하기 좋은 환경이다. 임신 시 에스트로겐 증가로 글리코겐이 증가하여 포도당이 풍부한 환경이다.
주산기 노출		후두 유두종 임용 96

성기 단순포진(herpes simplex)

원인균 국시 05	음부 포진은 피부, 점막을 통해 감염된 단순포진 바이러스(HSV-2균, herpes simplex virus)는 병변이 소실된 후 후근 신경절에 잠재하여 유발요인(면역 억제, 피로, 스트레스)에 의해 통증성·재발성 생식기 궤양을 초래한다.
병변 국시 04, 07	외음과 회음 부위에 다수의 통증성 발적, 피진에서 구진으로 진전되는 수포, 농포, 궤양, 괴사, 딱지 형태 외음과 회음 부위에 동통성 수포, 성교곤란증

임신과 신생아 영향

임신	전파기전 국시 08	자궁내 감염	태반을 통과하나 태반을 통해서는 거의 감염되지 않는다.
		산도 감염	분만 시 파막이 된 후 산도를 통해 직접 접촉 감염이다.
	영향	\multicolumn{2}{l	}{임신 1기 동안 발생한 1차 감염은 바이러스 혈증이 유산율을 높인다. 만삭에 1차 감염으로 감염 위험이 높다.}
		\multicolumn{2}{l	}{자궁내 성장지연, 자연유산}
		\multicolumn{2}{l	}{조기 진통, 조산}
분만 국시 06	제왕절개	\multicolumn{2}{l	}{바이러스 검출, 외음부에 포진, 헤르페스 질염, 외음부 통증, 활동적 단순포진성 바이러스 산부에게 진통 시작, 양막 파막 후 4시간 이내 신생아 감염 위험으로 제왕절개 분만을 한다.}
	질식 분만	\multicolumn{2}{l	}{병변× 경우}
		\multicolumn{2}{l	}{재발성 감염 산모}

HIV, AIDS

원인균

Human Immunodeficiency Virus(인간 면역결핍 바이러스)

증상

HIV 감염기 (급성 HIV 증후군)	급성 감염증상	
	증상 감소	
무증상기(잠복기)	무증상	
	바이러스 증식	림프조직 내 활발한 바이러스 증식
AIDS 초기 증상기(만성 단계)	기전	바이러스에 의해 보조 T 림프구 파괴로 병균과 싸우는 신체 면역기능이 감소한다.
AIDS 환자의 병합적 문제 단계 (AIDS 관련 복합증상)	기전	에이즈에 의해 사망하는 것이 아니라 다른 병이나 암으로 사망한다. HIV 바이러스에 의해 보조 T 림프구(CD_4^+ 세포)가 파괴된다. CD_4^+의 감소는 신체 면역기능을 파괴시켜 신체는 병균에 대항하는 데 역부족이다.
	\multicolumn{2}{l	}{기회 감염증, 호흡기 감염, 위장관 감염, 부인과 감염, 피부 감염, 암, 신경질환}

HIV 검사

항체 검사	ELISA(Enzyme-Linked ImmunoSorbent Assay : 효소면역분석법) 임용 16	정의	HIV Ab 검사로 표준적인 선별 검사이다. HIV 감염 여부를 확진하기보다 HIV 감염에 직접적으로 대항하는 항체 검사이다.
		시기	바이러스 감염 후 3개월(2~12주) 후 혈액에서 발견
	웨스턴 블롯 검사 (Western blot assay, immunoblot assay)	정의	확진 검사로 HIV 항체 확진 검사이다. ELISA에 양성이면 확진을 위해 시행한다.
		시기	HIV 감염 후 3주~3개월, 36개월 소요
HIV 자체, antigen의 증명	HIV RNA 수치	정의	바이러스 부하 검사
		의의	매우 예민하고, 항체 미형성 기간에도 진단 가능 감염 초기에 가장 예민한 검사이다. 낮은 농도의 바이러스도 발견하고 정량 가능으로 정량적으로 바이러스 부하수준을 정확하게 안다. 다른 감염 표식자가 나타나지 않은 상태에서 HIV 감염을 진단한다.
			HIV RNA 혈중 농도가 높을수록 전파가 잘 일어난다. 질병의 진행, 치료 효과를 모니터 한다.
백혈구 감소	백혈구 감소증(정상 백혈구 : 4,000~10,000개/mm^2)		
CD_4^+ / CD_8^+ 수	CD_4^+와 CD_8^+ 비율		CD_4^+ T 림프구와 CD_8^+ T 림프구 비율이 낮아진다(정상 2:1).
			HIV 감염자는 CD_4^+ 세포 수 감소, CD_8^+ 세포 수 정상
	CD_4^+ 세포 수		500개/mm^2 미만이면 면역기능 감소

HIV 양성과 AIDS

항체 검사	양성(+) 국시12	항체	HIV virus에 감염되어 신체는 항체를 만든다. HIV virus에 항체가 혈액에 존재한다.
		전염성	활동성 HIV를 몸에 가지고 있어 virus를 옮길 수 있다. 혈액, 신체 장기, 정액을 기증할 수 없다.
		아프지×	HIV 양성인 사람은 반드시 아픈 것은 아니다.
		AIDS 관계	현재 반드시 AIDS를 가진 것은 아니다.
		면역자 아님	HIV에 면역자는 아니다. HIV균에 노출되어도 병에 안 걸리지 않는다. 다른 HIV 양성인 사람과 비보호적 성행위를 금지한다. 교차 감염으로 질병의 심각성이 증가한다.
AIDS	정의		후천성 면역 결핍증 : 제3급 감염병 인간 면역결핍 바이러스(HIV)에 의한 중증 면역결핍증 = HIV 감염으로 면역체계에 심각한 저하이다. HIV에 감염된 채 수년간 살다가 심하게 면역 억제로 AIDS가 발병한다.
	HIV 양성		HIV에 감염된 사람
	면역 손상		CD_4^+ T 림프구(Helper T 림프구) $200/mm^2$ 미만 : 증상에 상관없이 AIDS이다. 임용16 2가지 면역결핍 증상과 2가지 이상 비정상적 임상결과

◆ 김기영 보건교사 ◆

HIV의 전파경로

전파	기전		바이러스는 체액 중 특히 혈액, 정액, 여성의 질분비물에 많다.
	혈액 접촉	주사기	오염된 주사기 바늘에 찔려 HIV에 감염 정맥 내 약물 남용자가 주삿바늘을 공유함으로 감염
		수혈	수혈 시
		장기 이식	
		소독 안 된 기구	소독이 안 된 기구로 피부 침투
	성 접촉	기전	성기의 미란, 궤양의 상처로 감염된 상대방의 정액, 질분비물을 통해 전파된다. 생리 중의 성생활이나 성병으로 생식기에 병변이 있을 때 감염 가능성이 높다. 항문 성교가 가장 위험한 전파이다.
		정액	바이러스는 정액에 많아 직접 성 접촉으로 감염된 남성에 의해 여성이 감염된다.
		질분비물	바이러스가 있는 질분비물에 의한 직접 성 접촉
	모자감염 국시 05	자궁내 감염	태반으로 인한 감염은 드물게 있다.
		분만 시 감염	태반 통한 감염
			산도 감염 — 산도 감염으로 출생 시 모체의 체액, 혈액, 양수에 의해 신생아 전파 치료받지 않은 HIV 감염 산모로부터 신생아에게 전파는 25%이다.
		모유	모유를 통해 HIV 바이러스의 전파로 모유를 금한다.

◆ 김기영 보건교사 ◆

❺ 질 감염

원인 비교 〈세 칸트〉

	세균성 질염 (가드네렐라 질염)	칸디다성 질염	트리코모나스 질염
원인	호기성 세균 (Gardnerella 세균), 비호기성 세균(혐기성균)의 과잉증식	칸디다균 Candida albicans `임용 18`	Trichomonas vaginalis 트리코모나스 원충 `국시 05` 비호기성 단세포 원충류 알칼리성 환경에서 잘 자람

	세균성 질염	칸디다성 질염 `국시 04`	트리코모나스 질염 `국시 00, 05, 07`
소양감	+	++	+
대하	+ 많으며, 수성 또는 점성으로 얇고 하얗고, 크림상, 회백색, 우윳빛, 묽으면서 회백색	+ 짙고 흰 우유 같은 백색 분비물 자궁 경부와 질벽, 음순에 요구르트상, 크림 타입의 죽상, 짙고 흰 우유 같은 백색 분비물	++ 녹황색, 초록색의 노란 빛을 띤 포말상의 거품 나는 점액-농성의 분비물 `국시 12, 16`
악취	++		+
질출혈			미란 : 표피가 박리되어 떨어져 나감
질벽 점막		질점막, 외음의 발적, 부종	경부, 후원개, 질점막에 과립상의 딸기 모양 출혈반점
성교통	성교통이 있거나 없을 수 있다.	성교통	성교통, 하복부 둔통
비뇨기	요로감염, 배뇨곤란, 빈뇨	요로감염, 배뇨곤란, 빈뇨	요로감염, 배뇨곤란, 빈뇨
합병증	경관염, 골반감염		

질 감염의 임신, 태아영향 비교 임용11

세균성 질염	칸디다성 질염	트리코모나스 질염
융모양막염, 양수 내 감염 조기 양막파수, 조기진통, 조산, 저체중아 산후 자궁내막염	분만 시 칸디다균(Candida Albicans)에 의해 감염된 모체의 질에서 산도 감염되고 전파력이 높다. 신생아는 아구창인 구강 칸디다증은 작은 백색이 혀, 구강점막, 볼에 발생시킨다. 임용 96, 19 Mycostatin으로 치료	조기 양막파수, 조산, 저체중아

❻ 가족계획

월경주기 이용법

원리 국시 06	배란일 예측	임신은 정자와 난자 결합의 수정으로 월경주기마다 1회 배란. 가장 긴 주기와 가장 짧은 주기를 선정하여 배란일의 변경 진폭을 고려하여 배란일 예측. 임신 가능한 기간 동안 금욕이나 다른 확실한 피임법 사용 배란일은 다음 월경 예정일에서 14일 전 국시 03	
방법	가임기 첫날	최단주기 – 18일
	가임기간 끝날	최장주기 – 11일

오기노씨식 월경주기법 임용96

임신가능기간	월경이 시작된 첫날을 제1일로 간주 다음 월경 예정일의 전날부터 거꾸로 세어서 12~19일간의 8일간이다.

기초체온법

기전 (임용 11 / 국시 03, 05)

프로게스테론		배란이 되면 난포 안 과립세포가 황체로 변화되어 황체호르몬인 프로게스테론이 생산되면서 체온상승 작용
체온 변화	배란 전	월경 후 배란이 일어나기까지 낮은 저온기를 유지한다.
	배란 시	배란기 무렵에 체온이 급하강(0.3℃)하는 시기에서 배란된 후 체온상승으로 낮은 체온에서 높은 체온으로 이행되는 기간이 배란이다. 체온이 높아진 것은 배란이 끝났다는 것을 의미한다.
	배란 이후	배란 이후에 체온이 상승(0.2~0.5℃, 0.2~0.3℃, 0.4~1℉)하는 고온기이다. 배란이 있는 체온상승 전 4일에서 체온상승 후 3일까지 금욕으로 성관계를 피한다.

점액변화 (국시 12)

건조기	안전한 날		월경이 끝난 직후 3~4일 동안 질에서 점액이 분비되지 않는 시기로 안전한 날
건조기 이후	불안전한 날		점액이 나오기 시작하며 양이 적고 흐린빛(혼탁)으로 끈적끈적하면 불안전한 날이다. 에스트로겐 영향으로 묽고 투명한 점액이 분비되기 시작하면 불안전한 날이다.
배란기	최고로 수정 가능	증상	배란기가 가까워지면 점액은 묽고 투명하고 매끄러운 느낌과 미끄러워지며 끊어지지 않고 길게 늘어나는 달걀 흰자위와 비슷하고 양이 최고로 증가하고 알칼리성을 만든다.
		기전	에스트로겐에 의한 점액의 변화는 정자의 생존과 이동을 촉진하여 임신이 가장 잘 된다.
배란 후 3일	임신 가능		배란 후에는 프로게스테론이 두껍고 혼탁하고 끈적거리는 점액을 분비하고 양은 적으며 경관을 막으나 정자가 통과하는 작은 통로가 남아 임신이 가능하다.
배란 3~4일 후	안전한 날		건조기로 프로게스테론이 증가하여 다시 혼탁하고 늘어짐이 없다. 점액 분비가 가장 많은 배란일로부터 3~4일 후부터가 안전한 날이다.

에스트로겐과 프로게스틴의 복합 경구 피임약

적응 시기 국시 11 / 경기 04

월경기간	월경이 시작한 날로부터 5일 이내 복용을 시작한다. 처음 복용 시에는 월경 시작 첫 날부터 시작한다.
유산 후	유산한 날부터 5~7일 이내이다. 유산 후에는 바로 경구 피임약을 시작한다.
월경기간 외	그렇지 못한 경우 정상 월경기간 외 경구 피임약 시작 시 첫 1주간은 임신 위험을 피하기 위해 다른 차단 피임방법을 같이 사용한다.
비수유모	비수유모는 산후 2~3주에 시작한다. 분만 후 1개월 안에 복용하면 혈전 색전증 위험이 있다. 에스트로겐은 응고인자, 섬유소원 증가, 섬유소 용해 작용 저하로 혈전 색전증이 발생한다.
수유모	수유모는 산후 6주에 시작한다. 프로게스틴 단독 피임을 사용하며 프로게스테론은 모유생산량을 감소시키지 않는다.

방법

1일 이내	1일 이내 복용하지 않을 때 즉시 복용한다.	다른 피임 방법은 불필요하다.
	그 다음 정제부터 정한 시간에 복용하며 피임 효과는 지속한다.	
2알 복용 안함 국시 03	1~2주에 연속해서 이틀을 복용하지 않았을 경우 하루 2정을 2일간 복용 후 다음 약은 원래대로 제시간에 복용한다.	피임효과 감소로 다음 7일간 콘돔 같은 다른 비호르몬적 피임법을 병용한다. 피임 없이 성관계를 했다면 응급 피임법을 사용한다.
	3주 복용하는데 연속해서 이틀을 복용하지 않았을 경우 나머지는 버리고 같은 날에 새 피임제로 시작한다.	
3알 이상 복용 안함	나머지는 버리고 같은 날에 새피임제로 시작한다.	

❼ 성

모자보건법 제14조, 모자보건법 시행령 제15조(인공임신중절수술의 허용한계) 임용18 〈강우유 전혈모〉

임신 24주 이내	의사는 본인과 배우자의 동의를 받아 인공임신 중절수술은 임신 24주 이내인 사람
우생학적, 유전학적 정신장애나 신체질환	본인이나 배우자가 대통령령으로 정하는 우생학적, 유전학적 정신장애나 신체질환이 있는 경우
전염성 질환 임용 18	본인이나 배우자가 전염성 질환으로 풍진, 톡소플라즈마증, 의학적으로 태아에 미치는 위험성이 높은 전염성 질환
모체 건강 위협	임신의 지속이 보건 의학적 이유로 모체의 건강을 심각하게 해치거나 해칠 우려
강간 또는 준강간	강간 또는 준강간에 의하여 임신
혈족 또는 인척 간 임신	법률상 혼인할 수 없는 혈족 또는 인척 간 임신

성교육 내용(10대 임신 예방법) 국시 05
성적 자율성 〈성주자 존책〉

주체적 성의식		주체적 자아의 성의식 고양 교육으로 건강한 성생활을 할 수 있는 주체적 성의식을 갖는다. 원치 않는 성교와 임신을 예방할 수 있는 주체자가 자기 자신임을 깨닫는다.
성적 자기결정권	O	나의 성적 가치관, 의지, 느낌, 판단의 기준에 의해 선택하는 권리인 성적 자기결정권이 나에게 있다. 자신의 성적인 행동을 내가 결정하는 것으로 언제, 어디서, 누구와 성적인 행위를 할 것인가 결정할 권리는 나에게 있다.
	X	나도 모르게 주위 상황이나 다른 사람에 의해 강요받거나 지배받는 것, 상대방에 미안함, 배려 때문에 잘못된 선택을 하지 않는다.
자기주장 능력		자신의 의사를 분명히 표현하여 성관계 거절을 위해 효과적 의사결정기술, 의사소통술이 필요하다.
존중		상대에게도 성적 자기결정권이 있다는 사실을 인식하고 상대방의 성적 자기결정을 존중한다.
책임		책임 있게 자신의 성적 행동을 결정한다. 서로 합의된 혼전 성관계를 가진 남녀에게 성행위 결과는 생명 창조의 임신이라는 사실로 성행위는 책임감 있게 이루어진다.

성폭력

정의 임용 02 / 국시 22

성을 매개로 상대방의 동의 없이, 상대방의 의사에 반하여 성적 자기결정권을 침해하는 모든 신체적, 정신적, 언어적 폭력이다.

강간 상해 단계 = 강간 피해 증후군(Burgess & Holmstrom, 3단계 또는 5단계) 임용 02 〈급성 혼란기에 외재에 통침을 가했다〉

1단계	급성 혼란기	정신적 증상	여성은 정서적 혼란, 공포, 부정, 충격, 죄책감, 창피함을 보인다. 목욕과 질 세척으로 자신을 깨끗이 하고 싶은 욕구가 강하다.
		생리학적 증상	근골격계 근육 긴장, 통증, 과도한 호흡, 위장계 증상을 가진다.
2단계	외부 적응기	부정 & 억압	자신의 혼돈상태를 부정과 억압하는 심리 기제이다. 성폭행 사건에 말하기를 피하고 부정하는 시기이다.
		신체화	불안이 신체화되어 수면장애, 심인성 반응이 나타난다.
		활동 재개	모든 것이 정상적으로 돌아온 것처럼 보여 직장, 학교로 돌아가서 일상적인 활동을 재개하거나 직장을 이동하거나 직업을 바꾼다.
		행동 제한	자신의 행동을 제한하는 일반화된 두려움과 자신을 보호하기 위해 무기 구입, 집에 경보 장치를 설치한다.
3단계	재조직기	재조직	부정과 억압이 사라진다. 성폭력이라는 경험을 심리적으로 극복하는 단계로 사건을 전체적인 시각에서 조명하는 시기이다.
		황폐화	강간 경험이 없어지는 것이 아니므로 부정이나 억압이 오랫 동안 지속되면 적응기 전은 황폐화된다. 만성 스트레스성 질환, 공포증을 갖는다.
4단계	통합과 회복기		강간 피해자는 해결책을 찾게 되는데 강간의 원인이 자신의 죄가 아니라 가해자에게 있고 비난이 가해자에 향하는 것을 인지한다. 타인에 신뢰를 회복하기 시작하고 일상생활에서 안정을 찾기 시작한다.
5단계	침묵 반응		강간을 은폐한 여성은 지지체계를 활용하지 못하고 비난, 사회적 수치심, 보복이 두려워 침묵을 지킨다. 신체적 증상이 나타나도 강간 상해임을 숨기고 의료지원을 받으려 한다.

특징 국시 03,07 〈가정폭력 가해자는 사스 사정이다〉

가해자	사회학습이론 국시 19	'가정 내의 폭력은 폭력을 낳는다.' 아동은 자신의 가족 내의 역할모델이 어떻게 행동하는가를 관찰함으로 학습한다. 가치, 태도, 행동은 아동기에 중요한 타인에 의해 형태화되고 개발된다. 부모의 스트레스 대처, 분노 및 좌절 등에 대한 양식이 아이에게 강력하게 학습된다. 폭력은 학습된 행위로 아동은 가족과 친구들의 행동을 모방으로 배우게 된다. 아동은 폭력의 수단과 승인을 함께 배워 공격적인 행위를 학습한다. 폭력이 문제를 푸는 합법적인 방법이라고 확신하고, 성인이 되었을 때 화가 난 경우 학습된 행위에 의해 폭력을 행한다.
	스트레스관리기술 부족	폭력가정에서 스트레스관리기술이 부족하며, 스트레스를 잘 처리하지 못하는 것이 학대를 불러일으킨다. 공격자의 스트레스는 좌절과 욕구 불만을 일으켜서 취약한 욕구조절로 폭력이 일어난다.
	정신역동 국시 18	폭력은 전문직, 사무직, 노동자 등 어느 사회경제적 집단에서 발생하지만 일반적으로 남성이 여성에 비해 교육이나 직업수준이 낮을 때, 열등감, 불안감, 실직 상태, 직업에서 어려움을 겪을 때 발생한다. 낮은 자존심, 열등감, 무력감, 불안을 폭력으로 표출한다.
	사회적 원인	가정폭력은 폭력에 대항하는 법이나 규범적, 구조적 체계가 부족한 사회, 지지가 가능한 확대 가족요원이 없는 가족들, 양부모가 계신 가정보다 편부모 가정에서 흔하다. 중재는 폭력의 불이익(구속, 벌금, 지위 상실, 가정 상실)을 증가시키고 이익(가족 요원에 권력이나 통제)을 감소시킴으로 폭력에 대한 사회적 통제를 제공한다.
피해자	학습된 무력감 국시 24	가해자들은 구타에 대한 비난을 막기 위해 그럴 듯하게 꾸며내는 논리로 방어하는 반면 피해자들은 가해자의 비현실적인 기대와 요구를 충족시킬 수 없기 때문에 자신이 처한 상황이 개선될 수 없음을 운명적으로 받아들인다.

◆ 김기영 보건교사 ◆

Walker 폭력의 주기성 인용 16 〈Walker의 폭력 주기를 긴구화가 사격하는 폭도 벗과 화머를 만들었다〉

1단계	긴장 형성 단계	사소한 폭력	기분 나쁜 일들을 적절하게 표현하기보다 구타자는 상대의 결점을 끄집어 내거나 꾸짖음, 비난, 무시, 물건 던지기, 음주 등 사소한 폭력사건이 발생한다.
		격리	여성들은 남편의 분노가 자신도 부분적인 책임이 있다고 생각하고 맞는 자신을 거부할까 봐 가족, 친구, 이웃으로부터 거리를 둔다. 남성은 자신의 폭력 사실이 공개될까 봐 여성이 부정을 저질렀다거나 모욕스런 상처를 남겨서 여성을 사회로부터 격리시키고 여성을 가둬두려 한다. 여성의 사회적 격리는 남성의 통제를 강화시키는 기전으로 작용한다.
2단계	구타 사건 발생 단계	폭력	누적된 긴장감과 갈등이 자제력을 잃고 구타행위가 일어나 여성이 항복할 때까지 폭력을 가한다.
		도움 찾지 않음	심한 폭력 후에 의료처치를 요구하는 상황이 아니면 대다수의 여성들은 즉각적으로 도움을 찾지 않는다. 도움을 요청할 에너지, 동기를 잃는다. 남성은 법적 처벌이나 실직, 이웃의 비난 등을 피하려고 여성이 도움을 구하지 못하게 한다.
		벗어남에 장애	안전한 보호처, 자녀에 책임, 재정적 문제, 남성이 변화될 수 있다는 기대는 여성들이 벗어나는 데에 장애이다.
3단계	화해 단계	화해	남편이 급성 구타기에 이어 폭력에 용서와 후회, 친절, 사랑행위를 빌고 폭력 재발방지를 약속하고 아내는 변화를 기대한다.
		머무름	자신이 남성을 잘못 선택하였다고 자책하고 실패자로 간주한다. 서로에 대한 믿음과 의지에 과장된 의식이 가정폭력에 머무르게 한다.

◆ 김기영 보건교사 ◆

⑧ 임신

임신과정 (국시 06, 09)

단계				내용
제1단계	성세포 생산	난자	배란	다음 월경 14일 전에 에스트로겐에 의해 LH가 증가된다. LH는 난소의 성숙난포(포상난포)로 성숙한 난포에서 난포막을 파열시켜 난자의 배출이 배란이다.
			생식력 (국시 04)	난자(22+X)는 배란 후 24시간 동안 생식력을 가지며 정자를 만나 수정이 되지 않으면 퇴화하여 재흡수된다.
		정자	생성	FSH에 의해 정조세포가 정자로 성숙되며 정자의 완전 성숙에 테스토스테론과 LH가 필요하다.
			생식력 (국시 04)	여성의 생식기 안에서 정자(22+X, 22+Y)는 2~3일 동안 생식력을 가진다.
제2단계	성세포 수송	난자		다량의 에스트로겐은 난관의 운동성 증가와 난관 근육의 수축력을 증가시키고 난관의 섬모들이 비운동성 난자를 잡아 난관 팽대부로 이동시킨다.
		정자	질	질의 산성 환경에서 속도가 매우 느리고 활동성이 약하다.
			자궁강	자궁강의 알칼리성 환경에서 빨라져 정자는 사정한 지 일반적으로 4~6시간 후에 자궁강을 지나 난관까지 간다.
제3단계	수정	장소 (국시 04)		난관 외측 3분의 1 부분인 팽대부에서 수정한다. 염색체가 합체되어 염색체의 수는 46개가 되고 접합자가 형성되며 난관을 따라 내려가면서 빠르게 분열한다.
		투명대 반응		투명대 반응은 1개의 정자가 난자를 둘러싸고 있는 투명대(막)를 통과하여 정자와 난자가 막으로 둘러싸이게 되면 투명대(막)는 다른 정자가 들어갈 수 없게 한다.
		기간		배란 전 48시간 + 배란 후 24시간 = 72시간 수정에 중요한 시기는 배란 전 48시간과 배란 후 24시간을 합한 72시간이다.
제4단계	착상 (임용 19) (국시 06)			자궁 내로 운반된 수정란이 세포 분열하여 상실배(상실체)가 되어 수정 6~10일 후 배포가 자궁내막에 착상한다. (국시 22) 수정 후 6~10일 사이에 영양배엽에서 단백질 분해 효소가 분비되는데 이 효소는 자궁 내막 속으로 배포 전체가 묻힐 때까지 파고 들어갈 힘을 준다. 배포가 착상할 때 영양막을 덮은 융모막 융모가 자궁내막의 혈액이 가득한 곳으로 파고 들어가 착상을 도와줄 때 가벼운 착상 출혈이 나타나기도 한다.

발달단계

수정란 국시 00, 05, 08	정의		수정에서 2주까지
	접합자		빠르게 분열한 접합자가 난관을 따라 내려 가면서 형성된다.
	상실배(체)		3일에는 분할과정을 거쳐 상실배(체)가 되며 자궁강 내에 떠 있다.
	배포	기전	배포의 바깥층은 태반이 될 영양막이 되고 안쪽은 배아가 될 내층 세포가 된다. 영양막은 배아에 영양을 공급하고 나중에 태반이 된다.
		내배엽	소화관, 갑상선, 호흡기계
		중배엽	심장, 혈관, 근육, 뼈, 신장
		외배엽	감각기관, 뇌, 말초신경계, 피부
배아기 국시 03	정의		태생 3주~8주까지의 기간 배아의 외층은 영양막 세포층으로 내층의 세포 영양막과 외층의 합포 영양막이 된다. 내층 세포 덩어리와 영양막 사이에 양막강이 형성된다.
	난황낭		자궁태반 간 순환이 이루어질 때까지 2~3주간 배아에게 영양을 공급한다. 간에서 조혈작용이 이루어질 때까지 초기 혈액 세포를 생성한다. 6주말경 소실된다.
태아기	9주~임신 말기		

임신력과 출산력

5자리 숫자체계 국시 20, 22	G T P A L (Gravidity, Term, Preterm, Abortion, Living children)
4자리 숫자체계 임용 22 국시 06, 08, 13, 14, 17	T P A L (Term, Preterm, Abortion, Living children) (만기분만, 조산, 유산, 생존아)

임신 징후 임용 10

추정적 국시 07	임부 자신이 느끼는 변화	4주		무월경 국시 08	
		3~4주 국시 21		유방의 민감성, 단단함, 유방압통 증가 : 유두 주위의 예민함, 저림 같은 증상	
		6~12주		메스꺼움, 구토, 빈뇨 국시 05	
		7~12주		자궁 증대	
		12주		피로	
		16주		피부의 과도한 색소침착	
		16~20주		첫 태동 국시 02	
		체중 증가, 감정 변화			
가정적	의사가 관찰하는 변화 〈브 부채 구헤 맥 피 브라〉	복부증대(12~14주)			
		태아외형 촉진			
		피부변화		착색, 임신선	
		임신검사		소변 임신검사	양성
				혈청 임신검사	양성
		부구감(16~18주)		진입되지 않은 태아의 수동적 움직임 의사가 손가락을 질 속에 넣고 부유 구조물인 태아를 부드럽게 위로 올리면서 부유물을 떠오르게 하고, 다시 태아가 가라앉는 부드러운 움직임을 손가락으로 느끼는 것	
		브랙스톤 힉스 수축 (Braxton Hicks 수축) (16~28주) 국시 03		전 임신 기간 동안 불규칙적, 무통성 자궁 수축 국시 07	
		구델 징후(Goodell sign) (5주) 임용 15 / 국시 06, 18		임신 6주에 자궁경부의 부드러움이다. 결체조직에 혈관이 증가하고 증대로 발생한다.	

가정적	의사가 관찰하는 변화 〈브 부채 구헤 맥 피 브라〉	헤가 징후(Hegar sign) (6~12주) 임용 15		임신 6주경에 자궁 협부가 부드럽고 유연해진다. 양손 진찰법으로 자궁 협부의 부드러움 사정
		채드윅 징후(Chadwick sign) (6~8주) 국시 00, 10, 16		임신 6주부터 나타나고, 임신 8주에 쉽게 눈에 띈다. 경부, 질 점막, 외음부가 혈관이 많아져 보랏빛에 가까운 푸르스름한 색으로 변함
		맥도날드 징후		자궁체부가 경부 반대쪽으로 조금 기울어진다.
		라딘 징후 (Landin's sign)		자궁체부와 경부의 접합부 근처의 중앙부 앞면에 부드러운 반점이 나타난다.
		브라운본펀왈드 징후 (Braun von Fernwald's sign)		착상 부위의 불규칙한 부드러움과 크기의 증가 임신 15주에 나타난다.
		피스카섹 징후 (Piskacek's sign)		거의 종양처럼 보이는 비대칭성 증대
확정적 국시 03	태아 존재 시 징후	초음파 검사(4~6주)		초음파로 시각적으로 배아나 태아의 시각화
		태아 심음 청진기 국시 13		태아 심음 청취
		도플러 초음파 청진기 (10~12주) 국시 05		임신 10주경 도플러 기구를 이용하여 태아 심음 청취
		태동 촉진(20주) 국시 04		촉진자에 의한 태아의 움직임을 촉진하여 확인 임신 18주 이후에 태아의 활발한 움직임을 임부와 진찰자도 알 수 있다.

출산 예정일 추정

네겔레 법칙 임용 19 / 국시 98, 04, 08, 20 〈네겔 칠 구〉

계산	분만예정일(EDC) = LMP(마지막 월경주기의 시작일) + 7일 − 3개월 + 1년 = LMP(마지막 월경주기의 시작일) + 7일 + 9개월

자궁저부의 높이로 계산하는 법

10~12주(3개월) 국시 20	자궁저부는 치골결합 위로 올라옴 치골결합 위에서 자궁이 만져지지 않으면 임신 12주 이하
16주(4개월)	제와부위와 치골결합의 중간지점
20~22주(5개월)	제와부위에 자궁저부 위치
28주(7개월)	검상돌기에서 3손가락 폭 아래
36주(9개월) 국시 12, 18, 22	검상돌기 위치, 가장 높음
38주 이후	태아가 골반으로 진입하고 하강

맥도날드 법칙(McDonald's rule)

정의	임신 16주(4개월) 이후 자궁저부 높이로 임신 주수 추측
방법	줄자를 이용하여 치골결합~자궁저부까지 길이 측정
임신월수	〈lucky! 파(8)! 리(2)!〉 자궁저부 높이(cm) × 2/7
임신주수	자궁저부 높이(cm) × 8/7
영향 요소 국시 18	큰 태아, 다태임신, 양수과다, 모체비만 고려

임부 태동 자가 측정법 임용 12 / 국시 17

사도프스키 방법	방법	매일 식후마다 4회씩 태동을 센다.
	정상	한 시간 이내에 3회 이상의 태동
	비정상	한 시간 이내에 2회 이하의 태동
카디프(cardiff count to ten) 방법 (10까지 카운트)	방법	매일 아침마다 처음 10회의 태동을 센다. 10번의 움직임을 기록하는 데 걸리는 시간을 기록한다.
	비정상	12시간 이내 10회 이하의 태동이면 의료인에 보고한다.

융모막 융모생검

시기	임신 10~12주 사이에 시행한다.
목적 〔국시 21〕	염색체 이상 유무, 다운 증후군을 확인한다. 이분 척추의 신경관 결함을 발견하는 데 부적절하다.
방법	융모막이란 태반을 형성하는 조직으로 태아의 세포와 동일한 염색체 구성을 함유한다.

양수 천자

시기		양수가 충분한 15~20주에 시행되나 16~18주가 민감도가 높다.
유전적 문제		노산, 염색체 이상아 분만경험, 염색체 이상 가족력, 대사의 유전적 결함(tay-sachs disease, 혈우병, 지중해성 빈혈), 이분 척추의 신경관 결함에 실시
태아 폐성숙도 측정	L/S비율	L/S(Lecithin-Sphingomyelin)비율, 레시틴(lecithin)은 계면활성물질이다. 임신 24주 후에 양적으로 증가한다. 35주에 L/S비율이 2:1이면 폐가 잘 성숙되었음을 의미한다. 스핑고마이엘린은 일정한 양이 계속 유지된다.
	PG (포스파티딜글리세롤)	PG(phosphatidylglycerol)가 가장 정확하다. 계면활성제 중 두 번째로 풍부한 인지질이다. PG는 임신 36주(9개월)에 나타나며 증가한다. PG가 결핍되면 호흡장애 증후군 이환율 높다.
	shake 검사 (거품 검사)	shake 검사(Foam stability 검사) 양수에 에탄올을 넣고 30초간 흔들었을 때 15분 후 포말이 생기면 태아가 폐성숙이 됐다.
태변 착색검사	정상	투명 둔위에서 태변 착색이 가능하다.
	비정상 〔국시 13〕	두정위에서 양수가 태변으로 착색, 불투명, 양수의 색이 약간 푸르스름은 태변 배출로 태아 상태가 위험하다. 두정위에서 태아가 출생 전 태변을 배출하는 것은 태아질식을 의미한다. 태아가 저산소증, 제대압박일 때 미주신경 자극으로 장의 연동운동 증가와 항문 괄약근 이완으로 양수로 태변을 배출한다.

태아섬유결합소(fTN)

목적	임신 20~24주에서 35주일 때 조산 예측
방법	자궁경부나 질의 체액 검체에서 태아섬유결합소가 발견되는지 확인한다.

기형선발검사

	αFP	estriol	hCG	inhibin A
다운 증후군	↓	↓	↑	↑
신경관 결손	↑	−	−	−

알파 피토프로테인[AFP, MSAFP(Maternal Serum α fetoprotein]

검사 시기	임신 15~20주(16~18주, 4개월)
AFP 상승	〈신식비 증가〉 이분척추, 무뇌아 같은 태아 신경관 결함 (임용 20 / 국시 13, 21) 식도, 소화관 폐색(양수과다증) 유발 비뇨기 폐색(양소과소증) 유발 다태 임신 태아 사망
AFP 하강	〈영삼이가 하강〉 염색체 삼체성(예 다운 증후군 : 21삼체성, HCG 증가, 에드워드 증후군 : 염색체 18번 삼체성, 파타우 증후군 : 13번 삼염색체) 임신성 영양막성 질환(포상기태) 태아 사망

에스트리올(E3) 배설량 측정 국시01

기전	태아 안녕-태반 기능의 표시로 에스트리올 전구물질은 태아의 부신피질에서 생산되고 태반에서 에스트리올로 합성한다. 임부의 소변으로 배설된다.
에스트리올 감소	임신의 종결·태아 사망, 태아의 상태가 위험함을 의미, 자궁 내 성장지연, 과숙 임신, 다운 증후군, 임신성 고혈압, 당뇨병, 태반의 부분적 박리

프로게스테론

의의 국시 00, 05, 08	태아의 전구물질을 요구하지 않기 때문에 태아 안녕 평가에 가치가 없다.

융모성선자극호르몬(HCG)

호르몬 양 변화	태반의 융모막(합포체영양막)에서 생산된 HCG는 착상 후 곧 모체 혈장에서 발견되며 급격히 증가 2~3일(48~72시간)마다 농도가 2배 60~70일째 최고치 국시16	
질환 국시 01	낮은 HCG	유산, 자궁외 임신
	높은 HCG	다태 임신, 다운 증후군
	높은 농도, 임신 100일 이후에도 HCG 계속 증가 국시07	포상기태(태아, 태반, 양수, 양막이 없고 포도송이 모양의 기태) 융모상피암(기태에서 융모상피암 발생)

초음파 검사(Ultrasonography)

임신 1기 태아 평가 〈태낭 심 머리 목〉	태낭(임신 낭, 재태낭, gestational sac)	GA 6주(질식초음파 : GA 5주) 가장 먼저 관찰되는 소견임!!
	심박동(심장 운동) 관찰	GA 7주(질식초음파 : GA 6주)
	목덜미투명대 (Nuchal translucency) 임용 20	GA 11~14주 초음파를 이용하여 태아의 목덜미에 있는 목덜미 부근의 피부(fetal skin)부터 경추(spine)까지의 거리이다. 목덜미에 있는 투명한 공간의 두께를 측정한다. 목덜미 투명대의 3mm 이상은 삼염색체와 같은 염색체 기형, 다운 증후군과 관련된다.
	머리엉덩이길이 (Crown-rump length, CRL)	GA 8~12주(임신 1기, 14주 이전) 태아 머리~엉덩이 길이, 태아의 임신 나이를 가장 정확하게 반영한다.
임신 2기 태아 평가	대횡경선 (Biparietal diameter, BPD)	임신 2기, 14~26주를 반영한다.
임신 3기 태아 평가	다양한 측정 방법 사용	

무자극(NST) 검사 = 비수축검사

목적 임용 22 / 국시 18, 21	태동에 대한 반응으로 태아심박수가 증가하는지 검사	
결과 해석	반응 국시 18	정상 20분 동안 태동이 있을 때, 태아심음이 기준선보다 15박동 이상으로 상승하여 15초 이상 지속되며 2회 이상이다.
	무반응	20분 동안 태동과 동시에 태아심음이 기준선보다 15박동(bpm) 이상 상승하지 않거나 15초 이상 지속되지 않는 경우 원인 : 양수 과소(제대 압박 위험), 태반 경색, 태변 착색, 태아 산혈증, 발육지연

전자 태아감시기 국시 19

초음파 변환기	태아심박동을 반영한다.
자궁수축 변환기	모체 복부에 압력 감지 기구를 부착시켜 자궁수축의 빈도, 기간을 측정한다.

태아심음 청진

선진부 태아 심음 부위	두정위	태아심음은 태아의 등에서 잘 들린다.	산모의 제와(배꼽) 밑 하복부에서 잘 들린다.
	둔위		산모의 제와 상부에서 잘 들린다. 국시 06
	안면위	태아심음은 태아의 흉골(가슴)에서 잘 들린다.	산모의 제와 밑 하복부에서 잘 들린다.
주수별 태아 심음 부위	임신 10주	치골결합 상부 중앙	
	임신 20~28주	제와 바로 아래	
	임신 30주 이후	좌전방 두정위(LOA)	제와와 좌측 전상 장골극의 중간 지점
		좌후방 두정위(LOP) 국시 18	LOA보다 5cm 바깥쪽
		우전방 두정위(ROA) 국시 13, 21	제와와 우측 전상 장골극의 중간 지점
		우전방 둔위(RSA) 국시 19	제와 우측 상단

태아 심장박동(태아심음 청진)

확인 시기 국시 04, 14	자궁수축 전후, 수축 시, 양막파열 직후 태아 산소공급 장애 파악
정상 국시 20, 21	120(110)~160회/m

태아 심박동 변화 양상 〈조 후가지변〉

변이성 소실(감소)(Decreased or loss of variability)

비정상	변이성 소실 ≤ 5회/min 잠정적 태아질식 징후로 태아 저산소증, 산독증, 마약제, 진정제로 중추신경계 억압으로 나타난다. 변이성 소실이나 최소 변이성은 비정상이다.
정상 국시 20	중등도 변이성(6회/min 이상 25회/min까지)은 정상이다.

조기 하강(조기 감퇴, Early deceleration) : 조기 태아 심박동 감소

정의		자궁수축이 시작할 때 HR이 감소하기 시작하여 자궁수축이 가장 클 때 HR이 가장 감소 태아 질식과 관계없다.
기전		자궁수축으로 아두의 압박인 정상 반응 ICP 상승으로 미주신경인 부교감신경을 자극하면 FHR을 감소시킨다.
간호 국시 13	좌측위	아두의 압박과 관련되며, 태아 질식과 관련이 없으므로 중재가 필요 없다. 조기 감퇴는 산부에게 투여된 산소와 자세변경에 반응하지 않는다. 산모의 좌측위 자세와 관찰

후기 하강(만기 하강, 후기 감퇴, Late deceleration) : 만기 태아 심박동 감소 국시 21

정의	자궁수축이 가장 클 때 HR이 서서히 감소하기 시작하여 자궁수축이 끝날 때 HR의 가장 낮은 지점이 되고 자궁수축이 끝났을 때에도 HR이 정상으로 돌아오지 못한다.
기전	자궁과 태반의 혈액순환이 부적절하다. 태반에 전달된 산소가 충분히 전달되지 못할 때 심박동을 감퇴시킨다. 후기 감퇴를 일으키는 저산소증은 산소가 자궁으로 적게 전달될 때, 태반순환이 불충분할 때 발생한다.

가변성 하강(가변성 감퇴, 다양성 하강, 다변성 감퇴, Variable deceleration) : 다양성 태아 심박동 감소 〈국시 07〉

정의	HR의 감소가 자궁의 수축과 무관하게 시작되어 모양이 제각각 가변성 감퇴는 V, W, U자 모양	
원인 〈국시 07〉	양수가 심하게 감소로 탯줄 압박	
	제대 압박 → O_2↓, CO_2↑ → 미주신경 자극 → FHR↓	
중재 〈국시 14〉	질 검진	질 검진 → 제대 탈출, 제대가 눌렸는지 확인
	제대 압박 감소	체위변경은 제대의 압력을 제거한다. 제대 압박을 줄이기 위해 산부의 체위 변경으로 슬흉위, 골반 고위를 한다. 제대 압박 시 즉시 C-sec
	옥시토신 중단	산부가 옥시토신이 주입되고 심각한 가변성 감퇴 시 의사가 기록을 사정할 때까지 약물 주입 중단

지연된 하강(지연된 감퇴) : 지속성 태아 심박동 감소

정의	단일 태아 심박동 감소가 2분 이상 10분 동안 기본선 아래 태아 심박동수↓ 지속적 하강이 심한 다양성 하강 후, 지속적 만기 하강 동안 나타나면 태아사망 직전 반응

생물리학적 계수(Biophysical profile, 태아의 신체 프로필) : 태아 사망 위험을 인지하는 평가 〈NA! MBT〉

	생물리학적 요인	정상(2점)	비정상(0점)
지표	태아호흡운동 (FBM, fetal breathing movement)	30분 관찰하는 동안 30초 이상 지속되는 율동성 호흡운동이 1회 이상 있을 때	호흡운동이 30초 미만
	태아신체운동(FM, fetal movement)	30분 관찰하는 동안 태아 움직임이 3회 이상일 때	태아의 움직임이 2회 이하
	태아긴장도(FT, fetal tone)	30분 관찰하는 동안 태아의 몸, 사지, 손을 1회 이상 굴곡과 신전하는 움직임이 있을 때	굴곡과 신전하는 움직임이 없을 때
	반응성 태아심음 (NST 검사, Reactive FHR)	30분 내 태아 움직임과 함께 심음이 15bpm 이상 상승, 15초 이상 지속하는 경우가 2회 이상일 때	30분 내에 심음의 15bpm 이상, 상승이 1회 이하일 때
	정량적 양수양 (Qualitative AFV, amniotic fluid)	2개의 수직면 내 2cm 초과(> 2cm)되는 양수 pocket이 적어도 1개 이상일 때	2 perpendicular plane 내 2cm 이하(≤ 2cm)인 양수 pocket이 1개

융모성선자극호르몬(HCG : Human Chorionic Gonadotropin)

분비 장소		착상 후 융모막(합포체영양막)의 융모에서 융모성선자극호르몬(HCG) 생산 국시 08
기능 〈HCG에서 황진이와 태오가 면태했다〉	황체 유지 국시 05	태반이 호르몬을 생산할 때까지 융모막 융모에서 분비된 hCG는 임신 초기 황체 유지로 황체에서 임신 유지에 필요한 프로게스테론, 에스트로겐 분비에 도움이 된다. 황체에서 프로게스테론과 에스트로겐의 분비를 자극하여 임신 동안 배란과 월경이 일어나지 않게 하고 착상에 적합한 자궁 내 환경을 만든다. 태반에서 프로게스테론과 에스트로겐이 분비되기 이전에 황체가 기능을 못하면 자연유산된다.
	진단	혈액과 뇨에서 hCG 검사는 임신진단, 자궁외 임신, 포상기태 진단에 유용
	태반 배출 확인	
	임신오조증	
	면역 억제	
	테스토스테론	남자 태아 고환의 간질세포에서 테스토스테론 생산에 영향을 주어 남성 생식기 성숙

◆ 김기영 보건교사 ◆

임신 시 에스트로겐, 프로게스테론 증가

생성 장소	임신 12주	난소의 황체에서 프로게스테론, 에스트로겐 생산
	임신 12주 이후	3개월(12주) 이후에 황체는 퇴화되고 태반이 성숙하여 프로게스테론, 에스트로겐 생성량이 많아진다. 국시 03, 14
작용 국시 21		프로게스테론, 에스트로겐 증가는 뇌하수체 전엽에서 난포자극호르몬(FSH)과 황체화호르몬(LH)의 분비를 억제한다. 난포의 성숙과 배란, 월경은 일어나지 않는다.

프로게스테론 임용 23	자궁 이완 임용 23	뇌하수체 후엽 호르몬인 옥시토신 분비를 억제하여 자궁 평활근에서 옥시토신의 자궁수축 작용에 민감도가 감소한다. 자궁수축을 억제시켜 자궁의 운동성 억제와 자궁 이완으로 수정란의 탈락을 방지하여 자연유산을 막고 임신을 유지시킨다.
	자궁내막 증진 임용 23	자궁내막의 선과 혈액공급의 증가와 나선 모양으로 꼬여지고 자궁내막에 글리코겐을 축적하여 수정란의 착상을 위한 영양 상태를 만든다. 수정란의 보호 작용과 임신유지 준비를 한다.
	염주 모양	자궁 경부의 점액분비로 구슬(염주) 모양이다.
	유방 발달	젖샘 소엽 안 포상 조직과 선방세포 발달로 유방 발달을 자극한다.
	지방 저장	임신 시 지질, 지단백, 콜레스테롤을 증가시켜 임부, 태아 요구를 위한 에너지 이용이 가능하다.
	체온 증가 임용 24	모체의 신진대사 촉진으로 체온 증가로 덥고 땀이 많이 난다.
	과다호흡	프로게스테론이 CO_2에 대한 중추성 화학 감수체를 자극하여 과다 호흡을 한다.
	신장계	방광의 탄력성 감소로 방광이 팽만되어 뇨정체로 비뇨기 감염 위험이 있다. aldosterone과 경쟁적으로 작용하여 신장에서 Na^+ 배설을 증가시킨다.
	위장관	위장관의 평활근을 이완시키고 장의 운동을 저하시켜 영양분의 흡수 시간을 길게 한다.

에스트로겐	자궁 증대	임신 초기의 자궁을 증대시킨다.
	자궁 탄력	자궁의 탄력성, 수축성을 유지한다.
	자궁 혈류	자궁 혈류 증진으로 혈관 분포 증가로 자궁태반의 혈액순환을 자극한다.
	유방 발달	에스트로겐은 유방에 지방조직 침착과 혈관 분포 증가, 젖샘 조직과 유관의 발달로 유방 발달을 자극한다.
	유즙 분비 억제	에스트로겐은 유즙 분비를 억제한다. 분만 후 태반이 만출되어 에스트로겐 감소로 뇌하수체 전엽의 prolalctin 분비로 유즙을 분비한다.
	소화기 장애	염산과 펩신 분비 감소로 소화성 궤양은 감소하나 오심, 구토, 소화기 장애가 유발된다.
	RAA	에스트로겐 분비로 레닌-안지오텐신 Ⅱ, 알도스테론 분비 증가로 신장의 세뇨관과 집합관에서 나트륨과 수분의 정체로 체내에 수분을 축적시킨다.
	멜라닌세포자극호르몬	에스트로겐이 멜라닌세포자극호르몬의 자극으로 기미, 젖무리, 생식기 과착색, 흑선이 있다.
	thyroxin	갑상선 기능에 영향으로 thyroxin 생산이 증가한다.
	혈관 확장	혈관 확장으로 모세혈관 확장증, 손바닥 홍반증이 있다.
	응고	에스트로겐에 의해 응고인자(Factor Ⅶ, Ⅷ, Ⅸ, Ⅹ), 섬유소원(fibrinogen) 증가와 응고된 혈액을 용해하는 섬유소 용해작용 저하로 혈액이 응고 경향을 가진다.
	지방 침전	지방 저장량을 증가시킨다.
	근골격 이완	관절과 골반 인대가 이완된다.
태반락토겐 (hPL) 임용 23		수유를 하기 위한 유선 준비로 유방의 포상조직을 발달시킨다. 태아 성장을 위해 모체의 탄수화물, 지방, 단백질 대사로 포도당이 합성되는 과정과 관련된다. 태아로 당과 아미노산 전달을 용이하게 한다. 인슐린에 길항제로 작용한다. 모체의 대사요구량에 필수인 유리지방산 순환을 증가시키고 태아의 성장을 돕기 위해 임부의 포도당 대사를 감소시킨다.
릴렉신 (relaxin)		임신기간 동안 황체, 태반에서 분비한다. 관절을 이완시키고 출산 동안 골반이 확장하도록 치골결합의 유연성이 증대된다. 태아가 질을 통과하기 쉽도록 자궁경관 확장, 시상하부의 옥시토신 분비를 억제하여 자궁의 수축력 감소로 분만 시작이 지연된다.
prostaglandin	자궁수축 국시 15	자궁수축 유지로 태반에 혈액 공급을 증진한다. 말기에 자궁수축으로 분만을 유도한다.
	혈관 확장	말초 혈관 확장으로 임신 중 혈액량이 증가함에도 정상 혈압을 유지한다.

대사

지방대사	혈중 지질 증가 임용 10	프로게스테론에 의해 담낭이 비워지는 시간이 지연되어 혈청 콜레스테롤이 상승한다. 프로게스테론은 serum triglycerides, cholesterol, 유리 지방산(free fatty acids), 지질량이 증가하여 임부, 태아 요구를 위한 에너지 이용이 가능하다.
기초대사 BMR 상승	원인	자궁-태반-태아의 산소요구량 증가로 모체의 심장활동이 증가되어 기초대사가 상승한다.
	증상	임신 초기 대사성 활동 증가로 피로, 권태, 수면욕구가 생긴다. 국시 09
		임신 중 BMR 증가로 초래된 과다한 체열의 소모를 돕기 위해 과다열을 발산하기 위하여 말초 혈관 확장, 땀샘 활동 증가

경관

경관 연화 국시 10		임신 중 자궁경관은 에스트로겐에 의해 혈관 증가, 부종, 자궁 경부의 비대와 비후로 연화된다.
경관 점액마개	원인	임신 동안 프로게스테론과 에스트로겐 증가로 경관은 풍부한 점액성 분비물을 만들어 낸다.
	기능	점액성 분비물은 점액마개를 형성하여 경관 내 통로를 채워 경관을 차단한다. 임신 중 박테리아가 경관을 통과하는 것을 방어하여 융모막과 태아의 세균 감염을 예방한다.
경관 점액의 염주 모양		프로게스테론 영향으로 경부의 점액을 도말하면 구슬(염주) 모양, 세포의 결정화(단편 결정) 현상이 관찰된다. 양치엽 모양이 나타나지 않는다.

질

질점막 국시 11		에스트로겐은 결체조직의 유연성, 질점막의 비후, 질점막을 늘어나게 하고 질의 길이를 증가시키고 질 원개가 길어지게 유도한다. 진통, 출산 시 질이 늘어나고 확장시키도록 준비한다.
질 분비물 국시 16	백대하	에스트로겐과 프로게스테론에 의한 경관 점액의 변화로 질 분비물의 양이 증가한다. 에스트로겐의 영향으로 질의 상피 세포들은 많은 글리코겐을 함유하여 빠르게 탈락되어 희고 짙은 백대하의 점액성 분비물이다.
	pH 산성	에스트로겐이 증가한 결과 질의 상피세포에 있는 글리코겐에 작용하여 글리코겐이 풍부한 환경에서 자라는 Lactobacillus acidophilus(젖산균)이 증가한다. 젖산량을 늘려 질 분비물을 산성으로 변화시킨다. 임신 중 산성 환경이 질을 침범하는 박테리아, 미생물로부터 감염되지 않도록 보호
	칸디다성 질염 (모닐리아성 질염)	임신 시 에스트로겐의 증가로 글리코겐이 증가하여 포도당이 풍부한 환경에서 잘 성장하는 Candida albicans(백선균) 같은 곰팡이가 성장하기 좋은 환경이 된다. 임신 중 칸디다성 질염 증가

소화계
프로게스테론 증가 〔국시 01〕

가슴앓이 〔국시 06, 17〕	프로게스테론	프로게스테론 증가로 식도 괄약근 이완으로 식도 역류와 위의 운동력 감소로 위가 비워지는 시간의 지연, 역연동으로 가슴앓이, '소화불량'이 있다.
	자궁증대	자궁의 증대로 위가 위쪽으로 밀려 올라가기 때문이다.
담낭	담석	프로게스테론 증가로 담낭의 수축력 감소로 담낭 확장, 담즙 보유 기간 증가, 담낭이 비워지는 시간 지연, 담즙이 진해져 임신 중 담석 발생, 혈중 콜레스테롤이 증가한다.
	소양증	임신 말기에 담즙분비가 억제되어 소양증이 있다. 출산 후 소양증이 호전된다.

에스트로겐 증가 〔임용 10〕

에스트로겐 증가로 위의 염산과 펩신 분비 감소로 소화성 궤양은 감소하나 오심, 구토, 소화기 장애 유발

비뇨기계

요관 확장증 〔국시 08〕	원인	프로게스테론	프로게스테론으로 요관은 평활근 근력, 운동력과 탄력성이 감소하여 길게 늘어나고 꼬인다.
		증대된 자궁	증대된 자궁은 요관을 압박하며 요배설 장애로 요관이 팽대된다. 임신 후반기에 S장 결장의 영향으로 증대된 자궁이 오른쪽으로 기울어지기 때문에 왼쪽보다 오른쪽의 신우와 요관이 더 확장된다. 〔국시 23〕
	결과	요로 감염	소변 배설 속도가 느려 소변이 형성되어 요배설 시간 지체로 정체된 소변은 미생물 성장의 좋은 매체로 요로 감염이 된다.
방광			프로게스테론에 의해 방광의 긴장력이 저하되고 방광 용적이 1,500mL까지 증가한다. 〔국시 23〕 에스트로겐은 방광을 포함한 골반 내 장기의 혈관 분포가 증가한다. 방광의 혈관이 울혈(충혈)로 방광 점막이 쉽게 손상받거나 출혈이 생기기 쉽다.

빈뇨 원인 〔국시 98〕

임신 초기 〔국시 19〕	빈뇨 증가	증대된 자궁	증대된 자궁이 방광을 압박하여 빈뇨
임신 중기	빈뇨 감소	자궁 상승	자궁이 복부로 상승하면서 빈뇨 감소
임신 말기	빈뇨 증가	선진부 압박 〔국시 06〕	임신 말기에 선진부가 모측 골반에 하강하면서 선진부가 방광을 압박하여 빈뇨

사구체여과율 〔임용 09 / 국시 06〕	임부의 증가한 대사와 임부와 태아의 증가된 노폐물 배설을 위하여 순환적 요구 충족에 신장으로 가는 혈류가 증가하며 신사구체 여과율도 증가한다. 임신 중 사구체여과율 증가(정상 : 120~125mL/m)로 혈장크레아티닌(정상 : 0.6~1.5mg/dL), 요소 농도의 저하
세뇨관 재흡수율 〔국시 05, 07〕	증가된 사구체 기능에 보상과 과도한 나트륨 결핍을 예방하기 위해 신세뇨관에서 나트륨 재흡수율이 증가한다. 임부는 혈액과 세포외액을 증가시키기 위해서 수분을 증가시키고 등장액을 유지하기 위해 나트륨이 필요하다.
당뇨	임신 시 혈당이 120mg/dL일 때 소변에서 당이 배출된다. 당에 대한 신장의 요역치가 저하된다. 사구체의 여과작용 증가와 세뇨관에서 당의 재흡수 장애로 소변에서 당이 나올 수 있다.
단백뇨	임신에서 단백뇨는 나타나지 않는다. 진통 중, 산후 1~2일에 단백뇨 1+, 뇨 중 단백 분해 산물 배출로 단백뇨가 있다.

피부계

색소 변화	임신 시 에스트로겐에 의해 뇌하수체 전엽의 멜라닌세포 자극호르몬에 의해 색소 침착을 초래한다. 흑선 〔임용 10〕, 색소 침착은 분만 후 엷어진다. 갈색반은 분만 후 없어지거나 엷어진다.
임신선	스테로이드(부신피질호르몬)에 의해 피부의 콜라겐 감소로 기저 결체 조직이 분리된다. 피부의 결합조직이 단열되어 나타난다.
	탄력섬유의 파열로 생긴 임신선은 분만 후 완전히 없어지지 않고 위축되어 은백색 반흔으로 색이 엷어진다. 〔임용 10〕
혈관종 (거미상 혈관종, 모반)	임신 시 에스트로겐 증가에 의하여 피하 지방의 혈류 증가와 확장된 혈관으로 모세혈관 확장증으로 혈관종(거미상 혈관종, 모반)이 생긴다.
치육종	임신 시 에스트로겐이 증가하여 잇몸에 혈류가 증가하고 혈관 충혈로 결체 조직이 비대로 잇몸에서 쉽게 출혈이 된다.

호흡기계

호흡 증가 국시 07	호흡량(tidal volume), 분당 산소 흡입량은 증가한다. 프로게스테론으로 이산화탄소에 중추성 화학감수체의 민감성 증가로 과호흡이 된다. 임신이 진행됨에 따라 태아와 태반의 산소소모량이 증가된 임부의 요구량을 충족한다.
호흡곤란	커진 자궁이 횡격막 압박과 횡격막의 위치 상승으로 폐를 압박하여 호흡곤란이 유발된다. 국시 00
복식호흡	임신이 진행됨에 따라 흉식호흡이 복식호흡으로 대치된다.

순환계

혈액량	임부의 혈량 국시 09		임신 동안 혈액량은 크게 증가하여 32주(8개월)에 혈액량이 최고에 이르러 비임신 시에 비해 30~50% 증가한다.
	기전		임신 중 에스트로겐 분비로 레닌-안지오텐신 II, 알도스테론 분비 증가로 신장의 세뇨관과 집합관에서 나트륨과 수분의 정체로 체내에 수분을 축적시킨다. 수분 증가는 모체의 심박출량과 혈액량 증가로 혈액 희석, 생리적 빈혈을 이끈다.
혈압 변화	임신 2기 국시 06		약간 감소, 임신 20~24주가 가장 낮다.
	기전	프로스타사이클린, 산화질소	혈관내피세포에서 나온 프로스타사이클린과 산화질소의 내피 유래 이완 인자 같은 혈관 확장제로 말초 혈관의 저항이 감소한다.
		프로스타글란딘	혈관 확장 작용이 있는 프로스타글란딘이 증가하고 혈관 저항력이 변하여 말초 혈관이 확장한다. 임신 중 혈액량이 증가함에도 정상 혈압이 유지된다.
		angiotensin II	임신 중 renin, angiotensin II는 증가하지만 혈관 수축에 작용하는 angiotensin II에 대한 혈관벽의 민감도가 감소한다.
앙와위성 저혈압	기전 국시 00, 07		바로 누운 자세에서 증대한 자궁이 대동맥과 하대정맥을 압박하여 정맥혈이 심장으로 돌아오는 것을 방해한다. 심박출량의 감소에 의해 수축기 혈압 감소로 앙와위성 저혈압이 생긴다.
	중재 임용 12 / 국시 19		바로 누워 있을 때보다 좌측와위(측와위) 자세에서 증대된 자궁에 의해 대동맥과 하대정맥이 압박을 받지 않는다. 심장으로 귀환되는 혈액량이 증가하고 심박출량도 증가하며, 신혈류량이 증가하여 소변 배설 증가, 부종이 감소한다. 국시 98

정맥계

치질(항문 주위 정맥류), 정맥류	자궁 증대 국시 14	자궁이 하대정맥을 누름으로 정맥귀환이 감소하여 하지의 정맥압이 상승한다.
하지 부종	자궁 증대 국시 14	자궁이 하대정맥을 누름으로 정맥귀환이 감소하여 하지의 정맥압 상승으로 혈관에서 조직으로 체액이 빠져 나가 부종이 생긴다.
	교질 삼투압 감소	혈장 알부민 감소로 혈장 교질 삼투압이 감소되어 세포외 부종이 생긴다.
	정수압 증가	나트륨과 수분 축적으로 혈액량 증가로 모세 혈관압인 정수압이 증가한다.

조혈계

응고인자 증가 국시 00, 14	에스트로겐에 의해 응고인자(Factor Ⅶ, Ⅷ, Ⅸ, Ⅹ), 섬유소원(fibrinogen) 증가, 응고된 혈액을 용해하는 섬유소 용해 작용 저하로 혈액이 응고 경향이 있다. 임신 중과 산욕기에 출혈을 감소시키는 보호 역할이다.

근육분리(복직근 이개) 국시 06

임신 3기	임신 3기에 자궁증대로 복부근육에 압박을 주어 복부근육이 늘어나고 긴장력, 탄력성 감소로 복직근이 분리
출산 후 국시 10	출산 후 복직근의 긴장력은 회복되지만 근육분리(복직근 이개)는 지속될 수 있다.

◆ 김기영 보건교사 ◆

임신으로 인한 요통의 발생기전 및 관리방법

발생기전 임용 12

릴락신과 에스트로겐		릴락신과 에스트로겐이 관절과 관절주위구조의 이완 증가로 모체의 자세를 변하게 하고 요통을 유발한다.
자궁 증가	척추 전만증 국시 21	과다한 복부 신전으로 임부 몸의 무게 중심이 앞으로 옮겨져 균형을 유지하기 위해 임부의 자세를 변형시켜 척추 전만증(요추 만곡)이 심해져 요통을 호소한다.
	근육 압박	과다한 복부 신전으로 근육의 압박으로 요통 호소
	인대 압박	과다한 복부 신전으로 척추 인대 압박
	신경 압박	과다한 복부 신전으로 신경 견인, 신경 압박을 초래하여 통증 유발
골반 흔들기 임용 93 / 국시 13	방법	손을 짚고 엎드려 무릎을 구부리고 골반 흔들기를 한다. 벽에 기대고 서거나 마루에 누워서 골반 흔들기를 한다.
	근거 〈복요자〉	복부근육을 수축시키면 배곧음근(복직근)을 튼튼하게 한다. 자세를 바르게 한다. 요통 감소

진찰 간격 국시 18

4주마다	7개월(28주)까지
2주마다	8~9개월(29~36주)까지
매주	9개월(37주) 이후

열량(칼로리)

기능			
	체중 국시 04		모체와 태아의 건강과 안녕 유지 위한 적절한 체중 유지
	BMR		임부의 기초 신진대사(BMR) 증가
	에너지원		신체의 에너지원으로 신체적 활동 유지 위한 에너지를 제공한다.
	체단백질 보호		칼로리가 부족하면 단백질이 에너지로 쓰이며(질소 음성 균형) 적당량의 칼로리는 단백질이 태아 성장과 태반 조직이 자라게 한다.

중재			
	300칼로리		임신 2기와 3기에 비임신시보다 300칼로리 필요 국시 13
	체중 증가	전체 임용 10	11~16kg
		임신 1기	임신 초기 3개월 동안 1~2kg 증가
		임신 2, 3기	1주일당 0.45(0.4~0.5)kg씩 증가하여 임신 2기 동안 4.5~5kg 임용 13
	체중 감량	방법	식이조절로서 체중을 감량하지 않는다.
		근거	체내 피하지방이 산화되면 케톤혈증이 초래된다. 태아의 생명을 위협하고 지능장애의 원인이 된다.

엽산

기능 임용 19		
	중추신경계 기형 예방	임신 초기에 엽산이 부족하면 중추신경계 기형이다. 뇌가 발육되지 않는 무뇌아와 척수의 일부분이 척추 밖으로 자라는 이분척추의 신경관 결함 같은 중추신경계 기형 발생을 예방한다.
	선천적 기형 예방	엽산은 임신 초기 태아의 발육에 중요하여 임신 초기 태아의 기형을 예방한다. 태아와 같이 빠르게 성장하는 세포에서 엽산은 세포 DNA의 합성에 필요하다. 토순, 구개파열, 심장기형 같은 선천적 기형을 예방한다.

중재 임용 19		
	임신 전후 임용 12 국시 01, 04	임신 전 3개월에서 임신 초기 3개월까지 엽산 복용이 필수적이다. 엽산은 임신 전부터 섭취하지 않으면 효과가 없으므로, 임신 가능한 여성은 평상시에 엽산을 함유한 식품을 섭취한다. 임신한 것을 알기 전에 신경관이 닫힌다.

나트륨

기전		나트륨이 부족한 식이로 모체와 태아가 위험에 놓일 수 있다. 나트륨이 제한되면 모체기관은 나트륨 보유를 위해 여러 호르몬과 생화학적 변화를 초래한다.
중재 임용 11 / 국시 04		임신기간 동안 나트륨이 약간 요구되며 과도한 나트륨 섭취는 좋지 않다.

다리 경련(하지경련)

원인 국시 07	저칼슘 국시 14		임신기에 필요한 칼슘의 대부분은 태아에게 이용된다. 혈청 칼슘 감소, 인 증가로 저칼슘혈증은 신경계의 흥분성이 증가하여 근경련, 강직, 얼얼한 느낌이 생긴다.
	자궁 증대		자궁 증대에 의한 하지에 분포하는 신경에 압박을 주어 생긴다.
			자궁 증대에 의한 말초 부위의 혈액순환에 부족을 주어 생긴다.
간호	종아리 펴기 운동	방법	다리를 뻗고 발을 배측 굴곡시키고 발가락을 발등 쪽으로 잡아당겨 종아리 근육을 늘린다. 다른 사람이 한쪽 손으로 발바닥을 잡고 발등 쪽으로 밀어 준다. 발끝이 아래로 향하게 하지 않는다.
		효과	종아리에 쥐가 나는 것을 방지할 수 있다.

유방변화

에스트로겐과 프로게스테론	에스트로겐과 프로게스테론 증가로 유방 확대, 민감도 증가, 유방 압통, 유방 촉진 시 결절이 만져진다. 프로게스테론은 젖샘 소엽 안 선방세포 발달로 유방 발달 자극 에스트로겐은 유방에 혈관 분포 증가, 젖샘, 유관의 발달로 유방 발달 자극
전초유 국시 00, 21	임신 3~4개월(16주)에 프로락틴 효과로 유즙생산 세포인 유선엽의 선방세포에서 전초유로 맑은 노르스름한 점액성 분비물이 소량씩 나타난다. 에스트로겐과 프로게스테론 영향으로 임신 동안 유즙 분비는 억제되었다가 출산으로 에스트로겐과 프로게스테론이 감소하면 유즙 분비 시작
몽고메리샘 국시 14, 21	몽고메리샘(유륜의 피지샘) 증대로 모유수유 시 유두 보호를 위한 윤활유 분비로 유두를 매끄럽게 하는 유연성 기능이다.

유방관리 (국시 15)

물 씻기 국시 09	방법	따뜻한 물로 매일 씻는다.
	근거	전초유가 분비되며 유두는 건조된 전초유에 의한 가피를 물로 씻어서 유관이 막히는 것을 예방한다.
비누 금지 임용 12 / 국시 14, 21	방법	유두에는 비누를 사용하지 않고 최소한으로 씻거나 물로만 세척
	근거	몽고메리샘에서 유두를 보호하기 위한 윤활유를 분비한다. 유두를 매끄럽게 보호하는 지방 성분을 비누로 씻어 버리면 유두의 유연성이 없어진다.
거친 타월	방법	목욕, 샤워 후 거친 타월로 유두를 문질러 닦는다.
	근거	유두를 튼튼하게 한다.
함몰성 유두 국시 04	시기 국시 06	유두준비 시기는 임신 2기 말인 5~6개월부터 또는 임신 마지막 2달 전부터 시작
	금기 국시 12	유두의 자극은 자궁 수축 유발로 조산될 가능성이 있다. 조기 분만 위험성 임부에게 금기이다.

태아 발달에 따른 기형 발생의 위험기간 (국시 17)

수정란기	수정 2주까지	배아 기형 발생에 민감하지 않은 시기이다. 기형 생성인자의 영향이 전혀 없거나 영향이 커서 자연유산된다.
배아기	수정 3~8주까지	배아기에 심한 형태학적 기형이 발생한다. 배아기는 중요 장기가 형성되므로 기관발달과 외형 형성에 결정적 시기이다. 급속도의 세포 분할로 환경적 기형 발생인자에 가장 취약하여 중요 장기의 기형이 유발되는 결정적 시기이다.
태아기	9주 이후	생리적 장애가 적은 형태학적 기형이 발생한다.

임신 예방접종 (국시 98, 04, 06) 금기 〈MBC 일 구소장은 황수비인〉

MMR	
구강용	Sabin(구강용) 소아마비 백신, 구강용 장티푸스
황열, 수두	
BCG	결핵 BCG
인플루엔자	인플루엔자(코 스프레이 비강용 생백신)
일본 뇌염	일본 뇌염 생백신

❾ 임신 시 건강문제

다태임신

일란성 쌍둥이	정의	한 개의 수정란에서 발생하며 하나의 수정란이 발달 초기에 2개의 배아 형태로 분할되어 성숙 융모막 → 양막 → 배반(embryonic disk) 순으로 형성
	수정란	융모막 1개, 양막 2개(2/3) 융모막 2개, 양막 2개(1/3) 융모막 1개, 양막 1개
이란성 쌍둥이	정의	두 개의 수정란에서 발생하며 두 개의 난자에 각각 수정되어 성장 발육
	수정란	태반과 융모막은 2개, 양막은 2개
모체측 문제점 국시 00 〈빈자인 전태가 양 저출되어〉		빈혈 국시 03 , 자간전증 국시 08 , 전치태반, 태반조기박리 임용 11 , 양수과다증, 저긴장성 자궁기능부전, 산후 출혈
태아측 문제점 국시 01, 03, 04 〈선태가 쌍조저!〉	선천성 기형	일란성 : 단태아보다 선천성 기형이 2배 높다.
	태아 위치 이상	태아가 둘 다 두정위로 있는 경우가 과반수 국시 03
	쌍둥이 간 수혈 증후군	일란성에서 융모막이 하나인 태반의 동맥과 정맥 간의 문합으로 동맥에서 정맥으로 혈액이 흘러 발생한다. 쌍태아 중 하나는 크고 과다혈증이고 다른 하나는 혈액량 감소증, 작고 창백, 자궁 내 성장 지연
	조산 국시 05, 22	주로 조기 진통으로 조산, 조산과 관련된 호흡곤란증
	저체중	자궁 내 성장지연과 조산으로 저체중
산전간호	300칼로리 임용 11	정상 임부 요구량에 300칼로리 증가
	50%	단태임신 여성보다 50% 더 체중 증가

철분결핍성 빈혈

임신 시 빈혈 기준 국시 02

	성인 빈혈 기준	임신 초기	임신 중기	임신 말기 국시 22
혈색소	12g/dL 미만	11g/dL 미만	10.5g/dL 미만	10g/dL 미만
헤마토크릿	36% 미만	37% 미만	35% 미만	33% 미만

투여 시기 국시 20	철분 투여 시 임신성 구토 악화로 철분 제제는 임신 1기에 투여하지 않는다.
	임신 4개월부터 분만 후 2개월까지 투여한다.

양수과다증

정의	2,000cc 이상	
	초음파에 의한 양수지수 : 24cm 초과, 정상 양수지수 : 5~24cm 〈양이 많구나!〉	
	정상 양수지수 : 5~24cm 〈양수가 오 이사〉, 정상 양수의 가장 큰 수직 깊이 : 2~8cm	
원인 국시 07	위장계통 폐쇄 국시 02	양수의 축적은 태아가 삼키고 흡수하는 능력에 문제이다. 태아의 식도, 위장계통 폐쇄의 태아 기형
합병증 국시 12 〈양수과다증을 가진 유이양이 태 저조하다〉	비정상적 태위 국시 06	
	조기파수 국시 03	파수 시 태반이 조기박리, 제대탈출 가능
	유산, 조산 발생	높은 주산기 사망률
	양수색전	분만 시 양수색전 위험이 있다.
	저긴장성 자궁수축	
	이완성 산후출혈	산후에 자궁 근육이 너무 늘어나서 이완성 산후출혈

양수과소증

정의		500mL이하(소름), 양수지수 5cm 미만
원인 〈국시 07〉	태아 관련 〈국시 16〉	자궁 내 성장지연 태아 요로계통 이상 과숙아
	양막 관련	만성적 누수, 조기 파막
	태반 관련 〈국시 03〉	태반조기박리
합병증 〈제골 폐기!〉	제대압박 〈국시 18〉	양수량 감소로 제대압박에 따른 저산소증, 태아 질식이 증가한다. 만성 제대압박은 자궁 내 성장지연, 태변 흡인 증후군을 초래한다.
	골격기형	
	태아기형	양막과 태아의 일부분이 유착되어 절단을 포함한 심한 태아기형을 초래한다.
	폐형성 부전증	태아가 양수를 삼키면 양수는 태아의 폐를 드나드나 양수과소증으로 폐형성 부전증이 된다.

임신성 고혈압 장애

임신성 고혈압 〈임용 12 / 국시 98, 06〉	임신 전 정상이던 여성에게 임신 기간 중 혈압이 140/90mmHg 이상이고 단백뇨를 동반하지 않으며 분만 후 3개월(12주) 이내 정상 혈압이 된다.
만성 고혈압 〈국시 08〉	임신 20주 이전 고혈압이 있고 산후 6주까지 고혈압이 지속
자간전증 〈고부단〉	임신 20주 후 고혈압, 부종, 단백뇨 태아와 태반이 만출된 후 빠르게 사라진다.
자간증 〈임용 21〉	자간전증 증상과 경련이 동반되면 자간증이다.

	경한 자간전증 임용 12	중증 자간전증
정의	임신 20주 이후에 혈압 상승, 단백뇨, 부종이 있다. 신체의 다른 기관 기능 부전이 없다.	임신 20주 이후에 혈압 상승, 단백뇨, 부종과 함께 신체 다른 기관에 다양한 증상이 있다. 핍뇨, 두통, 시각 장애, 폐부종, 우측 상복부 통증, 간기능 손상, 혈소판 감소증, 태아 발육 지연이 동반된다.
고혈압 국시 15	혈압 140/90mmHg 상승 평상시 혈압보다 수축기 혈압이 30mmHg 이상, 이완기 혈압이 15mmHg 이상 상승할 때	혈압 160/110mmHg 상승
식이 국시 16	고단백식이 임용 12 / 국시 22	단백뇨로 단백이 감소하므로 단백섭취는 증가시킨다.
	적당량 염분 국시 22	염분은 제한하지 말고 정상 권장량을 섭취한다. 짠 음식 섭취는 제한하며 무염식은 권장하지 않는다. Na^+ 감소는 임부의 혈장량을 감소시키므로 적당량 염분으로 혈량과 태반 관류를 유지한다.
	수분 섭취	수분 섭취를 하여 적절한 체액을 유지한다. 적절한 수분 섭취(8컵/1일)로 신장 관류로 신장 순환과 여과에 도움과 장기능에 도움을 준다.

임신성 당뇨 검사

선별 검사	1시간 50g 경구적 포도당 부하검사 (oral glucose tolerance test, OGTT)	시기 국시 19	50g 경구 포도당 부하검사를 임신 24~28주에 시행하여 임신 당뇨병을 선별한다.
		방법	임부가 공복일 필요는 없이 50g의 포도당 용액을 마신 다음 1시간 후 혈당을 측정한다.
		양성 국시 20	혈당이 140mg/dL 이상이면 양성이다.
확진 검사	3시간 100g 경구적 포도당 부하검사 (oral glucose tolerance test, OGTT)	방법	양성에 밤에는 금식하고 검사를 한다. 공복 혈당을 측정한 후 100g의 포도당을 마시고 1, 2, 3시간 후에 혈당을 측정한다.
		양성	2회 이상 기준치 이상이면 임신성 당뇨로 진단한다. 공복 — 95mg/dL 1시간 후 — 180mg/dL 2시간 후 — 155mg/dL 3시간 후 — 140mg/dL

모체의 위험과 합병증 〔국시 01, 04, 12〕 〈당뇨병 엄마의 양자가 케감유를 견에게 주었다〉

유산			수정 시기나 임신 초기에 혈당 조절이 잘 되지 않을 때 자연유산이 증가한다.
양수과다증 〔국시 21〕			임부와 태아의 고혈당증으로 양수의 당의 증가와 태아의 고혈당에 의한 다뇨증으로 양수과다증
자간전증			혈관 변화가 진행된 당뇨 여성은 자간전증, 자간증
감염	기전	백혈구 능력 손상	고혈당증으로 호중구와 대식세포와 호중구의 식균작용 감소와 화학주성 기능이 감소한다. 감염에 저항력 감소로 세균 침입이 쉽고, 상처 치유가 늦어진다.
		세균 or 곰팡이 성장	고혈당은 세균 or 곰팡이 성장에 좋은 환경 제공
	결과		호흡기 감염, 요로 감염, 캔디다 질염, 산욕기 자궁내막염은 인슐린 저항성을 높이고 케톤산증 유발
케톤산증	정의		임신 중에는 200mg/dL만 초과해도 케톤산증 발생
	영향		모체가 케톤산증이 있는 경우 조산, 여러 기관에 장애, 지능장애, 태아 사망률은 10%에 이른다.
견갑난산 〔국시 03〕			태아의 거구증으로 견갑난산 위험과 분만 후 출혈 위험이 크다.

당뇨병 임신 태아의 폐성숙

태아의 폐성숙도를 확인하여 L/S(레시틴/스핑고마이엘린) 정상비율이 2.0 이상(9개월)이라도 신생아의 호흡곤란증이 가능하다.
태아 혈청 내 인슐린 농도가 높아 계면활성제 합성이 지연된다.

임신성 당뇨 치료 〔국시 18〕

A_1	공복 혈당 105mg/dL 미만	식이요법으로 혈당 치료
A_2	공복 혈당 105mg/dL 이상	혈당 조절 위해 인슐린 요법이 필요하다.

피임 〔임용 14〕	제한	복합 경구 피임제 제한	에스트로겐이 응고인자, 섬유소원 증가, 섬유소 용해 감소로 혈전 색전증이 발생한다.
		자궁내 피임장치 제한	자궁내 피임장치는 감염 유발로 골반 감염률이 높다.
	격려	차단 방법	콘돔, 다이어프램, 살정제 같은 차단 방법을 추천한다.
		영구적 피임	영구적 피임 방법은 더 이상 자녀를 원하지 않을 때

임신오조증

정상적 입덧		임신 6주경에 시작하여 임신 12~16주까지 지속된다.
병인 국시 00, 06	HCG 국시 05, 13	융모막(합포체 영양막)에서 생산된 융모성선자극호르몬(HCG)의 상승은 임부에게 임신오조증을 일으킬 수 있다.
	프로게스테론 증가	프로게스테론 증가로 식도 괄약근 이완으로 식도역류, 위가 비워지는 시간의 지연
	에스트로겐 증가	에스트로겐 증가로 위에서 염산과 pepsin 분비 저하로 오심, 구토, 소화기 장애를 유발한다.

자궁경관(경부) 무력증(IIOC)

정의 국시 08, 11		임신 2기와 3기 초기에 무통성 자궁경관 개대가 발생한다.
진단검사 임용 18		질식 초음파가 가장 유용하다. 자궁목 내구 소실과 자궁목이 넓어져 깔대기 모양과 짧은 자궁경관의 길이(25mm 미만)
자궁경원형 결찰술 국시 08	방법 임용 18	경관이 개대되기 전 봉합하는 맥도날드술, 쉬로드카술이다. 봉합사로 자궁경부를 원형으로 돌려 묶어 자궁 내 경부를 봉합하는 방법이다. 쉬로드카술은 봉합사가 질내로 노출되지 않는다. 맥도날드술은 봉합사의 일부가 질내로 노출된다.
	적응증	난막이 그대로 있으면서 경관이 3cm 이내로 개대되고 50% 이내 소실되었을 때 가능하다.
	수술시기	유산시기를 넘긴 3~4개월(12~16주) 사이에 실시한다. 임신 초기에 교정을 하지 않는 이유는 자연유산으로 봉합한 끈을 제거해야 한다.
	봉합사 제거 시기	임신 37(38)주 이후 봉합사를 제거하고 자연분만이 가능하다. 제거되지 않은 상태에서 분만 진통이 시작되면 자궁경관의 손상 가능성이 있어 즉시 봉합사를 제거한다.
수술 후 합병증 국시 12 〈조감자〉	조기파막	난막이 파열되면 감염의 위험을 막기 위해 즉시 끈을 제거하고 수정물의 완전 배출을 도모한다.
	자궁수축	자궁수축만 있을 때 침상 안정을 취하고 자궁수축억제제를 주어 자궁을 이완시킨다.
	감염	융모 양막염, 자궁 내 감염

심장질환

분만 후 1~2일 국시 01	심박출량이 현저하게 60~80% 증가한다. 수분대사가 정상으로 환원으로 심박출량이 급격히 증가한다. 분만하는 순간 복압상실로 정맥의 압박이 없어지면서 정맥압 감소로 심장에 혈액 유입량이 증가한다. 태반 순환의 상실로 자궁과 태반의 혈액이 체순환으로 돌아온다. 분만 후 첫날 : 갑자기 심장이 많은 부담으로 울혈성 심부전증이 초래되는 위험한 시기이다.

⑩ 임신 초기 출혈

유산 종류 비교 〈절 불이 불완계〉

절박유산 국시 06	정의	임신 20주 이전 닫힌 경관을 통해서 질출혈이 나타날 때	
	간호 국시 00, 04	침상안정 국시 19	침상안정을 취하고 적절한 치료로 임신을 유지한다.
		성교금지	
불가피유산	정의	임신 20주 이전 경관 개대가 있으면서 양막이 파수(ROM)되어 양수가 흘러 나오는 경우로 임신 유지가 불가능한 경우	
불완전유산	정의	유산 시 태아나 태반의 일부가 남아서 출혈 유발	
	간호	D & C 국시 07	소파수술로 출혈방지와 감염방지
		항생제	고열이 있는 환자는 적절한 항생제 사용
완전유산	정의	수태 산물이 모두 배출되었음	
계류유산 국시 98, 02	정의	태아가 죽었는데도 임신 산물이 수일, 몇 주, 수개월 동안 자궁강 내에 남아 있는 임신이다.	

자궁외 임신 국시 07

파열되지 않은 난관임신 국시 21	무월경	월경이 없다.	
	통증	난관이 당겨질 때 둔한 통증에서 경련성 복통, 산통까지 진전, 편측, 양측, 복부 전체에 퍼진다.	
	질출혈	검붉은, 갈색의 질출혈	
자궁외 임신 파열 국시 98	통증 증가	파열 후 갑작스런 날카로운 산통, 복부 골반통 통증은 복부 전체에 퍼져 있거나 편측 혈액이 복막 자극으로 복막강 내 급성 심부 하복부 통증 복막강 내 혈액에 의한 횡경막 하 늑간 신경 자극으로 전이된 어깨 통증	
	질출혈		
	오심과 구토	파열 후엔 복막 자극 징후로 오심과 구토가 있다.	
	활력징후 국시 04	빈맥, 저혈압, 빈호흡, 어지러움, 미열	
	cullen's sign	복부 제대(배꼽) 주위의 청색 착색의 퍼런 멍든 징후, 복강 내 출혈 의미	
진단	초음파 검사 임용 17	자궁 내에서 재태낭이 확인되지 않는다. 질식초음파는 복부초음파보다 초기 임신을 확인한다. 정상 임신에서 재태낭은 임신 5주에 관찰된다. 6주에 태아 심박동 확인 복부초음파는 임신 6주부터 확인한다. 임신 6주에 임신낭이 확인되고 임신 7주에 심박동 확인	
	혈청 β-hCG 연속적 검사 임용 17	정상 임신	β-hCG가 48~72시간마다 2배
		자궁외 임신	β-hCG 정체, 감소
	복강경 검사	자궁외 임신 진단과 자궁외 임신의 위치와 골반 내 상태를 정확하게 확인한다.	
치료	MTX		
	난관 절제술	자궁외 임신이 파열 전 복강경으로 난관 절제술 시행 임신을 원하지 않고 재발 위험이 높은 경우 시행 파열된 자궁외 임신에서 조절되지 않은 출혈로 시행 수술 후 남은 조직은 methotrexate로 분해한다.	
	선상난관 절개술 (선상난관 개구술)	난관을 절개하고 안에 있는 임신 조직 제거. 파열이 안된 경우 난관 보존 위해 임신 원하는 경우 시행	

포상기태

정의 국시 21		임신성 영양막 질환으로 양성이다. 융모막 융모가 수포 변성을 일으켜 작은 낭포를 형성하며 하얀 포도송이와 비슷하다.
진단	β-hCG수치 국시 18	융모막(합포체 영양막)에서 hCG의 분비 증가로 임신 1기를 지나서도 나타난다. 정상적으로 감소하는 시기(70~100일) 이후에도 정상적 수치보다 증가된 상태 유지
	비정상적 초음파 검사	완전 기태 : 태아 골격이 없으며 "벌집" 모양, "눈보라" 내리는 모양
증상 국시 98, 02, 06	질출혈	모체의 혈액을 받아주는 태반이 없어 자궁강 내 출혈, 질출혈
	거대 자궁	
	오심과 구토	hCG 상승으로 과다한 오심과 구토의 임신 오조증 지속
	임신성 고혈압, 갑상선 기능항진증, 루테인 낭종	
합병증 〈융-폐딩〉	DIC	산재성 혈관 내 응고증
	폐색전증	영양막(융모막) 세포에 의한 폐색전증
	융모상피암 국시 14	뇌, 폐(80% 국시 05, 21), 간, 골반(20%), 질(30%)로 전이
	철분결핍성 빈혈	혈액소실로 철분결핍성 빈혈
치료	흡입 소파술 국시 05	흡입 소파술은 포상기태를 제거하는 안전하고 빠른 방법
	chemotherapy 국시 03	융모상피암 진행 위험도가 높은 경우 Methotrexate, Actinomycin 사용, MTX는 엽산 길항제로 융모막 질환으로 빠른 속도로 분열하는 세포를 파괴하여 남아 있는 잔류조직을 제거
간호 국시 08	자궁 크기	골반검진 실시. 융모상피암은 자궁의 크기가 증대한다.
	hCG 국시 05	hCG을 연속적 측정. 융모상피암은 기태 제거 후에도 β-hCG 수치가 상승한다.
	흉부 X-선 촬영 국시 07	폐는 융모상피암의 전이가 가장 잘 되는 곳이다.
	피임	hCG가 음성으로 나온 후 임신은 1년간 피한다. 임신 시 hCG 상승과 감별이 필요하여 1년간 피임한다.
	IUD 금지	IUD는 자궁 천공 위험으로 금지

⑪ 임신 후기 출혈

전치태반

증상 국시 01, 03, 09	무통성 질출혈	임신 말기에 자궁경부의 거상이나 개대 등의 변화로 태반의 일부가 분리되어 발생한다.	
		출혈량은 증상에 비례	
	정상적 긴장력	자궁은 부드럽고 이완되며 정상적 긴장력을 가지고 압통은 없다.	
	자궁저부 상승	높은 자궁저부의 높이는 하부에 착상한 태반이 태아 선진부의 하강을 방해하여 예상한 재태 연령보다 높다.	
	비정상적 태위	비정상적 태반 착상으로 태위가 둔위, 횡위	
산모, 태아, 신생아에게 미치는 영향 국시 12 〈전치태반으로 조태자가 감출됐다〉	조산		
	자궁 내 성장지연	전치태반으로 불량한 태반 혈액순환과 모체의 출혈과 빈혈에 기인한 저혈량증으로 재태 연령에 비해 작은 아기, 자궁 내 성장지연	
	태반부착이상	태반부착이상으로 유착 태반	
	감염	전치태반은 혈관들이 자궁구 쪽으로 노출로 감염 위험 증가	
	산후출혈	전치태반인 경우 유착 태반으로 산후출혈 증가 임용 22 자궁하절은 수축력이 없어 자궁저부에 비해 효과적으로 수축하지 못하여 자궁하부 혈관에서 산후출혈의 증가 자궁하부의 큰 혈관들은 자궁하부의 감소된 근육량 때문에 출혈 출혈 조절은 혈관 주위를 수축하는 자궁상부의 교차하는 근육다발이 자궁하부에 없으므로, 자궁저부가 단단하게 수축할 때도 산후출혈	
치료	제왕절개수술 국시 98, 14, 20	태아의 성숙이 완성되는 임신 37(36)주 이후 항상 제왕절개수술을 한다. 심한 출혈에는 태아의 성숙도에 관계없이 즉시 제왕절개수술을 한다. 태아가 사망해도 제왕절개수술을 한다.	
분만 전 간호 국시 01	침상 안정 국시 05	임부는 화장실에 가는 것만 허락하고 침상 안정을 하며 활동을 제한한다. 침상 안정에 의해 출혈이 조절되고 태아가 자궁내 성숙 시간을 주도록 휴식한다.	
	질 검진 금지 국시 07, 13	골반휴식(질 내지 금지) 상태로 질 검진, 직장 검진은 시행하지 않는다. 성교, 질 세척, 관장은 피한다. 검사자의 손가락, 질경이 경부 개대를 자극시켜 태반을 분리시킴으로 다량의 출혈을 야기한다.	

태반조기박리

증상 국시 05

질출혈	형태	어떤 경우는 은닉됨(태반 후벽 출혈)
	은닉출혈	증상은 은닉출혈로 출혈량은 증상에 비례하지 않고 외부로 배출된 실혈량보다 쇼크 증상이 심하다.
복부통증 임용 19		태반조기박리가 발생한 산부는 처음에는 갑자기 날카로운 심한 자궁통증을 호소하고 후에 둔한 통증으로 변화한다. 침범된 자궁 부위에 국한되거나 자궁과 복부에 광범위한 부위로 확대되고 하부 요통도 경험한다.
자궁강직 임용 19		복부 촉진 시에 복부에 전반적으로 심한 자궁 압통과 경직 자궁수축과 수축 사이에 이완이 되지 않고 고긴장성 자궁 자궁이 심하게 단단해져 나무판자처럼 딱딱하게 자궁이 만져진다.
자궁저부 상승 임용 19		자궁저부 상승으로 높은 자궁저부의 높이 은닉출혈로 자궁저부가 높아진다. 자궁 증대가 심해지면 태반 뒤에 혈액이 축적된 증거

산모, 태아, 신생아 영향 국시 01, 07 〈조태자가 DIC신저됐다〉

조기진통, 조산	
태아 곤란증	태아절박가사, 태아질식
자궁 일혈 (자궁태반졸중)	출혈이 자궁근층 내로 스며들어 자궁이 멍이 든 것처럼 푸르스름하게 보임 자궁은 나무 판자처럼 딱딱하고 푸른색을 보인다.
저혈량성 쇼크	과다 출혈로 저혈량성 쇼크, 빈혈
신부전, 뇌하수체 괴사	허혈로 신부전, 뇌하수체 괴사 뇌하수체 괴사[시한증후군(Sheehan) : 산후 출혈에 의한 뇌하수체의 허혈성 괴사로 뇌하수체 기능저하증 원인] 임용 19
DIC 국시 03	파종성 혈관 내 응고증(산재성 혈관 내 응고증)으로 혈소판 감소증, 응고인자 감소, 저섬유소원혈증의 혈액 응고 장애로 출혈

 **분만**

태아

태위(fetal lie) 국시 98, 02	정의		모체의 장축(척추)과 태아의 장축(척추)의 상호 관계	
태세(attitude) 국시 05	정의		태아가 임신 후반기에 취하는 자세 몸통과 사지의 상호 관계	
태향 (fetal position) 국시 03, 07	정의 국시 98		선진부 준거지표인 후두, 턱, 천골과 모체골반의 전후 좌우면과의 관계	
	첫 번째 글자		선진부의 위치로 모체 골반의 오른쪽(R), 왼쪽(L)	
	중간 글자	준거지표 국시 01, 02	태아의 특수한 선진부분으로 후두(O : Occiput), 턱(M : Mentum), 천골(S : Sacrum)	
		두정위 국시 02, 17, 22	후두골(occiput : O)	
		안면위 국시 20	턱(mentum : M)	
		둔위 국시 06	천골(sacrum : S)	
		견갑위	견갑골 돌출부(acromion : A)	
	마지막 글자		모체 골반의 전(A), 후(P), 횡(T)	
	LOA 국시 02		분만 중 가장 흔한 태향	
	ROA 국시 16, 19		선진부가 후두(O)이고 후두가 모체골반의 오른쪽 앞 위치	
	LSP		천골(S)이 선진부이고 모체의 왼쪽 뒤 위치	
선진부	정의		골반입구에 먼저 들어간 태아의 부분으로 두부, 둔부, 어깨	

레오폴드의 4단계 : 임신 말기 복부 촉진 〔국시 08, 14〕

1단계	임부의 머리 쪽을 본다.	자궁저부에 양손을 두고 손가락을 구부려 손가락 끝으로 자궁저부에 위치한 태아의 부분을 확인한다. 〈선태〉	선진부 〔국시 20〕	두정위	두정위 시 자궁저부에 엉덩이로 불규칙적, 부드럽고 크다.
				둔위	둔위 시 자궁저부에 머리는 둥글고 단단, 자유롭게 움직이고, 부구감
			태위		종위, 횡위 파악
2단계	임부의 머리 쪽을 본다.	자궁 옆면에 양 손바닥으로 촉진한다.	태아 등		태아 등은 매끈, 단단, 불룩한 윤곽
			손, 팔꿈치, 발		손, 팔꿈치, 발은 여러 개의 불규칙적이고 움직이는 태아의 사지
3단계 〔국시 07〕	임부의 머리쪽을 본다.	오른손 엄지와 가운데 손가락을 벌려 자궁 하부를 촉진한다. 〈진태〉	진입 〔국시 18〕	진입	선진부가 고정되어 만지지 못하면 진입된 상태
				진입 안 됨	선진부가 움직이면 진입되지 않음
			태세, 태위, 태향	태세	진입되지 않으면 태세를 확인한다. 태세는 태아가 임신 후반기에 취하는 자세이다. 예 완전 굴곡, 굴곡, 신전
				두정위 〔임용 24〕 〔국시 23〕	두부돌출 부위와 팔다리가 같은 쪽에서 만져지면 두정위이다. 또는 돌출부가 태아의 등과 서로 반대로 위치하면 태아 머리가 굴곡된 것을 의미하여 두정위이다.
				안면위	두부 돌출부위가 태아의 등쪽에서 만져지면 머리가 신전되면 안면위이다.
4단계	몸을 돌려 임부의 다리쪽을 본다.	세 손가락 끝을 치골결합을 향해 놓고 골반강을 향해 하복부를 깊이 누른다.	진입		
			태세		
			태위		

◆ 김기영 보건교사 ◆

골반입구

골반입구 국시 05		골반 입구에 의해 가골반과 진골반으로 구분
	가골반	골반연의 상부로 분만과정과 관계 없다.
	진골반	분만에 관여
대각결합선 국시 98, 04	정의	대각결합선은 임상적으로 중요한 경선으로 내진에 의해 직접 측정 가능 치골결합 하연에서 천골갑까지 길이
진결합선 국시 06	정의	치골결합 상연에서 천골갑까지의 거리 골반 입구 전후경선의 지표로 골반입구의 짧은 경선
	공식	대각결합선－1.5~2cm
산과적 결합선 국시 03	정의	치골결합 상연 내면 최돌출부에서 천골갑까지의 가장 짧은 거리 태아가 반드시 통과하여야 하는 가장 짧은 거리(임상적으로 중요) 정상치 : 10cm 이상
	공식	진결합선－0.5cm

◆ 김기영 보건교사 ◆

두정위 분만기전 국시 05 〈진하가 굴내에서 신외를 만났다〉

진입 (Engagement)	정의 국시 18			선진부인 아두가 골반 입구의 양측 최대경선인 횡경선을 통과할 때이다. 진입의 완료는 좌골극에서 태아의 선진부가 만져진다(station O).
하강 (Descent, station)	정의			태아가 골반 입구를 지나 골반 출구를 향하여 내려가는 모든 과정이다.
	측정 국시 03, 14			모체의 좌골극(골반 입구에서 골반 출구까지 중간 지점) 사이에 그은 선과 태아 선진부와의 관련성으로 선진부의 위치는 좌골극 상하 cm로 측정한다.
	선진부 하강 정도	−3		선진부가 골반 입구
		−2 국시 19		선진부가 좌골극보다 2cm 위에 있다.
		−1		선진부가 좌골극보다 1cm 위
		0		좌골극선 국시 04, 진입 완료
		+1		선진부가 좌골극보다 1cm 아래
		+3		선진부가 골반 출구
		+4~+5		곧 출산이 행해진다.
굴곡(Flexion) 국시 06	저항			선진부가 하강을 시작하면 골반저부, 골반벽, 경관에서 저항이 있다.
	소사경 국시 16			긴 전후경에서 최단 전후경인 소사경의 굴곡으로 턱은 태아 가슴 쪽으로 굴곡한다.
내회전 (Internal rotation)	좌골극			좌골극에서 내회전 시작으로 좌골극에서 골반축의 전방을 향하도록 치골결합을 향해 내회전이 일어난다.
	전후경			아두의 시상봉합이 골반의 전후경선(골반 출구에서 가장 큰 경선)과 일치하기 위해 내회전하여 치골결합 직하에 후두골이 위치한다.
신전 (Extension) 국시 07	위치			회음부에 도달했을 때 신전한다. 국시 03
	방법 국시 22			아두가 회음부에 의해 앞쪽으로 신전하며 후두가 치골결합 하연에 직접 붙이고 머리를 신전하면서 들어올린다. 태아의 후두, 이마, 얼굴 순으로 질 밖으로 배출된다. 국시 21
외회전 (원상회전) (External rotation)	아두			아두는 만출된 후 골반 입구에서 진입된 상태의 위치로 빠르게 외회전한다. 질의 출구를 통해 나온 머리가 좌골극에서 내회전되기 전 상태로 원상복귀한다.
	어깨			양쪽 어깨가 진입, 하강함에 따라 양쪽 어깨의 횡경선이 골반 출구의 전후경선에 맞추려고 외회전하여 태아의 몸체가 만출한다.
만출 (Expulsion)				앞 어깨 → 뒤쪽 어깨 → 몸 태아가 완전히 만출될 때 분만이 완성되고 분만 2기 종결

자궁수축

기전 국시 98, 02	자궁저부	자궁수축은 불수의적이며 자궁저부의 난관접합부인 자궁각은 수축이 시작되는 근육 세포인 자궁의 수축조정기이다. 수축이 시작되어 자궁저부로 퍼졌다 자궁하부인 자궁경관으로 전달된다. 자궁저부의 수축이 가장 강하고 길다.
	호르몬	프로게스테론 감소, 에스트로겐 증가 옥시토신 증가, 프로스타글란딘 증가
결과	하강, 만출	규칙적 자궁수축은 자궁에서 자궁내 태아, 태반, 부속물들을 아래로 내려 보내어 만출한다.
	경관 개대, 소실 국시 08, 17	자궁수축과 양수의 압력과 양막 파막 후 선진부의 압력이 자궁하부 쪽과 경관에 영향을 미쳐 경관의 개대와 소실이 있다.
사정 국시 18		자궁저부에 손가락이나 손바닥을 놓는다.

이완기 임용 18

자궁 이완이 모체에게 미치는 영향은 자궁수축 사이에 이완이 제대로 되지 않으면 자궁근육세포의 산소결핍으로 통증을 심하게 느낀다. 태아에게 미치는 영향은 이완기는 태아건강에 필수적으로 이완 없이 수축만 지속된다면 자궁태반 혈류가 감소되어 태아 저산소증을 유발한다.

생리적 견축륜 국시 04

자궁체부(저부)	자궁체부(저부)는 두꺼워진다. 능동적으로 활발히 수축이 일어난다.
자궁협부	자궁협부에서 생리적 견축륜이 형성된다. 자궁이 상하로 구분되는 경계선이다.
자궁경부	자궁하부는 태아 만출이 용이하도록 늘어나고 얇아진다.

병리적 견축륜(함몰된 수축륜)

기전	자궁의 상부는 계속 수축과 견축으로 두터워진다. 골반 협착에 의한 난산에 자궁하부가 심하게 늘어나 얇아지면서 자궁상부와 하부 사이에 쑥 들어가는 반지 모양이 생긴다. 병리적 견축륜이 심해지면 심한 통증과 자궁 파열이 온다. 태아는 심한 산소결핍, 뇌손상을 받는다.
증상	자궁하부가 모래시계 모양으로 함몰된 수축륜이 현저해져 치골 상연과 배꼽 사이에 함몰된 수축륜이 생겨 비정상적으로 치골 상방으로 올라가는 것

분만의 전구증상 국시 99 〈이슬 같은 양하연의 몸에 가요통을 일으켰다〉

가진통	기전 국시 05	강한 브랙스톤-힉스 수축(가진통)은 임신 중에 자궁의 긴장유지를 돕고, 태반의 융모간강을 통과하는 자궁의 혈액 공급 증진으로 태아에게 산소 공급을 증진한다.
	통증	약하고, 간헐적, 무통성인 자궁수축으로 임신 전 기간에 나타나지만, 분만이 가까워지면 강하고 빈번한, 불규칙한 자궁수축이다. 가진통 시 이슬이 나타나지 않고 경관 변화를 초래하지 않는다.
하강감	기전	태아 하강감은 태아의 선진부가 모체의 진골반 안으로 들어간다.
	증상 국시 06	자궁저부 높이가 낮아진다. 호흡을 쉽게 한다. 복부충만감과 위장장애의 불편감이 완화 하강감은 방광이 압박되어 배뇨 빈도를 증가한다. 골반 압박감이 증가되어 다리의 통증, 하지경련, 질 분비물이 증가한다.
	초산부 국시 04	분만예정일 2주 전에 태아하강이 일어난다.
	다산부	경산부는 진통이 시작되기 전까지 태아하강이 일어나지 않는다.
양막의 자연파열	기전	태아와 양수를 싸고 있는 양막이 파열되는 것이다. 자연파막은 분만이 가까워졌다는 첫 번째 지표이다.
자궁경부 연화	기전	자궁경부가 부드러워져서 늘어나고 팽창되고 부분적으로 소실되고 개대되어 태아를 통과시킬 수 있다.
혈성 이슬 국시 07	기전	선진부가 하강하면서 자궁경관의 미세혈관들이 압박되어 파열되어 흘러나온 혈액이 자궁경관을 막고 있던 점액 마개와 떨어져 함께 섞여져 나온다. 혈액이 섞인 점액성 질 분비물로 혈성 점액질이다.
	간호 국시 19	만삭에서 이슬이 나오면 몇 시간 내지 며칠 내 분만 시작이다. 규칙적 진통이 있으면 병원에 오게 한다.

요통 임용 16	기전	릴락신과 에스트로겐에 의해 골반관절의 이완으로 요통		
몸무게 감소 임용 16	기전	에스트로겐과 프로게스테론 변화에 의해 전해질 이동으로 수분소실에 의해 0.5~1.5kg의 몸무게 감소		
에너지 분출	에피네프린 증가로 신체활동이 증가된다.			
비교 국시 99, 04, 05, 06	특징	진진통 국시 22		가진통 국시 07
	규칙성	규칙적		불규칙적
	간격	점점 짧아짐		변화가 없음
	강도	점점 강해짐		변화 없음
		걸으면 더욱 심해짐		걸으면 완화됨
	부위	등, 복부 허리 부분에서 시작하여 복부로 방사		하복부 주로 복부에 국한됨
	태아하강	태아하강 진행		태아하강 없음
	경부	경부의 개대, 소실		경부의 개대, 소실의 변화 없음
	이슬	이슬이 보임		이슬이 안 보임
	진정제 효과	없음		있음
진진통 국시 14	통증	진진통 시 수축은 규칙적으로 생기고 간격도 짧아지고 강도도 증가된다. 걸으면 통증이 더욱 강해진다. 복부에 통증, 요통		
	태아하강	진진통은 진통이 계속될 때 태아하강이 진행된다.		
	경관	진진통은 시간이 진행되면 경관의 개대와 소실이 나타난다.		
	이슬	진진통 시 이슬은 경관의 점액전(mucous plug)에 섞인 핑크빛 점액이 나타난다.		

분만 단계

분만 제1기	개대기	규칙적 자궁수축 시작~자궁경관이 완전 개대까지			
분만 제2기	태아 만출기	자궁경부의 완전 개대에서 신생아 출산			
		배림 국시 20	선진부의 하강과 더불어 자궁수축이 있을 때 아두가 양 음순 사이로 보이고 자궁수축이 멎으면 아두가 안 보이는 현상이다.		
		발로 국시 19	자궁수축 시에 밀려 나온 아두가 수축이 없어져도 안에 들어가지 않고 양 음순 사이로 노출되어 회음절개술이 필요하다.		
분만 제3기	태반 만출기	태반 박리기	태반박리 징후	자궁이 동그란 공 모양, 자궁저부 위치가 제와부 이상으로 올라간다. 갑자기 많은 혈액이 질을 통해 쏟아진다. 제대가 질 밖으로 늘어져 나온다.	
			간호	태반배출을 돕기 위해 산부에게 힘을 주게 하여 자궁수축 동안 태반을 배출시킨다. 태반과 난막 배출을 위해 자궁바닥을 간헐적으로 압박시키고 제대를 서서히 잡아당긴다.	
		태반 만출기 〈모던가 슐태중〉	슐츠 기전 (Schultze mechanism)	태반이 중앙에서 가장자리로 분리되면 윤기 나는 태아면이 먼저 배출	
			던칸 기전 (Duncan mechanism) 임용 23	태반이 가장자리에서 중앙으로 분리되어 뒤집어져서 모체면이 먼저 배출	
분만 제4기	회복기	출산 후 1~4시간 동안 산모의 신체적 상태가 안정될 때까지			

분만 제1기 : 개대기 국시 98, 01 〈잠활이〉

	경관개대 국시 03	빈도	기간	자궁수축	하강	
잠재기 국시 05, 20, 21	3cm까지	5~30분	10~30초	약한 자궁수축	미산부	0
					경산부	-2~0
활동기 : 가속기, 최대경사기, 감속기 임용 18 / 국시 14, 19	4~7cm	3~5분	30~45초	보통 자궁수축		
이행기 국시 08	8~10cm	2~3분	45~60초 (90초)	강한 자궁수축	미산부	+1~+3
					경산부	+1~+3

분만 제2기 호흡법

	시기	자궁수축 시 산부가 복압을 느껴 변의를 호소하면 자연히 힘을 준다. 선진부가 회음을 누르기 전 억지로 힘을 주어서는 안 된다. 힘이 주어질 때만 힘을 준다.	
힘주기 국시 01, 05	방법 국시 04	힘주기 국시 20	숨을 들이마시고 내쉬고 다시 들이마신 다음 힘을 주면서 숨을 내쉰다. 아래로 힘이 주어질 때 힘을 준다. 온 힘을 모아서 밑으로 길게 내려 미는 동작을 하면서 성문을 열고 힘을 준다.
	Valsalva maneuver	근거	6~8초 이상 지속된 Valsalva maneuver의 힘주는 법으로 산부가 힘줄 때 호흡을 오랫동안 참으면 성문을 폐쇄하고 흉곽 내와 심혈관계 압력을 증가시켜서 태반혈류를 감소시키고 모체, 태아의 산화작용을 변화시킨다. 태반의 혈액량 감소로 태반으로 산소공급이 감소되어 산소분압이 감소되고 이산화탄소 분압이 상승된다. 태아에게 저산소증과 태아 심박동 양상의 변화와 산모가 쉽게 피로를 초래한다.

⑬ 분만과 관련된 합병증

조기진통
간호 `임용 13 / 국시 05`

자궁수축 `국시 22`	방법	누워서 손바닥이나 손가락을 자궁저부에 대보면 자궁이 주기적으로 단단해지는데, 자궁이 수축하면 복부가 단단해지고 수축이 끝나면 부드러워진다.
	효과	조기진통을 자가 측정하여 조기 인식한다.
절대안정	방법	절대 안정한다.
	효과	침상안정은 자궁혈류를 증가한다. 침상휴식과 안정을 증진시켜 조기진통을 멈춘다. 태아가 하강할 때 태아 선진부가 회음부를 자극하면 뇌하수체 후엽을 자극하여 옥시토신 분비를 자극하여 자궁수축을 일으켜 조기진통을 일으킨다.

조기 양막파막(PROM)

파막 여부 진단 `임용 14` `국시 13` `기출형 14`	나이트라진 검사법 `국시 00, 04`	방법	소독된 질경을 통해 양수액을 채취하여 나이트라진 종이로 양수의 pH를 확인한다.
		파막 전	황색, 노란색(약산성) 질분비물 pH : 4.5
		파막	청록색(파란색, 약알칼리성) 알칼리성 pH는 양수의 존재를 말해준다. 자궁경부 분비물에서 양수는 높은 수준의 에스트로겐으로 약알칼리성이다. 양수 pH : 7.0~7.5
	양치엽 검사 (양치형성검사, fern test, 자궁경관 점액 검사)	방법	후질원개에서 질분비물을 채취하여 슬라이드 위에 놓고 말린 후 현미경으로 관찰한다.
		파막 전	양수 파막 전 질내 분비물은 프로게스테론 영향으로 염주 모양이다.
		파막	양수 파막으로 자궁경부 분비물에서 양수는 높은 수준의 에스트로겐으로 양치엽(고사리잎 모양)을 형성한다. 염화나트륨이 고형화되어 건조될 때 양치엽을 나타낸다.

산부, 태아에 영향 국시 99 〈조기 양막파막은 양태 제자이다〉

태반조기박리	태반조기박리 위험	
제대탈출 임용 18	태아선진부가 골반 내에 고정되지 않으면(진입되지 않으면) 제대탈출이 되어 제대가 압박된다. 조기파막이 제대탈출을 일으킬 수 있어 태아심음을 파악하는 것이 중요하다.	
자궁 내 감염 국시 03, 08	기전	양막파열 후 태아가 24시간 이상 자궁 내 머무르면 병원균의 자궁 내 침입으로 심각한 자궁 내 감염 가능성
	내진 금기	만삭 전 조기파막 시 자궁경부를 내진하면 산부, 신생아 감염 위험 증가
양수과소증	양수의 감소는 보호 역할을 감소시켜 제대압박 가능성을 증가시킨다.	

만삭 전 조기파막 가정간호

자궁수축	자궁수축 사정. 국시 19 조기 양막 파수에 진통이 발생할 수 있다.

고긴장성 자궁수축

증상 국시 12, 21	정상 이완기 국시 20 : 8~12(20)mmHg 정상 자궁수축 극기 국시 20, 21, 22 : 50~60(80)mmHg	
산부, 태아, 신생아에게 미치는 영향	산부 국시 18	자궁의 수축과 수축 사이 이완이 제대로 되지 않아서 자궁근육세포에 산소결핍의 무산소 상태로 심한 통증으로 자궁경관 개대도 효과적이지 못하다. 자궁수축 지연은 심한 피로, 탈수, 불안 증가 파막 후 분만지연이 계속되면 자궁 내 감염
	태아	자궁의 과도 긴장으로 혈액의 태반관류 감소로 저산소증 국시 21 자궁긴장도 증가로 강한 압력은 태반조기박리, 아두의 주형, 산류, 두혈종
치료	자궁이완제 국시 20	리토드린(yutopar) 같은 진통용해제(자궁이완제, β교감신경 항진제)
	옥시토신 금기 국시 21	옥시토신 투여 절대금기

저긴장성 자궁수축

증상 국시 19, 22	자궁수축의 빈도, 강도 감소, 불규칙 최고도의 자궁수축 시에도 자궁저부가 부드럽다. 자궁경관을 충분히 개대시키는 강도에 미치지 못한다.	
치료	옥시토신 국시 19	옥시토신 정맥주입을 한다. 옥시토신으로 강하고 규칙적 자궁수축으로 태아하강, 자궁경관의 거상, 개대가 촉진된다.

자궁내번증

정의	자궁내번증 임용 22 은 자궁이 뒤집혀 자궁바닥이 자궁강으로 내려온 것이다.	
치료	자궁이완제 임용 22	터부탈린[(terbutaline) 또는 마그네슘황산염]으로 자궁을 이완한다. 터부탈린(terbutaline)은 β_2 수용체를 항진시켜 자궁을 이완시켜 정상위치로 복귀시킨다. 자궁내번이 의심되면 자궁이 정상위치로 교정될 때까지 자궁수축제제를 중단한다.
	태반제거	태반이 분리되지 않았으면 수액과 할로탄과 같은 마취제(자궁을 이완시키는 마취제)를 투여한 후 태반제거를 시도한다.
	원상복귀	태반을 제거한 후에는 손바닥 또는 손가락으로 뒤집힌 자궁바닥의 중앙에 받치고 손가락으로 자궁경부의 경계를 확인한 뒤 자궁경관을 통해 자궁바닥을 위쪽으로 올린다. 질을 통해 원상복귀시킨다.
	자궁수축제	자궁이 원상복귀된 후 자궁이완제 투여를 중단하고 자궁을 정상 위치로 유지하면서 옥시토신 같은 자궁수축제를 투여한다. 자궁수축제는 자궁긴장도를 자극하고 자궁내번의 재발을 막고 실혈을 줄인다.

유착태반(태반 유착)

기준	태반 융모의 자궁벽 침범 정도에 따른 분류
유착태반	태반 융모가 자궁근층에 유착된 것
감입태반	태반 융모가 자궁근층에 파고든 것
첨입태반	태반 융모가 자궁근층을 뚫고 장막에 도달한 것

제대탈출

간호중재 국시 99, 02, 05

골반 고위	좌측위, 골반 고위(씸스 체위), 슬흉위 국시 18 , 베개를 이용하여 허리를 높여준다. 제대가 눌리는 것을 막는다.
제대 노출	제대가 외부에 노출된 경우 질강 쪽으로 밀어 넣어서는 안 된다. 제대가 건조되지 않도록 소독된 따뜻한 생리식염수에 적신 거즈로 덮어 준다. 제대를 자주 만지면 순환장애를 가져오므로 주의
태아 선진부 상승	소독적으로 손을 질 속으로 삽입하여 아두를 뒤로 밀어 제대를 압박하지 않도록 한다. 제대 압박을 막기 위해 태아 선진부를 상승시킨다.
방광 생리식염수	도뇨관을 방광에 삽입하고 1L의 생리식염수를 빨리 주입하여 아두를 들어올리고 제대 압박을 완화한다.

유도분만 〈유도분만은 융모양막염을 과 PR(PIH, Rh 부적합증)한다〉

적응증 국시 03, 08	과숙임신 국시 17	42주 이상 과숙임신은 태반 노화로 기능이 저하되어 태아에게 가는 산소와 영양소 감소로 저산소증과 질식에 노출된다. 양수과소증으로 제대 압박이 되어 태아 질식, 태변 흡인이 된다.
치료	프로스타글란딘 국시 19	프로스타글란딘을 질에 삽입한다. 자궁경부를 부드럽게 하여 경부의 연화와 개대를 촉진한다.

◆ 김기영 보건교사 ◆

⑭ 산후여성

산후생리
자궁

자궁 수축	기전	배출	자궁의 수축은 자궁 내 잔여물질을 배출한다.
		지혈 국시 07	분만 후 자궁근층은 자궁이 수축되어 근육 내 태반이 부착되었던 부위의 혈관이 압박되어 혈관을 수축시켜 지혈로 산후출혈을 예방한다.
자궁 퇴축	기전 국시 06	자궁 수축	자궁 근섬유의 수축이 유발된다.
		세포 축소	자궁근육세포의 크기가 축소한다.
		자가분해	자궁벽 세포의 단백물질이 자가분해된다. 자궁벽은 자궁내막, 자궁근층, 자궁외막으로 이루어진다.
		자궁내막	자궁내막이 재생된다.
단백물질 자가분해	기전		자궁벽 세포의 단백물질의 자가분해 과정과 용해로 자궁의 크기가 줄어든다.
	증상	BUN 증가 국시 05	분만 후 며칠 동안에 자궁근육의 자가분해 작용으로 단백분해 산물들은 혈중 내 흡수로 BUN 증가
		단백뇨	뇨 중에 단백분해 산물 배출로 단백뇨가 된다.
자궁내막	기전	재생 임용 11	자궁내막의 기저층은 새로운 자궁내막을 재생시키는 근원이다. 태반부착 부위(기저 탈락막)는 자궁내막의 다른 부위보다 개방된 상처가 깊고 크고 혈액이 나오므로 세균 감염의 소인이다. 태반부착 부위는 6~7주면 완치된다. 태반부착 부위 복구가 지연되면 후기 산후 출혈로 오로와 출혈이 있어 소파술이 필요하다.
		태반부착 부위 제외 부분	태반부착 부위를 제외한 부분의 자궁내막의 재생은 분만 후 3주면 완치된다.

정상 오로(lochia) : 오로는 분만 후 자궁 분비물 〔임용 11 / 국시 00, 07, 08〕

변화	적색오로		분만 후 3일 정도
	갈색오로 〔국시 03〕		분만 후 4~10일
	백색오로 〔국시 13〕		분만 후 10~20일 질 분비물은 3주 후 거의 사라진다.
오로 지속 〔국시 08〕 〈잔치 염〉	치유 부전 〔국시 05, 10, 13〕		태반부착 부위의 치유 부전에 적색오로가 지속한다.
	잔류 〔국시 09〕		태반, 난막의 자궁 내 잔류로 출혈, 적색오로가 지속한다.
	자궁내막염 〔국시 07〕		자궁내막염 시 장액성 백색오로가 지속한다. 통증, 복부의 압통, 열이 동반된다.

심혈관계

심박출량 (혈액량)	분만 후 48시간 〔국시 09〕	증가	분만 직후 심박출량, 순환 혈액량은 일시적으로 60~80% 증가	
			혈관 내 이동	자궁에 의한 압박이 없어지고 정맥압 감소로 혈관외액이 혈관 내로 집합되어 혈액량이 많아져 정맥귀환이 증가한다.
			자궁 순환량 감소	태반순환의 상실로 자궁과 태반의 혈액이 체순환으로 돌아온다.
	분만 후 3일~4주	감소	분만 후 이뇨 효과는 에스트로겐 감소로 임신 동안 축적되었던 과다한 세포외액이 배출되며 혈액량이 서서히 감소한다.	
기립성 저혈압 〔국시 06〕		기전	분만 후 빠르게 복강 내압이 급격히 감소되어 골반 내 갑작스런 혈관 저항 저하로 장에 혈액을 공급하는 내장 혈관에 혈관이 확장되어 혈액 정체로 울혈이 생겨 기립성 저혈압이 발생된다. 순환기 계통의 적응이 잘 안 되어서 생긴다.	
맥박 〔국시 09〕		증상	분만 후 40~70회/m 경한 일시적 물리적 서맥이 1주일간 지속된다.	
		기전	심박출량 보상	심박출량 증가에 보상으로 서맥이 나타난다.
			미주신경 반사작용	분만 동안 증가된 교감신경계에 대한 미주신경의 반사작용에 의해 서맥이 된다.

체온

	시간	원인
정상	분만 후 첫 24시간 이내 체온이 38℃ 정도 상승 가능하며 24시간이 지나면 정상으로 회복한다.	분만 시 호르몬 변화, 근육운동, 탈수에 의해 체온이 상승한다. 국시 02
비정상	분만 24시간 이후 체온 38℃ 이상 상승하여 2일 이상 지속된다. 국시 05	유방염, 자궁내막염, 요로감염, 패혈증 유방울혈은 1일(24시간) 이상 지속되지 않는다.

조혈계

Hb, Hct	분만 후 48시간	Hb, Hct 감소	정맥압 감소로 간질액인 혈관외액이 혈관 내로 집합되어 혈액량이 많아져 있다. 혈액희석으로 헤모글로빈과 헤마토크릿이 떨어진다.
	분만 후 3~7일 국시 11	Hb, Hct 상승	분만 후 3~7일에 혈장액의 이뇨작용으로 배설되어 혈액이 농축되어 헤마토크릿이 상승한다.
	분만 4~6주	Hb, Hct 정상	분만 4~6주면 정상적인 Hb, Hct이 비임신 상태로 돌아온다.
백혈구(WBC)	임신 2, 3기	백혈구 12,000/mm³까지 증가	
	분만 후 10~14일 (1~2주일) 이내 국시 07	백혈구 20,000~30,000/mm³ 증가 적혈구침강계수(ESR, erythrocyte sedimentation rate) 증가 산후 감염 식별에 어려우며 이후 정상으로 돌아온다.	

비뇨기계

당뇨	산욕기 초기 임신으로 유발된 당뇨는 사라진다.
단백뇨 국시 08	산욕기 산모 50% 1~2일간(산욕기 초기) +1 정도 경한 단백뇨 뇨 중에 단백분해 산물(요소) 배출로 단백뇨
아세톤뇨	지방 대사로 소변에서 아세톤이 검출한다.

체액 배출 (국시 03)

원인 (국시 06)	에스트로겐 감소	에스트로겐 저하로 Na$^+$과 수분의 배설로 이뇨가 된다.
	사구체 여과율 증가	혈액량 증가로 신장의 혈장 흐름 증가로 신사구체 여과율이 상승으로 발생된다.
	발한 (국시 22)	분만 후 첫 2~3일간 과다한 발한이 밤에 심하다.
결과 (국시 13, 19)		산후 1주일에 하루 3,000mL 이뇨작용은 배뇨와 발한을 통해 배설한다. 임신 중 신체에 과다하게 축적된 체액이 배출되기 시작한다. 임신으로 증가된 혈액량을 감소 위해 과다한 수분을 스스로 제거하는 이뇨작용이다. 임신 중 축적된 체액과 전해질을 배설하는 기전은 수분대사의 역전이다.

배란과 월경 (국시 03, 07)

배란 (국시 99, 10)		분만 후 첫 월경은 무배란이 많다. 첫 월경이 분만으로부터 멀수록 배란된 월경일 확률이 높다.	
비수유모	배란	산후 6주는 무배란성 월경일 수 있다. 분만 후 첫 월경은 무배란이 많으나 빠르면 분만 4주 후 배란 가능	
	월경	월경 회복은 6~8주 이내	
	피임 (국시 02, 05)	비수유모는 산후 2~3주부터 피임 정확한 배란 시작일을 예견하기 어려우므로 임신을 원하지 않는 산모는 첫 성교부터 모두 피임한다.	
수유모	무월경 (임용 15 / 국시 14)	수유부는 프로락틴이 상승되어 시상하부에서 GnRH가 억제되어 뇌하수체 전엽에서 난포자극호르몬(FSH), LH가 감소되어 배란, 월경회복이 지연된다. 규칙적 수유 중 무월경(LAM)기간은 6개월 정도이다.	
	피임약	프로게스틴	모유수유를 할 경우 출산 6주에 Minipill, 프로게스틴 단독 피임을 한다. 혼합 수유를 하는 경우 출산 3주에 시작한다. Minipill은 모유량을 감소시키지 않고 정맥혈전증 위험이 없다.
		에스트로겐 제한	에스트로겐은 모유 생산이 감소한다.

자궁저부 위치 `국시 06, 13, 14`

분만 직후 `국시 03, 17, 20, 21`	자궁저부는 제와부에서 2cm 아래나 제와 치골 결합의 중간 부위 위치
12시간 이내 `국시 05`	제와부로 상승 분만으로 압박되어 있던 골반저부의 근육이나 방광근육의 긴장도가 산후에 돌아온다.
12시간 이후	매일 1cm 하강
1일	자궁저부가 배꼽에서 1cm 아래
2일	자궁저부가 배꼽에서 2cm 아래
6일	제와와 치골 결합의 중간 부위
10~14일 `국시 16, 18, 20`	2주 후에 복부에서 자궁을 촉진하지 못함

산후통

기전 `국시 21`	분만 후 자궁 내부로부터 응고된 혈액을 배출시키기 위해 자궁이 간헐적으로 수축할 때 느끼는 통증이다.

근골격계

복벽	회복 `임용 11`	분만 후 복부근육과 복벽의 이완이 임신 전 상태로 회복과 복강 내 구조들의 퇴축과정은 6주가 걸린다.
골반근육	회복	임신 중 프로게스테론에 의해 골반근육이 이완된다. 분만 후 골반근육 조직은 서서히 회복된다.
	손상	골반근육 이완은 자궁, 질, 방광, 요도, 직장을 지지하는 구조가 약해진 것
관절과 골반인대	회복	임신 시 에스트로겐과 릴락신에 의한 관절과 골반 인대의 이완은 자궁, 난관, 난소를 지지하는 인대의 정상적 크기, 위치 회복은 6~8주 이상이 경과되어야 정상적 크기와 위치로 회복한다.
간호	회복 방해 `임용 11`	장기간 서 있거나 무거운 것을 드는 것은 회복에 방해가 된다.

간호

조기이상 임용 14 국시 02, 06	혈전증 예방 국시 22	분만 후 응고인자 증가, 섬유소원 증가, 섬유소 용해 감소, 혈소판 증가로 혈전이 생길 가능성이 높다. 조기이상으로 혈액순환을 좋게 하여 혈전증, 혈전 정맥염의 위험을 감소시킨다.
	방광 증진	산후에 방광의 긴장도가 적어지고 방광용량은 커지며 방광 내압을 감지하는 능력이 감소한다. 조기이상으로 방광의 기능이 증진된다.
	변비 예방	산후에 위장계의 근육 긴장도 감소, 이완, 운동성 저하가 생긴다. 조기이상으로 변비가 감소한다.
질회음 근육운동 (Kegel exercise) 국시 06	혈액순환	회음 부위에 혈액순환을 돕는다.
	골반근육, 치골미골근	골반근육, 치골미골근의 탄력성을 유지한다.
	회음부 근육	질 분만 후 회음부 근육의 긴장도를 회복하여 다음 임신 시 회음부 근육에 힘을 증진한다.
	긴장성 요실금	긴장성 요실금을 예방한다.
슬흉위 국시 05, 21	자궁후굴 예방	자궁후굴 예방으로 자궁의 정상 위치로 회복한다.

수유모 영양 국시 05, 10

칼로리	모유를 먹이는 엄마는 모유를 먹이지 않는 엄마들보다 300~500칼로리 더 섭취한다.

직장여성을 위한 모유수유

실온	금방 짜낸 모유의 안전한 보관 기간은 실온에서 4~6시간이다.
냉장	냉장고에 보관하며 보관 기간은 1~3일(24~72시간)이다.
냉동 국시 17	냉동고에서 보관 기간은 3~6개월이다.
해동 국시 17	냉동시킨 모유는 냉장고 안에서 해동하고 따뜻한 물에 봉지째(팩) 중탕한다. 해동된 모유는 30분 이내 먹어야 하며, 다시 보관이 필요한 경우 냉장실에서 24시간 보관이 가능하다. 다시 냉동시키지는 않는다. 냉동된 모유를 해동할 때는 전자레인지나 직접 가열하지 않는다. 고온의 전자레인지는 항균 요소와 비타민 C를 파괴하며, 데워진 모유는 신생아의 구강 내 화상을 일으킬 수 있다.

초유 (국시 21)

시기		출산 후 2~4일까지 분비
특징	칼로리	탄수화물, 지방, 칼로리는 적다.
	단백질	단백질, 칼슘, 인, 무기질이 많다.
	비타민	비타민 A, E가 많고 초유의 노란빛은 비타민 A의 카로틴 영향이다.
	IgA	면역글로불린(IgA)이 많다.
	설사	자연적 설사 작용으로 태변 배출을 돕는다.

모유수유의 아기에게 장점 (국시 00, 06)

단백질		모유에 있는 단백질은 아기의 성장, 뇌 발달, 신경, 피부, 여러 기관의 성장을 촉진한다.
탄수화물		유당으로 조제유보다 농도가 높고 뇌 발달을 돕는다.
지방	뇌 성장	모유의 지방 함량은 조제유보다 높고 효율적으로 이용된다. 뇌 성장에 필요한 지방산, 콜레스테롤을 포함한다.
철분		철분의 흡수를 촉진시킨다. 장에서 철분의존 박테리아의 증식을 막는다.
치과 문제 감소		턱발달, 부정교합이나 치열이상, 치아 문제를 감소한다. 젖을 빠는 입의 움직임에 구강근육과 안면골격이 발달한다.
소화기계		모유단백질은 소화되기 쉽고 흡수가 잘 된다. 유당효소, 아밀라제(탄수화물 분해), 리파제(지방을 지방산과 glycerol로 분해)가 충분하여 단백질, 탄수화물, 지방, 철분의 소화와 흡수를 용이하게 한다.
변비감소		대변을 묽게 만드는 역할로 모유수유아는 변비가 드물다.
호흡기계		폐의 성장과 성숙이 증가한다. 영아돌연사 증후군의 발생이 저하된다.
면역학적 가치	기전	모유에만 존재하는 면역물질인 면역글로불린(IgA)의 방어요인들이다. 질병에 저항력 증가로 감염을 예방한다.
	결과	면역체 포함으로 감염성 질환, 호흡기계 감염, 중이염, 위장관 감염, 장염, 설사를 낮춘다.
알레르기 감소		모유는 이물 단백질에 적게 노출된다. 알레르기 방지 효과와 알레르기성 피부염의 발생을 감소시킨다.
지적 능력		뇌 발달에 영향을 주는 물질로 지능발달, 인지발달을 높여준다. 모유수유아가 인공영양아보다 지적 능력이 우수하다.

어머니에게 나타나는 장점 국시 10, 19

자궁수축	아기의 빠는 반사가 어머니의 뇌하수체 후엽을 자극하여 옥시토신의 생성을 자극한다. 자궁수축이 잘 되어 산후출혈을 감소시킨다.
월경 지연	모유수유에 프로락틴이 증가되어 배란과 월경 지연으로 피임효과와 출산 간격을 조절한다.
체중 회복	임신 전 체중으로 빠르게 회복된다. 모유수유에는 많은 에너지가 필요하므로 임신 중 피하에 축적된 지방이 사용되어 임신 전 모습으로 쉽게 회복한다.
암 감소	유방암, 난소암 발생빈도가 저하한다.
골다공증 감소	모유수유를 한 여성은 골밀도를 증가시켜 골다공증 발생이 줄어든다.

⑮ 산후 합병증

조기 산후출혈

간호 국시 03

자궁저부 마사지 국시 07	방법 임용 09	한 손은 자궁저를 감싸고 다른 한 손은 산모의 치골결합 위를 누르면서 두 손 사이에서 자궁은 컵 모양으로 자궁을 부드럽게 마사지한다. 자궁저부가 수축될 때까지 마사지하며 자궁이 잘 수축하면 마사지를 멈춘다. 지나치거나 거칠게 마사지하면 자궁근의 피로로 자궁이완, 과다한 출혈, 자궁하수(자궁과 그 주위 조직이 질내로 내려오는 것)를 초래한다.
	효과 국시 19	자궁저부가 단단하지 않을 때 자궁저부를 손으로 부드럽게 마사지로 자극을 준다. 자궁의 긴장을 유지하기 위해 자궁근 섬유 수축으로 자궁 내 남아 있는 혈액을 배출한다.
양손 자궁압박법	방법	장갑 낀 손을 질 안으로 삽입하여 주먹을 쥐어 주먹을 전질원개에 놓고 자궁 전벽을 마사지한다. 다른 한 손의 손바닥을 산모의 복벽에 올려놓아 자궁저부와 자궁후벽을 잡고 치골 결합쪽으로 밀어 동시에 자궁저부와 자궁후벽을 마사지한다.
	효과	자궁마사지보다 자궁에 자극을 2배로 준다.
조기 모유수유 국시 07		조기 모유수유를 실시한다. 뇌하수체 후엽에서 옥시토신이 분비되어 자궁이 수축되어 자궁의 퇴축을 돕는다.

자궁내막염 국시 98

합병증 국시 09	골반감염	혈관, 림프관, 광인대를 따라 골반 측벽에 골반 감염이 파급한다.
간호 국시 08, 09	파울러씨 체위 (반좌위) 국시 14, 18, 22	오로배출 증진으로 감염이 위로 퍼지는 상행성 전파를 감소한다.

16 갱년기 여성

	기전	리그난, 이소플라보노이드는 장내에서 박테리아에 의해 에스트로겐으로 전환한다.
에스트로겐↑ 음식		유방, 자궁내막에 존재하는 에스트로겐 수용체와 결합하여 항에스트로겐 역할을 한다. 유방, 자궁내막에 주는 자극의 역가가 강력한 에스트로겐보다 역가가 약하므로 악성 세포 증식 예방
	리그난	해바라기 씨, 씨앗류, 콩
	이소플라보노이드 국시 16	콩, 과일, 녹황색 야채 : 당근, 고추, 가지, 상추, 오이, 호박, 토마토, 적채, 양배추, 브로콜리

◆ 김기영 보건교사 ◆

⑰ 생식기 건강문제

난소 양성(비종양성, 기능성) 낭종 〈난황 자루다〉

난포낭종	생성 기전		성숙한 난포나 퇴화 중인 난포에서 유동액이 정상 이상으로 고여서 생긴 것
	합병증	염전	염전은 낭종의 꼬임으로 염전이 있을 때 염전이 되면 괴사를 초래 편측 하복부에 급성 복통, 하복부의 긴장으로 오심, 구토
		낭의 파열	복강 내 출혈을 일으켜서 난관 임신 파열 같은 증상 BP 감소, 맥박 증가, 어지러움, 골반통, 오심, 구토, cullen's sign
황체낭종	기전		배란 후 생기는 황체가 비정상적으로 성장하고 강내로 출혈로 암적색의 낭종이 난소 표면에 돌출
루테인 낭종	원인		포상기태, 융모상피암
	기전		융모성선자극호르몬(hCG)의 과다한 자극을 받아 난소 주위를 둘러싼 낭종이다.
다낭성 난소낭종	기전		LH가 상승되어 LH 자극에 의한 난소의 과립막 세포에서 비정상적으로 안드로겐을 과다 생산하고 두꺼워져 난포가 배란되지 못하여 낭종이 형성된다.
	호르몬	LH, 안드로겐 상승	〈LH에서 E1 안 apt〉 LH/FSH가 2 이상 FSH는 정상 또는 약간 감소
		E1(estrone) 상승	E1(estrone) 상승으로 유방암, 자궁내막암 위험 증가 난소에서 생성되는 estradiol(E2)은 난포기 수준을 유지한다.
		프로게스테론 감소	난소에서 황체가 없어 프로게스테론 감소
자궁내막종			자궁내막증 여성에서 발달

자궁하수(자궁탈출, 자궁탈수)

페서리 임용 22	방법	씻기	페서리를 일주일에 두 번 제거하여 비누에 물로 씻고, 삽입 시 윤활제 사용
		질 세척 임용 22	페서리의 부작용은 질 분비물 증가와 요로감염, 질염과 냄새 희석한 식초(물 1쿼터당 1작은술)나 과산화수소수를 사용하여 질 세척을 함으로 분비물을 제거하고 악취를 감소하고 질 내 산도를 4.0에서 4.5로 유지
		에스트로겐 크림	질점막이 얇아진 폐경 후 여성은 페서리로 질 점막궤양이 발생하므로 에스트로겐 크림을 사용하면 질벽이 강화되어 질 점막의 침식 예방
	효과		자궁 위치를 교정한다.
수술요법 국시 20			질식 자궁절제와 전후방 질봉합술(질벽 통합술, anterior and poserior colporrhaphy, enterocele repair)

부인과 질환

자궁근종 원인 국시 02, 08	30~45세 임용 21	에스트로겐에 의존하여 근종이 성장하여 난소의 기능이 왕성한 30~45세에 호발한다. 폐경기 이후 근종의 크기가 줄어든다. 국시 00, 13 초경 이전, 폐경기 이후 발생이 드물다. 임용 92
	폐경 주변기	폐경 주변기 동안 근종의 급격한 성장은 무배란성 월경 주기이다. 배란이 되지 않아 황체가 형성되지 않고 프로게스테론이 분비되지 않는다. 프로게스테론에 의해 억제되지 않는 에스트로겐 분비 증가로 근종이 성장한다.
	임신 국시 07	임신 중 에스트로겐 증가와 혈량 증가로 근종의 성장을 자극한다.
자궁내막증 증상 국시 16	월경통 국시 05, 성교통, 만성 골반통	자궁내막증에서 통증은 조직 손상을 동반한 깊은 침윤, 유착형성, 복막하 자궁내막증으로 복막 자극 때문이다. 복막하 자궁내막증으로 복막자극, 유착 형성
	난임 국시 18, 22	자궁내막증이 난관채의 난자 포획의 장애와 난관 운동 방해로 수태능력이 저하된다. 난소를 침범하여 비정상적인 난포발달, 무배란
	골반검진	월경 중에 시행하는 것이 자궁내막증으로 의심되는 부위를 발견하기 쉽다. 젊은 여성에서 압통, 고정된 자궁후굴(정상 : 전경, 전굴) 자궁천골 인대 부위의 소결절
	복강경 검사	자궁내막증의 확진 복강경 검사로 골반강과 복강에 자궁내막증이 있는지 조사한다. 조직 생검을 필수적으로 시행한다.
	혈중 CA-125	자궁내막증의 치료 후 추적 검사로 혈중 CA-125 증가
자궁선근증 증상 국시 14, 16, 17	커진 자궁	자궁이 넓게 분포 자궁의 운동성은 제한 없음
	월경과다	월경양이 많거나, 월경기간이 길다. 커진 자궁강 내 자궁내막의 양적 증가, 고에스트로겐혈증 관련
	월경통 국시 21	생리 1주 전에서 생리 끝날 때까지 pain, 산통 성격 자궁내막에 prostaglandin이 연관되어 자궁근 수축과 통증 유발

부인과 치료

자궁내막폴립	자궁내막소파술 국시 19	자궁내막폴립은 악성화가 없을 때 자궁내막소파술을 시행한다.	
복강경 수술	간호 〈복강경으로 견출비가 생겼다〉	견갑통 국시 18	이산화탄소 가스로 인한 횡격막신경(횡격막 하 늑간 신경) 자극으로 견갑통과 늑골 하 불편감을 호소한다. 이산화탄소가 흡수되면서 서서히 회복된다. 수술 시 주입한 가스로 많이 움직인다. 국시 19
		출혈 임용 18	수술 후 출혈 위험이 높다. 출혈로 통증이 온다.
		비뇨기계 손상	비뇨기계 손상 위험으로 방광의 회복을 사정한다.

부인과 수술

난소가 제거되지 않은 자궁절제술 국시 17	여성호르몬 분비 국시 21	양쪽 난소가 제거되지 않은 자궁절제술에 여성호르몬 분비가 된다.
	no 월경과 임신	자궁적출술 후 월경과 임신은 없다.
	성교	자궁절제술은 성관계에는 아무런 지장이 없으므로 성교는 가능하다.
난소 설상(쐐기)절제술 효과 임용 18	난소질환 치료	원인적 난소질환 치료
	호르몬 분비	시상하부 – 뇌하수체 – 난소축에 자극을 주어 난소호르몬을 분비하고 월경주기 회복과 배란과 임신이 가능하다.
한쪽 난소절제술 국시 07, 16, 20, 22		정상적으로 2개의 난소가 격월로 배란을 한다. 한쪽 난소를 절제하면 나머지 남아 있는 한쪽 난소가 기능하여 난소호르몬을 분비하고 매월 월경과 배란을 하고 임신이 가능하다.
양쪽 난소절제술	no 월경과 임신	난소 호르몬의 분비가 없어 월경과 배란이 없고 임신이 불가능하다.
	폐경증상	
	에스트로겐 요법	
양측 난관절제술 국시 04		양측 난관만 절제하고 난소와 자궁은 정상적으로 남아 있다. 배란과 여성 호르몬 분비는 계속되며 배란된 난자는 체내에 흡수된다. 정상적으로 월경이 가능하다. 배란된 난자가 난관을 통해 이동할 수 없어 자연 임신은 불가능하다.

⑱ 생식기 악성 종양

자궁경부암

CIN	이형성증	이형성증(자궁경부 상피내 종양)은 상피세포에 국한된 비정상적 증식이다. CIN은 상피내암, 침윤암으로 발전한다. 전암 단계를 거치며 침윤암으로 발전하는데 7~10년이다. 이 기간에 조기진단이 가능하다.
CIN I	경도(경증) 이형성증	상피의 아래층(lower)의 1/3 이하로 대치되며 대부분 정상으로 되돌아온다.
CIN II	중등도(중등증) 이형성증	상피층의 2/3(middle)까지 변형된 경우로 상피내암으로 발전할 수 있다.
CIN III	중증 이형성증	상피층의 상부(upper) 1/3 이상 변형된 경우로 상피내암이 된다.
CIS 국시 05	자궁경부 상피내암	자궁경부 상피내암(carcinoma in situ)은 상피세포에 국한되며 침윤성 암의 전구질환이다. 상피내암은 60% 침윤암으로 진행한다.
침윤성 자궁경부암		자궁경부암은 침윤성 자궁경부암을 의미한다.

◆ 김기영 보건교사 ◆

자궁경부 세포진단 분류 체계 비교

이형증/CIN 체계	베데스다 체계 (Pap test의 결과)	Pap체계	관리
정상	정상 범위로 제한	Class I 국시19	매년 자궁경부질 세포진 검사
염증성 비정형증 (감염성 비정형증)	감염(염증)	Class II	3~6개월마다 자궁경부질 세포진 검사
편평상피 비정형증, HPV (인유두종바이러스) 비정형증	미결정 비정형 편평세포(ASC-US)	Class II R	3~6개월마다 자궁경부질 세포진 검사, 질확대경 검사, HPV 검사
	고등급 편평상피내병변(HSIL)을 배제할 수 없음(ASC-H)		질확대경 검사와 조준 생검(directed biopsy)
경도 이형성증 CIN 1	저등급 편평상피내병변(LSIL)		
중등도 이형성증 CIN 2, 고도 이형성증 CIN 3	고등급 편평상피내병변(HSIL)	Class III	질확대경 검사와 조준 생검(directed biopsy) 루프환상투열절제술(loop electrosurgical excision procedure, LEEP), 원추절제술
상피내암	고등급 편평상피내병변(HSIL)	Class IV	
편평상피 세포암(침윤암)	편평상피 세포암	Class V	

자궁경부의 해부학적 특징

변형대 (편평원주 상피 접합부)	화생: 초경 시 자궁경부가 성장하면서 내자궁경의 원주상피가 외자궁구로 외번하여 외자궁구를 향해 진행하여 질의 산성 환경에 노출된 원주상피가 편평상피로 치환된다. 변형대: 최초 편평원주상피 접합부와 생리학적으로 활발한 편평원주상피 접합부 사이로 화생 변화가 일어난다. 편평원주상피 접합부에서 발암적 유발 인자에 의해 이형성 상피세포인 이형성증(CIN) 생성으로 쉽게 암으로 변화된다. 이형성 상피증 변형은 화생과정이 활발하게 일어나는 초경, 임신 중에 시작된다.

자궁경부암 진단

자궁경부 질 세포 검사 (pap smear) 국시 05	목적 국시 21, 22	이형성증을 발견하는데 유용하여 자궁경부암을 조기발견하기 위한 정기 검사이다.	
실러검사(Schiller test) 국시 07	정상	적갈색	질, 경부의 정상 상피세포는 글리코겐이 풍부하여 요오드액에 짙은 적갈색으로 염색된다.
	양성	노란색	이형성증 세포나 암 세포는 요오드액에 염색이 안 되어 노란색이다.
질확대경 검사 (colposcopy)	정의 국시 14, 16	pap smear에서 비정상 병소를 질확대경에서 이상 소견을 발견하여 자궁경부암 조기 진단에 필수적 검사법이다.	
	정상	정상 원주상피(경부 점막)	원주상피로 작은 융모, 포도송이 모양
		정상 편평상피(경부 바깥)	연한 분홍빛
		정상 변형대	화생 상피로 구성
	비정상	백색 상피, 백반증, 모자이크, 붉은 반점, 비정형성 혈관	
조준하 생검 (펀치생검)	방법	질확대경 하 조직 생검으로 자궁경부의 이상 병변이 있는 부위를 조준하여 조직 일부를 떼어낸다.	
	목적 국시 18	질확대경 검사로 의심스러운 부위를 규명으로 최종적 진단은 조직 생검한다. 의심되는 병소는 생검하여 확진한다.	
원추절제술(원추생검) (conization)	방법	조준 생검이 불가능한 비가시적 병변에 경관 내에 병변이 숨어 있는 경우 칼로 병변 부위를 도려낸다.	
	목적 국시 14	진단과 치료를 동시에 한다.	
	적응증	질확대경 검사 결과가 불만족스러운 경우이다. 세포 검사, 질확대경 검사, 생검에서 일치하지 않는 경우 자궁경부 침윤암의 치료를 겸한 목적이다.	
LEEP = LLETZ (루프 환상투열 절제술)	방법	진단과 치료를 동시에 하여 전기기구로 조직을 절단, 응고하여 변형대 전체를 한꺼번에 절제한다.	
	장점	시술 기간이 짧고 시술 방법이 간편하여 외래에서 쉽게 이용, 시술 후 출혈, 불편함이 적다. 변형대 전체를 한꺼번에 절제하여 1회의 시술로 진단과 치료가 가능하다. 절제 후 조직 손상이 적어 조직 병리에 영향을 주지 않는다.	

사람유두종바이러스 감염증 백신

가다실(4가)	만 12(9)~14세 연령에서 첫 접종 시 6~12개월 간격으로 2회 접종 만 15~26세 이상 연령에서 첫 접종 시 0, 2, 6개월 간격으로 3회 접종		
서바릭스(2가)	만 12(9)~14세 연령에서 첫 접종 시 6~12개월 간격으로 2회 접종 만 15~25세 연령에서 첫 접종 시 0, 1, 6개월 간격으로 3회 접종		
HPV 예방접종 사업	건강여성첫걸음사업	만 12세 여성 청소년	6~12개월 간격으로 2회 제공
	사람유두종바이러스(HPV) 예방접종 사업	만 13~17세 여성 청소년	2~3회 제공
		만 18~26세 저소득층 여성	2~3회 제공 기초생활보장수급자 및 차상위계층

검사
자궁내막암 진단 국시 02

자궁내막 흡입 생검 국시 06	자궁내막암의 확진 검사이며 자궁부정출혈이나 자궁내막 병변이 의심되는 환자를 평가하는 첫 단계이다. 외래에서 시행하며 정확성이 90% 이상	
난소암 검사 임용 18	CA-125	혈청 CA-125는 난소암에서 증가
	초음파 검사	복식 초음파 검사보다 질식 초음파 검사로 더 좋은 해상도를 얻는다. 표면이 불규칙한 고형성분이나 유두상 돌기될 때 악성종양을 의심한다.

◆ 김기영 보건교사 ◆

유방의 악성 질환
임상징후

부위			
부위 임용23 / 국시05		유방의 상외부 사분면이다. 대부분의 선 조직이 위치해 있기 때문이다. 50% 이상	
유방	모양	한쪽 유방 크기가 평소보다 커졌다. 한쪽 유방이 평소보다 늘어졌다.	
	덩어리	유방에 혹, 덩어리는 딱딱, 단단한 부분이 만져진다. 부드럽지 않고, 말랑말랑하지 않다.	
	통증×	악성 종양은 압통이 없어 통증이 없는 덩어리이다.	
	불규칙한 경계	침투성 성장 패턴으로 불규칙한 형태(별모양)로 경계가 모호하다.	
	고정된 결절	흉벽과 피부 하부 조직에 고정되어 잘 움직이지 않는 고정된 결절이다. 유동성이 있을 수 있으나 유동성은 주로 양성에서 볼 수 있다.	
	피부 두께 이상	종양이 성장하면서 섬유화로 유방 피부가 두꺼워져 오렌지 껍질 모양이다.	
	함몰	쿠퍼인대가 짧아져 피부의 함몰 부위 발견, 움푹 패이는 현상이다.	
	궤양	종양은 궤양을 형성하여 피부 궤양, 발적이 있다.	
	정맥 돌출	암이 성장하면서 조직을 압박하면 피하 정맥이 압박되어 울혈되어 혈관이 두드러진다.	
	부종		
	모공	털구멍(모공)이 현저하게 확장된 것은 유방암을 의미한다.	
유두	피부	양쪽 젖꼭지 방향이 비대칭적이면 암을 의미한다. 젖꼭지를 촉진했을 때 탄력성이 없다. 유두 상승, 두꺼워져 있다. 쿠퍼인대가 짧아져 유두 퇴축, 궤양, 발적이다.	
	분비물	편측성(일측성) 분비물 장액성, 혈액성, 녹회색, 화농성 유두 분비물 짜지 않은 상태에서 묻어 나오는 유두 분비물	
림프	결절	비정상적인 결절이 1cm 이상 크고 단단하며, 피부나 아래 조직에 고정된다.	
	부종	유방암으로 림프액의 순환이 방해를 받아 부종이 있다.	
	발적	종양은 양쪽 겨드랑에서 발적, 비정상적 색소침착이다.	

유방자가검진 시기 임용11 / 국시 07, 17, 21

규칙적 월경	월경이 끝난 후 2~7일째 사이
	호르몬의 영향이 적어 유방이 부드러워져 검사하기 좋다.
	유방이 부어있지 않고 멍울, 불쾌감, 통증이 제일 적다.
경구 피임제	경구 피임제의 한 달 복용을 새로이 시작하는 첫날
폐경	매월 첫째날

시진 자세 임용06

양팔을 내린 자세	양팔을 내린 자세로 유방과 유두를 시진한다. 유방과 유두의 전체 모양과 대칭성 관찰
양팔을 올린 자세	양팔을 높이 올리고 관찰한다. 양팔을 올리면 손상된 유방은 상승이 안된다. 움푹 들어간 곳이나 함몰된 곳을 관찰한다.
양손을 허리에 놓은 자세	양손을 양쪽 대퇴 관절의 뒷부분에 대게 하고, 흉근이 수축되도록 가슴을 앞으로 강하게 압박한다. 움푹 들어간 곳이나 함몰된 곳을 관찰한다.
양팔을 앞으로 뻗은 자세	허리를 앞으로 굽히고 양팔을 앞으로 뻗은 자세

촉진

검사 자세 국시 06	촉진은 똑바로 누운 자세에서 검사하는 쪽의 어깨 밑에 작은 베개를 집어 넣고 팔을 머리 위에 올린다. 유방조직이 흉벽 위에 평평하게 퍼지게 되어 소결절이 촉진된다.
손 방법	유방을 한쪽 손의 둘째, 셋째, 넷째 손가락 끝마디의 바닥을 사용한다. 세 손가락을 모아서 손가락을 펴고 유방조직을 흉벽을 향해 부드럽게 회전하는 동작으로 동그라미를 그리면서 가볍게 눌러 유방을 느껴보는 것

PART 06

◆ 김기영 보건교사 ◆

아동간호학

1. 아동의 성장발달
2. 고위험, 선천성 신생아의 건강문제
3. 맥켈 게실
4. 괴사성 장염(괴사성 소장대장염)
5. 소화기능 장애
6. 호흡기 기능장애
7. 심혈관 기능장애
8. 비뇨생식기
9. 신경장애
10. 피부장애
11. 감각장애
12. 근골격계 장애
13. 감염질환
14. 배설장애
15. 아동학대
16. 건강문제관리

❶ 아동의 성장발달

성장과 발달의 기초 국시 98, 02, 10

성장	생리학적 증가	
	양적인 변화	ex) 키, 체중의 변화
발달	복합	
	진보	언어 습득의 과정

성장과 발달의 원리 국시 98, 99, 00, 01, 04, 07 〈성장과 발달의 원리를 속결 방연하여 분개했다〉

방향성 국시 15 〈두근대〉	두미부 방향	
	근원 방향	심장에서 가까운 중심부에서 심장에서 먼 곳인 말초부로 발달한다. 몸통에서 사지로 발달
	좌우 대칭	
연속적 경향 국시 19	연속적 경향으로 명확하게 예측 가능한 발달순서가 있다.	
발달속도 국시 98, 06	가속된 발달기간(영아기, 사춘기), 감속된 발달기간으로 신체의 성장발달 속도가 각기 다르다.	
결정적 시기의 원리 국시 15	결정적 시기 (민감기)	환경의 영향을 받아 특정 기능의 발달이 최적으로 진행된다.
	발달결함	결정적 시기에 적절한 환경에 노출되지 못하면 돌이킬 수 없는 발달결함을 초래한다.
분화와 통합의 원리	분화와 통합의 원리는 미분화된 일반적인 것에서 특수, 세밀한 것으로 분화되면서 기능이 통합 상태로 진행한다. 단순한 동작에서 복잡한 동작으로 발달한다.	
개인차의 원리 국시 05	성장발달은 유전과 환경의 상호작용과정으로 아동별로 성장발달 속도, 형태에 독특한 양상을 보인다.	

상절과 하절비

기준	머리~치골 결합	
나이	출생 시	얼굴이 1/4(사등신)
	2세	배꼽에서 1:1
	12세	상절/하절비가 1:1

성장지표

	출생 시	4개월	1세	
신장	50cm		75cm	1.5배
체중	3.3kg	2배	9.9kg	3배
두위	34cm 두위 > 흉위		46cm	=흉위

Scammon 발달곡선 (임용 09)

일반적 성장곡선	2세까지, 사춘기 : 급격한 성장, 2세 이후~사춘기 전 : 완만한 성장	
신경	출생 초기부터 급성장하여 4세경에 성인의 80~90%에 도달하고 완만한 속도이다.	
림프	6세까지	빠른 속도로 성장하여 성인 크기에 도달한다.
	10~12세	성인 크기의 2배, 최대로 발달한다.
	18세	성인 크기로 작아진다.
생식기	발달이 미비하다가 사춘기(13~18세)에 급격히 발달하여 16~18세에 성인 정도이다.	

심리 사회적 발달 : 에릭슨(Erikson)

단계	시기	구분		내용
신뢰감 / 불신감	출생~1세, 영아기 국시 98, 06	신뢰감		건강한 성격 발달에 기여하며 신뢰감 발달은 기본적 욕구가 충족되고 보살펴 주는 사람의 일관성 있고 지속적 배려가 필수적이다.
		불신감		기본적 욕구가 부적절하게 충족될 때나 어머니의 보살핌에 일관성이 없을 때 불신감이 생긴다.
자율감 / 수치심 & 의심	2~3세, 유아기	자율감		항문 괄약근의 조절로 상징되며 자기의 신체기능과 자기 자신과 주위 환경을 조절하는 자유로 자율성이 발달한다.
		수치심과 의심		부모의 과잉통제, 제어할 수 있는 영역에 의존하도록 강요를 받을 때, 자신들의 선택이 말썽을 일으켰거나, 타인이 자신들에게 창피를 주었을 때 수치심과 의심을 가진다.
주도성, 솔선감 / 죄책감	4~6세, 학령 전기	주도성, 솔선감		모험심과 풍부한 상상력으로 세상을 탐험한다. 행동이 목표 지향적으로 스스로 독립적으로 활동하도록 계획한다. 목표수행과 행동을 시작하는 것으로 격려할 때 주도성과 솔선감이 발달한다.
		죄책감		부모의 과잉통제, 과제를 완수하는 기회 박탈, 부모의 지나친 비난이나 처벌
				자신의 활동이 나쁜 것이라는 생각이 드는 죄책감을 갖는다.
근면감 / 열등감	7~12세, 학령기 국시 99, 00, 02 08, 13, 14	근면성	시기	자아 성장과 타인과 사회적 관계를 형성하는 중요한 시기이다. 학교생활을 통해 지적 능력, 사회규범, 사회생활의 기초와 사회행동양식을 형성한다.
			결과	자신의 일을 통해 인정과 칭찬과 격려를 받고 학교생활 적응, 학업 만족 시, 과제에 성취감, 친구관계 원만 시 근면성이 발달한다.
		열등감	결과	학교생활에 부적응, 과제에 성취감 부족, 자신의 노력이 인정받지 못할 때 열등감이 형성된다.
정체감 / 정체감과 역할 혼돈	13~18세, 청소년기 임용 99	자아 정체감	시작	본능적 충동, 인지능력증가와 급격한 신체적 변화로 '나'에 대한 의식의 개발과 자아의 존재에 대한 의문과 탐색 시작으로 '나는 누구인가?'의 물음을 제기한다.
			확립	자신의 개성에 대한 인식으로 신체적 특성, 능력, 흥미, 욕구, 중요한 동일시, 성역할이 통합될 때 형성된다.
			역할, 직업	정체감 확립을 위해 다양한 역할을 시도하고 직업에 대한 결정을 위해 노력한다.

정체감 / 정체감과 역할 혼돈	13~18세, 청소년기 임용 99	정체감과 역할 혼란	자신을 알 수 없고 자신의 존재에 확신이 서지 않을 때, 무엇을 추구해야 할 것인가 알지 못한다. 혼란스러워 방황하게 되는 정체감과 역할혼돈을 갖는다.
친밀감 대 고립감	18~45세, 초기 성인기	친밀감	청소년기 정체감을 형성한 사람은 초기 성인기에 친밀감을 획득하여 새로운 대인관계에서 친밀한 관계를 유지한다. 다양한 인간관계를 형성하고 타인을 사랑하고 돌봐주는 능력을 가진다.
		고립감	청소년기에 정체감 형성이 되지 않으면 초기 성인기에 대인관계에서 친밀한 관계를 유지하지 못하고 고립감을 형성한다.
생산성 대 자기침체	45~64세, 중년기	생산성	생산성이란 직업에 성공하고 가정관리를 성공적으로 수행하여 자녀 양육의 후세대를 이끌어가는 영향력이다.
		자기침체	생산성 확립 실패로 발달과업이 성공적이지 못할 경우 자기침체에 빠지며 우울하다.
통합 대 절망	65세 이후, 노년기	통합	7단계의 지금까지 경험 중 어떤 것을 부정하지 않고 인생의 성공과 실패와 한계에 잘 적응하면 자아를 통합한다. 인생과 죽음을 긍정적으로 수용한다.
		절망	통합 실패는 자신의 과거 생애에 후회와 절망감, 원망, 혐오를 느끼고 죽음에 공포를 느낀다.

마르시아의 정체감 발달

정체성 혼란(혼미)	삶의 목표가 가치를 탐색하려는 시도를 보이지 않는다. 일정한 직업을 찾지 못하고 지속적으로 일을 하지 못한다.
정체성 유실	정체감 위기를 고민하지 않고, 앞일을 시행해 나간다. 다른 사람들이 선택해 준 삶을 살아간다.
정체성 유예	어떤 확고한 과업을 달성한 상태는 아니지만, 안정된 정체성을 찾는 과정에서 가치, 흥미, 사상, 경험을 적극적으로 탐구한다.
정체성 획득(확립)	어떤 한 가지 직업이나 사상에 개인적 과업을 달성함으로 정체성 위기를 해결한 사람들이다.

인지발달(cognitive development) : 피아제(Jean Piaget)

동화	새로운 정보를 기존의 도식에 적용하여 주변 세계를 이해한다.
조절	새로운 정보가 기존의 도식과 인지적 불균형인 인지적 갈등을 일으킬 때 인지구조인 도식을 변화시키거나 새로운 도식을 생성한다.
인지적 불균형	새로운 정보가 기존의 도식과 인지적 불균형인 인지적 갈등이 발생하면 인지구조를 재구성하여 인지적 평형을 회복한다.
평형화	동화와 조절 간의 균형 상태를 유지하려는 과정으로 평형화에 의해 인지구조가 구성된다. 사고 과정과 환경 간에 균형 잡히고 조화로운 관계가 이루어진 상태이다.

감각운동기 : 출생~2세

감각과 운동 국시 23	감각과 운동을 통해 환경 경험으로 보고, 만지고, 듣는 오감에 의한 감각기능을 통해 사물을 이해하고 반응으로 운동을 한다. 단순 반사적 행동에서 목적성 행동으로 발전한다.
대상 영속성	첫 6개월 동안 영아는 시각적으로 인지하는 동안만 물체가 존재한다고 믿는데, 대상영속성은 대상이 눈에 보이지 않더라도 어딘가에 존재하고 있을 거라고 생각한다.
	놀이 임용 14, 20 까꿍놀이, 숨기고 찾는 놀이

전조작기 : 2~7세   임용 08 / 국시 13 〈물같은 인자에게 변상하고 비보를 마중하다〉

비가역성	가역성인 이전 단계로 되돌아가는 능력을 갖지 못한다. 사건의 과정과 순서를 역으로 생각하지 못한다.
보존개념 결여	물체에 대한 지각의 실마리를 자기가 본 것으로 판단하여 어떤 물체의 질량에서 더하거나 빼는 것 없이 크기, 길이, 부피의 겉모양이 변할 수 있다는 것을 이해하지 못한다.
자기중심적 사고 (자기중심성)	다른 사람의 관점, 시각에서 상황을 볼 수 있는 능력이 없고 자신의 관점으로 모든 일을 이해한다.
마술적 사고 국시 18	사고가 전능한 것으로 자기가 생각하는 대로 사건을 일으킬 수 있다고 믿는다.
중심화	경험의 한 측면인 중심적 특징에만 집중하고 다른 특징은 무시한다. 한 번에 한 가지 측면 이상은 고려하지 않는다.

물활론적 사고	물체도 사람과 같이 살아있다는 믿음으로 생명이 없는 대상에게 생명의 특성을 부여한다.
인공론적 사고	세상의 모든 사물이나 현상이 인간의 필요에 의해 인간의 목적에 맞게 쓰려고 만들어진 것이라고 믿는다.
변환 추리, 전환적 추론, 비약적 추리	한 특정 사건으로부터 다른 특정 사건을 추론한다. 두 종류의 사건이 함께 일어날 때 한쪽 특성을 다른 쪽으로 전이시키는 사고방식이다. 특정사건에 대한 인지로부터 유사한 다른 사건에 대한 판단으로 전환시키어 서로 관련이 없는 것끼리 연관지어 추리한다.
상징적 사고 국시 08	상징적 사고는 눈 앞에 없는 사물을 머릿 속에서 표상하여 여러 형태의 상징인 그림, 언어, 사물, 상징 놀이의 형태로 표현하는 사고이다. 마음속에서 재생해서 과거의 사건과 체험한 것을 상징적인 형태로 재현한다. 가상적인 사물이나 상황은 실제 사물이나 상황을 상징화하는 놀이이다.

구체적 조작기 : 7~11세 국시 02, 12 〈서분이가 탈보이다〉

보존개념 국시 15	어떤 물체의 질량에서 더하거나 빼는 것 없이 크기, 길이, 부피의 겉모양이 변해도 어떤 물체의 크기, 길이, 부피가 보존된다는 것을 안다. 가역성, 보상성, 동일성을 통해 얻는다.
가역성	정신적으로 과정을 거꾸로 되짚을 수 있어 원래대로 이전과 동일하게 된다.
보상성	길이, 높이, 넓이 등의 상호 보상 관계를 안다. 사물의 형태가 바뀌어도 사물은 길이, 넓이와 높이라는 두 차원의 변화에 의해 상쇄되기 때문에 그 속성의 변함이 없다.
동일성	물질의 형태인 외양이 바뀌더라도 더하거나 빼지 않았으므로 바뀌기 이전과 동일한 물체임을 이해함으로 본래의 양, 무게, 부피가 변하지 않는다.
탈중심화 국시 20	이전의 중심화와 자기중심적 사고에서 벗어난다. 사물의 다양한 특성과 관계를 파악한다. 다른 사람의 관점에서 다른 사람의 감정과 행동의 동기를 이해하는 능력이다.
분류화 국시 18	대상 간 특성, 공통점, 차이점을 이해할 수 있어 사물을 모양이나 논리적으로 분류할 수 있다.
서열화	사물의 길이, 크기, 무게의 여러 특성에 따라 사물을 영역별로 차례대로 배열할 수 있는 능력이다.

형식적 조작기 : 12~15세 임용 99 〈언어! 추가 논이〉

언어발달	지적 능력 증가로 인한 언어 발달로 단어의 함축된 개념 이해, 비유적인 의미, 은유와 재담, 풍자, 패러디의 이중 의미를 이해하기 시작한다.
추상적 사고	추상적인 용어로 생각할 수 있으며, 추상 개념이나 추상적 기호를 사용한다. 수학이나 과학적 원리에 높은 이해력을 가진다.
가설적 사고 국시 20	가설적 사고는 문제와 현상에 가설을 설정하여 그 검증을 통해 결론을 도출한다.
논리적·체계적 사고	문제해결을 위한 논리적 체계적 사고로 논리적이고 체계적인 해결책과 결론을 끌어낸다.
이상주의적 사고	현실적 제한을 뛰어 넘으면서 이상주의적 사고로 미래 가능성에 상상하고 부모와 사회에 반항한다.

피아제의 도덕성 발달 〈타자〉

준거	제1단계 타율적 도덕성	제2단계 자율적 도덕성
관점	타인의 도덕적 행동을 판단할 때 완전히 옳은 것, 아니면 완전히 나쁜 것의 흑백 논리로 판단한다.	절대적이 아닌 하나의 견해 그 이상을 고려한다.
의도성	자신의 입장에서만 바라보며 타인의 의도를 추론할 수 없다.	결과가 아닌 타인의 의도를 고려하여 판단한다.

◆ 김기영 보건교사 ◆

도덕발달 : Kohlberg 〈처도가 대법에 대한 사보를 만들었다〉

수준	연령/단계	도덕성 단계		설명
전인습적 수준	출생~7세, 전조작기	처벌과 복종 지향 도덕성 단계 (2~3세)	처벌	올바른 도덕적 행위는 처벌에 대한 두려움에 근원한 행동이다. '좋은 것'과 '나쁜 것'은 결과로 정의하여 처벌이 가혹한 행동은 나쁜 것이다.
			복종	처벌 기피를 위해 규칙 결정권을 가지는 사람에게 무조건 복종한다.
		도구적 상대주의(도구적 현실중심, 상대적 쾌락주의) 도덕성 단계 (4~7세)		올바른 도덕적 행동은 당신이 나에게 무언가를 해준다면, 나도 당신에게 무언가를 해주겠다와 같은 상호주의에 입각한 행동이다. 상대방과의 상호주의에 입각한 행동이라면 도덕적으로 정당화될 수 있다. 행동의 욕구충족이나 이익 수단으로 도덕성은 다른 사람들이 자신에게 답례나 보상으로 무엇을 해줄 것인가 고려하여 규율을 지킨다.
인습적 수준	7~12세, 구체적 조작기	대인 관계 조화를 위한 (착한 아이 지향) 도덕성 단계 (7~10세)		올바른 도덕적 행동은 타인과 좋은 관계를 유지하고 기대에 맞게 행동하는 것이다. 사회적 칭찬과 비난 회피가 도덕적 행위의 동기로 '나는 착한 어린인가?'라고 물으며 칭찬받고 싶고, 타인의 기대에 따르는 것, 다른 사람을 기쁘게 해주고 도와주려는 방향으로 행동한다.
		법과 질서 지향 도덕성 단계 (10~12세)	올바른 행동	법률 존재 이유로 사회규칙이 사회적 질서를 유지하여 사람들을 보호하기 위한 존재로 따르는 것이 올바른 행동이다. 규칙에 복종하고 의무, 권위를 존중한다.
			나쁜 행동	어떤 행동이 사회규칙을 위반하고 다른 사람들에게 해를 준다면 동기나 상황에 관계 없이 항상 나쁜 것이다.
후인습적 수준	13세 이후~, 형식적 조작기	사회계약 지향 도덕성 단계 (12세~청소년기) 임용 14	법률 개념	법은 대중의 복리를 위한 '사회계약'으로 법률은 상위의 도덕적 원리인 인간의 정의와 권리, 존엄성, 평등과 대다수의 의견 표명에 의한 법률을 따른다.
			법률 바꿈	도덕적 관점과 법이 마찰을 일으킬 수 있고, 민주적 절차에 의해 법이 바뀔수 있다.
		보편적 도덕원리 지향 도덕성 단계 (청소년기~성인기)		올바른 행동은 도덕적 원리에 따라 스스로 선택한 양심적인 행위이다. 법이 인간의 정의·평등·존엄의 보편적 도덕 원리에 위반될 때 법을 따르지 않고 보편적 도덕 원리를 따른다.

성장발달 단계
영유아 손 발달

1개월		주먹을 쥐고 있다. 국시 99
3개월		손을 펴게 된다. 손을 벌려서 물체를 잡는 능력이 생긴다. 딸랑이를 손에 쥐어주면 능동적으로 잡는다.
4개월		물건을 입으로 가져간다. 딸랑이를 흔들고 놀지만, 떨어뜨리면 줍지 못한다.
5개월		손 전체를 사용하여 물건을 잡는다. 국시 03
6개월		우유병을 손으로 잡기도 하고 손에서 손으로 물체를 옮긴다. 발을 잡아서 입으로 가져간다. 임용 94
9개월		7~9개월 : 엄지와 집게손가락 또는 다른 손가락의 일부로 잡는다. 엄지, 검지를 사용하여 미숙하게 잡는다.
10개월		엄지와 검지로 정확하게 잡는다.
12개월		한 번에 여러 장씩 책장을 넘긴다. 엄지와 검지를 이용해 건포도 같은 작은 물건을 능숙하게 잡는다. 컵으로 마신다.
15개월	블록	블록 2개를 쌓아 올린다.
	숟가락	숟가락 사용이 미숙하나 숟가락을 사용한다.
18개월	블록	3~4개의 블록을 쌓는다.
	책장	책장을 한 번에 2~3쪽씩 넘긴다. 국시 02
2세	블록	블록 6~7개를 쌓아 올릴 수 있다.
	숟가락	숟가락으로 혼자 먹을 수 있다.
	책장	책장을 한 번에 한쪽씩 넘긴다.
	수직선	수직선을 따라 그릴 수 있다.
3세	블록	8~10개 블록을 쌓는다.
	가위	포크, 가위를 사용한다. 연필은 주먹으로 쥐던 것에서 벗어나 손가락으로 잡는다. 양 손으로 공을 던진다.
	원	원, 수직선, 수평선을 모방하여 그린다.
	씻기	세수는 못하고 손만 씻는다. 혼자 옷을 입고 신발을 신는다.
4세	4각형 그림	사각형, 십자모양을 모방하여 그린다. 2~4 부분으로 사람을 그린다.
	개인 위생	독립적이 되어 혼자 양치질, 세수, 용변 해결을 한다. 도움 없이 옷을 입고 밥을 먹고 화장실에 간다.
5세	삼각형	삼각형을 보고 그린다. 6~9 부분으로 얼굴의 눈, 코, 입, 머리, 몸통, 팔, 다리를 그린다. 신발끈을 잘 맨다.

영유아 발 발달

1개월		좌, 우	엎드린 자세에서 머리를 좌, 우 옆으로 돌린다.
2개월		45도	45도 정도 고개를 든다.
3개월		45~90도	45~90도로 고개를 든다. 국시 10 턱을 든다.
		경추 만곡 국시 20	머리 조절이 완성되는 3~4개월에 머리와 목 가누기를 할 때 정상 경추 만곡을 형성한다.
4개월		머리 들기	전박으로 지탱하면서 머리를 들 수 있다.
		앉기 시작	받쳐주면 앉는다. 정상 요추만곡이 나타나기 시작
5개월		P → S	뒤집는다. 국시 15 Prone position → Supine position = 엎드린 상태에서 바로 뒤집으려는 시도
		복부 들기	엎드린 자세에서 팔로 몸무게를 지탱하면서 머리, 가슴, 복부를 들 수 있다.
6개월		S → P	S → P = 복부에서 등으로 몸을 뒤집는다.
		삼각대 앉은 자세	앉기 시작하는 6개월에 요추 만곡을 갖는다. 삼각대 앉은 자세는 손을 앞으로 하여 지지하면서 잠시 앉는다.
7개월		배로 기기 국시 20	복부를 바닥에 대고 몸을 앞으로 끌면서 기어 다닌다(crawling).
8개월		앉기 국시 19, 20	지지하지 않은 상태로 잘 앉는다.
		배 떼고 기기	배를 바닥에서 떼고 손과 무릎으로 기어 다닌다(creeping).
9개월		일어서기 국시 20	가구를 잡고 일어선다. 〈가9〉
10개월		바꾸기	엎드려 누운 자세에서 앉은 자세로 바꿀 수 있다.
11개월		혼자 서기	혼자 서거나 걷기 전 가구를 붙잡고 옆으로 걷기 시작한다.
12개월		걷기	혼자 걸을 수 있다.
15개월		계단	계단을 기어오른다. 계단을 내려올 때 뒤로 기어 내려온다.
18개월		의자	의자에 혼자 앉는다.
		계단	한 손으로 난간을 잡고 계단을 올라간다.
2세		계단	혼자 계단을 올라간다. 난간을 잡고 계단을 내려온다.
		달리기	잘 뛴다.
3세		계단	혼자 한 발씩 교대로 계단을 내려 온다.
		한 발	균형을 잡을 수 있어 한 발로 잠깐 동안(1~2초) 서 있다.
		세발자전거	세발자전거를 탄다.
5세		평형 유지	한 발씩 교대로 뛰거나 줄넘기, 스케이트, 수영을 시작한다. 평형을 잘 유지하며 스케이트를 탄다.

정상적 언어발달 국시 04, 09

1개월	미소 짓기 시작(4주) 국시 22
2개월	사회적 미소
4개월	옹알이 시작
6개월	소리를 흉내 낸다. 까꿍 놀이, 야웅 놀이 국시 22
10개월	최초로 단어를 말하는 시기로 한 단어 국시 22
12개월	2~3개 단어
18개월	10~15개 단어
2세	2세부터 5세까지 언어 발달이 빠르게 진행되는 시기, 18~24개월이 언어 발달이 가장 특징적, 2~3개 단어로 짧은 전보문, 100~300개 이상 단어, '내 것' 소유격 사용 국시 22
3세 국시 12	3~4개의 단어 짧은 전보문, 900개 단어, 이름, 성별, 나이, 셋까지 센다.
4세	4~5개의 단어 짧은 전보문, 1,500개 단어
5세	6~8개 단어 긴 문장, 2,100개 단어, 모국어에 기본틀 완성, 열까지 센다.

◆ 김기영 보건교사 ◆

치아발달

유치	유치 수 국시 03, 07		영아의 개월 수 − 6 = 치아수
	시기 국시 03, 07		맨 처음에 나는 아래 중절치(중앙 문치)는 6~8개월쯤, 2.5~3세까지 20개 유치
영구치	개수		32개, 6세경에 유치(2.5~3세 완성)가 빠지면서 영구치가 난다.
	6세		제1 대구치 : 크면서 치주 모형의 기본이 되는 중요한 치아
치아가 나는 시기	차가운 도구 국시 19	방법	냉동 잇몸 진정 기구, 차가운 단단한 고무 장난감, 수건에 싼 찬 얼음조각을 부풀고 붉은 잇몸으로 깨문다. 국시 13
		효과	이가 날 때 느끼는 경미한 통증은 냉의 효과로 부풀고 아픈 잇몸을 진정시키기고 시원함을 제공한다.

놀이

방관	신생아기	구경	참여하지 않음
단독	영아기	혼자	다른 장난감
평행	유아기		같은 장난감
연합	학령 전기	함께	목표, 업무구분×
협동	학령기		목표, 업무구분○

◆ 김기영 보건교사 ◆

신생아
New Ballard score : 신 발라드 점수

출생 후 재태기간 추정으로 6개 신경학적 검사 + 6개 신체검사				
			미숙아	만삭아
신경근육 성숙도		자세	이완된 자세로 사지를 신전된 편 채 누워 있다.	사지를 굴곡된 자세로 누워 있다.
		손목각도(각창)	성숙할수록 손과 전박 사이 각도가 감소하여 더 잘 굽혀진다.	
		슬와(오금) 각도	단단한 바닥에 영아의 엉덩이를 붙이고 앙와위로 눕힌 후, 무릎을 굴곡시켜 종아리를 대퇴에 붙이고, 다시 대퇴는 복부로 굴곡시킨다. 무릎의 각도를 측정하는데, 이때 90° 이하의 각도가 5점이다. 성숙할수록 발과 발목 사이 각도가 감소하여 더 잘 굽혀진다.	
		발뒤꿈치 → 귀	발뒤꿈치는 쉽게 귀까지 올릴 수 있다.	무릎에서 저항이 강하기 때문에 발을 귀까지 당기기 어렵다.
		팔의 되돌아오기	팔을 신장시킨 후 천천히 굴곡 상태로 돌아간다.	팔을 신장시킨 후 굴곡 상태로 빨리 돌아간다.
		스카프 징후 국시 12	앙와위한 신생아의 얼굴을 정면으로 향하게 하고 한쪽 손목을 잡아 상지를 목에 감는다. 팔꿈치가 몸 중앙선을 가로지른다. 근이 약하면 상지가 스카프와 같이 목에 감겨버리고 목과 주관절 사이에 틈이 생기지 않는다.	팔꿈치는 가슴의 중앙선을 넘어가려면 저항이 있어 팔꿈치가 중앙선까지 닿지 않는다.
육체적 성숙도		피부	붉은 빛에 윤기, 투명	양피지(가죽과 비슷함), 주름 잡힌다.
		솜털	솜털이 많아 등과 얼굴에 덮여 있다.	솜털이 적음
		발바닥 금	발바닥은 약간 부풀어 올라 있고 주름이 적고 가는 주름만 있다.	40주 발바닥의 지문이 표면 2/3 차지
		유방	재태기간이 증가할수록 윤곽이 두드러지고 크기 커진다.	
		눈	눈꺼풀이 열려있다.	
		귀 국시 21	귀연골은 발달이 미약하고 쉽게 접히며 서서히 반동한다.	귀는 잘 형성되어 귓바퀴 모양이 또렷해지고 즉시 반동한다.
		생식기	고환은 서혜관에 있거나 복강에 있다.	고환은 음낭에 내려와 음낭에서 만져지고 음낭이 잘 발달되어 늘어지고 주름진다.
			음핵과 소음순이 뚜렷	대음순은 충분히 발달되어 대음순이 거의 덮게 되고 음핵은 돌출되지 않다.

미숙아

정의 국시 05		출생체중에 관계없이 임신기간 37주 미만	
합병증	저체온	기전	갈색 지방 부족으로 열생산이 부족하다.
			표면 혈관을 수축시켜 열을 몸의 중심에 보존하는 능력이 부족하다. 피하지방 감소로 저체온증을 일으킨다.
			큰 체표면적으로 저체온증을 일으킨다.
	미숙아망막병증 국시 08, 21	정의	망막의 미숙함, 고농도 산소가 원인이다.
		기전	미숙아들은 망막 혈관들이 완전하게 발달되지 않은 상태로 망막의 혈관들은 산소 농도 변화에 매우 취약하다. 고농도의 산소로 정상적인 모세혈관 형성을 방해한다. 보상적으로 비정상적인 섬유혈관 세포가 망막을 끌어 당겨 망막 박리와 출혈이 일어난다.
	괴사성 장염		고농도의 조제유, 저산소혈증

철분 보충 국시 13

방법	미숙아는 2개월이 지나면 철분을 경구로 보충한다.
근거	미숙아는 임신 중반기 이후 엄마로부터 철분을 적게 받아서 철 축적량이 부족하다. 신생아 체내의 철분저장은 임신 말기에 일어난다. 임신 37주 이전에 태어난 미숙아는 엄마에게서 충분한 양의 철분을 받지 못해 철결핍성 빈혈이 생긴다. 미숙아들의 적혈구는 수명이 짧아 빈혈이 잘 생긴다.

캥거루식 돌보기 임용 17

방법		캥거루식 안기는 부모가 앞가슴을 열 수 있는 옷을 입고 신생아를 기저귀만 채운 채 부모의 가슴 위에 안고 피부와 피부가 밀착되게 유지하며 서로 눈맞춤을 한다.
근거	심리적 안정	부모와 저체중아 사이의 캥거루식 안기와 같은 피부 접촉은 환아의 스트레스를 감소시켜 심리적 안정을 갖는다.
	신체적	부모와의 피부접촉은 신생아의 체온유지, 인공호흡기 사용 감소, 흡철(빨기)을 증진한다.
	상호관계 증진	저체중아와 부모 간의 피부 대 피부의 조기 접촉은 상호관계 증진에 효과적이다.
	심리적 극복	산모는 피부접촉을 통해 조산으로 인한 심리적 어려움을 극복할 수 있다.
	어머니 역할	어머니의 역할을 일찍 습득할 수 있다.

과숙아

정의	산모의 최종 월경일로부터 재태기간 42주 이상		
합병증	태변 흡입 증후군 국시 04	양수과소증이 동반되며 태반 기능 부전으로 저산소증으로 양수와 태아가 태변으로 착색, 태변 흡입으로 합병증 위험이 있다. 태아가 저산소증, 제대압박일 때 미주신경자극으로 장의 연동 운동 증가와 항문 괄약근 이완으로 양수로 태변이 배출된다.	

신생아

신생아 체온조절	열생산 기전	열생산 기전이 성인과 달라서 떨림을 통해 열을 생산하지 못하고 비떨림성 열을 생산한다. 말초 수용체가 온도 하강에 자극을 받으면 자율 신경계를 자극하여 norepinephrine(α분비)을 분비한다. 말초혈관 수축을 일으키고, 갈색지방에서 중성지방(triglycerides)을 지방산으로 산화시켜서 열을 생산한다. 갈색지방은 견갑골간, 목덜미, 심장, 신장주위에 위치한다. 중성지방은 체내 지방조직에서 분비되어 에너지원으로 사용된다.	
	고온노출	발한 어려움	신생아에서 발열 초기에 땀을 흘리지 않아 발한의 어려움으로 열손실이 어렵다.
	저온노출	생리적 열손실 요인 국시 08	넓은 체표면적 / 신생아에서 몸 크기에 비해 체표면적이 넓어 열손실이 높다. 피하지방 부족 / 절연체로 작용하는 피하지방이 적어 열이 손실되기 쉽다.
호흡	호흡수 국시 20	정상 호흡수 30~60회/분	
	무호흡 국시 18, 19	20초 이내 무호흡은 정상이다. 호흡 중단이 20초를 초과하면 무호흡으로 만삭아에서 비정상이다.	
	복식호흡	복식호흡은 배의 근육을 움직여서 횡격막을 신축시키면서 하는 호흡이다.	
심박수	110~160회/m 국시 20		

생리적 체중 감소

증상 국시 23	3~4일 동안 출생 체중의 10%까지 감소, 출생 체중은 생후 10~14일 회복
원인	모유수유의 제한된 섭취, 과다한 세포 외액과 태변의 손실

탈수열

정의	특별한 질환 없이 수분 섭취 부족으로 탈수가 원인이다.

	두혈종	산류 국시 18
원인	골막하 출혈로 머리 뼈와 뼈 막 사이에 혈액이 고인다.	분만 중 두개 선진부 종창으로 두피 압박에 의한 출혈성 부종

요산 배설 국시 12	세포의 파괴로 요산의 배설이 많아 요산염 때문에 기저귀가 붉게 물들 수 있다.
태변 국시 18	생후 48시간이 지나도 태변이 나오지 않을 때 장폐색이나 항문 기형을 의심한다.

모체 성호르몬 영향 국시 07, 13

유방 종창	태반을 통해 모체로부터 받은 성호르몬인 에스트로겐의 자극으로 유방 종창이 생긴다.
마유 임용 21	태아 시 모체에서 받은 성호르몬인 프로락틴의 영향으로 마유를 분비한다.
음순 비후	생후 첫 일주일에서 2개월까지 에스트로겐의 영향으로 여아의 음순이 비후된다.
가성월경 국시 21	가성월경은 태반을 통해 모체로부터 받은 성호르몬인 에스트로겐과 프로게스테론이 분만 후 갑자기 감소하면서 생긴다.

피부 문제

말단(선단) 청색증 국시 20	높은 헤모글로빈과 말초 혈액순환 부족으로 말초 순환이 제대로 안되어 추위 노출 시 손발이 차가울 때 나타난다.
할리퀸 색조변화 국시 06	신생아를 옆으로 눕혔을 때 몸의 중앙선을 경계로 눌린 쪽은 붉고, 눌리지 않은 쪽은 창백하다.
중독성 홍반 국시 06, 20	중독성 홍반은 신생아 발진으로 1~3mm 크기의 붉은 색의 반점과 구진, 농포이다. 생후 5~7일 이내에 좋아지며, 특별한 치료가 필요하지 않다.
모세혈관종 (영아 혈관종, 딸기 혈관종) 국시 05	모세혈관에만 침범하는 양성 피부 종양으로 혈관 내피 세포 증식이다. 출생 후 2주에 편평한 붉은 반점에서 딸기 모양으로 부푼다.
	출생 시 몇 주 내 나타나서 생후 1년까지 혈관종의 크기가 증가하다 만 5~7세에 서서히 소실
해면상 혈관종	진피, 피하조직의 깊은 혈관에 생기는 결절이다. 결절: 1~2cm 정도이고 융기되고 깊고(진피, 피하) 단단
연어 반점	연어 반점은 피부에 있는 모세혈관의 확장으로 생긴다.
몽골 반점	천골과 엉덩이, 표피 기저층에 불규칙적 경계로 녹색의 착색, 13세경에 사라짐
좁쌀종(패립종, 미립종) 국시 20	모체의 androgen이 많아 피지선이 막혀서 패립종이 생긴다. 피지선이 성숙해서 피지가 배출됨에 따라 2~4주경에 사라진다.
화염상 모반 국시 20	화염상 모반은 모세혈관이 확장된 결과이며, Sturge-Weber 증후군이 동반된다.
응고장애 국시 05	간에서 합성되는 응고인자 II, VII, IX, X는 비타민 K에 의해 활성화되나, 신생아는 비타민 K 합성에 요구되는 장관의 정상 상주균이 없기 때문에 비타민 K가 부족하여 일시적인 혈액 응고장애가 발생한다.

천문

소천문	2개월(6~8주)에 닫힌다.
대천문	12~18개월에 닫힘, 정상 대천문은 박동이 느껴진다. 국시 22
봉합선	6~8개월에 닫힌다.

귀	낮게 위치한 귀(low-set ear) 국시 23 는 가족력이나 염색체 이상과 삼염색체성 18과 신장결손과 관련된 선천성 기형과 연관 눈의 바깥 쪽 끝에 가상의 수평선을 긋는다. 이 선은 귀의 위쪽과 머리가 만나는 지점과 교차한다.
목구멍	경구개 중앙선 양쪽에 작은 엡스타인 진주(Epstein pearls)는 수주 안에 사라진다. 국시 23

신생아	인형의 눈 반사	방법	머리를 좌우로 천천히 움직이면 눈은 뒤로 처지고 새로운 위치에 즉시 적응하지 않는다.
		정상	생후 10일에 눈의 고정이 발달하면서 인형의 눈 반사가 사라진다.
	고정 국시 20		신생아 때 눈은 물체의 움직임에 따라 대상물에 고정한다. 물체를 따라서 보며 중앙선까지 추적, 초점 거리는 20cm 국시 20 , 눈물은 안 난다. 국시 17
3~4개월	눈물		3개월까지는 누선이 성숙되지 않아서 울어도 눈물을 흘리지 않는다.
	양안시성 임용 11		양안시는 양쪽 눈을 동시에 하나의 시야에 고정하는 것으로 6주경 시작 생후 3~4개월까지 완성
	거리 조절 국시 20		수정체의 거리에 대한 조절은 4개월에 성인과 같다.

미각 국시 20			신생아는 쓴맛과 단맛을 구별한다.
청각	놀람 반사 국시 06	방법	청각능력으로 신생아는 갑작스럽거나 크고 날카로운 예리한 소리에 놀람 반사로 반응을 보인다.
		정상	갑작스럽고 큰 소음은 팔이 외전 되고 팔꿈치를 굽인 채 손은 단단히 쥔채로 있다. 생후 4개월 정도에 사라진다.

신생아, 영아 반사 사정 국시 97, 03, 04

반사	사라지는 시기		내용
체간 만곡 반사	2~3개월 사라진다.	방법	배를 대고 누웠을 때(아기를 엎드린 자세로 한 손으로 아기 배를 받친 후), 아기 등의 정중선에서 1cm 떨어진 곳을 어깨에서 엉덩이까지 자극한다.
		반응	자극 받은 쪽 허리가 안쪽으로 휘어지면서 같은 쪽 다리를 쭉 편다.
모로 반사	3~4개월 사라진다.	방법	평형의 갑작스러운 부조화, 변화이다. 앙와위로 바로 누운 영아를 30도 정도 머리를 들어 순간적으로 뒤로 떨어뜨린 후 바로 검진자의 손으로 받쳐준다.
		반응	영아는 양팔을 외전 시키며 손가락은 대칭적으로 신전시키고 그 후 포옹하는 자세로 양팔을 구부려 내전한다.
긴장성경 반사	3~4개월 사라진다.	방법	한쪽으로 머리를 돌린다.
		반응	머리를 돌린 쪽 팔, 다리는 신전하고 반대쪽 팔, 다리는 굴곡한다. 머리를 한쪽으로 돌리면 동측 굴근의 긴장도가 사라져 팔, 다리를 핀다.
보행 반사	2~4개월 사라진다.	방법	안은 채로 발바닥이 딱딱한 면에 닿는다.
		반응	걷는 것을 흉내 내는 다리의 상호적 굴곡과 신장
밀어내기 반사 국시 15	4개월 사라진다.	방법	혀를 건드리거나 누른다.
		반응	혀를 밖으로 내민다.
포유 반사 임용 21 / 국시 18	4개월 사라진다.	방법	입쪽 볼을 건드리거나 문지른다.
		반응	자극 있는 쪽으로 고개를 돌린다.
손바닥 파악 반사	4개월 사라진다.	방법	검진자의 손가락을 대상자의 손바닥에 부드러운 압력으로 누른다.
		반응	손가락을 움켜잡는다.
빨기 반사 (흡철 반사)	7개월 사라진다.	방법	젖꼭지나 손가락을 경구개에 닿도록 입에 넣어 입술, 입속을 자극한다.
		반응	입 주위를 강하게 빨기 시작한다.
발바닥 파악 반사	8개월 사라진다.	방법	검진자의 손가락을 발가락의 기저부분에 놓는다.
		반응	발가락이 아래쪽으로 굴곡한다.

바빈스키 반사	1년에 사라진다.	방법	발뒤꿈치에서 발바닥 외측을 따라 엄지발가락 쪽으로 가로질러 긁는다.
		반응	엄지발가락을 배굴하고 발가락을 부채처럼 쫙 편다.
란다우 반사	6개월에서 시작하여 2년 반에 사라진다.	방법	아이를 수평으로 엎드린 자세로 공중에 손으로 받쳐든다.
		반응	머리, 목, 팔, 하지가 신전된다.
낙하산 반사	7~8(9)개월 생겨 평생 지속	방법	추락에 대한 보호반응으로 엎드린 자세로 손을 받쳐 바닥을 향해 머리를 천천히 내린다.
		반응	팔, 다리를 곧게 펴는 자세

아프가 점수(APGAR score)

시기	아기가 태어난 직 후 1분과 5분에 평가한다.		
점수	0	1	2
Appearance(피부 색깔)	청색	몸체 : 분홍색 + 손발 : 청색(말단 청색증)	전신 : 분홍색
Pulse(심박수)	×	< 100	≥ 100
Grimace(자극에 반응) (카테터를 콧속에 집어 넣어봄)	반응×	얼굴을 찡그린다.	기침, 재채기를 한다. 울거나 발을 수축한다.
Activity(근력)	늘어져 있다.	사지를 약간 굴곡	활발히 움직인다.
Respiration(호흡)	×	느리거나 불규칙 호흡	호흡이 양호, 잘 운다.
채점 기준 : 총점 10점	0~3점	위험한 상태로 즉각적 심폐소생술 요구	
	4~6점	중정도 곤란 상태로 24시간 집중관리 필요	
	7~10점 국시 21	양호한 상태	

영아

인공수유 지침 `국시 19`

아기 젖병 증후군	잠잘 때 젖병을 빨면 아기 젖병 증후군이 생길 수 있다. 젖병을 빨면서 자면 흡입 위험, 중이염, 윗니의 우유병 충치, 치아가 후방으로 밀릴 수 있다.

역류와 뱉어내기

원인	하부 식도 괄약근		하부 식도 괄약근(분문)의 압력 저하와 부적절한 이완으로 역류가 발생한다.
	위		위의 용적이 작다. 처음에는 횡위이며 성장함에 따라 수직 방향이 된다. 음식물이 천천히 통과하여 위가 비워지는 시간이 지연된다.
간호 `국시 18`	트림 `국시 22`	방법	수유 후 좌위에서 등을 가볍게 두드려 트림을 시킨다.
		효과	음식을 삼킬 때 함께 들어간 공기가 가스가 되어 위에 모였다가 두드려 트림 시 식도를 통하여 입으로 나온다.
	좌위 `국시 19`	방법	영아의 머리를 높인다.
		효과	수유 후 먹은 것이 위의 아래 부분으로 내려가도록 한다. 삼킨 공기가 위쪽으로 올라와 식도를 거쳐 배출되어 역류와 복부 팽만을 예방한다.
	오른쪽 `국시 19`	방법	오른쪽으로 눕힌다.
		효과	오른쪽으로 눕혀야 위가 빨리 비워진다.

엄지 빨기

무시 `국시 08`	방법	영아기와 4세 이전까지 손가락을 빠는 행동은 무시한다. 부모가 손가락과 노리개 젖꼭지를 빠는 것이 걱정되어 억제할 때 문제가 발생한다.
	근거	엄지 빨기를 문제시하면 행동은 강화되어 연장된다. 엄지 빨기를 무시하면 강화를 없애 엄지 빨기 행동을 감소시킨다.
수유시간 증가	방법	젖병 수유 시 단단한 젖꼭지를 사용하고 구멍을 작게 하여 천천히 빤다.
	효과	젖병 수유를 하루에 적어도 2시간 정도 빠는 것이 필요하다.

영아 산통

유발요인	유당 불내성	분유에 함유된 유단백 또는 유당에 민감한 영아에게 분해되지 않는 성분들로 발생
	빠른 수유	모유나 분유를 너무 빨리 먹어서이다.
	공기	수유 중 공기를 과다히 삼킨 경우이다.
간호 국시 07, 10, 20	소량	소량씩 자주 먹인다.
	트림	수유 후에는 반드시 트림을 시킨다.
	모유	모유수유 중이라면 유제품이나 양파 등 가스가 발생하는 음식을 피한다.
	더운 물주머니	환아의 복부에 더운 물주머니, 수건을 대고 엎드려 눕힌다.
	마사지	복부를 마사지 해 준다.
	복부 압박	영아의 몸을 아래로 향하도록 부모의 팔에 안고 복부를 부드럽게 압박하면서 안는다. 캥거루 포대기를 이용하여 앞으로 안는다. 부드럽고 신축성 있는 담요로 영아를 단단히 싼다.
	차	환경을 변화시키기 위해 차를 태우거나 바깥에 데리고 나간다.

기저귀 발진

간호 국시 05, 09, 18	씻고 건조	2~3시간에 한 번씩 따뜻한 물로 씻어주고 완전히 말린다.
	노출	기저귀를 채우지 말고 노출해서 말린다.

수분 전해질 균형과 관련된 영아, 아동의 특징 국시 08

높은 체표면적	성인에 비해 영아와 아동은 체질량에 따른 체표면적이 넓어 피부를 통한 수분 손실 위험이 높다.
높은 세포 외액 국시 17	영아와 아동은 어른에 비해 세포 외액의 비율이 높아 수분과 전해질 불균형, 체액 손실, 탈수 가능성이 높다.
높은 대사율	대사율이 높아 성인에 비해 수분 교환율이 높아 수분 섭취량과 배설량이 크고 산의 생산량이 2배 많아져 산혈증으로 빨리 진행된다.
미숙한 신장(영아)	영아의 신장 기능 미숙으로 사구체 여과율이 낮으며 세뇨관의 소변 농축능력이 낮아 수분과 전해질 불균형에 대처 기능이 미숙하다.

애착

Bowlby의 애착발달 단계 임용 16 〈전애 명목으로〉	전애착기	출생~6주	비변별적 반응	애착형성이 되지 않은 단계로 인간에 비변별적 반응
			다양한 신호	울음, 응시, 미소 등 다양한 신호체계를 통해 주위 사람들과 관계를 유지한다.
	애착 형성기	6주~8개월	신뢰감	어머니에 대한 신뢰감이 발달하기 시작한다.
			낯가림	친숙한 사람과 낯선 사람에게 다르게 반응하기 시작한다. 애착반응으로 낯익은 사람에게 초점을 맞추고 낯선 사람에게 낯가림이 나타난다.
			영향 인식	영아는 자신의 행동이 다른 사람에게 영향을 미친다는 것을 깨닫는다.
	명백한 애착기	8개월~18개월	적극적 접근	애착이 형성된 애착 대상에게 적극적 능동적으로 접근한다.
			분리불안	애착반응으로 애착 대상이 떠나면 분리불안이 나타난다.
	목표 수정 동반자 관계기	18개월~2세	분리불안 감소	2세 말이면 애착을 형성한 사람의 행동을 예측할 수 있어 부모가 돌아올 것을 이해하여 분리불안이 감소한다. 분리불안은 대상영속성 개념 획득의 증거이다.
			협상	아동은 어머니와 협상하고 자신이 원하는 대로 어머니의 행동을 수정하려고 한다.

애착 유형 〈안회가 양혼했다〉	안정적 애착	자녀의 요구 신호에 일관되고 민감하게 반응한다.	필요할 때 엄마가 위로 해줄 수 있다는 것을 기대함 다시 탐색으로 돌아감	분리 시와 재결합 시 긍정적인 신뢰를 회복함
	회피적 애착	자녀의 요구에 무감각하며 신경질적이고 거부적이다.	내적 불안감을 표현하지 못하고 엄마에게 애착 행동을 표현하지 못함	엄마가 떠나는 것에 저항하지 않고, 재결합 시 보호자에 관심을 보이지 않고 외부 환경에 집중
	양가적(저항적) 애착	비일관적 양육행동으로 아이의 욕구를 무시하다가 기분이 내키면 들어준다.	과장된 애착 행동을 보임 거부당하는 두려움에 아부하는 양가적 행동을 보임	분리 시 심하게 울고, 재결합 시 보호자에게 접근하지만 위로받을 때 저항하고 쉽게 진정되지 않음
	혼란적 애착	보호자의 미해결된 상실, 외상의 경험, 정신장애로 아동에 방치, 학대, 위협적 양육태도이다.	접촉에 욕구는 강하지만 학대와 유기로 인한 공포가 공존하여 엄마를 두려워함	보호자의 위로를 얻기 위한 전략이 획득되지 못하거나 혼란스러운 경우

낯가림 국시 98, 99, 01, 15

기전	낯가림은 친숙한 사람과 친숙하지 않은 사람들을 구별하는 능력이 생기면서 나타난다. 친숙하지 않은 다른 사람들로부터 애착을 형성한 어머니를 구별하는 능력이다.

분리불안

기전	분리-개별화	자아라는 지각을 발전하여 자신이 부모와 분리된 존재라는 것을 지각하기 시작하면서 분리-개별화의 첫 단계를 경험한다.
	대상 영속성 국시 17	부모가 눈앞에 없어도 존재한다는 사실을 경험을 통해 배운다.
	분리불안	분리불안은 양육자가 다시 돌아올 것이라는 것을 이해하지 못하기 때문에 나타난다.
	분리불안 감소	반복, 예측
이행대상 국시 18	방법	새로운 스트레스를 다룰 때 이행대상으로 좋아하고 안전한 느낌을 주는 친숙한 물건을 가지고 오도록 한다.
	효과	친숙한 장난감, 애착물, 포대기, 담요, 장난감 같은 이행 대상에 의존이 생기어 안도감을 준다. 분리될 때의 불안, 공포를 야기하는 상황에 인형, 장난감, 가족사진의 친숙한 것의 이행대상에서 안전함, 안정감을 느끼고 두려움, 고독감을 최소화시킨다.

생리적 빈혈

태아 혈색소	태아 혈색소는 출생 후 5개월간 존재하고, 성인 혈색소는 생후 6개월간 증가한다. 태아 혈색소는 적혈구 생존기간을 짧게 하므로 적혈구수가 감소하여 생후 3~6개월에 생리적 빈혈이 생긴다. 높은 태아 혈색소가 신장에서 분비되는 에리스로포이에틴호르몬의 생성을 억제한다.
철분	모체에서 받은 철분은 생후 5~6개월까지 존재하다 감소하여 생후 6개월 말에 혈색소가 낮아진다.

이유식(Weaning diet) : 고형식 보충

이유식 시작 시기	젖니 국시 04	젖니는 6~8개월경에 나기 시작하면서 쉽게 음식을 물어뜯고 씹는다.
	삼키는 능력	밀어내기(혀를 내미는) 반사가 4개월에 사라진다. 생후 4~6개월에 삼키는 기술이 조정되어 고형식을 받아먹는다.
	위점막 국시 04	위점막이 4~6개월에 완성되고 위장관이 영양소를 소화시킬 정도로 발달한다. 식품 알레르기에 덜 과민하다.
	소화효소	단백질 : 4~6개월에 단백질 분해 효소인 트립신은 충분한 양이 분비된다. 지방 : 4~6개월에 지방 분해 효소인 lipase가 부족하다.

고형식이 첨가 순서 임용 09

이유 초기	시기	생후 4~6개월
	쌀죽	쌀죽을 비롯한 곡류(곡분)를 준다. 국시 14 쌀은 소화가 잘 되고 알레르기가 잘 발생하지 않고 철분 함유량이 높다. 영아가 4~6개월에 비축된 태아기의 철분이 고갈하여 철분이 많이 함유된 곡류를 사용한다. 국시 16
이유 중기	야채	야채에 철분이 과일보다 많다.
	과일	과일은 Vit C의 공급원으로 Vit C는 철분 흡수를 강화한다.
	살코기	기름기 없는 살코기를 갈아서 준다. 단백질, 철분, 비타민 B의 공급원이다.
	달걀노른자	달걀노른자는 철분의 공급원이다.

1세 이전 제한

생우유 임용 08	조제분유보다 철분, 비타민 부족 알레르기 유발 우유 단백질 입자가 거칠어서 위장관 출혈을 일으켜 철분 결핍성 빈혈 유발 우유는 영아가 소화하기 어렵다.
꿀	꿀은 보툴리즘을 일으키므로 1세 이전에 주지 않는다.
알레르기 음식 국시 19	알레르기 음식은 1세가 지나서 먹는다. 땅콩을 비롯한 견과류, 딸기, 토마토, 포도, 감귤류, 달걀 흰자, 초콜릿, 옥수수, 밀가루, 생선, 조개, 새우

고형식 먹이는 방법 국시 08, 19

모유 전 국시 04	방법	배고플 때로 모유나 분유를 먹기 전에 준다.
	근거	우유를 완전히 먹인 후 새로운 음식을 먹이는 것은 포만감을 느껴서 먹으려 하지 않아 실패할 수 있다.
숟가락 국시 05	방법	우유병으로 주지 않고 숟가락으로 먹인다. 음식이 혀의 앞쪽에 놓이면 밖으로 밀어내어 숟가락 폭이 좁고 손잡이가 긴 숟가락에 소량(티스푼 하나)을 얹어 입 뒤쪽에 넣어 준다.
	근거	밀어내기 반사를 피하고, 씹고 삼키는 기술 발달을 촉진한다.
젖병 제한	방법	이유식을 할 때 젖병에 혼합하여 구멍이 큰 젖꼭지로 먹여서는 안 된다.
	근거	젖병은 미각의 발달로 새로운 맛을 배우는 즐거움을 저해하고 후에 음식을 불충분하게 씹는다.
한 가지 국시 04	방법	한 번에 한 가지씩 첨가하고 새로운 음식물 추가 시 1주일(5~7일) 간격을 둔다. 국시 13
	근거	피부발진, 구토, 설사를 관찰하고 증상이 나타나면 바로 중지한다.
영양소	방법	이유식이 진행됨에 따라 단백질을 늘리고 지방은 늦게 사용한다.
	근거	단백질 : 4~6개월에 췌장에서 단백질 분해 효소인 트립신은 충분한 양이 분비된다. 지방 : 4~6개월에 지방 분해 효소인 lipase가 부족하다.

유아
대소변 훈련 국시 00, 01, 08 / 임용 09

기전		대소변 훈련은 18~24(2세)개월경에 걷기 시작한 후 이루어진다. 유아가 잘 걷는다는 것은 유수화로 척수의 신경원(neuron)의 수초형성으로 잘 걷는다. 항문 괄약근과 요도 괄약근의 발달로 괄약근의 조절하는 능력으로 방광과 장을 수의적으로 조절할 수 있는 능력이 생긴다.
척수의 수초, 괄약근 발달		12~18개월 시작, 18~24개월 완성
준비도 사정 임용 94	신체적 준비	항문이나 요도 조임근의 수의적 조절로 소변, 대변이 마렵다는 느낌을 인식한다. 걷기, 쪼그리고 앉기 같은 전체운동을 습득한다. 옷 벗기 같은 미세운동이 있다.
	정신적 준비	새로운 형제자매, 이사, 이혼 같은 가족 내 변화, 스트레스가 없다.
훈련 국시 19	대변훈련	규칙적이고 예측 가능하여 소변 훈련 전에 완성된다. 대변에 대한 감각이 소변에 대한 감각보다 강해서 아동이 쉽게 인지한다. 배변훈련은 변의가 요의보다 강력하고 아이의 집중을 유도하기 쉽고 규칙적이어서 방광훈련보다 일찍 자연스럽게 성취한다. 정상 발달: 야간 대변 → 주간 대변 → 주간 소변 → 야간 소변
	방광훈련	방광 조절은 장 조절보다 어렵다. 밤에 소변을 가리는 것은 낮에 소변을 가리기 시작해서 몇 개월에서 몇 년 후에 이루어진다.
	5~10분	대소변 훈련은 1회 5~10분으로 제한한다. 변기에 억지로 앉히거나 오랫동안 변기에 앉는 훈련을 시키면 안된다.
	유아용 변기	아무데나 둘 수 있는 유아용 변기는 아동에게 안정감을 준다. 발이 바닥에 완전히 닿으면 안정감을 준다.
	옷	팬티형 기저귀, 훈련용 내의, 쉽게 벗을 수 있는 의복을 입힌다.
	칭찬	협조적으로 행동하거나 성공적으로 수행한 후 칭찬을 해 준다. 칭찬은 긍정적 보상으로 행위를 증가

유아기, 학령 전기 비교

영아기	낯가림, 분리불안(2세까지)
유아기 2~3세	분노발작, 거부증, 의식주의, 퇴행
학령 전기 4~6세	상상 속의 공포, 소멸에 대한 공포, 퇴행

분노발작 국시 98, 99, 00, 02, 07

기전	유아기에 자율성과 독립심이 생기면서 훈육에 난폭하게 대항함으로 자아 통제와 독립을 주장한다. 자신의 감정을 사회적으로 수용되는 방법으로 표현하는 어휘나 지혜를 가지지 못하여 발생한다. 국시 13	
방법	무시 국시 15	분노발작 동안 바닥에 머리를 부딪치는 행위는 아동을 해치지 않으므로 이러한 행위를 무시하고 아동의 곁에서 분노발작이 끝날 때까지 기다린다. 바람직하지 못한 행위를 무시하여 긍정적 강화를 없애 분노발작을 감소시킨다.

거부증 임용 22 / 국시 01, 02

기전 국시 19	유아의 의존성에서 자율성과 독립성으로 나가는 자율감 획득과 자아통제를 주장한다.	
방법	"아니야" 줄이기	"아니야."라고 대답할 기회를 줄인다. ex) "지금 자러 갈래?"라고 질문하면 "싫어."라고 하므로 지금 자러 갈 시간이라고 말한다.
	선택 국시 15	자아 통제하려는 시도로 아동에게 선택의 기회를 제공한다.

의식주의 국시 14

친숙한 사람, 사물, 장소, 의식, 정해진 스케줄, 일상의 같음, 안정된 일상생활에서 유아는 동일성, 일정함으로 편안함, 안전함, 안정감, 자율성과 통제감을 느끼고 자신감을 느끼어 과감하게 모험할 수 있다.
의식행동의 요구를 인정해 주면, 자율성과 자아 통제감을 발휘한다. 스트레스와 불안감과 두려움, 무력감, 의존과 퇴행이 감소한다.

퇴행 임용 22

기전 임용 08, 16 국시 05, 18		스트레스인 질병, 입원, 분리, 동생에 대한 대처처럼 자율성이 위협받는다. 현재의 발달과업을 방해하여 성공적이었던 과거의 발달단계의 행동양상으로 되돌아가 정신 에너지를 보존한다.
접근방법	정상성 국시 20	퇴행은 정상적이고 일시적인 현상이다. 퇴행은 스트레스 반응과 같다. 아동에게 스트레스원에 대처하도록 강요하지 않는다.
	무시	퇴행이 일어났을 때 퇴행행위를 무시한다. 무시는 바람직하지 못한 행위를 무시하여 긍정적 강화를 없애 퇴행을 감소시킨다.
	칭찬	이전의 적절한 행동을 칭찬한다. 칭찬으로 적절한 행동을 증가시킨다.
	새로운 것 제한	위기가 있거나 예상될 때 새로운 것을 가르치지 않는다. 이혼, 이사, 새로운 형제자매 같은 가족 내 변화에 배변훈련, 새로운 것을 배우는 시도를 하지 않는다.

학령 전기

소멸에 대한 공포	인지 능력은 발달된 상태이지만 신체 경계를 정의할 수 있는 능력이 없어 자신의 몸이 하수구로 빠질 것 같다는 등 신체 일부분의 상실과 관련된 걱정을 한다. 국시 22 학령 전기 아동은 크기에 대한 개념이 확립되어 있지 않아 자신의 몸이 하수구로 빠져 버리기에 너무 크다는 것을 이해하지 못한다.

수면문제 국시 04

야간등 국시 18	방안에 불을 켜 놓아 어두움에 대한 공포를 줄인다.

근골격계 비교 국시 05, 09

유아기	불룩배 (potbelly)	배근육(복부 근육)이 발달되지 않고 미숙으로 인한 요추전만현상으로 복부가 돌출된다. 상대적으로 다리가 짧아서 땅딸막한 "배불뚝이" 모양
학령 전기	곧은 자세 국시 11	유아기의 볼록한 배가 없어진다. 복부근육 발달로 척추와 허리가 똑바로 펴지고 유아기의 올챙이 배를 한 모습에서 벗어나 바르고 곧은 자세로 변화한다.
학령기 국시 04, 07	안면골 임용 08	두개골의 변화는 없으나 6세에 젖니가 빠지기 시작하면서 치아형태와 안면골의 변화로 어색한 얼굴을 보인다.

성장통

기전			장골의 골격의 길이 성장이 빨라 골격의 성장 속도가 근육 성장 속도보다 빠르다.
증상 (과거임용) (국시 15)	Region (국시 20)	양측성	양측성이다.
		부위	고관절부위의 심부 통증 대퇴부의 심부 근육층 슬관절(무릎), 하퇴부(장딴지) 고관절 : 골반과 대퇴골을 잇는 관절
	Time (국시 20)		일시적인 것으로 간헐적으로 아팠다가 안 아팠다가 반복된다. 심한 신체 활동 후나 저녁, 밤에 심하다. (국시 15)
			휴식하거나 자고 일어나면 사라진다.
	제외		국소 압통, 부종, 홍반, 관절 구축이 없다.
간호	마사지 (국시 20)		
	따뜻한 물		
	스트레칭 운동		가벼운 스트레칭 운동(체조)으로 근육을 늘려준다. 골 성장 속도가 근육 성장 속도보다 빠르다.

Tanner 사춘기 5단계(Sexual Maturity Rating) 임용 13 / 국시 18 〈방음 키 초 고음 사 키〉

1	사춘기 전
2	남자의 고환, 음낭, 음경, 음모 발달 시작, 여자의 유방, 음모 발달 시작
3	남자의 사정, 여자의 PHV
4	여자의 PWV와 초경, 남자의 PHV, PWV
5	어른 상태

신장과 체중의 급격한 증가

성장호르몬	시상하부의 성장호르몬 유리호르몬에 의해 뇌하수체 전엽은 성장호르몬을 생산하여 신체의 크기와 사지의 성장에 관여한다.
갑상선호르몬	시상하부에서 갑상선자극호르몬 유리호르몬(TRH) 분비로 뇌하수체 전엽에서 갑상선자극호르몬(TSH) 분비로 갑상선에서 T3, thyroxine(T4)를 분비한다.
테스토스테론(남)	신장, 체중 증가, 18~20세에 장골의 골단 융합 자극으로 골단의 성장판 폐쇄 촉진에 관여한다.
에스트로겐(여)	에스트로겐은 장골의 골단 융합 자극으로 성장판이 닫혀 남성보다 일찍 성장이 중단된다.

소년의 성적 발달과 신체적 발달 임용 98

테스토스테론		시상하부의 성선자극호르몬 유리호르몬에 의해 뇌하수체 전엽에서 성선자극호르몬인 황체화호르몬(LH), FSH이 분비되어 고환의 성숙과 고환의 레이디그(Leydig) 간질세포에서 테스토스테론(95%)이 분비된다. 시상하부의 부신피질자극호르몬 유리호르몬에 의해 뇌하수체 전엽에서 부신피질자극호르몬이 분비되어 부신피질에서 분비되는 안드로겐이 고환에서 테스토스테론(5%)으로 전환되어 테스토스테론은 2차 성징을 이끈다.
고환과 음낭		
음경		
음모		안드로겐 증가로 치모, 체모가 생긴다.
야간 몽정		뇌하수체 전엽의 FSH(주 호르몬), LH와 테스토스테론에 의해 고환 내 정세관에 있는 정조세포에서 정자가 된다. 정낭, 전립선, 쿠퍼선은 정액을 분비하여 정자와 함께 정액을 만든다. 고환에서 발육된 정자가 정액에 혼합되어 정액낭에 축적되었다가 극치감을 수반하면서 음경의 요도를 통해 밖으로 분출한다.
후두		후두와 성대의 확장이 낮고 굵은 목소리로 변화한다.
피지선(기름샘) (소녀)		호르몬인 안드로겐 증가로 피지선이 발달함에 따라 피부에 여드름이 생긴다.
아포크린한선		아포크린한선에서 분비물이 피부 표면 박테리아에 의해 분해될 때 강한 체취를 유발한다. 임용 09
근육 발달		단백질 합성을 촉진시켜 근육이 발달되고 근육을 재배치함으로 넓은 어깨, 좁은 엉덩이를 갖는 남성 고유의 체격을 형성한다.
여성형 유방 임용 96	에스트로겐 증가	사춘기 동안 분비되는 에스트로겐의 증가로 유선조직이 민감해져서 양쪽 또는 한쪽의 유방이 비대해지며 여성형 유방이 생긴다. 고환이 성숙되고 남성호르몬이 분비되기 시작하면서 정상적인 남성 성향을 보이면 여성형 유방이 없어지는 일시적인 현상이다.

소녀의 성적 발달과 신체 발달 〔임용 98〕

에스트로겐	시상하부에서 성선자극호르몬 유리호르몬 분비로 뇌하수체 전엽에서 성선자극호르몬인 LH, FSH 분비로 난소에서 난포 성숙으로 에스트로겐 분비는 제2차 성징 발현을 자극한다. LH는 성숙 난포에서 배란을 한다.
유방	
음모	
초경 〔국시 22〕	처음 징후가 있은 지 2년 후 시작(P4), 〔국시 14〕 초경은 체중인 신체 지방 함유량 증가와 관련된다. 여성의 생리적 성숙의 신호가 초경이다. 초경은 12~18개월간(1년~2년)이 지나면 시상하부-뇌하수체 주기가 발달하고 정상적인 월경주기를 갖는다. 초경기간은 불규칙적이고 무 배란성이며 통증이 없다. 배란과 규칙적 월경기는 초경 후 12~18개월(1~2년) 후에 생긴다. 〔국시 18〕
골반	골반이 넓어져 둔부는 커진다.
지방	피하지방의 발달로 유방, 둔부, 대퇴의 피하조직에 지방을 축적시켜 통통해진다.

청소년기의 자아중심성 : Elkind 〔임용 06〕

상상의 청중	청중 앞에 청소년은 주인공으로 자신이 타인의 관심의 초점이 된다고 생각하여 언제나 무대에 있다는 청소년의 믿음을 나타낸다.
개인적 우화	자신을 대단히 중요한 존재로 생각한 결과 개인적인 특이함은 자신이 독특하고 자신의 감정이나 욕구가 특수하고 특이하다고 간주한다. 그들이 경험하는 감정, 욕구에 아무도 모른다는 극심한 고립의 감정을 가진다. 독특함(특수함), 불멸감(불사신) 〔국시 08〕

통증사정 도구 〈FC 얼굴 색포 시수 오단청〉
FLACC : The Face, Legs, Activity, Cry, and Consolability(FLACC) Observation Tool

정의	영아와 어린 아동이나 통증에 말할 수 없을 때 통증을 측정한다.
범주	얼굴(Face), 다리(Legs), 활동(Activity), 울음(Cry), 진정되는 정도(Consolability)

척도	대상	설명
CRIES 통증척도 (임용 12)	미숙아와 만삭아의 신생아를 위해 NICU 간호사에 의해 사용된 통증사정 도구	통증의 생리적, 행동적 지표 = 울음, 표현, 불면, 활력징후 증가, 산소요구량 증가
얼굴통증 평가척도 (faces pain rating scale) 국시 15	3세 이상	여섯 가지 만화 얼굴로 구성 '통증 없음'의 웃는 얼굴 ~ '심한 통증'의 우는 얼굴
포커칩 도구(척도) (poker chip tool) 임용 12	4세 아동	네 개의 빨간 포커칩을 사용하여 한 개의 포커칩은 조금 아픈 것이고, 네 개의 포커칩은 가장 아픈 것이다.
색상 도구(척도) (color tool) 임용 12	4세 아동	8개 마커펜을 아동에게 제시하고 가장 심한 통증인 색부터 통증이 없는 색으로 선택한 마커펜을 사용하여 신체 윤곽 그림 위에 자신의 통증부위를 표시한다.
숫자척도(numeric scale) 국시 18	5세 이상	'통증 없음'과 '가장 심한 통증'의 일직선상의 말단점과 중간 지점의 '중간 통증'을 사용하며 선위의 구분은 1~10까지 단위로 표시한다.
시각상사척도 (Visual Analog Scale)	4세 전후	10cm 길이의 수평 또는 수직의 선으로 양 끝에 각각 통증 없음, 가장 심한 고통이라고 표시되어 있다. 아동은 자신이 느끼는 통증을 표시하고 cm 자로 그 길이를 측정하고 통증 점수로 한다.
오우커 척도 (Oucher)	3~13세 아동	백인아동 얼굴의 6개 사진은 '아프지 않다'에서 '겪을 수 있는 가장 큰 고통'으로 구성되며 0~100까지의 숫자로 구성된 세로 척도
단어-그래픽 평가척도 (word-graphic rating scale)	4~17세 아동	통증 강도를 표시하기 위해 묘사적인 단어를 사용하며 수평선 상 왼쪽 끝인 0은 통증이 없는 상태를 의미하며 다른 끝은 가장 심한 통증이다.
청소년 아동 통증도구(척도) (APPT : adolscent pediatric pain tool) 임용 12	8세 이상 아동과 청소년을 위한 다차원적 통증도구	통증 위치, 강도, 질의 세 가지 다차원적 통증차원 사정이다.

일반적 훈육 지침 국시13 〈급계일 즉시 전 행사 종용〉

긍정적 언어 국시 07	긍정적 언어 사용으로 '하지 마'가 아니라 '할 수 있다'라고 한다.
계획(planning)	훈육전략을 미리 계획하여 아동을 준비시키고, 부모도 차분하게 위반행동에 계획한 훈육방법을 적용한다.
일관성(consistency) 국시 05	위반 시 일관성 있게 동일한 훈육행동을 하고 아동을 돌보는 모든 사람이 위반행위에 동일한 훈육을 적용한다.
즉시(timing) 국시 05	아동의 위반행동이 표출되는 즉시 훈육한다. 훈육이 곤란한 상황이라면, 옳지 못함을 말해주고 후에 규칙에 의해 훈육이 있을 것을 알려준다.
전념(commitment)	훈육이 필요한 시간에 전념으로 훈육하는 동안 다른 행위를 피한다.
융통성(flexibility)	아동의 연령, 기질, 위반행위의 경중 정도에 따라 적절하게 융통성 있는 훈육전략을 선택한다.
행위중심 (behavior-orientation)	아동이 아닌 행위 자체에 초점을 맞추어 훈육한다. 아동을 훈육할 때 아동의 존재 자체가 아닌 잘못한 행위에만 초점으로 행위를 훈육한다.
사생활보장(privacy)	타인 앞에서 수치심을 느끼지 않도록 훈육 시 사생활 보장에 유의한다.
종결(termination)	한 번 훈육한 일에 다시 언급하지 않는다.

훈육 방법

논리적 설명 (논리적 설득, reasoning)	정의 국시 05	행위의 부당함을 설명하는 것이며 왜 그 행동이 잘못되었나 간단하고 명확하게 설명한다.
	방법	행위 초점, '나' 메시지
한계설정 국시 05	규칙	한계설정은 행동의 규칙을 정하는 것이고 한계는 명확할수록 일관성 있게 통제할 수 있다.
	제한	아동이 허용(수용)되는 행동을 배우기 위해 제한을 만드는 것으로 허용되지 않은 행동이 있음을 인식하여 자신의 제한을 넘게 되면 올바른 행동을 하도록 훈육한다.
보상 국시 05	정의	보상은 긍정적 강화의 일종이다. 바람직한 행위에 긍정적 보상인 상, 관심, 칭찬으로 훈육하여 긍정적으로 보상받는 행위를 증가시킨다.
무시하기	정의	바람직하지 못한 행위를 무시한다. 이전에 주었던 주의의 관심, 긍정적 강화를 없애는 것으로 바람직하지 못한 행동의 빈도를 줄인다.

타임아웃

정의 국시 17		벌의 일종으로 수용될 수 없는 부적절한 행동이 발생한 장소에서 아동을 분리시킨다. 한정된 공간에 한정된 시간 동안 격리시켜 타임아웃 시간 동안 조용하게 잘못된 행동을 반성한다. 격리된 곳에 두면 지루하므로 어울리기 위해 올바른 행동을 한다.
방법	즉시 경고	나쁜 행동을 했을 때, 즉시 분명하게 잘못된 행동임을 말해주고 그만두라고 얘기한다. 행동을 멈추지 않으면 즉시 타임아웃을 실시한다.
	장소	복도, 코너에 있는 의자, 목욕탕, 세탁실, 현관이다. 타임아웃 장소는 자극이 없어 아동을 지루하게 하며 안전하고 모니터될 수 있다. 어두운 옷장 같은 밀폐된 공간은 어둡고 두려운(무서운) 공간이 아니다. TV앞, 놀이방 같은 즐거움을 주는 장소는 적절하지 않다.
	시간	시간은 1세에 1분 정도로 나이만큼 시간을 정한다. 5분을 초과하면 안 된다.

영아용	뒷좌석 마주 봄 국시 13	자동차 뒷좌석에 자동차 뒷좌석을 마주 보도록 아동보호용 장구를 장착하여 영아를 태운다. 뒷좌석을 마주보는 형태의 안전의자는 아동의 무거운 머리와 약한 목을 잘 보호한다.
	45°	영아를 45° 각도로 안전의자에 앉히는 것이 횡격막의 하강으로 폐가 최적으로 확장되게 하고 영아의 떨어짐을 방지한다.
유아용		자동차 뒷좌석에 아동보호용 장구(카시트)를 자동차 앞좌석을 보도록 장착하여 태운다.
학령 전기	장착용 의자 (booster seat)	자동차 뒷좌석에 장착용 의자(booster seat)에 앉아서 안전벨트를 장착하여 태운다. 귀가 장착용 의자(booster seat)의 꼭대기 이상 올라와야 한다.
	안전벨트 국시 04	안전벨트는 어깨벨트와 무릎벨트를 같이 사용하며 단단히 고정시킨다.

◆ 김기영 보건교사 ◆

유전상담

상염색체 우성유전	상염색체 열성유전 임용 15	반성 열성유전 임용 16
상염색체 한 쌍 중에 한 개의 정상 유전자를 가진 염색체와 한 개의 돌연변이 유전자를 가진 염색체로 이루어진 이형접합체(Aa)에서 질병이 발생한다.	상염색체 한 쌍 중에 두 개의 돌연변이 유전자를 가진 염색체의 동형접합체(aa)에서 질병이 발생한다.	유전자가 X염색체에 의해 유전되며 두 개의 돌연변이 유전자(여성, X′X′)를 가진 염색체 또는 하나의 돌연변이 유전자(남성, X′Y)를 가진 염색체에 의해 질병이 발생한다.
유전구형 적혈구증	겸상적혈구 빈혈, 유전적 효소 결핍성 질병(페닐케톤뇨증, 갈락토스혈증)	적록 색맹, 혈우병 A와 B, 뒤시엔느형(가성 비대형) 근이영양증(DuchenneMD)

Denver II 발달 검사

미숙아 국시 98		예정일보다 2주 이상 조산인 2세 이하 아동인 경우 현재 나이에 부족한 태내 주수를 차감하여 검사한다.
목적 국시 09, 15		발달지연의 가능성 아동을 선별한다.
도구 구성 국시 10 〈개미의 언전이다〉	개인사회적 발달 영역	다른 사람과 어울리는가, 개인적 요구의 관리
	언어 발달 영역	언어를 듣고 이해하고 사용하는 능력
	전체운동 발달 영역	앉거나 뛰는 능력
	미세운동 & 적응 발달 영역	눈-손 놀림의 조화, 문제해결능력
점수해석 〈진짜 정 주지〉 임용 09, 12 국시 04	진보(advanced)	연령선에 완전히 오른쪽에 있는 항목을 통과
	정상(OK)	연령선이 25백분위수와 75백분위수 사이를 지나는 항목을 통과, 실패, 거절
	주의(caution)	연령선이 75백분위수와 90백분위수 사이를 지나는 항목을 실패, 거절
	지연(delay)	연령선에 완전히 왼쪽에 있는 항목을 실패, 거절
검사 해석	정상	지연은 없고 주의 1개 이하
	의심 국시 20	1개 이상의 지연이 있거나 2개 이상 주의
의뢰 권유 국시 20		의심 시 일시적 요인의 배제 위해 1~2주 후 재검사한다. 의심 또는 검사 불가 시 발달 지연이 있다면 초기 진단으로 적절한 중재를 한다.

❷ 고위험, 선천성 신생아의 건강문제

영아 돌연사 증후군(sudden infant death syndrome) 중재 [국시 04, 12]

안전한 침대	부모가 침대에서 아이와 같이 자지 않고, 잘 때는 아이를 부모 방의 안전한 침대에 둔다.
앙와위	수면 시 앙와위를 권장하여 신생아를 바로 눕히거나 옆으로 눕힌다. 신생아를 엎드려 눕히지 않는다.
단단한 매트리스 [국시 19]	SIDS의 위험을 줄이기 위해 침구 표면이 단단한 매트리스를 사용한다. 수면 중의 질식을 피하기 위하여 부드럽고 푹신한 매트리스, 침요, 담요, 베개, 동물인형이나 타월을 사용하지 않는다.
두꺼운 이불 제한	이불로 두껍게 신생아를 싸는 것은 SIDS의 가능성이 증가한다.
난방 피하기	방 온도를 높이는 것이 SIDS의 가능성이 증가한다.
모유수유	영아 돌연사 증후군은 우유에 과민반응이 원인이다.
간접흡연 제한	영아의 간접흡연 노출을 피한다. 영아 돌연사 증후군은 흡연이 원인이다.

◆ 김기영 보건교사 ◆

황달의 광선요법

기전			광선요법은 피부의 간접(불활성) 빌리루빈을 수용성으로 변화시켜 대변, 소변으로 빌리루빈 배설을 증가시킨다. 청동아 증후군 : 빌리루빈 파괴 산물인 쿠퍼포르피린이 축적되어 나타난다.
간호 국시 05	거리 국시 20	방법	등과 아기와의 거리는 46cm 이상 유지한다. 빛에 너무 근접하여 화상을 입을 수 있다.
	노출	방법	빛 아래에 옷을 벗기고 눕혀 신체의 모든 부위가 빛에 노출하며 자주 체위를 바꿔준다.
		근거	최대한 넓은 피부 면적이어야 효과적이다.
	눈가리개 국시 20	방법	눈에 빛 노출을 막기 위해 눈가리개로 눈을 가려준다. 눈가리개는 수유 동안 벗겨주어 시각적, 감각적 자극을 제공한다.
		근거	신생아의 망막을 보호한다.
	로션 국시 20	방법	오일, 지용성 윤활제, 로션을 금지한다.
		근거	피부가 타는 것을 막기 위해 사용하지 않는다.
	피부간호	방법	피부를 깨끗하고 건조하게 유지한다.
		근거	광선 요법은 위장관 통해 간접 빌리루빈 분비 증가로 묽은 변을 보고 잦은 배변은 회음부를 자극한다.
	수분 공급	방법	수분을 공급한다.
		근거	불감성 손실과 장관의 수분 손실 보상 위해 수분이 요구된다.

6가지 선천성 대사 이상 검사 공무원 19 〈단 호갑 부페 갈까?〉

방법	생후 3~7일경에 채혈
내용	단풍당뇨증, 호모시스틴뇨증, 선천성 갑상선 기능저하증, 선천성 부신과형성증(선천성 부신기능항진증), 페닐케톤뇨증, 갈락토스혈증

식도폐쇄 / 식도기관루

증상 국시 08	거품 섞인 다량의 점액 관찰
	수유 시 호흡곤란 증가로 3C : 기침(coughing), 질식(choking), 청색증(cyanosis)
	식도와 기관 사이 누공으로 공기가 유입되어 복부팽만
진단 국시 09	임부 : 양수과다증 병력
간호 국시 19	발견 즉시 경구 섭취 중지

비후성 유문협착증(비대날문협착증)

정의	구토 국시15,20 , 연동운동, 유문부위 혹 국시18 , 변비, 탈수, 알칼리혈증 국시18,20	
검사	복부 초음파 검사	좁아져 있는 유문강과 유문근의 비후를 확인한다.
	상부 위장관 바륨조영술	상부 위장관 바륨조영술로 바륨이 비후되어 있는 관강을 통해 소량 통과하여 좁아져 있는 유문강과 유문근의 비후를 확인한다.

장중첩증(창자겹침증)

증상 국시03,04	급성 통증	
	덩어리	촉진 가능한 복부 덩어리 오른쪽 상복부 : 소시지 모양의 덩어리 촉지 오른쪽 하복부 : 비어 있음
	혈변	혈성 점액 대변으로 점막 출혈로 혈변이 되고 점액이 포함된다.
검사	복부 초음파 검사	종단면 : 원통형 종괴 횡단면 : 도넛 모양으로 장의 한 부분이 장내로 밀려들어간 것
	공기 조영 관장 (공기관장, 바륨관장) 국시19	바륨 대신 주로 공기나 식염수 수용성 조영제가 사용된다. 정확한 진단은 코일(coil spring, 몇 겹으로 감아 만든 스프링) 같은 모양과 흐름의 폐쇄 확인과 치료한다. 국시13
치료	공기 조영 정복술(공기 정복술) 또는 수압(생리식염수, 바륨) 정복술 또는 바륨 관장 정복술 국시19	공기나 수용성 조영제, 바륨 용액은 장으로 천천히 넣어 공기압이나 바륨 용액의 정수압의 압력에 의해 중첩이 있는 장의 운동을 자극하여 말려 들어간 중첩된 장이 원위치로 돌아가 장이 성공적으로 환원되면 덩어리가 없어진다. 국시13 생리식염수를 주입하여 수압으로 정복한다.

❸ 멕켈 게실

증상	장출혈	1~2세 소아의 게실 내 이소성으로 위점막 또는 췌장 조직으로 게실 내 위산이 분비되어 혈관이 헐기 때문에 장출혈 표면을 부식시켜 다량의 무통성 장출혈
	장폐색	
	게실염	낭에 염증
진단	멕켈 게실 동위원소 스캔 게실 내 이소성 위점막에 함께 동위원소가 축적되는 것을 보고 진단한다.	

선천성 거대결장(무신경절 거대결장)

증상	변비, 수유거부, 구토, 연동운동, 장 폐색, 소장결장염, 장천공		
검사	직장 수지 검사	직장에 손가락을 넣으면 직장이 좁고 비어 있고 손가락을 뺐을 때 대변과 고약한 냄새의 가스가 다량 밀려 나오면 의심한다.	
	직장(항문) 압력 검사	풍선을 넣어 공기로 직장을 확장시켰을 때 항문 외괄약근압은 정상이나 항문 내괄약근이 수축하여 이완되지 않아 압력이 상승한다.	
	직장 생검 검사	직장 생검 검사는 확진 검사로 직장 생검에 신경절 세포의 부재이다.	
	단순 복부 X선 촬영	방법	단순 복부 X선 촬영으로 대장의 어느 부위까지 공기에 의하여 확장되어 있는지를 관찰한다.
		결과	결장 및 직장의 어느 부위까지 공기에 의해 확장되어 있는지 관찰한다.
	대장 조영 검사 (대장 이중 조영 검사) 국시 07	방법	항문을 통해 작은 튜브를 삽입하고 바륨의 조영제와 공기를 대장 내에 넣어 바륨과 공기로 대장 내강을 확장시킨 후 X선 투시 장치를 이용하여 영상을 얻는다.
		결과	좁아진 무신경절 부위와 확장된 정상적 상부의 장 사이에 분명한 이행 부위가 관찰된다. 24시간 후에도 대장에 조영제가 잔류한다. 생후 첫 몇 주에는 나타나지 않아 신생아 진단 검사로 사용하지 않는다. 신경절이 분포한 정상적인 장을 대변이 팽창시키는 데 시간이 걸린다.

❹ 괴사성 장염(괴사성 소장대장염)

증상	담즙 섞인 구토, 혈액 섞인 위 내용물, 복부팽만, 혈변 국시 19, 23
진단	복부 방사선 검사 | 두꺼워진 장벽에 공기가 차서 장이 소시지 모양으로 팽창
예방	출생 시 질식이 있었던 신생아는 1~2일간 구강수유를 시작하지 않는다. 모유수유는 무방하다. 모유는 면역력에 도움이 되는 면역글로불린(IgA), T림프구, B림프구가 있어 세균으로 인한 장염 예방

발달성 고관절 형성이상(발달성 고관절 이형성증, 발달성 고관절 탈구) 국시 99, 03, 07, 14 〈대 발 피트 알외오〉

대퇴 내측 피부주름 검사	방법	하지의 둔부 부위와 대퇴 내측을 관찰한다.
	결과	대퇴부가 짧아 둔부, 서혜부, 대퇴 내측에 비대칭적 피부주름이 형성된다.
대퇴부 단축	방법	뚜렷한 대퇴의 짧음 증상이 있다.
	결과	대퇴두부가 밖으로 탈구되어 대퇴부가 짧다.
알리스(Allis) 징후 (갈레이지, Galleazzi 징후) 임용 18	방법	아동을 눕힌 상태에서 무릎을 세우면 무릎의 높이가 정상 부위와 차이가 있다.
	결과	탈구된 쪽 무릎관절은 짧다.
외전제한	방법	아기를 눕힌 상태에서 고관절과 슬관절을 90도로 굴곡시킨 상태에서 양쪽 고관절을 중앙선으로부터 바닥을 향해 외전시킨다.
	결과	탈구가 있는 고관절의 외전이 제한된다. 정상적으로 고관절은 적어도 65도 외전되며, 외전의 정도는 양쪽 면이 대칭이다.
오토라니(Ortolani) 검사 〈오정〉	방법	탈구된 골두를 정복시키는 검사로 신생아를 눕힌 후 고관절과 슬관절을 90도 굴곡시키고 외전시키면서 내측으로 밀어 올린다.
	결과	고관절이 '뚝'하며 고관절이 정복되는 느낌이 있다.

구분				내용
발로우(Barlow) 검사 〈발탈〉	방법			탈구를 유도하는 검사로 신생아를 눕힌 상태에서 고관절과 슬관절을 90도 굴곡시키고 내전시키면서 외측으로 밀어 내린다.
	결과			고관절이 '뚝'하며 고관절이 탈구된다.
피스톤(Piston) 징후 임용 18	방법			바로 눕힌 상태에서 한쪽 손으로 대퇴 상단부를 골반에 고정한다. 탈구측 하지를 하방으로 잡아 당기거나 상방으로 밀어 올린다.
	결과			대퇴 상단이 비정상적으로 하강 또는 상승 운동이 촉지된다.
트렌델렌버그 (Trendelenburg) 징후	방법			탈구된 다리를 지지하여 선 상태에서 정상 다리를 든다.
	결과			정상 다리 쪽 골반이 아래로 쳐진다.
걸음걸이	결과	단측성		단측성일 때 걸을 때 절름거린다.
		양측성		양측성일 때 걸을 때 오리 걸음(오리와 같은 걸음걸이)으로 걷는다.
치료 국시 08	6개월 이전	방법 국시 20		외전부목인 Pavlik harness는 고관절과 무릎을 굴곡된 자세 유지와 고관절을 60도 외전시킨 상태에서 다리를 유지한다. 검사상 정상적으로 발달된 고관절이 보일 때까지 계속 사용
		효과 임용 18		영아 초기에 진단될 때 관골구 안에 대퇴 두부를 고정시킨다.
	6~18개월			피부 견인 → 폐쇄 정복술(close reduction) → hip spica cast(석고붕대)로 3~4개월 고정한다.
파브릭(pavlik harness) 보조기 사용 방법	끈길이			영아의 급속한 성장으로 매주 또는 2주 치료시작 전에 적절한 끈 길이조절을 시행한다. 고관절이 정확한 위치에 있도록 전문가에 검진 받은 후 끈 길이를 재조정한다.
	면내의 국시 20			피부 찰과상을 예방하기 위해 가슴 끈 보조기 안에 면 내의를 입힌다.
	피부 보호			긴 양말을 사용하고 어깨에는 패딩을 해주어 보조기 안쪽의 피부를 보호한다.
	풀기 국시 20			하루 23시간 동안 착용하고 의사의 지시가 있을 때만 풀 수 있다.
예후 임용 18				탈구를 방치하거나 부적합한 치료를 하였을 경우 관골구(비구)의 형성이상, 퇴행성 관절염, 대퇴골 두부의 무혈성 괴사, 고관절통, 파행보행 유발

뇌수종(수두증, hydrocephalus) 국시 08

두위 증가	영아기에 비정상적으로 빠른 머리 성장, 두개골 융합(봉합선 닫힘 : 6~8개월) 이전 뇌실 팽창으로 두위 증가 전두골의 확대와 돌출
천문팽창	대천문이 긴장되고 팽윤, 비박동성 국시 15
두피정맥 확장	
마퀴인 징후 (Macewen sign) 임용 18	머리 뼈를 두드리면 깨진 항아리 소리 또는 텅빈 소리가 난다. 두개 내 부피 증가와 두개골이 얇아지고 봉합이 열렸음을 의미한다.
일몰 징후 (setting-sun sign) 임용 18 / 국시 18	눈동자가 수평선 아래로 내려가므로 공막의 백색이 눈동자[동공과 홍채(각막)] 위로 나타난다. 안구의 상방 주시 장애, 안구의 하방 전위
움푹 들어간 눈	

토순(구순열, 입술 갈림증)과 구개열

장기적 문제 국시 01	아기가 성장함에 따라 정상 조직과 기형이 있던 부위의 성장 속도 차이가 나기 때문에 입술 모양이나 치아, 코의 모양에 변형이 올 수 있다. 수유 곤란 언어발달 지연으로 언어장애 치아 발달문제와 부정교합 유스타키오관(중이와 비인두 연결)의 부적절한 기능으로 구개열로 유스타키오관 개방 문제가 생겨 반복되는 중이염에 의한 청력장애		
치료시기 국시 99, 06	토순	Zplasty 이용한 1차 봉합수술	일반적으로 3개월 이내에 Zplasty를 이용하여 1차 봉합 수술을 한다.
		교정(성형) 수술	구순 성형은 생후 4~5세에 교정 수술을 한다. 갈라진 부분의 흉터의 최소화를 한다.
	구개열		6개월 이후 1세 이전에 구개열 부위 조직이 성형수술을 할 만큼 충분히 발육되어 수술한다.

음낭수종

| 탈장이 동반되지 않은 경우 국시 13 | 1세 이전에 초막돌기(초상돌기)가 막히고, 장액이 자연 흡수되므로 1세까지 기다린다.
1세 후에 음낭수종이 그대로 있거나 커지면 수술로 교정한다. |

서혜부, 음낭 탈장 검사 국시 12

자세		대상자는 선 자세에서 검사자는 앉은 자세로 검사한다.
시진	방법	아래로 힘을 주게 하여 샅굴부위(서혜부)와 음낭, 넙다리부위(대퇴부)의 팽윤을 살핀다.
	결과	힘을 주었을 때 튀어나오는 부분이 있다면 탈장을 의미한다.
복압 감소 국시 16	방법	아동이 울지 않도록 한다. 아래로 힘을 주거나 재채기, 기침을 하지 않도록 하여 복압을 줄인다.
	효과	복압을 감소시킨다. 복압 상승으로 인한 감돈을 예방한다.

잠복고환(미하강 고환, Cryptorchidism)

관찰		출생 이후 4개월이 지나면 더 이상 하강 가능성이 낮다. 출생 이후 3개월 이내에 자연히 내려오는 경향이다.
고환고정술	시기	6~12(18)개월에 시행한다.
	효과 국시 07	고환고정술은 고환이 손상 없이 음낭 내 안전하게 고착하나 고환고정술 이후 고환은 정자생성의 감소가 가능하다.

◆ 김기영 보건교사 ◆

❺ 소화기능 장애

아구창(칸디다증)

원인균		candida albicans(칸디다 알비칸스)
원인 국시 08	오염된 젖꼭지	모체의 감염된 유두나 깨끗하지 못한 우유병 젖꼭지를 통해 진균이 들어와 과잉 증식되어 발생
	모체의 칸디다성 질염	분만 시 모체의 칸디다성 질염의 산도로부터 신생아에게 전파하여 아구창 발생
	당뇨	당뇨의 고혈당은 세균, 곰팡이 성장에 좋은 환경을 제공한다. 고혈당증으로 진균(곰팡이)을 파괴하는 백혈구 능력 손상(호중구의 화학주성기능과 호중구와 대식 세포의 식균작용 감소)
	면역장애	면역결핍 질환이나 면역 억제제 치료로 면역결핍으로 칸디다균이 과성장한다.
	항생제	항생제의 장기간 사용으로 정상 세균이 파괴될 때 칸디다균이 과성장한다.
	흡입용 스테로이드제	흡입용 스테로이드제 사용 시 구강 칸디다증, 구강 자극의 예방을 위해 스페이서를 이용하여 투여하고 스테로이드 흡입 후 구강을 세척한다.

구내염

아프타성 구내염	경한 외상성 상처 : 볼점막 깨물기, 점막을 마찰하는 구강기구들
헤르페스성 구내염	헤르페스 바이러스(HSV), 단순포진 바이러스 1형

◆ 김기영 보건교사 ◆

충수염 임용 11

통증↑		Dunphy's sign(던피 징후) : 기침과 운동 시 증가되는 통증
통증 부위		통증 시작 부위는 배꼽주위에서 시작해서 우하복부로 내려간다. 내장 통증으로 염증에 의한 충수돌기로 배꼽 주위에 통증이 유발한다. 통증이 가장 심한 부위는 맥버니 지점(배꼽과 우측 전상장골극을 연결하는 직선상 아래 1/3 지점)으로 집약 임용 21 / 국시 17
근육강직		불수의근의 근육강직으로 변한다.
피부감각검사		복부의 피부를 엄지와 검지로 부드럽게 집어 올리면 우하복부에서 국소적 통증
국소적 압통		우하복부 사분원(우측 옆구리)의 국소적 압통 = 충수돌기염
반사압통	자세	앙와위를 한 후 무릎을 구부려 배근육(복근)을 이완시킨다.
	방법	맥버니 지점(배꼽과 우측 전상장골극을 연결하는 직선상 아래 1/3 지점)에서 반동성 압통으로 이 지점을 깊이 누른 다음 손을 재빨리 뗄 때 나타나는 통증
로브싱(Rovsing) 징후		검진자의 손가락으로 좌하복부를 깊이 눌렀을 때 압력이 생겨 우하복부 통증
요근 징후		좌측으로 눕게 한 자세에서 우측 고관절을 신전하고 우측 다리를 쭉 피면 우하복부에 통증이 있다. 후복막에 위치한 염증성 충수는 요근과 접해있어 통증이 유발된다.
폐쇄근(전자근) 징후		앙와위에서 우측 고관절과 무릎을 90도 각도로 굴곡시켜 무릎 바로 윗부분과 발목을 잡고 지지한 후 + 고관절에서 다리를 내회전(중심축에서 안쪽으로 회전하는 운동)으로 돌리면 우하복부 통증이 있다. 후복막에 위치한 염증성 충수는 폐쇄근과 접해있어 통증이 유발된다.
로젠타인 징후 (Rosentein sign)		대상자를 왼쪽으로 눕게 하고 맥버니 지점을 누르면 앙와위에서 누를 때보다 통증이 심하게 느낀다.

열 제한	방법	복부에 열요법 적용은 절대 금한다.
	근거	열요법은 혈관 확장으로 천공이 증가한다.
진통제 제한	방법	진단이 확인될 때까지 진통제를 투여하지 않는다.
	근거	진통제는 진단의 단서 은폐로 천공과 복막 내 염증 징후를 막는다. 수술 전 통증의 갑작스러운 변화는 천공을 암시한다.
완화제, 관장 제한	방법	완화제와 관장을 제한한다.
	근거 임용 21	완화제와 관장은 장운동 자극으로 염증 있는 부위를 자극하여 천공이 증가한다.

복막염 임용 06, 23

통증	양상	천공이 있을 때 통증이 심해지다가 천공 후 통증 완화 이후 더 증가하고 전체적으로 퍼진 통증
	증가	움직일 때 통증 증가 기침으로 근육경련을 동반한 복부 전체에 복통
	감소	다리를 구부리는 자세에서 통증 감소
연관통		복막염은 벽측 복막의 염증으로 복부 주변을 가볍게 타진해서 유발하는 연관통(다른 부위에 통증)
반동성 압통		복부에 압력을 가한 후 압력을 빨리 제거했을 때 통증을 느낌 = 복막 염증의 빠른 진전이다. 블룸버그(Blumberg) 징후 : 복막염이 있을 때 염증이 있는 부위에서 반동성 압통
복부 강직		복부 근육이 판자처럼 경직되어 단단하고 딱딱해진 복부
소화기계		연동운동 감소로 청진 시 장음 감소나 소실 복강 내 압력 증가로 점진적 복부팽만
호흡기계		복부팽만으로 횡격막이 상승되어 호흡 곤란, 호흡이 얕아진다.

장폐색 국시 08

통증		경련성 복통
오심, 구토		장폐색 부위에 세균이 만연된 검은색의 대변 내용물까지 토한다.
복부 팽만		폐색된 부위에 공기, 수분 축적으로 복부 팽만
장음 국시 15	초기	고음으로 장내용물이 폐색된 부위를 통과하려고 장연동운동 증가로 고음
	후기	장음이 들리지 않거나 감소
변비		

6 호흡기 기능장애

급성 비인두염		리노 바이러스(rhinovirus) : 가장 흔함 〔과거임용〕
급성 인두염	바이러스	adenovirus : 80~90%
	세균	A군 베타 용혈성 연쇄상구균

A군 β-용혈성 연쇄상구균 인두염, 편도선염의 합병증 〔국시 99, 05〕

화농성	편도주위 농양, 부비동염, 중이염, 하부기도 감염
과민반응	급성 사구체신염, 류머티스 열

편도선 절제술 적응증 〔임용 92〕 〈편도 절제술로 연호가 농 재종 됐다〉

연하곤란	편도선, 아데노이드 증식으로 연하곤란, 체중 감소
호흡장애	편도선, 아데노이드 증식으로 기도폐쇄, 호흡 장애, 천식 악화
편도 주위 농양	
편도선염 재발	A군 연쇄상구균 편도선염의 잦은 재발
종양 감별	종양 감별이 필요한 경우

◆ 김기영 보건교사 ◆

크루프

급성 후두기관기관지염 (바이러스성 크루프)	정의	바이러스에 의하여 상기도 감염 후 발병하며 성대나 성대하부 감염으로 흡기 시 성대 아래 기도가 갑자기 폐쇄
	원인균	parainfluenza virus(m/c, 75%)
급성 후두개염	정의	세균성 질환인 '급성 후두개염'으로 내과적 응급 질환 후두개와 후두개 주위 염증으로 심하게 급속히 진전되어 후두폐쇄 초래
	원인균	b형 헤모필루스 인플루엔자(용혈성 인플루엔자, Hemophilus influenza), 연쇄상구균, 포도상구균
	예방접종	b형 헤모필루스 인플루엔자 생후 2, 4, 6, 12~15개월
급성 경련성(연축성) 후두염 임용 93	정의	흡기 시 후두 경련에 의해 성대 주위 기도 폐쇄

인후 자극 금지	방법	급성 후두기관기관지염과 급성 후두개염은 설압자로 후두개의 직접 검사를 금지한다. 국시 13
	효과	인후검사는 손상 부위를 건드려서 갑작스런 후두 경련으로 후두 폐쇄를 일으켜 완전 기도 폐쇄가 가능하여 사망 위험으로 절대 인후검사는 안 된다.
응급물품 국시 13, 19	방법	급성 후두기관기관지염과 급성 후두개염에 기도를 확보한다. 응급물품인 기관 내 삽관이나 기관 절개 세트는 사용 가능하도록 환자 가까이에 배치한다.
	효과	후두 폐쇄성 기도의 완전 폐쇄가 가능하여 생명에 위협을 줄 수 있다.
가습요법 국시 03, 15	방법	급성 후두기관기관지염과 급성 경련성후두염에 가정의 밀폐된 욕실에서 증기 흡입으로 샤워의 증기나 분무기로부터 나오는 차가운 증기를 쐬어 준다.
	효과	찬 증기를 쐬어주면 찬 습기는 부어 있는 기도의 혈관 수축을 도와 급성 후두경련, 호흡곤란이 완화되고 기관지 분비물을 묽게 하여, 객담 배출을 용이하게 한다.

급성 세기관지염

RSV(Respiratory syncytial virus, 호흡기 세포 융합 바이러스) : 50% 이상
parainfluenza virus(급성 후두기관기관지염), mycoplasma, adenovirus(급성 인두염)

세균성 폐렴

	폐렴구균성 폐렴	포도상구균성 폐렴
원인	폐렴구균(뉴모코커스, pneumococcus)	황색 포도상구균(staphylococcus aureus) 대부분의 포도상구균성 폐렴은 페니실린 내성에 의해 생긴다.
합병증 임용 93	급성 중이염이 흔하다.　　　　무기폐 폐농양, 늑막삼출액, 농흉　　뇌막염 패혈증	중이염　　　　　　　　　기관지 확장증 폐농양, 늑막삼출액, 농흉　뇌막염 패혈증

바이러스성 폐렴	RSV(급성 세기관지염의 주 원인균), influenza, adeno virus
마이코플라즈마 폐렴	mycoplasma pneumonia(마이코플라즈마균)
레지오넬라 폐렴	오염된 비말이나 비말핵의 흡입, 오염된 물을 마시거나 흡입에 의해
지질성 폐렴 국시 97, 00	흡입성 폐렴 중 오일을 흡인하여 발생

알레르기 비염

임상증상 국시 04	3대 증상 〈코콧재〉	코막힘	비점막 부종으로 코막힘으로 킁킁거림
		맑은 콧물	지속되는 콧물 아침에 증상이 심하다.
		발작적 재채기	
	알레르기성 결막염		결막이 충혈되면서 가렵고 눈물이 난다.
	알레르기성 색소 침착		가려움으로 눈을 계속 비비거나 눈 밑에 정맥혈이 정체되면서 보라색의 알레르기성 색소 침착
	알레르기성 주름		코가 가려워서 손바닥으로 코끝을 비비며 위로 밀어 올리어 코 아래 횡선의 주름이 생긴다.
	아데노이드 얼굴		코막힘 증상으로 구강 호흡에 의한 입을 벌리고 있는 특징적 얼굴 모양
합병증	만성 알레르기성 비염		만성 비강염증, 폐색
	부비동염		맑은 콧물 대신 누런 콧물, 후비강 배액
	만성 중이염		청각, 언어능력 지연
	천식, 아토피성 피부염		천식, 아토피성 피부염 동반
진단	콧물 도말 검사		총 백혈구 수에 호산구 백분율이 5~10% 이상(정상 : 1~3%)이다.
	혈청 IgE 검사		상승

❼ 심혈관 기능장애

출생 후 순환 변화

난원공 폐쇄	좌심방의 압력이 우심방의 압력을 초과함에 따라 난원공은 닫힌다.
동맥관 폐쇄 국시 16	동맥혈의 산소 증가와 prostaglandin 감소에 의해 동맥관은 닫힌다.

장기간 저산소혈증 증상

다혈구혈증 (적혈구 증가증)	기전	계속되는 저산소혈증은 골수에 조혈 촉진하여 적혈구 생산으로 적혈구 수를 증가시키는 다혈구혈증 초래
	위험성	적혈구 수의 증가는 혈액의 산소 운반능력을 증가시키지만 철분(혈색소를 만드는데 철분이 필요)이 헤모글로빈을 형성할 만큼 공급되지 않을 경우 빈혈을 일으킨다. 다혈구혈증은 혈액의 점성도를 증가시키고 혈소판과 응고인자들이 밀집되어 혈전 색전증이 일어나 뇌졸중이 일어난다.
곤봉상수지		청색증과 관련된 만성적 조직의 저산소증에 의한 연조직 기형으로 곤본상수지가 발생한다. 곤봉지 180° 이상, 정상 160°

촉진, 청진 부위

삼천판	제4, 5늑간 흉골 좌연(하부 흉골 좌연) : 30°상승 앙와위	
승모판, 심첨부	좌측 중앙 쇄골 선상 제5늑간 부위 : 좌측면 와위	
	7세 미만 아동	좌측 쇄골중앙선 바로 왼쪽 옆과 제4늑간
	7세 이상 아동	좌측 쇄골중앙선과 제5늑간 지점
폐동맥	흉골 좌측 제2늑간(좌흉골연 상부)	
대동맥	흉골 우측 제2늑간	
Erb'point	흉골 좌측 제3늑간, 제2심음이 가장 잘 청진	

제1심음 (S_1)	삼첨판과 승모판이 닫히면서 나는 소리 심실 수축의 시작, 부드럽고 길며 낮은 음조
제2심음 (S_2)	폐동맥판과 대동맥판이 닫히면서 나는 소리 심실 수축 말미, 짧고 높은 음조 정상적 분열음 : 폐동맥판막과 대동맥판막이 동시에 닫히지 않기 때문에 S_2는 정상적으로 흡기말에 매우 좁은 분열음이 발생하며 날숨(호기)에 사라진다.

분마성 리듬 (임용 93)

제3심음 (S_3)	심실성 분마성 리듬	이완기 초기의 심실 혈액 충만기에 발생하는 말발굽소리와 같은 분마성 리듬 심방 수축기 중 심실이 혈액을 완전히 박출하지 못했을 때 혈량이 과다하게 많을 때 발생 어린이, 젊은 성인에게 정상, 울혈성 심부전
제4심음 (S_4)	심방성 분마성 리듬	이완기 말기인 심방 수축 시 발생하는 말발굽소리와 같은 분마성 리듬 심방이 수축하는 동안 심실이 비대하여 심실로 혈액이 들어가면서 혈액 충만에 저항이 생겨 들린다. 정상인에서 거의 들리지 않는다. 노인, 허혈성 심질환, 비후성 심근병증

심잡음

1도	매우 미약하다. 모든 위치에서 들을 수 없고 청진자가 청진기를 정확히 맞출 때만 들린다.
2도	조용하나 가슴에 청진기를 놓은 직후 들린다.
3도	중간 정도로 크다. 진동음(진전음, thrill)이 없다.
4도	크다. 진동음(진전음, thrill)을 동반하여 촉진 가능하다.
5도	매우 크다. 가슴에서 청진기를 부분적으로 뗄 때도 들린다.
6도	가슴에서 청진기를 떼도 들린다. 진동음은 4도에서 6도 사이 심잡음에서 있다.

선천성 심장질환의 혈역학적 분류

비청색증 임용 93	폐혈류 증가	심방중격결손, 심실중격결손, 동맥관 개존증, 방실중격결손 폐혈류 증가를 초래하는 결손은 심장 왼쪽의 압력이 더 높기 때문에 좌에서 우로 혈액이 흐르는 좌-우 단락 형성 오른쪽 심장의 혈액 증가는 폐혈류 증가를 초래하고 아이젠멩거 증후군, 울혈성 심부전
	심실로부터 혈류 폐쇄	폐동맥 협착, 대동맥 협착, 대동맥 축착
청색증 임용 94	기전	우-좌 단락 shunt 〈활삼이가 총대를 멨다〉
	폐혈류 감소 국시 16	활로4징후, 삼첨판 폐쇄
	혈류 혼합	대혈관전위, 총동맥간증, 총폐정맥연결기형, 좌심형성부전증후군

증상

심방중격결손(ASD)	하부 흉골좌연 이완기 잡음	하부 흉골좌연(좌흉골연 하부) 이완기 잡음 : 삼첨판을 지나는 혈류량 증가
	수축기 잡음	심방에서의 단락에 의하여 폐동맥으로 가는 혈류량이 증가하여 좌측 흉골연 상부(상부 흉골 좌연)에서 부드러운 박출성 수축기 심잡음이 들린다.
	S_2 넓은 고정성 분열	S_2 넓은 고정성 분열 : 대동맥판, 폐동맥판이 닫히는 소리 호흡 주기에 관계없이 넓은 고정성 분열
심실중격결손(VSD) 국시 14	좌흉골연 하부 범수축기 잡음	좌흉골연 하부(하부 흉골 좌연)에 크고 조잡한 범수축기 잡음
	S_2 커짐	정상 또는 S_2 커짐 : 폐동맥압의 증가로 S_2(폐동맥과 대동맥판막이 닫히는 소리)가 커져 있다.
	심첨부에서 이완기 잡음	심첨부에서 이완기 잡음은 승모판을 통한 혈류 증가
동맥관 개존증(PDA)	기계양 심잡음 임용 92 : 폐동맥 부위, 흉골 제2늑간, 뛰는 듯한 맥박(도약맥), 큰 맥압 차	

대동맥 축착(CoA)		좌측 쇄골 아래 박출성 수축기 심잡음
	상지 고혈압 국시 21	팔의 혈압이 다리 혈압보다 높다. 신장 혈류 감소로 신장 동맥 압력이 떨어지면 renin – angiotensin – aldosterone 체계에 영향을 미쳐 혈압 상승
		하지 저혈압
		대퇴맥박 감소
대동맥 협착(AS)		심박출량 감소, 우측 상부 수축기 구출성 심잡음, 제2심음 분열
폐동맥 협착		좌측 상부 수축기 구출성 심잡음, S₂ 넓게 분열, S₂ 약화
삼첨판 폐쇄		S₁ 단일음, S₂ 단일음 또는 정상 분열음
활로4징후(TOF) 임용 10 / 국시 98, 01	증상	좌흉골연 상부 수축기 박출성 심잡음, 단일 2심음, 청색증, 뇌혈전
	흉부X선	장화모양 또는 나막신 모양 심장, 심장크기 정상, 우심실 비대로 심첨은 들려 있고 폐동맥 발육 부전으로 폐동맥부는 들어감, 폐혈관 음영 감소, 커진 대동맥
대혈관 전위 (TGA)	증상	심한 산소 부족
	X-ray	달걀 모양 심장, 종격동은 좁으며, 달걀을 옆으로 놓은 모양, 폐혈관 음영의 증가
총동맥간증		제1심음: 정상, 제2심음: 단음, 좌측 제2늑간 수축기 잡음, 심첨부 확장중기 잡음

무산소 발작(anoxic spell, tet 발작) 간호

슬흉위 국시 15, 17	자세		슬흉위는 쪼그리고 앉기인 무릎을 굽혀 가슴에 붙인 자세를 유지하여 만성적 저산소증을 완화한다.
	기전	체순환 감소	다리로부터 되돌아가는 저산소 혈액의 체순환 귀환량을 감소시킨다.
		체혈관 저항	혈관 긴장도 증가로 동맥 혈압, 말초 혈관 저항 증가로 체혈관 저항을 높임으로 우–좌 단락 감소로 폐로 많은 혈액을 증가하여 청색증이 완화된다.

가와사키 질환

증상 국시 14	고열	항생제에 반응하지 않는 열이 지속 임용 22
검사	심초음파 검사 임용 22	관상동맥에 변화가 있을 때는 심초음파로 추적 검사한다. 심초음파는 관상동맥의 상태와 심근 기능을 나타낸다.

❽ 비뇨생식기

윌름종양(신아세포종, 콩팥모세포종) 국시 04 〈복고혈이 있다〉

복부 덩어리	촉진 시 통증이 없다. 국시 10 복부의 한쪽으로 제한 : 복부의 중앙선을 넘지 않는다.
복통	급속한 종양의 성장, 내출혈로 복통
소화기	식욕부진, 오심, 구토, 권태감
혈뇨	육안적, 현미경적 혈뇨
고혈압	종양이 신동맥을 압박하여 혈류를 방해하여 renin의 과도한 분비로 고혈압이 발생한다.

간호 국시 07

복부 촉진 금지 국시 13	방법	복부 촉진을 금지한다.
	근거	종양은 뚜렷한 피막을 형성하며 피막은 쉽게 터질 수 있다. 종양의 덩어리를 만지는 것은 종양의 피막이 파열되면 암세포의 파종성 전이가 일어나 주변, 먼 부위에 암세포가 퍼진다.

9 신경장애

신경모세포종(신경아세포종, Neuroblastoma) 국시 07, 09

원발 종양 자체에 의한 증상	복부 종양 국시 21	〈복고 배〉 복부 중앙선을 넘어가는 단단하면서 불규칙적 복부 덩어리가 촉진된다. 복부 종양이 신장, 요로, 방광을 압박하므로 배뇨곤란, 빈뇨, 잔뇨가 있다. 신혈관의 압박과 카테콜아민 상승에 의해 고혈압이 있다. 복부, 골반의 큰 종양은 혈관을 압박하여 하지 부종이 초래된다.
전이에 의한 증상	골수 전이	골수로 전이가 가장 많아 범혈구 감소증으로 빈혈, 출혈, 감염
	골 전이	골 전이로 골과 관절통, 통증을 호소하고 절뚝거린다.
	안구 전이	안구 전이로 종양이 안구 주위 안검의 반상출혈, 안구 돌출
	간 전이	간 전이로 간비대
	피부 전이	피부 전이로 영아에 피부결절
	stage IV-S	1세 이하 영아에서 자연 퇴화되어 전이가 있음에도 예후가 나쁘지 않다. 간, 피부, 골수 3곳 만 전이

진단

조직 검사	결정적 진단으로 조직 내 신경아세포종 세포를 채취한다.
N-myc유전자	N-myc유전자의 증폭은 신경모세포종의 25%에서 보이며, 예후를 결정짓는다.
소변	vanillymandelic acid(VMA, 바닐린만델산), hemovanillic acid(HVA, 카테콜아민 대사 산물) 증가
골수흡입천자, 생검	골수 전이 확인을 위해 골수에서 신경아세포종 세포를 관찰한다. 골수로의 전이가 가장 많다.
뼈 스캔	뼈 스캔은 골 전이 여부를 판단한다.

라이증후군

급성 비염증성 뇌질환, 간질환	
원인	아동에서 수두, 인플루엔자 시 aspirin 투여로 발생

열성경련

	열성경련		간질
유전성	높다(60~70%).		낮다.
발생 연령	6개월~5(3)세		연령과 관계 없음
발작 지속 시간	짧다(5분 이내).		수 초~수 시간
발작 특성	전신 발작		전신 발작, 국소 발작(부분 발작)
뇌파 검사(EEG)	정상		간질파, 정상
불안감 완화 국시 18	방법	한 번의 열성경련으로 열성 발작의 후유증인 뇌손상, 지능발육 지연, 지적발달장애, 학습장애, 간질, 행동 변화를 초래하지 않는다.	
	효과	신경학적 손상으로 발전되지 않는다는 정보를 제공하여 불안감을 완화한다.	

뇌종양

두개인두종	정의	천막 상 종양으로 시상하부 아래에 있는 뇌하수체 상부표면 가까이에 위치	
	증상	시력-시야장애	
		뇌압 상승	
		내분비 장애	저신장증(뇌하수체 전엽의 성장호르몬 부족으로 저신장증) 요붕증(뇌하수체후엽의 항이뇨호르몬(ADH)분비 감소로 소변량 증가)
뇌간교종(뇌간종양, 뇌간 신경교종)	증상 국시 04	뇌신경 장애, 소뇌징후, 상위운동증상, 늦은 ICP 상승	
수아세포종 (수모세포종, 속질모세포종)	빈도	소뇌에서 주로 발생 → 제4뇌실을 채우며 자람	
	증상	수두증에 의한 두개강내압 항진(두통, 구토, 유두부종) 뇌신경 마비 징후 : 뇌간 침범 소뇌 증후(협동운동장애, 자세유지장애, 운동실조증)	
소뇌 성상세포종 (소뇌 별아교세포종)	증상	두개내압 상승 징후, 소뇌 징후 : 안구진탕증, 운동실조	

뇌종양의 치료

| 화학요법 | 화학요법은 많은 화학치료제가 혈관뇌장벽(BBB, blood brain-barrier) 임용 21 을 통과하지 못하므로 제한적이다. |

⑩ 피부장애

아토피성 피부염 임용 09

| 태선화 | 피부가 두꺼워지고 주름이 뚜렷해지는 현상, 코끼리 피부로 불린다. 임용 21 |

소아 장미진(돌발진)

원인		제6형 Human herpes virus(제6형 인헤르페스 바이러스) 돌 전후에 돌발적으로 열이 나고 돌발적으로 열이 내리면서 발진이 시작된다. 돌발적으로 깨끗이 없어진다.
전파기간		열성기에서 첫 발진이 나타날 때까지
전파경로		분비물 접촉(타액)
증상	전구기	3~5일 고열 → 1~3일 발진
	발진기	발진은 눌렀을 때 사라지는 장밋빛 반점이다. 몸통에서 시작되어 얼굴과 팔다리로 번진다.
치료	대증요법	충분한 수액 공급과 해열제
	ganciclovir	HHV-6가 ganciclovir, cidofovir, foscarnet에 의해 억제된다. 항바이러스제를 투여하지 않으나, 신경계 합병증이거나 면역력 결여 환자에게 치료한다.

⑪ 감각장애

사시 진단검사 (임용 09 / 국시 10)

검사	구분	내용
각막 빛 반사 검사법 (허쉬버그검사, Hirschberg)	방법	눈을 뜨고 앞을 보고 있도록 한다. 플래시 불빛이나 검안경 불빛을 30~40cm 떨어진 곳에서 눈에 직접 비추어 불빛이 각막에 반사되는 위치를 관찰한다.
	정상	불빛은 양쪽 동공에 대칭으로 비춰진다.
	사시	빛이 동공의 중심을 벗어나 반사된다.
차폐검사 (가림검사, cover test) 임용 16, 22	방법	근거리(33cm)나 원거리(6m) 모두에서 물체를 주시하도록 한 후 한쪽 눈을 가리개로 가리고 물체를 바라볼 때 가리지 않은 눈의 움직임을 관찰한다.
	정상 (임용 22)	가리지 않은 정상인 눈이 움직이지 않는다.
	사시	가리지 않은 사시의 눈이 움직인다. 정상 눈이 일시적으로 가려질 때 부정렬이 있는 눈이 사물에 정확하게 고정되어 있지 않아 움직인다. 물체에 시선을 고정하기 위해 움직인다.
Cover-Uncover 검사 (차폐-노출 검사)	방법	근거리(33cm)나 원거리(6m) 모두에서 물체를 주시하도록 한 후 한쪽 눈을 가리개로 가리고 물체를 바라볼 때 가리지 않은 눈의 움직임을 관찰한다. 가리지 않은 눈이 집중할 때까지 기다린 후 가리개를 치우고 가리지 않은 눈과 가리개를 치운 눈의 초점에 움직임을 평가한다.
	정상	가리개(cover 카드)를 없앴을 때 양쪽 눈 모두 움직이지 않는다.
	사시	사시인 눈이 움직인다. 눈에 사물이 정확하게 고정되어 있지 않아 움직인다. 눈이 물체에 시선을 고정하기 위해 움직인다.
교대가림검사 (alternate cover test)	방법	근거리(33cm)나 원거리(6m) 모두에서 가리개를 한쪽 눈에서 다른 쪽 눈으로 바꾸면서 검사를 시행한다. 앞쪽 한 지점을 응시하는 동안 가리개를 떼면서 바로 가려져 있던 눈의 움직임을 관찰한다.
	정상	가리개를 한쪽에서 다른 쪽 눈으로 옮겨도 바로 가려져 있던 눈에 움직임이 없다.
	사시	가리개를 제거하면 바로 가려져 있던 사시인 눈이 움직인다.
안구 운동 검사	방법	대상자의 머리를 정지한 상태로 펜과 같은 작은 물체를 따라 눈을 움직이게 한다. 눈을 움직이는 동안 눈 운동의 편위를 관찰한다.
	정상	눈을 움직이는 동안 눈 운동의 편위가 없다.
	사시	눈을 움직이는 동안 눈 운동의 편위가 있다.

⑫ 근골격계 장애

소아기 특발성 관절염(연소성 특발성 관절염) 〈소다와 전〉
소수 관절형

정의	발병 후 6개월 이내에 침범된 관절이 4개 이하이고 전신 증상이 없다. 큰 관절들(무릎, 발목, 손목)에 비대칭적으로 침범한다. 침범된 관절의 수가 4개 이하에서 발현되고 6개월 이후에 5개 이상으로 증가하는 '확장형 소수 관절형'이다.	
종류 〈확지〉	지속형 소수 관절형(확대성 소수 관절염)	확장형 소수 관절형(확대성 소수 관절염)
	질병 기간 동안 4개 이하 관절이 침범된다.	발병 6개월 이후에 5개 이상의 관절이 침범된다. 예후가 나쁘다.
합병증	6세 이전에 발병한 소수 관절형 영아의 ANA(항핵항체) 양성자에게 무증상 전방성 포도막염이 높다.	

다수 관절형

정의	6개월 동안 5개 이상 관절에서 관절염이 발생한 경우	
종류	RF음성	RF양성
특징		류머티즘 결절이 동반되며 관절염 증상도 심하고 만성 경과를 갖는다.
ANA	25%	75%

◆ 김기영 보건교사 ◆

전신형

정의	관절염 증상, 고열, 발진, 전신 림프절, 간, 비장 비대 50%는 침범되는 관절의 수가 증가하여 장애를 초래한다.	
증상	관절염 증상	1개 이상의 관절염
	고열	매일 한두 차례씩 비슷한 시간대에 39도 이상 고열 일정 시간이 지나면 해열제 없이 열이 내리고, 열이 내리면 멀쩡하다. 해열제에 반응하지 않고 prednisone에만 반응한다.
	발진	열이 있을 때 몸통, 대퇴부, 상완부, 손바닥, 발바닥에 고정되지 않는 붉은 발진
	전신 림프절 비대, 간, 비장 비대, 심낭염, 심막염, 늑막염, 장막염, 복막염, 식욕부진, 체중감소	
	RF, ANA	음성

근이영양증(근디스트로피, 진행 근육 퇴행 위축)

근육의 비대(거짓비대)	상완, 대퇴부, 하지 근육의 비대로 상완근, 대퇴근, 비복근(장딴지)이 지방이나 결합조직 침전으로 커져 있고 만지면 단단하고 딱딱하다.
동요성 보행 (뒤뚱거리는 걸음)	소아가 뒤뚱거리며 오리처럼 걷는다면 골반 근육과 대퇴 사두근에 위축이다.
gower's(가우어스) 징후	아이를 눕혀놓고 일어서도록 한다. 등반성 기립으로 앙와위에서 일어나려면 바로 일어서지 못하고 손을 사용하여 옆으로 눕는다. 손을 바닥에 짚고, 다시 다리를 짚으며 천천히 일어난다. 척추근과 골반의 근육 위축을 의미한다.
멀온증후	견갑근과 상지에 근육 약화에 발생한다. 겨드랑이 아래에 손을 넣어 들어 올릴 때 상지가 위로 올라간다.

⑬ 감염질환

이 기생충

떨어진 알(서캐) 임용 11	떨어진 알(서캐)은 1주일 이상 살아 있다.	
이(성충)	2일 이상 떨어지면 죽는다. 이는 혈액을 섭취하며, 사람인 숙주에서 2일 이상 떨어지면 죽는다.	
이의 수명	30일	
전파	직접 접촉	머리와 머리의 직접 접촉을 통해 전파
	간접 접촉	모자, 빗, 침구류, 개인용품과 같은 매개물의 간접 전파

요충증

전파	분변 구강 직접 전파	배설물에서 요충 알을 섭취하거나 항문을 긁은 손의 요충 알은 구강으로 전파한다.
	간접 전파	요충 알은 2~3주 동안 감염력을 가져 실내 환경(음식, 속옷, 문 손잡이, 화장실 변기)에 머물다 접촉하여 간접 전파한다.
테이프 검사 (항문 주위 도말법)	방법	샤워나 목욕을 하지 않고 대변을 보기 전 아침에 항문 주위에 투명한 스카치 테이프를 압착한 것 위에서 알을 감지한다. 현미경으로 요충을 볼 수 있다.
	근거	암컷 성충이 항문 밖으로 이동해 알을 낳는다. 요충은 장내에서 산란하지 않기 때문에 충란이 장 내용물과 섞일 시간이 없이 대변에서 검출되지 않는다.

◆ 김기영 보건교사 ◆

⑭ 배설장애

유뇨증 진단기준

자발적으로 방광조절을 할 수 있는 연령의 아동이 불수의적 또는 의도적으로 옷, 이불에 소변을 보는 것
적어도 3개월 동안 1주일 2회 이상 국시 17, 20
만 5세 이상, 동일한 발달 수준
전적으로 물질(예 이뇨제), 일반적 의학적 상태(당뇨, 이분척추, 경련성 질환)로 인한 직접적 생리적 효과가 아니다.

유분증 진단기준

대변 보기에 적절치 않은 곳(옷, 마루)에 불수의적 또는 의도적이든 반복적으로 대변을 본다.
적어도 3개월 동안 매달 1회 이상
생활 연령이 만 4세 이상, 동일한 발달 수준
전적으로 물질(예 하제), 일반적 의학적 상태(변비를 일으키는 기전)로 인한 직접적 생리적 효과가 아니다.

⑮ 아동학대

대리인에 의한 뮌하우젠 증후군(타인에게 부여된 인위성 장애 종류 ; MSBP, Münchausen Syndrom By Proxy)

아동이 다른 사람의 지시에 의해 조작된 가짜 질병을 앓는 것이다. 어머니가 의료진의 관심을 얻기 위해 아동 질병의 징후를 조작하는 것

흔들린 아기 증후군 국시 15	팔이나 어깨를 잡고 난폭하게 흔들면 두개 내에서 뇌가 움직여 두개 내 출혈, 망막출혈, 시각손상, 청각장애, 인지 및 운동 손상, 발작장애, 목에 손상, 호흡정지

16 건강문제관리

복통 사정 임용 00

청진	RLQ	RLQ의 돌막창자판막(회맹판) 부위에 장음이 항상 존재하기 때문에 이 부위에서 시작한다.
타진	RUQ 임용 09	복부 내 가스의 양과 분포를 사정하며 우상복부(RUQ)에서 시작하여 시계방향으로 이동한다.

체온계

고막 체온계	고막은 시상하부와 동일한 동맥 혈액이 흐르기 때문에 심부체온결과를 제공한다.

탈수(저혈량) 임용 04 / 국시 00, 06, 09

경구재수화 용액 국시 19	방법	수액은 구강으로 보충하며 소량씩 자주 경구재수화 용액, 상품화된 식염수 용액을 마신다. 1L 깨끗한 물에 1cup 오렌지 주스, 8tsp 설탕, 1tsp 베이킹 소다, 3/4tsp 소금 혼합 수분 상태가 개선되면 식사를 제공한다.
	근거	재수화시키고 탈수로부터 회복시킨다.
제한	방법	대중 음료, 탄산음료, 부드러운 음료수, 과일 주스, 젤라틴 음료, 묽은 수프는 제한한다.
	근거	삼투압 농도 증가로 장내 삼투압을 증가시켜 설사를 악화시켜 수분 손실을 추가시킨다. 전해질 농도 감소, 탄산 함량이 증가한다.

◆ 김기영 보건교사 ◆

PART 07

◆ 김기영 보건교사 ◆

기초간호과학

1. 체액과 전해질
2. 면역과 염증

❶ 체액과 전해질

체액-전해질 균형 조절 호르몬(화학물질) 임용 04

RAA			신동맥의 압력이 감소되면 신장혈류 확산이 감소되어 renin-angiotensin기전을 자극하여 신장에서 renin이 분비된다. renin에 의해 간에서 생성되는 angiotensinogen이 angiotensin Ⅰ으로 활성화되고, 폐에 있는 전환효소의 작용으로 angiotensin Ⅰ은 angiotensin Ⅱ로 전환된다. angiotensin Ⅱ는 말초동맥에 작용하여 동맥을 수축시켜서 혈압을 상승시키고 부신피질에서 aldosterone을 분비한다. aldosterone(염류코티코이드)은 원위세뇨관과 집합관에서 수분과 염분 재흡수를 촉진하고 포타슘을 배설한다.
ADH	체액량		저혈량에 자극으로 시상하부와 뇌하수체 후엽에 전달하여 항이뇨호르몬(ADH) 분비가 촉진된다. 항이뇨호르몬(ADH)은 원위세뇨관과 집합관에서 수분 재흡수를 촉진시켜 체액량을 조절한다.
	삼투압 (삼투질 농도)	삼투질 증가	혈장 삼투압 증가로 시상하부의 삼투감수체가 자극되어 뇌하수체 후엽 자극으로 항이뇨호르몬(ADH)을 방출하며 원위세뇨관과 집합관에서 수분 재흡수를 촉진시켜 체액량을 조절한다.
		삼투질 감소	혈액이 희석되어 삼투질 농도 감소에 항이뇨호르몬(ADH) 방출을 감소한다.
소듐 이뇨 펩타이드	발생		심방성 소듐 이뇨 펩타이드(ANP) + 뇌 소듐(나트륨) 이뇨 펩타이드(BNP)
	기전		심부전에 대한 신장의 보상기능인 renin-angiotensin-aldosterone 체계의 길항인자이다. renin, angiotensin Ⅱ, aldosterone과 항이뇨호르몬(ADH) 분비를 억제한다. 소듐, 수분의 배설을 증진하여 혈량과 혈압을 감소시킨다.

저칼륨혈증

정상 칼륨	3.5~5.0mEq/L 국시 20
간호 국시 13	곡류, 과실류, 야채류, 음료수, 육류

고칼륨혈증 치료

Calcium gluconate	Calcium gluconate을 IV로 주입한다. 혈청 칼슘치가 높으면 세포막의 투과성을 방해하며 근육의 활동을 억제한다. 칼슘은 심근막을 안정시켜 심장 흥분을 최소화한다.
중탄산염(NaHCO₃)	중탄산염으로 산증을 교정하여 K^+을 세포 내로 이동한다.
insulin 임용 22 / 국시 17	Regular insulin을 IV한다. insulin은 K^+을 세포 내로 이동한다. 인슐린은 칼륨을 세포 내로 이동시킨다. insulin으로 저혈당 예방을 위해 50% 포도당을 같이 투여한다.
혈액투석	혈액투석으로 30분~1시간 내 K^+ 수치를 정상으로 회복
케이엑살레이트(kayexalate) 관장 국시 19	양이온 교환수지인 kayexalate를 구강이나 정체관장으로 투여한다. 장관 내에서 양이온 교환수지 내 양이온인 Na^+을 장관 내의 K^+과 교환시켜 수지는 K^+과 결합하여 K^+을 대변으로 제거한다.
이뇨제	loop 이뇨제 : 헨렌 고리에서 K^+ 분비 증가 thiazide이뇨제 투여 : 원위 세뇨관에서 K^+ 분비 증가
albuterol	β_2 adrenergic agonist(albuterol) 세포 내로 K^+ 이동으로 저칼륨혈증을 초래한다.

호흡성 과산증

ABG 국시 98, 00, 01, 02, 18		pH 감소(정상 : 7.35~7.45), $PaCO_2$ 45mmHg 증가(정상 : 35~45mmHg), HCO_3^- 정상(정상 : 22~26mmHg)
간호 임용 11 / 국시 99	기도유지와 환기	기도개방 유지 위해 심호흡과 기침을 한다. 분비물을 묽게 하기 위해 수분을 공급한다. 분비물이 잘 나오도록 폐 물리요법, 체위배액으로 기도분비물을 제거한다.
	산소공급 국시 17	만성 호흡성 산증 대상자는 혈중 이산화탄소가 항상 높아서 중추성 화학 감수체를 자극시키는 효과는 없다. 산소 부족만의 말초성 화학 감수체로 호흡을 자극한다. 호흡자극 유지 위해 산소공급은 분당 1~2L로 유지한다. 고농도의 산소공급은 말초성 화학 감수체를 억제시켜 호흡기계가 억제되어 이산화탄소 중독증, 혼수, 사망을 일으킬 수 있다.

호흡성 알칼리증 임용 21

ABG	pH 증가, $PaCO_2$ 감소, HCO_3^- 정상
간호 국시 06, 20	과다호흡증후군에 혈중 이산화탄소압을 올리는 방법으로 종이 주머니를 이용하여 배출된 공기를 재흡입함으로 혈중 이산화탄소를 증가시킨다.

대사성 산증

정의			pH 7.35 이하, 대사성 산 증가나 HCO_3^- 손실, 산 : 염기 1 : 20 비율 감소
혈중 음이온차 임용 13	공식		$Na^+ - (HCO_3^- + Cl^-)$
	정상		8~16mEq/L
원인	혈중 음이온차의 증가	원인	당뇨성 케톤산증, 산 과다섭취(살리실산 중독) : 아스피린 과다 섭취
		기전	산생성의 증가로 중탄산염은 완충기능을 하므로 감소하여 혈중 음이온차는 증가한다.
	혈중 음이온차의 정상	원인	중탄산 소실 : 중탄산(HCO_3^-) 소실로 Cl^-을 흡수하므로 혈중 음이온차는 변하지 않는다. 설사 : HCO_3^-을 다량 함유하는 췌액, 장액의 손실 신세뇨관 산혈증 : 신장을 통한 HCO_3^- 손실
		기전	산이 생성된 것이 아니므로 혈중 음이온차는 정상이다.

대사성 알칼리증

정의	중탄산(HCO_3^-) 과잉, 대사성 산 감소, 산 : 염기 비율 1 : 20 이상, pH 7.45mmHg 이상
저혈량성 알칼리증 (생리식염수-민감 알칼리증)	구토나 저혈량의 체액 감소에 보상적으로 RAA 기전이 활성화된다. 원위세뇨관과 집합관에서 Na^+, Cl^-, HCO_3^- 재흡수 증가, H^+, K^+ 분비가 증가한다. Urine Cl^-는 감소로 Urine Cl^- < 10mEq/L
알도스테론 과다 알칼리증 (생리식염수-저항 알칼리증)	알도스테론 과다로 원위세뇨관과 집합관에서 Na^+, HCO_3^- 재흡수가 증가한다. H^+ 분비가 증가하면서 NH_4Cl 형태로 배출되어 소변에 Cl^-증가로 Urine Cl^- > 10(20)mEq/L
Hypokalemia	K^+과 H^+의 countertransport 혈청 K^+이 낮아 세포 내 K^+이 세포 외로 이동과 세포 외 H^+이 세포 내 이동으로 알칼리증을 초래한다.

❷ 면역과 염증

신체 면역 국시 08

비특이 면역	특정 항원에만 국한되어 반응하지 않는 모든 항원에 작용하는 염증 반응, 식균 작용, interferon 등이다.		
	종류	1차 방어선	피부, 점막, 섬모 운동, lysozyme(눈물, 침), 위산, 정상 상주균
		2차 방어선	염증 반응, 식균 작용, 발열, 자연살해세포, 보체계, 인터페론
특이 면역 국시 05	특정 항원에 분별화된 방법으로 항원이 침입했을 때 항체를 매개로 B림프구에 의한 체액성 면역반응과 T림프구에 의한 세포성 면역반응이다.		
	종류	B림프구, T림프구	

백혈구

과립구	호중구 국시 07	50~70%	급성 염증 시 증가로 염증 병소에 가장 빨리 모이는 백혈구 화학주성 기능으로 염증 부위로 이동한다. 식균 작용으로 손상조직, 죽은 세포, 병원체를 제거한다.	
	호산구	1~3%	알레르기 반응	알레르기 반응에 호산구 증가 국시 99
			알레르기 반응의 완화	과민반응으로 형성된 항원-항체 복합체에 식균작용과 호염기구의 탈과립을 억제한다.
			기생충 감염	호산구는 기생충 감염 시 저항적 역할로 기생충 반응 시 호산구가 상승된다.
	호염기구	1%	알레르기 반응의 중심적 역할로 호염기구에 항원과 항체 IgE가 결합해서 면역 복합체를 형성한다.	
무과립구	림프구	25~40%	B림프구, T림프구, 자연살해세포 B림프구는 면역반응에 항체를 포함하는 체액성 면역체의 형성이다. T림프구는 세포성 면역체의 형성에 관련되며 이물질의 침입을 감시하며 이물질을 사멸시킨다. 장기이식에 거부반응, 과민반응(IgE)과 관련, 만성 감염 시 증가	
	단핵구	3~8%	만성 염증이나 감염 시 증가 조직 내로 들어온 단핵구는 대식세포로 변한다. 단핵구는 호중구와 같이 손상 부위로 이주하며 속도와 양이 느리나 그 기능은 오래간다. 대식세포는 이물질, 세균이나 염증조각들에 식균작용을 하여 염증부위를 깨끗하게 한다.	

B림프구 국시 08 〈GM이 ADE를 먹다〉

IgG	면역글로불린의 80% 면역반응 후기에 생산되는 2차 반응의 주요 항체 태반을 통과하여 태아에게 수동 면역 전달 세균성, 바이러스 감염 시 항원에 항체를 형성하고 보체를 활성화시킨다. 제2형 세포 용해성(세포독성) 과민반응, 제3형 면역 복합체성 과민반응 형성
IgM	태생기, 신생아 초기 형성으로 출생 시 IgM 증가는 선천성 감염 의미 면역 반응 초기 생산으로 1차 반응의 주요 항체 세균성, 바이러스 감염 시 항원에 항체를 형성하고 보체를 활성화시킨다. 제2형 세포 용해성(세포독성) 과민반응, 제3형 면역 복합체성 과민반응 형성
IgA	눈물, 침, 기관지액, 장액, 초유, 모유 같은 인체 분비물에 존재로 호흡기, 위장관 점막에서 신체 보호 음식에서 항원이 흡수되는 것 예방
IgD	B림프구 표면에서 B림프구 활성화에 중요
IgE 국시 22	기생충 감염, 알레르기 반응 유발, 아나필락시스 반응에 비만세포, 호염기구 막에 존재하여 과민 반응에 중요한 역할을 한다.

T림프구 〈T림프구는 독보적인 기억이다〉

세포독성(킬러) T림프구 CD_8^+	비자기로 인식한 병원체를 직접 파괴한다.
보조 T림프구 CD_4^+	비자기로 인식하고 B림프구가 항체를 만들도록 돕고 세포독성(killer) T림프구와 대식세포 활성화를 돕는다.
기억 T림프구	다음번에 똑같은 항원이 들어오는 경우 신체를 방어한다.
억제 T림프구 CD_8^+	특정 항원에 B림프구가 항체를 생성하지 못하게 함으로 체액성 면역을 억제한다. 정상적 자기 세포에 자가 항체를 생성하지 못하도록 한다.

자연살해세포(NK세포) 국시 03

정의	림프구이나 세포표면에 표식이 없어 T-림프구나 B-림프구와 구별 면역감시, 세포막 파괴

면역반응 임용 13

1차 면역반응		항원을 처음 인식한 경우 일어나는 반응으로 처음으로 항원에 접촉, 주사를 맞으면 수 일 이내 혈청에서 항체가 발견된다.
	기전	1차 면역반응으로 IgM이 IgG보다 먼저 생산된다.
2차 면역반응		1차 반응 후 항체의 역가가 떨어질 때 동일한 항원이 주입되면 강한 반응을 가진다.
	기전	2차 반응 때는 다량의 IgG와 일부 IgM이 생긴다. 항원과의 처음 접촉에서 생성된 항원에 민감한 기억세포가 남아서 항원에 친화력이 강한 항체가 빠르게, 높은 농도로, 오랫동안 나타난다.

세포손상(염증)의 원인 임용 99

미생물학적 원인	세균, 바이러스, 리케차, 진균, 기생충은 독소를 생산하여 세포를 손상시킨다.
물리학적 원인	외상, 열, 한랭, 방사선으로 세포를 파괴한다.
화학적 원인	산, 알칼리, 알코올은 피부, 점막, 위장관, 폐를 통하여 흡수되어 세포를 파괴한다.
면역학적 원인	면역학적 원인의 과민반응이나 자가면역으로 세포를 손상시킨다.
허혈	혈관이 막혔을 때 허혈로 세포에 필요한 산소, 영양소가 부족하여 세포가 파괴되고 괴사(국소괴저)

염증의 증상 임용 99

국소반응 국시 98, 04 〈열종 발통기〉	발적	손상 받은 세포에서 히스타민, 프로스타글란딘 같은 화학적 매개 물질이 방출되어 모세혈관의 확장으로 순환 혈액량이 많아 붉게 변한다.
	열감	모세혈관 확장으로 혈류 증가와 염증부위의 신진대사 증가로 열감이 있다.
	종창	히스타민 등에 의해 혈관 투과성 증가로 단백질, 액체성분, 백혈구가 혈관 외로 빠져 나와 간질강으로 염증성 삼출물 형성으로 종창이 있다.
	통증	염증 반응에서 유리된 화학물질(histamine, prostaglandin)에 의한 신경 자극으로 통증이다.
	기능의 상실	손상이 심한 경우 손상 부위의 기능 손상이 있다. 동통으로 인한 손상 부위의 운동 제한으로 기능의 상실이다.
전신반응	발열	감염 물질에 의해 백혈구로부터 나온 사이토카인이 체온조절중추인 시상하부 근처의 혈관에서 내인성 발열 물질인 프로스타글란딘 PGE2의 방출을 자극하여 열이 일어난다. 시상하부에 있는 체온조절 중추의 기준점(set point)이 상승할 때 발열이 발생한다.
	오한(떨림)	발열 전 단계로 체온이 상승하도록 에피네피린, 노르에피네피린이 증가하여 혈관 수축이 심하면 피부가 차갑게 느껴지고 오한이 생긴다. 오한과 떨림의 대사작용을 촉진시켜서 열이 난다.
	발한	기준점이 하강되거나 발열원이 제거되면 땀분비로 열이 떨어지기 시작한다.
	전신 허약증	병원균과 염증으로 근육들이 직접 손상을 받거나 근육활동이 저하되면 근육 위축, 허약이 있다.
	식욕부진	역겨운 냄새와 광경, 정신적 긴장에 식욕부진
	체중 감소	식욕 감퇴, 오심으로 체중 감소
	백혈구증가증	골수와 림프절에서 백혈구가 증가하여 백혈구가 조직에 들어가서 미생물을 죽인다.

◆ 김기영 보건교사 ◆

탈감작 요법(면역 요법)

기전	억제 T림프구	억제 T림프구 기능을 증가시킨다.
	IgE 감소	알레르기원과 결합하는 IgE와의 반응을 억제한다. 항원과 IgE항체와의 반응에 의한 호염기구, 비만세포로부터 히스타민 유리를 감소시킨다.
	IgG 상승	알레르기원과 IgG를 결합하게 한다.
방법 국시 02, 05, 19	기간	치료기간은 5년으로 정확한 양의 원인 알레르기원을 일정기간 규칙적으로 주사한다.
	용량 국시 16	횟수를 거듭할수록 알레르기원의 용량이 증가한다.
	부위	상박에 피하 주사한다. 국시 16 아나필락틱 쇼크에 대비하여 매 주사시마다 부위를 변경하여 양쪽 팔을 번갈아 투여한다.
	재계획	환자가 정규 주사계획을 안 지킨 경우 전문의에게 알려 다시 항원의 양을 희석하고 재계획한다. 최근 1주일 내 감기 : 주사 시기 연기 발열 : 해열 이후로 연기

거즈

장점 임용 15 〈삼지가 상감〉	지혈	압박으로 지혈을 한다.
	삼출물 흡수	적은 삼출물을 흡수시킨다.
	감염 감소	상처에 오염으로 감염을 감소한다.
	상처 보호	외상으로부터 상처를 보호한다.

드레싱 재료 〈하하하 폼 칼!〉
하이드로콜로이드(hydrocolloid)

적응증		삼출물이 있고 상처가 넓고 폐쇄성이며 불투명막으로 구성되어 상처 감염, 삼출물이 많은 상처는 금기
장점 임용 15 〈삼 통신이 괴흉에게 폐습을 당했다〉	습한 환경	상처 치유를 촉진하는 습한 환경을 만들지만 피부 주변을 연화시키지는 않는다.
	완전폐쇄	완전폐쇄 환경을 조성하여 외부의 이물질이나 병원균 침입을 방지한다.
	신생혈관	완전폐쇄 환경을 조성하여 산소가 상처 기저부로 들어가는 것을 방해하여 상처의 신생혈관 형성을 자극한다.
	삼출물	삼출물을 흡수한다.
	괴사조직 제거	자가 용해(분해)에 의해 괴사조직을 제거한다.
	통증 감소	통증 경감 효과가 있다.
	흉터 줄임	가피가 형성되지 않아 흉터도 줄인다.

하이드로 젤	건조하거나 삼출물이 적은 상처에 습윤한 환경을 제공한다.
칼슘 알지네이트 국시 16	삼출액이 심한 상처, 출혈성 상처
하이드로 파이버	감염된 상처, 삼출물이 많고, 깊이가 있어 상처 부위를 채울 때 사용한다.
폴리우레탄 폼 드레싱	삼출물이 많은 3단계 욕창이나 육아조직이 자라는 욕창

◆ 김기영 보건교사 ◆

붕대 종류 〈나나 8수로 회환〉

환행대	동일한 부위를 여러 번 겹쳐서 감음	붕대의 시작과 끝부분에 사용
나선대	붕대의 1/2 또는 2/3 정도를 겹쳐 나선형으로 올라가며 감음	몸통, 상박, 손목과 같이 원통형의 신체부위를 감을 때 사용
나선절전대	붕대를 30도 각도로 위로 감아 올린 후 반대로 접어서 아래로 내리며 붕대가 1/2 정도 겹치게 반복하여 감음	전박, 허벅지, 장딴지처럼 굵기가 다른 팔, 다리의 원추모양의 신체부위를 감을 때 사용
8자대 국시 06	붕대를 사선으로 오르내리면서 2/3 정도 겹치며 반복해서 감음	관절을 고정할 때 가장 적합
수상붕대	각을 만들기 위해서 상하행으로 서로 겹쳐 건너가게 하면서 감음	엄지손가락, 가슴, 어깨, 엉덩이, 서혜부 등에 적합
회귀붕대	신체 말단부위를 붕대의 끝부분을 접어 반대부분으로 넘겨 붕대 2/3 정도가 겹치게 반복함 붕대를 앞뒤 좌우로 회귀하여 모자 모형을 만든 후 고정함	머리, 손끝, 발끝 같은 신체 말단을 감쌀 때 적합

◆ 김기영 보건교사 ◆

PART 08

◆ 김기영 보건교사 ◆

성인간호학

1. 총론
2. 위장관 장애
3. 간·담도·췌장
4. 호흡기 장애
5. 심장 장애
6. 맥관 장애
7. 혈액과 조혈기관 장애
8. 배뇨 장애
9. 남성 생식기계
10. 근골격계
11. 신경계
12. 내분비 장애
13. 감각계
14. 청각 장애
15. 피부계

❶ 총론

맥박

교대맥 (교호맥)	원인		심한 좌심실 부전, 대동맥판 역류
	사정	맥박	맥박의 리듬은 규칙적이나 좌심실 수축력 변화로 심실 수축의 강약이 변한다.
		혈압계	혈압계의 압력을 내릴 때 크고 부드러운 korotkoff음이 교대로 나타난다.
간헐맥 임용 16	사정		정상적인 박동과 불규칙적인 박동이 교대로 일어난다.
맥박결손 국시 12	원인		심장수축이 좋지 않아서 말초로 맥박을 전달하지 못해 맥박결손이다. 심장에서 말초까지 혈액 공급이 원활하게 되지 않음
	사정		심첨맥박과 요골맥박수의 차이를 비교하도록 한 간호사가 심첨맥박을 측정하고 다른 간호사는 요골맥박을 측정한다. 심첨맥박과 요골맥박수를 비교해 차이로 심박동 중 몇 번의 박동이 없는 맥박결손이다.
	결과		심첨맥박과 요골맥박의 차이가 1분에 10회 이상 차이가 난다.
기이맥 (모순 맥박) 국시 09, 10	원인		심부전, 심장 압전, 협착성 심막염, 만성 폐쇄성 폐질환
	방법		흡기 시 맥박 폭이 감소하고 호기에 커진다. 흡기 시와 호기 시에는 수축기 압력의 차이가 발생한다. 흡기 시 우심실이 확장하면서 비정상적으로 좌심실을 압박으로 좌심실의 일회 박출량이 감소된다. 수축기 혈압이 감소한다. 흡기 시와 호기 시 수축기 혈압 차이가 10mmHg 이상 발생한다.
	기이맥		두 압력 간 차이가 10mmHg 이상이다.

◆ 김기영 보건교사 ◆

인간의 욕구(Maslow) 단계 임용 07 / 국시 07, 09 〈생안사에서 자자〉

생리적 욕구		기본적인 생리적 욕구는 호흡, 체온유지, 수분, 영양, 배설, 수면, 휴식으로 항상성을 유지하려는 욕구이다.
안전과 안정의 욕구	신체적 안전	신체적 안전은 실재적·잠재적 위험요소, 합병증, 감염, 낙상으로부터 보호받는 것이다. 감염 방지를 위한 손 씻기, 안전사고 방지 교육이 있다.
	정서적 안정	정서적 안정은 사람들을 안심시키고 걱정, 근심, 두려움으로부터 자유로워지는 것이다. 낯선 절차와 치료방법을 설명하여 정서적 안정을 취한다.
사랑과 소속감 욕구 국시 15	사랑의 욕구	사회적 관계로 동료와 다른 사람들과 사귀고 사랑받고 받아들여지기를 원하는 욕구이다.
	소속감 욕구	어느 곳이나 집단에 소속되기를 원하는 욕구이다.
자존감 욕구		스스로 느끼는 가치감, 자아존중감과 타인으로 받는 가치감, 존경을 갖는 것이다.
자아실현 욕구		사람들이 어떤 것이 되려고 하는 욕구이다. 자신의 잠재력과 자기 능력을 최대 활용하여 성취하고자 하는 성취욕이 있다.

관문통제이론 임용 13 〈말중에 감동인 영역〉

말초신경계	소섬유 자극		통증을 전달하는 소섬유 자극은 척수의 통증 관문을 열어 통증을 전이세포로 다량 전달한다.
	대섬유 자극		통증을 전달하지 않는 대섬유 자극은 척수의 통증 관문을 닫아 통증을 전이 세포로 전달하지 않는다.
	감각 식별영역		자극이 척수에서 대뇌피질의 감각중추인 감각 식별영역에 전해져 통증을 평가한다.
	적용		열, 냉, 마사지는 피부의 대섬유 자극으로 척수의 통증 관문을 닫아 통증을 전이세포로 전달하지 않는다. 통증 자극이 척수에서 대뇌피질의 감각중추에 전해지지 않아 통증이 적다.
중추신경계	동기 정의영역	기전	동기 정의영역으로 뇌간에 다양한 감각 투입으로 활성화시키면 억제신호를 척수로 투사하여 척수의 통증 관문을 닫아 전이세포를 직접적으로 억제한다. 통각이 대뇌피질에 도달하지 못하여 통증을 느끼지 않는다.
		적용	관심 전환, 심상법, 이완술로 척수의 통증 관문을 닫아 통각이 대뇌피질에 도달하지 못하여 통증을 느끼지 못한다.
	인지 평가영역	기전	인지 평가영역으로 인지를 통한 중추조절기전은 억제신호를 척수로 투사하여 척수의 통증 관문을 닫아 전이세포를 직접적으로 억제한다.
		적용	정보제공으로 미리 정보를 제공하여 통증과 대처하는 방법을 알게 되면 중추조절기전의 인지 평가영역에 의해 통증이 감소한다.

마사지

효과	통증 감소		마사지로 피부의 대섬유를 자극시켜 척수의 통증관문을 닫음 혈액순환을 증진시켜 통증 감소 통증에 대한 주위를 전환시켜 다른 곳에 집중 통증의 역치보다 높은 강도의 자극에서만 통증을 느끼며 마사지는 2차적 자극으로 통증의 역치를 높인다.
	근육 이완		근육의 긴장 완화, 근육 이완, 경축된 근육이 정상 근 길이의 회복, 유착 완화
	이완		교감신경계 활동이 감소되고 부교감신경계의 활동이 나타나 이완, 진정작용, 전신적 이완, 정신적 안정
	압력 감소		신체 한 부위의 압력을 감소한다.
	림프액 울혈 감소		마사지로 림프액의 귀환을 증가시켜 림프액의 울혈을 방지한다.
금기	악성 종양		악성 종양은 마사지로 암세포가 혈류로 떨어져 나간다.
	급성 염증		류머티스성 관절염의 급성기, 골수염, 화농성 피부염 : 염증이 주위 조직으로 퍼질 수 있다.
	외상		골절, 염좌가 있는 대상자
	색전 위험		혈전성 정맥염 : 혈전이 떨어져 색전을 유발할 수 있다. 폐색전증, 동맥류(합병증 : 혈전증, 색전증)
	전염 피부		전염 가능성의 피부 질환 대상자

◆ 김기영 보건교사 ◆

열요법

효과	통증 감소	통증 관문	열은 피부의 대섬유를 자극하여 척수의 통증 관문을 닫아 척수의 전이세포로 통증 전달 감소로 대뇌피질에서 통증의 인식을 감소한다.
		혈액순환	혈액순환을 증진시켜 통증을 감소시킨다.
	근육이완		근육이완, 결체조직의 신장도 증가로 근육긴장도, 관절 경직, 관절구축을 감소시킨다.
	이완		신체를 따뜻하게 해주어 진정 작용으로 편안감, 이완감을 준다.
금기	악성 종양 국시 20		세포 대사가 가속화되어 전이를 가속화시킨다.
	급성 염증		염증이 가속화되고 혈관이 확장되어 충수 파열이 올 수 있다.
	비염증성 부종		모세혈관 투과성으로 부종을 증가시킨다.
	외상 국시 20		골절, 염좌 직후이다. 외상 후 24시간 이내 출혈과 부종을 가속화시킨다.
	출혈부위 국시 20		개방성 상처이다. 혈관 확장을 일으켜 출혈을 증가시킨다.
	혈관 장애		동맥부전, 허혈 부위이다. 순환기계의 손상으로 온도에 덜 민감하다.
	감각 장애 국시 20		무감각 부위는 열에 의한 조직 손상을 감지하지 못하므로 화상 위험이 높다.
	마비 환자		마비 환자는 피부 감각이 둔하여 열에 대한 인지력 감소로 화상이 발생한다.
	의식 장애		혼돈이나 무의식은 감각에 대한 인식이 감소된다.
	유아, 노인		어린이와 노인의 얇은 피부층은 화상을 증가시킨다.

◆ 김기영 보건교사 ◆

냉요법

기전 임용 98 / 국시 18		항염증	냉은 혈관을 수축시키고 국소적 신진대사를 저하시켜 항염증, 진통 효과가 있다.
		통증 감소	냉이 피부의 대섬유 자극으로 척수의 통증 관문을 닫음으로 대뇌피질의 통증 인식이 감소한다. 냉각이 지각적으로 우세하여 냉감에 의한 통증이 감소한다. 냉이 신경전달속도를 느리게 하여 대뇌에 도달하는 통증이 감소한다.
		발열 감소	전도에 의한 온도 경사도 차이에 의한 열의 이동으로 열이 손실된다.
		부종 감소	혈관수축과 모세혈관벽의 투과성을 감소시켜 혈류량 감소로 부종이 감소한다.
		출혈 감소	혈관수축으로 혈류량을 감소시켜 출혈 감소로 지혈된다. 혈액의 점도를 증가시켜 손상 부위의 혈액 응고를 촉진시킨다.
		근육 경련 감소	근육에 전달되는 신경말단부 활동을 저하시킴으로 근육경련을 감소시킨다.
금기		혈관 장애(순환 부전)	냉 적용은 혈액의 흐름을 방해한다.
		감각 장애	감각 저하, 마취
		의식 장애	
		유아, 노인	
		냉 과민증	레이노병 국시 16 (손가락, 발가락의 작은 피부 동맥을 침범하는 혈관 수축성 질환)

◆ 김기영 보건교사 ◆

양성종양과 악성종양의 비교 국시 07

	양성종양	악성종양 국시 03
성장속도	성장속도가 천천히 성장한다. 세포 내에서 핵이 차지하는 공간이 적다.	성장속도가 빠르고 심하게 증식 성장한다. 세포와 핵의 모양이 다형성을 보이고 핵은 크다. 많은 수의 유사 분열과 왕성한 증식 능력을 보인다. 국시 13
성장양식	범위가 한정되며 주위조직에 침습(침윤)은 없다.	주위 조직을 침습(침윤)하면서 성장한다.
피막	피막에 싸여 있어 피막은 주위 조직에 침윤을 방지한다. 피막이 있어 외과적 절제가 쉽다.	피막에 싸여 있지 않아 주위 조직에 잘 침윤한다. op시 종양 제거가 힘들다.
분화	대부분 세포분화가 잘된다.	정상적 세포 분화의 결핍인 미분화로 분화되지 않는다.
재발	op로 제거하면 재발은 거의 없다.	주위 조직으로 퍼지는 성질이 있어 op 후 재발이 흔하다.
전이	전이가 없다.	전이가 아주 흔하다. 암세포는 증식 성장으로 신체의 다른 원격 부위로 확산한다. 피막화되지 않고 침윤성이 있다. 암세포들은 견고하게 붙어 있지 않아 혈관이나 다른 조직으로 침습, 전이되기 쉽다. 암세포는 단백분해효소를 분비하여 주변 정상 조직을 분해시키고 퍼져 나간다.
숙주 영향	숙주에 거의 해가 없다.	항상 숙주에 해가 된다. 여러 기관의 기능장애, 영양장애 유발 궤양, 천공, 출혈, 패혈증, 조직괴사를 일으킨다.
예후	예후가 아주 좋다. 대개 op로 절제 가능하다.	분화정도가 낮거나 전이로 예후가 나쁘다.

전이 국시 04

직접 확장	암세포가 인접해 있는 주위 조직으로 침윤(침습)하면서 직접 확장한다.
림프성 전이	암세포가 림프계를 통하여 국소 림프절로 전이된다. 주위 림프결절 비대로 전이가 된 것을 안다.
혈행성 전이	정맥은 벽이 얇아서 쉽게 암세포가 관통하며 정맥혈을 따라 암세포가 혈관 내 순환하다가 작은 모세혈관에 자리 잡고 증식하여 전파한다.
파종성 전이 (착상 또는 이식성 전이)	종양세포들이 체내의 장막을 관통했을 때 발생하며 관통 후 장막을 뚫고 장막표면에 씨앗을 뿌려놓은 것처럼 파종성 전이를 한다.

TNM 분류체계 국시 05

T	원발성 종양의 범위
N	국소 림프결절 전이의 정도
M	원거리 전이의 유무

◆ 김기영 보건교사 ◆

6대 암 검진 프로그램 국시 06 / 서울 09

위암	40세 이상의 남녀		2년
	위내시경	위내시경검사 희망자 또는 위장조영검사에서 위암이 의심되는 자	
	조직검사	위내시경검사 도중 의사의 판단에 따라 필요한 경우 실시	
	위장조영검사	위장조영검사 희망자	
간암	암관리법 40세 이상 남녀로 간암 발생 고위험군 공무원 22 "간암 발생 고위험군"이란 간경변증, B형간염 항원 양성, C형간염 항체 양성, B형 또는 C형 간염 바이러스에 의한 만성 간질환 환자를 말한다.	간초음파 검사와 혈청알파태아단백검사 (Alphafetoprotein)	6개월
대장암	50세 이상의 남녀	분변잠혈검사 임용 19	1년
	분변잠혈검사 결과에서 '잠혈반응 있음' 판정을 받은 자	대장내시경검사	
		조직검사	
유방암	40세 이상 여성	유방촬영 임용 23	2년
자궁경부암	20세 이상 여성	자궁경부세포검사 임용 23	2년
폐암	암관리법 54세 이상 74세 이하의 남·여 중 폐암 발생 고위험군 중 다음 기준 중 어느 하나에 해당하는 자 "폐암 발생 고위험군"이란 30갑년[하루 평균 담배소비량(갑) × 흡연기간(년)] 이상의 흡연력을 가진 현재 흡연자와 폐암 검진의 필요성이 높아 보건복지부장관이 정하여 고시하는 사람을 말한다.	저선량 흉부CT 검사	2년
	보건복지부 고시 : 폐암 발생 고위험군으로 확인되어 국가폐암검진을 받았던 자는 검진 후 금연을 하더라도 금연 15년 이내, 만 74세까지 폐암검진 대상자에 포함된다.		
	저선량 흉부 CT 검사를 받은 수검자	사후 결과 상담	

종양표식자 검사(Tumor marker) ⟨AβP CEA⟩

CEA 국시 04	폐암, 유방암(CEA, CA15-3), 위암, 담낭암, 췌장암, 대장암 : 소화기관	
CA19-9	위암, 담낭암, 췌장암 : 소화기관	
CA15-3	유방암	
PSA 임용 14	전립선암	
CA125	난소암	
AFP	⟨A 고간⟩ 간암, 고환암	
β HCG	고환암, 융모상피암	
Calcitonin	갑상선 속질암(수질암)	

부종양 증후군

정의	부종양 증후군은 암의 간접 영향으로 내분비계와 신경계에 발현된다. 부종양 증후군은 비정상적인 호르몬 생성을 유발해 혈중 내 호르몬 농도나 전해질의 불균형이다. 고칼슘혈증, 부갑상샘호르몬, 부신피질호르몬, 항이뇨호르몬, 신경 증후군

종양용해 증후군

정의	종양용해 증후군은 고요산혈증, 고칼륨혈증, 고인산혈증, 저칼슘혈증, 젖산 산증, 신부전(크레아티닌 증가)의 종양관련 합병증이다.
기전	항암치료나 방사선치료 후 종양 세포 파괴로 세포 내 물질들이 급속히 대량으로 유리되어 대사 장애를 초래한다.

백혈병 또는 항암제의 골수기능 저하 간호 국시 14

생균 금지 국시 19	방법	예방접종을 금지한다. 최근에 생균 예방접종을 받은 아동과 접촉을 피한다.
	효과	화학요법 기간에 면역이 억제된 상태에서 예방접종으로 생균이 활성화되어 질병을 일으킬 수 있다. 생백신 예방접종 받은 아동의 생백신으로 배출된 바이러스가 면역억제 아동에게 전파될 수 있다.

❷ 위장관 장애

역류성 식도염
합병증

호흡기계 합병증		위 내용물이 상기도를 자극하여 후두 경련, 기관지 경련, 흡인성 폐렴
바레트(바렛) 식도	기전	Barrett's esophagus(식도의 장형 화생)을 일으키며 식도의 전암 병소이다.
	중재	정기적 내시경 검사로 조직 검사를 한다.

진단 검사

바륨 연하 검사 국시 22	바륨 연하 검사에서 바륨이 식도로 역류한다.
식도 내압 검사	식도 내압 측정 시 LES(하부 식도 괄약근) 압력이 저하된다.
식도 pH 검사	식도의 pH 측정으로 위산 역류를 확인한다.
식도 내시경 검사	식도경에 의한 식도 생검으로 식도염을 확인한다.

간호 (임용 19 / 국시 02, 06)

씹기	방법	음식을 천천히 먹고 충분히 씹는다.
	근거	잘 씹어서 섭취한 음식물의 크기가 작을수록 위 배출 속도가 증가한다.
소량	방법	식사를 소량씩 자주 한다(하루 4~6회).
	근거	많은 양의 식이는 위장 팽만으로 역류를 초래한다.
수분	방법	식사 시 적절한 양의 수분을 마신다. 식사 시 많은 물의 섭취를 하지 않는다.
	근거	식사 시 적절한 양의 수분으로 음식물의 통과를 돕는다.

지방 제한	방법	지방질 음식을 제한한다.	
	근거	지방성 음식에 enterogastrone이 분비되어 위운동이 억제된다.	
위산 자극 제한	방법 국시 20	술, 커피, 콜라, 초콜릿, 우유 오렌지 주스, 신 주스, 신 과일, 식초 양념이 지나치게 많은 음식, 마늘, 날 양파 너무 뜨겁거나 찬음식 위산 자극 음식을 제한한다.	
	근거	위산 자극을 증가시켜 위산이 역류하여 식도 점막에 염증을 일으킨다.	
금연	방법	금연한다.	
	근거	담배는 LES 압력을 저하시킨다.	
상승 국시 20	방법	식사 후 2~3시간 동안 눕지 않는다.	
	근거	위산은 식후 2~3시간까지 분비한다. 상승 자세로 중력에 의해 자연스럽게 위가 비워지도록 하여 역류를 예방한다.	
체중 감소	근거	체중은 복압을 증가시킨다. 체중 감소로 복압을 감소시켜 역류를 감소시킨다.	
꽉 끼는 옷 제한	근거	꽉 끼는 옷은 복압 증가로 역류를 초래한다.	
굽히기 제한	근거	몸을 앞으로 굽히는 행위는 복압 증가로 역류를 초래한다.	
식후 운동 제한	근거	식후 격렬한 운동은 위운동으로 역류를 초래한다.	
무거운 물건 제한	근거	무거운 물건을 들어올리는 것은 복압 증가로 역류를 초래한다.	

	위궤양	십이지장궤양
산분비	산분비는 정상 또는 감소	산분비는 증가하여 높은 산도
영양상태	음식에 의해 악화되어 영양 불량	음식으로 완화되어 영양상태가 좋다.
출혈	토혈(궤양이 혈관 부위 통과)	흑색변
암	암 가능성이 있다.	암 가능성이 드물다.
위염	위염과 관계가 많다.	위염과 관계가 없다.

분류	위궤양	십이지장궤양
P완화	음식, 제산제로 통증 완화 X	음식, 제산제로 통증 완화 식사를 하면 위산이 묽어지므로 통증이 경감된다.
Q양상	둔한 통증	갉아내는 듯한, 타는 듯한 통증
R부위	LUQ : 상복부 중앙에서 LUQ로 생긴다.	RUQ : 상복부 중앙에서 RUQ로 생기며 늑골 가장자리를 따라 등쪽으로 방사
T시기	식사 30분 후 통증으로 음식에 의해 악화 음식 덩어리가 궤양면을 자극한다.	공복 시 통증 식후 2~3시간 후나 한밤중(0~3AM)에 발생 공복 시에는 위산이 높다.

진단검사 국시 17

상부 위장관조영술 (바륨 연하 검사)		바륨을 사용하여 상부 위장관을 촬영하며 소화성 궤양의 80~90%를 발견한다. 표재성 궤양은 놓칠 수 있다.
위액분석검사	위액 감소	위액 분비 감소는 위암, 위궤양
	위액 증가	위액 분비 증가는 Zollinger-Ellison(Z-E) 증후군일 때 발생한다.
위내시경검사	시진	위나 십이지장을 직접 시진하여 염증성 변화와 궤양을 확인
	조직 검사	조직 표본을 채취하여 암세포와 H. pylori균의 유무 검사이다.
신속 요소 분해 효소 검사 [CLO검사]		내시경 검사 도중에 조직검사에서 한다. H. pylori균은 암모니아(NH_3)발생으로 시약이 황색에서 적색으로 바뀐다. H. pylori균은 요소 분해 효소를 생성하여 요소를 분해하여 암모니아(NH_3)를 만든다.
요소호기(호흡) 검사	기전	H. Pylori 확인으로 위 내에 H. Pylori는 요소를 분해해서 CO_2, 암모니아(NH_3)를 만든다.
	방법	방사능이 표시된 요소를 물과 함께 마시고 20분 후에 풍선을 불게 하여 H. pylori가 있으면 방사능이 표시된 CO_2가 발견된다.
궤양의 합병증 〈유천 출혈〉	출혈	기전	출혈은 궤양이 침식해 들어가 혈관 부위를 통과하여 발생한다.
	천공 국시 01, 05, 17	기전	천공으로 소화관 내와 복강 내가 서로 연결되어 천공 후 복막염으로 진행하며 저혈량성 쇼크를 유발한다. 복막강 내로 위 내용물이 들어가면 응급 상황으로 즉각 수술한다.
	유문 폐색	기전	소화성 궤양이 재발하는 동안 궤양 주위에 염증이 생긴다. 염증과 치유를 반복하면서 부종, 근육경련과 반흔으로 유문부를 폐색시킨다. 유문 폐쇄는 위 운동을 감소시켜 위 확장을 초래한다.

급속 이동 증후군(Dumping syndrome) 예방 국시 15, 18

횡와위	방법	식사 시 횡와위, 반횡와위를 취한다. 식후 20~30분간 측위, 앙와위로 휴식한다.
	근거	횡와위나 측위 자세는 위배출 속도를 감소시킨다.
소량	방법	소량씩 자주 식사한다.
	근거	많은 식사는 공장에서 연동 운동 증가로 심한 위산통 반사를 갖는다.
저탄수화물 국시 14, 18	방법	저탄수화물 식이를 하고 설탕이 많은 음식은 피한다.
	근거	설탕은 삼투 활동이 가장 큰 음식이다. 탄수화물과 설탕으로 인한 고장액은 초기 덤핑 증후군으로 고장성의 유미즙을 형성하여 혈류에서 공장 내부로 수분을 끌어들여 저혈압을 일으킨다.
고지방, 고단백	방법	고지방(중간 정도 지방), 고단백식이를 섭취한다.
	근거	위배출 속도를 감소시킨다.
수분 제한	방법	식사 시, 식사 후 2시간 수분 섭취를 제한한다.
	근거	수분은 위 배출 속도를 증가시킨다.
뜨겁거나 찬 음식 제한	방법	매우 뜨겁거나 찬 음식, 음료를 피한다.
	근거	매우 뜨겁거나 찬 음식, 음료는 위장에 자극으로 위장 운동을 증가시킨다.

◆ 김기영 보건교사 ◆

대장암(결장, 직장암)

위험인자	가족력		선종성 대장 용종(폴립)의 가족력
	궤양성 대장염		궤양성 대장염 진단 8~12년 이후에 위험
	식이 국시17		저섬유 식이와 육류의 과다 섭취(동물성 고지방) : 저섬유 식이와 동물성 고지방 식이로 장 내 대변 통과 시간 지연으로 변 내 발암 물질과 장 점막 간의 접촉 시간이 증가한다. 음주
증상	Rt 결장(MAN)		복통 N/V, 소화불량, 식욕부진, 체중감소 빈혈, 피로감 : 궤양이 생겨 잠행성 출혈로 대변의 색깔 변화 없이 빈혈, 피로 복부 덩어리 촉지 장의 관강이 넓고 대변이 묽은 상태로 종양이 생겼을 때 폐색은 거의 없다.
	Lt 결장(BOB)		복통 장폐색 : 종양이 커져 직장출혈, 혈액이나 점액이 대변에 섞여 나옴 배변습관의 변화(변비 & 설사) 이급후증
직장 지두(수지) 검사	시기		결장암의 40%가 검사자의 손가락이 닿는 직장에서 발견되므로 40세 이후 연 1회 검사한다.
	직장암		직장암은 결절성이며 단단하고 불규칙한 경계면이며 궤양으로 둘러싸였다.
CEA 국시06			CEA는 결장직장암 발생 시 수치가 상승하므로 질환의 진행을 판단한다.

◆ 김기영 보건교사 ◆

변비 (국시 18)

마사지 (국시 20)	방법	손바닥으로 배꼽 주위 전체를 시계방향으로 마사지한다.	
	기전	마사지로 배변을 촉진시킨다.	
고섬유식 (국시 20)	방법	정의	섬유질이 많은 음식 섭취를 권장한다.
	기전	섬유소 섭취를 늘리면 장에서 부피를 형성함으로 장의 연동운동을 촉진하여 변이 장을 쉽게 통과시켜 배변을 증진시킨다. 변비와 긴장을 예방한다.	
수분 (국시 20)	방법	정상적 배변 위해 매일 2,000~3,000mL 물을 많이 마신다.	
	기전	연동운동	섬유질이 물을 흡수하여 장에서 부피를 형성함으로 장의 연동운동을 촉진시킨다.
		부드러운 변	변을 부드럽게 하고 딱딱하고 마른 변을 예방한다.
제한음식	방법	변비를 일으키는 음식물인 우유, 아이스크림, 치즈를 제한한다.	
	기전	우유, 아이스크림, 치즈는 변비를 일으킨다.	
규칙적 식사	방법	규칙적인 식사를 한다.	
	기전	규칙적 식사로 장의 연동운동을 증진시킨다.	
규칙적 배변습관	방법	아침, 저녁 식후 5~10분 적당한 시간에 화장실에 가서 변기에 앉는 규칙적 배변습관을 갖는다.	
	기전 (국시 00)	식후에 위-대장 반사로 위, 십이지장이 팽만되면 결장이 강력히 수축하여 상행 결장의 내용물들이 하행 결장, S자 결장, 직장으로 이동되어 변의를 유발한다.	
배변 참지 않기	방법	배변 시 어려움이나 불편감이 있을 때 배변을 참으려는 경향으로 악순환이 계속된다. 변의를 느끼면 즉시 화장실에 간다.	
	기전	대변 정체는 직장벽 팽창으로 직장 내 압력 수용체의 감수성↓로 대뇌피질에서 센서의 피드백↓로 장 운동이 저하된다.	
웅크린 자세 (국시 20)	방법	배변을 위한 자세로 발살바법을 실행할 수 있는 앉아 웅크린 자세가 좋다. 손으로 복부 부위를 압박한다.	
	기전	변기에 앉는 적절한 체위는 중력과 복근을 사용하여 배변을 증진시킨다.	
운동 (국시 20)	방법	신체 활동과 운동을 한다.	
	기전	부동은 장의 연동운동을 느리게 한다. 운동이 장의 연동운동과 긴장도 증가로 소화와 배설을 증진시킨다.	

③ 간·담도·췌장

C형 간염

정의		제3급 감염병
전파양식	혈액	C형 간염 바이러스에 감염된 환자의 혈액이나 체액이 상처 난 피부나 점막을 통하여 전염된다. 수혈, 정맥 주사, 혈액투석으로 주로 수혈과 관련된다. 혈액 투석, 혈우병 환자는 고위험군
	성접촉	성적 접촉과 수직 전파는 드물다.
	수직전파	수직 전파로 모자감염
검사	Anti-HCV	감염 초기에 음성이고 HCV 감염 2개월 후의 질병 후기에 상승한다. AST/ALT가 상승하는 시기에 나타나기 시작하여 급성 간염의 회복 이후와 만성 간염으로 진행 시에도 검출된다.
	HCV RNA	AST/ALT의 상승 이전부터 발견되고 만성 간염으로 진행 시 계속 유지된다. 급성 간염에서의 회복 시에는 HCV RNA도 사라진다.

A형 간염의 전파경로 [임용 15 / 국시 15]

분변-구강경로	감염된 분변-구강경로를 통한 직접 전파한다.
오염된 물, 식품 [국시 20]	바이러스에 오염된 물 또는 식품에 의해 간접 전파한다.
동물분변	A형 간염이 유행하는 지역에서 수입된 감염된 동물의 분변에 의해 구강 경로로 감염된다.

Anti-HAV		
IgM anti-HAV	급성 감염 A형 간염 바이러스 항체로 혈액 중 있으면 A형 간염으로 진단한다. [국시 19]	감염 즉시 생성, 첫 주에 최고치에 달하며 3~6개월 안에 소실
IgG anti-HAV [임용 15]	과거 감염 보호 항체로 면역 활동을 한다. A형 간염 백신 접종 후에도 나타난다.	감염 1개월 후 최고치에 이르며 평생 지속

B형 간염

전파경로 임용13

정의	혈액, 체액, 정액을 통한 비경구적 전파된다. 위액은 바이러스를 죽이기 때문에 바이러스를 먹어도 병에 걸리지 않는다.
혈액, 체액	감염된 사람의 혈청, 체액과 접촉으로 오염된 바늘, 수혈과의 접촉으로 감염된다.
성관계	환자의 타액, 질분비물, 정액에 바이러스가 존재하여 손상된 피부, 점막을 통한 성관계를 통해 감염된다.
수직 감염	태아의 모체 수직 감염으로 재태 기간 중 태반을 통과하는 감염률은 매우 낮다. 분만 시 태반을 통해 넘어 오거나 HBsAg 양성인 양수, 혈액에 노출됨으로 감염된다.

B형 간염 바이러스에 노출되기 쉬운 대상자(우선 접종권장 대상) 임용99 〈B형 간염은 혈성 의약을 수용하는 가족〉

접촉		B형 간염 바이러스 보유자의 가족 수용시설의 수용자 및 근무자
혈액	의료기관 종사자	의료기관 종사자 : 의료인은 보균자의 혈액과 밀접한 접촉을 할 수 있어 B형 간염 위험도가 높다.
	혈액제제	혈액제제를 자주 수혈받아야 되는 환자 혈액투석을 받는 환자
	약물중독자	주사용 약물중독자
성		성매개 질환의 노출 위험이 큰 집단

증상

피로, 쇠약, 권태	간의 에너지 대사 감소로 피로, 쇠약, 권태가 있다. 국시16

Ab는 c e s의 순서로 나타남

HBsAg 임용 13 / 국시 18	B형 간염에 표면 항원		
	양성	바이러스가 체내에 존재함을 의미한다.	급성이나 만성 B형 간염이나 보균 상태이다.
HBeAg 국시 13, 18	양성	B형 간염의 e항원 지속적 양성은 만성 감염을 나타낸다.	질병 초기에 혈청에 나타난다.
	의의	증식과 감염력을 나타내며 심하게 감염된 상태, 감염력이 강하다. 바이러스가 증식 방출하고 있다. 혈중에 바이러스가 대량으로 존재로 타인에게 감염시키기 쉽다.	
HBcAg	B형 간염 핵항원(core antigen)으로 간세포에서 발견되나 혈액에서는 확인이 어렵다.		
Anti-HBc	B형 간염 핵항원(core antigen)에 대한 항체로 B형 간염을 가장 잘 나타낸다.		
	시기	HBV의 급성기 후기에 나타난다. core window 기간 상승	
	IgM anti-HBc	B형 간염 핵항원에 대한 IgM 항체 급성 B형 간염의 진단 표시자로 B형 간염 감염 후 6개월까지 나타난 이후에 IgG로 바뀐다.	
	IgG anti-HBc	6개월 후에 나타나며 만성 B형 간염, 보균자에서 존재한다. B형 간염에서 완전히 회복된 경우 IgG anti-HBc와 Anti-HBs가 평생 존재한다.	
Anti-HBe (HBeAb)	양성	HBV에 낮은 역가 암시로 낮은 감염력이다. HBV 감염의 급성기가 거의 끝나고 있다. HBeAb가 양성이 되었기 때문에 HBeAg이 소실된다.	
	의의	감염력이 낮은 것으로 타인에게 감염력이 매우 약하다.	
Anti-HBs	B형 간염에 표면 항체		
	발생시기	HBsAg이 소실된 후 나타난다.	
	양성	양성이면 회복기로 바이러스가 완전히 없어졌다. 면역력을 의미하며 B형 간염에 면역이 있는 상태이다. 이전에 B형 간염에 노출됐거나 HBIG에 의해 수동적으로 항체를 형성했거나 B형 간염 예방주사에 의해 면역이 형성된다.	
HBV DNA	B형 간염 바이러스의 증식과 감염력을 나타내는 가장 정확한 표지자이다. 정량적 검사를 통해 활동성 HBV 감염 상태를 나타낸다. 치료 효과 모니터링의 가장 중요한 지표이다.		

지방간

간호 임용 05 〈지방간을 가진 비스유가 저저금에 섬을 탔다〉

금주	기전	아세트알데하이드	알코올의 대사 산물인 아세트알데하이드는 간을 손상시킨다. 아세트알데하이드는 지방산으로 전환된 후 중성 지방이 간에 축적된다. 간 세포가 알코올 대사에서 지나친 양의 수소(NADH) 방출로 지방산을 처리할 수 없다. 지방산의 산화 감소로 간세포 내 지방산이 축적되고 지방간을 만든다.
		지방산 산화 감소	간세포가 알코올 대사에서 지나친 양의 수소 방출로 지방산을 처리할 수 없다. 지방산의 산화 감소로 간세포 내 지방산이 축적되고 지방간을 만든다.
식이	저지방	방법	갈비, 삼겹살, 치킨, 탕종류, 튀김, 부침개의 기름진 음식을 줄인다.
		기전	지방식으로 간에서 지방을 형성하여 지방간 생성을 악화한다.
	저칼로리식	방법	케이크, 크림빵, 도넛, 파이, 과자, 사탕, 초콜릿, 아이스크림, 청량음료의 칼로리가 높은 단음식을 감소한다.
		기전	간에서 과다 섭취한 탄수화물로 중성 지방을 형성하여 지방간 생성을 악화한다.
	섬유소	방법	섬유소가 많은 신선한 채소, 해조류, 잡곡을 충분히 먹는다.
		기전	섬유소는 장운동을 항진시켜 음식물의 장내 체류 시간을 단축하여 지방산, 콜레스테롤의 배설을 촉진하고 당질 흡수를 저하시킨다.
비만		방법	비만에 체중을 줄인다.
		기전	복부지방은 지속적 지방 분해를 일으켜 지방산을 생성한다. 유리된 지방산은 간문맥을 통하여 간에 지방이 축적되어 지방간을 형성한다.
스트레스		기전	스트레스로 인해 cortisol(glucocorticoid), 교감신경계 자극은 지방 조직에서 지방을 분해시켜 혈액 내 콜레스테롤치, 지방산을 증가시킨다. 고지혈증을 일으키고 간문맥을 통하여 간에 지방이 축적되어 지방간을 형성한다.
		이완요법	스트레스는 근육긴장, 교감신경이 흥분한다. 이완요법은 근육이완, 부교감 신경을 증진시킨다.
유산소 운동		방법	유산소 운동을 한다.
		기전	유산소 운동은 근육기능에 필요한 에너지 제공위해 칼로리 소모로 당, 지방산이 산화되어 체중과 체지방을 감소시킨다.
정기검진		방법	지방간은 간경변증 위험으로 정기검진을 받는다.
		근거	지방간은 간경변증 위험이 있다. 가족력이 간경변증의 진행에 영향을 준다.

간종양 분류 임용 95

양성 종양 〈샘혈〉	간의 혈관종	특징	가장 일반적인 양성 종양, 여자에서 많다. 악성 변화가 없다.
		치료	관찰한다.
	간의 샘종(선종)	특징	악성화 가능(10%) 20대와 30대의 여성에게 발생하는 간의 양성 종양 경구 피임약 복용 여성에게 발생 간의 선종은 혈관 분포가 많아 종양이 파열되어 출혈이 있을 수 있다.
		치료	피임약 중단 / 경구피임약을 중단하면 호전된다. 간엽 절제술 / 간엽 절제술로 출혈과 악성 변화로 병변을 제거한다.
악성 종양	간세포 암(90%)		B형, C형 바이러스 간염, 알코올성 간염, 간경화증, 아플라톡신
	담관 세포암		

급성 담낭염 임상증상 국시 02, 04

3대 증상 〈황(달)산(통)발(열)〉	머피징후(Murph's sign) 임용 11	엄지손가락으로 오른쪽 늑골연 아래를 압박할 때 심호흡을 하면 압통(통증)이 증가하고 통증 때문에 심호흡을 중단한다.
	지방음식 불내인성	지방음식 불내인성은 담즙이 십이지장으로 흐르지 못해 지방 소화를 위한 담즙이 소장에 없어서 발생한다.
	황달 국시 07	간외 폐쇄성 황달로 담관의 폐쇄로 담석에 의해 담즙이 십이지장으로 흐르지 못해 혈중 빌리루빈이 상승하여 황달, 공막황달이 있다.
	미리찌 증후군	총담관 결석이 총담관의 폐쇄 증상을 유발하면 황달, 산통, 발열이 발생한다.
검사 국시 16	PT 지연	총담관이 폐색되면 담즙이 십이지장으로 배설되지 못하여 비타민 K가 흡수되지 않는다. Vit K 의존성 응고인자 감소로 외인성 경로에 장애로 프로트롬빈 시간(PT)이 연장된다.
	urobilinogen	소변에 urobilinogen이 없다. 소장에서 bilinogen이 도달하지 않아 장내 세균에 의해 urobilinogen으로 전환되지 않는다.
	복부 초음파 검사	급성 담관염 의심 환자에서 초기 검사로 시행한다. 50%에서만 발견 가능하다.
	ERCP(내시경 역행 담췌관 조영술)	가장 정확한 진단법이다. 진단과 동시에 치료가 가능하다.

급성 췌장염

증상 국시 98, 01, 06	좌상복부 통증	식사 동안 증가된 효소분비 자극으로 췌관의 경련이나 췌장의 자가소화작용을 한다. 상복부, 배꼽부의 극심한 통증, 등, 옆구리로 방사되는 통증 통증 증가 : 앙와위, 지방식이 섭취, 알코올 섭취 통증 경감 : 태내 자세, 좌위로 앉아서 앞으로 구부리는 자세를 취한다.
	심한 출혈성 췌장염 임용 11	trypsin에 의해 elastase가 활성화되어 혈관이 손상되어 심한 출혈과 췌장의 파괴로 복강 내 출혈이 있다. 혈액이 섞인 복막액으로 발생 쿨렌증후 : 제대 주위의 회청색(푸른색) 착색, 반상출혈 터너증후(그레이-터너 징후) : 왼쪽 옆구리의 회청색(푸른색) 착색, 반상출혈
	저칼슘혈증	lipase에 의해 췌장 실질 세포의 지방이 분해되면 지방산이 발생된다. 유리된 지방산에 Ca이온의 결합으로 혈중 Ca 감소
	고혈당	췌장의 파괴가 랑게르한스섬의 β세포 손상으로 인슐린이 나오지 않아 고혈당이 초래된다.
진단검사 국시 08, 19	혈청 amylase	췌장 세포가 손상을 받을 때 췌장의 소화효소 방출로 상승
	소변 amylase	
	혈청 lipase	

◆ 김기영 보건교사 ◆

❹ 호흡기 장애

부비동(코곁굴) 신체검진

부비동 시진	얼굴의 침범된 부비동 부위와 눈 주위가 붉게 부어 있는 발적, 종창 비강 점막이 발적, 부종, 두꺼워짐			
부비동 촉진	상악동	눈 아래의 위턱굴(상악동) 위에 압력을 가한다.		
	사골동	사골동은 코양쪽 비근부와 안와주위에 압력을 가한다.		
	전두동	눈썹 위 이마굴(전두동)에 압력을 가한다.		
	정상	정상적으로 압통은 없다.		
	부비동염	안면의 침범된 부위에 압통이 있다.		
부비동 타진	상악동	상악동은 눈 아래를 두드린다.		
	사골동	사골동은 코 양쪽 비근부와 안와주위를 두드린다.		
	전두동	전두동은 눈썹 위 이마 주위를 두드린다.		
	정상	부비동은 공기로 차있어 공명음		
	부비동염	부비동에 화농성 물질로 둔탁음		
부비동의 광선투시법 임용 09	상악동	방법	검사실은 완전히 어둡게 하고 강하고 가는 광원을 사용한다. 대상자 머리를 뒤로 약간 젖히고 입을 크게 벌리고 빛을 각 눈의 안쪽면 하방으로 비춘다.	
		정상	벌린 입을 통해 경구개에 붉은색의 빛이 투과되면 공기가 차 있는 상악동으로 정상이다.	
		부비동염	상악동에 분비물, 화농성 액체, 울혈, 점막 비후로 빛이 없다.	
	전두동	방법	검사실은 완전히 어둡게 하고 강하고 가는 광원을 사용한다. 빛을 코에 가깝게 눈썹 아래에 편안하게 놓고 손으로 환자의 눈썹을 가리고 빛을 비춘다.	
		정상	빛이 공기가 찬 전두동 위나 간호사의 손 위로 갈 때 희미한 붉은 색의 빛이 있다.	
		부비동염	전두동에 분비물, 화농성 액체, 울혈, 점막 비후로 빛이 없다.	

폐결핵

원인균

결핵균(미코박테리움 튜버큘로시스, Mycobacterium tuberculosis), 호기성 그람양성 항산성 간균

전파 경로

비말감염	환자의 기도 분비물(기침, 재채기, 객담 배출)이 직접 전파한다.
공기전파	환자의 기도 분비물의 비말핵이 공기 전파를 한다.

구분	아동결핵	성인결핵
감염 방법	초감염 결핵이다.	재감염, 재활성화 결핵이다.
초기 폐병변 부위	초기의 폐병변은 폐하부이다.	초기의 폐병변은 폐첨부, 쇄골 상부이다.
진행 양상	혈행성 진행으로 속립 결핵이다. 속립 결핵 : 감염이 폐나 모든 기관으로 퍼진다.	기관지성 진행으로 건락화 괴사, 공동이다.
국소 림프절	국소 림프절 침범은 흔하다. 병변 주위의 임파선(림프절)이 붓는다.	국소 림프절 침범은 없다.
치유 양상	주로 석회화로 치유한다.	주로 섬유화로 치유한다.

검사

선별검사	투베르쿨린 검사에서 양성 반응
진단검사 국시 17	객담 도말 및 배양 검사에서 Mycobacterium tuberculosis(AFB, acid fast bacillus)가 양성 + X-선 촬영에서 감염부위(선별검사이며 진단검사) 객담 배양 검사에서 Mycobacterium tuberculosis 양성이 확진 검사이다. 국시 20
가래 PCR	결핵균 핵산증폭검사(Polymerase Chain Reaction, PCR) respiratory specimen이 필요하며 빠른 확진이며 보조적인 진단 방법이다.
혈액 IGRA	인터페론 감마 분비 검사(IGRA, interferone gamma release assay) BCG 접종에 영향을 받지 않아 잠복기 결핵감염을 알 수 있다. 혈액 IGRA와 TST(tuberculin skin test)는 잠복기 결핵감염과 활동성 결핵을 구분하지 못한다. 잠복기 결핵감염은 활동성 결핵을 제외함으로 진단한다.

투베르쿨린 피부 검사(Mantoux test, PPD검사) 국시 97, 98, 05

방법	소량(0.1mL)의 PPD를 상부 전박 내측에 바늘은 5~15° 각도로 바늘의 경사면이 위로 향하게 한 후 피내 주사한다. 6~10mm의 팽진이 생기도록 주사한다. 48~72시간 내 경결(경화)된 부위의 크기를 확인한다. 주사 부위를 문지르거나 누르지 않는다.		
해석 임용 16	경결	발적 증상이 아닌 경결의 크기로 판독	
	음성	4mm 이하 경결	결핵균에 세포성 매개 면역이 없다. 결핵균 노출로 감염될 우려가 있어 BCG 접종 대상자이다.
	의양성	5~9mm 경결	면역체계가 손상된 경우 양성으로 본다. 재검사하거나 반대쪽에 동량의 생리식염수를 피내 주사하여 결과를 비교한다. * 의양성: 양성은 아니지만 양성에 가까운 반응이 나타난 것
	양성	10mm 경결	한번 양성으로 반응하면 계속해서 양성 반응을 나타낸다. 과거나 현재에 결핵균에 감염된 것을 의미한다. BCG(결핵 생균) 예방접종을 맞은 경우이다.
일시적 음성 임용 93	투베르쿨린 반응 저하요인 〈일시적 음성으로 영면이가 아이나 생바를 결코 피했다〉 피하주입 영양 부족, 면역 결핍, 코르티코스테로이드 복용, INH 복용 생백신 접종하고 4주 이상 경과되지 않았을 때이다. 홍역, 볼거리, 수두, 인플루엔자 같은 바이러스 감염 아주 심한 결핵(속립성 결핵, 다른 부위의 중증 결핵), 결핵 감염 초기(노출 후 2~12주 뒤에 양성으로 나옴)		
경결 부위 5mm 이상의 양성 국시 20	HIV 감염자 결핵 환자와 최근 접촉 흉부 방사선검사에서 일차 결핵으로 인정된 변화가 있는 사람 면역 억제가 있는 사람, 면역 체계가 손상된 사람 prednison을 투여한 사람, 종양 괴사인자 길항제를 투여한 사람(tumor necrosis factor-antagonists, 잠복결핵의 재활성화가 문제이다.)		
항결핵제 투여원칙 임용 07 〈공병 일규기〉	병행요법	약의 효과를 증진시켜 세균을 빨리 파괴시키고 약물에 내성을 최소화 위해 병행요법을 한다.	
	공복	전 용량을 아침 식전 공복 투여로 흡수를 증가시키고 흡수 저하를 막는다.	
	1회/1일	하루 한 번에 복용함으로 충분한 용량의 약으로 혈중 최고 농도에 도달시켜 효력을 높인다. 마음대로 약의 용량을 감소, 증가를 금한다.	
	규칙적	일정한 시간에 규칙적인 약 복용으로 혈중 농도를 유지한다.	
	기간	6개월 이상의 충분한 기간 동안 약물을 복용한다. 조기에 중단으로 약제 내성 결핵이 된다.	

천식 원인 국시 98, 99, 04 〈천식이 있는 알베는 운동과 MSG 맥주, 포도주로 호흡기 감염에 걸렸다〉

운동	건조하고 찬 기도	운동 중 폐에서 열과 수분의 손실이 건조하고 찬 기도를 초래한다.
	지구력 문제	운동하는 동안 지구력에 문제가 있다.
호흡기 감염		호흡기 감염으로 기관-기관지계의 변화와 섬모와 점액성 변화는 기관지의 민감성 증가로 천식을 악화한다.
약물	NSAID	아스피린, NSAID : prostaglandin 경로를 억제하여 합성 억제가 leukotriene을 전환시켜 leukotriene 합성 증가로 기관지 평활근 수축작용, 혈관 투과성을 증진시킨다.
	β_2교감신경 길항제	β_2교감신경이 기관지 확장을 하나 β_2교감신경 길항제[propranolol(Inderal)]가 β_2교감신경계 활동을 억제함으로 기도 평활근을 수축한다.
맥주, 포도주	종류	맥주, 포도주의 방부용 첨가물, MSG
	기전	프로스타글란딘 대사과정에 영향을 주어 leukotriene 합성으로 기관지 평활근 수축작용, 혈관 투과성을 증진시킨다.

진단검사

호기	호기시간 지연
호산구	객담, 혈액에 호산구 증가(정상 : 1~3%)
혈청 IgE	증가

최대 호기 유속기(PEFR) 사용법

사용 전	측정기	매일 같은 시간에 같은 방법으로 측정한다. 측정기를 수평으로 든 상태에서 양손으로 잡아 측정기의 화살표가 '0'을 가리키는지 확인한다.
	대상자	똑바로 상체를 세우고 입안의 껌, 음식물을 제거한다.
사용 시		입을 크게 벌리고 숨을 깊게 들이 마시고 측정기 입구에 입을 대고 최대한 힘껏 숨을 불어 내쉰다. 마우스피스를 너무 깊게 물지 않는다. 혀가 측정기의 입구를 막지 않도록 주의한다. 30초 간격을 두고 3회 반복 실시한다.
사용 후		화살표가 가리키는 눈금을 기록하며 평균 점수가 아니라 3회 중에서 가장 높은 점수를 기록한다.

최대 호기 유속 [임용 11]

녹색구역	개인 최대 호기 유속치의 80% 이상 하루 중 변동률 20% 이하	천식이 잘 조절된다.	천식 증상이 없음을 의미한다. 현재의 처방대로 하며 계속 이 상태이면 약을 줄여도 된다.
황색구역	개인 최대 호기 유속치의 50~79% 하루 중 변동률 20~30%	천식이 잘 조절되지 않고 나빠지고 있다.	속효성 기관지 확장제를 흡입하고 외래 진료를 받는다. 약 용량 증가나 치료 방법을 바꾸도록 의사를 방문한다.
적색구역	개인 최대 호기 유속치의 50% 미만 하루 중 변동률 30%이상	응급 상황으로 기도폐쇄가 심한 상태이다.	속효성 기관지 확장제를 즉시 흡입한다. 약물 투여 후 바로 녹색 구역이나 황색 구역으로 나타나지 않으면 즉시 응급실에 간다.

MDI (적정 용량 흡입기, metered dose inhaler)	사용 전 〈자 흔들고 호입〉	자세	효과적인 호흡을 통하여 적절한 양의 공기가 폐로 들어가도록 똑바로 앉은 자세를 취한다.
		흔들기	항상 사용 전 뚜껑을 열고 용기를 흔들어서 약물을 혼합하여 약물의 분사가 잘 되는지 확인한다.
		호기	충분히 숨을 내쉬어 폐로부터 공기를 충분히 호기하고 코와 목을 깨끗하게 한다.
		마우스피스	MDI(적정용량흡입기)의 마우스피스를 입에 문다.
	사용 중	흡기	1회 용량이 흡입되도록 흡입기 통을 아래로 누른다. 입으로 3~5초간 천천히 깊게 흡기한다.
		참기	폐에 깊숙이 약이 도달하도록 10초간 숨을 참는다.
		호기	마우스피스를 제거한 다음 천천히 깊게 내쉰다(호기한다). 흡입 스테로이드제는 1회/1일
	사용 후		다음 투약까지 적어도 1분간 기다린다. 적어도 하루에 한 번씩 뚜껑을 열고 흡입기의 플라스틱 case와 cap을 흐르는 따뜻한 물에 씻는다.

폐암 임용 11

	편평세포암(상피세포암)	선암	대세포암	소세포암
역학	우리나라에서 가장 흔한 폐암	여성에게 흔히 발생		
원인	흡연과 관련이 큼	흡연과 관련이 적음 기존 반흔이 있는 폐조직에서 발생	흡연과 관련이 큼	흡연과 관련 있음
부위	기도상피, 기관지에서 발생	말초 폐조직에서 발견	말초 폐조직에서 발견	기관지에서 발생
부종양증후군	부종양 증후군으로 부갑상샘 호르몬이 증가하여 고칼슘혈증, 저인산혈증 발생			부종양 증후군으로 SIADH(항이뇨호르몬 분비이상, 저나트륨혈증), 이소성 쿠싱증후군 (저칼륨혈증, 대사성 알카로시스)
전이	전이는 잘 안됨	광범위하게 전이되기까지 증상이 없음 폐 전체, 다른 기관으로 전이	전이가 잘 됨	초기에 전이 : 진행속도가 빨라 진단 시 이미 넓게 전이 예후가 가장 불량
치료	외과적 절제수술 시도, 소세포암보다 생명이 연장됨	외과적 절제수술 시도 화학요법에도 효과가 없다.	Ⅰ, Ⅱ단계에 외과적 절제하나 쉽게 전이되어 수술은 잘 시도하지 않는다.	외과적 절제가 도움이 되지 않는다. 병합화학요법이 주된 치료

폐색전증 진단검사

혈장 D-dimer	폐색전 진단의 지표이다. 섬유소 분해산물이며 혈전에 섬유소 용해계의 항진이 분해 산물인 D-dimer가 상승한다.
흉부 X-선 검사	호흡곤란 환자에서 흉부 X-선상 거의 정상이 나오면 폐색전증을 의심한다. 폐경색 동반 시 폐 용적 감소에 따른 횡격막 상승
폐스캔(lung scan)	흉부 X-선 검사 후 폐색전 의심 시 폐 스캔, 폐 모세혈관의 관류 상태 확인으로 색전의 분포를 영상화한다.
chest CT	폐 색전 진단
폐혈관 조영술	폐혈관 조영술의 확진 후 치료를 시작한다.

늑막 삼출증(흉막 삼출증, 가슴막 삼출증) 증상 국시 04

호흡음 감소 국시 18		청진 시 늑막 삼출액 부위의 호흡음 감소
양명성음	방법	대상자에게 '이~'를 말하게 하고 청진
	정상	'이~'와 비슷하게 들린다.
	비정상	청진으로 들을 수 있는 염소 울음과 비슷한 소리로 압박 부위에서 '에이~'라고 들림

건성 늑막염(건성 흉막염)

통증	증가 국시 09	심호흡, 흡기, 기침, 늑막운동 시 늑막이 서로 마찰하여 날카롭거나 둔한 통증 폐측 흉막에는 통증 감수체가 없어 벽측 흉막의 염증에 의해 통증이 발생한다.
		통증으로 얕고 빠른 호흡
	감소	숨을 멈추면 통증 감소
늑막 마찰음 국시 07		흡기와 호기 모두 들리는 '슈-슈-슈' 하는 스치는 소리

◆ 김기영 보건교사 ◆

❺ 심장 장애

커프

커프 폭(크기, 너비) 국시 16	전체 팔 둘레나 대퇴 둘레의 40%	
커프 길이	성인	전체 팔 둘레의 80%(2/3) 둘러싼 길이
	소아	전체 팔 둘레의 80~100%
작은 커프	커프가 너무 작거나 너무 짧거나 좁은 커프는 혈압 증가	
큰 커프	커프가 너무 크면 혈압 감소	

혈압 측정 방법

30분 이상	혈압을 측정하기 전 30분 이상 흡연, 카페인 섭취를 금한다.
심장 높이	팔은 심장의 위치와 같은 높이에서 측정으로 상완동맥이 심장 높이인 제4늑간이 흉골에 접합되는 부위이다.
좌위	좌위가 가장 좋은 체위로 앉은 자세에서 혈압을 측정한다. 대상자의 허리보다 약간 높은 테이블 위에 팔을 놓고 침대 끝에 걸터 앉고 다리를 침대 아래로 내린다.
커프	커프에서 바람을 빼고 공기주머니의 중심을 상완동맥 위에 놓고 커프의 아래 경계는 전주와 보다 2.5cm(2~3cm) 위에 놓는다.
요골동맥	고무펌프 조절밸브를 잠그고, 커프에 공기를 넣고 공기를 천천히 빼면서, 다른 손의 둘째, 셋째 손가락으로 요골동맥 위에서 맥박이 촉진 지점의 눈금을 읽어 기억한다.
1~2분 국시 00	커프를 풀어서 공기를 완전히 뺀 후 1~2분 기다린다. 곧바로 다시 측정할 경우 과도한 혈관 압박으로 수축기 혈압이 높게 측정된다.
청진기	청진기를 귀에 꽂고 청진기 판막형을 두드려 소리가 잘 들리는지 확인 후 청진기 판막형을 상완동맥 위에 놓는다.
30mmHg 국시 00	혈압계 조절밸브를 완전히 잠그고 고무펌프를 누르면서 커프에 공기를 넣는데, 기억해 두었던 압력보다 30mmHg 더 올려 혈액의 흐름이 차단된다.
내리기	커프의 압력을 천천히(2~3mmHg/초) 내리면서 압력계의 눈금을 읽어가며 코로트코프음을 청진한다.
양팔	혈압은 양팔에서 한 번 측정

혈압측정 시 오류 (임용 10)

낮은 측정	커프가 너무 넓을 때 (국시 15, 19) 팔이 심장보다 높을 때 수은 혈압계의 수은 위치가 눈의 위치보다 낮을 때
높은 측정 (국시 19)	커프가 너무 좁거나 짧을 때 팔이 지지되지 않을 때 커프를 너무 느슨하게 감을 때 (국시 18) 혈압을 재는 동안 공기를 다시 주입하였을 때 팔이 심장보다 낮을 때 수은 혈압계의 수은 위치가 눈의 위치보다 높을 때 커프를 미리 부풀어 오름
낮은 수축기압, 높은 이완기압 측정	청진기가 귀에 잘 맞지 않거나 청력장애로 소리가 잘 들리지 않을 때 커프의 공기를 너무 빨리 제거할 때
낮은 이완기압 측정	전주와에 청진기를 너무 꼭 댈 때 청진기로 상완동맥을 강하게 압박하면 과도한 압력으로 청진음이 지속되어 낮은 이완기압 (임용 10)
높은 이완기압 측정	커프의 공기를 너무 천천히 제거할 때 정맥 울혈로 높은 이완기압 측정

관상동맥질환(허혈성 심장질환), 죽상경화증(동맥경화증), 대사증후군 예방과 관리 (임용 05 / 국시 09, 14) 〈고고당비 흡스유〉

고지혈증	포화지방산에 LDL콜레스테롤 증가로 LDL은 간의 콜레스테롤을 동맥벽으로 이동시켜 동맥벽에 죽상경화증 형성을 촉진시킨다. 불포화지방산에는 HDL콜레스테롤(고밀도 지질 단백질)이 많이 함유되어 혈청 콜레스테롤이 감소한다. HDL은 말초 조직으로부터 콜레스테롤을 간으로 운반하고 간대사를 통해 콜레스테롤을 분해시켜 죽상경화증을 예방한다.

합병증 〈심근 경색으로 쇼울 부페에 갔다〉

부정맥 (국시 02)	심장 근육의 국소빈혈과 무산소 대사가 일어나 젖산이 생성되는 산성 환경은 심근 전도계의 장애에 의해 부정맥 유발로 수축 부전이 발생한다.
울혈성심부전, 폐수종	심근경색증 후 좌심실 심근에 괴사가 오면 심장의 수축력 저하로 심장이 펌프 해 내지 못하여 심박출량이 저하되어 전신 정맥계와 폐정맥이 울혈된 심부전이 발생한다. 심부전증은 폐수종으로 진행된다.
심인성 쇼크	괴사된 심근조직은 심장의 펌프 기능 장애로 심근 수축력이 떨어져 심박출량이 감소된다. 전신에 필요한 혈액을 충분히 공급하지 못하고 대사 산물의 배설이 곤란하다.
폐색전증	장시간 침상 안정으로 정맥 혈액 정체, 혈액의 과응고력, 혈액 점도 증가로 하지 심부정맥 혈전 형성으로 폐색전이 발생한다.

심전도상 분류

STEMI : ST상승 MI 국시 20	완전한 관상동맥 폐색과 관련된 광범위한 심근 경색 환자로 ST상승 MI.
NSTEMI : 비ST상승 MI 국시 16	관상동맥 폐색에도 측부 순환을 형성하여 비ST상승 MI 병리적 Q파를 보이지 않는다. 불안정형 협심증과 달리 혈액 심근괴사 지표가 변한다.

심근괴사 표지자 국시 07

효소	상승시간	정상회복	특징
미오글로빈 (Myoglobin)	1~2시간	24시간	MI 후 수 시간 이내 검출, 가장 먼저 상승 소변으로 빨리 배설되어 24시간 내 정상치 회복 중요 혈청 심장 표시자이나 심장에 특수성 결여
트로포닌(Troponin) I or T	2~6시간	10~14일	경색 후 2~6시간에 신속하게 상승하여 10~14(2주)일 동안 지속된다. 국시 12 가장 민감한 지표, 특이도가 가장 높다.
CK-MB	3~6시간	2~3일	CK-MB는 심장근육에서만 발견되어 심근경색증의 중요한 진단 단서 흉통 발생 3~6시간 후에 증가하기 시작하여 12~20시간에 최고 2~3일에 정상
LDH1	4시간	7~10일	심근 손상 후 4시간부터 상승하기 시작하여 48시간에 최고 7~10일 후에 정상 심장에 특이도가 있다.

울혈성 심부전 진단검사

소변검사 국시 08	부족한 관류로 신기능 손상 혈청 BUN, creatinine 상승, 크레아티닌 청소율 감소, 단백뇨, 고비중(정상 : 1.010~1.03)
BNP	BNP(뇌 나트륨 이뇨 펩티드, brain-type natriuretic peptide)
심초음파 검사	매우 중요하며 진단과 중증도를 판정한다. 심실 박출률을 평가한다. 원인을 감별하고 심장의 기능을 관찰한다.

디곡신 간호

저칼륨혈증 국시 02, 06	혈청 K^+ 감소가 digitalis 작용을 높여 심장 독성 가능성을 증대시킨다. digitalis제제는 Na^+/K^+-ATPase의 동일한 결합 부위에서 칼륨과 경쟁하기 때문이다.

심장의 전도체계 국시 04

동방결절	심장에서 심박동을 조절하는 심박 조절자이다. 교감신경계, 부교감신경계가 동방결절의 자극을 조절한다.	
	위치 국시 08	상대정맥과 우심방 접합 부위 위치
방실결절	이차적 심박조절자(고유의 전기자극 횟수는 분당 40~60회)이다. 동방결절의 전기자극을 받아들이며, 심방에서 심실로 자극을 전도한다.	
His줄기 (히스 속, His Bundle) 임용 16	심실 간 중격에 위치한 His bundle은 좌우로 가지(bundle branches)를 치고 있다. 좌우 각은 푸르키녜(Purkinje) 섬유에서 끝난다.	
푸르키녜(Purkinje) 섬유	심실의 내막 안에 널리 흩어져 있는 전도 섬유방으로 탈분극 파동을 빠르게 심실로 퍼뜨린다. 푸르키녜 섬유의 고유 전기자극 횟수는 분당 20~40회이다.	

심전도

P파 국시 98, 03	심방의 탈분극으로 심방이 수축할 때 일어남
PR간격	P파 시작부터 QRS 시작까지이다. 심방 흥분에서 심실 흥분이 일어나기 전까지 시간 동방결절에서 나온 자극이 심방을 자극한 뒤 방실결절을 거쳐 심실수축 직전
Q파	심실 사이막(His다발이 심실 사이 막 뒤쪽으로 내려간다)의 탈분극
QRS파	심실 수축, 심실의 탈분극 임용 16 / 국시 15
ST분절 국시 09	심실 재분극 초기, 심실근육이 수축을 끝내고 휴식을 취하는 초기로 심실의 재분극은 혈액관류에 민감
T파 국시 07	심실의 재분극으로 심실수축 후 회복기
QT 간격 국시 09	QRS파의 시작부터 T파의 마지막까지 심실의 탈분극부터 재분극(회복)까지 전기적 활동시간
Uwave	정상 : 낮아진 U파

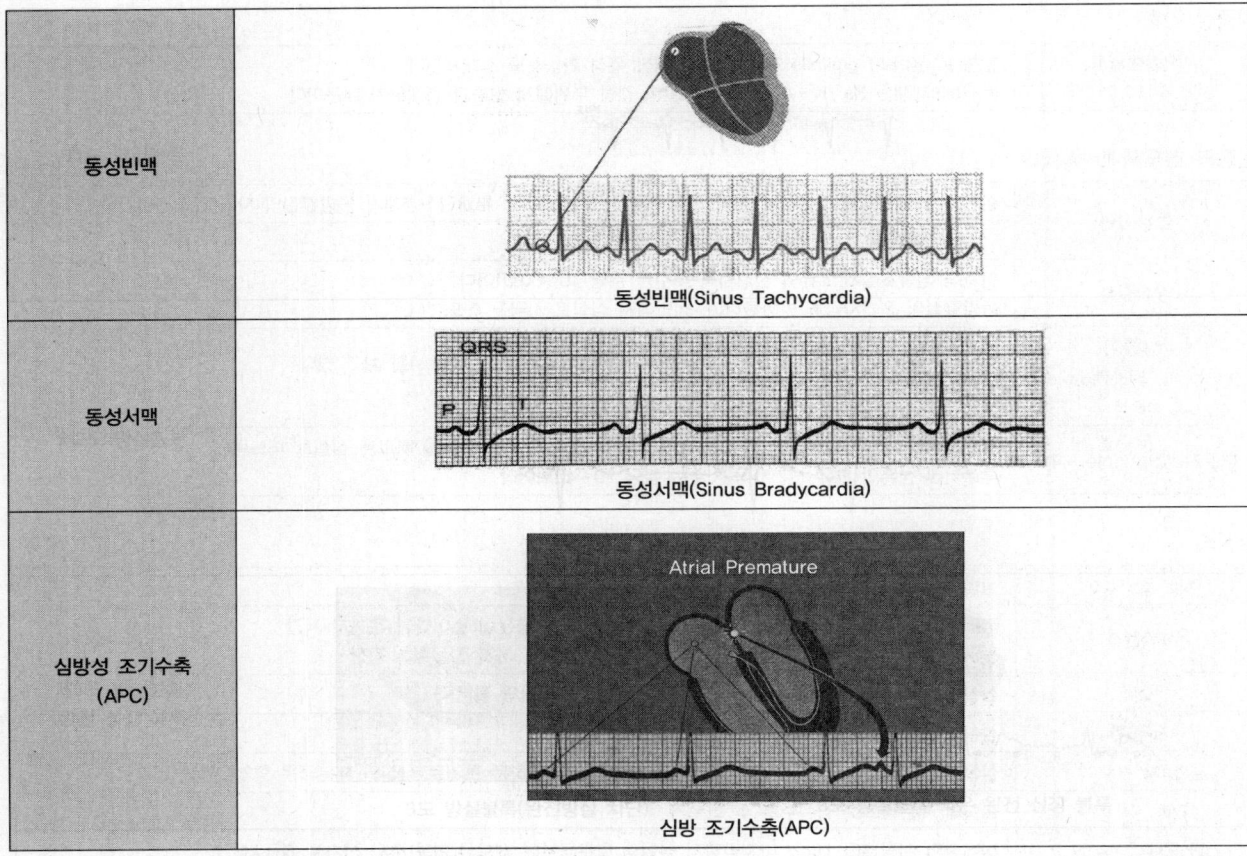

동성빈맥	동성빈맥(Sinus Tachycardia)
동성서맥	동성서맥(Sinus Bradycardia)
심방성 조기수축 (APC)	심방 조기수축(APC)

심방조동	심방조동(Atrial Flutter, AF)
심방세동	심방세동(Atrial Fibrillation)
발작성 심실상성 빈맥 (PSVT)	narrow, regular QRS

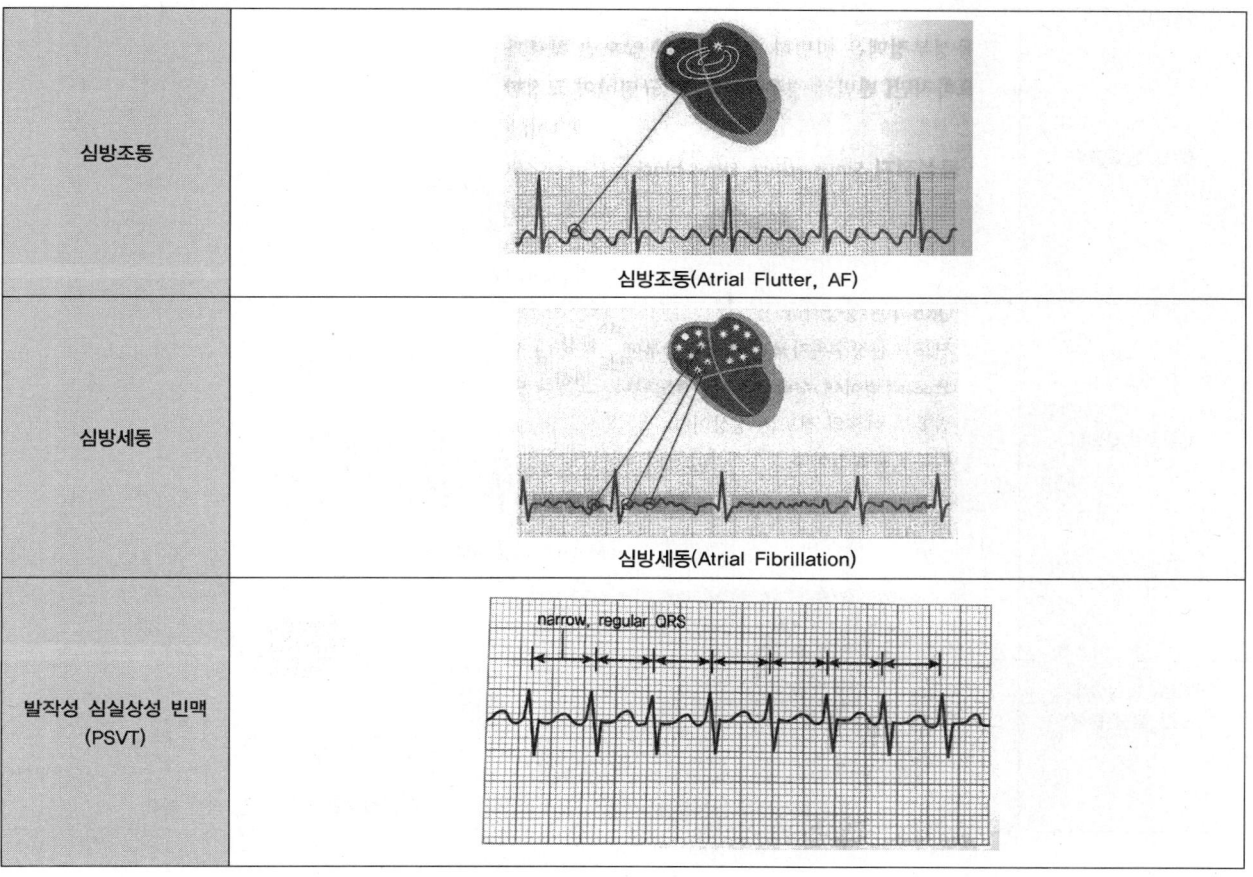

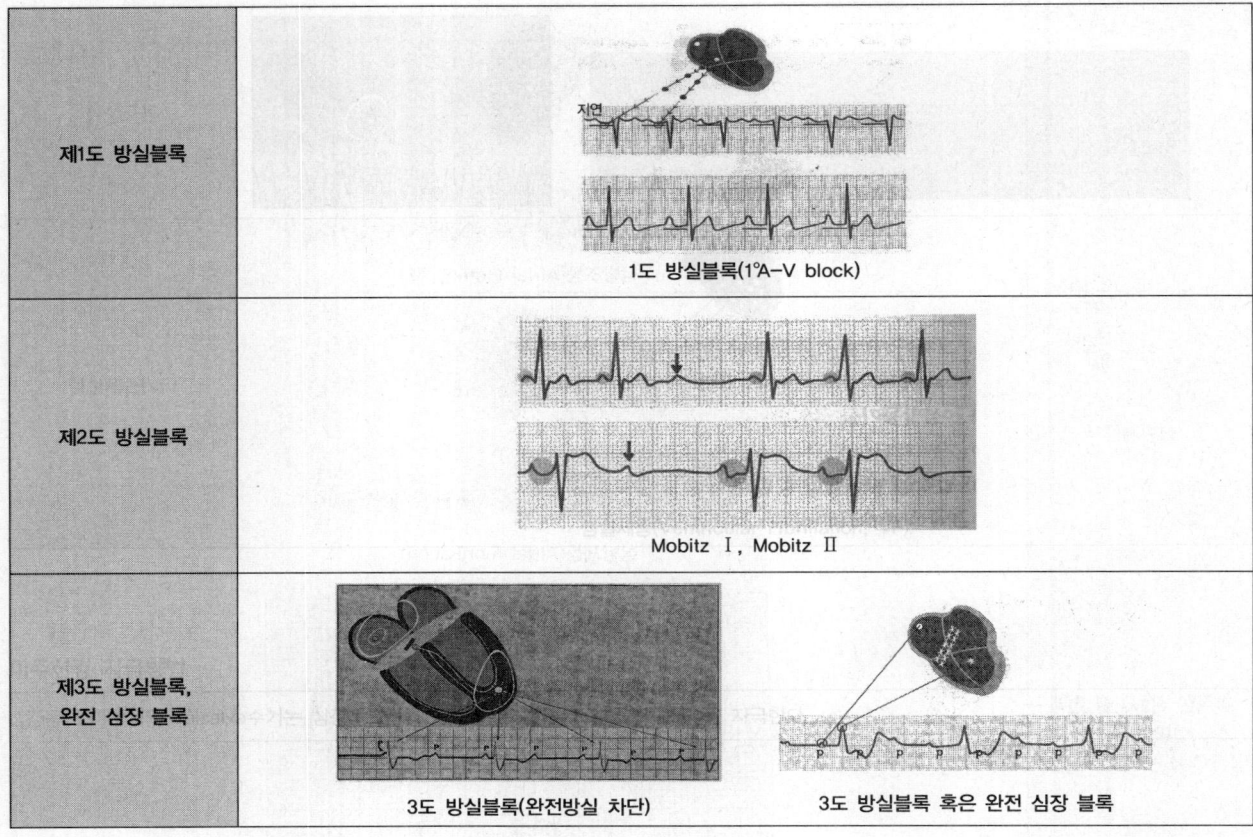

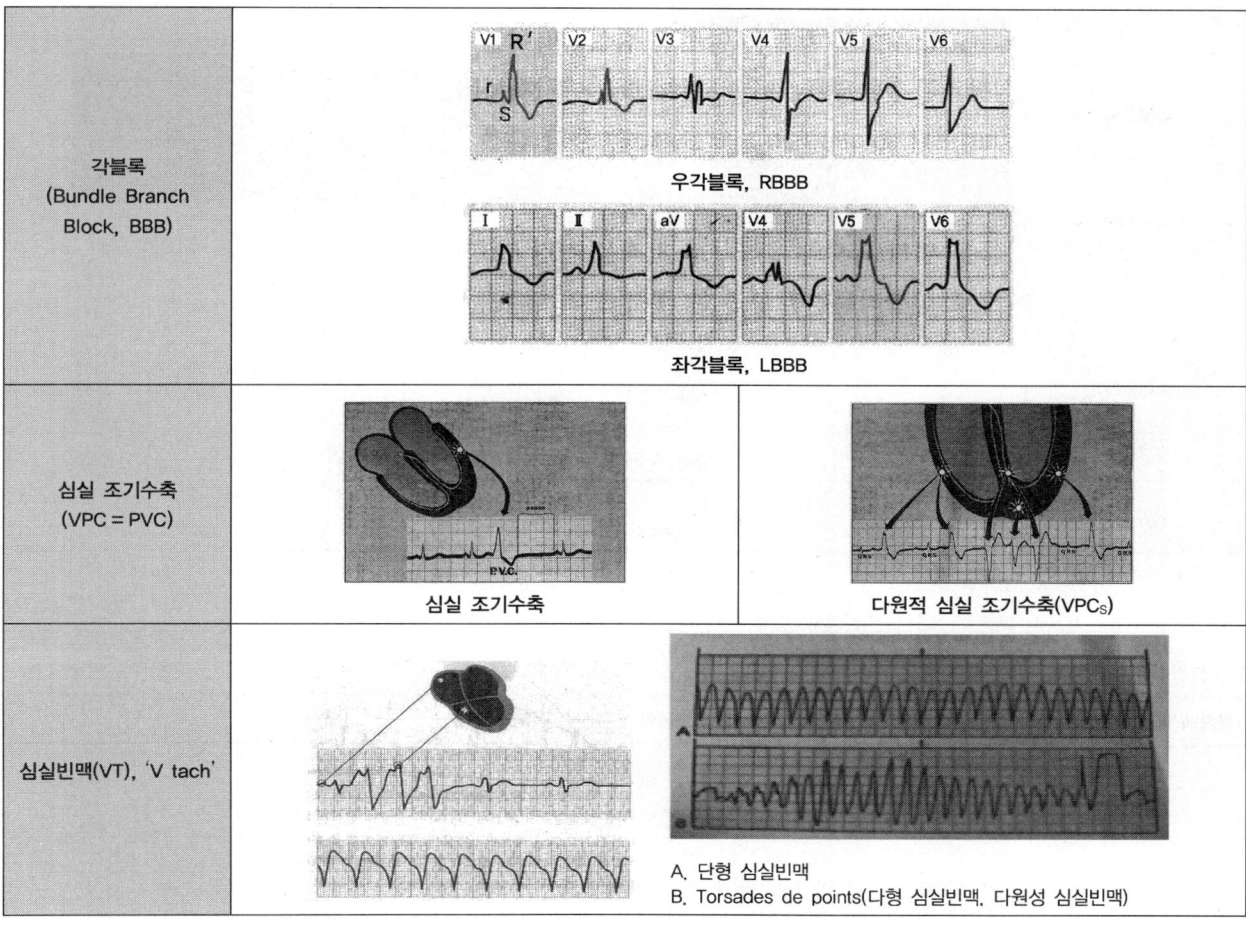

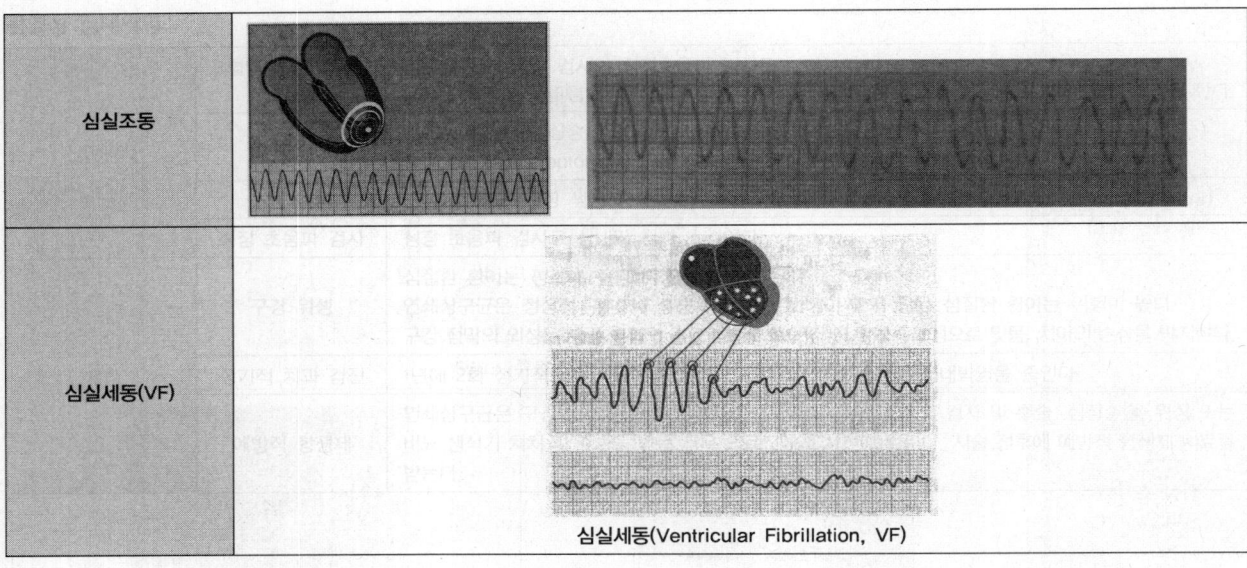

심실세동(Ventricular Fibrillation, VF)

미주신경 자극방법

경동맥 마사지와 Valsalva수기는 심장전도계인 동방결절과 방실결절의 미주신경을 자극한다.

후천성 판막질환

승모판막 협착증	이완기잡음		이완기(확장기, $S_2 - S_1$ 사이) 잡음
	Ⅰ음(S_1)항진		단단해진 승모판막이 닫힐 때 소리는 크고 높아진다.
승모판막 역류증 (승모판막 폐쇄부전증, 승모판막 기능부전증)	수축기 잡음 `국시 09`		청진 시 심첨부에서 수축기 잡음
	Ⅰ음(S_1) 감소		제1심음(삼천판과 승모판이 닫히는 소리) 감소
대동맥판막 협착증	제2심음 분열		대동맥 판막 부위인 우측 흉골 상부에 크고 거친 수축기 잡음, 제2심음 분열
대동맥판막 폐쇄부전증 (대동맥판막 역류)	강한 맥박		심장박동, 경동맥의 박동이 강하다.
	수추맥		심장수축 시 맥박이 급하게 상승했다 이완기에 급하게 하강하는 허탈맥
	수축기 혈압 상승		좌심실벽이 비대해지면 좌심실의 힘이 강해져 수축기 혈압이 상승된다.
	이완기 혈압 감소		수축기압과 이완기압의 차, 맥압 상승
	Musset's sign		비대된 좌심실로부터 분출되는 혈액량과 비대된 심실벽의 힘이 증가해 심박동과 동시에 머리가 앞뒤로 흔들리는 증상
	Quincke sign		심하면 손톱 끝을 누르고 있으면 손톱에 혈액이 찼다가 빠지는 것을 관찰한다. 손톱 밑의 모세혈관에서 맥박을 촉진한다.

류머티즘 열

상기도 감염 예방과 치료 `국시 09`	인후 배양 검사		A군 β-용혈성 연쇄상구균 감염으로 인후통이 있는 학령기 아동을 인후 배양 검사를 하고 연쇄상구균 감염에 검사를 의뢰한다.
	항생제 치료		연쇄상구균에 의한 상기도 감염 시 항생제를 사용하여 원인균을 제거함으로 류머티스 열을 예방한다.
간호 `국시 10`	예방적 항생제 `국시 15`	방법	류머티스 열은 재발하기 쉬우므로 재발 방지 위해 장기적 예방 기간은 심장의 침범 여부에 따라 다르다.
		근거	아동에게 류머티스 열이 재발하지 않도록 예방한다. 심판막의 염증이 재발하고 반흔이 길어져 심장판막에 영구적 손상이 가능하다.

감염성 심내막염

진단검사	혈액 배양 검사 국시 20	진단은 혈액 배양 검사와 심장초음파 검사로 한다. 확진은 혈액 배양을 통해 내려진다. 항생제로 배양의 양성률 감소로 항생제 쓰기 전 혈액 배양을 한다.
	혈액 검사	WBC 상승, ESR 상승, ASO(antistreptolysin) titer(역가) 상승 혈청 ASO(antistreptolysin) titer 상승은 연쇄상구균 항원에 항체 형성
	소변 검사	단백뇨, 혈뇨 : 신장 색전 증상
	심장 초음파 검사	심장 초음파 검사로 심내막 침범 소견이다.
예방	구강 위생	심질환 환아는 평소에 구강 위생을 철저히 한다. 연쇄상구균은 정상적 구강 내 세균으로 구강 위생이 좋지 않은 심질환 환아는 위험이 높다. 구강 점막의 외상은 세균 침입의 경로가 되므로 구강 간호의 중요성으로 잇몸, 치아의 손상을 방지한다.
	정기적 치과 검진	1년에 2회 정기적으로 치과에 방문한다. 정기적 치과 검진이 심내막염을 줄인다.
	예방적 항생제	연쇄상구균은 구강 내 세균으로 치과치료, 구강 내 수술, 호흡기 검사 및 수술, 심장수술, 위장 또는 비뇨 생식기 처치 및 수술을 받는 경우 의료진에게 사전에 알린다. 시술 전후에 예방적 항생제 치료를 받는다.

심장압전(심장 눌림증)

중요한 3징후 (Beck's triad) 〈저 정심!〉	정맥압 상승	전신 정맥계 울혈로 정맥울혈, 경정맥 울혈, 간 비대, 복수, 다리 부종
	약해진 심음	약해진 심음으로 심음이 잘 들리지 않는다.
	저혈압	혈압 하강
기이맥 국시 10, 18	기이맥이 나타난다.	

6 맥관 장애

발목-팔 지수(발목-상완 지수) 국시 19

방법	5분 동안 편안하게 앙와위(앉은 자세는 안됨)로 휴식을 취한다. 혈압기의 커프를 발목돌기(복사뼈)부위 위에 감고 족배(발등) 동맥과 후경골 동맥 부위에서 맥박을 촉지하여 혈압을 각각 잰다. 이 수치를 상완 동맥의 높은 수축기압으로 나눈다.
계산	오른발의 수축기압 / 높은 상완 수축기압, 왼발의 수축기압 / 높은 상완 수축기압 각 발의 수축기압을 두 상완 수축기압 중에 더 높은 압력으로 나눈다. 족배 동맥과 후경골 동맥의 두 곳에서 측정하여 둘 중 높은 압력을 이용한다.
정상	발목 수축기압 / 최고 상완 동맥 수축기압 = 0.9 초과 발목의 수축기 압력이 팔의 수축기 압력보다 높다.
비정상	0.9 이하이면 말초 동맥 질환, 동맥 폐색이다. 동맥 폐쇄로 동맥의 협착 정도가 증가하면 발의 수축기압이 감소한다.

Buerger-Allen 운동 국시 08

방법	상승	발을 1분 동안 올려 정맥 순환을 증진시킨다.
	운동	편한 자세로 앉아 발을 양쪽으로 돌리고, 발가락을 구부렸다 올렸다 하는 운동을 30초 동안 한다. 똑바로 누워서 1분 동안 다리를 똑바로 하고 누워 있는다.
효과		동맥이나 정맥의 혈관 장애 환자에 좋은 운동이다.

◆ 김기영 보건교사 ◆

혈압에 영향을 미치는 순환계 인자 〈임용 07〉

1회 심박출량	심박출량이 증가하면 수축기압 증가
혈액량	혈액량이 증가하면 동맥벽에 많은 압력이 미친다.
혈액점성도	혈액점성도 증가로 동맥 혈압은 증가한다. 점도가 높은 혈액을 혈관으로 흐르게 하기 위해 심장은 강한 힘으로 수축한다.
말초 혈관의 저항	말초 소동맥의 혈류에 저항으로 말초 저항이 증가하면 혈압이 증가한다. 세동맥이 수축하면 혈관 저항이 증가한다.
동맥의 탄력성	동맥경화증같이 혈관벽의 탄력성이 감소되면 혈류에 저항이 커진다. 좌심실이 박출량을 방출할 때 굳어진 동맥벽을 강한 힘으로 통과하게 되므로 혈압이 상승된다.

분류	수축기 혈압	이완기 혈압	
정상	< 120 그리고	< 80	생활습관교정 시행 독려
주의 혈압	120~129 그리고	< 80	
고혈압 전 단계	130~139 또는	80~89	생활습관교정하며 항고혈압제 사용 안 함
고혈압 1단계	140~159 또는	90~99	항고혈압제 단독 투여 또는 병용요법
고혈압 2단계	≥ 160 또는	≥ 100	항고혈압제 단독 투여 또는 병용요법
수축기 단독 고혈압	≥ 140 그리고	< 90	

목표 혈압	노인 고혈압, 중저 위험도 고혈압	140/90mmHg 미만이다.
	심뇌혈관 위험도가 높은 고위험도 고혈압	130/80mmHg 미만이다.
약물	고혈압약은 5가지로 분류 〈AβCT〉 1. 안지오텐신전환효소(ACE) 억제제(ACEI), 안지오텐신Ⅱ 수용체 차단제(ARB) 2. 베타차단제 3. 칼슘통로차단제(CCB) 4. 싸이아자이드(thiazide)계 이뇨제 5. 기타 : 고리 작용 이뇨제, 알도스테론 길항제, 알파 차단제, 혈관확장제 등 〈LAAN〉	

본태성 고혈압

정의		정확한 원인은 모르나 많은 요인들이 관련된 것으로 고혈압의 90%는 본태성 고혈압이다.
조절할 수 없는 요인	가족력	
	연령	동맥에 결합 조직이 많아지고 지질의 침착과 섬유화, 석회화로 동맥벽의 경직이 심해 말초 혈관의 저항력이 증가하여 혈압이 증가한다.
	성별, 인종(흑인)	
조절할 수 있는 요인 국시 04	염분	염분 섭취 증가는 수분 용량을 증가시키고 혈액량이 증가한다.
	비만	인슐린 저항성으로 고혈당에 의한 고인슐린은 교감신경계 활동 증가와 염분 정체 관여로 전체 혈류량 증가로 고혈압이 된다.
	흡연	니코틴이 교감신경계 활동 증가로 고혈압이 된다.
	음주	술에 있는 과량의 포도당은 혈당을 내리기 위해 과량의 인슐린을 분비한다. 고인슐린혈증으로 교감신경계가 흥분되어 심장 수축력이 증가하여 심박출량을 늘리고 말초 저항이 증가하고 혈압 상승
		고인슐린혈증은 소듐의 배설을 억제한다.
	스트레스	교감신경계와 알도스테론 증가로 고혈압이 된다.

이차성 고혈압(속발성 고혈압)

원인을 알 수 있는 것으로 특이적 장기의 질환에 의해 혈압이 오르며 원인의 교정으로 고혈압이 감소한다.

동맥류

복부대동맥류 증상 국시 98	박동 국시 19	상복부의 중심부에서 위쪽부터 뚜렷한 박동
동맥류 검사	뇌, 복부, 흉부 동맥(혈관) 조영술 국시 18	복부, 흉부 대동맥류 위치와 크기 진단에 유용한 침습적 진단 방법이다.

심부정맥 혈전증

호만징후(Homan's 징후) 국시 00, 06, 18, 21 / 임용 16	다리를 올리고 발을 발등으로 힘껏 배굴시켰을 때 장딴지에 날카로운 통증

정맥류

트렌델렌버그 검사(Trendelenburg 검사, 역행성 충만 검사, 역류 충전 검사, 지혈대 검사) 임용 08 / 국시 03

누운 자세	다리 상승	누운 자세에서 이환된 다리를 심장보다 높이(90°) 올리고 정맥을 비운다.
	묶기	심부정맥은 폐쇄하지 않고 대복재정맥인 표재성정맥이 폐쇄될 정도의 압력으로 부드러운 고무 지혈대로 상부 대퇴부 주위를 묶고 일어선다.
일어서기	정상	정상적으로 표재성정맥은 하부의 모세혈관부터 채워지기 시작하여 35초 안에 다리의 정맥계에 채워진다.
	판막부전	복재정맥을 폐쇄한 상태에서 일어섰을 때 표재성 정맥에 혈액이 빠르게 채워지는 것은 교통정맥의 판막기능 상실로 심부(깊은) 정맥으로부터 표재성정맥계로 혈액이 거꾸로 흐른다.
선 자세		환자를 30~60초 동안 일어서게 하고 지혈대를 제거한다.
정상		지혈대를 푼 후에도 정맥이 바로 채워지지 않는다. 지혈대 제거 시 판막이 정상인 경우 복재정맥 판막은 혈액이 거꾸로 흐르는 것을 막으므로 복재정맥은 하부의 정맥에서부터 혈액이 천천히 채워지기 시작하여 다리의 정맥계를 채운다.
판막부전		지혈대 제거 시 정맥류인 복재정맥의 판막기능 상실로 표재성 정맥인 복재정맥이 위에서부터 빠르게 채워진다.

정맥압박 검사

방법	대상자를 서게 한 후 확장된 정맥부위에 검진자의 한쪽 손을 부드럽게 갖다 대고 다른 손은 20cm 위의 정맥을 민첩하게 압박하면 아래에 있는 손가락에 파동이 느껴지는지 확인한다.
정상	판막기능의 정상에서 파동이 없다.
비정상	정맥류가 있는 정맥은 판막기능상실(판막부전)에 의해 정맥을 따라 혈액으로 충만된 전달되는 파동이 아래쪽 손에 느껴진다.

7 혈액과 조혈기관 장애

철분 결핍성 빈혈(Iron deficiency anemia) 진단검사

혈색소치 감소 임용 20 / 국시 20	적혈구 크기가 작고 창백, 여자 : 12g/dL 미만, Hct 36% 미만 여자 정상 : Hb 12~16g/dL, Hct 37~47% 미만 남자 정상 : Hb 13~18g/dL, Hct 40~54% 미만
MCV 감소	평균 혈구용적(MCV), 평균 혈구혈색소량(MCH), 평균 혈구혈색소농도(MCHC) 저하
ferritin 감소	철분 공급 감소로 총 철분의 저장량인 ferritin 합성 억제로 혈청 내 ferritin 감소
TIBC 증가	TIBC는 총 철분결합능력 Total iron binding capacity으로 transferrin 양을 측정하는 검사이다. 철 감소에 보상기전으로 TIBC 증가

대구성(거대적아구성) 빈혈

검사	Schilling test 국시 06	Vit B$_{12}$ 경구 투여	방사성 Vit B$_{12}$를 경구 투여한다. 비방사성 비타민 B$_{12}$를 근육주사하면 간과 혈장 내 비타민 B$_{12}$ 결합 장소가 포화되어 경구 투여한 방사성 비타민 B$_{12}$는 소변으로 배설된다. 내적 인자가 없거나 회장에서 비타민 B$_{12}$를 흡수하지 못하므로 24시간 동안 소변 내 방사성 비타민 B$_{12}$ 배설량이 적다(7% 미만).
		내인자와 Vit B$_{12}$ 경구 투여	내인자와 Vit B$_{12}$를 경구 투여했을 때 소변 내 Vit B$_{12}$가 증가한다. 위 내인자 결핍이 원인인 경우 흡수가 정상화된다. 내인자를 투여해도 비타민 B$_{12}$가 정상화되지 않으면 회장에 질병이 원인이다.
	위액 분석 검사		염산 분비가 적어 위액의 pH 상승
	MCV 증가		적혈구 크기 증가 임용 20, 대혈구성 정(과)색소성 빈혈 평균 혈구용적(MCV) 증가, 평균 혈구혈색소량(MCH), 평균 혈구혈색소농도(MCHC) 정상 또는 증가
	진동 감각 검사		진동 감각 검사는 비정상
간호	비타민 B$_{12}$ (코발라민) 투여 국시 08, 18	방법	악성 빈혈이 있거나 회장에서 흡수가 불가능한 사람은 비타민 B$_{12}$를 평생 동안 근육주사나 피하로 투여한다.
		근거 국시 04	Vit B$_{12}$를 경구로 투여해도 내적 인자가 없거나 악성 빈혈이 있거나 회장에서 흡수가 안 되어 평생 동안 매달 Vit B$_{12}$를 근육주사한다.

골수부전성 빈혈(재생불량성 빈혈, Aplastic anemia)

검사 국시 07	범혈구 감소증		적혈구, 백혈구, 혈소판 감소
	적혈구 크기, 혈색소 정상		정구성, 정색성 빈혈 평균 혈구용적(MCV), 평균 혈구혈색소농도(MCHC), 평균 혈구혈색소량(MCH) 정상
	골수		황골수 증가로 골수의 세포수 감소, 황골수는 적골수의 조혈작용이 중지되어 지방으로 대치된 골수
	망상적혈구수		망상적혈구(적혈구 전구세포)수 감소
	철분 증가		적혈구에서 철이 사용되지 않기 때문에 혈청 철분 증가
	TIBC		총 철분결합용적(TIBC, transferrin의 양) : 정상, 변화 없음
치료	출혈시간		혈소판 감소로 출혈시간 지연
	조혈모세포 이식 (골수이식)	적응증	HLA(human leukocyte antigen, 조직 적합성 항원, 인간 백혈구 항원) 적합 공여자가 있는 경우 수혈 경험이 없고 나이가 젊은 사람일수록 효과 수혈 경험이 많을수록 이식 거부반응이나 이식편 대 숙주 반응이 높음
		방법	공여자의 골수에서 줄기세포를 채취하여 정맥을 통해 주입한다.

용혈성 빈혈

정구성 빈혈	적혈구의 크기, 혈색소 정상
간접 빌리루빈 증가 국시 14, 20	적혈구 수명이 단축되어 혈액 내 indirect bilirubin이 증가한다. 혈중 direct bilirubin은 증가하지 않는다. 요중 bilirubin 음성
유로빌리노겐 증가	소변, 대변으로 유로빌리노겐 배설 증가
망상적혈구수 (reticulocyet count) 증가	용혈, 실혈을 판단하는 유용한 지표로 적혈구의 과도 파괴에 골수의 보상반응으로 망상적혈구수(reticulocyte count) 증가

겸상적혈구 빈혈

겸상적혈구 빈혈 (Hb SS병) 임용 15	상염색체 열성유전 : 상염색체 한 쌍 중에 두 개의 돌연변이 유전자를 가진 염색체인 동형 접합체에서 발생 보인자인 양쪽 부모로부터 유전인자를 받은 동형 접합체에서 발생한다. 정상 성인의 헤모글로빈(Hb A)이 겸상적혈구 빈혈(Hb S)로 대체된 겸상적혈구 빈혈(Hb SS병)이다. 전형적인 용혈성 빈혈과 적혈구가 혈관을 폐쇄하여 허혈 병변 위기를 나타낸다.

지중해 빈혈(thalassemia)

종류	대지중해 빈혈 (베타형 지중해 빈혈)	동형접합체(aa)의 심한 빈혈로 대지중해 빈혈 상염색체의 열성 유전이므로 양쪽 부모에게 이상 유전자를 물려받는다. 대지중해 빈혈은 생명을 위협하는 질환으로 신체적, 정신적 성장이 지연된다.
	소지중해 빈혈 (알파형 질병, 가벼운 베타형 질병)	이형접합체(Aa)의 경증의 빈혈을 보이는 상태를 소지중해 빈혈이라고 한다. 소지중해 빈혈은 경한 빈혈상태를 보인다.
진단	용혈성	혈청 빌리루빈과 대변 및 소변 내 유로빌리노겐 상승 : 비정상 적혈구의 극심한 용혈
	태아혈색소(HbF) 및 HbA2	베타형 지중해 빈혈은 태아혈색소(HbF) 및 HbA2(HbA의 정상적인 변종) 상승

유전구형 적혈구증

정의	상염색체 우성 유전	
검사	용혈	망상적혈구의 증가, 빈혈, 고빌리루빈증
	혈액 도말검사	구상적혈구 증가이고 정상 적혈구의 크기가 작고 가운데가 오목하게 들어간 원반 모양이 없다.
	삼투압 취약성 검사	저장액 내에서 정상 적혈구보다 쉽게 용혈된다. 저장성 NaCl 용액과 반응시키면 삼투압 차이로 수분이 적혈구 내로 들어가 용혈 반응이 일어난다.
	쿰즈검사 (Coombs' test)	음성, 면역 원인이 아닌 세포막의 구성 성분의 이상에 의한 파괴이기 때문이다.

호중구 감소증, 무과립세포증

호중구 감소증	말초혈액 속 절대 호중구수가 1,500개/m³ 이하
무과립구증 국시 20	말초혈액 속 절대 호중구가 500개/μL 이하

혈우병 진단검사 국시 06

지연	aPTT 국시 03	aPTT(활성 부분 트롬보플라스틴 시간) 25~40초 응괴가 형성되는 시간을 측정하여 지혈에 관여하는 응고의 내인성 경로평가로 지연된다. 응고인자 Ⅷ은 내인성 경로를 담당하고 혈우병은 응고인자 Ⅷ 결핍이다.
	응고시간	9~12분, 응고과정평가로 심한 응고문제로 응고시간이 지연된다. 정맥혈의 응고과정평가로 심한 응고문제, 헤파린의 치료적 투여 시 지연

폰빌레브란드병(VWD, Von-Willebrand Disease) 진단검사

출혈시간 연장	출혈시간(bleeding time) 증가는 폰빌레브란드 인자(단백)의 결핍은 내피조직의 손상부위에 혈소판 부착의 장애로 발생한다.
aPTT 연장	부분 트롬보플라스틴 시간 증가 응고인자 8번 운반 장애로 내인성 경로에 문제가 생겨 증가한다.
폰빌레브란드 인자 감소	혈장 내 폰빌레브란드 인자 감소

면역성 혈소판 감소성 자반증(immune thrombocytopenic purpura)

혈소판↓	100,000/mm³ 이하 혈소판 감소로 출혈 위험이 있다. anti-platelet antibody(항혈소판 항체), 혈소판 크기가 커져 있다.
출혈시간↑	출혈시간 연장, 정상 범위 : 1~6분

헨노흐 숀라인 자반증(Henoch-Schönlein Purpura), 알레르기성 자반증, 아나필락시스양(Anaphylactoid) 자반증 증상 〈임용 08〉

〈헨노흐 숀라인 자반증은 위관에 있는 신자이다〉

피부	좌우 대칭성 자반, 자반은 엉덩이, 다리
위장관	배꼽 부근에 심한 산통, 구토, 위장관 출혈
신장	신장 침범이 예후에 중요한 인자, 육안적, 현미경상 혈뇨, 단백뇨, 핍뇨, 고혈압, 질소혈증
관절	무릎과 발목 관절에 관절염, 관절 종창, 관절통

파종성 혈관 내 응고증(산재성 혈관 내 응고증, DIC) 검사 〈국시 09〉

감소	platelet count 감소, 응고인자 factor I(fibrinogen), Ⅱ, Ⅴ, Ⅶ 감소, plasminogen 감소, 섬유소원 감소, antithrombin Ⅲ(헤파린의 보조 인자) 감소
증가	D-dimer, FDP(plasmin에 의해 분해된 섬유소 분해산물) 증가, 출혈시간, PT, PTT, TT 증가

골수천자와 생검

목적		골수의 조혈작용 평가로 혈액질환을 진단한다. 적혈구와 백혈구 및 혈소판 전구물질의 수, 크기, 모양 등을 평가하여 골수세포들의 성숙과정에서 나타나는 결함을 판단한다.
검사과정	2세 미만 영아	경골(정강뼈)에서 골수검사 시행, 척추뼈도 사용한다.
	2세 이상 소아, 청소년, 성인 〈임용 95 / 국시 20〉	후장골릉(뒤쪽엉덩뼈능선)에서 천자하며, 대상자는 복위(엎드린 자세, prone position)를 취한다.
골수천자 후 간호		장골능에서 골수검사를 한 경우, 똑바로 누운 상태로 안정을 취하면서 출혈을 예방한다.

요추천자

목적	요추 3-4번 또는 4-5번 사이의 거미막하강에 척수바늘을 삽입한다. 진단 목적으로 뇌척수액 압력 측정, 뇌척수액 검체물 채취 `임용 24`, 뇌척수액의 순환 상태를 보기 위한 척수액 역동 검사를 한다. 치료 목적으로 척수 마취, 화학요법 및 항생제 주입, 뇌척수액을 제거 위해 실시한다.
자세 `임용 24`	검사 중 환자는 측위를 취하는데, 다리를 굽혀서 대퇴를 복부에 끌어당겨 붙이고 다리 사이에 베개를 넣어 고정시킨다. 옆구리 밑에 베개를 넣어 척추의 극돌기가 수평을 이룬다. 머리와 어깨는 최대한 구부려 척추골간의 공간을 넓히며 머리 밑에 조그만 베개를 넣어 수평 체위를 유지한다.
검사 후	천자 부위로의 뇌척수액 누출로 두통이 발생할 수 있다. 두통은 앉거나 서 있을 때 심해지며 수평으로 누울 때 두통 감소로 3~6시간 머리를 낮춘 편평위를 유지한다.

조혈모 세포이식

면역기능저하 `국시 21`	고용량의 항암 치료와 방사선 치료로 종양 세포를 최대한 제거 후 조혈모 세포를 혈관을 통해 주입해 골수 기능을 회복시킨다. 이식 후 6개월 동안 면역 기능이 약해져 감염 위험이 높다.	
예방 `국시 07`	조직 적합성 검사 (조직 적합 항원 검사) `국시 17, 18`	공여자와 수혜자의 HLA(조직 적합성 항원, 인간 백혈구 항원)가 일치하도록 한다. HLA는 적혈구를 제외한 신체의 모든 세포 표면에서 조직 적합성 항원이 있다. 주요 기능은 자기와 비자기를 구분하여 공여자와 수혜자의 HLA형이 맞지 않는 경우 이식 조직에 거부반응을 일으킨다.

악성 림프종

무통성 림프절 비대 `국시 18`	
B symptom(B증상)	발열, 야간 발한, 체중 감소 B증상에 예후가 불량하다. 병이 림프절뿐 아니라 전신에 퍼져 있을 때 나타난다. B증상은 비호지킨 림프종(10%)보다 호지킨 림프종(40%)에서 흔하다.
림프절 생검	호지킨병은 조직의 병리적 검사에만 정확하게 진단한다. 림프절 생검으로 Reed-Sternberg 세포 존재

⑧ 배뇨 장애

급성 사구체 신염 검사

ASO titer	Antistreptolysin O(ASO) titer : group A 베타 용혈성 연쇄상구균 감염 후 증가
ESR 증가	
C_3	C_3 보체 감소, 보체는 항원-항체 복합체의 침착으로 활성화되면 수치가 감소

요로감염

요배양 검사 임용 10	'백세의 적' 소변 내 100,000CFU(미생물 집락)가 있을 때 요로감염 확진 감염 증상이 있는 대상자는 1,000CFU(Colony Forming Units, 미생물 집락)로도 진단 세균(++), 백혈구(+++), 적혈구(10~20/HPF), 단백(±)

신우신염(깔대기 콩팥염, Pyelonephritis)

옆구리 통증 국시 21	12번째 늑골 아래 늑골 척추각 부위에 통증(압통) 검진자의 손가락 끝으로 늑골 척추각에 압력을 가하여 압통 확인 머피(Murphy) 타진법 : 대상자는 앉은 자세로 12번째 늑골 아래에 한쪽 손바닥을 늑골 척추각 위에 대고 다른 손 주먹으로 두드림

투석치료의 합병증 국시 12

투석불균형 증후군 임용 13	투석불균형은 뇌의 수분변이로 생길 수 있다. 급성 신부전이나 혈중 요소질소가 매우 높고(150mg/dL 이상) 혈액투석을 처음 시작할 때 발생한다. 장시간 과도하게 시행하면 혈액 중 요소, 전해질, pH의 급격한 교정으로 뇌세포 내 삼투압이 혈액 성분보다 높아져 수분이 뇌세포로 이동하여 뇌부종을 초래한다.

동정맥루 조성술

간호 국시 19	손운동	방법	수술 2일 후 수술 부위 통증, 부종이 감소한 때부터 운동을 시작한다. 손등 밑에 배개를 사용하여 팔을 약간 올려놓고 정구공(soft tennis) 같은 부드럽고 작은 공을 주무르는 운동을 한다.
		효과	동정맥루 수술 후 혈관이 잘 자랄 때까지 혈관 발달을 돕기 위한 운동을 한다. 지름이 넓어지고 혈관벽이 두꺼워져 다량의 혈액이 흐를 수 있다.
	ROM		일상적인 ROM운동을 권장한다.
	동정맥루 개존성 국시 13		혈관 통로의 개존성 여부 확인을 위해 손으로 촉진하여 진동이 느껴지고 청진하였을 때 잡음이 들린다.
	혈전 예방		동정맥루가 설치된 팔에서 혈압 측정을 하지 않는다. 혈관을 조이는 장신구나 의복 착용을 피한다. 무거운 것을 들거나 팔 베개를 하지 않는다. 혈관 통로의 혈전과 폐쇄를 예방한다.
	감염 예방		바늘 삽입 부위의 출혈 유무와 감염 증상을 사정한다. 동정맥루를 깨끗하고 건조한 상태로 유지한다. 동정맥루가 설치된 팔에서 혈액 체취, 정맥 주사를 하지 않는다. 혈관 통로의 감염을 예방한다.

복막투석 합병증

복막염 국시 13	예방	드레싱	방법	복막 투석 카테터는 무균 드레싱을 매일한다. 투석액 백을 잠그거나 풀 때 무균술을 유지해야 감염을 예방한다.
			근거	카테터의 감염을 예방한다.
		샤워	방법	통목욕을 금지하고 매일 샤워한다.
			근거	카테터 감염을 예방한다.
	치료 국시 20			균배양 검사를 하여 항생제를 전신적 또는 투석액에 섞어 투여한다.

장기 이식의 조직 적합성 검사 `국시 17`

HLA(Human Leukocyte Antigen)검사

방광암

증상 `국시 09`	무통성 혈뇨
진단	방광경 검사와 생검

❾ 남성 생식기계

내부 생식기

고환	세르톨리세포(정조세포)	뇌하수체의 난포자극호르몬(FSH)과 테스토스테론과 LH에 의해 고환 내 정세관 안 정조세포에서 정자가 형성된다.
	간질세포(Leydig's cell) `국시 06`	정세관 사이에 간질성 레이디그 세포는 LH에 의해 남성호르몬(testosterone)을 분비한다.
부속선 `국시 09`		정낭, 전립선, 쿠퍼선(Cowper's gland)은 정액을 분비함으로 정자와 함께 사정액을 만들어 낸다. 사정액은 알칼리성으로 정자의 생존과 운동에 좋은 환경 제공과 여성의 질내 산성 분비물을 중화하고 항세균 효과가 있다.

◆ 김기영 보건교사 ◆

양성 전립샘 비대증(BPH)

직장 수지검사 국시 15	방광 비우기	방광이 가득 차 있을 시 전립선의 기저부를 확인하기 힘들어한다. 방광의 팽창 감소를 위해 소변을 보아 방광을 비운다.
	체위	엉덩이를 올리는 체위이다. 슬흉위, 좌측위, 심스체위
	삽입	대상자가 힘을 줄 때 장갑을 낀 두 번째 손가락을 항문 위에 대고 있다가 괄약근이 이완되면 부드럽게 손가락을 배꼽 방향으로 손가락이 쉽게 삽입한다.
	촉진	검진자의 손을 시계 반대 방향으로 돌려 손가락으로 전립선을 만지고, 전립선의 양측엽, 그 사이 정중구를 촉진한다. 전립샘의 크기, 단단함, 결절, 모양, 압통을 파악한다.
정상적 전립선		소아에서 작으나 청소년기에 정상 크기로 성장한다. 폭 2cm, 길이 3~4cm의 고무같이 부드럽고 탄력성이 있고 압통이 없다. 코끝, 자궁 경관처럼 느껴진다. 두 개의 측엽은 중앙열구(정중구)에 의해 나누어지며 촉진한다.
양성 전립샘 비대증		양측성 전립선이 비대하며 비대된 부위는 단단하며, 매끈매끈하다. 대칭적으로 커져서 직장벽 안쪽으로 1cm 이상 튀어나온다. 비대로 중앙열구(정중구)를 확인할 수 없다.
검사	PSA	혈청 PSA(Prostate-Specific Antigen, 전립샘 특이 항원)

◆ 김기영 보건교사 ◆

전립샘암

	정상 전립선	부드럽고 고무같이 탄력성이 있다.
직장수지검사 : 직장지두검진 임용 15	전립선암	나무처럼 딱딱하게 굳어서 얼굴의 이마처럼 느껴진다. 돌출, 편평 불규칙적 종괴
PSA 임용 15		전립샘 특이항원(PSA, Prostate-Specific Antigen) 검사 전립선암 발견과 수술 후 추후검진에서 수치가 상승하면 질병 재발 암시
조직 생검		BPH와 전립샘암은 촉진으로 감별하기 어렵다. 전립샘 생검으로 암조직 확인
직장 통한 초음파 (직장 경유 초음파)		전립선암 초기 진단, 전립선의 크기, 모양, 전립선암의 동반 유무, 암의 전립선 밖 주위로 침윤을 확인한다.
뼈스캔(골조사, bone scan)		뼈의 병변을 정밀하게 조기 파악을 위해 실시한다. 전립샘암의 75~85%는 뼈에 전이된다.

고환 자가검진 국시 11

방법	시간	방법	좋은 시간은 몸이 따뜻해진 목욕 직후이다.
		근거	따뜻해진 목욕 직후 음낭은 이완되므로 고환을 검진하기 쉽다. 추우면 음낭이 수축되어 몸쪽으로 올라붙어 고환을 검진하기 어렵다.
	고환		엄지는 고환의 윗부분을 잡고 검지와 중지는 고환의 아랫부분을 검사한다. 엄지와 손가락 사이에 고환을 수평으로 부드럽게 굴리고 위아래로 굴린다. 고환의 크기, 결절, 경화, 부종, 모양, 대칭성을 검사한다.
	부고환		부고환은 고환의 후방에 있으며 고환의 뒤쪽에 초승달 모양의 부고환을 만져본다. 부고환은 해면(스펀지)같이 부드럽게 촉진된다.
	정삭		정삭은 서혜관을 따라 위로 올라가는 정관, 동맥, 정맥, 림프관, 신경을 싸는 결체 조직으로 고환의 후방에서 부고환으로부터 상행하여 엄지와 손가락으로 정삭을 검진한다. 튼튼하면서도 부드러운 구조이다.
정상 고환			폭 2~3cm, 길이 3.5~5.5cm, 사춘기 이전 : 2.5cm 이하, 성인 : 4.5cm 이상 난원형, 고무 같이 탄력성 있게 촉지, 견고하나 딱딱하게 느껴지지 않는다. 고환에 압력을 가하면 정상적으로 심한 내장 통증이 있다.
고환암			무통의 딱딱하고 큰 종양 덩어리

고환암 진단검사

α-FP(α-fetoprotein) 상승	비정상피종(기형종, 태아암)
β HCG 상승	생식세포 종양[정상피종(잠복 고환 관련), 비정상피종(융모암, 태아암, 기형종)]
생검 금지	고환암은 전이가 쉽게 되므로 생검은 금한다.

⑩ 근골격계

무릎의 삼출물 사정 임용13

팽륜 징후 검사	방법	무릎에 소량의 삼출물이 있는지를 검사한다. 대상자를 앙와위로 눕혀 무릎을 신전시키고 한 손으로 무릎의 내측면을 2~3번 우유 짜듯이 쓸어 내린다 또는 쓸어 올린다. 슬개골 외측면을 가볍게 두드린다.
	정상	슬개골 내측면에 팽륜 징후나 액체 파동이 없다.
	비정상	슬개골 내측면의 움푹 파인 곳으로 액체가 돌아와 팽륜 징후가 있고 액체 파동이 촉진된다. 삼출액의 양이 적을 경우 삼출액을 관절 내의 한쪽에서 다른 쪽으로 이동시킨다.
슬개골 부구감 검사	방법	무릎에 많은 양의 삼출물이 있는지를 검사한다. 대상자를 앙와위로 눕혀 무릎을 신전시키고 한 손의 엄지와 나머지 손가락으로 슬개골 상낭을 아래쪽으로 압력을 가한다. 다른 손으로 슬개골을 대퇴골 쪽으로 힘껏 밀었다가 갑자기 힘을 늦춘다.
	정상	슬개골로 돌아오는 액체의 파동이 촉진되지 않는다.
	비정상	슬개골로 돌아오는 액체의 파동이 촉진되는 부구감이 있다. 무릎 관절에 과다한 액체가 있음을 나타낸다.

어깨관절의 회전근개 손상(파열)

움츠림 증상	어깨관절의 능동적 외전이 불가능하며 팔을 외전시킬 때 외전의 장애로 어깨의 움츠림을 나타낸다.
팔처짐 징후 (낙하상완징후, 상지하수 검사, drop arm sign) 국시 22	팔을 점차 내려 외전 각도를 줄일 때 외전 각이 90도 전후의 어느 지점에서 갑자기 힘이 빠지며 팔이 떨어진다.

무릎의 십자인대 손상

	증상		손상 당시 '펑'하는 파열음, 심한 통증, 부종, 운동 감소
전방십자인대 손상	라크만 검사 (라흐만 검사) 국시 22	방법	앙와위로 눕혀 무릎을 20~30° 굽히고 한 손으로 대퇴골을 안정되게 잡고 다른 한 손으로 경골을 앞으로 당긴다.
		양성	전방 십자인대 손상이 있는 무릎은 라크만 검사 양성 전방 십자인대 파열 시 경골(정강이뼈)이 앞으로 당겨진다(전위된다). 전방 십자인대의 역할은 경골(정강이뼈)의 전방전위를 막는 것이다.
후방십자인대 손상	후방견인 검사	방법	앙와위에서 고관절을 45도 구부리게 한 후 무릎을 90도 구부리고 양쪽 손으로 하퇴의 윗부분을 고정하여 경골을 후방으로 밀어 넣는다.
		양성	후방 십자인대 손상 시 경골이 뒤로 밀린다(후방 전위된다).

무릎의 맥머레이(McMurray) 검사

방법	앙와위에서 무릎 관절을 90°로 굴곡하고 한 손으로 발목을 잡고, 다른 손으로 무릎을 잡아 경골을 외회전, 내회전시키며 통증이나 소리를 판단한다.
내측 반월 연골손상	외회전 시 통증이나 딸각거리는 소리
외측 반월 연골손상	내회전 시 통증이나 딸각거리는 소리

골다공증 증상 임용 08 〈치 통키가 운동을 하다 척추골절 호 했대〉

치아 손실		구강 위생상태가 좋지 않으면 턱 뼈의 골질량 손실로 치아 손실
통증	척추 통증	흉곽 하부, 요추부 통증, 척추의 기형으로 일어서거나 구부리거나 뒤로 젖힐 때 척추 통증
	관절통	어깨, 팔꿈치, 손 관절이 저리거나 관절통, 근육통
키 감소		복근이 늘어나고 배 부위가 앞으로 돌출(복부 팽만), 짧아진 허리, 키 감소
척추 기형		척추 후굴, 척추 후만증, 흉추의 만곡이 둥글게 증가
골절	상황	골밀도가 감소하여 뼈가 약하여 허리의 척추 뼈, 대퇴부, 손목 뼈들에 골절이 일어난다.
	척추 골절	척추 골절은 가장 흔한 골절(T_8~L_3)이며 척추 뼈는 해면골로 척추(흉추, 요추)의 압박 골절(한 개의 골절편이 다른 골편에 박힘)
	고관절 골절	
	대퇴 경부 골절	
	요골 골절	요골 하단(콜리스 골절, Colle's) 골절: 정중신경이 눌려 손의 운동 제한, 감각 이상이 있다. 국시 19
	병리적 골절	골다공증이 발생되면 골밀도 감소로 외부 작은 충격에 의한 경미한 외상으로 쉽게 골절
운동 제한		뼈의 허약으로 운동 제한과 불안정한 걸음걸이
호흡기 장애		흉곽 크기 감소로 폐 기능부전

검사

골밀도 검사(DEXA) 국시 08	척추, 골반의 뼈의 골밀도 측정에 유용한 검사
진단범주	정의(T-score)
정상	정상 젊은 성인 평균치의 -1 이상에 해당하는 경우
골감소증	-1~-2.5에 해당
골다공증	-2.5 이하
심한 골다공증	-2.5 이하 + 한 개 이상의 취약 골절(fragility fracture)이 있는 경우(그냥 골절이 아님)

골다공증 진단

골다공증 진단	허리 뼈(lumbar spine, $L_1 \sim L_4$ 평균), total hip, 대퇴 경부(넙다리 뼈 목, femur neck)의 셋 중의 T-score 최소값을 이용한다.
이차성 골다공증	Z-score가 낮으면 이차성 골다공증을 의심한다.

골연화증 간호 국시 11

햇빛 노출	비타민 D 합성을 위해 하루 15분 얼굴, 팔, 손, 다리에 햇빛을 노출한다.

골수염

원인균	황색 포도상구균(staphylococcus, 80%) 국시 07, 연쇄상구균(streptococcus), E.coli	
흔한 발생 부위 국시 07	흔한 발생 부위는 성장이 빠른 장골인 대퇴골이나 경골(종아리 안쪽 뼈)을 침범하며 장골의 골간단에 잘 침범한다.	
검사	뼈 스캔	가장 효과적 진단검사로 뼈 스캔상에서 혈액 순환이 증가된 뼈조직은 밝게 빛난다.

척추측만증(척추 옆굽음증, Scoliosis)

주요 문제 임용 03 〈불통 피운 퇴심소〉

불균형	가슴과 등의 균형이 안 맞아 외관상 보기가 흉하다.
통증	증상이 악화될 때까지 통증이 거의 나타나지 않는다. 증상 악화 시 어깨, 등, 허리 불편, 요통이 있다.
피로감	아프면 짜증스럽고 기분이 나빠져서 만사가 귀찮아진다.
퇴행성 관절염	척추의 퇴행성 관절염(골관절염)이 발생한다.
기관장애	흉추 만곡이 50° 이상에서 흉곽 크기가 감소되어 호흡기계 장애로 폐기능, 폐활량 감소, 심폐기능부전, 소화기 장애

척추 측만증 진단검사 임용 98

서 있는 자세 증상	자세		러닝셔츠만 입힌 상태나 윗옷을 모두 벗은 상태에서 바로 세워 바른 자세로 약간 다리를 벌린다.
	관찰 국시 22	높이 차이	양쪽 어깨 높이 차이와 양쪽 견갑골 높이 차이, 골반 높이 차이를 본다.
		후방돌출	좌우 견갑골 후방 돌출, 등쪽 늑골 후방 돌출부, 한쪽 둔부 후방 돌출을 본다.
		팔과 몸통거리	똑바로 선 자세에서 늘어뜨린 양쪽의 팔과 몸통과의 거리가 다르다.
		팔꿈치와 장골능	한쪽 팔꿈치가 다른 쪽보다 장골능에 더 가깝게 위치한다. 정상 아동은 팔꿈치가 장골능 위쪽에 수평으로 위치한다.
아담스 전방굴곡 검사(등심대 검사, adams forward bending test) 임용 14, 19	자세		무릎을 편 자세에서 양발을 모으고 등을 90°까지 전방(앞)으로 굽힌다. 양팔을 바닥으로 향하여 나란히 쭉 뻗어 본다.
	관찰		척추를 중심으로 양쪽 등의 높이가 다르다. 검사자가 앞뒤에서 등과 같은 눈높이로 좌우 견갑골 후방 돌출, 좌우 늑골 후방 돌출, 좌우 요추부 후방 돌출고를 관찰한다.

강직척추염

신체 검진	Schober test	발뒤꿈치를 붙이고 바로 선 상태에서 요천추 접합부 아래 5cm와 위 15cm 지점을 펜으로 표시한다. 환자를 최대한 전굴곡시킨 다음 양 지점의 거리를 측정하였을 때, 그 거리가 5cm 이상 증가하면 정상이며, 4cm 이하이면 요추 운동 감소이다.
	Chest expansion test	최대 흡기 시와 최대 호기 시 흉곽 팽창의 차이를 측정하며, 남성은 4번째 늑간 위에서, 여성은 유방 바로 밑 지점에서 측정한다. 정상인은 차이가 5cm 이상이다.
합병증	급성 앞포도막염	
방사선 소견	골반 X-선 촬영	대칭성 엉덩엉치관절염 미란과 경화가 나타나며, 관절이 없어짐
	요추의 변화	요추전만이 소실되어 직선화되고, 사각형 모양으로 변함 대나무 척추 : 척추끼리 붙어 대나무처럼 보이는 것

골관절염(뼈관절염, 퇴행성 관절염)

	골관절염(OA)		류머티스 관절염(RA)	
결절	헤버덴 결절, Heberden (DIP) 결절	손가락의 원위지 관절에 뼈의 과잉 증식 통증이 없다.	피하 결절	무통성 피하결절이 관절 부근의 뼈 돌출 부위나 신근 표면을 따라 생긴다. 결절은 자연퇴화된다. 재발 가능성이 높아 제거하지 않는다.
	보차드, Bouchard (PIP) 결절	손가락의 근위지 관절에 뼈의 과잉 증식 통증이 없다.		
혈액검사 임용 14	류머티스 인자RF(-) 활액염증 시 적혈구 침강속도(ESR) 상승		류머티스 인자[RF(+), 80%] 염증 시 적혈구 침강속도(ESR), CRP 상승	
X-선 임용 14	관절강 협착, 관절변형 관절면이 불규칙하다. 뼈와 뼈가 부딪쳐 관절면이 닳아졌다. 연골하 골증식체, 골경화, 골낭종		관절강 협착, 관절변형, 아탈구 연골하 골성 미란(침식), 골강직, 골다공증	
관절액 검사	활액에 WBC < 2000/ μL		활액에 WBC > 2000/ μL 활액의 혼탁도가 증가하고 점성이 감소한다.	

◆ 김기영 보건교사 ◆

류머티스 관절염

증상	척골 변형(척골 기형)	중수수지에서 아탈구되어 손가락은 척골쪽으로 척골일탈 모양의 특징적인 방추상의 척골변형
	Boutonniere 기형 (단추구멍 변형)	단추구멍 변형으로 손가락이 구부러지며 손가락에 원위지 관절의 과신전과 근위지 관절의 굴곡에 기인 지간 관절 주위의 인대가 손상되면서 손가락의 변형으로 단추구멍 변형과 백조 목 변형이 발생한다.
	백조 목 변형 (swan neck 기형)	백조 목처럼 올라오는 모습으로 원위지 관절의 굴곡과 근위지 관절의 과신전
진단검사 국시 01, 07	류머티스 인자(RF) 국시 06	RF는 여러 결체조직 질환에서 생성되는 비정상 IgG항체에 대항하는 자가 항체이다. RF의 증가는 다른 결체조직 질환(SLE)에서도 나타나므로 확진하지 못한다. 활성기에 역가가 높아지고 치료를 하면 류머티스 인자의 역가도 낮아진다.
	Anti-CCP Ab(ACPA)	초기 RA 환자에서 조기 진단 및 예후에 유용 양성인 경우 관절 파괴가 많이 진행되므로 질환의 예후를 예측할 수 있다.
	항핵항체(ANA)	세포핵을 파괴하여 조직을 괴사시키는 항체의 수, 양성 : 역가가 1 : 8 이상으로 역가가 높을수록 활동성
	ESR, CRP	적혈구 침강속도(ESR), CRP : 상승
	C_3 감소	C_3 보체(serum complement) : 감소, 많은 보체가 면역기전에 참여하면 혈중 보체량은 적어짐

전신 홍반성 낭창(SLE, Systemic Lupus Erythematosus)

증상	혈액계 국시 04	빈혈 : 용혈성 빈혈 항백혈구 항체로 백혈구 감소, 항혈소판 항체에 의해 혈소판 감소
임상 검사	RF(Reumatoid Factor)	+
	항핵항체(ANA, anti nuclear antibody)	antinuclear antibody(+), 검진에 유용 : 진단에 가장 유용한 선별 검사 세포핵 내의 항원들에 대한 항체의 총칭이다. 세포핵을 파괴하여 조직을 괴사시키는 항체의 수
	LE cell test(+)	특수한 세포를 볼 수 있다.
	anti-Smith antibody(+)	
	anti-DNA antibody(+)	항 DNA항체 증가, 질병의 활성도 반영
	혈청 C_3(보체) 감소	
	매독 혈청검사	위양성
	ESR 국시 04	ESR(적혈구 침강속도) 증가

통풍(Gout)

식이요법 국시 07

저퓨린식이 임용 14, 18	빵, 쌀밥, 곡류, 과일, 주스류, 감자, 야채(아스파라거스, 시금치, 버섯류, 콩 제외), 우유, 치즈, 달걀
	급성기에 고퓨린식이 금기 내장류(뇌, 허파, 간, 곱창, 신장), 육즙, 진한 고기 국물(곰국, 갈비탕), 등푸른 생선(고등어, 정어리, 꽁치, 청어), 멸치(멸치조림, 멸치국물), 새우, 대합조개
단백질 제한	단백질은 체중 1kg당 1g 이상이 초과되지 않도록 섭취하고 육류는 가능한 줄인다. 엄격한 식이제한: 단백질이 지나치게 부족 우유, 치즈, 달걀, 한 토막 정도의 흰 살 생선으로 단백질을 보충한다.
지방 제한	고지방식이가 고요산혈증을 유발한다.
알코올 제한	알코올은 요산 생성을 증가시키고 배출을 저하시킨다.
알칼리성	알칼리성 식품 섭취와 산성 식품 제한으로 신결석을 예방한다. 요산 결석은 소변이 높은 산성에서 발생한다.
수분	신장, 심장에 이상이 없으면 신결석 방지 위해 수분을 매일 2,000~3,000mL 이상 섭취한다. 요산의 요배설을 증가시킨다. 수분 섭취를 많이 하면 요량이 증가되고 요가 희석되어 용질의 농축이 감소되어 결석 형성을 예방한다.

◆ 김기영 보건교사 ◆

수근관 증후군(손목 터널 증후군) 검사 임용 15 〈티를 팔 손이다〉

티넬징후 (Tinel 징후)	방법	삼각 해머나 손가락으로 팔목의 정중신경 부위인 손목을 가볍게 타진한다.
	정상	무반응
	양성	손과 손가락에 저린감(얼얼한 느낌), 감각이상
팔렌징후 (Phalen 징후) 국시 19	방법	손목을 90°로 구부린 상태에서 양 손등을 마주한 채 손목을 20~30초간 힘 있게 굴곡한다.
	정상	무반응
	양성	손과 손가락에 저린감(얼얼한 느낌), 감각이상
손목 압박 검사	방법	손목의 굴근 표면에 30초간 손으로 압박을 가한다.
	양성	손과 손가락에 저린감(얼얼한 느낌), 감각이상
손가락 외전검사	방법	엄지손가락을 외전한다. 손바닥을 위로 하고, 엄지손가락을 수직으로 펴게 한 후 검사자가 엄지손가락을 아래쪽으로 힘을 가하면서 근력을 확인한다.
	정상	가하는 압력에 충분히 저항한다.
	양성	가하는 압력에 저항하지 못한다.

석고붕대
간호사정 국시 05, 09, 14

혈관 압박	기전	석고붕대 압박으로 혈관이 압박되어 혈류 손상
		청색증(pallor), 피부 냉감 (poikilethermia) 국시 21 , 맥박소실(pulselessness), 모세혈관 충혈 시간 = 모세혈관 재충전 시간, 탈색검사(blanching test), 부종, 출혈
신경 압박 국시 14	기전	사지의 국소적 허혈로 신경에 혈액 공급 부족과 뼈 돌출부를 지나가는 신경에 압박으로 신경손상
		통증(pain), 감각 변화 (paresthesia), 운동 마비(paralysis)

구획 증후군

제거 국시 04, 14		드레싱, 부목, 석고붕대가 꽉 조이지 않도록 한다. 구획 증후군 발생 시 석고붕대의 앞쪽 반을 제거하고, 압력붕대도 제거한다.
심장 높이 국시 98		사지를 심장 위치보다 높게 상승시켜서는 안 되며 심장과 같은 높이에 둔다. 심장 높이로 사지를 올려 부종을 감소한다. 사지에 동맥 관류를 느리게 한다. 너무 높이 올리면 동맥 혈류가 방해될 수 있다.
냉요법 제한		구획 증후군이 의심되는 환자에게 냉요법을 적용하지 않는다. 냉요법이 혈관 수축을 일으키고 구획 증후군을 악화시킨다.

목발 구조

목발 길이 측정	서 있는 자세		액와로부터 손가락 3~4횡지 아래에서 시작하여 발의 10~15cm 앞, 발 외측 15cm까지 대각선 거리이다.
	누워 있거나 선 자세		앙와위나 선 자세에서 전액와 밑에서 손가락 3~4개 넓이 정도 떨어진 곳에서부터 발뒤꿈치 측면으로 15cm 떨어진 지점까지의 거리이다.
	신장		대상자의 신장에서 40cm를 뺀다.
긴 목발 임용10 / 국시 06	목발의 길이가 길면 상완 신경총을 압박하여 목발마비가 발생한다.		
짧은 목발	목발의 길이가 짧으면 등이 굽어지는 자세가 된다.		
손잡이 높이 임용 18	방법	30°각	손잡이 높이는 손을 손잡이에 올려놓았을 때 관절 각도계로 팔꿈치가 30°(20~30°) 각이 되어 약간 굴곡되는 것이다. 손잡이가 올바르지 않으면 체중이 액와에 실리게 되어 상완 신경총 임용 21 이 눌려 팔에 마비가 온다. 목발 손잡이를 잡았을 때 손목이 꺾이면 안 된다.
액와 받침대	방법		대상자가 똑바로 서서 이완된 상태일 때 액와 아래 3~4개의 손가락 아래에 액와 받침대가 있고 패드를 액와 받침대에 댄다.
	효과		액와 받침대는 흉곽과 상지에 가해지는 압력을 완화한다.
고무 덮개	방법		목발 끝에 고무 덮개가 있어야 한다.
			목발 끝의 고무 덮개는 건조하게 유지한다.
	효과		목발 끝의 고무 덮개는 미끄러짐으로 인한 낙상을 방지한다.

목발 간호 <small>임용 10</small>

신발	방법	바닥에서 미끄러지지 않도록 발에 잘 맞고 굽이 낮고 튼튼하고 단단한 밑창이 있는 신발을 신는다.
	효과	튼튼한 신발은 미끄러짐으로 인한 낙상을 방지한다.
삼각위치	방법	기초적 목발위치를 삼각위치로 목발의 위치가 발 앞쪽으로 15cm 옆으로 15cm 떨어진 곳으로 보행은 삼각위치에서 시작한다.
	효과 <small>임용 18</small>	이 위치는 기저면을 넓혀주어 균형을 유지하고 안정감을 최대화시킨다.
곧은 자세	방법	삼각위치에서 신체 선열은 머리와 목은 똑바로 하고, 척추는 반듯하며 둔부와 무릎은 신전시켜 곧은 자세를 유지한다.
	효과	곧은 자세가 낙상을 방지한다.
체중부하 부위 <small>국시 08</small>	방법	목발이 3~4횡지 액와로부터 떨어져 있어야 하고 체중부하는 액와에 주지 말고 팔과 손목, 손에 주어 옮긴다.
	효과	액와에 체중이 가해지면 상완 신경총에 체중이 가해지며 압박되어 목발 마비가 생긴다.

◆ 김기영 보건교사 ◆

의자

의자		목발을 사용하는 대상자에게 팔걸이가 있고 벽에 안전하게 고정되어 있는 의자가 필요하다.
앉을 때 임용 18	건강한 다리 쪽	의자 앞면에 다리의 뒤가 닿도록 선다. 의자에 앉을 때 몸을 약간 앞으로 숙이고 건강한 다리 쪽 손에 목발 2개를 포개어 손잡이를 잡는다. 체중은 건강한 다리에 실린다. 체중은 건강한 다리와 모아 쥔 목발로 지탱한다. 목발 잡은 손에 체중을 지탱하면서 건강하지 않은 다리의 손은 의자의 손잡이를 잡고 몸을 서서히 낮춘다. 앉는 동안 체중이 가해지는 것과 굴곡을 막기 위해 손상된 다리를 앞으로 뻗는다.
	아픈 다리 쪽	건강한 다리가 의자 중간에 오도록 한다. 아픈 다리 쪽으로 목발을 옮겨서 쥔다. 대상자는 건강한 다리 쪽 손으로 의자의 팔걸이를 잡는다. 대상자가 건강한 다리와 목발로 체중을 지지하기 위함이다. 몸을 앞쪽으로 기울이면서 무릎과 둔부를 구부리고 낮춘다. 이환된 다리를 앞으로 뻗고 빈손으로는 의자의 팔걸이를 잡고 의자에 앉는다.
설 때	건강한 다리 쪽	건강한 다리를 의자의 앞면으로 옮긴다. 건강한 다리 쪽의 손에 포개어 목발 손잡이를 잡는다. 체중은 건강한 다리와 두 목발과 의자 팔걸이를 잡은 손에 싣고 일어선다.
	아픈 다리 쪽	설 때는 목발 보행 시작 시의 삼각위치로 목발을 놓고 일어선다. 의자에서 일어설 때 의자의 가장자리에 건강한 다리를 놓고 부상당한 다리를 앞으로 쭉 편다. 아픈 다리 손으로 목발 손잡이를 붙잡고 건강한 쪽 손으로 의자의 팔걸이를 잡는다. 국시 22 대상자가 일어설 때 체중을 건강한 다리와 목발과 의자 팔걸이를 잡은 손에 싣는다.

계단 `국시 07/ 임용 10, 12`

난간이 없는 곳 `임용 22`	오르기 `임용 19`	삼각위치에서 시작한다. 건강한 다리를 위쪽 계단에 올리고 계단에 올린다. 이때 목발과 약한 다리로 체중을 지탱한다. 체중을 건강한 다리로 이동한다. 목발과 약한 다리를 위쪽 계단의 건강한 다리 옆에 나란히 둔다.
	내려오기	삼각위치에서 시작한다. 체중을 건강한 다리로 지탱한다. 목발을 한 계단 내려 놓고 체중을 목발로 이동한다. 약한 다리를 아래 계단으로 옮긴다. 건강한 다리로 아래 계단의 목발까지 내려온다.

목발보행의 종류 `국시 98, 01, 04, 09, 13`

4점 보행 (four point gait)	적응증	양측 하지에 체중부하가 가능한 환자
	특징 `국시 05`	매 보행 시마다 3점의 기저를 이루므로 매우 안전하나 느리다. 우측 목발, 좌측 발, 좌측 목발, 우측 발의 순서로 걷는다.
	방법	삼각위치에서 시작한다. 오른쪽 목발을 앞으로 옮긴다. 왼발을 앞으로 옮긴다. 왼쪽 목발을 앞으로 옮긴다. 오른발을 앞으로 옮긴다.
2점 보행 (two point gait)	적응증	양쪽 하지가 어느 정도 체중을 지탱할 수 있으며 균형 유지가 가능할 때 적당하다.
	특징	4점 보행보다 빠른 방법으로 체중을 두 점에 지탱하기 때문에 균형 유지가 많이 필요하다. 항상 2점이 땅에 닿게 된다.
	방법	삼각위치에서 시작한다. 오른쪽 목발과 왼쪽 발을 앞으로 동시에 옮긴다. 왼쪽 목발과 오른쪽 발을 앞으로 동시에 옮긴다.
3점 보행 (three point gait) `임용 22 / 국시 15`	적응증 `국시 05`	한쪽 하지가 약해서 체중부하를 할 수 없고 다른 한쪽 하지는 튼튼하여 건강한 다리에 체중을 지탱한다.
	방법 `국시 07`	건강한 다리와 양쪽 목발에 체중을 지탱한다. 삼각위치에서 시작한다. 양쪽 목발과 약한 다리를 앞으로 옮긴다. 건강한 다리를 앞으로 옮긴다.

삼각보행 (tripod gait)	적응증	하지마비 대상자에게 적용되는 보행
	방법	몸의 중심점을 전방으로 옮겨 목발을 이용해 보행하는 방법이다. 좌측 목발이 먼저 나가고, 그 다음 우측 목발이 나간 후 몸을 앞으로 끌어당기는 방법이다. 나중에는 양측 목발, 몸을 앞으로 끌어당기는 순서로 보행한다. 보행 시는 안정기저를 넓게 하여 몸을 충분히 전방으로 기울이게 하여 중력의 중심이 골반의 전방에 오게 한다. 중력의 중심이 골반의 후방에 위치하면 넘어지기 쉽다.
뛰기 보행 (swing to gait)	적응증 국시 06	보조기를 착용한 둔부와 다리의 마비를 가진 대상자, 절단 환자, 양쪽 발이 체중 부하가 불가능한 경우
	특징	양측 목발이 앞에 오고 몸을 들어서 앞으로 나가게 하는데 몸이 목발의 선을 넘지 못하고 양발을 띄어 놓는 보행
	방법	삼각위치에서 시작한다. 양쪽 목발을 앞으로 옮긴다. 목발에 체중을 의지하고 양발을 들어서 몸이 목발의 선을 넘지 못하고 목발까지 옮긴다.
건너뛰기 보행 (swing through gait)	특징	장애물을 뛰어넘기 위해 양발을 동시에 들어 올려 뛰는 보행이다. Swing-to 보행과 달리 양발이 목발의 위치를 뛰어 넘는 것이다. 양측 목발이 앞에 오고 몸을 들어 올려 양측 목발을 넘어 양발을 뛰어 놓는다. 보행속도가 가장 빠르나 넘어질 수 있어 주의를 요한다.
	방법	삼각위치에서 시작한다. 양쪽 목발을 앞으로 옮긴다. 목발에 체중을 의지하고 양발을 들어서 목발을 지나 앞으로 옮긴다.

절단 후 합병증 국시 06

환상지통 국시 04, 07, 17	기전		남아 있는 신경이 전과 같이 뇌의 같은 부위에 자극을 보낸다.
	중재	의수족 착용	의수족 착용에 의해 환상지통이 완화된다.
		거울요법	거울은 뇌로 전달된 사지로부터 감각을 대체하는 시각적 정보를 제공하여 환상지감과 통증을 완화시킨다.

⑪ 신경계

실어증

운동 실어증 = 브로카 실어증, 표현성 실어증, 비유창성 실어증	언어구사 능력의 장애로 말하기, 쓰기 장애 국시 14 다른 사람의 말을 이해하지만 실제 말을 하는 표현 능력의 장애
감각 실어증 = 베르니케 실어증, 유창성 실어증, 감수성 실어증	언어 이해능력의 장애로 듣기, 읽기 장애이며 말과 글의 이해에 어려움

소뇌 기능 사정

Romberg 검사(기립검사) 국시 17	방법	평형 감각 검사 눈을 뜬 상태에서 무릎과 발을 모으고 서 있게 한 후 눈을 감게 한다. 두 팔은 몸 양옆으로 자연스럽게 내리고, 흔들림이 있는지 관찰한다.
	정상	두 눈을 감고 그 자세를 유지한다.
	소뇌장애(음성)	환자는 눈을 뜨거나 감을 때 모두 흔들림으로 발을 모으고 서 있을 수 없다.
	전정의 문제(양성)	메니에르병 같은 전정의 문제는 시각이 전정 기능을 보상하여 눈을 뜨면 흔들림이 심하지 않지만 눈을 감은 상태에서만 흔들림이 심해진다.

◆ 김기영 보건교사 ◆

Glasgow Coma Scale(GCS) 임용 15 / 국시 06, 19 〈자음통이 지혼부이로 명통회에 굴신하다〉

눈뜨는 반응 (E)	4	자발적	자발적으로 눈을 뜬다.
	3	음성	이름을 부르거나 음성(명령)에 의해 부르면 눈을 뜬다.
	2	통증	통증 자극에 눈을 뜬다.
	1	없음	전혀 눈을 뜨지 않는다.
언어 반응 (V)	5	지남력 있음	연도, 달, 장소, 자신을 바르게 안다.
	4	혼돈된 대화 (confused conversation)	질문에 적합하지 않은 답변을 하거나 하나 이상 영역의 지남력 상실로 연도나 날짜를 잘못 말한다.
	3	부적절한 언어 (inappropriate words)	말은 하되 부적절한 언어로 적절하지 않고 비조직적인 단어 사용으로 잘못된 단어를 무작위로 대답한다.
	2	이해 불가능한 소리 (incomprehensible sounds)	신음을 하거나 말이 되지 않는 이해할 수 없는 소리나 괴성을 지른다.
	1	없음	전혀 소리를 내지 않는다.
운동반사 반응 (M)	6	명령	명령에 따른다.
	5	통증부위 인식과 제거 (localize to pain)	통증 부위를 지적하고 통증 부위까지 접근하여 손으로 통증을 제거한다.
	4	통증에 회피굴곡반응 (withdraws to pain)	비정상적 굴곡자세 없이 통증을 피하려고 자극에 움츠린다.
	3	이상 굴곡 반응	자극을 주면 이상 굴곡 반응을 한다.
	2	이상 신전 반응	자극을 주면 이상 신전 반응을 한다.
	1	없음	전혀 없음
해석	경증	13점 이상	
	중등도	9~12점	
	중증 국시 21	8점 이하	

대면법에 의한 시야 검사

방법 임용 09, 17	마주보기	시야가 정상인 검진자는 대상자와 50cm~1m 떨어져서 마주본다.
	가리기	각각 불투명한 덮개로 환자는 우안을 검사자는 좌안을 가리고 서로 가려지지 않은 눈을 응시한다.
	바깥쪽에서 안쪽	바깥쪽에서 안쪽으로 손가락이나 펜라이트 같은 작은 물체를 움직이고, 손가락을 움직이면서 서서히 안으로 이동한다. 대부분 시야 결손이 귀쪽(이측, 측두쪽)을 침범하므로 이 부위에서 시작한다. 양 측두, 상부, 하부의 4분원에서 반복 실시한다.
	말하기	대상자는 검진자의 손가락이 보이면 바로 "보입니다."라고 말한다.
정상		정상 시야는 검진자와 동시에 손가락을 볼 수 있다. 생리적 맹점 국시 07 : 시신경 유두는 생리적인 맹점으로 신경 섬유만 있고 시각 수용체가 없어 시야 결손 부분이다. 시선 중 귀쪽으로 12°~15° 옆이다.
정상 시야		위쪽 50°~60°, 아래쪽 70°, 안쪽(코쪽) 60°, 바깥쪽(귀쪽) 90°

시야 결손 임용 09

뇌질환, 망막 박리 : 커튼을 드리운 것 같은 시야 상실, 시신경염, 시신경 위축 유두부종(심한 고혈압에서 유두부종), 녹내장

운동 기능 국시 13	상지 국시 99, 01, 04	Barre's sign	방법	대상자가 눈을 감고 팔을 앞으로 내밀게 한 후 손바닥을 위로 하여 20~30초 동안 서 있게 한다.
			정상	정상적 사람은 이 자세를 잘 유지하여 손바닥을 위로 하면서 팔을 몸의 앞쪽으로 들어올린다.
			비정상	근력이 약하면 손바닥이 아래를 향하면서 팔이 아래로 떨어지는 엎침 이동(회내 이동)이 있다.

심부건 반사 국시 17

이두근 반사	C_5, C_6	대상자의 손바닥을 아래로 하고 팔꿈치 부분은 약간 굴곡하고 검진자의 엄지를 이두근의 건 위에 올려 놓고 그 위를 해머로 친다.	팔꿈치에 약간의 굴곡현상과 대고 있는 엄지로 이두근의 수축 감지
삼두근 반사	C_7, C_8	대상자의 팔꿈치를 구부린 후 손바닥을 몸쪽으로 향하게 하여, 가슴 부분을 지나가게 약간 잡아당겨 팔꿈치 2~5cm 위에 있는 삼두근을 직접 해머로 때린다.	삼두근의 수축과 팔꿈치의 신전 관찰
상완 요골근 (회외근 반사)	C_5, C_6	대상자의 팔을 무릎 위에 가만히 놓고 손바닥은 아래쪽을 향하고 손목의 2~5cm 위에 있는 요골을 해머로 친다.	팔의 굴곡과 회외(손바닥이 전방을 향하게 하는 운동) 운동 관찰
슬관절 반사 (무릎)	L_2, L_3, L_4	앉은 자세나 누워 있는 자세를 취하게 한 후 대상자의 무릎을 굴곡하여 슬개골 밑의 슬개건을 가볍게 친다.	대상자의 대퇴 전면부에 검진자의 손을 올려놓으면 대퇴사두근의 수축과 무릎이 신전한다.
발목 반사 (아킬레스건)	L_5~S_2	무릎을 어느 정도 굴곡시킨 상태에서 발목을 배측으로 굴곡하고 아킬레스건을 친다.	발목에서 족저 굴곡 관찰

표재성 반사 국시 17

복부 반사	T_8~T_9 T_9~T_{11} T_{11}~T_{12}	복부에서 배꼽의 위쪽, 중앙, 아래쪽 부분을 배꼽을 향하여 같은 방향으로 면봉으로 가볍게 자극	복부근육의 수축 & 배꼽이 자극을 받은 쪽으로 치우침
거고근 반사	T_{12}, L_1	대퇴 상부의 내측 부위를 자극	동측 음낭과 고환의 상승
항문 반사	S_3~S_5	항문 부위를 자극	외항문 괄약근의 수축

무의식 수준 5단계(LOC) : 자극 + 언어 반응 국시 01, 05, 10

기민 상태(Alert)	시각, 청각, 감각 자극에 적절한 반응으로 행동과 언어로 적절히 반응한다. 자신과 주위에 인지한다.
기면 (Drowsy, Lethargy)	자극이나 언어, 질문에 쉽게 깨어나 대화가 가능하고 질문에 적절하게 대답한다. 외부 자극이 없으면 각성 상태를 유지하지 못하고 자려고 한다.
혼미(Stupor) 국시 01	아주 강하고 지속적인 큰 소리, 통증, 밝은 빛의 반복적 자극에 의해서만 겨우 반응하거나 눈을 뜬다. 의사소통은 되지 않는다. 반응이 부적절하지만 짧고 간단한 질문에 한두 마디로 대답한다. 통각 자극에 회피하는 행동을 보인다.
반혼수(semicoma) 국시 04	환자 스스로의 자발적 움직임은 없고 아주 심한 자극을 주어도 깨어나기 어렵고 반사적인 움직임이 있다.
혼수(Coma)	모든 자극에 전혀 반응이 없으며 아주 고통스러운 자극에 반사 반응이 지연된다.

기저 두개골절 임용 15 / 국시 10, 12

중요성	기저 두개골절은 뇌간 부위가 인접해 위험하다.	
라쿤징후(Racoon's sign)	안구 주위의 반상출혈(피부나 점막에 3mm 이상의 출혈)	
배틀징후(Battle's sign)	유양돌기에 반상출혈	
이루, 비루 국시 07	이루, 비루 : 뇌척수액은 물같이 투명	
혈당 검사	방법	혈당 검사 용지로 누출된 용액에 당이 존재하는지 테스트이다. 코나 귀로 누출되는 액체가 뇌척수액인지 확인한다.
	양성 반응	뇌척수액은 당이 정상적으로 존재하여 양성 반응을 나타낸다. 혈액이 당을 함유하여 액체에 혈액이 존재하면 양성 반응이다.
halo sign (ring sign, 달무리 징후)	뇌척수액에 혈액이 있는지 확인하기 위해 누출된 액체를 하얀 패드에 떨어뜨리고 몇 분 안에 혈액이 중앙으로 뭉치고 투명한 뇌척수액이 혈액을 감싼다.	

두개내압 상승 증상 (국시 00, 04, 07, 18)

Vital sign (국시 08)	기전 (국시 08)		두개내압 상승으로 시상하부, 연수의 압력 상승으로 발생한다. 연수에는 호흡 중추, 심박동 조절중추, 혈관운동 중추가 있다.
	체온 상승		뇌압이 증가하여 시상하부 체온조절중추에 영향을 미치어 체온 변화로 발열이 나타난다.
	맥박		서맥, 혈압 증가에 부교감신경 흥분으로 심박동수를 낮춘다.
	호흡		Cheyne stokes 호흡(불규칙한 과호흡과 무호흡 반복) 실조성 호흡(불규칙적 얕은 호흡 후 무호흡) 불규칙한 호흡 양상
	Cushing triad		서맥, 불규칙적인 느린 호흡, 수축기 혈압 상승, 맥압 상승
	혈압		수축기 혈압 상승, 맥압 상승 뇌간이 압박을 받으면 혈관운동중추의 허혈로 혈관 수축을 일으켜 수축기 혈압이 상승한다. 연수에서 혈관운동조절로 혈압이 유지되도록 한다.
두통 (국시 06)	두개 내 압박		두개 내 구조의 압박은 두통을 일으킨다. 발사바 요법은 기침, 재채기, 배변, 긴장, 움직일 때 두개내압 증가로 두통이 있다.
	아침 두통		수면 시 혈중 이산화탄소 농도가 증가하여 뇌혈관이 확장되어 두개내압 증가로 두통이 있다.
경련	기전		두개내압 상승으로 뇌의 신경원 내 전기에너지가 과도하게 비정상적 방출로 경련
	증상		대발작(강직성 간대성 발작) 형태
의식수준 저하			대뇌피질과 망상 활성계에 뇌혈류량 감소로 뇌의 산소공급 저하로 의식수준의 저하
동공	동공 확장		두개내압 상승은 동안신경(3뇌신경)을 눌러 동공이 산대한다. 정상 동공은 3~5mm
	고정된 동공		두개내압 상승에서 대광 반사로 어두운 방에서 펜라이트에 빛을 비춘 눈의 동공반응이 동안신경이나 시신경을 압박하여 발생한다. 느려진 고정된 부동의 동공이다.
	시력장애		
	복시		3, 4, 6번 뇌신경
유두부종			두개내압이 상승할 때 뇌척수액을 통해 압력이 시신경 유두로 전달되어 유두부종 발생

운동 기능	기전		두개내압 상승은 전두엽에 있는 1차성 운동영역 사이의 신경전달로인 겉질척수로(추체로 중추)를 압박하여 반대쪽의 운동의 기능상실을 초래한다.
감각 기능	기전		두개내압 상승은 두정엽에 있는 감각영역 사이의 신경전달로를 압박하여 반대쪽 감각의 기능상실을 초래한다.
구토 임용 21	기전		뇌압 상승에 따른 뇌간의 압력으로 연수의 구토 중추를 자극하여 구토한다.
	증상		오심 없이 반복적 분출성 구토
Cushing 궤양	기전		시상하부의 자극으로 미주신경이 활성화되어 아세틸콜린과 gastrin이 증가되어 염산 분비 증가로 Cushing 궤양이 발생한다.
	증상		식도, 위, 십이지장에 심한 위장 출혈

신경인성 쇼크 응급 간호

변형된 trendelenburg 자세 임용 10	방법		경부 고정장비와 척추 고정판으로 척추를 고정하며, 하지를 심장보다 높게 척추 고정판으로부터 20~30cm 정도 높게 상승시킨다. 하지를 너무 높게 거상하면 복강 내 장기들이 횡격막을 흉부쪽으로 밀어서 폐가 압박되어 호흡기능이 저하된다.
	효과		하지를 20~30cm 상승시켜 하지의 확장된 혈관의 혈액들이 심장으로 유입하여 혈압 상승

자율신경 과다반사(자율신경 반사 항진) 국시 01

유발 요인 제거	자극 제거 국시 21	방법		유발 요인을 사정하여 자극 제거 시 지나친 교감신경 반응은 없어진다.
		효과		척수병변 수준 이하에 비전형적 자극으로 교감신경 반응이 있다. 유발 요인을 사정하여 자극 제거 시 지나친 교감신경 반응인 자율신경 과다반사는 없어짐 자율신경 과다반사는 자극이 완전히 제거되지 않는 경우 다시 발생하며 손상 후 5~6년 동안 지속 가능하다.
	비뇨생식기 국시 15, 19	방법		방광 팽만, 방광 결석, 음경의 압박, 자궁 수축을 사정한다.
		효과	요 제거	방광 팽만을 점검하고 즉시 도뇨관을 삽입하여 요 정체를 제거한다.
			자극 감소	음경의 압박이나 자궁 수축을 감소시킨다.

추간판 탈출증 검사

하지 직거상 검사 국시 11	방법	환자를 앙와위로 반듯이 눕게 한다. 무릎을 완전 신전한 상태에서 검사자는 환자의 한쪽 발을 서서히 검사대로부터 들어올리고 발목을 배굴한다.
	결과	L_5와 S_1 신경근 압박으로 하지에 심한 통증과 허약과 반대편 다리의 직거상 시에도 통증과 허약이 지속된다.
대퇴신경 신장 검사 (femoral nerve stretching test)	방법	환자를 엎드리게 하고 무릎관절을 90°로 굽혀서 들어올려 엉덩관절을 신전되도록 한다.
	결과	대퇴부 앞쪽에 통증이 일어난다. L_3, L_4 신경근 압박으로 인한다.

발작 종류 국시 04

		부분 발작	전신 발작
뇌		대뇌피질의 일부에서 시작되어 인지, 정서, 행동 증상	양측 대뇌 반구를 침범하여 뇌의 전체에 영향
종류 〈단복〉	단순 부분 발작 (단순 초점 발작, 초점 발작)	일차성 피질 영역들과 연관되어 운동증상, 감각증상, 자율신경계 증상, 감정증상이 있다. 의식수준이 있다.	소발작(결신발작) : 하루에 많게는 20번 이상, 5~10초 의식 상실, 활동 정지, 자동증 긴장성 간대성 발작(강직성 간대성 발작, 대발작), 근간대 발작, 무긴장성 발작
	복합 부분 발작 (복합 초점 발작)	전조, 자동증, 1~3분 동안 의식이 상실, 기억 상실	
전조, 기시감		전조, 기시감이 있다.	일반적으로 전조, 기시감이 없다.
증상		몸의 일부에만 증상	전신 증상
의식		대부분 의식O(단순 부분 발작)	대부분 의식소실

뇌막염

뇌막 자극 증상 임용 07, 14 국시 03, 05	경부 경직	방법	목을 앞으로 굴곡시킨다.
		결과	목을 굽힐 때 목이 경직, 뻣뻣, 통증이 있다.
	케르니그 (Kernig) 징후 국시 21	방법	앙와위로 눕히고 한쪽 다리는 똑바로 펴도록 하고 다른 쪽 다리의 대퇴부와 무릎을 90° 각도로 구부렸다가 무릎을 편다.
		결과	다리를 펼 때 대퇴 후면, 무릎, 종아리 근육에 통증과 저항이 있다.
	브루진스키 (Brudzinski) 징후	방법	목을 가슴 쪽으로 부드럽게 굽힌다.
		결과	목의 통증과 함께 대퇴와 무릎, 발목이 저절로 굽혀진다.

뇌수막염의 뇌척수액 검사 국시 18

방법	두개내압이 상승하면 뇌조직 탈출 위험으로 요추천자는 금기이다. 국시 20		
	정상	세균성 뇌막염	바이러스성 뇌막염
뇌척수액	물과 같이 투명	화농성을 띠고 혼탁	맑거나 변화 없다.
백혈구		현저히 증가	
단백질		상승	상승
포도당		감소	정상

◆ 김기영 보건교사 ◆

시야 경로

망막 → 시신경 → 시신경 교차 `임용 18` → 시삭 → 외측 슬상체 → 시방사 → 후두엽 시각피질 : 시신경 교차의 병소로 양측두야 반맹

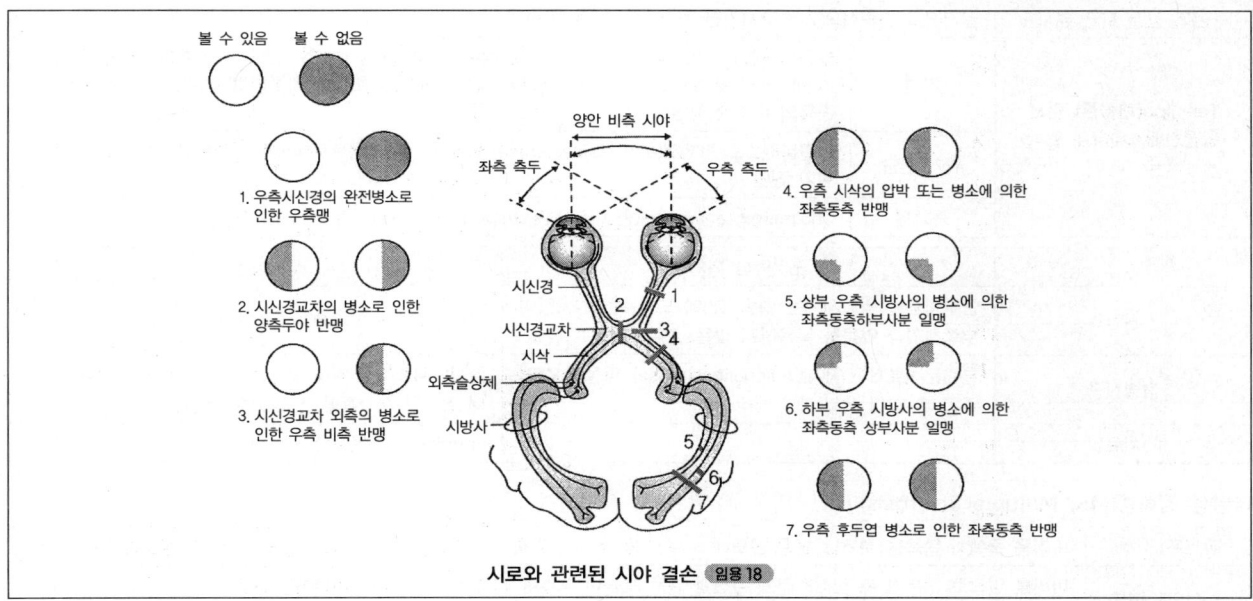

시로와 관련된 시야 결손 `임용 18`

파킨슨 질환(Parkinson's disease)

4대 증상인 서행증, 휴식 시 진전(떨림), 경직, 자세 불안정

중증 근무력증

아세틸콜린(acetylcholine) 항체 검사		항Ach(acetylcholine) 수용체 항체(anti-AchR ab(+))가 증가한다. 아세틸콜린 수용체 항체가 증가한다.
반복 신경 자극 검사		골격근을 연속적으로 수축시키면 차차 근력이 저하된다.
Tensilon(텐실론) 검사 (항콜린에스테라제 검사) 국시 03, 07	기전	콜린분해효소 억제제인 tensilon, Neostigmine(Prostigmin)을 정맥 주사한다. 콜린분해효소(acetylcholinesterase)인 아세틸콜린을 불활성화하는 효소를 차단하여 아세틸콜린을 증가시켜 근육의 수축력 향상을 본다.
	위기 진단	콜린분해효소 억제제(anticholinesterase) 약물의 과다사용으로 나타나는 콜린성 위기와 근무력증 위기 진단
	중화제	Cholinergic antagonist인 아트로핀(atropine)은 tensilon의 해독제이다.

	근무력성 위기	콜린성 위기
원인	근무력증을 악화시키는 촉발요인에 노출로 약물용량이 부족하거나 약물을 복용하지 않은 경우	콜린분해효소 억제제(anticholinesterase)의 과다투여
감별진단	콜린분해효소 억제제(anticholinesterase) 약물의 정맥 주입 후 힘이 생길 때	콜린분해효소 억제제(anticholinesterase)의 복용 1시간 내 골격근 허약증상, 안검하수, 호흡곤란
치료		atropine을 투여한다.

다발성 경화증(MS, Multiple Sclerosis)

유토프 징후	뜨거운 물에서 목욕을 하거나 높은 온도에 노출된 후 증상의 악화가 생긴다. 수초 탈락이 일어난 신경이 온도에 민감하다.
레르미트 징후	머리를 앞으로 구부릴 때 갑작스러운 감전과 같은 통증이 척추를 따라 팔, 다리로 뻗어나가는 느낌 탈수초화가 일어난 신경의 자극이 원인이다.

안면 신경마비(벨마비, Bell's palsy)

	중추성 마비 : 뇌졸중	말초성 마비 : Bell's palsy
원인	뇌졸중의 뇌의 왼편 전두엽 손상 시 오른쪽 아랫부분 안면 마비 + 오른쪽 윗부분 안면은 피질 양쪽에서 온 신경로 지배로 정상	Bell's palsy 시 오른쪽 안면신경 손상으로 이마를 포함한 전체 오른쪽 안면 마비

⑫ 내분비 장애

뇌하수체 기능저하증	뇌하수체에서 분비되는 호르몬이 한 가지 이상 결핍되어 초래 범하수체 기능저하증은 뇌하수체 전엽과 후엽에서 분비되는 모든 호르몬 분비가 안 될 때이다.	
	뇌하수체샘종 (비분비성 뇌하수체 선종, 36%)	비분비성 뇌하수체 종양
	시한(sheehan) 증후군(23%) 임용 19 / 국시 06	분만 후 산후 출혈에 의한 뇌하수체의 허혈성 괴사
뇌하수체 기능항진증	뇌하수체선에서 분비되는 호르몬 중 한 가지 이상 호르몬의 과잉 분비	
	뇌하수체에서 측두부 반맹이 생긴다. 뇌하수체가 시신경 교차에 가깝다.	

말단 비대증

정의 국시 06		뇌하수체 전엽 종양으로 성인의 경우 골단 융합 이후 성장호르몬 국시 03 의 과잉 분비	
증상 임용 10		비대	단백질 합성물을 촉진함으로 뼈, 근육, 다른 조직의 성장을 자극한다.
		고지혈증	지방 대사 변화로 지방을 분해하여 혈관 내 지방 증가
		고혈압	심장 비대로 인한 혈압 상승과 전해질 대사 작용으로 나트륨과 수분 저류로 고혈압
		당뇨병	성장호르몬 증가로 세포에서 포도당의 흡수를 억제시켜 고혈당
검사	선별검사	IGF-1 검사	나이와 성별에 따른 혈청 인슐린 유사 성장인자-1(인슐린양 성장인자-1, Insulin-like growth factor-1 ; IGF-1)의 농도를 확인한다. IGF-1은 GH의 자극에 의해 생산된다. 성장호르몬이 상승하면 IGF-1도 증가한다.
	확진검사	경구포도당부하 검사 (당부하를 통한 성장 호르몬 분비 억제 검사)	75gram 경구포도당부하 검사(OGTT)를 통해 2시간 이내에 성장호르몬이 감소하지 않으면 확진한다. 정상적으로 포도당에 의해 성장호르몬 분비는 감소한다.
		MRI	확진검사를 통해 말단 비대증이 진단되면, 자기공명영상검사를 통해 뇌하수체 종양을 확인한다.

갑상샘 기능항진증

증상 국시 01	안구돌출 (Graves병)		안와조직과 안구근육에 지방과 수분 축적으로 안구가 돌출된다.
	대사 항진 국시 21		과다한 갑상샘호르몬은 교감신경계를 자극하여 대사 항진으로 기초대사율 증가
	근골격계	골다공증	갑상샘호르몬 증가에 의해 뼈 흡수와 뼈 형성이 모두 촉진되지만 뼈 흡수가 강하게 촉진되어 골다공증
		주기적 마비	저칼륨혈증성 주기적 마비로 앉았다 일어서려 할 때 다리에 힘이 빠져 일어날 수 없는 것
혈액 검사	T_3, T_4 ↑		
	TSH	TSH ↓	Graves병에 T_3, T_4 상승에 음성 되먹이 기전으로 TSH ↓
		TSH ↑	TSH 분비 뇌하수체 종양에서 TSH 과다 분비
	TSI		anti TSH 수용체 항체(TSI)

갑상샘 기능저하증

		원발성 갑상샘 기능저하증	2차성 갑상샘 기능저하증	3차성 갑상샘 기능저하증
검사 국시 18		갑상선에서 T_3, T_4 감소 뇌하수체에서 갑상선자극호르몬(TSH) 상승 : 음성 되먹이 기전	T_3, T_4 감소 갑상선자극호르몬(TSH) 부족 TRH 증가	T_3, T_4 감소 갑상선자극호르몬(TSH) 부족 TRH 감소
증상 국시 04, 14	심혈관계	고지혈증 국시 07, 09	갑상샘호르몬이 콜레스테롤 제거 기전을 자극한다. 갑상샘호르몬 감소로 혈청 내 콜레스테롤과 중성 지방이 증가하고 동맥경화증과 관상동맥 질환이 발생한다.	
	점액수종	기전	단백질 이화가 이루어지지 않아 피부와 조직에 점액소(mucin, 점액에 끈기를 부여하는 물질)가 축적되고 삼투압을 형성하여 물이 고여 부어오른다.	

부갑상샘 기능항진증

칼슘 조절 임용 13 / 국시 03

부갑상샘호르몬 (PTH : parathyroid hormone) 국시 05	혈중 칼슘↑	자극	혈청 칼슘 농도가 감소하면 부갑상선을 자극하여 부갑상샘호르몬을 분비하여 혈중 칼슘을 높인다.
		뼈	부갑상샘호르몬은 파골세포 활성화로 뼈에서 칼슘과 인을 혈액으로 방출하여 혈중 칼슘을 높인다.
		장	음식에서 칼슘의 장내 흡수를 자극하여 혈중 칼슘을 높인다.
		신장	신장에서 비타민 D의 활성화를 증진시키고 신장 세뇨관에서 칼슘 재흡수를 증진시켜 혈중 칼슘을 증가시킨다. 인 배설을 증가시켜 혈중 인을 감소시킨다.
calcitonin 국시 98	혈중 칼슘↓		calcitonin은 갑상샘에서 분비되며 혈액 속 칼슘의 농도가 정상치보다 높을 때 소장에서 칼슘 흡수와 신장에서 칼슘 재흡수를 억제한다. 골파괴로 인한 골흡수를 억제하고 조골 세포의 골형성을 자극하여 칼슘을 혈청에서 뼈로 이동시켜 혈청 칼슘을 낮춘다.
인	혈중 칼슘↓		80%의 인은 뼈 속에 존재하며 혈청 내 Ca과 P은 반대의 관계이다. 혈중 인 증가로 혈중 칼슘은 감소한다.

부갑상샘 기능저하증과 저칼슘혈증 증상 임용 12 / 국시 13, 14

테타니 국시 05, 19	신경의 흥분성을 증가시켜 테타니를 초래한다. 세포 외액에 칼슘 농도가 높으면 세포막의 투과성이 저하되고 칼슘 농도가 낮으면 세포막의 투과성이 증가하여 소듐이 쉽게 이동하여 쉽게 탈분극이 된다.
쉬보스텍 징후 (크보스테크 징후, chvostek's 징후) 국시 20	얼굴의 한쪽을 가볍게 두드린다. 안면신경의 과흥분 상태로 얼굴 근육의 강직성 경련이다.
트루소 징후 (Trousseau's 징후)	팔의 상부에 혈압기를 감아서 수축기 혈압보다 20mmHg 높은 압력으로 수분간 순환을 억제시킨다. 손과 손가락이 강직되고 굴곡된다.

간호중재 국시 06

기관절개 세트	방법	항상 기관 내 삽관, 기관절개 세트를 환자 가까이에 준비한다.
	효과	후두강직 조절로 호흡기 폐쇄를 방지한다.
종이 가방	방법	종이 가방을 입에 대고 호흡을 시켜 자신의 탄산가스(CO_2)를 흡입한다.
	효과	탄산가스(CO_2) 흡입으로 경한 호흡기 산혈증 초래로 혈액 내 이온화된 칼슘량을 상승시킨다.

쿠싱증후군

야간 1mg 덱사메타손 억압(억제) 검사		선별 검사이다. 밤에 덱사메타손 1mg을 투여해서 다음 날 아침 plasma cortisol > 5 μg/dL이면 쿠싱증후군을 의심한다. 확진 검사가 필요하다.
저용량 dexamethasone 억압 검사	특징	확진 검사이다.
	방법	저용량 dexamethasone을 투여한다.
	정상	dexamethasone으로 ACTH 분비가 억압되어 코티졸이 5 μg/dL 이하로 감소
	쿠싱증후군	코티졸이 감소되지 않는다.
고용량 dexamethasone 억압 검사	특징	ACTH 의존성 쿠싱증후군의 감별 검사이다.
	ACTH 의존성 쿠싱 증후군 (뇌하수체성)	뇌하수체성 ACTH 의존성 쿠싱증후군(Cushing's disease)으로 정상보다 고용량 dexamethasone에 음성 되먹임 기전으로 ACTH 분비가 억압되어 cortisol이 감소한다.
	그 외	부신 종양(원발성 쿠싱증후군) 이소성 ACTH syndrome은 ACTH 분비 억제가 안 되어 cortisol이 증가한다.

갈색 세포종

카테콜라민 농도 국시 20	24시간 소변에 카테콜라민(catecholamine) 대사 산물인 메타네프린(metanephrine), normetanephrine, VMA(vanilly-mandelic acid) 배설량이 증가한다.

요붕증

수분 억제 검사	방법	경구적 수분 섭취를 억제한 다음 소변의 양과 농도 변화 관찰
	정신성 요붕증	다뇨 감소와 요비중, 요삼투압이 증가한다.
	중추성, 신성 요붕증	중추성, 신성 요붕증일 경우 수분 섭취를 억제하더라도 다뇨 감소와 요비중, 요삼투압이 증가하지 않는다.
외인성 항이뇨호르몬 주입 검사	방법	수성 항이뇨호르몬(pitressin)인 desmopressin acetate(DDAVP)을 주입해 보아 다뇨증, 다갈증이 완화되는지 관찰
	중추성, 정신성 요붕증	다뇨가 감소한다.
	신성 요붕증	외인성 항이뇨호르몬 주입에 무반응

당뇨병
인슐린(Insulin)의 기능 국시 05

탄수화물대사 국시 03, 16	글리코겐 합성	포도당은 인슐린에 의해 간, 근육에 글리코겐으로 축적되고 글리코겐이 포도당으로 분해 억제로 혈당이 감소한다.
	포도당 이용	혈액 속 포도당이 세포막을 통과하여 근육과 지방세포에 포도당의 흡수와 이용 증가로 혈당이 감소한다.
단백질대사	단백질 합성	아미노산을 세포 내로 이동하여 아미노산을 단백질로 전환하여 단백질이 근육에 축적
	당신생 전환 억제	간에서 단백분해 억제로 아미노산이 포도당으로 전환을 감소하여 당신생 전환 억제로 혈당 감소
지방대사	지방 합성	혈중 유리지방산을 지방세포에 흡수시켜 지방 합성 촉진과 지방분해 억제
	산화 억제	혈중 유리 지방산의 산화를 줄여 케톤 형성을 억제
칼륨 국시 17	칼륨 ↓	칼륨을 세포 내로 이동시켜 혈청 칼륨 농도를 감소시킨다.

당뇨병 검사

경구 당부하 검사	정의	75g을 경구로 당을 투여 후 혈당이 정상으로 돌아오는 데 시간이 얼마나 걸리는지 확인
	진단	경구 당부하 검사 후 2시간 혈당이 200mg/dL 이상 : 당뇨로 진단
당화 혈색소 (HbA1C) 임용 14 국시 11, 17, 21	정의	2~3개월 동안 평균 혈당치를 반영한다. 혈당치 상승으로 포도당 분자는 적혈구의 헤모글로빈에 붙게 되어 얼마나 많은 포도당이 적혈구의 혈색소에 부착되는지 측정한다. 당뇨병 환자가 혈당조절이 잘 안되어 당결합 헤모글로빈이 상승하면, 동맥질환 발생 가능성이 높다.
	정상	당결합 헤모글로빈의 정상범주는 4~6%이다.
당화 알부민	정의	당화 알부민은 2~3주 동안 혈당조절 상태 반영
C-펩타이드 국시 09, 14	정의	C-펩타이드는 췌장 β세포의 인슐린 분비 능력으로 인슐린 분비량을 정확히 반영한다. 인슐린 투여 중이거나 신장 기능에 좌우되지 않는다. 외인성 인슐린 치료에도 췌장 β세포의 기능을 측정한다.
	당뇨병 분류	제1형과 2형 당뇨병 분류로 제1형에서 공복 시 혈중 C-펩타이드가 0.6ng/dL로 C-펩타이드가 적다.

	인슐린 종류	작용 시간	최대 효과 시간
초속효형(투명) 〈풀이 발린 아스파에 스포츠 카〉	Glulisine글루리신(Apidra), Lispro(Humalog)	0.25(15분)	1~1.5
	aspart(아스파르트 Novolog)		
속효형(투명)	Regular Insulin	0.5(30분)	2~3(2~4)
	Humulin R(Novolin R)		
중간형(불투명)	Insulatard	2시간	6~12 (6~8, 6~10)
	Lente, Monotard		
	NPH, Novolin N		
	Humulin NPH		
장시간형(투명)	Ultralente, 글라진 glargine(란튜스 Lantus) detemir(Levemir)	1~2시간	특별하게 최대 효과 없이 장시간 작용한다.

인슐린 투여

작용 국시 17	혈중의 포도당을 세포 내로 이동시키고 간에서 글리코겐과 아미노산이 포도당으로 전환하는 것을 억제하여 혈당을 낮춘다.
구강 제외 국시 10	인슐린은 구강으로 섭취할 경우 위장계 내에서 단백질 분해 효소에 의해 비활성화된다. 구강으로 인슐린 투여는 의미가 없다.
RI 국시 15	인슐린은 작용이 빨리 나타나는 속효성 인슐린을 투여한다.

조직 비후나 위축(지방 이영양증) 국시 07, 17

원인	같은 부위에 계속 주사할 때 조직 비후나 위축이 발생한다.
문제점	손상된 부위에 계속 주사하는 경우 조직 비후나 위축으로 인슐린의 흡수가 잘 안되어 혈당이 상승한다. 인슐린 용량을 늘리게 되며 늘린 인슐린 양을 정상 조직에 주사하면 저혈당이 올 수 있다.
간호	조직 비후나 위축된 경우 치료될 때까지 새로운 부위에 주사를 놓는다.

소모기(Somogyi) 현상과 새벽 현상

		소모기 현상	새벽 현상
간호	혈당 확인	3AM 저혈당 혈당 검사를 새벽 3시에 하는 것은 원인을 구분하는 데 도움이 된다.	3AM 정상혈당 새벽 고혈당을 규명 위해 자기 전, 새벽 3시, 잠에서 깰 때 혈당 측정
	인슐린	인슐린 용량을 줄인다. 저녁 시간에 인슐린 주사 시간을 더 늦은 시간인 자기 전으로 변경한다.	인슐린 용량을 증가시켜 밤 동안의 혈당 조절
	간식 국시 19	밤늦게 간식으로 탄수화물을 섭취한다.	

당뇨 케톤산혈증(DKA : Diabetic Ketoacidosis) 증상 임용 06, 17 / 국시 01, 07

다뇨	인슐린 부족으로 근육, 지방에서 당 이용이 감소하고 간에서 당 생산 증가로 고혈당이 된다. 혈당수치는 증가되어 혈장 삼투압이 증가하여 세포로부터 수분을 끌어내고 수분은 신장에서 당과 배설로 소변 배설이 증가된다. 고혈당은 다뇨, 다갈, 다식을 일으킨다.
다갈, 다음	다뇨로 인한 탈수는 뇌의 시상하부의 갈증 중추를 자극하여 다갈로 다음을 한다.
다식	당뇨로 당을 소실하여 에너지원 보충 위해 저장된 지방, 단백질 대사로 조직 파괴에 의한 허기증으로 다식
탈수	삼투성 이뇨로 인한 다뇨로 탈수 저혈압 : 탈수로 인한 저혈량으로 혈압이 낮다. 빈맥 : 체액량 부족으로 보상적 반응으로 교감신경계를 자극하여 맥박 증가 구강점막 건조, 피부탄력성 저하 탈수, 대사율 증가로 피부가 홍조를 띠고 따뜻하고 건조하다. 요량 감소 또는 무뇨, 저혈량성 쇼크
아세톤 호흡	에너지를 생성하기 위하여 지질이 분해되어 케톤이 형성되고 케톤체를 폐를 통해 배출하여 과일향 나는 냄새인 아세톤 냄새가 난다.
쿠스마울(kussmaul) 호흡	당뇨병성 케톤산증 시 대사성 산증에 보상작용으로 이산화탄소를 배출하기 위해 호흡이 빨라지고 깊어진다.
위장계 증상	케톤체 증가로 오심과 구토, 식욕부진, 복통, 복부 경련이 있다.
신경계 저하	혈장의 삼투압 증가, 탈수, 산증으로 의식은 다양하며 명료하거나 정신 상태 변화로 졸음, 혼수가 있다. 고혈당으로 흐린 시력, 두통, 허약감, 마비, 감각이상

미세혈관 합병증

당뇨병성 망막병증 국시 10	안저 검사 국시 16	당뇨병 발병 후 수년 내 망막 손상 가능으로 안저 검사를 자주하여 시력 보존 망막 동맥은 육안으로 볼 수 있는 가장 미세한 동맥이다. 주기적 검안경 검사를 받아 망막 동맥 손상을 조기 발견한다.

당뇨병성 말초 신경병증(감각 신경병증) (임용 19)

정의		감각신경의 다발성 신경증으로 감각이상, 감각저하, 신경병변 통증
모노필라멘트 검사 (임용 19)	방법	발에 10g 정도의 압력을 주어 압력 감각을 알아 본다. 환자는 눈을 감은 상태에서 모노필라멘트(단사)를 피부에 직각으로 대고 휘어지도록 눌렀을 때 환자가 느끼는지 검사한다.
	비정상	발 부위 10곳을 검사하여 4곳 이상을 느끼지 못하면 이상이 있다.

⑬ 감각계

검안경 검사(안저 검사)
방법 (임용 08)

방법	어두운 곳	어두운 곳에서 동공이 확대되기 때문에 안저를 검사하기 쉽다.
	손잡이	검안경의 손잡이는 수직에서 경사지게 비스듬히 잡는다.
	시선	대상자는 검진자의 어깨 넘어 멀리 떨어진 벽의 어느 지점에 시선을 맞추도록 한다.
	적반사 (임용 22)	대상자로부터 40cm 떨어진 곳에서 환자의 시선 방향의 15° 외측에서 검안경으로 동공에 직접 빛을 비추기 때문이다. 검안경 빛이 망막에 반사되어 동공에서 적반사를 확인한다.
	망막검진(안저)	검진자의 다른 쪽 손 엄지를 대상자의 눈썹에 대고 검안경이 대상자의 눈썹에 거의 닿을 정도로 불빛이 적색반사에 초점이 맞도록 유지하면서 동공을 향해 15° 외측으로 경사지게 다가가 망막구조를 본다.
결과	적반사가 없을 때	망막에 검안경 빛이 반사되어 생긴다. 각막의 불투명, 수정체의 불투명 & 초자체의 혼탁, 백내장, 망막 박리, 미숙아 망막증
	빛 반사 증가	고혈압

협우각형 녹내장(angle closure glaucoma) = 폐쇄각 녹내장

주변 시야 상실	주변 시야 상실 국시 05 안압이 상승되면 망막세포와 시신경이 위축되어 시력 상실과 시야 결손이 생긴다.
안통	방수 유출이 막히면서 안압이 올라 눈의 심한 통증이 있다. 제5뇌신경의 안신경 감각 가지에서 방사된다.

진단 국시 06, 10

시야 검사	정의	시야 검사는 주변 시야 상실의 정도 평가로 맹점을 알 수 있음
	만성 광우각형(개방각) 녹내장	초기에 작은 초승달 모양 결손에서 점진적으로 큰 시야 결손으로 진행
	급성 협우각형(폐쇄각) 녹내장	시야가 빨리 감소
시신경 유두 검사 (검안경 검사 : 안저 검사) 국시 05	유두 함몰 증가	시신경 유두 함몰의 비율 증가(0.6 이상)로 커지고 깊어진다. 정상 비율 0.3, 유두 지름의 반보다 적다.
	유두 회백색, 창백	시신경 유두가 회백색, 창백 정상 시신경 유두 : 노란 오렌지색~크림 분홍색 정상 유두 함몰 : 엷은 노란색
안압 측정	특징	정상 10~21mmHg
	광우각형(개방각) 녹내장	22~23mmHg
	협우각형(폐쇄각) 녹내장	30mmHg 이상
우각경 검사	협우각형(폐쇄각) 녹내장	우각(홍채 각막각) 협착

⑭ 청각 장애

열량 검사 (caloric test, 온도 자극 검사, 온도 안진 검사, 냉온 검사, 온도 눈떨림 검사) 국시 15	방법	온도 자극 검사로 앉거나 앙와위를 취하고 침상 머리를 30도 상승시킨다. 외이도를 통하여 체온보다 차가운 물이나 따뜻한 물을 5~10mL 넣는다.
	정상	제 3, 6, 8 뇌신경이 정상이면 안구진탕이 나타난다. 전정과 뇌간 기능 측정으로 이도로 냉수나 온수를 넣어 신체와 주입된 물의 온도 차이가 속림프(내림프)의 대류 흐름을 자극하여 수평적(좌우 방향)의 안구진탕, 어지러움, 오심, 구토를 일으킨다.
	비정상	전정이나 뇌간 기능 상실로 냉수나 온수 30mL를 주입하고도 반응이 감소한다.

외이도염

원인균	녹농균(Pseudomonas) : 가장 흔하다.

급성 화농성 중이염

전도성 난청, 이명형성
삼출액은 소리를 전달하는 중이 역할을 방해한다.
고막 천공에 난청을 호소한다.

이경 검사

정상 고막 국시 03	급성 화농성 중이염	삼출성 중이염
투명하며 진주빛 나는 회백색 눈에 보이는 뼈의 경계면이 분명, 추골의 단돌기, 장골기(추골병) 빛이 반사 : 광추면, 이경 빛이 5~7시 사이에서 반사 고막의 움직임이 있다.	고막이 광택이 없고 발적 충혈성 부종, 팽륜된 고막 광추면과 경계선이 상실되고 추골의 장돌기의 윤곽이 불명확 부동성 고막	광택 소실 고막의 내함 뿌옇게 불투명한 회색, 호박색 고막 삼출액 선, 기포 고막의 움직임 감소

메니에르병(Meniere's disease)

3대 증상	이명, 현기증(회전성 어지러움), 난청		
검사	청력검사	초기	저음역 감각신경성 난청 린네와 웨버 검사: 감각 신경성 난청에 손상받은 귀에서 공기와 뼈 전도가 감소한다.
		후기	전음역에 걸친 난청
	Romberg 검사 (평형 감각 검사) 국시 06		눈을 감을 때 균형 장애가 있다.
	전정기능 검사 (온도 눈떨림 검사) 국시 04, 05		전정기능 검사(열량 검사, 온도 눈떨림 검사)의 냉온 자극 검사에서 병변 측 안구진탕의 반응 감소 이도로 냉수, 온수를 넣어 내림프에 대류 흐름 유발 정상: 안구진탕

난청 원인

전도성 난청	감각 신경성 난청	
귀지	감염성 질환	유행성 이하선염, 수막염
중이염		
고막 문제	귀 독성 약물	Aminoglycoside
진주종: 만성 중이염, 고막 천공의 결과로 케라틴화된 편평상피조직이 중이강과 유양돌기부에 침입		Loop diuretics
		Aspirin(Salicylate) 장시간 복용 시 이독성, 간독성, 신장 독성
		Cisplatin, platinum(백금) 약제 vincristine: 미세관억제제
	노인성 난청	노화로 발생하는 달팽이관(와우기관) 속의 코르티 기관(음파를 신경흥분으로 전환) 내 유모세포와 신경세포의 퇴행성 변성이다.
	소음	소음에 의해 달팽이관(와우기관) 속의 코르티 기관(음파를 신경흥분으로 전환) 내 유모세포의 손상
	외상	
이경화증: 중이의 등골에 뼈가 증식되어 음의 진동이 내이에 효과적으로 전달되지 않는다.	메니에르병	
	미로염	
	청신경종	
	이해면화증	

웨버 검사(Weber test) 임용 15 / 국시 15

방법			골전도에 대한 검사로 음차를 가볍게 진동시켜 대상자의 머리 위에 두거나 앞이마에 놓고 대상자에게 음이 어디에서 들리는지 묻는다.
결과	정상		음은 중앙에서 들리거나 양쪽 귀에서 동등하게 들린다.
	일측성 전도성 장애 국시 00	결과	골전도 증가로 음은 장애가 있는 귀에서 잘 들린다.
		기전	골전도로 전달된 음은 정상적으로 외이를 통해 빠져 나가지만 전도성 난청은 정상 공기전도의 길이 막혀 음파 유출 방해로 강한 내이 진동을 일으켜 크게 오래 들린다.
	일측성 감각신경성 난청	결과	골전도 감소로 음은 건강한 귀에서 잘 들린다.
		기전	골전도로 전달된 음은 감각신경성 난청의 내이나 청신경 장애로 청신경 전도가 되지 않는다.

린네 검사(Rinne test) 임용 15

방법			공기전도와 골전도의 비교로 가볍게 진동시킨 음차를 귀 뒤쪽 유양돌기에 댄다. 대상자가 음을 더 이상 들을 수 없을 때 재빨리 음차의 "U" 부위를 얼굴 앞쪽 이도 가까이에 대어 윙하는 음이 다시 들리는지 확인한다.
결과	정상(양성)	결과	공기전도가 골전도보다 더 크고 길게 들린다(2배 정도).
		기전	공기전도가 골전도보다 민감
	전도성 난청 (음성)	결과	공기전도보다 골전도에서 소리를 더 크고 오래 듣는다.
		기전	린네 검사 시 전도성 난청의 기전은 외이나 중이 문제로 음파가 내이로 유입되지 못해서 골전도보다 공기전도에서 소리가 작다. 골전도로 전달된 음은 정상적으로 공기전도인 외이를 통해 빠져 나가지만 전도성 난청은 정상 공기전도의 길이 막혀 음파 유출 방해로 강한 내이 진동을 일으켜 크게 들린다.
	감각신경성 난청 (양성)	결과	공기전도, 골전도는 정상보다 감소하나 음은 공기전도를 통해서 더 크고 길게 들린다.
		기전	감각신경성 난청은 공기전도의 장애가 없고 물리적 음향 에너지를 전기적 음향 에너지로 바꾸는 내이나 청신경 장애에 의한 신경전도에 문제이다. 공기전도, 골전도가 감소하나 공기전도를 통해서 더 크고 길게 들린다. 공기전도가 골전도보다 민감하다.

⑮ 피부계

접촉피부염

첩포시험 (패치 검사, patch test) 국시 17	방법	피부(팔 안쪽, 등)에 조사하고 싶은 물질을 묻힌 천을 48시간 붙여둔다. 떼어낸 직후와 그로부터 48시간 후 판정한다.
	결과	알레르기성 접촉피부염 진단으로 제4형 지연형 과민반응 국시 05 에서 과민반응이다. 2~4일 후 뚜렷한 반응으로 홍반, 구진, 부종, 소수포, 소양증(가려움증), 작열감이 심하며 지속한다.

옴(scabies), 개선

임상증상 임용 93 / 국시 06	염증 반응, 야간 소양증, 구진, 누공, 소수포
	손가락 사이, 손목, 전박(아래 팔), 겨드랑이, 유방, 배꼽 주위, 허리, 등하부, 남자의 생식기 주위, 대퇴부 내측

단순포진

통증 → 발진 → 수포 : 군집 이룬 소수포로 집단의 무리를 지어 나타남 → 농포 → 가피 / 발열

대상포진(Herpes Zoster)

증상 임용 92 / 국시 01, 06, 08	통증 → 반점 → 구진 → 수포 → 농포 → 가피 형성 홍반성 발진(붉은 반점), 군집된 구진 부위는 지각 신경의 분포를 따라서 흉수신경, 뇌신경을 따라 편측의 일측성으로 군집된 선형(넓은 띠 모양)을 이룬다.
접촉 제한 국시 20	급성기, 수포 형성 시기에 면역억제 상태나 수두에 민감한 사람들에게 전염성이 높다. 면역이 저하된 사람과 접촉하지 않는다.

전염성 농가진(impetigo contagiosa)

전파 국시 07	직접 전파	전염성이 높으며 직접 환부와의 접촉
	간접 전파	환자가 입고 있던 의복, 만진 수건, 장난감으로 간접 전파
	자가 전파	병변을 긁은 후 다른 부위를 만지면 자가-감염 발생
증상		홍반성 반점 → 붉은 구진 → 소수포, 대수포, 농포 → 파열 시 장액 농성 분비물 → 두터운 황갈색 가피
합병증		group A β-용혈성 연쇄상구균에 의한 면역장애로 급성 사구체 신염 발생

봉와직염(봉소염, 연조직염, cellulitis)

외상	영향받은 부위에 작은 외상이 있었는지를 물어본다.
급성 염증	홍반, 부종, 열감, 통증의 급성 염증반응

PART 09

◆ 김기영 보건교사 ◆

응급간호학

1. 기본 응급처치술
2. 환경응급
3. 출혈과 쇼크
4. 손상

❶ 기본 응급처치술

응급환자 발생 시 교직원 행동 강령 (임용 11)

현장조사(check)	현장의 안전여부와 부상자 파악과 응급처치가 가능한 사람이 있는지 파악한다. 현장의 안전 상태와 위험요소를 확인한다. 사고 상황과 환자 및 부상자의 수를 파악한다.
환자 사정	보건교사는 신속하게 환자의 활력증상을 포함하여 사정한다.
119 신고(Call)	응급상황에 119 구급대에 연락하여 구조 요청하고 병원에 후송한다.
응급처치(Care)	보건교사는 전문적 지식, 태도로 신속하고 자신감 있게 증상에 따른 응급처치를 한다. 구조 요청과 동시에 신속하게 응급처치인 심폐소생술, 기도유지, 인공호흡, 지혈을 한다. 응급상황에서 물, 약물 등 경구투여는 삼간다.
이동	불가피한 경우를 제외하고 중증의 부상이나 아픈 학생은 이동시키지 않는다. 2차 손상을 예방하기 위하여 꼭 이동이 필요한 경우 척추손상 예방을 위한 "목과 등"에 대한 응급처치 방법대로 처치 후 이동한다.
구두 보고	상황을 판단하여 위급한 경우 전문 의료기관으로 즉시 후송되도록 학교 관리자인 학교장에게 구두로 보고한다.

중증 분류 체계(triage 체계) (임용 09) 〈긴응비 지〉

긴급환자 임용 16 / 국시 02, 19	적색	생명을 위협하는 응급상태로 즉각적인 응급처치를 시행하지 않으면 생명을 잃을 가능성이 있다.
응급환자	황색(노란색)	즉각적인 치료가 없더라도 사망하거나 중대한 장애를 초래하지 않으나 몇 시간 내에 응급처치를 시행하지 않으면 생명을 잃거나 치명적인 합병증이 발생할 수 있어 수시간 내에 치료를 요하는 응급 상태
비응급환자	녹색	구급처치 수준의 치료가 요구되는 경한 질환, 손상
지연환자	검은색	사망자

START(Simple Triage And Rapid Treatment) 〈걸자호 순의〉

걸을 수 있는 경우 임용16	예 →	비응급환자		
↓ 아니오				
자발 호흡평가	아니요 →	기도유지	→ 호흡	긴급환자
↓ 예			→ 무호흡	지연환자
호흡수	30회/분 초과 →	긴급환자		
↓ 30회/분 이하				
순환 〈모요〉	모세혈관 충혈 2초 초과, 요골맥박(-) →	지혈	긴급환자	
↓ 모세혈관 충혈 2초 이하, 요골맥박(+)				
의식상태 〈의구〉	구두 명령에 반응하지 않음	긴급환자		
	구두 명령에 반응함	응급환자		

응급상황에서의 환자 사정 : ABCDE

기도유지 & 경추 고정 (Airway)	환자의 기도가 개방되고 깨끗이 유지되는지 본다. 기도 확보를 위해 하악 거상법 또는 하악 견인법을 시도한다.	
호흡(Breathing) 평가	환자의 호흡 확인을 위해 보고 듣고 느낀다.	
순환(쇼크 유무) 평가 (Circulation)	경동맥과 요골동맥의 수와 질을 비교한다. 출혈과 출혈이 심각한지 피부의 색깔, 체온을 본다.	
의식장애 (기능장애, Disability)	A(alert)	명료, 눈을 뜰 수 있고 질문에 정확히 대답
	V(response to verbal order)	소리에 반응
	P(response to pain)	피부를 꼬집거나 통증에 반응
	U(unresponse)	무반응, 눈을 뜨지 못하고 피부를 꼬집어도 반응이 없다.
노출(Expose)		

심폐소생술
목적 임용 98

심정지가 발생한 후 4~6분이 경과하면 뇌는 치명적 손상이다. 빠른 시간 내 심폐소생술 중 가슴압박은 혈액순환을 유발시켜 뇌와 심장으로 충분한 혈류 전달로 산소를 공급한다. 인공호흡은 산소화 유지, 이산화탄소 제거로 호흡을 유지시킨다.

순환이 유지되어 심박동이 회복되면 인공호흡 임용 94

성인	분당 10~12회 인공호흡, 5~6초당 1회
영아, 소아	분당 12~20회 인공호흡, 3~5초당 1회

기본 소생술의 요점 정리 임용 10

		성인	소아(1~8세 미만)	영아
심폐소생술 순서 임용 17		가슴압박(C) - 기도유지(A) - 인공호흡(B) 신생아와 익수 환자는 질식성 심정지로 ABC 권고		
심정지 확인		무반응 10초 이내 확인된 무호흡/심정지 호흡과 무맥박(의료인만 해당)		
순환 : 맥박확인	일반인	확인 안함	확인 안함	확인 안함
	의료인	경동맥	경동맥 또는 대퇴동맥	상완동맥
가슴압박 속도		분당 100~120회		
가슴압박 위치		흉골의 아래쪽 반 부분		유두선의 바로 아래 유두선과 흉골이 만나는 직하부 신생아 : 흉골 하부 1/3
가슴압박 깊이		약 5cm 최대 6cm는 넘지 말 것	가슴 깊이 1/3 4~5cm	가슴 깊이 1/3 4cm

가슴압박 방법	두 손	한 손 또는 성인과 같은 방법	1인 구조자: 두 손가락 2인 구조자: 흉부를 감싸는 엄지손가락
가슴 이완	가슴압박 사이에 완전한 가슴 이완			
가슴압박 중단	가슴압박 중단은 최소화(불가피한 중단 시 10초 이내)			
기도유지	머리젖히고 — 턱올리기(head tilt—chin lift)			
호흡: 첫 인공호흡	2회 인공호흡(1초/1호흡)	2회 인공호흡(1초/1호흡) 입과 입 인공호흡을 한다.	입-코입 인공호흡 또는 입-입 인공호흡 또는 입-코 인공호흡을 한다. 구조자의 입으로 환아의 코와 입을 동시에 덮어 인공호흡을 한다. 입-코 인공호흡을 하는 경우 입을 막는다.
가슴압박 대 인공호흡 비율	30 : 2 국시 03	30 : 2(1인 구조자)	
		15 : 2(2인 의료구조자)	

영아 비교

맥박확인 임용 20	순환상태 사정 시 상완동맥 측정 영아는 목이 매우 짧고 연조직이 많아 경동맥의 맥박을 확인하기 어렵다.		
흉부압박 임용 20	1명 구조자	손 위치	손의 위치는 손가락을 젖꼭지 연결선 바로 아래의 흉골(유두 사이 상상의 선 바로 아래)에 놓는다.
		두 손가락	중지와 검지인 두 손가락 첫마디를 사용하여 4cm의 흉골을 압박한다.
	2명 구조자		2명의 구조자는 두 엄지손가락 기법으로 한 사람은 두 엄지손가락을 영아의 젖꼭지 연결선 바로 아래의 흉골에 나란히 두고 나머지 손가락들은 영아의 가슴을 둘러싸서 등을 지지한다.

CPR단계 순서 : C-A-B 임용 09 / 국시 02, 13

현장 안전 확인		쓰러진 사람에게 접근하기 전 현장의 안전을 확인한다.
반응 확인		안전하다고 판단되면 환자의 어깨를 가볍게 두드리면서 "괜찮으세요?"라고 소리쳐서 의식과 반응을 확인한다. 환자의 머리, 목 외상이 의심되면 불필요한 움직임을 최소화하여 손상이 악화되지 않도록 한다. 1세 미만 영아는 발바닥을 때려 반응을 확인한다.
119 신고와 자동제세동기 요청		환자의 반응이 없으면 119에 신고한다. 주변에 큰 소리로 구조 요청하여 타인에게 119에 신고하도록 도움을 받는다. 주변에 아무도 없는 경우 직접 119에 신고한다. 즉시 응급 의료체계(119)에 전화를 걸어 심정지 발생을 알리고 자동제세동기를 요청한다. 두 명 이상의 구조자가 있다면 한 명은 심폐소생술을 시작하고 다른 한 명은 신고와 자동제세동기를 가져와 가능한 빨리 자동제세동기를 사용한다.
호흡과 맥박 확인 국시 20		호흡은 119 신고 후 확인한다. 호흡을 확인하여 호흡이 없거나 비정상 호흡 상태(심정지 호흡)는 심정지 발생을 판단한다. 10초 이내로 호흡을 확인하여 호흡이 없거나 비정상 호흡 상태(심정지 호흡)와 경동맥 맥박을 확인한다. 맥박 유무 확인을 위해 가슴압박을 지연해서는 안 된다.
가슴압박 (Compression) 국시 03, 06	근거	가슴압박은 혈액 순환을 유발하여 뇌와 심장으로 충분한 혈류를 전달한다.
	딱딱한 바닥 국시 21	가슴압박 효과의 최대화를 위해 환자를 딱딱한 바닥에 등을 대고 눕히거나 등에 단단한 판을 깔아 준다. 환자를 침대에서 바닥으로 옮기지 않는다.
	무릎 꿇은 자세	구조자는 환자 가슴 옆에 무릎 꿇은 자세를 취한다.
	손 위치 국시 21	흉골(가슴뼈) 아래쪽 1/2에 위치하며 가슴압박 사이 손바닥이 가슴에서 떨어지지 않는다.
	손꿈치	한쪽 손꿈치(손바닥)를 압박 위치에 대고 그 위에 다른 손바닥을 평행하게 겹쳐 두 손으로 압박한다. 손가락은 펴거나 깍지를 끼며, 손가락이 가슴에 닿지 않도록 한다(늑골 골절 유발).
	수직 국시 21	어깨는 흉골 바로 위에 오도록 팔이 바닥에 수직을 이룬 상태에서 팔꿈치를 펴고 직각 자세를 유지한다. 옆에서 보았을 때 구조자의 어깨 - 구조자의 팔꿈치 - 대상자의 흉골이 일직선이 되도록 수직을 이룬다.
	압박	빠르게, 강하게, 규칙적으로 압박한다.

가슴압박 (Compression) 국시 03, 06	체중		흉골의 아래쪽 절반 부위에 체중을 실어 압박한다. 무릎 이용 시 흉부 손상으로 무릎을 사용하지 않는다.
	깊이	기전	충분한 깊이의 가슴압박으로 적절한 혈역학적 효과를 갖는다.
		성인 국시 21	약 5cm를 시행한다. 최대 6cm는 넘지 말 것 6cm를 넘을 때는 합병증 발생이 높아진다.
		소아	4~5cm
		영아	4cm
	속도 국시 14, 21		분당 100~120회를 유지한다.
	이완	방법	누르는 시간과 가슴이 다시 올라오는 시간 = 1 : 1로 동일하게 유지한다. 가슴압박 후 가슴이 정상 위치로 이완되도록 완전히 올라오도록 한다. 압박 후 이완시킬 때 구조자의 손이 환자의 가슴에서 떨어지지 않는다.
		근거	가슴압박 이후 가슴의 이완으로 정맥 혈류가 심장으로 충분히 채워져 가슴압박 후 심박출량이 충분히 이루어진다. ↕ 불충분한 가슴 이완은 흉강 내부 압력을 증가시켜 정맥 환류 감소로 심박출량을 감소시킴으로 뇌동맥, 관상동맥으로 가는 혈류가 감소한다.
	중단 최소화		최대한 가슴압박을 위해 가슴압박 중단을 10초 이내로 최소한으로 줄인다. 10초 이상 가슴압박 중단으로 뇌로 가는 산소 양이 적어지고 폐색전이 발생한다.
	비율		가슴압박과 인공호흡의 비율은 30 : 2로 정확한 횟수로 실시한다.
	교차		가슴압박 동안에 인공호흡이 동시에 이루어지지 않도록 심장압박과 호흡이 교차되게 한다.
	교대		두 명 이상 구조자가 심폐소생술을 할 때 2분마다 또는 5주기(1주기는 30회 가슴압박 후 2회 인공호흡)의 심폐소생술 후 가슴압박 시행자를 교대해 준다. 임무를 교대할 때 가슴압박이 5초 이상 중단되지 않도록 한다. 심폐소생술의 고품질 유지와 구조자의 피로도를 줄인다. 구조자가 지치면 가슴압박의 속도와 깊이가 부적절하다.

기도유지 (Airway)	일반인 구조자	두부후굴- 하악거상 (턱올리기)	방법	한 손을 환자의 이마에 대고 손바닥으로 압력을 가하여 머리가 뒤로 기울어지게 하면서, 다른 손의 손가락으로 아래턱 뼈 부분을 머리 쪽으로 당겨 턱을 받쳐준다.
			근거	무의식 환자는 혀와 후두개가 이완되어 혀가 뒤로 넘어가 기도가 폐쇄된다. 두부후굴-하악거상(턱올리기)으로 혀를 목구멍에서 떨어지게 해 기도가 열린다.
	응급의료 종사자	두부후굴-하악거상 (턱올리기)		머리, 목에 외상의 증거가 없는 환자에게 기도 유지
		하악 견인법 (턱밀어올리기, 삼중기도 처치법)	적응증	경추 손상이 의심되는 경우
			방법	구조자는 심정지 환자의 머리 쪽에서 팔꿈치는 바닥에 닿게 하고 두 손을 각각 환자 머리의 양옆에 두고, 두 손으로 아래턱 모서리를 잡아 앞쪽(전방)으로 들어올린다. 입술이 닫히면 엄지손가락으로 입술을 열리게 한다.
인공호흡 (Breathing)	인공호흡 (2회)	목적		산소화 유지와 이산화탄소 제거
		입-입		두부후굴과 하악거상을 해서 기도를 개방하고 엄지손가락과 집게손가락으로 코를 막고 공기가 새지 않도록 환자의 입에 구조자의 입을 밀착시킨다.
		정상호흡		구조자가 숨을 깊이 들이 쉬는 심호흡이 아닌 평상 시 정상호흡인 500~600mL의 일회 호흡량과 같은 양의 보통 호흡을 한다.
		1초		1초에 걸쳐 불어 넣는다.
		과환기 제한		폐와 위에 공기를 과도하게 불어넣는 과도한 압력과 빠른 인공호흡을 시행해서는 안 된다. 과도한 압력과 빠른 인공호흡은 폐와 위에 공기가 유입되어 폐와 위가 팽창된다.
		동시 제한		가슴압박 동안에 인공호흡이 동시에 이루어지지 않도록 한다.
		가슴 상승		호흡으로 가슴 상승을 확인한다. 환자의 가슴이 상승되지 않는다면 두부후굴-하악거상(턱올리기)을 정확히 한 다음 두 번째 인공호흡을 시행한다.
		코 열기		대상자의 흉곽이 올라오도록 1초간 불어넣은 후 1초간 코를 열어 주어 숨을 내쉴 기간을 부여한다. 구조자의 얼굴을 환자의 코와 입 사이에 가까이 하여 호기가 잘 이루어지는지 확인한다.

가슴압박 합병증 임용 06

흉골 골절, 늑골 골절, 쇄골 골절이 유발된다.
심장 타박상, 심장 압전, 심낭 또는 흉강으로 출혈이 발생한다.
간, 비장의 파열이 생긴다.

인공호흡 합병증

폐 과다팽창	심박출량 감소	과도한 압력과 빠른 인공호흡으로 폐의 과다팽창은 흉곽내압 상승으로 심장으로 정맥혈 귀환 감소로 심박출량이 감소한다.
위 과다팽창	역류	과도한 압력과 빠른 인공호흡으로 위에 공기가 유입되어 위 팽창이다. 위 내용물의 역류로 구토에 의해 기도 폐쇄나 폐로 흡인되어 흡입성 폐렴이 된다.

자동제세동기(자동심장충격기)

기전	제세동은 흉벽에 전극 패드(paddles)를 올려놓고 적절한 전압을 심장에 통과시켜 전기충격을 주는 순간 심근 전체가 탈분극된 후 완전한 불응기에 빠뜨린다. 가장 우세한 심장박동기인 동방결절(SA node)이 회복되어 심장 작용을 정상으로 회복시킨다.
적응증	심실세동, 맥박이 없고 무의식인 심실빈맥 국시 21

자동제세동기 작동법 [임용10] 〈전원 패 리듬에 제 CPR을 하다〉

전원 켜기	자동제세동기를 심폐소생술에 방해가 되지 않도록 위치시킨다. 전원 스위치를 누르거나, 제세동기의 뚜껑을 열면 제세동기 전원이 켜진다.	
패드(전극) 부착	부착	자동제세동기의 패드는 심장에 최대의 전류를 전달하도록 두 개의 패드를 포장지에 그려 있는 대로 환자의 가슴에 단단히 부착한다. 환자의 옷은 벗겨야 하며, 패드 부착 부위에 땀이나 이물질이 있으면 제거한 뒤에 패드를 부착한다. 체내형 제세동기나 심장박동조율기를 가진 환자는 삽입부위로 최소 3cm 이상 떨어진 곳에 전극을 부착한다. 소아(1세 이상 8세 미만)에게는 소아용 패드를 사용한다.
	한 전극(패드)	우측 쇄골 하부
	다른 전극(패드)	좌측 유두 아래 중간 겨드랑선
심장리듬(심전도) 분석 [임용21]	심장리듬(심전도) 분석 스위치를 누른다. 자동제세동기가 환자의 심전도를 분석하는 동안 환자의 몸이 움직이지 않도록 심폐소생술을 포함한 환자에 대한 접촉과 모든 조작을 중단하고 물러나게 한다.	
제세동	심실세동이 확인되면 '제세동이 필요합니다.'라는 음성 또는 화면 메시지와 함께 자동 충전된다. 제세동기가 자동 충전되고 환자와 접촉하지 말라는 음성 신호에 환자와 접촉 [임용17] 한 사람이 있는지 확인한다. 모든 사람의 접촉을 금지한 뒤에 '제세동 버튼을 누르세요.'라는 음성 또는 화면 지시가 나오면 제세동 스위치를 눌러 제세동으로 충격을 가한다.	
심폐소생술	제세동을 한 후에는 심전도 리듬을 확인하지 않고 지체 없이 즉시 흉부압박부터 시행하는 심폐소생술을 2분간 5주기를 시행한다. 심정지 환자는 제세동 직후 비관류 심장 리듬을 보이는 경우가 많아 제세동 직후 심폐소생술을 시행한다. 119구급대가 현장에 도착하거나 환자가 회복되어 깨어날 때까지 분석, 제세동(충격), 심폐소생술을 반복한다. 자동제세동기가 '제세동이 필요하지 않습니다.'라고 분석한 경우에 심폐소생술을 다시 시작한다.	

상기도 폐쇄

완전 기도 폐쇄 증상 (임용 05 / 국시 97, 00, 02, 07)

호흡곤란, 청색증, 기침×, 말하지×, 소리×, 걷지×	
초킹-사인 : 양손이나 한 손으로 목을 감싸 쥐는 초킹-사인이 있다.	

의식이 있는 영아의 응급처치 (임용 11 / 국시 17)

등두드리기	영아 자세	영아의 얼굴을 밑으로 향하여 영아의 턱을 잡고 머리를 몸통보다 낮추고 구조자의 아래 팔(전박) 위에 놓으며 지지한다. 구조자는 자신의 팔을 넓적다리 위에 둔다.
	두드리기	구조자의 손바닥 끝(손꿈치)으로 영아의 견갑골 사이를 힘주어 5회 내리친다. 어른에게 가해지는 힘보다 작은 힘을 사용한다.
돌리기		구조자가 영아의 머리를 몸통보다 낮춘 자세로 지지를 계속한다. 한 손으로 영아의 머리와 목을 받치고 다른 손의 엄지와 손가락으로 턱을 잡은 다음에 영아의 얼굴이 위를 향하도록 뒤집어 구조자의 넓적다리에 앙와위로 눕힌다.
가슴압박 (가슴밀어내기)		영아의 머리가 가슴보다 아래로 향하도록 기울인 채 영아의 젖꼭지 정중앙 바로 아래 흉골 부위[양젖꼭지를 이은 가상선과 흉골이 만나는 지점 바로 아래(가슴 직하부)] 위치에 가슴두께의 1/3 깊이로 가슴압박을 빠르게 5회 시행한다. 이물질이 제거될 때까지 이 절차를 반복한다. * 영아 : 영아에서 복부 압박으로 갈비뼈가 상복부 장기를 충분히 보호하지 못하고 간이 상대적으로 커서 복강 내 장기 손상 우려가 있다.
입안 확인		가슴압박법을 시행한 후 입안을 확인하여 이물이 보이면 제거한다. 영아의 의식이 없어지면 영아 심폐소생술을 시작한다.

의식 시 하임리히법 = 복부압박법 임용 05

기전	횡격막을 들어 올림으로 폐안에 남아 있던 공기가 한꺼번에 밀려나오면서 그 공기의 힘으로 기침을 하여 기도 입구를 막고 있는 이물질을 배출하여 공기가 통하게 한다.		
방법	0단계	119 신고	'목이 막혔니?'라고 물어보며 기도폐쇄를 확인한다. 기도폐쇄가 의심되는 환자를 발견하면 즉시 응급의료체계로 도움을 요청한다.
	1단계	등 두드리기	복부에서부터 힘 있게 기침을 여러 번 하게 한다. 심각한 기도폐쇄의 징후를 보이며 효과적으로 기침을 하지 못하는 성인이나 1세 이상의 소아 환자에게 즉시 등 두드리기(back blow)를 시행한다. 등 두드리기를 5회 연속 시행한 후에도 효과가 없다면 5회의 복부 밀어내기(abdominal thrust, 하임리히법)를 시행한다.
	2단계	처치자 자세	환자가 서 있는 자세에서 환자의 등 뒤에서 환자의 다리 사이로 처치자의 다리를 넣어 환자의 체중을 지지한다. 양팔을 환자의 겨드랑이 밑으로 넣어 허리를 팔로 감싼다. 흉부압박법 : 임산부, 비만한 사람은 환자가 서 있는 자세에서 환자의 등 뒤에서 양팔을 환자의 겨드랑이 밑으로 넣어 흉부를 팔로 감싼다.
	3단계	손 자세	오른손은 주먹을 쥐어 주먹 쥔 손의 엄지와 시지 부분을 검상돌기 아래와 배꼽 위의 배 중앙에 놓고 그 위에 왼손을 꼭 감싸 쥔다. 흉부압박법 : 임산부, 비만한 사람은 오른손은 주먹을 쥐어 주먹 쥔 손의 엄지와 시지부분을 환자의 흉골 중간에 놓고 그 위에 왼손을 꼭 감싸 쥔다.
	4단계	복부 압박	1초에 1회씩 환자의 배를 등쪽 구조자 방향으로 위로 강하게 빠르게 밀쳐 올린다. 내부 장기의 손상을 예방하기 위해서 구조자의 손이 흉골의 검상돌기나 하부늑골 가장자리를 건드려서는 안되고 흉곽을 짓누르면 안 된다. 밀어올리는 손에만 힘을 준다. 흉부압박법 : 임산부, 비만한 사람은 흉골의 중앙부를 강하게 압박한다. 임용 10
	5단계	반복	기도폐쇄의 징후가 해소되거나 환자가 의식을 잃기 전까지 계속 등 두드리기와 복부밀어내기를 5회씩 반복한다. 성인 환자가 의식을 잃으면 구조자는 환자를 바닥에 눕히고 심폐소생술을 시행한다. 복부압박법을 시행한 후 입안을 확인하여 이물이 보이면 제거한다. 이물이 제거되면 기도를 열린 상태로 유지시키고 필요하면 구강 대 구강 인공호흡을 시행한다.

❷ 환경응급

화상

응급상황 화상 임용 98	호흡기(흡입) 화상 국시 23	호흡	흡입 손상, 기도 부종으로 기도폐쇄, 천명음, 빠르고 얕은 호흡, 호흡곤란
		부위	얼굴, 목 화상, 타버린 코털, 얼굴 털, 호흡 시 연기가 나옴, 비강, 구강 점막이 검게 변함 쉰 목소리, 음성 변화(후두 안 성대)
	화상 부위	부위	얼굴, 손, 발, 회음부인지 사정한다.
		얼굴	얼굴은 호흡기계 화상이나 음식 섭취 장애 가능성이 있다.
		손, 발	손, 발 화상은 관리하기 어렵고 일상생활에 지장. 손, 발은 표면에 혈관과 신경이 있다.
		회음부	회음부 화상은 감염이 잘된다.
	화상 범위		체표면적을 사정한다. 넓은 부위 : 25% 이상의 2도 화상, 10세 미만과 50세 이후에 20% 이상의 2도 화상
	화상 깊이		모든 연령층의 3, 4도 화상
	전기 화상		전기에 의한 화상인지 사정. 전기의 강한 열에 의하여 심부조직 손상이 된다.

		깊이	감각
화상 깊이 국시 00	1도 화상 표재성 (Superficial)	표피	통증, 감각 과민
	2도 화상 중간층(Partial-thickness) 국시 04	표피 + 진피일부	신경손상으로 심한 통증
	3도 화상 전층(Full thickness) 국시 06	표피, 진피, 피하	신경파괴로 화상부위에 통증과 압력에 민감하지 않다.
	4도 화상 심부 전층(Full thickness)	표피, 진피, 피하, 근육, 뼈	
화상 범위	9의 법칙	머리 9% + 팔 18% + 몸통 36% + 다리 36% + 회음 1% 소아 : 머리 18% + 팔 18% + 몸통 36% + 다리 27% + 회음 1%	

수액환원 위한 Parkland formula 임용 13

공식	포(4)크(kg)랜드(면적) 4mL Lactated Ringer's solution × 체중(kg) × 화상을 입은 총 체표면적(TBSA%)
주입	전체 중 1/2은 화상 후 처음 8시간 내에 준다. 전체 중 1/4은 화상 후 두 번째 8시간 내에 준다. 전체 중 1/4은 화상 후 세 번째 8시간 내에 준다.
주의	시간은 화상을 당한 시간으로 계산되며, 병원에 들어온 시간이 아니다.

동상

동상	동상은 인체의 조직이 얼어서 생기는 한랭 손상으로 온도가 빙점(0℃) 이하일 때 한랭에 의해 조직이나 세포의 수분이 결빙된 것이다.
침족병 = 참호족, 침수족 임용 93	사지가 차게 되는 젖은 족부를 1~10℃에서 노출되어 조직의 동결 없이 생기는 한랭 손상

저체온증 간호

열제한 임용 13	방법	외부적 열을 공급하지 않는다.
	근거	열에 의한 혈관확장으로 심맥관계 허탈이 발생된다.

부식제(강한 산 or 알칼리) 국시 07

희석 국시 18, 20		찬물이나 우유로 부식제를 희석시킨다. 1~2컵의 찬물이나 우유는 실온이나 따뜻한 물보다 열을 잘 흡수한다. 너무 많은 물이나 우유를 마시면 구토 유발로 식도나 위 손상을 악화시킨다.
금기 국시 20	구토×	구토는 점막을 재손상시켜 구토 유발은 금기
	위 세척×	식도 천공 위험으로 위장관 세척은 금기
	중화제×	중화제를 사용하지 않는다. 중화는 발열 반응으로 열을 생산하여 화학 물질의 열에 의한 화상 발생
	활성탄×	활성탄은 부식제에 잘 결합하지 않는다.

탄화수소 용품

기전		폐조직에 흡인되어 화학성 폐렴을 일으킨다.
금기	구토 금기	흡인 위험
	위 세척 금기	흡인으로 기관지염, 화학성 폐렴
	활성탄 금기	석유화학 제품은 활성탄에 잘 흡수되지 않는다. 활성탄 투여로 구토 유발이 호흡기도로 흡인되어 폐렴을 유발한다.

아세트아미노펜

응급	N-acetylcysteine (NAC, Mucomyst)	해독제인 N-acetylcysteine(N-아세틸시스테인, Mucomyst)을 구강으로 준다. 해독제의 역한 냄새 때문에 주스, 소다수에 희석시켜 준다. 구역, 구토로 복용할 수 없을 경우 정맥주사용 제제가 있다.

아스피린

구토, 위 세척	복용 후 2시간 전에 구토, 위 세척을 한다.
활성탄, 하제	복용 후 2시간 내 활성탄, 하제를 한다.
중탄산소다 (Sodium Bicarbonate)	$NaHCO_3$를 투여하여 대사성 산혈증을 교정한다.

구토

목적 국시 04	구토로 약물을 제거한다.
금기 임용 09	〈구토의 금기로 부탄의 경심이 출혈한다〉 부식제, 탄화수소, 의식 혼수, 경련, 심근경색, 출혈, 6개월 미만

해독제

독극물	해독제
Organophosphate(유기인계 농약)	atropine
benzodiazepines	flumazenil(플루마제닐)
acetaminophen	N-acetylcysteine 아세틸시스테인
Co gas	산소
opioid(morphine)	naloxone(날록손)
atropine, TCA(유뇨증, 긴박성 요실금에 사용, 항콜린성, 항아드레너직, 항히스타민 부작용)	physostigmine
INH	pyridoxine(Vit B_6)
메탄올(알코올 램프 연료, 화공약품)	Ethanol(에탄올)
철(iron)	데페록사민(deferoxamine)
납	calcium EDTA

응급처치

구토 국시 04		
희석 제한		부식제(산과 알칼리)가 아닌 경우 독소는 희석하기 위해 1~2컵의 물이나 우유를 주지 않는다. 액체는 마른 중독 물질을 빨리 녹여 위를 채우고 소장으로 보내 중독물을 더 빨리 흡수시킨다.
좌측위	방법	좌측위 자세를 취해 준다.
	효과	소장으로 들어간 독극물은 곧바로 흡수되어 혈액을 따라 온몸에 퍼진다. 왼쪽으로 눕히면 소장과 연결되는 위의 끝부분(유문)이 똑바로 서서 중력의 영향으로 위 안에 있는 독극물이 유문 통과를 지연하여 소장으로 가는 시간을 최대 2시간까지 늦추어 흡수를 지연한다. 구토물이 폐로 들어가는 것을 막아준다.

③ 출혈과 쇼크

벌레 독에 의한 아나필락틱 쇼크 응급간호

에피네프린	방법	에피네프린 자가피하주사기를 주사기 바늘이 나오는 부분인 검은 부분을 아래로 향하도록 한 손으로 주먹을 쥐듯이 잡는다. 안전뚜껑(캡)을 연다. 앉거나 누운 자세에서 에피네프린 자가주사기를 수직(90도)으로 넙다리(대퇴) 외측 상부로 딸깍 소리가 날 때까지 세게 밀어 주입하고, 그 상태를 10초 유지하여 약물이 충분히 주입되게 한다. 주입 후 주입부분을 10초 마사지하여 약물이 잘 흡수되게 한다. 상태가 호전되지 않을 경우 첫 주사에서 5~15분 후에 새 에피네프린 주사기로 다시 투여할 수 있다.
변형된 트렌버그 자세	방법	무반응 환자는 변형된 트렌버그 자세로 눕힌다. 등이 바닥에 닿도록 눕히고 하지를 높여 저혈압 쇼크에 대응한다.
	근거	심장으로 정맥혈액의 순환이 증가한다.
낮은 자세	방법	쏘인 부분을 심장보다 더 낮게 유지한다.

비출혈
가장 흔한 비출혈 부위 임용 92

비전정부(비강의 전방부)에 혈관이 많은 키셀바 부위(kisselbach's area)

◆ 김기영 보건교사 ◆

④ 손상

폐쇄성 기흉 국시 00, 03, 07, 13

통증 임용 19	흡기 시 급작스럽고 날카로운 통증 깊은 흡기 시 갑작스러운 압력으로 공기로 차있는 허파꽈리가 파열 흉막강 내 공기가 축적되어 벽측 흉막의 통증 감수체를 자극하여 통증
청진	호흡음 감소 or 소실, 병소 있는 흉부의 움직임 손실
타진 국시 19	타진 시 공기가 폐에서 늑막강으로 누출되어 병소 흉부의 과공명음
촉진	촉각 진탕음 소실

긴장성 기흉 국시 10, 12

심한 흉통	
청진	손상된 쪽 호흡상실, 폐음 감소
타진	손상된 쪽 흉곽 타진 시 과공명음(공기가 폐에서 늑막강으로 누출)
흉곽의 비대칭	흡기 시 손상되지 않은 폐가 움직이고 난 후 손상된 쪽이 서서히 움직이거나 전혀 움직이지 않는 비대칭적인 흉곽운동
저혈압	심장으로 돌아오는 피가 적어 C.O 감소, 약한 심음, 저혈압
경정맥 팽창 임용 19	공기가 흉강 내 축적하여 대정맥과 심장이 압박되어 심장으로 정맥 환류를 방해하여 경정맥이 팽대된다.
폐쇄성 쇼크	
종격동 변위	종격동은 건강한 쪽으로 변위, 후두, 기관의 변위
PMI 변위	중앙쇄골선과 좌측 5번째 늑간이 만나는 부위에서 최대박동이 나타나는 위치

흉부 X-선 촬영 〔임용 19〕

흉부 X-선 촬영에서 흉막강 내 공기가 있고 폐가 허탈되고 폐의 용적이 감소되며 손상되지 않은 쪽으로 종격동과 기관이 변위된다.

망막박리 〔국시 00〕
증상 〔임용 13 / 국시 11, 18〕

섬광	섬광은 초자체가 망막을 끌어당겨 일어나는 현상
시력 감소	환부 눈의 시야가 흐리고 시력 감소
시야 결손	위, 아래, 좌우에서 커튼을 드리운 것 같은 시야 결손, 망막 상부가 박리되면 시야 하부의 결손이 일어난다.
부유물	눈앞에 부유물로 어두운 점이 떠다니는 것을 경험 눈앞의 부유물은 망막 파열 시 초자체 내로 혈구가 유출되기 때문이다.
통증 없음	통증, 충혈은 없다. 망막에 통증섬유가 분포되지 않아 통증이 없다.

검안경 검사

박리된 망막은 망막에 작은 구멍이나 찢어지고 안구 내로 들떠 있고 청회색이다.

◆ 김기영 보건교사 ◆

저자 김기영

연세대학교 간호대학 학사, 석사 졸업

현) • 희소임용고시학원 보건교사 강사

전) • 해커스임용학원 보건교사 강사
   • 박문각 임용고시학원 보건교사 강사
   • 박문각온라인 보건교사 임용고시 강사

[저서] • 김기영 보건교사 이론서 ❶, ❷, ❸, ❹ (미래가치)
   • 김기영 보건교사 기출문제 상·하(미래가치)
   • 김기영 보건교사 암기노트 상·하(미래가치)
   • 김기영 보건교사 마인드맵(미래가치)
   • 김기영 보건교사 주제별 키워드 암기노트(미래가치)
   • 김기영 보건교사 영역별 키워드 암기노트(미래가치)

카페주소 김기영 전공보건교실
cafe.daum.net/kkynurse

김기영 보건교사
영역별 키워드 암기노트

인　쇄 : 2024년 6월 20일
발　행 : 2024년 6월 27일

편저자 : 김기영
발행인 : 강명임・박종윤

발행처 : (주) 도서출판 미래가치
등　록 : 제2011-000049호
주　소 : 서울시 영등포구 선유로130 에이스하이테크시티3 511호
전　화 : 02-6956-1510
팩　스 : 02-6956-2265

ⓒ 김기영, 2024 / ISBN 979-11-6773-460-0   10510

• 낙장이나 파본은 교환해 드립니다.
• 이 책의 무단전재 또는 복제행위는 저작권법 제136조에 의거하여 처벌을 받게 됩니다.

정가 25,000 원